Becker
Stabilitätspolitik für Unternehmen

Wolfgang Becker

Stabilitätspolitik für Unternehmen

Zukunftssicherung durch integrierte Kosten- und Leistungsführerschaft

Prof. Dr. Wolfgang Becker ist Inhaber des Lehrstuhls für Unternehmensführung und Controlling an der Universität Bamberg.

Die Deutsche Bibliothek - CIP-Einheitsaufnahme

Becker, Wolfgang:
Stabilitätspolitik für Unternehmen : Zukunftssicherung durch integrierte Kosten- und Leistungsführerschaft / Wolfgang Becker.
- Wiesbaden : Gabler, 1996
    Zugl.: Erlangen - Nürnberg, Univ., Habil.-Schr., 1993
    ISBN 978-3-322-90814-8   ISBN 978-3-322-90813-1 (eBook)
    DOI 10.1007/978-3-322-90813-1

Der Gabler Verlag ist ein Unternehmen der Bertelsmann Fachinformation.

© Betriebswirtschaftlicher Verlag Dr. Th. Gabler GmbH, Wiesbaden 1996
Softcover reprint of the hardcover 1st edition 1996
Lektorat: Annegret Heckmann

Höchste inhaltliche und technische Qualität unserer Produkte ist unser Ziel. Bei der Produktion und Auslieferung unserer Bücher wollen wir die Umwelt schonen: Dieses Buch ist auf säurefreiem und chlorfrei gebleichtem Papier gedruckt.

Die Wiedergabe von Gebrauchsnamen, Handelsnamen, Warenbezeichnungen usw. in diesem Werk berechtigt auch ohne besondere Kennzeichnung nicht zu der Annahme, daß solche Namen im Sinne der Warenzeichen- und Markenschutz-Gesetzgebung als frei zu betrachten wären und daher von jedermann benutzt werden dürften.

ISBN 978-3-322-90814-8

Vorwort

Das Aufgreifen von Fragestellungen der Stabilitätspolitik wird innerhalb der Wirtschafts-wissenschaften bislang gemeinhin mit volkswirtschaftlichen Betrachtungen, speziell mit der Wirtschaftpolitik in Verbindung gebracht. Innerhalb der Auseinandersetzung mit der Thematik der betriebswirtschaftlichen Unternehmenspolitik sucht man hingegen regelmä-ßig vergeblich nach einer eingehenden Erörterung und Berücksichtigung stabilitätspoliti-scher Aspekte des wirtschaftlichen Handelns. Sowohl die zunächst angeführte Einordnung als auch das genannte Defizit sind insofern verwunderlich, als die dauerhafte Bestandssi-cherung von Unternehmen, die prinzipiell ein Erreichen und Erhalten stabiler Gleichge-wichtslagen von Unternehmen voraussetzt, im allgemeinen eine breite Anerkennung als übergeordnete strategische Zielsetzung von Unternehmen erfährt. Gleichwohl dominiert in der unternehmenspolitisch geprägten betriebswirtschaftlichen Literatur die kursorische Auseinandersetzung mit Zielen, Strategien und Instrumenten des Wachstums von Unter-nehmen. Dies mag darauf zurückzuführen sein, daß die einschlägigen Autoren in Zeiten ökonomischer Prosperität dazu neigen, die relative Stabilität von Unternehmen als still-schweigende Prämisse chancenorientierter Betrachtungen mitzuführen. Allerdings findet in der Literatur durchaus auch die Diskussion um die Ziele, Strategien und Instrumente der Schrumpfung von Unternehmen statt. Zwar wurden diesbezügliche Konzepte lange Zeit eher nur am Rande berücksichtigt, drängen sich jedoch in jüngster Zeit – vor allem unter dem (modischen ?) Stichwort Lean Management – eher in den Vordergrund unternehmens-politischer Empfehlungen.

In der von mir vertretenen Auffassung stellen sowohl die wachstumsorientierte als auch die schrumpfungsorientierte Perspektive 'nur' extremale Ausprägungen in einem Kontinu-um möglicher unternehmerischer Verhaltensweisen dar. Die Stabilität von Unternehmen, und damit stabilitätspolitische Ziele, Strategien und Instrumente, bilden hingegen den Mit-telpunkt dieses typologischen Spektrums der Unternehmenspolitik. Im Sinne eines ganz-heitlich geprägten Austarierens unternehmerischen Handelns ist demgemäß eine integrierte Stabilitätspolitik unabdingbar, denn sie bildet die letztlich zwingende Voraussetzung so-wohl für ein geordnetes Wachstum als auch für eine geordnete Schrumpfung von Unter-nehmen. Eine solche unternehmerische Stabilitätspolitik ist grundsätzlich im Strategischen Viereck, das sich aus den betrachteten Unternehmen, seinen Lieferanten und Kunden so-wie den Wettbewerbern konstituiert, herauszubilden. In diesem Zusammenhang ist der allfälligen Revision einseitiger wettbewerbsstrategischer Handlungsmuster, wie sie von Michael E. Porter mit den Strategien der Kostenführerschaft und der Differenzierung for-muliert wurden, besonders hohe Bedeutung beizumessen. Dies läßt sich nicht nur aus der Untersuchung der Denkstrukturen, Realisationsprinzipien und Funktionsmechanismen sowie aus den Risiken der Wirksamkeit solcher Strategien ableiten. Vielmehr belegt insbesondere die Analyse charakteristischer Ausprägungen stabilitätspolitisch bedeutsamer Situationsde-terminanten des unternehmerischen Handelns den akuten Bedarf für eine existenzsichernde Gestaltung und Lenkung des erfolgsorientierten Handelns von Unternehmen. Dazu ist prinzipiell ein ganzheitlich geprägtes Konzept erforderlich, das zur strategischen Harmoni-sation der Kosten- und Leistungssphäre unternehmerischen Handelns genutzt werden kann. Die in diesem Sinne hier geforderte Strategie einer integrierten Kosten- und Lei-stungsführerschaft kann auch als Notwendigkeit zur Herausbildung solcher unternehmens-spezifischer Kernfähigkeiten interpretiert werden, die das stabilitätsorientierte Zusammen-spiel der unternehmerischen Leistungspotentiale, Leistungsprozesse und Leistungsergeb-nisse sichern und damit als Garant für den dauerhaften Erfolg von Unternehmen auftreten. Insofern stehen neuere Konzepte der ressourcenorientierten Unternehmensführung mit der hier vertretenen stabilitätsorientierten Perspektive des Strategischen Managements im Ein-klang. Die vorliegende Monographie, die in nahezu unveränderter Fassung im Frühjahr 1993 von der Wirtschafts- und Sozialwissenschaftlichen Fakultät der Friedrich-Alexander-Universität Erlangen-Nürnberg als Habilitationsschrift angenommen wurde, ist dieser Thematik gewidmet. Die Arbeit ist insbesondere mit der Hoffnung verbunden, Wissen-schaft und Praxis vor allem zu einem Überdenken allzu separatistischer Konzepte der Un-ternehmenspolitik veranlassen zu können.

Die vorliegende Monographie ist nicht ohne die Einflußnahme und Unterstützung anderer Personen entstanden, denen ich dafür an dieser Stelle danken möchte. In erster Linie bin ich meinem akademischen Lehrer, Professor Dr. Wolfgang Männel, insbesondere dafür zu Dank verpflichtet, daß er mich über viele Jahre hinweg an seiner Forschung und Lehre gleichermaßen anregend wie auch fordernd partizipieren ließ. Besondere Erwähnung ver-dient hier speziell seine Offenheit, eine auf Fragen der Unternehmensführung ausgerichtete Arbeit an seinem Lehrstuhl entstehen zu lassen. Desweiteren möchte ich auch Professor Dr. Werner Pfeiffer für seine Bereitschaft zur Übernahme des Korreferats danken. Darüber hinaus soll Professor Dr. Wilfried Krüger nicht unerwähnt bleiben, der aufgrund seiner an-regenden Lehre der Unternehmensführung, die ich als Student an der Universität Dort-mund genießen konnte, letztlich mein nachhaltiges Interesse an Fragen der Unternehmens-führung initiiert hat. Im Kreise meiner ehemaligen Kollegen verdienen Dr. Jochen Pampel besonderen Dank für seine gleichermaßen freundschaftliche wie auch kritische Diskus-sionsbereitschaft sowie Dr. Clemens Bloß für seine äußerst tatkräftige Einsatzbereitschaft im Zuge der Umsetzung meiner Abbildungsentwürfe und für seine Korrekturarbeiten am Typoskript. Mein Mitarbeiter Dipl.-Kfm. Toni Schleibinger hat die DV-technische Umset-zung der Habilitationsschrift zu dem nunmehr vorliegenden Buch vorgenommen; auch ihm sei an dieser Stelle für sein Engagement gedankt. Den größten Dank schulde ich schließlich meiner Frau Monika und meinen beiden Töchtern Krystyna und Karina, die den im Zuge des Entstehens solcher Arbeiten allseits fälligen Verzicht auf meine Aufmerk-samkeit üben mußten. Vor allem die unermüdliche Geduld und die seelische Unterstützung meiner Frau verdienen speziellen Dank.

Professor Dr. Wolfgang Becker

Inhaltsverzeichnis

Abbildungsverzeichnis

Einleitung

Die vorliegende Monographie beschäftigt sich mit der Darlegung von betriebswirtschaftlichen Konzepten, die im Rahmen der unternehmenspolitischen *Zielsetzung der Bestandserhaltung* zu nutzen sind. Mit dem in diesem Zusammenhang insbesondere zu betrachtenden *Streben nach erfolgswirtschaftlicher Stabilität* steht ein zunächst spezifisch erscheinendes Problem, das jedoch bedeutsame Ausstrahlungseffekte auf die unternehmerische Existenzsicherung in ihrer Gesamtheit in sich birgt, im Mittelpunkt der Untersuchung. Der Bestand eines Unternehmens läßt sich nämlich grundsätzlich innerhalb eines Regelkreises sichern[1], der seinen Ausgang in der *Bereitstellung, Bereithaltung und Nutzung strategischer Erfolgspotentiale* nimmt, die in der Lage sind, eine operative Erfolgsrealisation zu bewirken. Das somit entstehende *erfolgswirtschaftliche Gleichgewicht* sichert wiederum die Versorgung eines Unternehmens mit ausreichender Liquidität und damit die Erhaltung des *finanzwirtschaftlichen Gleichgewichts*. Die erwirtschafteten liquiden Mittel sind schließlich zur Erneuerung der strategischen Erfolgspotentiale erforderlich, um den insofern dynamischen Regelkreis zu schließen.

Während das abgestimmte Zusammenspiel zwischen erfolgs- und finanzwirtschaftlichen Größen die *operative Stabilität* sichert, gewährleistet die dynamische Erneuerung der strategischen Erfolgspotentiale die *strategische Stabilität* von Unternehmen. Insofern ist ein äußerst enges Ineinandergreifen lang- und kurzfristig disponibler Führungsgrößen sowie strategischer und operativer Handlungshorizonte zu erkennen. Der skizzierte *Prozeß der Existenzsicherung* kann zudem in Unternehmen *keineswegs autonom* in Gang gesetzt und aufrecht erhalten werden. Vielmehr werden Unternehmen in hohem Maße durch die *unternehmensexternen Bedingungskonstellationen* der Märkte und der Gesellschaft, aber auch durch – bereits geschaffene – *unternehmensinterne Bedingungskonstellationen* des unternehmerischen Handelns beeinflußt. *Konzepte zur Sicherung der erfolgswirtschaftlichen Stabilität* sind insofern zwangsläufig im Bereich der strategischen Konditionen der operativen Erfolgsentstehung zu suchen und auf der Schnittstelle zwischen strategischen und operativen Aktivitäten eines Unternehmens zu etablieren und umzusetzen.

Das *Streben nach Existenzsicherung*, speziell nach erfolgswirtschaftlicher Stabilität erlangt für das unternehmerische Handeln in der Praxis ohne Zweifel gerade in rezessiven Zeiten eine besonders hohe Bedeutung. Insofern könnten die Inhalte der vorliegenden

---

1   Vergleiche dazu die diesbezüglich grundlegenden Überlegungen, mit denen Gälweiler 1987 (Unternehmensführung), S. 23f. die von ihm geschaffenen Konzepte zur Strategischen Unternehmensführung fundiert.

Monographie modisch anmuten. Dies ist jedoch keineswegs der Fall. Vielmehr lassen sich _erfolgswirtschaftliche Instabilitäten_ auch in Zeiten der Prosperität feststellen. Solche Situationen sind oftmals durch den vermeintlich widersprüchlichen Tatbestand gekennzeichnet, daß Unternehmen sich einerseits zwar durch eine beachtlich hohe Leistungsfähigkeit auszeichnen, andererseits jedoch hohe Kostenbelastungen aufweisen. Die insofern offenkundig zwischen der meist technologisch geprägten _Vision einer 'Fabrik der Zukunft'_[2] und der ökonomischen Wirklichkeit entstehenden _Abstimmungsdefizite zwischen der Leistungssphäre und der Wertsphäre unternehmerischen Handelns_ können nicht nur zu einer – im Falle der wettbewerbsbedingten Limitierung der Erlössteigerungspotentiale ohnehin evidenten – Absenkung des Niveaus des realisierbaren Erfolgs führen, sondern auch zu einem Agieren in unmittelbarer Nähe der Gewinnschwelle. Letzteres wird zwar in prosperierenden Zeiten – vor allem auch angesichts der zudem regelmäßig dominierenden Kostenintransparenz und eines meist nur operativen Kostenbewußtseins im Management – als nicht allzu bedrohlich empfunden. Im Falle sinkender Beschäftigung führt dies jedoch nahezu zwangsläufig dazu, daß solche Unternehmen den _strategisch-antizipativen Weitblick_ vermissen lassen und stattdessen in _operativ-reaktive Handlungsmuster_ verfallen.

Dem wohl eher pragmatischen Ziel, existenzbedrohten Unternehmen praxisgerechte und somit tendenziell instrumentelle _Problemlösungshilfen für eine kurative Restabilisierung_ zu offerieren, kann aus den zuvor angeführten Gründen kaum und soll auch nicht entsprochen werden. Vielmehr ist das Bemühen vorrangig darauf gerichtet, bewährte betriebswirtschaftliche Sichtweisen, die in der Vergangenheit einem analytisch geprägten Separatismus unterworfen wurden, aufzunehmen und problemadäquat in ein geschlossenes _Gesamtkonzept einer präventiven Stabilitätspolitik_ zu integrieren. Die wesentliche Intention besteht in diesem Zusammenhang darin, auch bezüglich der _Kostensphäre_, in der sich das in der Leistungssphäre stattfindende (Ausführungs-)Handeln widerspiegelt, die dringende _Notwendigkeit zum strategischen Denken und Handeln_ nicht nur zu begründen, sondern auch zu betonen. Demgemäß sind entsprechend _strategisch orientierte Konzepte zur Sicherung der erfolgswirtschaftlichen Stabilität_ aufzuzeigen.

Dies erfolgt – unter _methodologischen Gesichtspunkten_ betrachtet – nicht allein aus dem in der betriebswirtschaftlichen Literatur üblicherweise gewählten kausalanalytischen Blickwinkel, sondern in dem Bemühen, einige – möglicherweise insbesondere die Führungs- und Kostenlehre befruchtende – _Grundfragen einer eher synthetisch geprägten Theorie der Unternehmung_ darzulegen und zu erörtern. Dahinter steht die Überzeugung des Autors, daß die grundsätzlichen Denkmuster sowie die darauf aufbauenden Problemlösungskonzepte der Betriebswirtschaftslehre angesichts der steigenden Komplexität und Dynamik wirtschaftlichen Handelns dringend einer stärker holistisch geprägten Integration bedürfen.

---

2 Vergleiche zu diesem zwar etwas schillernden, jedoch durchaus brauchbare Ansätze für die Gestaltung der Leistungswirtschaft moderner Industriebetriebe beinhaltenden Begriff insbesondere Bullinger/Warnecke/ Lentes 1985 (Factory), Kahl 1986 (Fabrik) sowie Knolmayer 1984 (Factory).

Die *Struktur der vorliegenden Monographie* ist durch die folgenden Inhalte gekennzeichnet: Die Untersuchung nimmt ihren Ausgang in einer die zuvor bereits skizzierten Grundprobleme der Bestandserhaltung von Unternehmen im *ersten Kapitel* vertiefenden *Einführung in stabilitätspolitische Zielvorstellungen und Gefährdungspotentiale des Handelns von Unternehmen.* Unternehmen werden in diesem Zusammenhang als instrumentell zu nutzende und auf bestimmte Zwecke ausgerichtete Institutionen des wirtschaftlichen Handelns aufgefaßt, die in ihrem Bestand zu sichern sind. Die zu konstatierende *Einwirkung von existenzgefährdenden Einflüssen,* die auf äußerst vielschichtige und interdependent vernetzte *Ursachenkomplexe* zurückzuführen sind, bedingt einen prinzipiell permanent wirksamen, stabilitätspolitischen Handlungs- beziehungsweise Führungsbedarf.

Das *zweite Kapitel* intendiert die *Konzeption eines auf stabilitätspolitische Anforderungen ausgerichteten Modells des Handelns von Unternehmen,* das als Denk- und Bezugsrahmen dienen kann. Ausgehend von einer Analyse der an stabilitätspolitische Konzepte zu stellenden Anforderungen, ist das *Objekt der Stabilitätspolitik* zu untersuchen. Als Objekt solcher Konzepte fungiert das *unternehmerische Handeln* selbst, das sich aus der Perspektive einer formal-typologisierenden Differenzierung in die Komponenten des Ausführungs- und Führungshandelns unterteilen läßt. Das *Ausführungshandeln* vollzieht sich auf der Grundlage von Transaktionsbeziehungen in Märkten und findet innerhalb der aus Gesellschaft, Märkten und Unternehmen gebildeten Interaktionsgefüge sowie entlang integrierter Leistungs- und Wertketten statt. Das *Führungshandeln* muß darauf gerichtet sein, den bereits zuvor skizzierten dynamischen Regelkreis zwischen den strategischen Erfolgspotentialen sowie den operativen Führungsgrößen (Erfolg und Liquidität) dauerhaft zu schließen. Das dazu erforderliche *Management im Strategischen Viereck,* das aus dem jeweils betrachteten Unternehmen, den Lieferanten, den Kunden sowie den konkurrierenden Unternehmen gebildet wird, ist auf die stabilitätspolitischen Anforderungen auszurichten.

Die inhaltliche Ausrichtung des *dritten Kapitels* konzentriert sich auf die *Beurteilung der stabilitätspolitischen Wirksamkeit der strategischen Optionen des Handelns von Unternehmen.* Dieses Erfordernis resultiert letztlich daraus, daß das stets situativ beeinflußte *Handeln von Unternehmen* einer *bedingten Autonomie* unterliegt. Die vorrangige Aufgabe der *Unternehmenspolitik* besteht in der Erfüllung einer *Interpretations- und Interventionsfunktion,* die sich auf die situativen Bedingungskonstellationen richtet, um realistische Entscheidungs- und Handlungsspielräume zu erschließen. Deren Nutzung bedingt die Vorgabe entsprechend ausgerichteter *Strategien,* die als *generalisierte Handlungsmuster von Unternehmen* fungieren. Insofern ist es erforderlich, die Strategien auf ihre *Auswirkungen auf die Stabilität* von Unternehmen zu untersuchen. Dazu sind insbesondere die betriebswirtschaftlichen Denkstrukturen, Realisationsprinzipien und Funktionsmechanismen sowie die stabilitätspolitischen Risiken strategischer Handlungsoptionen eingehend zu überprüfen, um *stabilitätspolitisch bedingte Revisionsbedarfe der strategischen Orientierung des unternehmerischen Handelns* aufzuspüren.

Das *vierte Kapitel* beschäftigt sich mit einer eingehenden *Analyse charakteristischer Ausprägungen stabilitätspolitisch bedeutsamer Situationsdeterminanten des Handelns von Unternehmen*. Das Bemühen dieser Analyse ist darauf gerichtet, ein *charakteristisches Bild* eines 'modernen' Unternehmens zu skizzieren, um die wesenseigene Prägung unternehmerischen Handelns durch Strategien aufzuzeigen. Dazu sind zunächst die typisch erscheinenden Ausprägungen der Tausch- und Rivalitätsbeziehungen zu ermitteln, die als *exogene Bedingungskonstellationen* des unternehmerischen Handelns wirksam werden. Des weiteren sind auch die kennzeichnenden Ausprägungen der Leistungs- und Wertsphäre zu ermitteln, die als *endogene Bedingungskonstellationen* eine situative Beeinflussung des unternehmerischen Handelns bewirken. In diesem Zusammenhang sind speziell die in der *Leistungssphäre* bereits zu ortenden Veränderungen und sich abzeichnenden Entwicklungen auf ihre *Konsequenzen in der Wertsphäre von Unternehmen* zu überprüfen, um schließlich Aussagen über diejenigen Maßnahmenpakete und Instrumente treffen zu können, die einer vorrangig erfolgswirtschaftlich orientierten Stabilitätspolitik dienlich sein können. Im Ergebnis resultiert insofern eine *typologisch geprägte Problemlandkarte unternehmerischen Handelns*, die den Ausgangspunkt für eine *stabilitätsorientierte Revision der Unternehmenspolitik* bildet.

Das *fünfte Kapitel* zeigt schließlich die demgemäß resultierenden *Dimensionen der Kosten- und Leistungspolitik für ein stabilitätspolitisch geprägtes Handeln von Unternehmen* auf. Hier erfolgt eine von der Konkretisierung der Revisionsbedarfe der strategischen Orientierungsmuster unternehmerischen Handelns ausgehende Darlegung des Konzeptes der *Strategie der integrierten Kosten- und Leistungsführerschaft*. Das in diesem Zusammenhang geforderte Streben nach integrierter Kosten- und Leistungsführerschaft muß aus Sicht einer ganzheitlichen Stabilitätspolitik dringend die in der betriebswirtschaftlichen Literatur bislang dominierend im Vordergrund stehenden, alternativ anzuwendenden und insofern separatistisch geprägten Strategienkonzepte der Kostenführerschaft und der Differenzierung, wie sie speziell von Michael E. Porter und seiner Anhängerschaft dargelegt und propagiert werden, ablösen. Die Aufstellung und Begründung einer solchen Forderung reicht allein jedoch nicht aus, um den Unternehmen in der Praxis stabilitätspolitische Hilfestellung zu geben. Vielmehr ist auch aufzuzeigen, wie die *Umsetzung eines derart integrierten Strategiekonzeptes* erfolgen kann.

Das Streben nach integrierter Kosten- und Leistungsführerschaft bedingt prinzipiell den demgemäß ausgerichteten *Aufbau einer Kosten- und Leistungspolitik*, die als integriertes Gesamtkonzept eine in sich geschlosse und im Gegenstrom verlaufende Abstimmung der Leistungs- und Erfolgssphäre unternehmerischen Handelns leisten kann. Das Etablieren eines derartigen Konzeptes setzt zunächst voraus, daß die traditionelle Kostenlehre durch eine Erweiterung um strategische Funktionen der Kostenpolitik aus dem operativ geprägten Handlungshorizont herausgerückt wird. Ausgehend davon ist ein *mehrdimensionaler Strukturkern für die Ausgestaltung der Kostenpolitik* zu entwerfen, der geeignet erscheint, die intendierte Harmonisation der Leistungs- und Kostensphäre im Innen- und Aussenverhältnis unternehmerischen Handelns sicherzustellen. Das auf diesem Bezugsrahmen gründende *Konzept der fokussierten Kosten- und Leistungspolitik,* das die Aufgabenfelder der strategischen Kostenanalyse, der antizipativen Kostenkonfiguration und der relativen Kostenpositionierung sowie der strategischen Kostenkontrolle umfaßt, wird schließlich als wirksames Instrumentarium zur Sicherung der erfolgswirtschaftlichen Stabilität von Unternehmen vorgeschlagen.

1. Kapitel
Stabilitätspolitische Zielvorstellungen und Gefährdungspotentiale des Handelns von Unternehmen

Inhaltliche Schwerpunkte: Unternehmen als dauerhaft zu erhaltende Institutionen ökonomischen Handelns – Bedürfnisbefriedigung, Bedarfsdeckung und Entgelterzielung als Zwecke unternehmerischen Handelns – Sicherung der Existenz als Zielsetzung des Handelns von Unternehmen – Existenzgefährdungen von Unternehmen – Kennzeichen der Genese existenzgefährdender Entwicklungen – Existenzgefährdungen in der Finanz- und Erfolgsstruktur – Szenario einer existenzgefährdenden Entwicklung der Gewinnschwelle von Unternehmen – Ungleichgewichte als Ursachen von Existenzgefährdungen – Notwendigkeit zur unternehmenspolitischen Sicherung der erfolgswirtschaftlichen Stabilität von Unternehmen

Das vorliegende Kapitel strebt eine Ergänzung und Vertiefung der bereits in der Einleitung angeführten Problemstellung an, die den mit dieser Monographie konstatierten Bedarf für betriebswirtschaftliche Konzepte zur Sicherung der erfolgswirtschaftlichen Stabilität von Unternehmen begründet. Dies scheint vor allem deshalb erforderlich zu sein, weil existenzbedrohende Entwicklungen regelmäßig aus prinzipiell sehr weit verzweigten und zudem interdependent verknüpften Problemlagen entstehen. Insofern muß zunächst eine angemessene Ausgangssituation für das Verständnis des recht grundsätzlichen Vorgehens der vorliegenden Untersuchung geschaffen werden.

Das vorliegende Kapitel soll das dafür zunächst benötigte *Problemverständnis* schärfen. In diesem Sinne werden Unternehmen zunächst als Instrumente des Handelns wirtschaftender Interessenträger, die mit ihrem Handeln spezifischen Zwecken folgen, beschrieben. Ausgehend von der sich damit abzeichnenden Notwendigkeit einer zumindest langfristigen, wenn nicht gar *dauerhaften Existenzsicherung* sind die diesem unternehmenspolitischen Ziel entgegenstehenden *Entwicklungsprozesse und spezifischen Ausprägungen von Existenzgefährdungen* sowie deren interdependent verknüpfte Ursachenkomplexe aufzuzeigen. Insgesamt wird insofern nachfolgend das als besonders dringend empfundene Erfordernis zu einer unternehmenspolitisch angemessen verankerten *Sicherung der erfolgswirtschaftlichen Stabilität* von Unternehmen herausgearbeitet.

A   Unternehmen als dauerhaft zu erhaltende Institutionen ökonomischen Handelns

Den Ausgangspunkt der anzustellenden Überlegungen bildet die evidente Erkenntnis, daß Unternehmen aktive Maßnahmen zu ihrer Bestandserhaltung ergreifen müssen. Nachfolgend ist auf der Grundlage einer instrumentell geprägten Auffassung von *Unternehmen als Institutionen ökonomischen Handelns*, die der *Erfüllung spezifischer Zwecke* dienen, zunächst die *Existenzsicherung als oberste Zielsetzung unternehmerischer Aktivitäten* zu begründen.

1   Unternehmen als Institutionen ökonomischen Handelns

Unternehmen lassen sich als *wirtschaftliche Aktionszentren*[1], also als Institutionen begreifen, in denen auf ökonomische Ziele ausgerichtete Handlungen vollzogen werden. Diese auch als „*Instrumentalfunktion*"[2] beschreibbare Sicht impliziert die *Nutzung von Unternehmen als Institutionen ökonomischen Handelns durch Interessenträger*, die Unternehmen instrumentell handhaben, um persönliche Interessen zu erreichen, die durch individuelle Handlungen nicht beziehungsweise nur bedingt realisiert werden könnten. Im Sinne dieser *betriebswirtschaftlichen Handlungstheorie*, wie sie von Erich Kosiol und seinen Schülern begründet wird, sind in diesem Zusammenhang prinzipiell die spezifischen Interessen sämtlicher am Handeln von Unternehmen Beteiligten zu berücksichtigen.

Diese Sichtweise impliziert insofern eine mehrdimensional geprägte und spannungsgeladene Einflußnahme auf Unternehmen nicht nur durch *unternehmensinterne Interessenträger*, wie das Management und die Mitarbeiter, sondern auch durch *unternehmensexterne Interessenträger*. Hierzu zählen insbesondere die Eigen- und Fremdkapitalgeber, die Lieferanten und Kunden, aber auch konkurrierende Unternehmen sowie gesellschaftliche Institutionen, wie etwa vor allem staatliche Institutionen und Verbände. Das Vorhandensein dieser in Unternehmen zusammengeführten *unterschiedlichen Interessenslagen*[3] der Interessenträger begründet die Notwendigkeit zu deren gemeinsamer Ausrichtung im Rahmen der Unternehmenspolitik und damit implizit eine – zumindest formale und insofern gedankliche – *Trennung von Führung und Ausführung*, die ihrerseits hierarchiedynamische Differenzierungen innerhalb der *Strukturkomponente* von Unternehmen bewirkt. Die *Prozeßkomponente* von Unternehmen manifestiert sich demgegenüber im ökonomischen Handeln selbst, das auf die Märkte und die Gesellschaft gerichtet ist. Diese Zusam-

---

1   Diese Auffassung basiert vorrangig auf den diesbezüglich grundlegenden Überlegungen von Kosiol 1966 (Unternehmung), S. 15ff.

2   Vergleiche dazu vor allem die Ausführungen von Schmidt 1967 (Instrumentalfunktion), und 1977 (Wirtschaftslehre), S. 48ff., der als Schüler von Erich Kosiol dieses Modell weiter ausgebaut hat.

3   Dieser Aspekt verdeutlicht die methodische Nähe dieser Sichtweise zur Koalitionstheorie, wie sie durch Barnard 1938 (Executive) begründet und vor allem durch Simon 1955 (Behavioral Model), durch March/Simon 1958 (Organizations) sowie durch Cyert/March 1959 (Behavioral Theory) und 1963 (Theory of the Firm) im angelsächsischen Sprachraum entwickelt wurde.

menhänge veranschaulicht *Abbildung 1-1*, die darüber hinaus auch verdeutlicht, daß das Handeln von Unternehmen zwar aufgrund der *Interessenpluralität der Interessenträger* mehrdimensional geprägt, aber dennoch im Sinne einer *gemeinsamen Zweckorientierung* gerichtet ist.

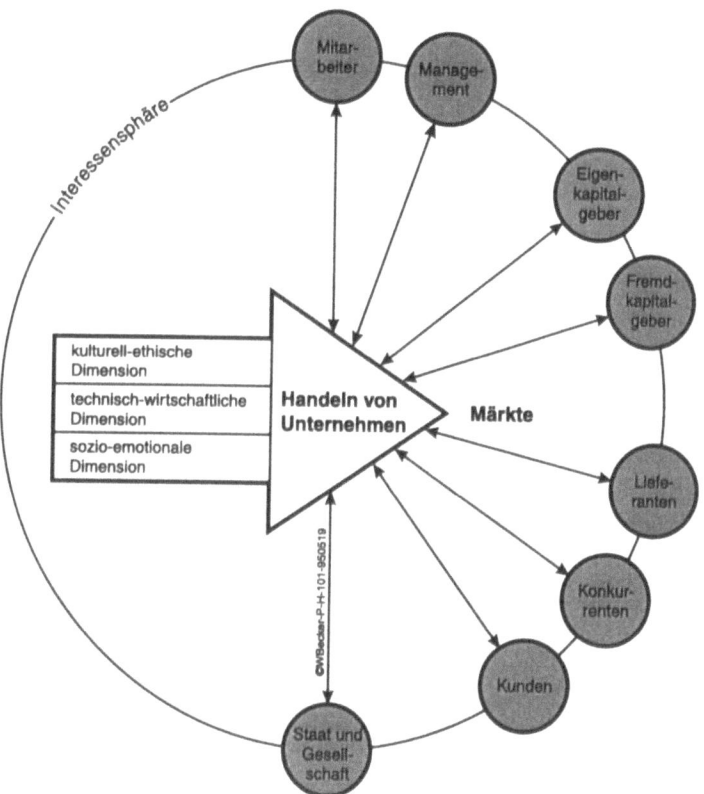

Abbildung 1-1   Handeln von Unternehmen im Spannungsfeld unterschiedlicher Interessenträger

Die Ausrichtung des um *Allokationseffizienz* bemühten Handelns von Unternehmen erfolgt – darüber besteht wohl innerhalb der Wirtschaftswissenschaften ein gewisser Grundkonsens – regelmäßig auf der Grundlage einer speziellen Ausprägung des Rationalprinzips, nämlich des *Wirtschaftlichkeitsprinzips*[4]. Gleichwohl kann – entgegen der diesem Prinzip inhärenten Optimierungsvorstellung – die in diesem Zusammenhang erforderliche Vorgehensweise nicht als reiner *Prozeß der Optimierung* verstanden werden, da die Mitwirkung der unterschiedlichen Interessenträger am unternehmerischen Handeln nicht allein rational

---

4   Das Wirtschaftlichkeitsprinzip erfreut sich einer außerordentlich umfangreichen literarischen Behandlung. Verwiesen sei hier allein auf Übersichtsbeiträge von Bohr 1981 (Wirtschaftlichkeit), Siebig 1980 (Wirtschaftlichkeit) und Vodrazka 1976 (Wirtschaftlichkeitsprinzip), die auch umfassende und weiterführende Quellenverweise offerieren.

geprägt ist[5]. Vielmehr vollzieht sich ökonomisches Handeln stets auf der *Grundlage einer kulturell-ethischen, einer technisch-wirtschaftlichen und einer sozio-emotionellen Dimension*[6]. Diese mehrdimensionalen Einflüsse bewirken, daß sich unternehmerisches Handeln in der Realität offenbar an einer nur *eingeschränkten Rationalität* orientiert beziehungsweise sogar orientieren muß.

Das *Grundmodell der eingeschränkten Rationalität* unterstellt, daß Entscheider ausgehend von einem gewissen, sich im situativen Umfeld dynamisch entwickelnden *Anspruchsniveau* zwischen verschiedenen sich stellenden Alternativen nicht auf der Grundlage einer in der klassischen und neoklassischen Theorie der Ökonomie zugrunde gelegten *Nutzenmaximierung* auswählen. Vielmehr werden sie die angesichts des Auftretens von spezifischen Problemen eingeleitete Suche nach weiteren Entscheidungsalternativen einstellen, sobald sie eine anspruchsgerechte Alternative aufdecken, um diese auszuwählen. Dieses entscheidungstheoretische Verhaltensmuster nennt Herbert A. Simon *Entscheidungsfindung auf der Grundlage befriedigender Informationen*[7].

Die mit dieser verhaltenstheoretischen Hypothese begründete *Theorie der Unternehmung*, in der die Nutzenmaximierung aufgegeben und durch *dynamische Satisfizierungsvorstellungen* ersetzt wird, läßt sich zwar in vielfacher Hinsicht auch kritisch beleuchten, wie dies etwa durch Dieter Schneider erfolgt[8]. Dennoch ist diesem Verhaltensansatz schon auf der Grundlage von Alltagserfahrungen eine hohe *Plausibilität* beizumessen. Selbst Kritiker räumen ein, daß dieses Modell zumindest bei *routinisierten Entscheidungen* zutreffen könnte[9]. Angesichts der hohen Komplexität des Entscheidungsfeldes bei *nicht routinisierbaren Entscheidungen* spricht nach der hier vertretenen Auffassung jedoch auch in solchen Situationen die Alltagserfahrung eher für die *Gültigkeit eines modifizierten Satisfizierungsverhaltens*.

Realitätsgerechte Kompromisse verwischen zwar tendenziell die aus Sicht der theoretischen Erkenntnisgewinnung erwünschte Klarheit, liegen jedoch gleichwohl häufig eher in der Mitte idealtypischer Sichtweisen. Zwar bieten *Idealtypen* den von Max Weber herausgestellten Vorteil, daß sie „durch einseitige Steigerung eines oder einiger Gesichtspunk-

---

5   Dies findet – spätestens seit der Überwindung des Leitbildes vom „homo oeconomicus" – auch in der Betriebswirtschaftslehre Akzeptanz. Dieses Leitbild erörtert ausführlich die Monographie Hartfiel 1968 (Rationalität).

6   Diese mehrdimensionale Aufspannung des unternehmerischen Handelns erfolgt in Anlehnung an Krüger 1984 (Organisation), S. 41ff, der auch die daraus resultierenden Konsequenzen beschreibt.

7   Dieses Konzept wurde von Herbert A. Simon entwickelt, so insbesondere in den folgenden Arbeiten: Simon 1955 (Behavioral Model), 1956 (Rational Choice) und 1959 (Decision-Making).

8   So führt Schneider 1987 (Betriebswirtschaftslehre), der die verhaltenswissenschaftliche Öffnung der Betriebswirtschaftslehre gar als „Fluchtversuch vor der Wirtschaftstheorie" (S. 189) bezeichnet, eine umfangreiche Liste methodischer und vor allem wissenschaftsgeschichtlicher Gründe (S. 188ff.) gegen eine derartige Einbeziehung verhaltenswissenschaftlicher Erkenntnisse an.

9   Vergleiche dazu nochmals Schneider 1987 (Betriebswirtschaftslehre), S. 191.

te"[10] gewonnen werden und insofern der besonders transparenten Herausarbeitung des Grundsätzlichen dienen[11]. Demgegenüber besteht aber auch die Gefahr, den Blick für die Wahrnehmung spezieller Besonderheiten sowie von Randproblemen von vornherein zu verstellen[12]. Insofern muß man im Bemühen um eine eher *realtypische Kennzeichnung des Entscheidungsverhaltens* möglicherweise einen Kompromiß suchen. Dieser könnte von der Vorstellung getragen sein, daß in Unternehmen angesichts der Komplexität und der daraus resultierenden Unsicherheit nicht routinisierbarer Entscheidungen in solchen Fällen wegen der hohen Bedeutung derartiger, oftmals strategischer Entscheidungen zwar ein vergleichsweise höherer Aufwand betrieben und hingenommen wird, um ex ante die für das klassische Optimierungsmodell erforderlichen Grenzkosten sowie den Grenznutzen ausfindig zu machen. Letztlich wird jedoch oftmals die Optimierung in Ermangelung der erforderlichen Informationen nicht gelingen (können), so daß die *Erfüllung eines zwar unterhalb des Optimums liegenden, aber dennoch möglichst hohen Anspruchsniveaus* ausreichen muß[13]. Noch ein weiterer Aspekt vermag diese These zu stützen. So kann es sich zwar ein auf dem Gebiet der Betriebswirtschaftslehre tätiger Wissenschaftler – in gewissen Grenzen – durchaus „leisten", vergleichsweise viel Zeit in die Verbesserung der Güte des von ihm erarbeiteten und für Entscheidungen heranziehbaren Informationsangebots zu investieren. Demgegenüber muß sich der in der unternehmerischen Praxis tätige Manager im Regelfall durch eine hohe *Entscheidungsfähigkeit, Entscheidungsfreude und Entscheidungsgeschwindigkeit* auszeichnen, um erfolgreich sein zu können. So verbleibt oftmals auch bei strategischen Entscheidungen nicht genügend Zeit, um eine Optimierung herbeizuführen.

Abgesehen davon, ob das Entscheidungsverhalten in der Praxis tatsächlich *stets* einem derartigen Grundmuster folgt, bleibt jedoch festzustellen, daß die *eingeschränkte Rationalität* inzwischen das grundlegende *Paradigma sehr vielfältiger Theorien der Unternehmung* darstellt. Herbert A. Simon zitiert dazu selbst in seiner anläßlich der Verleihung des Nobelpreises gehaltenen Rede eine Vielzahl von modernen Ansätzen[14], so u.a. etwa auch die von

---

10 Weber 1905 (Objektivität), S. 65.

11 Dies hat in Teilbereichen der Betriebswirtschaftslehre sogar zu der Forderung geführt, die betriebswirtschaftliche Handlungstheorie vollständig auf idealtypischen Betrachtungen aufzubauen; vergleiche dazu etwa Koch 1971 (Handlungsanalyse), S. 69. Demgegenüber beinhaltet ein derartiges Vorgehen jedoch „zumindest aus der Sicht der Praxis – wohl zwangsläufig eine Geringschätzung des Theoretisierens". Schanz 1988 (Methodologie), S. 46. Dies muß gerade für eine anwendungsorientierte Wissenschaft, wie sie die Betriebswirtschaftslehre darstellt, als verhängnisvolle Entwicklung angesehen werden.

12 Darüber hinaus darf auch nicht übersehen werden, daß der in der grundsätzlich beliebigen, insofern realitätsfreien und allein vom Erkenntnisinteresse geleiteten Konstruierbarkeit bestehende wesentliche Vorteil des Bildens von Idealtypen, das innerhalb der von Kant geprägten Tradition der Kritik der reinen Vernunft steht, aufgrund der andererseits durch Weber geforderten Adäquanz zu empirischen Sachverhalten gewisse erkenntnistheoretische Schwierigkeiten beinhaltet. Vergleiche dazu auch Mommsen 1974 (Weber), S. 224ff.

13 Beispielsweise geht auch H. Koch in einer Analyse der Grenzen der rationalen Unternehmenspolitik davon aus, daß „kurzfristigen Planungen ... ein höherer Grad an Rationalität zugeordnet (ist) als langfristigen Planungen". Koch 1971 (Handlungsanalyse), S. 75.

14 Hinweise zu solchen Ansätzen finden sich in Simon 1989 (Entscheidungsfindung), S. 625.

Richard M. Cyert und James G. March formulierte *verhaltenswissenschaftliche Theorie der Unternehmung*[15] sowie auch die auf die Arbeiten von Ronald H. Coase zurückgehende und von Oliver E. Williamson fortgeführte *Theorie der Transaktionskosten*[16]. Insbesondere auf die zuletzt angeführten Ansätze wird an anderer Stelle noch einzugehen sein.

Zurückkommend auf die von Herbert A. Simon geprägte Modellvorstellung scheint auch die Anmerkung von Tjalling C. Koopmans erwähnenswert, der im Rahmen seiner Nobel-Lesung über *„Optimalitätskonzepte und ihre Anwendung"* abschließend bemerkt: „Die endgültige Entscheidung jedoch wird gewöhnlich nur implizit und nicht immer konsequent in Abläufen von Entscheidungsfindungs-Prozessen getroffen, die den Institutionen, Gesetzen, Traditionen und Gewohnheiten einer Gesellschaft inhärent sind."[17]. Des weiteren ist darauf hinzuweisen, daß auch Dieter Schneider trotz seiner kritischen Haltung zur verhaltensorientierten Theorie der Unternehmung ausdrücklich und durchgängig zu bedenken gibt, daß das *Handeln in der Wirklichkeit* stets durch das Vorhandensein von Informationsrisiken, also durch *Entscheidungen unter Unsicherheit* geprägt wird[18]. Dieser heute in der Betriebswirtschaftslehre zwar noch nicht umfassend berücksichtigte, jedoch wohl weithin akzeptierte Tatbestand läßt nicht nur die Argumentation von Herbert A. Simon, sondern auch die These plausibel erscheinen, daß die *Institutionalisierung ökonomischen Handelns durch Unternehmen* auch aus dem Bestreben der *Reduzierung von Unsicherheiten im Rahmen der Zweckerfüllung* resultiert[19].

2   Zwecke des ökonomischen Handelns von Unternehmen

Ökonomisches Handeln ist letztlich stets menschliches Handeln unter *Knappheitsbedingungen*. Noch allgemeiner, jedoch durchaus sehr treffend, läßt sich mit Eugen Schmalenbach auch feststellen: „Wirtschaften ist Wählen"[20]. In *Unternehmen* erfolgt somit – ebenfalls noch sehr global formuliert – eine auf die Beseitigung oder zumindest Reduzierung von Knappheiten ausgerichtete *Institutionalisierung ökonomischen Handelns*. Die darin erkennbare Zwecksetzung läßt sich unter Rückgriff auf die im ersten Abschnitt dieses Kapitels bereits zugrunde gelegte Instrumentalthese konkretisieren.

Die Gesellschaft kann in diesem Zusammenhang als Ursprung sämtlicher (ethischer, politisch-rechtlicher, psycho-sozialer und technisch-ökonomischer) Motivkomplexe aufgefaßt werden, über die Interessenträger, die ein Unternehmen instrumentell nutzen, verfügen.

---

15   Als ursprüngliche Arbeiten sind dazu nochmals Cyert/March 1959 (Behavioral Theory) und 1963 (Theory of the Firm) anzuführen.

16   Vergleiche dazu Coase 1937 (Nature) und Williamson 1975 (Markets and Hierarchies).

17   Koopmans 1989 (Optimalitätskonzepte), S. 483.

18   Dies ist eine tragende Grundannahme in den Ausführungen Schneider's zur Entwicklung einer Allgemeinen Betriebswirtschaftslehre; vergleiche dazu Schneider 1987 (Betriebswirtschaftslehre), speziell S. 2f. und S. 496f.

19   Vergleiche dazu Schneider 1987 (Betriebswirtschaftslehre), S. 4.

20   Schmalenbach 1930 (Selbstkostenrechnung), S. 13.

Diese Motivkomplexe diffundieren auf der Basis von Interaktionsprozessen[21] in die Unternehmen. Dort prägen sie sich im Rahmen komplexer *Willensbildungsprozesse*[22] zunächst als unternehmensbezogene gesellschaftliche Wertvorstellungen, dann als gesellschaftliche Rollen der Unternehmen sowie als unternehmensspezifische Wertvorstellungen der Interessenträger aus. Am Ende dieses Prozesses nimmt die daraus insgesamt resultierende Unternehmensphilosophie die Gestalt von konkretisierten unternehmensbezogenen Zielsystemen an, die für die gesamte Unternehmenspolitik und somit speziell auch für die unternehmerische Stabilitätspolitik als Richtlinien gelten können.

Innerhalb dieses hier nur sehr kurz skizzierten Willensbildungsprozesses bilden die den Unternehmen zuerkannten gesellschaftlichen Rollen die originären Zwecke unternehmerischen Handelns. Diese Zwecke unternehmerischen Handelns sind in der hier zugrunde gelegten Sichtweise weder mit den Wirkungen noch mit den Zielen des unternehmerischen Handelns völlig identisch.

Die mit der instrumentellen Nutzung von Unternehmen angestrebten Zwecke resultieren aus einer finalen Betrachtung von Mittel-Zweck-Beziehungen, die zu den charakteristischen Wesensmerkmalen von Unternehmen führt. In den Zwecken unternehmerischer Aktivität erschließt sich somit der gesamtwirtschaftliche Sinn unternehmerischen Handelns. Die mit der Nutzung von Unternehmen verbundenen Wirkungen resultieren demgegenüber aus einer kausalen Betrachtung von Ursache-Wirkungs-Beziehungen, die im Sinne einer nomologischen *Begriffsauffassung* zu Erklärungen beziehungsweise Prognosen des unternehmerischen Handelns führt. In den Wirkungen unternehmerischer Tätigkeit konkretisieren sich somit die (prognostizierten) *Ergebnisse unternehmerischen Handelns*. In den der instrumentellen Nutzung von Unternehmen zugrunde gelegten *Zielen* wird schließlich im Sinne einer *teleologischen Begriffsauffassung* die konkrete Ausrichtung des unternehmerischen Handelns gedanklich vorweggenommen. In den Zielen unternehmerischer Aktivitäten konkretisieren sich somit die *angestrebten (Soll-)Vorstellungen über die zu erreichenden Ergebnisse* des unternehmerischen Handelns.

Zu den zwecksetzenden gesellschaftlichen Rollen[23] lassen sich vor allem die Produkterzeugung und die damit einhergehende (Fremd-)*Bedarfsdeckung*[24], die zur Einkommens-

---

21 Zur Entwicklung eines derartigen interaktiven Prozesses zwischen Unternehmen und Gesellschaft vergleiche speziell Krüger 1979 (Zielbildungsprozesse), passim.

22 Ein grundlegendes Verständnis solcher Willensbildungsprozesse vermitteln insbesondere Albach 1976 (Willensbildung) sowie auch Krüger 1981 (Konflikte), S. 926ff.

23 Diesen Systematisierungsvorschlag entwickelt Krüger 1981 (Konflikte), S. 932.

24 Bereits Gutenberg 1979 (Produktion; 1. Auflage 1951), S. 465 und 1990 (Einführung; 1. Auflage 1958), S. 39 beschreibt die Bedarfsdeckung als gesamtwirtschaftlichen Sinn unternehmerischer Betätigung. Kosiol 1966 (Unternehmung), S. 17 kennzeichnet diesen Tatbestand als Fremdbedarfsdeckungsfunktion und sieht in ihr – neben der wirtschaftlichen Selbständigkeit und der besonderen Art des wirtschaftlichen Risikos – ein wesentliches Merkmal von Unternehmen. Diese fokussierte Sicht schließt selbstverständlich nicht aus, daß auf dem Weg zur Fremdbedarfsdeckung auch Eigenbedarfe entstehen und gedeckt werden.

beziehungsweise (allgemeiner) *Entgelterzielung* zusammenfaßbare Gewinn-, Lohn-, Steuer-
und Zinserzielung sowie die *Bedürfnisbefriedigung* zählen. Diese nicht unabhängig nebeneinander stehenden Zwecke sind in *Abbildung 1-2* in ihrem Zusammenwirken veranschaulicht.

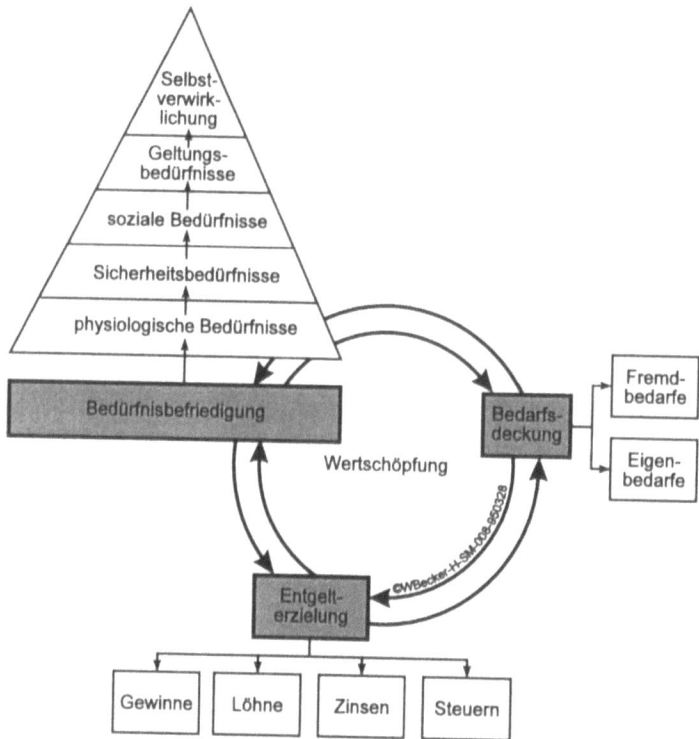

**Abbildung 1-2   Übergeordnete, aus Individualinteressen abgeleitete Zwecke des
Handelns von Unternehmen**

Die Darstellung verdeutlicht, daß in der hier vertretenen Auffassung das *Interesse nach
Bedürfnisbefriedigung* im Ursprung menschlichen, und somit letztlich auch unternehmerischen Handelns steht. Dieses Interesse läßt sich beispielsweise in Form der von Abraham
H. Maslow[25] aufgestellten Bedürfnispyramide konkretisieren[26], in der unter Zusammenfassung funktionalistischer, gestaltpsychologischer und psychoanalytischer Erkenntnisse
unterschiedliche Klassen individueller Bedürfnisse in einer Rangordnung systematisiert
und generalisiert sind.

---

25 Vergleiche dazu Maslow 1954 (Personality), S. 35ff.

26 Diese hier vorgenommene Art der Konkretisierung ist zwar populär, soll aber keineswegs als die einzig
mögliche Konkretisierung herausgestellt werden. So könnte man sich beispielsweise auch der
jüngeren Bedürfnisklassifikation anschließen, die Alderfer 1972 (existence) in seiner ERG-Theorie
(existence needs, relatedness needs, growth needs) entwickelt hat. Vergleiche dazu auch Baumgarten
1975 (Maslow-Konzept).

Die Bedürfnisbefriedigung erfolgt prinzipiell auf dem Wege der *Bedarfsdeckung*[27], die wiederum sowohl in Form der Eigenbedarfsdeckung als auch als Fremdbedarfsdeckung auftreten kann. Die *Entgelterzielung*, die in Abhängigkeit vom jeweiligen Interessenträger der Art nach unterschiedliche Ausprägungen annehmen kann, kann in diesem Zusammenhang als *derivativer Zweck* angesehen werden. Dies resultiert aus dem zunächst überraschenden, letztlich jedoch trivialen Tatbestand, daß Geld an sich, insbesondere ohne eine marktliche Umgebung, sinn- und wertlos ist. Geld bekommt vielmehr erst dann einen Wert, wenn *Bedarfsdeckungserfordernisse und -möglichkeiten* bestehen und es zudem als *allgemein akzeptiertes Tauschmittel* eingesetzt werden kann. Es beinhaltet dann ein generalisiertes *Bedarfsdeckungspotential*, das (nahezu) jederzeit konkretisierbar ist.

Insgesamt gesehen erlangt somit insbesondere die durch individuelle Bedürfnisse angestoßene *Bedarfsdeckung* den Stellenwert einer sehr wesentlichen und zudem originären Zwecksetzung menschlichen Handelns. Da angesichts der äußerst komplexen Bedarfsstrukturen und der resultierenden Differenziertheit der entsprechenden Leistungen die vollständige *Eigenbedarfsdeckung* nicht (mehr) möglich ist, wird ein auf Marktmechanismen zurückgreifendes arbeitsteiliges Vorgehen unabdingbar. Damit rückt die *Fremdbedarfsdeckung* als bedeutsamer Zweck in den Vordergrund unternehmerischen Handelns.

Gleichwohl darf aus dieser Sicht nicht geschlossen werden, daß der in der Entgelterzielung zum Ausdruck kommenden Wertkomponente eine nur wenig bedeutsame Position beizumessen ist. Vielmehr wird die teleonomisch zu erschließende *Spezifität unternehmerischen Handelns* ja wohl gerade in der *Wertschöpfungsfunktion* von Unternehmen besonders deutlich. Insgesamt scheinen insofern die *Interdependenzen zwischen den angeführten Zwecken unternehmerischen Handelns* derart eng zu sein, daß sich kaum eine sinnvolle Zweckhierarchie herauskristallisiert. Dies gelingt wohl eher auf der teleologischen Ebene der *Ziele des unternehmerischen Handelns*.

3 Sicherung der Existenz als Zielsetzung des Handelns von Unternehmen

Joseph A. Schumpeter, der sich besonders um die Zusammenstellung von grundsätzlichen Unternehmerfunktionen bemüht hat, kennzeichnete bereits 1928 *Unternehmen* als „äußerlich selbständige, scheinbar autonome, grundsätzlich auf sich selbst gestellte, *unmittelbar nur am eigenen Lebensinteresse orientierte Einheiten*"[28,29] im sozialen Produktionsprozeß. Die hier getroffene Feststellung, daß das übergeordnete Bestreben der Führung in

---

27 Auf die nicht unstrittige Unterscheidung von Bedürfnis und Bedarf soll und muß hier nicht näher eingegangen werden. Unterstellt wird auch hier die Richtigkeit des regelmäßig bestehenden Minimalkonsenses darüber, daß der „Bedarf eine Konkretisierung und Objektivierung der Bedürfnisse" (Häuser 1974 (Bedürfnis), Sp. 452) impliziert.

28 Schumpeter 1928 (Unternehmer), S. 476.

29 Am Rande sei auf ein bei Schneider 1987 (Betriebswirtschaftslehre), S. 215 gefundenes Zitat verwiesen, aus dem ersichtlich wird, daß zuvor auch bereits Nicklisch 1920 (Privatwirtschaftslehre) feststellt, daß „das oberste Gebot für die Einzelwirtschaft ... das der Selbsterhaltung" (S. 44) sei.

der *Sicherung der Existenz von Unternehmen* bestehen muß, kann heute als nahezu durchgängig in der betriebswirtschaftlichen Literatur vorherrschende, explizit vorgetragene oder zumindest implizit enthaltene Auffassung angesehen werden[30].

Ein insofern übergeordnetes *Ziel des unternehmerischen Handelns* besteht in der *Sicherung der Existenz von Unternehmen.* Dieses Ziel resultiert vor allem aus dem (Grund-) Bedürfnis der Interessenträger von Unternehmen, *Unsicherheiten im Rahmen der Zweckerfüllung* zu reduzieren, die im Zuge der instrumentellen Nutzung von Unternehmen aufgrund der nur beschränkten Vorhersehbarkeit menschlichen Handelns zwangsläufig auftreten. Dieses Bemühen erfolgt, um im Rahmen der Verfolgung spezieller ökonomischer Interessen zugleich auch individuellen Sicherheitsbedürfnissen zu entsprechen. Soll das in einer für alle am Unternehmensgeschehen Beteiligten glaubwürdigen Weise geschehen, so stellt die *Erhaltung des zumindest längerfristigen, wenn nicht gar dauerhaften Bestands der Unternehmung* dafür eine wesentliche Voraussetzung dar. Dies gilt für das *Unternehmen in seiner Gesamtheit*, also speziell etwa gleichermaßen für die im Unternehmen beschäftigten *Mitarbeiter* wie auch für die im Rahmen von Tausch- und Wettbewerbsbeziehungen mit dem Unternehmen kooperierenden und konkurrierenden *Marktpartner.* Das Bemühen um Verringerung von Unsicherheiten im Rahmen des wirtschaftlichen Handelns von Unternehmen kann insofern mit Dieter Schneider auch als eine wesentliche, ein Streben nach dauerhafter Existenzsicherung beinhaltende „*Institutionen-begründende Unternehmerfunktion*" bezeichnet werden[31].

Das *Erfordernis der Bestandssicherung von Unternehmen* ist im übrigen auch in deren gesellschaftlichem Umfeld eine wesentliche Grundvoraussetzung jeglicher gesellschaftlicher Ordnung. Deutlich wird dies vor allem in Rechtsgrundsätzen, in denen regelmäßig eine Generalisierung normativer Verhaltenserwartungen der Gesellschaft erfolgt. So finden sich nicht ohne Grund vor allem im *Wirtschaftsrecht* Hinweise darauf, daß der „*Bestandsschutz als spezifisches Prinzip*"[32] unternehmerischer Tätigkeit fungiert. Speziell findet sich beispielsweise im Gewerberecht die ausdrückliche Forderung danach, daß das Gewerbe auf Dauer angelegt sein muß. Auch beinhaltet etwa das Handelsrecht den als „Going-Concern-Prinzip"[33] bekannten Grundsatz der Fortführung der Unternehmenstätigkeit.

Das *Streben nach Existenzsicherung* muß insofern als prinzipiell dauerhaft angelegte und zudem übergeordnete Zielsetzung der Führung von Unternehmen angesehen werden. Allerdings bedingt die Zielerreichung eine adäquate *Konkretisierung und Umsetzung* dieser vergleichsweise abstrakten Zielsetzung. Ziele stellen zwar die zentralen Determinanten

---

30 Vergleiche dazu exemplarisch Bleicher/Meyer 1976 (Führung), S. 14 sowie auch die dort angeführte Literatur.

31 Vergleiche dazu Schneider 1987 (Betriebswirtschaftslehre), S. 6, der das „Erzielen von Arbitragegewinnen" und das „Durchsetzen von Änderungen in wirtschaftlicher Führerschaft" als weitere, Institutionenerhaltende Unternehmerfunktionen anführt.

32 Raisch 1973 (Unternehmensrecht), S. 133.

33 Vergleiche zu diesem, speziell für die unternehmensextern orientierte Rechnungslegung bedeutsamen Grundsatz etwa Coenenberg 1988 (Jahresabschluß), S. 44.

des ökonomischen Handelns in Unternehmen dar und sind insofern für sämtliche *Führungs- und Ausführungshandlungen* unabdingbar[34]. Ziele sind jedoch zudem auch durch ein Nebeneinander von *Individualität und Pluralität*[35] geprägt[36], so daß unternehmerisches Handeln nicht nur auf der Grundlage konsensbegründeter Allianzen erfolgt, sondern auch durch ständig abstimmungsbedürftige Konfliktfelder[37] beeinflußt wird[38]. Hinzu kommt, daß sich *unternehmerisches Handeln in einer evident dynamischen Umwelt* vollzieht, die Unternehmen beeinflußt und somit bewirkt, daß eine aufgebaute Existenz nicht automatisch im Zeitablauf bestehen bleibt.

Aus diesen stabilitätspolitischen Erschwernissen resultiert die Notwendigkeit eines auf das Auswählen zwischen alternativen Vorgehensweisen gerichteten, *interagierenden Entscheidungshandelns* sämtlicher im Unternehmen zusammengefaßter Interessenträger. Diese spezielle Ausprägung des Handelns setzt prinzipiell *Planung* im Sinne eines „systematisch-methodischen Prozess(es) der Erkenntnis und Lösung von Zukunftsproblemen"[39] auf der Basis der gesetzten und konkretisierten Ziele voraus. Die auf der Grundlage geplanter Handlungen und resultierender Wirkungen getroffenen Entscheidungen sind anschließend durchzusetzen und durch Realisation umzusetzen. Abschließend ist das Ausmaß der realisierten Zielerreichung durch eine entsprechende Kontrolle zu überprüfen. Die genannten Phasen der Planung, Entscheidung, Realisation und Kontrolle ergeben in ihrem Zusammenwirken einen äußerst komplexen und sich ständig wiederholenden Managementzyklus[40]. Dieser hat durch eine durch die Unternehmenspolitik initiierte Integration und Koordination[41] des Handelns im Sinne einer nach Harmonisation der Interessen strebenden ganzheitlichen Orientierung des Unternehmens dazu beizutragen, daß das in Unternehmen herrschende Spannungsfeld zwischen Führungs- und Ausführungsaktivitäten zielorientiert ausgerichtet wird.

---

34 Vergleiche ähnlich Szyperski 1971 (Unternehmungsleitung), S. 650f.

35 Zum Verhältnis zwischen Individualzielen und Unternehmenszielen vergleiche auch Harrmann 1979 (Durchsetzung), S. 949f., Heinen 1978 (Führung), S. 28 sowie Müller 1977 (Ziele), S. 2ff.

36 Vergleiche so auch Schmidt 1967 (Instrumentalfunktion), S. 237 und S. 240.

37 Vergleiche dazu auch Cyert/March 1964 (Amalgam), S. 291 sowie Schmidt 1977 (Wirtschaftslehre), S. 53 und S. 67.

38 Weitere Ursachen für das Auftreten von Konflikten systematisiert beispielsweise Krüger 1972 (Konflikthandhabung), S. 24ff.

39 Wild 1981 (Unternehmungsplanung), S. 13.

40 Diese Auffassung sich zyklisch wiederholender Managementprozesse geht vor allem zurück auf Koontz/O'Donnell 1976 (Management; 1. Auflage 1955) und wurde später auch in der deutschen Literatur adaptiert; vergleiche dazu etwa Steinle 1978 (Führung), S. 107f., Wild 1981 (Unternehmungsplanung), S. 32ff. sowie auch Steinmann/Schreyögg 1991 (Management), S. 7ff. und in kritischer Weiterentwicklung vom plandeterminierten zum steuerungsorientierten Managementprozeß S. 103ff.

41 Mit Bleicher/Meyer 1976 (Führung) wird der zur präsituativen Strukturierung führende „Prozeß der Verganzheitlichung, d.h. der fortschreitenden Bildung eines Systems aus einem summativ geordneten Gebilde" (S. 49) als Integration und der situative Anpassungserfordernisse aufgreifende Prozeß der „einzelfallspezifische(n) ... Ungewißheitsreduktion durch abstimmende und zielausrichtende Tätigkeiten" (S. 51) als Koordination bezeichnet.

Insofern sind Unternehmen im Rahmen einer entsprechend auszurichtenden Unternehmenspolitik stets erneut zu einer aktiven Anpassung ihrer Konfiguration sowie ihrer Handlungsausprägungen gezwungen[42]. In diesem Zusammenhang ist vor allem auch davon auszugehen, daß Unternehmen sich nicht unbedingt stets in stabilen, die Existenzsicherung gewährleistenden Gleichgewichtslagen befinden, sondern oftmals ein eher labiles Gleichgewicht, das eine Gefährdung des unternehmerischen Bestands impliziert, einnehmen.

B Entwicklungen, spezielle Ausprägungen und mögliche Ursachen der Existenzgefährdung von Unternehmen

Im vorausgegangenen Abschnitt wurde – ausgehend von der hier vertretenen instrumentellen Sichtweise von Unternehmen als Institutionen ökonomischen Handelns – vor allem die der Existenzsicherung von Unternehmen beizumessende Bedeutung skizziert. Aus diesem Blickwinkel erscheint es zwingend, vor allem die Unternehmenspolitik darauf auszurichten, eine Balance der (labilen) Gleichgewichtslage von Unternehmen zu gewährleisten. Bestehen diesbezügliche Defizite in der Unternehmenspolitik, die in dieser Ausprägung stets den Charakter einer unternehmerischen Stabilitätspolitik anzunehmen hat, so läßt sich im allgemeinen das Eintreten existenzgefährdender Entwicklungen nicht zuverlässig ausschließen.

Existenzgefährdungen beinhaltende Entwicklungen von Unternehmen können, sofern als weitere Eigenschaft der Entwicklung Unsicherheit über ihren Ausgang hinzukommt, auch als Unternehmenskrisen[43] bezeichnet werden[44]. Im Bemühen, wirksame Ansätze zur Verbesserung der Stabilitätspolitik herauszuarbeiten, sind krisenhafte Unternehmensentwicklungen – dies zeigen im betriebswirtschaftlichen Schrifttum vielfach vorzufindende Analysen – vor allem hinsichtlich ihrer Entwicklungstypen und Ursachen näher zu differenzieren. Derartige Überlegungen werden in der betriebswirtschaftlichen Literatur oftmals in unmittelbaren Zusammenhang mit der Behandlung des unternehmerischen Erfolgs ge-

---

42 Insofern entspricht diese Zuordnung existenzsichernder Aufgaben zur Unternehmenspolitik auch der von Günter Dlugos vertretenen Auffassung, gemäß der sämtliche in Unternehmen erfolgende Sicherungsaktivitäten der Unternehmenspolitik zuzuordnen sind. Vergleiche dazu Dlugos 1974 (Unternehmungspolitik) sowie Dlugos 1981 (Betriebswirtschaftspolitik).

43 Vergleiche zu diesem – letztlich auf die politikwissenschaftliche Krisenforschung zurückführbaren – Krisenbegriff, für den das Vorliegen einer sich als Existenzbedrohung ausprägenden Gefährdung sowie die Undeterminiertheit der Gefährdungsentwicklung konstituierende Merkmale darstellen, auch Witte 1981 (Unternehmenskrise), S. 11 sowie darüber hinaus Krystek 1987 (Unternehmungskrisen), S. 6, der als weitere Merkmale die Gefährdung dominanter Ziele eines Unternehmens, den Prozeßcharakter der existenzgefährdenden Entwicklung sowie die Steuerungsproblematik seitens der Führung anführt.

44 Diese Sicht wird auch bereits bei Erich Schäfer deutlich, der sich im Rahmen seiner Einführung in die Betriebswirtschaftslehre bereits frühzeitig mit Krisenentwicklungen auseinandersetzte. Den offenen Ausgang krisenhafter Entwicklungen verdeutlicht Schäfer, indem er die sich an eine Krise anschließenden möglichen Zustände in die eigene Fortführung des Unternehmens, in die Veräußerung des Unternehmens im ganzen (Liquidation im formellen Sinne) und in die Zerschlagung (Liquidation im materiellen Sinne) unterteilt. Vergleiche dazu Schäfer 1980 (Unternehmung), S. 300f.

stellt[45]. Dies ist prinzipiell auch nicht sonderbar, da zumindest erwerbswirtschaftliche Unternehmen auf Gewinnerzielung, die im Rahmen von krisenhaften Entwicklungen regelmäßig beeinträchtigt wird, ausgerichtet sind. Zudem dient die Erfolgssphäre der Abbildung des in der Leistungssphäre stattfindenden Handelns von Unternehmen. Die Führung kann daher aus erfolgssphärenbezogenen Informationen in besonderer Weise Signale für das Auftreten von Unregelmäßigkeiten beziehungsweise Mißverhältnissen in der Leistungssphäre von Unternehmen gewinnen. Deshalb sollen hier vorrangig – als spezielle Ausprägungen existenzgefährdender Entwicklungen – solche Krisenentwicklungen, die die Erfolgsstabilität von Unternehmen beeinträchtigen, betrachtet werden.

1   Kennzeichen der Genese existenzgefährdender Entwicklungen von Unternehmen

Die von der Initialisierung einer Existenzgefährdung bis zum Zusammenbruch eines Unternehmens reichende zeitliche Entwicklung läßt sich mit Hilfe allgemeiner *Kennzeichen der Genese existenzgefährdender Entwicklungen* charakterisieren. Entwicklungstypische Merkmale und ihre Ausprägungen bilden insofern einen (vorrangig beschreibenden) Modellrahmen für die Ableitung der an eine *erfolgsorientierte Stabilitätspolitik* zu stellenden Anforderungen.

Innerhalb der Behandlung von Unternehmenskrisen durch Erich Schäfer werden diese als *Gleichgewichtsstörungen* aufgefaßt, die als Konsequenz „länger anhaltende(r) Mißverhältnisse"[46] auftreten und schließlich dazu führen (können), daß „Unternehmungen, äußerlich gesehen, an rein finanziellem Versagen (Zahlungsunfähigkeit) zugrunde"[47] gehen. Derartige Schwierigkeiten sind allerdings nicht zwingend die eigentlichen *Ursachen eines krisenbedingten Niedergangs von Unternehmen*, sondern erst die Folgen tieferliegender Probleme. Darauf verweist auch Schäfer, indem er das Auftreten finanzieller Schwierigkeiten als „ein sehr spätes Krisensymptom"[48] kennzeichnet.

Existenzgefährdende Entwicklungen können prinzipiell in jedem Stadium eines unternehmerischen Lebenszyklus auftreten, nämlich in der Gründungs- und Anlaufphase als *Gründungskrisen*, in der Expansions- und Reifephase als *Anpassungskrisen* und in der Degenerationsphase als *Alterskrisen*[49]. Allerdings scheinen *Gründungskrisen* aufgrund der in der

─────────────────────

45 Vergleiche dazu einerseits nochmals das Lehrbuch Schäfer 1980 (Unternehmung), in dem sich die Behandlung von Unternehmenskrisen (S. 288ff.) unmittelbar an die Erörterung von Erfolgsbildung und Erfolgsverwendung (S. 233ff.) anschließt. Andererseits wird dies auch in der speziellen Literatur zur qualitativen Ursachenforschung von Unternehmenskrisen deutlich, wie dies der diesbezügliche Überblick bei Krystek 1987 (Unternehmungskrisen), S. 44ff. belegt.

46 Schäfer 1980 (Unternehmung), S. 289.

47 Schäfer 1980 (Unternehmung), S. 293.

48 Schäfer 1980 (Unternehmung), S. 292.

49 Die hier gewählte Differenzierung folgt vorrangig Albach/Bock/Warnke 1985 (Wachstumsschwellen), die zwischen Gründungskrisen, kritischen Wachstumsschwellen und Alterskrisen (S. 11ff.) differenzieren. Annähernd gleichartige Differenzierungen finden sich auch bei Bellinger 1962 (Unternehmenskrisen), der

Gründungs- und Anlaufphase eines Unternehmens oftmals feststellbaren, unzureichenden Eigenkapitaldeckung – mit der Folge hoher Verschuldung und schließlich eintretender Überschuldung – recht naheliegend. Ähnliches gilt für *Alterskrisen*, die regelmäßig speziell in solchen Unternehmen stattfinden, die einen Verlust ihrer Innovationskraft erleiden und deshalb aus dem Marktprozeß ausscheiden. Demgegenüber erwecken *Anpassungsbeziehungsweise Wachstumskrisen* besonderes Interesse, da sie in wachsenden und insofern eher erfolgreichen sowie scheinbar stabilen Unternehmen auftreten können[50] und auf tiefliegende Ursachen zurückgeführt werden müssen.

Krisenhafte Entwicklungen lassen – relativ unabhängig von der Art der Krise und den jeweiligen Ursachen der Krise – im allgemeinen *unterschiedliche zeitliche Verläufe* erkennen. So weist etwa Eberhard Witte darauf hin, daß „die bisherigen empirischen Analysen sowohl Fälle eines plötzlichen Ausbruchs der Gefahr als auch eines schleichenden Ansteigens und mehrgipfligen Ausschwingens der Krise zeigen."[51]

Offenkundig existieren jedoch gleichwohl in gewisser Weise *typische existenzbedrohende Prozesse*, die der Art nach ähnliche Gefährdungsentwicklungen aufweisen. So lassen sich grundsätzlich zum einen 'normale existenzbedrohende Entwicklungen' feststellen, die sich durch einen stetigen Verlauf auszeichnen, in dem in bestimmten Schritten gewisse Gefährdungsstadien durchlaufen werden. Zum anderen sind aber auch 'außergewöhnliche existenzbedrohende Entwicklungen' beobachtbar, die sich durch das plötzliche Auftreten von Unstetigkeiten kennzeichnen lassen, mit denen also das Eintreten dammbruchartiger, letztlich katastrophaler Störungen[52] verbunden ist. Zur deutlichen Unterscheidung beider *Erscheinungsformen existenzbedrohender Entwicklungen* scheint es zweckmäßig, allein die zunächst angesprochenen normalen Entwicklungen als *Krise* zu bezeichnen und die zuletzt angesprochenen außergewöhnlichen Entwicklungen mit dem Begriff der *Katastrophe* zu belegen[53].

---

zwischen Einführungs-, Expansions- und Kontraktionskrisen (S. 49ff.) unterscheidet, Bleicher 1979 (Unternehmungsentwicklung), der zwischen Wachstums-, Stagnations- und Schrumpfungskrisen (S. 62ff.) unterscheidet und Schäfer 1980 (Unternehmung), der eine Unterteilung in Gründungs- und Anpassungskrisen (S. 292) vornimmt.

50   So verweisen etwa Albach/Bock/Warnke 1985 (Wachstumsschwellen), S. 412 darauf, daß von den 43 US-amerikanischen Unternehmen, die von Thomas J. Peters und Robert H. Waterman jun. auf der Suche nach bedeutsamen Erfolgsfaktoren (vergleiche dazu Peters/Waterman 1984 (Spitzenleistungen)) als exzellent eingestuft wurden, zwei Jahre nach dieser Untersuchung 14 Unternehmen ernsthafte Schwierigkeiten aufwiesen.

51   Witte 1981 (Unternehmenskrise), S. 14.

52   Vergleiche zum Begriff der katastrophalen Störung, in deren Verlauf es zu abrupten und zudem größeren Verhaltensveränderungen kommt, Chandler/Schönbrunn 1982 (Katastrophentheorie), S. 494, deren diesbezügliche Ausführungen sich vor allem auf die grundlegende Arbeit zur Katastrophen- beziehungsweise Chaostheorie von Thom 1972 (Stabilité) stützen.

53   Demgegenüber definiert Krystek 1987 (Unternehmungskrisen) Katastrophen als „äußerste Ausprägungen von Unternehmungskrisen, ... die den Fortbestand der Unternehmung unmöglich machen" (S. 9). Diese den Ausgang der Entwicklung vorwegnehmende Begriffsfassung scheint allerdings unzweckmäßig, da sie nicht mit naturwissenschaftlichen Katastrophentheorien abgestimmt ist. Vor allem aber besteht weitrei-

Einen krisenhaften *Unternehmens-Lebenszyklus*, der letztlich zum Zusammenbruch des betroffenen Unternehmens führen kann, veranschaulicht *Abbildung 1-3*[54]. Die Darstellung verdeutlicht in (ideal-)typischer Ausprägung den zeitlichen Verlauf eines im krisenbedingten Niedergang endenden Lebenszyklus von Unternehmen. Der im oberen Teil der Abbildung ersichtliche *Lebenszyklus der Unternehmung*, dargestellt an der Umsatz-, Gewinn- und Eigenkapitalentwicklung, wird hier idealtypisch in eine *Gründungs- und Anlaufphase*, eine *Expansions- und Stagnationsphase* sowie eine *Degenerationsphase* unterteilt. Das zeitweilig ersichtliche Wachstum von Umsatz, Gewinn und Eigenkapital erfüllt allerdings nicht die für eine dauerhafte Bestandserhaltung erforderliche „Bedingung der Long-Run-Betrachtung ... . Wie zu ersehen ist, zehren die Verluste das Eigenkapital auf; die Todesgrenze soll spätestens bei völliger Aufzehrung des Eigenkapitals erreicht sein"[55].

Der hier in diese Lebenszyklus-Betrachtung integrierte Krisenzyklus veranschaulicht, daß die *Kriseninitialisierung*, in der die unternehmerische Entwicklung noch als gleichgewichtiger Normal-Verlauf beschrieben werden kann, im allgemeinen einen größeren *zeitlichen Vorlauf gegenüber der eigentlichen Krisen-Entwicklung*, die existenzgefährdende Instabilitäten beinhaltet, aufweist. Der Krisen-Pfad selbst ist dadurch gekennzeichnet, daß sich das Unternehmen zunächst langsam, dann jedoch oftmals *mit deutlich zunehmender Geschwindigkeit* bis zum möglicherweise stattfindenden Zusammenbruch entwickelt.

Abweichungen von dem hier idealtypisch dargestellten Verlauf resultieren insbesondere aus der Wirkung eines entsprechenden *Krisen-Managements*[56]. Dadurch kann die Krisenentwicklung gegebenenfalls abgebremst werden, so daß sich der *Krisenpfad auch in Form einer mehrhöckerigen Kurve* entwickeln kann. Folglich verlängert sich in einem solchen Fall die verfügbare Reaktionszeit des Unternehmens, die genutzt werden kann, um eine *endgültige Gefährdungsabwehr*, die das Unternehmen wieder in eine stabilere Gleichgewichtslage zurückversetzt, zu erreichen. Gelingt es, die Krisenentwicklung derart zu unterbrechen und in eine *Sanierungsentwicklung* umzulenken, so kann der endgültige Zusammenbruch des Unternehmens verhindert werden. Typischerweise wird allerdings eine Sanierung nicht auf demselben Pfad, sondern nur mit einem zeitlichen Versatz möglich sein, so daß sich im Lebenslauf Schleifen bilden. Noch wesentlich deutlichere Abweichungen im Verlauf existenzbedrohender Unternehmensentwicklungen resultieren aus *katastrophenartigen Gefährdungen*. Diese sind – aus mathematischer Sicht – dadurch gekennzeichnet,

---

chende Einigkeit, daß während einer existenzbedrohenden Entwicklung – aufgrund ihrer Undeterminiertheit – der Ausgang der Krise unsicher bleibt. Insofern sind die beiden Grenzfälle, in denen entweder die Existenzauflösung oder die Sanierung von vornherein voraussehbar sind, aus dem Krisen- und Katastrophenbegriff auszuklammern. Vergleiche dazu auch nochmals Witte 1981 (Unternehmenskrise), S. 11.

54 Diese Abbildung wurde erstellt in Anlehnung an Lücke 1982 (Unternehmenswachstum), S. 204 (dort speziell Abbildung 18) sowie Busse 1985 (Unternehmensphasen), S. 166 (dort speziell Abbildung 7-1).

55 Lücke 1982 (Unternehmenswachstum), S. 204.

56 Diesbezügliche Maßnahmen sollen hier noch nicht näher untersucht werden. Vielmehr besteht das Ziel dieses Kapitels zunächst allein darin, existenzbedrohende Entwicklungen ihrer Art nach zu beschreiben, um dem Leser die Einordnung der Problemstellung der vorliegenden Untersuchung zu erleichtern.

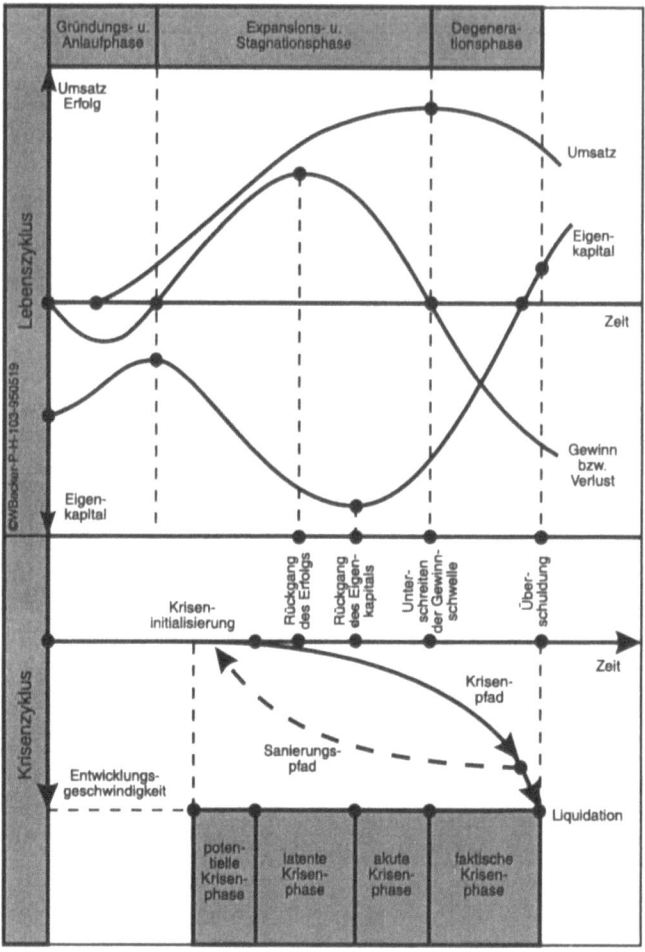

**Abbildung 1-3   Idealtypischer Verlauf einer krisenhaften Unternehmens-
entwicklung**

daß kontinuierliche Veränderungen von Kontrollvariablen zu plötzlich eintretenden, un-
stetigen und zudem unvorhersehbaren Veränderungen der Verhaltensvariablen führen.
Derartige Katastrophen lassen sich allerdings graphisch aufgrund ihrer Mehrdimensionalität oftmals nicht mehr darstellen[57].

Die Darstellung in Abbildung 1-3 verdeutlicht neben der typischen Kennzeichnung des
Krisenverlaufs auch typisch erscheinende *Krisenmerkmale*. Die hier exemplarisch ange-

---

57 Dreidimensionale, topologisch abgebildete Katastrophenmodelle – speziell die sogenannte „Cusp-Kata-
    strophe" findet der interessierte Leser bei Chandler/Schönbrunn 1982 (Katastrophentheorie), S. 495 und
    S. 497ff. sowie auch – in noch wesentlich einfacheren, jedoch nicht ökonomischen Modellen erklärt – bei
    Briggs/Peat 1990 (Chaos), S. 121f.

führten Charakteristika entstammen der *Wertsphäre von Unternehmen* und beschränken sich auf Merkmale, wie sie speziell im akuten oder faktischen Stadium einer Krise auftreten. Darüber hinaus können im jeweiligen Einzelfall weitere, ebenfalls als *Frühwarnindikatoren* nutzbare Merkmale in früheren Krisenphasen auftreten. Als Frühwarnindikatoren seien in diesem Zusammenhang solche Merkmale bezeichnet, die die Unternehmensführung in die Lage versetzen können, „mögliche Gefährdungen frühzeitig wahrzunehmen und zu analysieren ..., (um so) hinreichend Zeit zur Ergreifung geeigneter Maßnahmen zur Abwendung oder Minderung von Gefährdungen zu haben"[58]. Wesentlich ist dabei die Anforderung, daß derartige Indikatoren die „möglichen Gefährdungen ... mit zeitlichem Vorlauf signalisieren"[59], damit das Unternehmen frühzeitig genug reagieren kann[60]. Derartige Merkmale, wie beispielsweise rückläufige Auftragseingänge und Auftragsbestände, Erhöhungen der Lagerbestände für Halbfertig- und Fertigprodukte, Beschäftigungsrückgänge und Kapazitätsunterauslastungen in wesentlichen Fertigungsbereichen[61], treten allerdings nicht zwingend in jeder zum Zusammenbruch führenden Krise auf. Beispielsweise muß im konkreten Einzelfall keineswegs ein mengenmäßiger Einbruch der Nachfrage erfolgen. Vielmehr ist es durchaus auch denkbar, daß Kapitalstruktur- und/oder Kostenstrukturverschiebungen allein den bevorstehenden Zusammenbruch eines Unternehmens einleiten. Die *Art der auftretenden Merkmale* – sowie teilweise auch deren Reihenfolge – ist insofern unmittelbar abhängig von den *Ursachen der existenzgefährdenden Entwicklung*.

Unabhängig davon, welche Ursachen eine existenzgefährdende Entwicklung auslösen, verfügen Unternehmen über die angeführten, das *Erkennen von Krisensituationen* erleichternden Informationen allerdings häufig erst in einem fortgeschrittenen Krisenstadium. H. Igor Ansoff hat durch seine Arbeiten über das *Eintreten strategischer Diskontinuitäten*[62] auf diesen Tatbestand bereits frühzeitig aufmerksam gemacht. Daraus leitet sich die Notwendigkeit ab, nicht nur die auch in Abbildung 1-3 angeführten Daten, die üblicherweise im innerbetrieblichen Rechnungswesen von Unternehmen erfaßt werden, heranzuziehen, sondern darüber hinaus auch *schwache Signale* zu beobachten und wahrzunehmen. Diese ermöglichen es Unternehmen, *existenzgefährdende Entwicklungen frühzeitig entdecken* und somit angemessen auf Diskontinuitäten reagieren zu können. Dafür ist es allerdings erforderlich, die *Art der jeweils vorliegenden existenzbedrohenden Entwicklung* möglichst genau zu identifizieren und abzugrenzen, um die Ursachenkomplexe aufdecken zu können.

---

58 Hahn/Krystek 1979 (Frühwarnsystem), S.76

59 Drexel 1984 (Frühwarnsystem), S.89

60 Vergleiche zum Problemkreis der Frühwarnsysteme insbesondere auch die in Albach/Hahn/Mertens 1979 (Frühwarnsysteme) enthaltenen Beiträge und die dort angeführte, umfangreiche Literatur.

61 Vergleiche dazu beispielsweise auch Hahn/Klausmann 1979 (Frühwarnsysteme), S. 26f. und Krystek 1990 (Frühaufklärung), S. 72.

62 Vergleiche dazu Ansoff 1981 (Diskontinuitäten).

2 Existenzgefährdende Entwicklungen in der Finanz- und Erfolgsstruktur von Unternehmen

Existenzbedrohende Entwicklungen lassen sich besonders deutlich mit Hilfe des Rechnungswesens, also aus *Informationen über die Wertsphäre von Unternehmen* erkennen. Wesentliche Signale erhält man insbesondere aus den *Finanz- und Erfolgsstrukturdaten* eines Unternehmens. Hierzu stellt beispielsweise bereits Erich Schäfer fest: „Eindeutig offenbar werden die meisten Disproportionen erst dann, wenn das Unternehmen in *finanzielle Schwierigkeiten* gerät"[63]. Eine bevorstehende Illiquidität stellt jedoch ein in den meisten Fällen nicht nur sehr spätes, sondern oftmals auch unumkehrbares Entwicklungsstadium einer Existenzgefährdung dar. Eine hinsichtlich der verbleibenden Reaktionszeit zur *kurativen Stabilisierung* günstigere Ausgangslage bietet sich durch die permanente Beobachtung der Erfolgsstruktur. Instrumentell lassen sich für diesen Zweck beispielsweise Break even-Analysen besonders fruchtbar nutzen[64]. Darüber hinaus liefern erfolgsstrukturbezogene Analysen sogar Hinweise für die prinzipiell anzustrebende *präventive Stabilisierung* von Unternehmen.

Die Befürchtung einer rückläufigen Erfolgssituation von Unternehmen ist vor allem gegen Ende länger anhaltender Expansionsphasen im *Konjunkturzyklus* nicht unbedingt über die Maßen besorgniserregend. Gut geführte Unternehmen treffen in konjunkturell besseren Zeiten hinreichend *Vorsorge für nachfolgende rezessive Zeiten*. Dies umfaßt sowohl die Schaffung von entsprechenden *finanzwirtschaftlichen Liquiditätsreserven* zum Ausgleich vorübergehender Verluste als auch das Vorhalten *erfolgswirtschaftlicher Flexibilitätsreserven*, die eine zumindest teilweise, vor allem kostenseitige Anpassung der unternehmerischen Aktivitäten an eine rückläufige Beschäftigung ermöglichen. Trotz solcher, im Streben nach Existenzsicherung begründeter Vorkehrungen wird zur konjunkturellen Wendezeit allseits die Verschlechterung der wirtschaftlichen Lage beklagt, obwohl in solchen Situationen oftmals kein begründeter Anlaß zu existentieller Sorge besteht.

Besorgniserregend ist es jedoch, wenn bereits leichte saisonale oder konjunkturelle Schwankungen beziehungsweise eine nur schwach ausgeprägte Rezession aufgrund eines *Mangels an hinreichender erfolgswirtschaftlicher Stabilität zu einer nachhaltigen Unterschreitung der Gewinnschwelle eines Unternehmens* führen kann. Dieser auch als Nutzschwelle beziehungsweise als Break-even-Punkt bezeichnete kritische Wert „bildet jenen Umsatzwert (und jene Umsatzzusammensetzung), bei dem die bis dahin erlösten Deckungsbeiträge gerade ausreichen, die fixen Kosten des Gesamtunternehmens abzudecken"[65]. Mit anderen Worten entsteht für in unmittelbarer Nähe ihrer Gewinnschwelle operierende Unternehmen, die ständige *Gefahr*, ein insgesamt *nicht mehr genügendes Deckungsbeitragsvolumen zur Abdeckung der Fixkosten* erwirtschaften zu können. In solchen

---

63 Schäfer 1980 (Unternehmung), S. 292.

64 Auch darauf verweist bereits Schäfer 1980 (Unternehmung), S. 293ff.

65 Tucker 1966 (Break-even-Analyse), S. 36f.

Fällen besteht sogar eine mehr oder weniger schnell einsetzende *Gefährdung der Existenz des Unternehmens*. Die bis zur tatsächlichen Existenzbedrohung verbleibende Reaktionszeit des Unternehmens ist letztlich vor allem vom *Anteil der nicht ausgabenwirksamen (kalkulatorischen) Kosten* abhängig. Während die *proportionalen Kosten* im allgemeinen unmittelbar zu Ausgaben führen, beinhalten die *fixen Kosten* – vor allem in Form der Abschreibungen auf Anlagevermögensgegenstände – oftmals erhebliche Anteile ausgabenunwirksamer Kosten[66]. Insofern ist es „eine Frage der spezifischen Kostenverhältnisse des Unternehmens, wie lange es dauert, bis Zahlungsunfähigkeit eintritt"[67].

Derzeit sind offensichtlich viele Unternehmen damit konfrontiert, daß sie in unmittelbarer *Nähe ihrer Gewinnschwelle operieren* müssen. Dies belegen einerseits einschlägige, in praxisorientierten Publikationen vorgenommene Aussagen, deren Anzahl in den letzten Jahren stark zugenommen hat. Andererseits tritt dieser Trend auch im Rahmen von Tagungsgesprächen und – meist noch deutlicher – in persönlichen Gesprächen zutage. Eine wohl als derzeit typisch einzuordnende Problemlage der Unternehmensführung besteht demnach offenkundig in der auf hohe Eigenleistungsquoten zurückgeführten *Fixkostenlastigkeit deutscher Unternehmen*. In Äußerungen, die oftmals durch Führungskräfte des *Top-Managements*[68] erfolgen, konzentrieren sich – anfangs noch relativ vage, inzwischen regelmäßig sehr deutlich – mögliche Abhilfemaßnahmen daher vielfach auf die als erforderlich betrachtete *Reduzierung der Produktions- und Dienstleistungstiefe* betroffener Unternehmen[69]. Der betriebswirtschaftlichen Zweckmäßigkeit der aus hohen Fixkostenbela-

---

66 Dies erläutert Schäfer 1980 (Unternehmung), S. 294f. ausführlich, allerdings nicht ohne den wesentlichen Hinweis darauf, daß die Abschreibungen im Falle der notwendig werdenden Erneuerung der Anlagen auch tatsächlich „verdient sein und in flüssiger Form zur Verfügung stehen" (S. 294) müssen. Unter zeitlichen Aspekten besteht daher eine hohe Abhängigkeit von der zuvor vorgenommenen Reservenbildung. Eine ausführliche Auseinandersetzung mit diesem Thema der Reservenbildung findet sich bei Wossidlo 1970 (Reservierung).

67 Schäfer 1980 (Unternehmung), S. 294.

68 Darin, daß gerade das Top-Management vergleichsweise häufig zu diesem Themenkreis Stellung bezieht, läßt sich bereits die strategische Bedeutung erahnen, die dieser Thematik zurecht in der unternehmerischen Praxis begemessen wird.

69 Aus der Vielzahl derartiger Praxisveröffentlichungen, deren Umfang bei Sichtung der Wirtschaftspresse der letzten vier bis fünf Jahre deutlich wird, sei hier exemplarisch nur auf einige besonders markante Beiträge verwiesen, die aufgrund ihrer Spezifität und ihres pragmatischen Gehalts nicht in das Literaturverzeichnis aufgenommen wurden. Diesbezüglich sind zunächst redaktionelle Berichte der Wirtschaftspresse zu nennen, in denen sich Aussagen zur Notwendigkeit der Reduzierung der Leistungstiefe der jeweils betroffenen Unternehmen finden: Mismanagement/Krupp: B.B. (Berthold Beitz) bläst zum letzten Gefecht (Manager Magazin 1987, Heft 12, S. 30ff.); Automobilindustrie, Die großen 6 deutschen Hersteller sind unterschiedlich produktiv (Handelsblatt 1988, Nr. 75, S. 15); Wettbewerb erzwingt neue Formen der Kooperation (Handelsblatt 1988, Nr. 193, S. 20); Volkswagen in der Kostenklemme (Frankfurter Allgemeine Zeitung 1988, Nr. 126, S. 13); Immer weniger Daimler von Daimler (Welt am Sonntag 1988, Nr. 30, S. 23); Volkswagen – Das letzte Gefecht (Manager Magazin 1989, Heft 3, S. 33ff.); Restrukturierung (des Wälzlagerherstellers SKF GmbH) – Rolle vorwärts (Manager Magazin 1989, Heft 4, S. 226ff.) VW wälzt die Kosten ab – Einsparungen durch Verringerung der Fertigungstiefe (Produktion, 1989, Nr. 24, S. 1-2). Zum anderen zeigt sich ein zwar meist differenzierteres, aber durchaus ähnliches Bild in Interviews mit führenden Top-Managern der deutschen Großindustrie. Speziell auf die Notwendigkeit, die Leistungstiefe des Unternehmens zu reduzieren, verweisen beispielsweise Arend Oetker, Vorstandsvorsitzender der Otto

stungen seitens der Praxis abgeleiteten *Notwendigkeit zur Reduzierung der Leistungstiefe der Unternehmen* und dem damit einhergehenden *Umbau des unternehmerischen Wertschöpfungsgefüges* wird daher auch in der hier vorliegenden Untersuchung nachzugehen sein.

Aussagen über die in der Praxis tatsächlich vorliegenden *Relationen zwischen variablen und fixen Kosten* sind allerdings aufgrund der üblicherweise recht strengen Geheimhaltung exakter Daten seitens der Unternehmen nur schwer zu treffen. Hinzu kommt, daß immer noch eine große Anzahl von Unternehmen auf eine *aussagefähige Trennung der Kosten in variable und fixe Bestandteile*[70] verzichten und daher über entsprechende Daten auch nicht verfügen. Wird eine derartige Kostenauflösung durchgeführt, so resultieren aufgrund des Einsatzes unterschiedlicher methodischer Varianten der Kostenauflösung[71] in verschiedenen Unternehmen häufig nicht oder nur sehr schwer vergleichbare Daten. Auch *amtliche Statistiken* sowie von *Branchenverbänden geführte Statistiken* verfügen daher im allgemeinen kaum über Informationen zur tatsächlichen Fixkostenbelastung der Unternehmen. Wertet man mit der gebotenen Vorsicht die dort publizierten Daten[72] dennoch aus, so gelangt man zu dem Ergebnis, daß die *Fixkosten im produzierenden Gewerbe* derzeit einen Anteil von *ca. 38% bis 55% der Gesamtkosten* aufweisen. Eigene empirische Erfahrungen des Autors[73], die jedoch keine Repräsentativität beanspruchen können, lassen demgegenüber wesentlich höhere *Fixkostenbelastungen von bis zu ca. 68 %* erkennen.

Wolff AG (Interview mit dem Manager Magazin 1987, Heft 10, S. 39ff.), Karl-Heinz Kaske, Vorstandsvorsitzender der Siemens AG (Interview mit dem Manager Magazin 1988, Heft 4, S. 41ff.), Horst Münzner, Vorstandsmitglied der Volkswagenwerk AG (Interview mit dem Manager Magazin 1988, Heft 8; S. 90f.), Horst W. Herke, Vorstandsvorsitzender der Adam Opel AG (Interview mit der Zeitschrift Die Welt 1988, Nr. 206, S.17), Kajo Neukirchen, Vorstandsvorsitzender der Klöckner-Humboldt-Deutz AG (Interview mit dem Industriemagazin 1988, Heft 3, S. 28ff.), und Hermann Franz, Vorstandsmitglied der Siemens AG (Interview mit dem Manager Magazin 1991, Heft 2, S. 43ff.).

70 Vergleiche zu den grundlegenden Merkmalen der variablen und fixen Kosten, die auch in nahezu jedem Kostenrechnungslehrbuch behandelt werden, insbesondere Hummel 1975 (Kosten), Kilger 1974 (Fixkosten), Küpper 1981 (Kosten), Schweitzer 1981 (Kostenkategorien), Weber 1972 (Kosten) und Weber 1987 (Kosten).

71 Vergleiche zusätzlich zu den in der vorstehenden Fußnote angegebenen Quellen zu den methodischen Varianten der Kostenspaltung und deren Aussagekraft speziell auch Kosiol 1927 (Kostenauflösung), Männel 1972 (Kostenspaltung), 1983 (Kostenspaltung) und 1992 (Kostenspaltung) sowie Schubert 1981 (Kostenauflösung).

72 Gesichtet und ausgewertet wurden in diesem Zusammenhang speziell die in den vom Statistischen Bundesamt herausgegebenen Statistischen Jahrbüchern (Wiesbaden 1988, 1989 und 1990) enthaltenen Daten über die „Kostenstruktur im Produzierenden Gewerbe" (Tabelle 9.3) sowie die ebenfalls vom Statistischen Bundesamt jährlich herausgegebene Fachserie 4 („Produzierendes Gewerbe"), Reihe 4.3 („Kostenstruktur der Unternehmen im Bergbau und im Verarbeitenden Gewerbe"). Darüber hinaus dienten die Kostendaten, die im vom Verband Deutscher Maschinen- und Anlagenbau e.V. (VDMA) herausgegebenen Kennzahlenkompaß (Ausgabe 1988, Frankfurt 1988, S. 77ff.) enthalten sind, als Informationsquelle.

73 In diesem Zusammenhang sei darauf hingewiesen, daß in der vorliegenden Monographie hinsichtlich der methodischen Forschungskonzeption vorrangig eine deduktiv geführte Argumentation dominieren wird. Die Erkenntnisse selbst basieren zum Teil jedoch durchaus auch auf empirischen Erfahrungen, die in mehreren Forschungsprojekten gewonnen werden konnten. Diese Erfahrungen, die insbesondere die Automobilindustrie und deren Zulieferbranchen betreffen, wurden in die hier dargestellte Konzeption einer erfolgswirtschaftlich orientierten Stabilitätspolitik integriert.

Zur Verdeutlichung der daraus resultierenden stabilitätspolitischen Schwierigkeiten soll nachfolgend zunächst ein typisch erscheinendes *Szenario einer existenzgefährdenden Gewinnschwellenentwicklung* aufgezeigt werden.

3 Szenario einer existenzgefährdenden Entwicklung der Gewinnschwelle von Unternehmen

Den Ausgangspunkt dafür, *Konzepte zur frühzeitigen Verbesserung der Gewinnschwellenlage* zu entwickeln, sollte in jedem Fall eine sehr sorgfältig durchgeführte *Problemanalyse* bilden, um zunächst den vermuteten Tatbestand der ständigen Erhöhung der Gewinnschwelle in betroffenen Unternehmen zu verifizieren und darauf gründend die Ursachen der Entwicklung erkunden zu können. Ausgehend von empirischen Erfahrungswerten in einzelnen Unternehmen sei nachfolgend ein *Gewinnschwellen-Szenario* entwickelt, um die zugrunde gelegte Problemstellung zu verdeutlichen. Das hier beschriebene Szenario deutet allerdings bewußt die *Ursachen* der darzustellenden Gewinnschwellenentwicklung nur an. Im wesentlichen soll hier zunächst nur die typische Entwicklung der in der Wertsphäre von Unternehmen vorfindbaren Erfolgsstruktur selbst nachgezeichnet werden. Es resultiert ein Bild, wie es sich typisch als Problemlage in vielen Unternehmen wiederfindet. Die Klärung der Ursachen, die in der Leistungssphäre von Unternehmen zu suchen und auf spezielle Ausprägungen der strategischen Orientierung von Unternehmen zurückzuführen sind, sowie die Ableitung möglicher Maßnahmen zur Vermeidung beziehungsweise zur Bewältigung derartiger Entwicklungen setzt dagegen ein tiefergreifenderes Verständnis der *Mechanismen unternehmerischen Handelns* voraus, so daß diese Bezüge erst später hergestellt werden können.

Eine in ihrer Grundaussage für viele bundesdeutsche Unternehmen für typisch erachtete, allerdings modellhaft bewußt übertriebene *Darstellung einer existenzbedrohenden Gewinnschwellenentwicklung* verdeutlicht *Abbildung 1-4*. Die hier exemplarisch dargebotene *Entwicklung* basiert auf der erfahrungsgestützten Annahme, daß ein Unternehmen angesichts der zunächst (Zeitpunkt T_1) günstigen Gewinnsituation im Zuge einer auf die Ausdehnung des Marktanteils zielenden *Wachstumsstrategie* beschließt, durch *kapazitätserweiternde Maßnahmen* eine *Stückkostendegression* herbeizuführen, um dadurch den Erfolg noch weiter zu verbessern. Im weiteren Verlauf (Zeitpunkt T_2) zeigt sich, daß die Beschäftigung (um 25 Prozent) ausgeweitet sowie auch der Gewinn (um 5 Prozent) erhöht werden konnte. Das betroffene Unternehmen entscheidet sich daraufhin, noch weitergehende Veränderungen der Kapazitätsstruktur durch mutative Anpassungsmaßnahmen[74] vorzunehmen. Möglicherweise werden in diesem Zusammenhang *Investitionen in neue, besonders flexible Technologien* gelenkt, um mit noch niedrigeren Produktionskosten und/oder mit

---

74 Vergleiche zum Begriff der mutativen Anpassung, die regelmäßig im Bestreben nach Absenkung der Produktionskosten realisiert wird, Gutenberg 1979 (Produktion), S. 301 und S. 397ff.

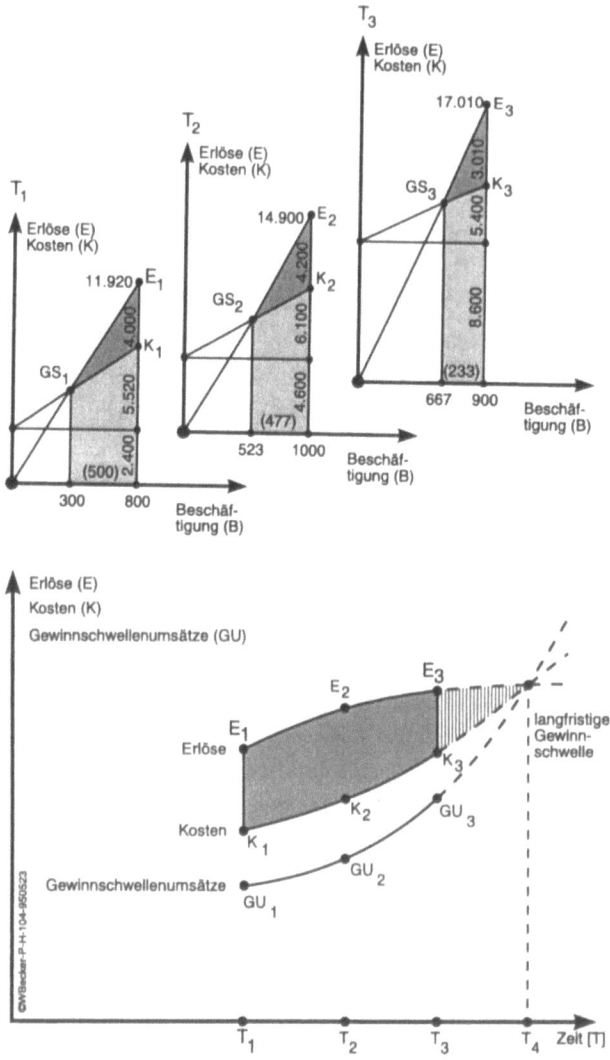

Abbildung 1-4   Exemplarische Darstellung einer existenzbedrohenden Gewinn-schwellenentwicklung

einer höheren leistungswirtschaftlichen Elastizität[75] auf die sich stellenden Marktbedin-gungen reagieren zu können. Außerdem sei unterstellt, daß das Unternehmen nunmehr *Differenzierungsmaßnahmen* durchführt und daraufhin die *Verkaufspreise* des erstellten und abgesetzten Produktes (von 14,90 DM/Stück auf 18,90 DM/Stück) erhöht. Als Konse-quenz resultiert (im Zeitpunkt T_3) zwar eine preissteigerungsbedingte Umsatzausweitung (um ca. 15 Prozent), allerdings reagiert der Markt mit einem leichten *Nachfragerückgang*

---

75 Unter leistungswirtschaftlicher Elastizität ist die Reagibilität eines produktiven Wirtschaftsgebildes gegen-
    über veränderten Produktivaufgaben zu verstehen. Vergleiche dazu Riebel 1954 (Elastizität), S. 87.

(um 10 Prozent) auf die Preissteigerung. Damit einhergehend erfährt das Unternehmen eine – kurzfristig zwar prinzipiell durchaus akzeptable, hier jedoch symptomatische – deutliche *Absenkung der Gewinne* (um 28 Prozent).

Die *Gewinnschwelle des Unternehmens* hat sich zunächst von einer kritischen Beschäftigung in Höhe von 300 Stück in T_1 durch die zunächst vorgenommene Kapazitätserweiterung auf eine kritische Beschäftigung in Höhe von 523 Stück in T_2 erhöht. Dieser hohe *Anstieg der Gewinnschwelle* ist jedoch noch unbedenklich, da noch immer ein vergleichsweise hoher *Sicherheitsabstand*[76] zur – ebenfalls erhöhten – Produktions- und Absatzmenge besteht. Die in T_3 nochmals erfolgende Erhöhung der Gewinnschwelle auf eine kritische Beschäftigung in Höhe von 667 Stück muß dagegen bereits als deutliche Gefährdung der unternehmerischen Existenz aufgefaßt werden, da sich der Sicherheitsabstand zwischen der nunmehr reduzierten Istbeschäftigung und der kritischen Beschäftigung deutlich reduziert hat.

Zurückzuführen ist diese bedrohliche Entwicklung auf eine starke und zumindest kurzfristig irreversible, wenn nicht gar auch längerfristig unumkehrbare *Veränderung der gesamten Kostenstruktur* des betrachteten Unternehmens. Das Ausmaß der Bedrohung wird in der im unteren Teil der Abbildung 1-4 dargestellten, *dynamisierten Gewinnschwellenanalyse* besonders deutlich. Diese zeigt, daß das hier exemplarisch betrachtete Unternehmen – trotz einer möglicherweise durchaus erreichten Verbesserung der leistungswirtschaftlichen Produktionsbedingungen – auf eine nachhaltige *Verlusterzielung* zusteuert. Die damit unterstellte, letztlich existenzgefährdende Gewinnschwellenentwicklung weist darauf hin, daß ausgehend von einer anfangs befriedigenden Erfolgssituation fortlaufend die unternehmerischen Kapazitäten – mit der Konsequenz einer steigenden Fixkostenbelastung – ausgebaut wurden. Die Erlöse des Unternehmens konnten mit dieser *Kostenstrukturveränderung* nicht Schritt halten, so daß insgesamt ein vehementer Gewinnschwellenanstieg resultiert, der ceteris paribus in T_4 zur *Unterschreitung der langfristigen Gewinnschwelle* führt.

Die in *Abbildung 1-5* zusammengestellten *Erfolgsstrukturdaten*, die dem zuvor dargestellten Gewinnschwellen-Szenario zugrunde liegen, geben Aufschluß darüber, ob und inwieweit das laufende interne Rechnungswesen *Daten zur Erkennung derartiger Existenzbedrohungen* bereitstellen kann. Innerhalb des internen Rechnungswesens kann die Erfolgssituation prinzipiell auf der Grundlage einer traditionellen *Nettoergebnisrechnung* und/oder auf der Basis einer entscheidungsorientierten *Bruttoergebnisrechnung* abgebildet werden.

Die Daten in Abbildung 1-5 veranschaulichen zunächst beide Varianten der Ergebnisrechnung. Es ist zu erkennen, daß zunächst – wie dies die unterstellte Beschäftigungsentwicklung zeigt – der *Marktanteil des Unternehmens* ausgeweitet werden kann. Die für die *Um-*

---

76 Vergleiche zum Begriff und zur Bedeutung des Sicherheitsabstandes („Margin of Safety"), der als wichtige Kennziffer für das jeweils bestehende Risiko fungiert, insbesondere Lücke 1989 (Safety).

	Dim.	T$_1$	T$_2$	T$_3$
Produktions- und Absatzmengen	[LE]	800	1.000	900

(1) Erfolgsstrukturdaten der Nettoergebnisrechnung				
1	Stückerlöse	[DM/LE]	14,90	14,90	18,90
2	Stückkosten	[DM/LE]	9,90	10,70	15,60
3	Stückgewinne	[DM/LE]	5,00	4,20	3,34

(2) Erfolgsstrukturdaten der Bruttoergebnisrechnung				
1	Stückerlöse	[DM/LE]	14,90	14,90	18,90
2	Variable Kosten	[DM/LE]	6,90	6,10	6,00
3	Stückdeckungsbeiträge	[DM/LE]	8,00	8,80	12,90
4	Gesamtdeckungsbeiträge	[DM]	6.400,00	8.800,00	11.610,00
5	Fixe Kosten	[DM]	2.400,00	4.600,00	8.600,00
6	Nettoergebnisse	[DM]	4.000,00	4.200,00	3.010,00

(3) Strukturdaten der Gewinnschwellenrechnung					
1	Gewinn-	kritische Menge	[LE]	300	523	667
2	schwelle	kritischer Wert	[DM]	4.470,00	7.792,70	12.606,30
3	Sicherheitsabstand		[%]	62,5	47,7	25,9

(4) Kostenstrukturdaten				
1	Gesamtkosten	[DM]	7.920	10.700	14.000
2	Fixe Kosten	[DM]	2.400	4.600	8.600
3	Fixkostenanteil an den Gesamtkosten	[%]	30,3	43,0	61,4
4	Fixkostenanteil an den Gesamtdeckungsbeiträgen	[%]	37,5	52,3	74,1

©WBecker-P-H-106-950525

Abbildung 1-5   Überblick über die dem Gewinnschwellen-Szenario zugrunde liegenden Erfolgsstrukturdaten

satz(wert)entwicklung wesentliche Entwicklung der am Markt erzielten Stückpreise ist ebenfalls als positiv zu kennzeichnen.

Innerhalb der traditionellen *Nettoergebnisrechnung* signalisieren die deutlich progressive Entwicklung der – proportionalisierte Fixkosten beinhaltenden – *vollen Stückkosten* sowie die ebenfalls überaus deutlich sinkenden *Stückgewinne* negative Entwicklungen. Das im Szenario unterstellte *Ausmaß der Bedrohung* kann zwar aus diesen Daten erahnt, jedoch nicht präzise sowie ursachengerecht erkannt werden. Innerhalb der entscheidungsorientierten *Bruttoergebnisrechnung* verdienen sowohl die rationalisierungsbedingte Degression der *variablen Kosten* als auch die besonders kräftige Erhöhung der *Stück-Deckungsbeiträge*, die als Differenz aus den Stückerlösen und den variablen Kosten resultieren, eine positive Einschätzung. Die stark progressive *Entwicklung der fixen Kosten* ist zwar innerhalb der Bruttoergebnisrechnung erkennbar, vermittelt jedoch – isoliert betrachtet – nur unzureichende Hinweise auf eine bevorstehende Existenzbedrohung. Erst im Zusammenhang mit der rückläufigen *Entwicklung der Nettoergebnisse* läßt sich die insgesamt bedrohliche Entwicklung erahnen. Das Ausmaß der Bedrohung wird allerdings wiederum nicht deutlich.

Letzteres erfordert prinzipiell die Aufstellung der bereits in Abbildung 1-4 veranschaulichten *Gewinnschwellenanalyse*. Deren Strukturdaten, die auch in Abbildung 1-5 nochmals aufgenommen wurden, zeigen den besonders deutlichen *Anstieg der mengen- und/ oder wertmäßig abbildbaren Gewinnschwelle*. Diese Veränderung der Lage der Gewinnschwelle läßt allerdings allein eine gefährdende Entwicklung nicht erkennen. Dazu muß vielmehr die Gewinnschwelle in Beziehung zur erzielten Leistung gesetzt werden, wie dies in dem hier prozentual ausgewiesenen *Sicherheitsabstand* erfolgt.

In dem hier exemplarisch dargestellten Szenario einer existenzgefährdenden Erfolgsentwicklung verbergen sich wesentliche Ursachen der bedrohlichen Entwicklung in der Kostenstruktur des Unternehmens. Die absolute als auch relative Zunahme der Fixkosten belegt besonders deutlich eine starke *Intensivierung der Bereitstellung und Bereithaltung eigener Leistungspotentiale* im exemplarisch betrachteten Unternehmen. Dies allein vermittelt jedoch wiederum keine zwingenden Hinweise auf existenzgefährdende Entwicklungen. Eine *Bedrohung des erfolgswirtschaftlichen Gleichgewichts* tritt ja auch erst dann ein, wenn aus der Nutzung der Eigenleistungspotentiale ein in Relation zur Fixkostenbelastung abnehmendes Deckungsbeitragsvolumen resultiert. Mit anderen Worten muß der *Fixkostenanteil an den Gesamtdeckungsbeiträgen* ermittelt werden. Die Entwicklung dieser Kennzahl, die im vorliegenden Beispiel deutlich progressiv gestaltet ist, kann als ein geeignetes *Risikomaß*[77] zur Aufdeckung einer Bedrohung des erfolgswirtschaftlichen Gleichgewichts angesehen werden. Der zuvor bereits erläuterte *Fixkostenanteil an den Gesamtkosten* gibt demgegenüber Hinweise auf die in einer mangelnden Kostenelastizität zu suchenden Ursachen der existenzgefährdenden Entwicklung. Da im allgemeinen davon auszugehen ist, daß ein hoher Anteil der fixen Kosten zugleich Gemeinkostencharakter trägt, kann zudem eine zunehmende *Gemeinkostenlastigkeit* des betrachteten Unternehmens unterstellt werden[78].

Innerhalb des hier dargestellten Szenarios können die eingetretenen *Kostenstrukturveränderungen* weder durch die erzielten Preissteigerungen noch durch die Ausweitung der Beschäftigung aufgefangen werden, so daß insgesamt nicht nur ein *vehementer Gewinn-*

---

77 Für den in Deckungsbeitrags- und Gewinnschwellenanalysen ungeübten Leser sei angemerkt, daß man durch Subtraktion dieses Fixkostenanteils von 100 Prozent wiederum zum bereits angeführten Sicherheitsabstand gelangt.

78 Eine im Rahmen von entsprechenden Kostenstruktur-Analysen vorzunehmende genaue Bestimmung der variablen und fixen Gemeinkosten macht jedoch prinzipiell eine entsprechend sorgfältige Differenzierung sowohl der variablen als auch der fixen Kosten nach ihrer Zurechenbarkeit auf die unterschiedlichsten Bezugsobjekte erforderlich. Vergleiche dazu auch Weber 1987 (Kosten).

schwellenanstieg, sondern auch eine *bedrohliche Verkürzung des Sicherheitsabstandes* resultieren. Insbesondere die deutliche *Verkürzung des Sicherheitsabstandes* bewirkt im betrachteten Unternehmen jedoch nicht nur eine Erhöhung des Risikos, bei rückläufiger Beschäftigung Verluste zu realisieren, sondern eine umfassende *Reduzierung des strategischen Handlungsspielraums*. Unternehmen, die gezwungen sind, in unmittelbarer Nähe ihrer Gewinnschwelle zu arbeiten, neigen – statt sich um ein langfristig orientiertes, Marktchancen antizipierendes *Agieren* zu bemühen – erfahrungsbedingt zu einem nur kurzfristig orientierten, Marktrisiken vermeidenden *Reagieren*. Unternehmen, die eine derartige Situation – im Sinne einer kurativen Stabilisierung – verändern oder – im Sinne einer präventiven Stabilisierung – von vornherein vermeiden wollen, müssen offensichtlich eine *aktive Kosten- und Leistungspolitik* betreiben, um „günstige" Kostenstrukturen wiederherzustellen beziehungsweise das Entstehen ungünstiger, also durch Fixkosten- und/ oder Gemeinkostenlastigkeit gekennzeichneter Kostenstrukturen zu vermeiden.

Allerdings bestehen diesbezüglich regelmäßig *Informationsdefizite*. Bereits die im hier einführend vorgestellten Szenario verwendeten Daten deuten an, daß die seitens des laufenden Rechnungswesens üblicherweise der Unternehmensführung angebotenen Informationen unter stabilitätspolitischen Aspekten nur bedingt dem Informationsbedarf entsprechen. Gemeinhin ist das *interne Rechnungswesen* vorrangig auf die Deckung derjenigen Informationsbedarfe ausgerichtet, die für *operative Rechenzwecke* benötigt werden. Hierzu zählen insbesondere die Kostenplanung und Kostenermittlung zur Überwachung der Wirtschaftlichkeit der Kostenstellen, die Kalkulation zur Unterstützung der Preispolitik, die Bereitstellung von Kostendaten für die Erfolgsrechnung, die Unterstützung von (operativen) Entscheidungen sowie die Bereitstellung von Kostenwertansätzen für Belange der externen Rechnungslegung[79]. Insofern ist zwar insgesamt ein deutlicher Trend feststellbar, sich nicht mehr so sehr auf traditionelle Abrechnungszwecke, sondern vielmehr auf eine zeitgemäße Entscheidungsunterstützung zu konzentrieren. Allerdings dienen die Informationen jedoch regelmäßig eher der *Unterstützung operativer Entscheidungen* des Unternehmens. Letzlich läuft die Informationsbereitstellung vor allem darauf hinaus, die im Rahmen der Existenzsicherung von Unternehmen angestrebte Gewinnerzielung, Gewinnmaximierung oder Rentabilitätsmaximierung[80] zu ermöglichen und zu kontrollieren.

Die bereitgestellten Informationen sind demgegenüber nur bedingt in der Lage, die *Unterstützung strategischer Entscheidungen*[81] zu gewährleisten. Bereits die im vorstehenden Szenario angewandten *Gewinnschwellenanalysen* sind – erst recht in differenzierter Form—

---

79 Eine ähnliche Systematisierung der Rechenzwecke findet sich bei Männel 1989 (Führungsinstrument), S. 13ff.

80 Vergleiche zu diesen, über die erforderliche Mindestzielsetzung einer Aufwandsdeckung hinausgehenden Ziele der Existenzsicherung auch Vormbaum 1990 (Finanzierung), S. 92.

81 Die aus diesem Defizit unmittelbar resultierende Notwendigkeit, die Kostenrechnung auch auf strategische Belange auszurichten, hebt – versehen mit richtungweisenden Orientierungshilfen – etwa auch Weber 1990 (Ausrichtung), hervor.

nur selten vorzufinden[82] und bleiben typischerweise speziellen *Sonderrechnungen* vorbehalten, obwohl sie in besonderer Weise zur Planung, Steuerung und Überwachung des gesamten Unternehmensprozesses[83] geeignet erscheinen. Eine analoge Aussage läßt sich im Hinblick auf die dargelegten *Kostenstrukturdaten* aufstellen. Zwar weisen insbesondere Einzelkosten-, Einzelerlös- und Deckungsbeitragsrechnungen die Fixkosten in differenzierter Form aus. Die laufende Kosten-, Erlös- und Ergebnisrechnung beinhaltet allerdings keine weitergehenden Risikoanalysen, wie sie mit der einfachen *Ermittlung von Fixkostenanteilen* in Abbildung 1-5 angedeutet sind. Erst recht besteht kaum die Möglichkeit, die Kosten- und Leistungspolitik durch fundierte Daten zur Einleitung gegensteuernder Maßnahmen zu unterstützen, da insbesondere *Mängel hinsichtlich der Verfügbarkeit von Informationen über die Disponierbarkeit der Fixkosten* festzustellen sind.

Insofern veranschaulicht bereits dieses – bewußt zur Verdeutlichung der Problemstellung sehr einfach gehaltene – Beispiel, daß Unternehmen heute angesichts der zunehmenden *Komplexität der Führungsaufgaben* mit den bislang typischerweise bereitgestellten Informationen des Rechnungswesens nur bedingt eine *angemessene Lenkung stabilitätspolitisch wirksamer Steuerungsgrößen* sicherstellen können. Insbesondere genügen die vorhandenen Kostenrechnungssysteme nicht den an die *Deckung strategischer Informationsbedarfe* zu stellenden Anforderungen. Pointiert ausgedrückt läßt sich insofern mit Robert S. Kaplan feststellen, daß die Nutzung eines einzigen Kostenrechnungssystems nicht mehr ausreicht[84]. Die prinzipielle Richtigkeit dieser Aussage findet auch in jüngeren deutschen Publikationen[85] zunehmend Bestätigung und ist wohl auch für typische Reaktionsweisen der unternehmerischen Praxis ursächlich verantwortlich.

In der *Praxis* läßt sich nämlich beobachten, daß Unternehmen, die die Gefahren des genannten Tatbestands ständig steigender Gewinnschwellen erkennen, oftmals nur kurativ

---

82   So weisen etwa insbesondere auch Marcell Schweitzer und Ernst Troßmann, die eine für die deutschsprachige Betriebswirtschaftslehre beachtlich umfassende Monographie zur Nutzschwellenanalyse vorgelegt haben, im Vorwort auf „ein kaum beachtetes Schattendasein" (Schweitzer/Troßmann 1986 (Break-even-Analysen, S. V) der – vorwiegend im US-amerikanischen Raum genutzten – Break-even-Analyse im deutschsprachigen Raum hin.

83   Auf die diesbezüglich hohe Bedeutung verweisen zwar auch Schweitzer/Troßmann 1986 (Break-even-Analysen), S. 281ff., widmen jedoch diesem wesentlichen Einsatzschwerpunkt mit ca. drei von insgesamt etwa 300 Seiten bedauerlicherweise nur wenig Raum.

84   Vergleiche hierzu die vielzitierte und wegweisende Publikation Kaplan 1988 (Cost System).

85   Verwiesen sei an dieser Stelle exemplarisch insbesondere auf die folgenden Publikationen: Eberle 1989 (Kosten- und Leistungsrechnung), Steinke 1985 (Kostenrechnung) sowie Weber 1990 (Change Management), die allesamt implizit oder explizit die Notwendigkeit des parallelen Vorhaltens mehrerer Kostenrechnungssysteme betonen.
Gemeint ist damit keineswegs allein die für ein umfassendes Kostenmanagement unzulängliche Integration der von Paul Riebel entwickelten Einzelkosten-, Einzelerlös- und Deckungsbeitragsrechnung und der von Wolfgang Kilger und Hans Georg Plaut ausgebauten Grenzplankostenrechnung, um die sich etwa Vikas 1991 (Kostenmanagement) in seiner Habilitationsschrift bemüht hat. Vielmehr wird man gleichzeitig weitere, aufgabenorientiert und somit wesensmäßig verschiedenartige Kostenrechnungssysteme modulhaft vorhalten müssen, um unterschiedlichsten Informationsbedarfen gerecht werden zu können.

reagieren. So werden vielfach angesichts bevorstehender Verluste rigide und letztlich kaum oder zumindest nur sehr schwer umsetzbare _Beschneidungen der Kostenbudgets_ durchgesetzt. Die in diesem Zusammenhang regelmäßig angewandten Verfahren der Problemanalyse und -lösung, die _statt einer antizipativen Kostenpolitik eher reaktiv ausgerichtete Kostensenkungsprogramme_ beinhalten, bieten allerdings in derartigen Situationen meist nur auf vergleichsweise kurze Sicht Entlastung. Dies gilt beispielsweise für _Gemeinkostenwertanalysen_[86], prinzipiell aber ebenso für das umfassendere Verfahren des _Zero-Base Budgeting_[87]. Dieses Verfahren, das von Peter A. Phyrr in den 60er Jahren bei Texas Instruments weniger zur Kostensenkung, sondern eher zur Verbesserung der Wirtschaftlichkeit entwickelt wurde, weist zwar aufgrund der zumindest teilweise gegebenen strategischen Orientierung eine recht deutliche Überlegenheit gegenüber der Gemeinkostenwertanalyse auf. Allerdings setzt die Nutzung der Vorteile hinreichenden zeitlichen Spielraum voraus, so daß dem Einsatz des Zero-Base Budgeting in Zeiten einer fortgeschrittenen Bedrohung des Unternehmens deutliche Grenzen gesetzt sind.

Es ist leicht erkennbar, daß im Zuge einer derartigen Entwicklung, wie sie in dieser oder zumindest ähnlicher Weise in der Praxis nicht selten vorzufinden ist, die _Gefahr einer nachhaltigen Unterschreitung der Gewinnschwelle_ eher zunimmt. Dieses Abgleiten in die Verlustzone führt gegebenenfalls – je nachdem wie hoch der Puffer der auszahlungsfernen kalkulatorischen Kosten ist – alsbald auch zu _Liquiditätsengpässen_ und damit zum völligen Verlust der Anpassungsfähigkeit sowie schließlich zur massiven Existenzbedrohung, die den _Zusammenbruch des Unternehmens_ einleiten kann.

Die Bereitstellung unterschiedlicher erfolgsbezogener Informationssysteme allein gewährleistet jedoch noch nicht die _zweckadäquate Nutzung der Informationsangebote_. Vielmehr resultiert aus der geforderten Instrumentenvielfalt zunächst auch bezüglich der angebotenen Informationen eine höhere Komplexität. Dies gilt um so mehr, als heute aufgrund der Möglichkeiten der DV-technischen Unterstützung der gesamten Informationswirtschaft jedes Mitglied des Managements mit umfangreichen Informationsvolumina und unterschiedlichsten Informationsarten in nahezu beliebigen zeitlichen Intervallen versorgt werden kann. Soll angesichts einer derartigen Informationsflut die resultierende _informationelle Komplexität_ nicht zusätzliche Verwirrung stiften, müssen innerhalb der _Unternehmensführung_ geeignete Vorgehensweisen zur _zweckadäquaten Nutzung der Infor-_

---

86 Vergleiche zu dieser Methode Denk 1983 (Gemeinkostengestaltung), Dieterle 1984 (Gemeinkosten-Management), Frerk 1983 (Gemeinkosten), Herzog 1991 (Gemeinkostenwertanalyse), Huber 1987 (Gemeinkosten-Wertanalyse), Jehle 1982 (Gemeinkosten-Management), Letsch 1984 (Gemeinkostensenkung), Roever 1980 (Gemeinkosten-Wertanalyse), Wegmann 1982 (Gemeinkosten-Management) und Zimmermann 1987 (Gemeinkostenrationalisierung).

87 Aus der äußerst umfangreichen Literatur zu diesem Verfahren sei insbesondere auf die folgenden Publikationen verwiesen: Dreyfack/Seibel 1978 (Zero-Base Budgeting), Horváth 1981 (Zero-Base Budgeting), Marx 1979 (Zero-Base Budgeting), Meyer-Piening 1980 (Gemeinkosten), 1982 (Zero-Base Budgeting) und 1982 (Effizienz), Naber 1982 (Zero-Base-Budgeting), Phyrr 1970 und 1977 (Zero-Base Budgeting), Stonich 1977 (Budgeting), Suver/Brown 1977 (zero-base budgeting) und Volz 1987 (Zero-Base Budgeting).

mationsvielfalt gefunden und bereitgestellt werden. Insbesondere scheint mit steigender Komplexität des innerbetrieblichen Rechnungswesens nicht mehr gewährleistet zu sein, daß das Management ohne weiteres in der Lage ist, bedarfsgerechte Informationen nachzufragen und zweckgerecht anzuwenden. Insofern zeichnet sich ab, daß die traditionell unterschiedenen Führungsfunktionen[88] dringend der Erweiterung durch ein vollwertig in die Führung integriertes *Controlling*[89] bedürfen, dem im Rahmen der erfolgswirtschaftlichen Lenkung von Unternehmen besondere Bedeutung beizumessen ist[90]. Allerdings verfügt auch das Controlling in der derzeit üblichen Prägung möglicherweise nicht über die für die leistungsfähige *erfolgswirtschaftliche Lenkung von Unternehmen* erforderliche Orientierung. Zumindest weisen die jüngst publizierten Forschungsergebnisse des Massachusetts Institute of Technology (MIT) über die Wettbewerbssituation der Automobilindustrie[91] darauf hin, daß „kosten- und zeitgerechtes Verhalten ... nicht erprüft (controlled) werden" kann, sondern „am Ort der direkten Wertschöpfung im gesamten Netz produziert werden"[92] muß. Insofern scheint sich bezüglich des *Controlling* eine zum Qualitäts-Management analoge Veränderung abzuzeichnen: *Erfolgserzielung, Erfolgssteigerung und Erfolgssicherung* werden nicht (allein) durch institutionalisierte und instrumentalisierte Planungs- und Kontrollmechanismen erreicht, sondern durch *Integration des (funktionalen) Controlling-Denkens in sämtliche Führungs- und Ausführungsebenen* eines Unternehmens.

4 Ungleichgewichte als Ursachen existenzgefährdender Entwicklungen von Unternehmen

Der bereits zuvor benutzte Begriff der *Ursache von Existenzgefährdungen* darf nicht zu eng interpretiert werden. Im Rahmen der Analyse der Entwicklung von Unternehmen zum Mißerfolg ist vielmehr in einem ersten Schritt zunächst die *Kapitalstruktur*, also die Relation von Eigen- und Fremdkapital, sowie die *Erfolgsstruktur*, also das Zusammenspiel von Kosten, Erlösen und Beschäftigung, wie es par exellence in der Gewinnschwellenbetrachtung zum Ausdruck kommt, zu untersuchen. In diesem Zusammenhang vorgefundene Schwierigkeiten dürfen jedoch nicht darüber hinwegtäuschen, daß die Ursachenanalyse weiterreichen muß. Man wird nämlich ausgehend von dem in der *Wertsphäre* eines Unternehmens vorgefundenen Befund in einem nächsten Schritt auch die *Leistungssphäre* auf tieferliegende Ursachen der Bedrohung analysieren müssen.

---

88 Gemeint sind hier die prozeßorientiert gebildeten Managementfunktionen der Planung und Kontrolle, der Organisation, der Führung (i.e.S.) sowie des Personaleinsatzes, wie sie ursprünglich innerhalb des klassischen Grundlagenwerkes Koontz/O'Donnell 1976 (Management) bereits in der 1955 publizierten ersten Auflage systematisch differenziert wurden. Vergleiche dazu Steinmann/Schreyögg 1991 (Management), S. 7ff.

89 In diesem Zusammenhang steht nicht die organisatorische Institutionalisierung des Controlling im Unternehmen, sondern die funktional verstandene Erweiterung der Führungsfunktionen um eigenständige Controllingfunktionen im Vordergrund.

90 Vergleiche dazu auch die von Ulrich 1985 (Controlling), S. 23 vorgetragene Auffassung.

91 Vergleiche dazu Womack/Jones/Roos 1990 (Machine).

92 Pfeiffer/Weiß 1991 (Lean-Management), S. 68.

Die Beschäftigung mit den *Ursachen existenzgefährdender Entwicklungen* hat in der betriebswirtschaftlichen Literatur – so vor allem im Zusammenhang mit der Erforschung des Wachstums von Unternehmen – mittlerweile[93] eine lange Tradition, die hier keinesfalls nachzuvollziehen ist. Sowohl theoretische Erwägungen[94], als auch empirische Untersuchungen bestätigen, daß *in Wachstumsprozessen selbst begründete Ungleichgewichte als wesentliche Ursachenkomplexe für das Auftreten existenzgefährdender Entwicklungen* verantwortlich zu machen sind. Insbesondere eine umfängliche empirische Analyse, die vom Institut für Mittelstandsforschung durchgeführt wurde[95], belegt, daß die *Entstehungsgründe* von Krisen weniger in unternehmensexternen Einflüssen[96], sondern vielmehr vorrangig in der *Unternehmensgröße*[97] sowie in bestimmten Defiziten der *Unternehmenspolitik* zu suchen sind. Zu den aus der Unternehmenspolitik resultierenden kritischen Einflußgrößen zählen insbesondere der *Investitions- und Finanzbereich,* der *Forschungs- und Entwicklungsbereich*, der *Produktions- und Absatzbereich* sowie die *Führungs- und Organisationsstruktur* von Unternehmen[98]. Die damit vorgenommene, vergleichsweise grobe Unterteilung von sehr vielschichtigen Ursachenkomplexen krisenhafter Unternehmensentwicklungen mag aus analytischer Sicht als unzureichend empfunden werden[99]. Gleichwohl wird diese Differenzierung hier dennoch für zweckmäßig erachtet, da sich krisenhafte Unternehmensentwicklungen aufgrund der hohen Komplexität des Unternehmensverhaltens letztlich einer *kausalanalytischen Ursache-Wirkungs-Betrachtung* entziehen[100].

---

93 Diesbezüglich war in den Anfängen der Betriebswirtschaftslehre ein vor allem von Eugen Schmalenbach immer wieder beklagtes Defizit zu verzeichnen. Darauf verweist etwa auch Schäfer 1980 (Unternehmung), S. 292.

94 Hierzu stellen Albach/Bock/Warnke 1984 (Wachstumskrisen), S. 780 fest, daß bereits Erich Gutenberg aus der nur begrenzten Teilbarkeit bestimmter Produktionsfaktoren das Auftreten von Kapazitätssprüngen und das damit in Verbindung stehende Entstehen von Engpässen, die Ungleichgewichte markieren, ableitete.

95 Vergleiche dazu Albach/Bock/Warnke 1985 (Wachstumsschwellen).

96 Exogene Einflüsse, wie insbesondere der Konjunkturverlauf, wirken allenfalls katalytisch im Sinne einer Beschleunigung existenzgefährdender Entwicklungen.

97 Die angeführte Untersuchung belegt, daß Anpassungskrisen zwar prinzipiell bei jeder Unternehmensgröße auftreten können. Allerdings existieren von Albach 1965 (Theorie), S. 43 so bezeichnete kritische Wachstumsschwellen, also gewisse Mindestgrößen, die Unternehmen im Bestreben nach dauerhafter Existenzsicherung überschreiten müssen. Kritische Wachstumsschwellen zeigen sich vorrangig bei mittelständischen Unternehmen mit 300-400 Mitarbeitern und mit 500-850 Mitarbeitern. Großunternehmen mit 1250-2500 Mitarbeitern weisen nochmals ähnliche Wachstums- und Rentabilitätsprobleme auf. Diese Unternehmensgrößen können direkt, aber auch indirekt – über die Auslösung unternehmenspolitischer Ungleichgewichte – existenzgefährdende Entwicklungen auslösen. Vergleiche dazu nochmals Albach/Bock/ Warnke 1985 (Wachstumsschwellen), S. 402f.

98 Vergleiche auch dazu Albach/Bock/Warnke 1985 (Wachstumsschwellen), S. 401ff.

99 Auf andersartige Ursachenkataloge verweisen Albach/Bock/Warnke 1985 (Wachstumsschwellen), S. 28 (hier speziell Fußnote 45). Vergleiche dazu außerdem den von Krystek 1987 (Unternehmungskrisen), S. 34ff. gegebenen Überblick über den Stand und die Problematik der betriebswirtschaftlichen Krisenursachenforschung.

100 Ähnliche Gründe für die gewählten Ursachenkategorien führen auch Albach/Bock/Warnke 1985 (Wachstumsschwellen), S. 29 und S. 117 an.

Ungleichgewichte im Investitions- und Finanzbereich von Unternehmen werden hier kurz als Investitions- und Finanzkrisen bezeichnet. *Investitionskrisen* resultieren vorrangig aus einer unternehmenspolitischen *Fehleinschätzung des Investitionsbedarfs*, die sich in einer mangelnden „Anpassung an die als besonders wichtig herausgearbeiteten Rationalisierungs- und Modernisierungsnotwendigkeiten"[101] sowie in dem – damit verbunden – „Aufbau von Überkapazitäten"[102] niederschlägt. Die mit der Existenz unterausgelasteter Kapazitäten oftmals eng verbundenen *Finanzkrisen* entstehen in Expansionsphasen auf grundsätzlich gleiche Weise wie in Gründungs- und Anlaufphasen eines Unternehmens. Die im Rahmen von Investitionen erforderliche *Deckung hoher Finanzmittelbedarfe* ist mit dem vorhandenen *Eigenkapital* nicht möglich, so daß auf *Fremdkapital* zurückgegriffen werden muß. Dies führt zu einer Verschlechterung der Kapitalstruktur und zur *Erhöhung des Verschuldungsgrades*. Können die Kapazitäten dann nicht ausgelastet werden und steigen zudem die Fremdkapitalzinsen, so weitet sich „die Finanzierungskrise schnell zur Rentabilitätskrise und sogar zur Liquiditätskrise"[103] aus. Dies führt, falls eine Sanierung nicht möglich ist, zur „*Zahlungsstockung*, der zeitweiligen *Zahlungsunterbrechung* und schließlich der *Zahlungsunfähigkeit* oder *Zahlungseinstellung*"[104].

Ungleichgewichte im Produktions- und Absatzbereich von Unternehmen, die hier kurz als *Leistungskrisen* bezeichnet werden, sind auf äußerst vielschichtige Ursachen zurückführbar. Sie entstehen im Rahmen der Expansionsphase von Unternehmen[105] vorrangig aufgrund einer unbewältigten Komplexitätsentwicklung. Expansionsbedingt nehmen regelmäßig sowohl die *Leistungsprogrammbreite* als auch die *Leistungsprogrammtiefe* zu. Verbunden damit entsteht *Produktvarianten- und Kundenvielfalt* sowie regelmäßig auch eine ausgeprägte *Intensivierung der Wettbewerbsbeziehungen*. Darüber hinaus ist hier darauf hinzuweisen, daß auch die *Teile- und Zulieferervielfalt* zunehmen, so daß nicht nur im Produktions- und Absatzbereich, sondern auch im Beschaffungsbereich Schwierigkeiten zu erwarten sind[106]. Insgesamt werden somit die *Leistungsbereitstellung*, die *Leistungserstellung* sowie die *Leistungsverwertung* erschwert. Produktpolitische Probleme, so vor allem aufgrund von Defiziten in der Produktqualität, marktpolitische Probleme sowie regelmäßig auch Produktivitätsprobleme kennzeichnen daher derartige Leistungskrisen.

Das Auftreten von Ungleichgewichten im Forschungs- und Entwicklungsbereich von Unternehmen wird hier als *Innovationskrise* bezeichnet. Der Verzicht darauf, „durch konse-

---

101 Albach/Bock/Warnke 1985 (Wachstumsschwellen), S. 223.

102 Albach/Bock/Warnke 1985 (Wachstumsschwellen), S. 225.

103 Albach/Bock/Warnke 1984 (Wachstumskrisen), S. 780.

104 Schäfer 1980 (Unternehmung), S. 295.

105 Anzumerken ist, daß dieser Krisentyp auch als Gründungs- und Anlaufkrise sowie als Alterskrise auftreten kann. Unterschiede existieren hier vor allem in der jeweiligen Ausprägung der leistungswirtschaftlichen Ungleichgewichte.

106 Auf Krisenursachen im Absatz- und Beschaffungsbereich verweist im übrigen auch bereits Schäfer 1980 (Unternehmung), S. 290.

quente *Neu- oder Weiterentwicklung von Produkten und Verfahren* den jeweiligen Markter-
fordernissen Rechnung zu tragen"[107], darf wohl zu den wesentlichsten Ursachen existenzgefährdender Entwicklungen gezählt werden. Die hohe Bedeutung dieses Ursachenkom-
plexes wird um so deutlicher, wenn man die interdependenten *Auswirkungen einer defizitären Innovationspolitik auf die Investitions- und Produktpolitik* bedenkt.

Ungleichgewichte, die aus der Führungs- und Organisationsstruktur resultieren, werden
hier kurz als *Führungs- und Organisationskrisen* bezeichnet. Sie basieren in kleinen Unternehmen auf einer „Überlastung des Unternehmers mit der Folge von Entscheidungsfehlern"[108]. Analog dazu kann ebenso in mittleren und größeren Unternehmen vor allem
eine *mangelnde Anpassung der Führungsmethoden und der Organisationsstruktur* sowie
ein den Anforderungen nicht gewachsenes *Führungsverhalten*[109] zu Entscheidungsfehlern
führen. Insofern kann eine derartige „Management Lücke"[110] ebenfalls zur Entstehung
existenzgefährdender Entwicklungen führen[111].

Insgesamt resultieren somit vielschichtige und zudem interdependent verknüpfte Ursachenkomplexe, auf die die *Entstehung existenzgefährdender Entwicklungen* zurückgeführt
werden kann. Der im Rahmen der vorliegenden Untersuchung als besonders bedeutsam erachtete *Wirkungsverbund von Krisenursachen* ist in *Abbildung 1-6* nochmals gebündelt veranschaulicht.

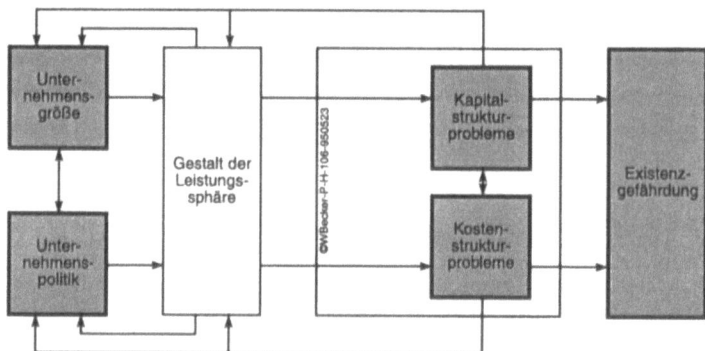

**Abbildung 1-6   Wirkungsverbund bedeutsamer Ursachenkomplexe existenzge-
                  fährdender Unternehmensentwicklungen**

Die Darstellung verdeutlicht, daß auslösende Einflüsse existenzgefährdender Entwicklungen vorrangig in der *Unternehmensgröße* sowie in – teilweise dadurch bedingten – Defizi-

---

107 Albach/Bock/Warnke 1985 (Wachstumsschwellen), S. 243.

108 Albach/Bock/Warnke 1984 (Wachstumskrisen), S. 780.

109 In diesem Zusammenhang verweist Schäfer 1980 (Unternehmung), auf „personale Krisenursachen ..., die
    im Verhalten der verantwortlichen Persönlichkeiten liegen" (S. 291).

110 Wittmann 1961 (Theorie des Unternehmungswachstums), S. 496.

111 Vergleiche dazu wiederum auch Albach/Bock/Warnke 1985 (Wachstumsschwellen), S. 206ff.

ten der *Unternehmenspolitik* zu suchen sind. Insbesondere können offenbar beide Einflußgrößen *Anpassungsprobleme in der Führungssphäre selbst, aber auch in der Ausführungssphäre*, speziell in der *Leistungssphäre von Unternehmen* – hier im Leistungsprogramm,
in den Leistungspotentialen und in den Leistungsprozessen – bewirken. Derartige Entwicklungen äußern sich letztlich dann stets in der *Wertsphäre von Unternehmen*. Dort können *Kostenstrukturprobleme* entstehen, die eine zunehmende Erhöhung der Gewinnschwelle bewirken und dadurch die Erfolgsstabilität von Unternehmen beeinträchtigen.
Als weitere Folge, aber auch unabhängig davon können darüber hinaus *Kapitalstruktur-
probleme* auftreten, die eine Überschuldung und anschließende Liquidation von Unternehmen nach sich ziehen. Derartige Störungen verlaufen zudem oftmals nicht nur monolate-
ral, also in einer kausal-analytisch festgelegten Richtung, sondern wirken in der zuvor angeführten Entwicklungskette auch auf die jeweils auslösenden Einflußgrößen zurück und
können diese vermutlich akzelerativ verstärken.

C Resümee: Notwendigkeit zur unternehmenspolitischen Sicherung der erfolgswirtschaftlichen Stabilität von Unternehmen

Die Zusammenfassung der im vorliegenden Kapitel entfalteten Aussagen führt zu der folgenden *Problemstellung*, die den weiteren Verlauf der Untersuchung bestimmt:

1. Unternehmen werden als instrumentell zu nutzende *Institutionen ökonomischen Handelns*
aufgefaßt, die in ein vielschichtiges *Netz unterschiedlicher Interessenslagen* eingebunden
sind. Unternehmen bemühen sich zwar auf der Grundlage des Wirtschaftlichkeitsprinzips um
Allokationseffizienz, entziehen sich jedoch gleichwohl einer gesamthaften Optimierung. Insbesondere ist die Vorstellung einer sich um Nutzenmaximierung bemühenden Unternehmenspolitik zugunsten eines – auf dem *Konzept der eingeschränkten Rationalität* beruhenden – realitätsgerechteren, dynamischen *Strebens nach Satisfizierung* aufzugeben.

2. Unternehmen haben als vollständig isoliert betrachtete Gebilde keine Daseinsberechti-
gung. Sie sind vielmehr *Instrumente des auf bestimmte Zwecke gerichteten ökonomischen
Handelns*. Als interdependent verknüpfte Zwecke unternehmerischen Handelns lassen sich
die *Bedürfnisbefriedigung*, die auf die Reduzierung von Knappheiten ausgerichtete
(Fremd-)Bedarfsdeckung sowie die *Entgelterzielung* feststellen.

3. Unternehmen werden somit als zweckorientierte Instrumente des Handelns genutzt. Der
Vorteil, derart zweckorientierte Handlungen nicht individuell, sondern institutionalisiert zu
realisieren, besteht in der damit zugleich im Rahmen der Zweckerfüllung angestrebten *Reduzierung von Unsicherheiten*. Dafür ist der zumindest längerfristigere, wenn nicht gar
dauerhafte Bestand von Unternehmen eine wesentliche Voraussetzung. Die *Sicherung der
Existenz von Unternehmen* ist insofern als eine übergeordnete Zielsetzung unternehmerischen Handelns zu verstehen. Da Unternehmen jedoch nicht automatisch in Bedrohungen
des Bestands ausschließenden stabilen Gleichgewichtslagen verharren, ist eine stetige, *auf
Existenzsicherung zielende Unternehmenspolitik* unabdingbar.

4. Die beabsichtigte Konkretisierung der für eine umfassende Stabilitätspolitik erforderlichen Vorgehensweisen bedingt zunächst die _Analyse der typischen Entwicklungen und speziellen Ausprägungen möglicher Existenzgefährdungen_ von Unternehmen. Diesbezüglich belegt der in der betriebswirtschaftlichen Literatur vorliegende Kenntnisstand, daß Existenzgefährdungen, die sich als stetig verlaufende _Krisenentwicklungen,_ aber auch als dammbruchartige _Katastrophenentwicklungen_ beschreiben lassen, in jeder Phase des Lebenszyklus von Unternehmen auftreten können. Speziell lassen sich diesbezüglich _Gründungs-, Anpassungs- und Alterskrisen_ differenzieren.

5. Die zur _Aufdeckung derartiger Krisenprozesse_ erforderlichen Signale sind insbesondere den _Finanz- und Erfolgsstrukturdaten_ von Unternehmen zu entnehmen. Besonderes Augenmerk verdient in diesem Zusammenhang die _Gewinnschwelle von Unternehmen,_ die frühzeitig auf _Defizite in der erfolgswirtschaftlichen Stabilität_ hinweisen kann. Offensichtlich können vor allem die aus steigenden Fixkostenbelastungen resultierenden _Erhöhungen der Gewinnschwelle_ auch, beziehungsweise sogar gerade solchen Unternehmen Schwierigkeiten bereiten, die sich in den letzten Jahren konsequent an die Erfordernisse angepaßt haben, die an _moderne industrielle Leistungserstellungsstrukturen_ zu stellen sind.

6. Die für das frühzeitige Erkennen existenzgefährdender Entwicklungen erforderlichen _Informationen_ werden allerdings durch das innerbetriebliche _Rechnungswesen_ regelmäßig nicht hinreichend abgebildet. Aber selbst dann, wenn diese Informationen bereitgestellt werden können, ist deren adäquate Nutzung angesichts der bestehenden Informationsvielfalt nicht sichergestellt. In diesem Zusammenhang ist dem _Controlling_ eine besondere Bedeutung beizumessen. Controlling ist als eigenständige _Führungsfunktion_ zu verstehen, die im Rahmen der ihr obliegenden Gestaltungs- und Lenkungsaufgaben zur _Erfolgserzielung, Erfolgsverbesserung und Erfolgssicherung_ von Unternehmen beizutragen hat. Die Erfüllung dieser Aufgabe kann insbesondere im Rahmen der Trägerschaft einer stabilitätsorientierten _Kosten- und Leistungspolitik_ erfolgen.

7. Existenzgefährdungen von Unternehmen entstehen aus Ungleichgewichten und lassen sich auf äußerst _vielschichtige und zudem interdependent verknüpfte Ursachenkomplexe_ zurückführen. Dies belegt die angeführte empirische Untersuchung von Horst Albach über kritische Wachstumsschwellen von Unternehmen. Auslösende Einflüsse existenzgefährdender Entwicklungen sind demzufolge offenbar vorrangig in der _Unternehmensgröße_ sowie in der _Unternehmenspolitik_ zu suchen und bewirken Anpassungsprobleme in der Führungssphäre selbst, aber auch in der _Leistungssphäre_ von Unternehmen. Derartige Entwicklungen äußern sich letztlich dann stets in der Wertsphäre von Unternehmen. Dort können schließlich _Kostenstrukturprobleme_ und/oder _Kapitalstrukturprobleme_ entstehen, die die Stabilität von Unternehmen wesentlich beeinträchtigen. Derartige Störungen wirken zudem in der angeführten Entwicklungskette auch auf die jeweils auslösenden Einflußgrößen verstärkend zurück.

8. Insgesamt zeigt sich somit als _Problemstellung der vorliegenden Untersuchung,_ daß Unternehmen bedingt durch vielfältige Ursachenkomplexe, die regelmäßig im Verlauf der uneinheitlich verlaufenden _Wachstumsprozesse_ eintreten, existenzgefährdenden Entwick-

lungen ausgesetzt sein können. *Existenzgefährdungen* lassen sich jedoch sowohl kurativ als auch präventiv beeinflussen. Voraussetzung dafür ist deren frühzeitige Aufdeckung beziehungsweise eine offenbar erforderliche *Anpassung der grundsätzlichen Verhaltensmuster*, wie sie vor allem in der strategischen Orientierung von Unternehmen zum Ausdruck kommen: Statt einer allzu häufig einseitig auf quantitative Wachstumsziele ausgerichteten Unternehmenspolitik muß die strategische Orientierung verstärkt im Sinne einer umfassenden *Stabilitätspolitik* erfolgen.

9. Der weitere Gang der Untersuchung richtet sich an diesem Erfordernis aus. Das besondere Augenmerk wird in diesem Zusammenhang auf die bereits in diesem einführenden Kapitel in den Vordergrund gestellte *erfolgswirtschaftliche Stabilität von Unternehmen* gerichtet. Der Grund für diese zunächst möglicherweise einengend erscheinende, letztlich aber doch ganzheitliche Betrachtungen des unternehmerischen Handelns erschließende Vorgehensweise besteht darin, daß offenkundig auch leistungswirtschaftlich vermeintlich gut ausgerichtete Unternehmen immer wieder in erfolgswirtschaftlich bedrohliche Situationen geraten. Diese sind dadurch gekennzeichnet, daß zum einen die *Wettbewerbssituation* zu einer *Limitierung preispolitischer Maßnahmen* zwingt und zum anderen gerade aus der *Konfiguration des leistungswirtschaftlichen Gefüges* ein *hoher Kostendruck* entstanden ist, der aus erfolgswirtschaftlicher Sicht oftmals nur noch durch permanente Vollauslastung der unternehmerischen Kapazitäten zu ertragen ist.

10. Eine *stabilitätsorientierte Unternehmenspolitik* erfordert ein tiefgreifendes Eindringen in die komplex vernetzten Mechanismen unternehmerischen Handelns. Den Ausgangspunkt dafür bildet der in *Abbildung 1-7* veranschaulichte Gesamtzusammenhang:

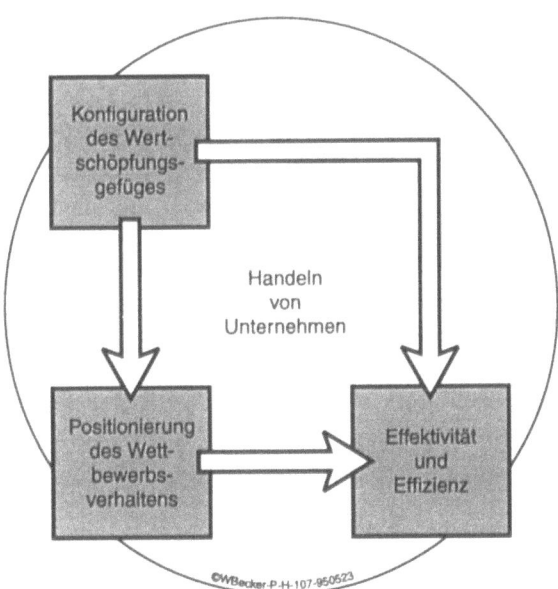

Abbildung 1-7   Wertschöpfungsgefüge und Wettbewerbsverhalten als Determinanten des Handelns von Unternehmen

Demgemäß werden *Effektivität und Effizienz des Handelns von Unternehmen* einerseits durch eine strukturelle Komponente, nämlich die grundlegende *Konfiguration des Wertschöpfungsgefüges*, sowie andererseits durch eine prozessuale Komponente, nämlich die relative *Positionierung des Wettbewerbsverhaltens*, geprägt.

Im Rahmen einer weiterführenden Konkretisierung bedarf es daher zunächst der *Klärung der in stabilitätspolitische Analysen einzubeziehenden Interaktionsfelder unternehmerischen Handelns*. Diese sind aufzudecken, abzugrenzen und inhaltlich auszufüllen, um letztlich praktisch umsetzbare Gestaltungsempfehlungen für ein stabilitätsorientiertes unternehmerisches Handeln ableiten zu können.

2. Kapitel
Konzeption eines auf stabilitätspolitische Anforderungen ausgerichteten Modells des Handelns von Unternehmen

Inhaltliche Schwerpunkte: Aussagen der sozialwissenschaftlichen und der betriebswirtschaftlichen Systemtheorie zur Existenzsicherung von Unternehmen – Systemstruktur-begründende, System-spezifität-begründende und Systemverhalten-begründende Merkmale als stabilitätspolitische Anforderungen an das System Unternehmung – Realisierung der Wertschöpfungsfunktionen von Unternehmen durch Transaktionsbeziehungen im Markt – Interaktionsnetze als strukturelle Dimension des ökonomischen Handelns von Unternehmen – Leistungs- und Wertketten als prozessuale Dimension des ökonomischen Handelns von Unternehmen – Gestaltung und Lenkung des unternehmerischen Handelns durch die Unternehmensführung – Liquidität, Erfolg und Erfolgspotentiale als Führungsgrößen – Integration der operativen und strategischen Unternehmensführung als stabilitätspolitisches Erfordernis – Vollzug der Stabilitätspolitik von Unternehmen im Strategischen Viereck

Das erste Kapitel beschrieb ausgehend von einer instrumentellen Auffassung von *Unternehmen als Institutionen ökonomischen Handelns*, die spezifischen Zwecken dienen, zunächst das Ziel und die Bedeutung der *dauerhaften Existenzsicherung* von Unternehmen. Anschließend wurden die Entwicklungsprozesse, speziellen Ausprägungen und Ursachenkomplexe von *Existenzgefährdungen* dargelegt. In diesem Zusammenhang konnte insbesondere auch verdeutlicht werden, daß sich Unternehmen, die in unmittelbarer Nähe ihrer Gewinnschwelle agieren, typischerweise bereits in einem fortgeschrittenen (akuten) Stadium existenzgefährdender Entwicklungen befinden. Daher überwiegt in solchen Situationen oftmals statt eines grundsätzlich anzustrebenden – als *Chancenmanagement* bezeichenbaren – strategischen Verhaltens ein nur noch operativ reagierendes *Risikomanagement*. Verbunden damit entstehen jedoch nicht nur häufig unnötige Einbrüche im Wachstums- und Reifungsprozeß von Unternehmen. Vielmehr ist auch der Ausgang der existenzgefährdenden Entwicklung unsicher. Man kann also nicht davon ausgehen, daß eine derartige Entwicklung, hat sie einmal begonnen, durch kuratives Risikomanagement gebremst werden kann. Abhilfe schafft allein die konsequente *Integration einer umfassend angelegten Stabilitätspolitik in die strategischen Orientierungsmuster unternehmerischen Handelns*. Eine derartige Stabilitätspolitik darf, um wirksam sein zu können, nicht nur in bestimmten, nämlich existenzgefährdenden Situationen einsetzen. Sie muß vielmehr neben *kurativen vor allem auch präventive Handlungsspektren* aufweisen. Eine wirksame Stabilitätspolitik ist daher als dauerhafte Basis jeglicher Unternehmenspolitik anzusehen.

Vor diesem Hintergrund strebt das vorliegende zweite Kapitel an, ausgehend von generellen Erfordernissen der Existenzsicherung zunächst einen angemessen erscheinenden *Denk- und Bezugsrahmen* aufzubauen. Dieser sollte insbesondere geeignet sein, unternehmerisches Handeln in seinen wesentlichen Dimensionen abzubilden und zu fördern. Die gewählte Vorgehensweise fußt auf der Überzeugung, daß eine zielgerechte Unternehmenspolitik ein *Modell der Unternehmung* benötigt, das als Denkmuster für die Gestaltungs- und Lenkungsaufgaben der Unternehmensführung dienen kann. Ein derartiges Modell muß einerseits zwar die *Komplexität der Realität* einfangen können. Andererseits muß es sich jedoch möglichst auch durch *Einfachheit* auszeichnen[1], um Transparenz schaffen zu können und Spielraum zur freien Entfaltung des unternehmerischen Handelns zu vermitteln. Speziell scheint es in diesem Zusammenhang zweckmäßig zu sein, einen paradigmatischen Übergang von einer analytisch orientierten zu einer eher synthetisch, also letztlich *holistisch geprägten Theorie der Unternehmung* zu vollziehen.

A   Generelle Erfordernisse einer nach Existenzsicherung strebenden Stabilitätspolitik von Unternehmen

Insgesamt ist die im einführenden ersten Kapitel entfaltete Auffassung von Unternehmen kompatibel mit der *Anwendung des systemtheoretischen Ansatzes*[2]. Aus Sicht der Systemtheorie lassen sich *Unternehmen als künstliche, sozio-technische Systeme*[3] auffassen, die in eine ebenfalls systemisch strukturierbare Umwelt[4] eingebettet sind. Dieser begleitende Blick auf die zwar zunächst recht abstrakt erscheinende, aber gleichwohl im Rahmen der Erkenntnisgewinnung durchaus fruchtbar einsetzbare Methode der Systemtheorie[5], er-

---

1   Insofern gilt (auch) hier die von Schneider 1967 (Unternehmensrechnung), S. 229 getroffene Aussage: „Heroische Vereinfachungen sind nun einmal die Muttermilch der Theorie".

2   Einen ersten umfassenderen Vorschlag zur Anwendung der Systemtheorie auf betriebswirtschaftliche Fragestellungen entwickeln Johnson/Kast/Rosenzweig 1963 (Theory). In der deutschsprachigen Betriebswirtschaftslehre wird dieses Konzept später vor allem von Ulrich 1970 (Unternehmung; 1. Auflage 1968) aufgegriffen, der seinen Ansatz besonders prägnant in Ulrich 1971 (Betriebswirtschaftslehre) beschreibt. Aus der kaum noch überschaubaren Vielzahl der mittlerweile zur systemtheoretischen Betrachtung von Unternehmen vorliegenden Publikationen sei in diesem Zusammenhang vorrangig auf die eher grundsätzlichen Überblicksartikel von Fuchs 1976 (Systemtheorie), Grochla 1970 (Systemtheorie), Grochla/Lehmann 1980 (Systemtheorie) und Guntram 1985 (Systemtheorie) verwiesen.

3   Den auch hier als zweckmäßig erachteten Begriff des sozio-technischen Systems wählt insbesondere Erwin Grochla, um zu verdeutlichen, daß in Unternehmen typischerweise eine spezifische Integration von Menschen und Maschinen erfolgt, um bestimmte Aufgaben zu erfüllen. Vergleiche dazu beispielsweise Grochla 1978 (Organisationstheorie), S. 8ff.

4   Vergleiche dazu insbesondere die diesbezüglichen Vorschläge von Kubicek/Thom 1976 (Umsystem), hier speziell Abbildung 5 in Sp. 3995f.

5   Hierauf verweist deutlich etwa Raffée 1974 (Grundprobleme), S. 86ff., indem er die mittels des systemtheoretischen Ansatzes bestehende Möglichkeit zu umfassenden Wirkungsanalysen, die Vereinheitlichung der Sprache im Rahmen interdisziplinärer Forschungsansätze sowie die Möglichkeit zur Herausarbeitung des Grundsätzlichen hervorhebt. Zu einer insgesamt positiven Einschätzung der Systemtheorie kommt darüber hinaus etwa auch Pfohl 1978 (Leistungsfähigkeit), S. 741ff., der die Leistungsfähigkeit insbeson-

scheint geboten, da sich diese Methode stets in besonderer Weise dem Problem der den dauerhaften Bestand von Unternehmen sichernden *Systemstabilität*[6] gewidmet hat. Diesbezügliche Konzepte wurden zunächst im Rahmen sozialwissenschaftlicher Forschungsarbeiten, später auch mit spezifischer betriebswirtschaftlicher Ausrichtung entwickelt.

1   Anforderungen an die Existenzsicherung aus Sicht der sozialwissenschaftlichen Systemtheorie

Insbesondere Talcott Parsons, der Begründer der strukturell-funktionalistischen Theorie des sozialen Handelns[7], hat unter Rückgriff auf das kybernetischen Denkmodellen entlehnte *Gleichgewichtsstreben von Systemen* bereits sehr frühzeitig aufgezeigt, welche generellen Bedingungen zur Bestandserhaltung erfüllt sein müssen. Dieser innerhalb der Sozialwissenschaften breite Anerkennung aufweisende Ansatz weist im Hinblick auf die *Existenzsicherung von Systemen* vor allem die folgenden vier Systemprobleme beziehungsweise *funktionalen Erfordernisse*[8] aus:

❑ Zur Identitätssicherung müssen Systeme für die *Erhaltung der institutionellen Verhaltensmuster des Systems* sorgen. Dies erfolgt durch *'Bewahrung der Systemstruktur'* und schließt insbesondere auch eine *'Kontrolle von Spannungen'* ein, die zwischen dem System und seinem situativen Systemumfeld bestehen.

❑ Systeme können nur dann wirksam funktionieren, wenn sie innerhalb der Beziehungen zwischen ihren Elementen die *'Bewahrung von Solidarität'* sicherstellen. Dazu ist deren *'Integration'* im Sinne einer Organisation sich gegenseitig stützender innersystemischer Beziehungen erforderlich.

❑ Zur Bestandserhaltung müssen Systeme über ein allgemeines Interesse zur *'Realisierung von Zielen'* verfügen. Ziele beinhalten die konkretisierten Zwecke der Beziehung zwischen dem betrachteten System und dem situativen Systemumfeld.

❑ Das Bemühen um Zielerreichung, das die Kontrolle der Situation ermöglicht, impliziert die *'Bereitstellung von Mitteln zur Zielerfüllung'* beziehungsweise die Aufrechterhaltung einer hinreichenden *'Anpassungsfähigkeit'* an situative Bedingungen.

---

dere aus organisationstheoretischer Sicht beurteilt. Ablehnend gegenüber dem ursprünglich aus der Biologie stammenden, insbesondere auf die Arbeiten von Bertalanffy 1950/51 (System Theory) zurückgehenden systemtheoretischen Ansatz äußert sich dagegen deutlich etwa Schneider 1987 (Betriebswirtschaftslehre), S. 212ff.

6   Die Systemtheorie erklärt im allgemeinen Fragen der Existenzsicherung zu einem stets bestehenden Problem von Systemen, das nicht abschließend gelöst werden kann. Vergleiche dazu beispielsweise Luhmann 1970 (Methode), S. 39ff.

7   Vergleiche dazu Parsons 1951 (System).

8   Vergleiche zu diesen Anforderungen Parsons 1959 (Action), S. 631ff. beziehungsweise noch etwas ausführlicher auch Parsons 1967 (Handeln), S. 164ff.

In der Anschauung von Parsons dienen diese systemischen Grundfunktionen nicht allein der Existenzsicherung, sondern auch – auf einer Metaebene – der *Beschreibung eines beliebigen Systems*: „These (nämlich goal attainment, adaption, integration and pattern maintenance) are dimensions of a space in the sense that a state of the system or of its units' relation to each other may be described, relative to satisfactory points of reference, as 'farther along' or less far along on each of these dimensions; a change of state may be described in terms of increases or decreases in the values of each of these variables."[9] Darüber hinaus dient das funktionale Schema schließlich als Grundlage einer allgemeinen *Handlungstheorie*, in der die einzelnen Systemfunktionen der *Strukurerhaltung, Integration, Zielerreichung und Adaption zugleich als steuernde Faktoren für System-Umfeld-Beziehungen* fungieren[10].

Die innerhalb der Sozialwissenschaften vor allem im Rahmen der Soziologie betriebene *Weiterentwicklung der allgemeinen Systemtheorie*, um die sich im deutschsprachigen Raum vor allem Niklas Luhmann, der die Systemtheorie gar als „eine besonders eindrucksvolle Supertheorie bezeichnet"[11], bemüht, griff zunächst die zuvor genannten Vorstellungen von Parsons weitgehend auf. Speziell stellt Luhmann folgende Anforderungen an die Existenzsicherung von Systemen[12]:

❑ die *Erhaltung einer relativen Indifferenz gegenüber Umweltbewegungen*, die aus betriebswirtschaftlicher Sicht vor allem als ein Neutralisierungsvermögen gegenüber allzu komplexen Markteinflüssen aufgefaßt werden kann;

❑ die *Erhaltung einer reaktionsbeweglichen Elastizität* zur Kompensation unvermeidbarer Umwelteinwirkungen, unter der vor allem die Fähigkeit zu verstehen ist, unternehmensexterne Einflüsse abwehren und erzwungene Veränderungen rückgängig machen zu können;

❑ die *Erhaltung einer distanzierten Autonomie*, die letztlich im Tatbestand der rechtlichen und wirtschaftlichen Unabhängigkeit eines Unternehmens zum Ausdruck kommt.

Der sich bereits in dieser Bedingungskonstellation andeutende und zwischenzeitlich vollzogene *Paradigmenwechsel* basiert insbesondere auf der Einbeziehung der mittlerweile aus den Naturwissenschaften und vor allem auch der Mathematik vorliegenden *Erkenntnisse der Chaos-Theorie*[13]. Diese scheint – mit der noch immer gebotenen Vorsicht

---

9   Parsons 1959 (Action), S. 631.

10 Vergleiche dazu im einzelnen vor allem Parsons 1976 (Gesellschaft), S. 153ff.

11 Luhmann 1991 (Systeme), S. 19.

12 Vergleiche dazu Luhmann 1970 (Methode), S. 39.

13 Vergleiche hierzu insbesondere den kurzen Überblicksbeitrag von Zeeman 1976 (Theory). Darüber hinaus ist der speziell interessierte Leser diesbezüglich vornehmlich auf die bahnbrechenden Arbeiten von Benoit Mandelbaum hinzuweisen, der mit der Monographie Mandelbaum 1982 (Geometry) als Begründer der neben der Euklidischen Geometrie stehenden Fraktalen Geometrie gilt und in diesem Zusammenhang die Autoproduktion selbstähnlicher Strukturen als naturgesetzliche Zwangsläufigkeit nichtlinearer dynami-

formuliert – durchaus und gerade auch auf spezielle soziale Systeme anwendbar zu sein[14], somit also auch auf Unternehmen. Setzt man die Richtigkeit dieser hier nur als Vermutung äußerbaren Hypothese voraus, resultiert aus dem Verständnis, daß Unternehmen künstliche sozio-technische Systeme darstellen, konsequenterweise die Auffassung, daß *Unternehmen als künstliche Fraktale* anzusehen sind und somit die Eigenschaft aufweisen (müssen!), selbstähnliche Strukturen zu reproduzieren. Dies wiederum bedeutet, daß unternehmerisches Handeln zwar abbildbar und vor allem auch vergleichbar mit dem Handeln anderer Systeme, jedoch letztlich nicht vorhersehbar ist.

Wesentlich im Sinne der *Existenzsicherung* erscheint aus dieser Sicht insbesondere die Aufgabe der – von Parsons noch explizit aufgestellten – Forderung nach Anpassungsfähigkeit. Diese wird erweitert durch eine als *Autopoiese* bezeichnete Eigenschaft sozialer Systeme, die die ständige selbststeuernde Erneuerung durch eine spezifische Form der Rückkopplung, die auch als Selbstreferenz beschrieben werden kann[15], impliziert und aus einem „eigenartigen Zwang zur Autonomie"[16] resultiert, mittels derer sich ein System in einem überaus dynamischen Prozeß zu seiner Umwelt abgrenzt und zugleich öffnet, um eine systemerhaltende Balance im Markt und in der Gesellschaft zu gewährleisten. Dies bedeutet insbesondere, daß die Offenheit und Geschlossenheit von Systemen nicht mehr als sich gegenseitig ausschließende Systemcharakteristika betrachtet werden. Vielmehr wird eher die Möglichkeit zur Inanspruchnahme der Funktion des Öffnens und Schließens betrachtet, die durch Komplexität reduziert werden kann[17].

Die Aufrechterhaltung der zuletzt beschriebenen *autopoietischen Prozesse*, mittels derer innerhalb eines Systems kleinere Subsysteme geschaffen werden, die dem übergeordneten System selbstähnlich sind, ihm also bis in die Funktionsprinzipien gleichen, scheint vor allem zur *Ausprägung von systemeinheitlichen Verhaltensmustern* unabdingbar zu sein. Die Wirkung, die mit derartigen Prozessen in Unternehmen verbunden ist, kann zwar derzeit wohl noch nicht detailliert, aber zumindest doch dadurch beschrieben werden, daß sich jedes einzelne Element des Systems quasi-automatisch so verhält, wie es für die Existenz des Gesamtsystems am günstigsten ist. Demgegenüber sind die in Unternehmen

---

scher Prozesse, die für die Entstehung von Chaos charakteristisch sind, nachweisen konnte. Vergleiche dazu beispielsweise auch Brenner 1990 (Welt) beziehungsweise noch ausführlicher Briggs/Peat 1990 (Chaos), S. 127ff., die insgesamt zahlreiche Anwendungen der gesamten Chaos-Theorie – auch wirtschaftswissenschaftlicher Art – verständlich darbieten.

14 Eine noch recht frühe Anwendung zumindest einzelner Module der Chaos-Theorie findet sich im wirtschaftswissenschaftlichen Kontext etwa in der die Gefahren des exponentiellen Wachstums aufzeigenden Studie des Club of Rome (insbesondere wurde das Prinzip der positiven Rückkopplung auf die Beziehungen zwischen Weltbevölkerung, Ressourcen, Nahrungserzeugung, industrieller Produktion und Umweltverschmutzung angewandt); vergleiche dazu Meadows/Meadows/Zahn/Milling 1973 (Grenzen).

15 Speziell handelt es sich dabei um eine iterativ fortschreitende positive, also verstärkende Rückkopplung, die unmittelbar zur Auslösung nichtlinearer und somit chaotischer Prozesse führt.

16 Luhmann 1991 (Systeme), S. 28.

17 Dies kommt auch in der für die Existenzsicherung geforderten Indifferenz gegenüber der Umwelt zum Ausdruck. Vergleiche dazu Luhmann 1991 (Systeme), S. 52f.

wirksamen *Mechanismen bislang weitgehend unerforscht*, die derartige Prozesse durch entsprechende Gestaltungs- und Lenkungsaktivitäten in Gang setzen und aufrecht erhalten. Eher noch spekulativ läßt sich in diesem Zusammenhang beispielsweise vermuten, daß insbesondere die in jüngerer Zeit in Theorie und Praxis intensivierten Bemühungen um die Schaffung einer in der Unternehmenskultur verankerten „Corporate Identity" zur Ingangsetzung solcher autopoietischen Prozesse, die für die Selbstorganisation zumindest von Teilbereichen von Unternehmen nützlich sein können, dienen. Ebenso gilt dies wohl vermutlich für die im Rahmen des Total Quality Management vorfindbaren „Prozesse der kontinuierlichen Verbesserung".

Schwierigkeiten bereitet in diesem Zusammenhang insbesondere der Tatbestand, daß autopoietische Prozesse aufgrund der prinzipiellen *Unvorhersehbarkeit chaotischer Entwicklungen* nur sehr bedingt plan- und kontrollierbar sind. Planung und Kontrolle stellen jedoch demgegenüber grundlegende Führungsfunktionen dar, ohne die eine rational geprägte betriebswirtschaftliche Führungslehre heute nicht mehr denkbar scheint. Vor dem Hintergrund eines derart tiefgreifenden Paradigmenwechsels scheint es jedoch durchaus fruchtbar zu sein, eine *chaosorientierte Führungstheorie* zu entwickeln[18], in deren Zusammenhang möglicherweise die bislang vergleichsweise vernachlässigten Arbeiten zur *inkrementalen Planung*[19] einen neuen Stellenwert erreichen könnten. Inkrementale Planung zeichnet sich insbesondere dadurch aus, daß sie die im Rationalitätsstreben der synoptischen Planung begründete vollkommene Trennung von Zielen und Mitteln aufgibt und sich insofern eher an der realen Machbarkeit als an der idealen Wünschbarkeit orientiert. Sie ist daher seitens ihrer konzeptionellen Struktur eher in der Lage, dem freien Spiel der Kräfte, das sich im Rahmen chaotischer Prozesse zwangsläufig entwickelt, bewußt wesentlich mehr Spielraum zuzubilligen. Schließlich scheint auch die *Führungsfunktion des Controlling* – sofern man gewillt ist, eine dementsprechende Öffnung zuzulassen[20] – zur Lenkung nichtlinearer und dynamischer Prozesse besonders geeignet zu sein.

2 Anforderungen an die Existenzsicherung aus Sicht der betriebswirtschaftlichen Systemtheorie

Die Anwendung der zuvor skizzierten Erkenntnisse einer allgemeinen Systemtheorie auf die betriebswirtschaftliche Theorie der Unternehmung läßt erkennen, daß „das *Bestands-*

---

18 Dies kann und soll im Rahmen der vorliegenden Arbeit nur angedeutet, jedoch keinesfalls vertieft werden. Es sei allerdings der Hinweis erlaubt, daß die Berücksichtigung der Erkenntnisse der Chaos-Theorie, die innerhalb der Naturwissenschaften heute bereits einen gefestigten Stellenwert aufweisen kann, auch für die betriebswirtschaftliche Erkenntnisgewinnung besonders fruchtbar erscheint.

19 Übersichtsbeiträge zur inkrementalen Planung, die vor allem auf Lindblom 1959 (Muddling Through) sowie auf Braybrooke/Lindblom 1969 (Strategy) zurückzuführen ist, offerieren beispielsweise Meyer zu Selhausen 1989 (Planung) sowie Picot/Lange 1979 (Planungsprozess).

20 Dies bedeutet allerdings, daß die teils vorzufindende unnötige Einengung des Controlling als planungs- und kontrolldeterminiertes Koordinationsinstrument der Führung (vergleiche dazu speziell Weber 1991 (Einführung), S. 33) zumindest relativiert, wenn nicht gar völlig aufgehoben werden müßte.

problem des Systems Unternehmung primär darin (liegt), sich als autonom handlungs-
fähiges System aus seiner Umwelt abzugrenzen, eine spezifische Identität aufzubauen und
dauerhaft aufrechtzuerhalten"[21].

Eine weitergehende Spezifikation der aus dieser Auffassung resultierenden, im Streben
nach Bestandserhaltung zu stellenden Anforderungen eröffnet die jüngst von Hans Ulrich
und Gilbert J.B. Probst dargelgte *holistische Betrachtung von Unternehmen*[22]. Dieser Ansatz, der als Anwendung der seitens des Atomphysikers Fritjof Capra[23] geforderten grundlegenden Veränderung der wissenschaftlichen Perspektive auf die betriebswirtschaftliche
Theorie der Unternehmung verstanden werden kann, führt zur Ableitung einiger *charakteristischer Merkmale von Unternehmen*, die zugleich auch als grundsätzliche Existenzbedingungen interpretierbar sind. Die damit einhergehende Veränderung ist gekennzeichnet
durch die Erweiterung des analytischen Denkens durch eine *ganzheitliche und insofern
eher integrative Betrachtung realer Phänomene*, durch Substitution kausal-analytisch geprägter Denkstrukturen durch *zirkulär verknüpfte Netzwerke* sowie durch Ergänzung der
Suche nach (letztlich statischen) Strukturen zu einer *Erfassung der grundlegenden Ord-
nungsmuster von dynamischen Prozessen*.

Aus einer demgemäß angestellten Betrachtung resultieren die grundlegenden Eigenschaften der Ganzheitlichkeit, Vernetztheit, Offenheit, Komplexität, Ordnung, Lenkfähigkeit
und Entwicklungsfähigkeit als charakteristische *Merkmale einer holistischen Anschauung
von Unternehmen*[24]. Diesen Merkmalen wird hier eine hohe Bedeutung für die *Schaffung
eines umfassenden stabilitätspolitischen Bewußtseins* beigemessen. Vor allem bilden sie
auch die (zunächst noch formale) Basis des in diesem Kapitel in den Grundzügen darzulegenden dynamischen Modells des unternehmerischen Handelns. Zu diesem Zweck werden
die Merkmale nachfolgend nicht nur kurz wiedergegeben, sondern zudem ergänzt und in
die drei grundsätzlich erscheinenden *Merkmal-Kategorien* der *Systemstruktur-begründenden, Systemspezifität-begründenden und Systemverhalten-begründenden Merkmale* differenziert:

Systemstruktur-begründende Merkmale von Unternehmen

Die nachfolgend angeführten und erläuterten Merkmale der Ganzheitlichkeit, Vernetztheit
und Offenheit sowie der daraus resultierenden Komplexität begründen, daß *Unternehmen
als soziale Systeme* angesehen werden können. Auch lassen sich mit diesen Eigenschaften
die folgenden, zwar sehr grundsätzlichen, aber gleichwohl charakteristischen Aussagen
über die typische *Struktur sozialer Systeme* treffen.

---

21 Bleicher/Meyer 1976 (Führung), S. 16, dort in Anlehnung an Luhmann 1968 (Zweckbegriff), S.120.

22 Vergleiche dazu Ulrich/Probst 1990 (Handeln), S. 18.

23 Vergleiche dazu Capra 1983 (Wendezeit) sowie auch Capra/Exner/Königswieser 1990 (Management).

24 Vergleiche zur Ableitung und Vorstellung dieser Merkmale Ulrich/Probst 1990 (Handeln), S. 233ff., die
    eine ausführliche Erläuterung der nachfolgend nur kurz zusammengefaßten Merkmale offerieren.

Unternehmen sind als künstliche Systeme bewußt geschaffene, zweckgerichtete Institutionen, die sich aus vielfältigen Elementen und Beziehungen zusammensetzen. Das aus der _Notwendigkeit zur Spezialisierung_ einerseits sowie _Integrations- und Koordinationserfordernissen_ andererseits resultierende Spannungsfeld bedingt eine hierarchisch _strukturierte Gestaltung des Gesamtsystems_ durch Bildung und entsprechende Kopplung von Subsystemen. Sowohl diese einzelnen Systemkomponenten, als auch das Gesamtsystem sind jedoch ständig vom Zerfall bedroht. Die Sicherstellung einer dauerhaften Erhaltung ihres Bestands setzt eine _systemeinheitliche Handlungsfähigkeit_ jeder einzelnen Systemhierarchieebene (Elemente, Subsysteme, Gesamtsystem) voraus, die allein durch die _Eigenschaft dynamischer Ganzheitlichkeit_ von Unternehmen erreichbar ist.

Die Kopplung der Subsysteme sowie auch der darin enthaltenen einzelnen Elemente wird durch Aufbau und Erhaltung formaler sowie informaler Beziehungsmuster erreicht, die die _Eigenschaft komplexer Vernetztheit_ aufweisen (müssen). Eine derartige Vernetztheit läßt sich insbesondere durch die Ingangsetzung zirkulärer Prozesse charakterisieren, die aufgrund ihrer Funktion, Rückwirkungen der Aktivitäten einzelner Elemente (beziehungsweise Subsysteme) auf sich selbst auszulösen, zu einer _selbstlenkenden Anpassung des Gesamtsystems_ beiträgt. Die ganzheitliche Systemstruktur sowie die Eigendynamik der Systemprozesse bilden wesentliche, systeminterne Bedingungskonstellationen unternehmerischen Handelns.

Aus der interessenbedingten Notwendigkeit, zielgerechte Beziehungen auch zum Umfeld, speziell zu den Märkten, aber auch zur Gesellschaft aufzubauen und dauerhaft zu unterhalten, resultiert als weitere wesentliche Existenzbedingung die _Eigenschaft der Offenheit_ des Gesamtsystems. Unternehmen sind insofern Komponenten eines ebenfalls systemisch strukturierten und insofern vernetzten Supersystems. Dies bewirkt, daß _Unternehmen in ihrem Verhalten nicht frei_ sind, sondern in ihren Entscheidungen und Handlungen auch von äußeren Bedingungskonstellationen beeinflußt werden. Zur Erhaltung des Bestands ist daher eine _hohe Entscheidungs- und Handlungsflexibilität_ erforderlich, die ein nicht nur passives, sondern reaktives beziehungsweise sogar antizipatives Verhalten ermöglicht, das eine _relative Autonomie der Selbstbestimmung_ begründet.

Die zuvor angeführten Eigenschaften der Ganzheitlichkeit, Vernetztheit und Offenheit bewirken die Entstehung eines im Rahmen der Interaktionen zwischen den Komponenten der (Super-)Systemstruktur wirksam werdenden und überaus vielfältige Perspektiven beinhaltenden Verhaltensrepertoires von Unternehmen, das sich zudem im Zeitablauf immer wieder wandelt. Die _Eigenschaft äußerster Komplexität_, die sich darin äußert, daß Unternehmen nicht völlig beschreibbare sowie zudem probabilistische Systeme darstellen, ist die Folge. Allerdings muß – im Streben nach möglichst hoher _Effektivität und Effizienz_[25] des

---

25 Mit Pfohl/Zettelmeyer 1987 (Controlling) sei hier Effektivität des Handelns – im Sinne des „doing the right things" (S. 153) – als strategisch orientierte Auswahl der zielsetzungsbedingt zweckmäßigen Handlungsfelder bezeichnet. Die Effizienz des Handelns betrifft demgegenüber – im Sinne des „doing things

Handelns – durch geeignete Führungsaktivitäten eine *zielgerichtete und dynamische Komplexitätsbewältigung* sichergestellt werden. Das vorhandene Komplexitätspotential darf nämlich prinzipiell nicht dazu führen, daß innerhalb des Verhaltensrepertoires eines Unternehmens im Zeitablauf beliebige Zustände angenommen werden.

Systemspezifität-begründende Merkmale von Unternehmen

Die zuvor genannten Merkmale sind zwar aufgrund ihrer Systemstruktur-begründenden Charakteristik als generelle Rahmenbedingungen für das – für bestimmte soziale Systeme typische – Streben nach Existenzsicherung begreifbar. Andererseits ist allerdings der prinzipiellen Kritik an der systemtheoretischen Vorgehensweise, die insbesondere von Dieter Schneider vorgetragen wird, insoweit zu folgen, als die Aussagekraft derart allgemeiner Merkmale beschränkt ist. Vor allem sind die genannten *Merkmale nicht hinreichend spezifisch* in dem Sinne, daß mit ihrer Hilfe Unternehmen als spezielle Systeme eindeutig identifiziert werden könnten[26], was jedoch im Sinne einer tatsächlich *betriebswirtschaftlichen Systemtheorie* als erforderlich angesehen werden muß. Insofern wird hier – abweichend von dem von Ulrich und Probst vorgesehenen Merkmalskatalog – eine dementsprechende Ergänzung des systemtheoretischen Konzeptes vorgeschlagen.

Zur Begründung einer spezifischen Ausprägung sozialer Systeme als Unternehmen sind spezielle *Unternehmensfunktionen* zu identifizieren. Insofern sollten die bisher angeführten Merkmale um die *Eigenschaft der Existenz einer spezifischen Funktionalität* ergänzt werden. Diesbezüglich läßt sich speziell für *Unternehmen* die möglicherweise Konsens findende Feststellung treffen, daß diese als Institutionen ökonomischen Handelns auf die *Aufgabe der mit Hilfe spezifischer Wissensvorsprünge zu realisierenden Wertschöpfung* ausgerichtet sind. Im Rahmen dieser Aufgabenstellung lassen sich mit dem hier zugrunde gelegten Verständnis die nachfolgend angeführten *Unternehmensfunktionen* ableiten.

Erstens können Unternehmen wertschöpfende Aktivitäten durch die Wahrnehmung einer *Arbitragefunktion* entfalten. Diese läßt sich mit Dieter Schneider[27] als spezifische Form der Einkommenserzielung aus der Nutzung von Wertunterschieden eines (Wirtschafts-) Gutes auf verschiedenen Märkten (räumliche Arbitrage)[28] beziehungsweise zu verschiedenen Zeiten (zeitliche Arbitrage) ansehen.

---

right" (S. 153) – eher die operative Ausführung der Handlung selbst, die sich in einem, mit Hilfe von Input-Output-Relationen bestimmbaren, Handlungsergebnis repräsentiert.
Da diese Begriffsfassung nur eine mögliche Prägung umfaßt, sei auf die vergleichsweise umfassende Erörterung unterschiedlicher Effektivitäts- und insbesondere Effizienzbegriffe verwiesen, wie sie beispielsweise Welge 1987 (Organisation), S. 597ff. offeriert.

26 Beispielsweise ließen sich auch die meisten der in Parteien, Kirchen oder Sportvereinen institutionalisierten Interessengemeinschaften mit den zuvor angeführten Merkmalen treffend kennzeichnen.

27 Vergleiche dazu Schneider 1987 (Betriebswirtschaftslehre), S. 9.

28 Dazu soll hier auch der (von Schneider separat aufgeführte) Sonderfall gezählt werden, daß Einkauf und Verkauf zwar auf demselben Markt, aber zu unterschiedlichen Preisen stattfinden. Zwar bleibt der Ort hier derselbe, so

Zweitens kann die Wertschöpfung auch durch Erfüllung einer *Innovationsfunktion*[29] realisiert werden. Diese resultiert als ebenfalls spezifische Form der Einkommenserzielung aus der jeweils problemlösungsbezogenen Erforschung und Entwicklung neuartiger Prozeßtechnologien sowie der – regelmäßig über mehrere Produktionsstufen hinwegreichenden – Schöpfung neuer Leistungen (Produkte), denen im Rahmen der (Fremd-)Bedarfsdeckung ein Wert zuerkannt wird[30].

Drittens kann die Wertschöpfung – folgt man den Arbeiten von Horst Albach[31] – auch durch Wahrnehmung einer *Imitationsfunktion* erzielt werden. Diese resultiert aus der prozeß- und/oder produktbezogenen Nachahmung erfolgreicher Entwicklungen von Mitwettbewerbern und kann insbesondere in Kombination mit der zuvor genannten Innovationsfunktion zu einer besonders erfolgreichen Erfüllung der Unternehmensfunktionen[32] führen[33].

Systemverhalten-begründende Merkmale von Unternehmen

Ausgehend von dieser Erweiterung der Merkmale von Unternehmen ist die *Klärung der grundlegenden Funktionsmechanismen* erforderlich, mit deren Hilfe Unternehmen die entstandene *Komplexität bewältigen und auf diesem Wege zweckmäßiges Systemverhalten im*

---

daß man diesen Fall streng genommen nicht als räumliche, sondern als (intra-)marktliche Arbitrage kennzeichnen könnte. Gleichwohl läßt sich der betrachtete Markt zumindest gedanklich in einen Beschaffungs- und einen Absatz(teil)markt trennen, so daß die hier gewählte terminologische Einordnung statthaft scheint.

29 Diese Sichtweise stellt auf die von Schumpeter 1928 (Unternehmer), S. 481ff. herausgestellten Aufgaben eines dynamischen Unternehmers ab.

30 Angemerkt sei, daß Schneider 1987 (Betriebswirtschaftslehre) diese hier als Innovationsfunktion bezeichnete Form der Wertschöpfung auch als eine spezielle Arbitragemöglichkeit, die „zwischen Rohstoffen (Vorprodukten) bzw. Teilen und Endprodukten" (S. 9) besteht, auffaßt.

31 Vergleiche dazu insbesondere Albach 1984 (Imitationswettbewerb); Albach 1986 (Innovation und Imitation) und Albach 1989 (Innovationsstrategien).

32 So verweist Albach im Vorwort des Forschungsberichtes Albach/Bock/Warnke 1985 (Wachstumsschwellen) im Zusammenhang mit der „Frage nach den Erfolgsbedingungen der 'Spitzenunternehmen'" darauf, daß „derjenige Unternehmer besonders erfolgreich (ist), ... der souverän auf zwei Hochzeiten gleichzeitig tanzt. ... Die optimale Kombination von Innovation und Imitation macht den wirklich erfolgreichen Unternehmer aus" (S. IXf.).

33 Die Forderung, eine derartige Imitationsfunktion zu erfüllen, ist allerdings nicht unstrittig. Insbesondere beinhaltet diese Funktion auch Grenzen und Risiken, die hier – ohne eine vertiefende Diskussion einleiten zu wollen – nicht unerwähnt bleiben dürfen. So weisen vor allem Werner Pfeiffer und seine Forschungsgruppe bereits seit längerer Zeit (vergleiche dazu Pfeiffer/Metze/Schneider/Amler 1982 (Technologie-Portfolio), S. 44ff. sowie insbesondere Pfeiffer/Weiß 1988 (Technologiemanagement) auf das „Zeitfallen-Theorem" hin, welches dazu führen kann, daß Nachahmer („Follower") gegenüber den Innovatoren („First") im Technologiewettbewerb in zunehmendem Maße in Zeitfallen geraten, die zumindest das Erreichen von Marktführerschaft verhindern, unter ungünstigen Wettbewerbsbedingungen aber auch zum Überlebensproblem generieren. Allerdings wird auch in diesem Zusammenhang durchaus eingeräumt, daß unter bestimmten „Bedingungen ein Follower auch eine reelle Chance haben kann" (Pfeiffer/Weiß 1988 (Technologiemanagement), S. 18).

Sinne ihrer wertschöpfenden Funktion[34] gewährleisten können. Damit werden – im Sinne einer übergeordneten unternehmenspolitischen Zielsetzung der Existenzsicherung – ebenfalls zugleich allgemeine Anforderungen an ein *stabilitätspolitisch orientiertes Systemverhalten* formuliert. Zu den verhaltensbegründenden Merkmalen, aus denen insofern unmittelbar auch Leitlinien für eine *ganzheitliche Führung* von Unternehmen resultieren, zählen innerhalb des von Ulrich und Probst vorgelegten Vorschlags die nachfolgend beschriebenen Eigenschaften.

Die zielgerechte Aufrechterhaltung der angestrebten Funktionalität bedingt die *Eigenschaft der Ordnung* des Gesamtsystems. Diese Eigenschaft wird nicht nur durch ein – aus einer spezifischen Form der Vernetzung resultierendes – *Strukturmuster*, sondern in dynamischer Sicht auch durch ein *Verhaltensmuster* geprägt, das dadurch entsteht, daß auf Regeln beruhende Systemprozesse etabliert werden. Ordnung entsteht einerseits durch bewußte *Gestaltung der formalen Organisation* sowie zum Teil auch automatisch, nämlich aufgrund informaler Selbstorganisation des Systems und seiner Komponenten. Die Eigenschaft der Ordnung bewirkt eine bewußt angestrebte Einschränkung des Verhaltensrepertoires, so daß nicht ausschließlich zufälliges, sondern reguläres Verhalten resultiert, und dient insofern insbesondere der zur Zielerreichung anzustrebenden *Reduzierung des Komplexitätspotentials*.

Eine weitere wesentliche Möglichkeit zur Einschränkung des Verhaltensrepertoires entsteht durch die *Eigenschaft der Lenkfähigkeit*, die zur Ausprägung grundlegender und typischer *Interaktionsmuster* führt. Diese Eigenschaft erschließt sich durch die Nutzung der (kybernetischen) *Mechanismen der Steuerung und Regelung*. Der damit verbundene Zugriff auf Methoden der Kybernetik[35] scheint insbesondere zur Feststellung der zur Existenzsicherung einzusetzenden Führungsfunktionen von äußerst komplexen Systemen, die in besonderem Maße *Flexibilität* im Sinne eines jederzeit realisierbaren, zukunftsorientierten (ökonomischen) Handlungspotentials aufweisen müssen, zweckmäßig zu sein[36].

Im Rahmen der *Steuerung*, die auch als typisches Funktionsprinzip unternehmerischer *Planungs-, Dispositions- und Entscheidungsaktivitäten* angesehen werden kann[37], wird

---

34 Insgesamt resultiert somit hier aus dem Bemühen einer komplexitätsbewältigenden Erfüllung der spezifischen Funktionalität des Systems Unternehmung das von Dieter Schneider als Institutionen-begründende Unternehmerfunktion angeführte Streben nach Verringerung von Einkommensunsicherheiten. Vergleiche dazu nochmals Schneider 1987 (Betriebswirtschaftslehre), S. 4.

35 Die Kybernetik als die „Wissenschaft von den möglichen Verhaltensweisen möglicher ... Strukturen, die in zeitabhängige Prozesse eingebettet sind" (Klaus 1961 (Kybernetik), S. 21) bietet sich in besonderer Weise zur Analyse von Fragen der Gestaltung und Lenkung dynamischer Systeme, kurz von Führungsproblemen an, da sie „sich nicht für das Seiende, sondern für das Werdende, nicht für das Bestehen, sondern für das Funktionieren von Systemen" (Ulrich 1971 (Betriebswirtschaftslehre), S. 46) interessiert.

36 So verweisen beispielsweise auch Gaitanides/Oechsler/Remer/Staehle 1975 (Forschungsziele) darauf, daß kybernetische Systemanalysen versuchen, „Systemprobleme bzw. Systemstörungen in der Struktur des Systems zu erkennen und das Verhalten des Systems aus Systemzielen und Beziehungen zwischen den Elementen zu verstehen" (S. 119).

37 Vergleiche dazu auch Bircher 1989 (Planungssystem), Sp. 1510.

das Ausführungssystem eines Unternehmens durch die Vorgabe von Steuerungsgrößen in der Art seines Verhaltens durch das Führungssystem determiniert, so daß ein weitestgehend *passives Ausführungsverhalten* resultiert. Allerdings führt eine derartige, allein vorwärtskoppelnde Beeinflussung von Subsystemen regelmäßig nur dann zu einem für die Bestandserhaltung wesentlichen Gleichgewichtszustand (Homöostase), wenn naturgesetzlich determinierte Ursache-Wirkungs-Zusammenhänge vorliegen. Dies ist etwa in technischen Systemen der Fall, weshalb ingenieurwissenschaftliche Methoden auf dieses Prinzip rekurrieren können. Entstehen jedoch aufgrund psycho-sozialer Verhaltensdeterminanten *Störgrößen*, so ist zwingend eine Erweiterung des Führungsverhaltens erforderlich. Diese entsteht dadurch, daß das Prinzip der Steuerung durch das der *Regelung* ergänzt wird. Man erhält dadurch einen *typischen kybernetischen Regelkreis*[38], der das zu beeinflussende Ausführungssystem mit Hilfe willensdurchsetzender Vorwärtskopplungen und willenssichernder Rückkopplungen zu selbständigem Verhalten veranlassen kann. Steuerung und Regelung, die zusammengefaßt als Lenkung bezeichnet werden, stellen gemeinsam jene grundlegenden Funktionsmechanismen dar, die für *integrierte Planungs- und Kontrollsysteme*[39] charakteristisch sind. Diese ermöglichen ein weitgehend *aktives Systemverhalten*, so daß das gesamte System sich an veränderte situative Bedingungskonstellationen anpassen kann.

Die beiden Eigenschaften der Ordnung und der Lenkfähigkeit werden innerhalb des hier dargestellten Konzeptes um die *Eigenschaft der Entwicklungsfähigkeit* ergänzt, die sich auf die Gestaltung und Lenkung der Systemstrukturen und -prozesse erstreckt. Diese Eigenschaft begründet lernfähige Systeme und nimmt implizit Bezug zur unternehmerischen Innovationsfunktion, indem sie die Fähigkeit eines Systems zur *Herbeiführung qualitativer Verbesserungen* beinhaltet. Systeme, die dieses Verhaltenspotential aufweisen, sind nicht nur zu retrospektiven Reaktionen, sondern zu prospektiven beziehungsweise gar zu antizipativen Anpassungsleistungen in der Lage. Insbesondere verhilft diese Eigenschaft Systemen dazu, nicht nur quantitatives, sondern auch *qualitatives Wachstum* zu realisieren, das nicht zuletzt unter dem Aspekt des Bemühens um die Realisierung eines ökonomischen Gleichgewichts Bedeutung erlangt.

Diese zuletzt erläuterten Merkmale der Ordnung, Lenkfähigkeit und Entwicklungsfähigkeit münden unmittelbar in ein *Konzept der ganzheitlichen Führung* ein. In einer derart geprägten Führungsauffassung richtet sich „aus der Erkenntnis, daß das Ganze mehr ist als die Summe seiner Teile, ... das Augenmerk besonders auf das Beziehungsgeflecht der Segmente und die Struktur ihrer Anhängigkeiten"[40]. Insofern treten die *Gestaltung, Lenkung und Entwicklung als Grundfunktionen einer holistisch verstandenen Führung* auf,

---

38 Vergleiche dazu auch Ulrich 1970 (Unternehmung), S. 121.

39 Vergleiche dazu beispielsweise Krüger 1979 (Controlling), S. 161 sowie insbesondere auch Ulrich 1989 (Unternehmensführung), der die integrative Gestaltung und Lenkung von Problemlösungsprozessen als Grundfunktionen der Unternehmensführung bezeichnet.

40 Wildemann 1992 (Gestaltungsaspekte), S. 778f.

„die in der Unternehmung erfüllt werden müssen, wenn diese als zweckgerichtete Institution im Rahmen einer dynamischen Umwelt lebensfähig sein soll"[41].

Die insgesamt aus der Anwendung der skizzierten Merkmale resultierenden systemtheoretischen *Dimensionen von Unternehmen*, die nachfolgend noch zu konkretisieren sind, verdeutlicht *Abbildung 2-1*.

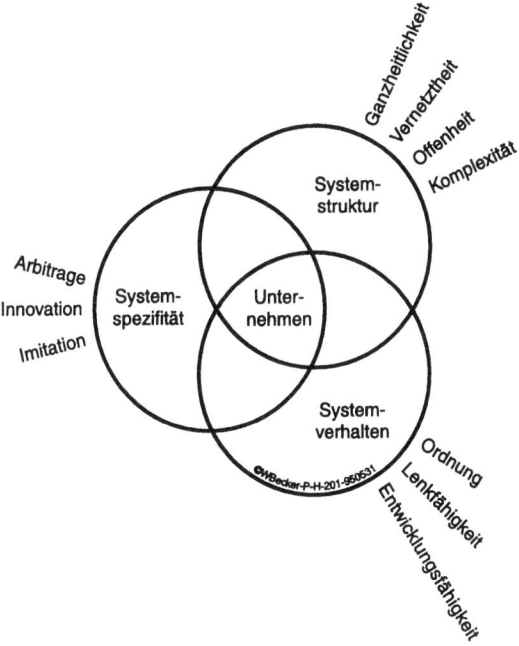

Abbildung 2-1   **Bedeutsame Dimensionen von Unternehmen aus Sicht der Systemtheorie**

Zusammenfassend sind *Unternehmen* somit aus der derzeitigen systemtheoretischen Perspektive als *ganzheitlich handelnde, vernetzte, offene und* – daraus resultierend – *äußerst komplexe sozio-technische Systeme* aufzufassen. Ihre Struktur und ihr Verhalten ist auf die Erfüllung der ihnen zuerkannten *wertschöpfenden Funktionen*, speziell auf die unternehmerische *Arbitragefunktion* sowie die *Innovations- und Imitationsfunktion* auszurichten. Dazu sind die Führungsaktivitäten von Unternehmen auf die grundsätzlichen Funktionen der *ordnenden Gestaltung, zielgerichteten Lenkung sowie dynamischen Entwicklung* auszurichten, um die dauerhafte Bestandserhaltung im Sinne der Zukunftssicherung des Unternehmens im Wettbewerb zu gewährleisten.

---

41   Ulrich/Probst 1990 (Handeln), S. 263.

B   Mehrdimensionales Modell des ökonomischen Handelns von Unternehmen

Ausgehend von den zuvor erörterten Zwecken unternehmerischen Handelns und unter Rückgriff auf die anfangs dargelegte holistische Auffassung von Unternehmen läßt sich das *Handeln von Unternehmen* durch drei, für die unternehmerische Stabilitätspolitik besonders bedeutsame Wesensmerkmale kennzeichnen.

Als Systemspezifität-begründendes Merkmal wurde im vorausgegangenen Abschnitt die übergeordnete Funktion von Unternehmen herausgestellt, das ökonomische Handeln durch Erfüllung einer Arbitrage-, einer Innovations- und/oder einer Imitationsfunktion auf die *zu realisierende Wertschöpfung* auszurichten. Die Wahrnehmung dieser Aufgabe bedingt sowohl die Existenz von Unternehmen selbst, als auch das Vorhandensein leistungsfähiger Märkte, in denen sich *ökonomisches Handeln als spannungsreiche Transaktionsbeziehung zwischen Unternehmen und Märkten* vollziehen kann. Im Rahmen derartiger Transaktionsbeziehungen prägt sich also speziell das offenbar aus der spezifischen Funktionalität von Unternehmen zwingend resultierende *Merkmal der systemischen Offenheit* aus. Aus Sicht der Stabilitätspolitik kann diese Eigenschaft der Offenheit allerdings gleichermaßen Vor- und Nachteile beinhalten. Systemische Offenheit kann nämlich als ein die *Existenz begründendes und sicherndes Merkmal, aber auch als ein die Autonomie und insofern die Existenz gefährdendes Merkmal* aufgefaßt werden.

Wird unternehmerisches Handeln wesentlich durch *Transaktionsbeziehungen* in Märkten geprägt und zeichnen sich zudem Märkte durch hohe *Komplexität* aus, so entsteht aufgrund der transaktionsbedingt zwangsläufigen Offenheit von Unternehmen die (Führungs-) Aufgabe, diese (unternehmensexterne) Komplexität – vor allem durch deren Reduzierung – zu handhaben, um eine im Vergleich zum Unternehmensumfeld herzustellende *relative Autonomie des Unternehmens* sicherzustellen.

Dieses Erfordernis bedingt den Aufbau einer *Systemstruktur*, die ihrerseits über eine notwendigerweise hinreichende (unternehmensinterne) Komplexität verfügen muß. Eine derartige Systemstruktur wurde im vorausgehenden Abschnitt durch die zum Merkmal der systemischen Offenheit hinzutretenden Merkmale der ebenfalls systemischen *Ganzheitlichkeit, Vernetztheit und Komplexität* charakterisiert. Unternehmerisches Handeln vollzieht sich aus einem eher *statischen Blickwinkel* innerhalb dieses Zusammenhangs in sehr unterschiedlichen, zudem oftmals zwar spannungsreichen, aber eben miteinander vernetzten *Interaktionsstrukturen*, deren Beziehungsgefüge aufzubauen und im Rahmen der Bestandssicherung zu erhalten ist. Aus einem eher *dynamischen Blickwinkel* beinhaltet zielgerichtetes unternehmerisches Handeln stets *Wertschöpfungsprozesse*, die einerseits zur Überwindung von Knappheiten erforderlich sind, andererseits aber auch als wesentliche Anreize für unternehmerisches Handeln fungieren[42] und überdies die Transaktionsbeziehungen mit den Märkten konkretisierend ausgestalten.

---

42 Gemeint ist die im Sinne der Anreiz-Beitrags-Theorie sich stellende unternehmerische Aufgabe, immer wieder Anreize zu schaffen, die die im Unternehmen kooperierenden Individuen zur Leistungsabgabe im Sinne der gesetzten Ziele veranlassen.

Insgesamt gesehen sollen nachfolgend die in *Abbildung 2-2* im Überblick dargestellten *Dimensionen des wirtschaftlichen Handelns von Unternehmen*, die für ein stabilitätspolitisches Verständnis als wesentlich zu erachten sind, näher beleuchtet werden.

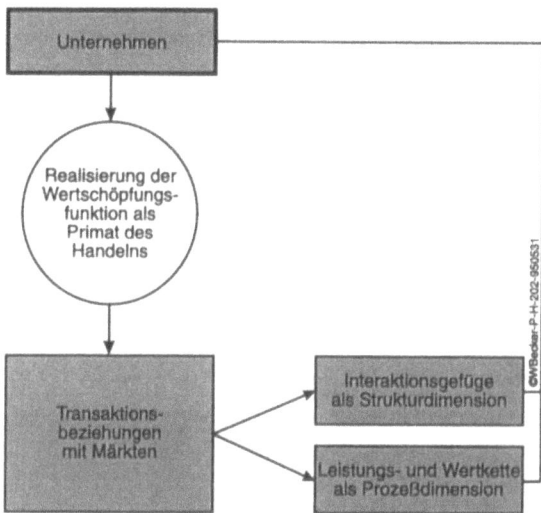

Abbildung 2-2   **Stabilitätspolitisch bedeutsame Dimensionen des wirtschaftlichen Handelns von Unternehmen**

Dieses Modell beinhaltet die für ein ganzheitliches Verständnis des wirtschaftlichen Handelns von Unternehmen prägenden *Dimensionen*, nämlich das unternehmerische *Handeln als Transaktionsbeziehung* mit Märkten, das sich aus der strukturellen Perspektive als *Handeln in vernetzten Interaktionsgefügen* und aus der prozessualen Perspektive als *Handeln entlang von Leistungs- und Wertketten* kennzeichnen läßt.

1   Ökonomisches Handeln von Unternehmen als Transaktionsbeziehung im Markt

Die dargelegten Zwecke des wirtschaftlichen Handelns von Unternehmen, speziell aber die *Wahrnehmung der Wertschöpfungsfunktion* bedingen zwingend die Offenheit von Unternehmen zu ihrem – in grober Kategorisierung – aus Gesellschaft und Märkten bestehenden Umfeld. Diese systemische *Eigenschaft der Offenheit* prägt sich insbesondere in dem Vorhandensein von *Transaktions- oder Tauschbeziehungen* aus. Derart (ökonomische) Beziehungen finden statt, „wenn ein Gut oder eine Leistung über eine technisch trennbare Schnittstelle hinweg übertragen wird. Eine Tätigkeitsphase wird beendet; eine andere beginnt."[43] Die – vor allem auch kostenorientierte – Betrachtung von Transaktionen steht in der Tradition des sogenannten *'Neuen Institutionalismus'* und dient der *Erklärung von Handlungen ökonomischer Institutionen*.

---

43   Williamson 1990 (Institutionen), S. 1.

Gesellschaft, Märkte und Unternehmen bilden gemeinsam ein diffiziles Netzwerk von Transaktionsbeziehungen, das durch Informationsströme sowie durch Real- und Nominal-güterströme geknüpft ist. Während die *Gesellschaft* innerhalb dieser Triade die Funktion einer umhüllenden Struktur aufweist, werden *Markt und Unternehmung* vor allem in denjenigen Teilbereichen der wirtschaftswissenschaftlichen Literatur, die sich mit der Transaktionskostentheorie auseinandersetzen, teilweise antagonistisch gegenübergestellt[44]: Den Ausgangspunkt der Deduktion einer im klassischen Marktgleichgewichtsdenken verankerten *Theorie der Unternehmung* bildet hier „die Frage nach dem Wirtschaftssystem: Markt- bzw. Wettbewerbswirtschaft oder Plan- bzw. Befehlswirtschaft?, verkürzt: *Markt oder Hierarchie?*"[45]

Diese in hohem Maße interpretationsbedürftige Fragestellung läßt ein *Spannungsfeld zwischen Markt und Unternehmung* entstehen, das in der einschlägigen Literatur aus recht unterschiedlichen Blickwinkeln und mit verschiedenen Erkenntnisinteressen aufgegriffen wird. Besondere Bedeutung ist – auch vor dem hier verfolgten Hintergrund einer auf Existenzsicherung zielenden unternehmerischen *Stabilitätspolitik* – den folgenden, eng miteinander verbundenen und insofern nicht immer eindeutig abgrenzbaren Fragestellungen beizumessen.

In der volkswirtschaftlichen Literatur findet die genannte Fragestellung besondere Beachtung innerhalb der *Industrieökonomie*[46]. Dieses Teilgebiet, das auch als Schnittmenge von Preistheorie, Wettbewerbstheorie und Unternehmenstheorie aufgefaßt werden (kann)"[47], hat – aus Gründen der *Unzulänglichkeit der Preistheorie* – vorrangig die auch empirische Erforschung der „Organisation und Struktur der Industrie im weitesten Sinne"[48] zum Gegenstand. Während die Ursprünge dieser der Harvard School zuzuordnenden Ansätze – repräsentiert vor allem durch die Arbeiten von Joe S. Bain[49] – danach strebten, *Zusammenhänge zwischen der Marktstruktur und dem Marktergebnis* herzustellen und zu analysieren, wurden später – insbesondere etwa in den Arbeiten von Frederic M. Scherer[50] – auch *As-*

---

44 Diese antagonistische Sichtweise ist vorrangig auf die Arbeiten von Ronald H. Coase, speziell auf Coase 1937 (Nature) zurückzuführen, der Unternehmen und Märkte als Alternativen des institutionalisierten wirtschaftlichen Handelns gegenüberstellte, um das Problem der effizienten Grenzziehung zwischen Institutionen nicht technisch (also produktionswirtschaftlich), sondern ökonomisch (also 'tauschwirtschaftlich') zu erklären.

45 Schneider 1985 (Transaktionskostenansatz), S. 1238.

46 Dieser Begriff folgt der in England typischen Terminologie „Industrial Economics", während man in der amerikanischen Literatur von „Industrial Organization" spricht. Einen Überblick über den Stand der Erkenntnisse innerhalb der in der Volkswirtschaftslehre inzwischen einen relativ gefestigten Standort einnehmenden Industrieökonomik vermitteln insbesondere Bain 1968 (Organization), Böbel 1984 (Industriestruktur), Bombach/Gahlen/Ott 1985 (Industrieökonomik), Clarke 1985 (Economics), Kaufer 1980 (Industrieökonomik), Neumann 1979 (Organization) sowie Scherer 1980 (Structure).

47 Ott 1985 (Industrieökonomik), S. 319.

48 Neumann 1979 (Organization), S. 645.

49 Vergleiche vor allem Bain 1968 (Organization).

50 Vergleiche Scherer 1980 (Structure).

pekte des Marktverhaltens in das damit entstandene „Structure Conduct Performance"-Paradigma[51] einbezogen.

Die Erkenntnisse der Industrieökonomie haben auch Eingang in eher *betriebswirtschaftlichen Befassungen* gefunden, so daß man dieses Forschungsgebiet auch als „Brücke zwischen Volks- und Betriebswirtschaftslehre"[52] ansehen kann. Betriebswirtschaftliche Anwendungen basieren vor allem auf den bereits kurz erwähnten Arbeiten von Ronald H. Coase[53], die in den USA insbesondere von Oliver E. Williamson[54] und in Japan von Tyohiro Kono[55] weiterentwickelt wurden.

Im betriebswirtschaftlichen Anwendungszusammenhang greift speziell die *Organisationstheorie*[56] das Markt-Hierarchie-Paradigma auf. Arnold Picot erklärt in diesem Zusammenhang vor allem den *Transaktionskostenansatz* zu einem „Analyseinstrument, das aufklärende Einsichten („Aha-Erlebnisse") in wichtige inhaltliche Bereiche der Unternehmungsorganisation ermöglicht und dabei den Zusammenhang mit der ökonomischen Theorie wahrt"[57] und insofern gar zum *„Fundament einer allgemeinen Organisationslehre*, indem er einen erklärungskräftigen und anwendungsorientierten Bezugsrahmen für die Gestaltung wirtschaftlicher Aktivitäten zur Verfügung stellt"[58]. Diese äußerst optimistische Einschätzung findet allerdings nicht ungeteilte Zustimmung[59].

---

51 Scherer räumt allerdings inzwischen ein, daß es „schon 1972 klar (war), daß die Industriewelt sehr viel komplizierter war als die klassischen Struktur-Ergebnis-Regressionsanalysen vermuten ließen" (Scherer 1985 (Industrieökonomik), S. 6.) und fordert angesichts der extremen Komplexität der abzubildenden Realität sowohl die verstärkte Suche nach besseren empirischen Daten als auch die Bereitschaft zur Änderung dieses paradigmatischen Schemas (Scherer 1985 (Industrieökonomik), S. 8.).

52 Neumann 1979 (Organization), S. 645.

53 Vergleiche dazu die bereits angeführte Publikation von Coase 1937 (Nature).

54 Aus der Vielzahl der Publikationen dieses Autors erscheinen die beiden Monographien Williamson 1975 (Markets and Hierarchies) sowie Williamson 1990 (Institutionen) besonders bedeutsam.

55 Vergleiche dazu Kono 1984 (Strategy).

56 Dies ist keineswegs das einzige Anwendungsgebiet der Transaktionskostentheorie. So fordert beispielsweise Albach 1988 (Rechnungswesen), S. 1159ff. vehement den Transaktionskostenrechnungen beinhaltenden Ausbau des innerbetrieblichen Rechnungswesens. Vergleiche dazu auch die jüngsten Überlegungen von Weber 1993 (Produktions-, Transaktions- und Koordinationskostenrechnung). Weitere Anwendungsfelder der Transaktionskostentheorie sind insbesondere dem lesenswerten Sammelband Budäus/Gerum/Zimmermann 1988 (Verfügungsrechte) zu entnehmen.

57 Picot 1982 (Organisationstheorie), S. 281.

58 Picot/Dietl 1990 (Transaktionskostentheorie), S. 183.

59 Heftige und zudem überzeugende Kritik übt beispielsweise Kieser 1988 (Institutionen), S. 314ff., indem er darauf hinweist, daß sowohl die Theorie der Verfügungsrechte als auch der Transaktionskostenansatz kein Konzept des technischen Fortschritts, keines zur Entscheidung zwischen institutionellen Alternativen, keines zur Identifikation und Messung von Transaktionskosten und keines zur Einbeziehung von Machtphänomenen enthält. Diesbezüglich bestehen somit noch erhebliche Forschungsdefizite, die seitens der Betriebswirtschaftslehre auszuräumen sind.

In jüngerer Zeit lassen vor allem die Arbeiten von Gösta B. Ihde[60] sowie die bereits zuvor angeführten Arbeiten von Arnold Picot[61] darüber hinaus eine erneute Anwendung des Transaktionskostenansatzes zur *Gestaltung der Leistungstiefe* erkennen. Diese an sich im Falle der Kenntnis industrieökonomischen Gedankenguts naheliegende Anwendung führt – zunächst noch abgesehen von einer Beurteilung der Leistungsfähigkeit der Methode – zu einer zwar grundsätzlich nicht neuen, aber doch intensivierten sowie darüber hinaus vor allem auch bedeutungsadäquateren, nämlich eher *strategischen Behandlung der Leistungstiefenproblematik.* Zuvor wurde diese Fragestellung im betriebswirtschaftlichen Schrifttum – von wenigen Ausnahmen, wie etwa insbesondere von den Arbeiten von Wolfgang Männel[62] abgesehen – eher nur am Rande behandelt.

Die zuletzt angeführte monographische Auseinandersetzung beschäftigt sich vorrangig mit der *Beurteilung der Wirtschaftlichkeit von Eigenfertigung und Fremdbezug.* Zwar nimmt in diesem Zusammenhang die Systematik der aufzustellenden entscheidungsorientierten Kostenvergleichsrechnungen für die Fundierung von Entscheidungen der Wahl zwischen Eigen- und Fremdleistung einen breiten Raum ein. Gleichwohl besteht ein besonderes Anliegen des Autors darin, „allgemeine Grundsätze herauszuarbeiten, die generell bei der Wahl"[63] zwischen den Alternativen zu beachten sind, um dadurch „einen möglichst breiten Überblick über die relevanten Fragen der Wahl zwischen Eigenfertigung und Fremdbezug zu vermitteln"[64]. Insofern ist es das besondere Verdienst dieser Monographie, den Blick für die zahlreichen eher *qualitativen Unterschiede zwischen Eigen- und Fremdleistung,* die sich zwar kostenmäßig nicht oder nur sehr schwer erfassen lassen, aber dennoch im Rahmen der Gestaltung der Leistungstiefe aufgrund ihrer erfolgswirtschaftlichen Bedeutung Berücksichtigung finden müssen, geöffnet zu haben.

Die innerhalb der Industrieökonomie aufgedeckten Wirkmechanismen zwischen dem Wettbewerbsverhalten von Unternehmen und deren Erfolg ließen deren Erkenntnisse recht bald auch in die *Konzepte der strategischen Führung von Unternehmen* einfließen. Vor allem Michael E. Porter[65] behandelt speziell die *Frage der vertikalen Integration,* also der Einbeziehung nachgelagerter (Rückwärtsintegration) beziehungsweise vorgelagerter (Vorwärtsintegration) Stufen der Leistungserstellung eines Unternehmens, im Rahmen seines Konzeptes der Wettbewerbsstrategie als strategisches Problem, insbesondere als Fragestel-

---

60 Vergleiche Ihde 1986 (Strukturwandel) sowie Ihde 1988 (Betriebstiefe).

61 Vergleiche dazu vor allem Picot 1991 (Leistungstiefe) sowie auch Benkenstein/Henke 1993 (Integration). Auf Spezialfragen der Gestaltung der Leistungstiefe erfolgte bereits früher eine entsprechende Anwendung dieser Methode; vergleiche dazu Picot/Reichwald/Schönecker 1985 (Organisationsleistung).

62 Vergleiche dazu insbesondere die Monographie Männel 1981 (Eigenfertigung), die auch auf zahlreiche Aufsatzpublikationen dieses Autors zum gleichen Thema verweist, sowie auch die vom selben Autor herausgegebene Aufsatzsammlung Männel 1973 (Entscheidungen).

63 Männel 1981 (Eigenfertigung), S. VII.

64 Männel 1981 (Eigenfertigung), S. IX.

65 Vergleiche Porter 1983 (Wettbewerbsstrategie), S. 375ff.

lung der *Wachstumspolitik von Unternehmen*[66]. Diese Sicht ist mit der zuvor angesprochenen Transaktionskostentheorie, die die entsprechende Entscheidungsregel[67] liefern soll, kompatibel. Damit erfolgt nicht nur die Einordnung der Wahl zwischen Eigen- und Fremderstellung von Leistungen als strategische Fragestellung, sondern letztlich auch ein aktualisiertes *Wiederaufgreifen der Betriebsgrößen-Diskussion*[68], der nicht zuletzt aus der hier vertretenen stabilitätspolitischen Sicht eine grundsätzliche sowie besonders hohe Bedeutung beizumessen ist.

Die genannten Ansätze stellen die in diesen Zusammenhängen herangezogene *Theorie der Verfügungsrechte*[69] und den *Transaktionskostenansatz*[70] – aufgrund ihres engen Zusammenhangs – häufig als mehr oder weniger homogene Theorie dar. Gleichwohl finden sich Unterschiede, die auf die Notwendigkeit einer eher separaten Betrachtung schließen lassen. So weist etwa Dieter Schneider darauf hin, daß man speziell den Transaktionskostenansatz „entweder nur als methodische Vereinfachung der Theorie der Verfügungsrechte oder auch als ideologische Alternative zur Theorie der Verfügungsrechte begreifen kann".[71]

So bemüht sich – ähnlich wie der Transaktionskostenansatz – die *Theorie der Verfügungsrechte* zwar auch um eine „Erklärung des Entstehens und Fortbestehens von ökonomischen

---

66 Neben der Publikation von Porter finden sich noch eine Reihe weiterer Veröffentlichungen, die sich in ähnlicher Weise vorrangig um die Begründung einer wachstumsorientierten Politik der vertikalen Integration bemühen. Dies gilt prinzipiell für die bereits erwähnten Monographien von Bain 1968 (Organization), speziell S. 177ff. und S. 360ff., Kono 1984 (Strategy), speziell S. 118ff. und Williamson 1990 (Institutionen), speziell S. 97ff. und S. 117ff. sowie auch für die folgenden, ausgewählten Veröffentlichungen von Anderson/Weitz 1986 (Make-or-Buy), Arrow 1975 (Integration), Balakrishnan/Wernerfelt 1986 (Integration), Blois 1972 (Quasi-Integration), Buzzell 1983 (Integration), Carlton 1979 (Integration), Harrigan 1983 (Integration), Johnston/Lawrence 1988 (Value-Adding Partnership), Klein/ Crawford/ Alchian 1978 (Integration), Kumpe/Bolwijn 1988 (Integration), Monteverde/Teece 1982 (Integration), Walker/Weber 1984 (Make-or-Buy) und Williamson 1971 (Integration).

67 Als eine solche Entscheidungsregel bezeichnet etwa Elmar Gerum die aus den Arbeiten von R.H. Coase abgeleitete Aussage: „Eine Unternehmung wird so lange wachsen, d.h. Transaktionen inkorporieren, bis die Kosten der unternehmensinternen Abwicklung einer weiteren Transaktion gleich sind den Kosten der Marktkoordination oder den Organisationskosten in einem anderen Unternehmen." Gerum 1988 (Verfügungsrechte), S. 28.

68 Das Problem der Bestimmung der optimalen Betriebsgröße wurde bereits frühzeitig intensiv bearbeitet, so beispielsweise von Schmalenbach 1928 (Betriebswirtschaftslehre), Beste 1933 (Betriebsgröße), Koch 1959 (Betriebsgöße), Penrose 1959 (Growth), Busse von Colbe 1964 (Betriebsgröße), Lücke 1966 (Unternehmungsgröße) und wurde seit dem Ende der 60er Jahre – von Ausnahmen abgesehen, vergleiche beispielsweise Albach 1979 (Betriebsgröße) – nicht mehr derart intensiv, allenfalls kursorisch und oft mit speziellen Erkenntnisinteressen erneut aufgegriffen.

69 Man spricht in Anlehnung an den anglo-amerikanischen Sprachgebrauch auch von einer Ökonomie der Property Rights.

70 Darüber hinaus bestehen auch enge Verbindungen zum Principal-Agent-Konzept. Die Beziehungen diskutieren beispielsweise Williamson 1988 (Finance), S. 567ff. sowie auch Picot 1989 (Theorieansätze), S. 364f. Das Konzept wird zwar auch zur Erklärung der Hierarchie angewandt, jedoch eher in organisationstheoretischen Zusammenhängen, speziell zur rechtswissenschaftliche Termini nutzenden Beschreibung von Problemen der Unternehmensverfassung. Vergleiche dazu beispielsweise Schneider 1987 (Betriebswirtschaftslehre), S. 553ff. Deshalb soll dieser Ansatz hier nicht vertieft thematisiert werden.

71 Schneider 1985 (Transaktionskostenansatz), S. 1243.

Institutionen"[72], die durch eine spezifische Bündelung von Verfügungsrechten konstituiert werden. _Verfügungsrechte_ lassen sich prinzipiell durch „das Recht auf (1) _Nutzung (usus)_, (2) _Aneignung des Ertrags (usus fructus)_, (3) _Veränderung von Form und Substanz (abusus)_ und (4) _Veräußerung des Gutes bzw. der an ihm bestehenden Rechte_"[73] charakterisieren. Die Theorie der Verfügungsrechte hat letztlich das Ziel, auf der Grundlage einer sehr umfassenden Nutzenmaximierung „eine _ökonomisch optimale Struktur der Eigentumsrechte_ zu ermitteln"[74]. Die enge Beziehung zwischen Eigentumsrechten und Transaktionskosten entsteht in diesem Zusammenhang dadurch, daß „sowohl der Erwerb als auch die Nutzung von Verfügungsrechten mit Transaktionskosten verbunden ist"[75], denn _Transaktionskosten_ lassen sich definieren[76] als „die im Zusammenhang mit der Bestimmung, Übertragung und Durchsetzung von Verfügungsrechten entstehenden Kosten"[77].

Der wesentliche Unterschied der Konzepte besteht jedoch darin, daß innerhalb der _Transaktionskostentheorie_ „Markt und Hierarchie als strukturell differente, konkurrierende Koordinationssysteme begriffen"[78] werden. Zudem wird das sich stellende _Optimierungsproblem_ zwischen den beiden antagonistisch gegenübergestellten _Institutionen Markt und Unternehmung_ methodisch auf einen _Kostenvergleich_ reduziert[79]. Erschwerend kommt hinzu, daß sich Transaktionskosten letztlich nicht empirisch überprüfen lassen, da sie nicht vollständig operationalisierbar sind. Insofern besteht die Gefahr, daß die Transaktionskostentheorie sich von vornherein mangels Falsifizierbarkeit dem innerhalb des vor allem durch Karl Popper begründeten Kritischen Rationalismus geforderten Widerlegungsrisiko entzieht[80]. Diese kritischen Aspekte räumen zwar auch Befürworter des Konzeptes ein, vertreten in diesem Zusammenhang jedoch die Auffassung, daß dies „den Erfolg dieser Theorie kaum schmälern"[81] kann. Begründet wird diese Einschätzung vor allem damit, daß die Transaktionskostentheorie die _Nutzenaspekte_ berücksichtigende Einbeziehung von Opportunitätskosten nicht ausschließt und zudem auf einem „_komparativen Vergleich al-_

---

72 Kieser 1988 (Institutionen), S. 301.

73 Schreyögg 1988 (Verfügungsrechte), S. 152.

74 Schreyögg 1988 (Verfügungsrechte), S. 152.

75 Gerum 1988 (Verfügungsrechte), S. 29.

76 Bereits die Definition der Transaktionskosten birgt einige Schwierigkeiten in sich, da die unterschiedlichen Anwender des Transaktionskostenansatzes den Begriff zwar mit der zumindest annähernd gleichartigen Intension, nicht jedoch mit äquivalenter Extension nutzen. Vergleiche dazu die Hinweise bei Schneider 1987 (Betriebswirtschaftslehre), S. 480ff.

77 Tietzel 1981 (Property Rights), S. 211.

78 Schreyögg 1988 (Verfügungsrechte), S. 153.

79 Darauf verweist explizit besonders Schneider 1985 (Transaktionskostenansatz), S. 1244.

80 Vergleiche zu dieser Anforderung Popper 1984 (Forschung), S. 224.

81 Picot/Dietl 1990 (Transaktionskostentheorie), S. 183.

ternativer institutioneller Arrangements"[82] basiert, der die Durchführung von Kostenvergleichen erlaubt[83].

Die wesentlichste Kritik am Transaktionskostenansatz ist wohl in dem Tatbestand zu sehen, daß dieses Konzept *Markt und Unternehmung als sich gegenseitig ausschließende Alternativen* betrachtet. Dieter Schneider, der sich durch seine kritischen Äußerungen hinsichtlich dieses Ansatzes besonders exponiert hat, weist schlüssig darauf hin, daß zwischen Markt und Unternehmung kein Widerspruch besteht. Vielmehr deutet er mit dem Hinweis, „daß in der Wirtschaftsgeschichte zunächst die hierarchische Organisation in Form der Selbstversorgung vorherrschte, ehe sich Märkte entwickelten"[84], eine eher *evolutionäre Beziehung* an[85]. Insofern – so resümiert Schneider – erkenne man einen „durchschlagenden Einwand gegen die bisherige „Markt oder Unternehmung"-Diskussion: Schon die Fragestellung ist falsch."[86] Die Frage müsse, so Schneider weiter, stattdessen dahingehend konkretisiert werden, daß man eine *Analyse derjenigen Bedingungen* vornimmt, unter denen sich ein *Wechsel von der Eigenbedarfsdeckung zur marktbezogenen Fremdbedarfsdeckung* empfiehlt. Sowohl dieses rigide Urteil als auch die verbesserte Fragestellung sind wohl im hergestellten Bezug, also hinsichtlich der Beurteilung des Erklärungswertes des Transaktionskostenansatzes im Hinblick auf die Existenz von Unternehmen, durchaus berechtigt.

Die Antwort auf die verbesserte Frage scheint angesichts des bereits angeführten, aus Individualinteressen ableitbaren und im Rahmen von Willensbildungsprozessen auch die Unternehmenspolitik bestimmenden *Zweckes der Bedarfsdeckung* vergleichsweise einfach. Speziell resultiert daraus für das *Beziehungsverhältnis zwischen Markt und Unternehmung* die folgende Problemstruktur:

Einerseits können *Märkte für Unternehmen als Existenzbedingung* aufgefaßt werden, da sie Unternehmen zum einen die – angesichts der Grenzen der Eigenbedarfsdeckung – fremdzuziehenden Ressourcen bereitstellen und zum anderen den Zugriff auf die Abnehmer der erstellten Leistungen ermöglichen. Andererseits lassen sich *Märkte für Un-*

---

82 Picot/Dietl 1990 (Transaktionskostentheorie), S. 183.

83 Hinsichtlich des nicht unerheblichen Vorwurfs mangelnder Operationalisierbarkeit von Transaktionskosten ist darüber hinaus darauf hinzuweisen, daß die neuerdings vor allem im US-amerikanischen Sprachraum heftig diskutierten kostenrechnerischen Konzepte des Activity-based Costing Ansätze erkennen lassen, die auch die Bestimmung von Transaktionskosten zu ermöglichen scheinen.
Exemplarisch sei angesichts der mittlerweile sehr umfangreichen Literatur hierzu insbesondere verwiesen auf Cooper 1988/1989 (Costing), Cooper/Kaplan 1988 (Costs), Johnson/Kaplan 1987 (Accounting), Kaplan 1988 (Cost System) und Kaplan 1990 (Model).

84 Schneider 1987 (Betriebswirtschaftslehre), S. 479.

85 Es sei allerdings darauf hingewiesen, daß die vollkommene Selbstversorgung wohl nur sehr selten aufzufinden war und ist. Kosiol verweist beispielsweise darauf, daß die Eigenbedarfsdeckungswirtschaft in der Realität nur annähernd verwirklicht wurde, und zwar „teilweise im Altertum (Oikenwirtschaft) und im Mittelalter (Fron- und Klosterwirtschaften)." Kosiol 1966 (Unternehmung), S. 46.

86 Schneider 1987 (Betriebswirtschaftslehre), S. 485.

ternehmen *als Existenzbedrohung* ansehen, da sie die Verfügungsrechte über die prinzipiell knappen Ressourcen verwalten[87]. Hinzu kommt, daß in Märkten, in denen Wettbewerbsbedingungen herrschen, die von einem Unternehmen erstellten Leistungen andau-
ernd durch konkurrierende Leistungserstellungen in Frage gestellt werden. Umgekehrt
werden auch die von Mitwettbewerbern erstellten Leistungen durch die eigenen Leistungen bedroht.

Aus stabilitätspolitischer Sicht zeichnen somit sowohl die jeweiligen *Verfügungsrechte*
über knappe Ressourcen als auch die *wettbewerbliche Leistungserstellung und Lei-*
stungsverwertung in Unternehmen, die um die Gunst der Abnehmer konkurriert, verantwortlich dafür, daß die seitens eines Unternehmens angestrebten Gleichgewichtszustände
regelmäßig nur labiler Natur sein können. Die *Stabilitätspolitik* ist aus diesem Blickwinkel
insofern grundsätzlich darauf auszurichten, sich einerseits die erforderlichen Ressourcen
zur eigenen Leistungserstellung zu sichern. Andererseits hat sie auch dafür zu sorgen, daß
möglichst nur solche Leistungen erstellt werden, die sich in dem Sinne durch Souveränität
auszeichnen, daß sie – in der Gunst der Leistungsabnehmer – überlegene Eigenschaften
gegenüber konkurrierenden Leistungen aufweisen. Aus eher pragmatischer Sicht wird ein
Unternehmen über eine umfängliche Palette von eigenen Leistungen verfügen, die sich nur
zum Teil durch eine derartige Souveränität auszeichnen. Zum anderen Teil werden auch
eigene Leistungen vorhanden sein, die zwar über solche Eigenschaften nicht verfügen,
jedoch gleichwohl existieren können, da sie durch souveräne Leistungen subventioniert
werden. Es ist insofern eine *stabilitätspolitische Aufgabe, das Verhältnis zwischen mehr*
oder weniger souveränen Eigenleistungen derart auszutarieren, daß insgesamt der durch
Fremdleistungen bedrohte Bestand des Unternehmens gewahrt bleibt. Konzediert man, daß
strategisches Handeln solche rahmensetzenden Aktivitäten umfaßt, die für die zukünftige
Entwicklung der gesamten Unternehmung richtungsweisend[88] sind, und die „govern the
aquisition, use and disposition of resources to achieve its basic aims"[89], so läßt sich feststellen, daß das zuvor geforderte Austarieren (auch) durch eine *strategische Dimensionie-*
rung der Leistungstiefe von Unternehmen zustande kommt.

Aus betriebswirtschaftlicher Sicht resultiert somit aus der Beantwortung der zentralen
Frage „Markt oder Unternehmung" für jede einzelne Institution des wirtschaftlichen Handelns die jeweilige *Art der Bedarfsdeckung.* Es ist nämlich jeweils zu entscheiden, ob die
Deckung eines Bedarfs durch eine Institution selbst oder über den Markt – also durch Bereitstellung eigenerstellter Leistungen oder durch Kauf fremderstellter Leistungen (*„Make*

---

87 Auf die gleichermaßen existenzbedingende als auch existenzbedrohende Funktion der unternehmerischen
    Umwelt, die aus der Verfügungsgewalt über Ressourcen resultiert, sowie das daraus erwachsende strategi-
    sche Dilemma weisen vor allem Pfeffer/Salancik 1978 (External Control), speziell S. 46f., S. 108 und
    S. 259 hin.

88 Vergleiche ähnlich Cleland 1974 (Planning Processes), S. 354 sowie insbesondere auch Arbeitskreis Hax
    1972 (Entscheidungen), S. 766.

89 Steiner 1974 (Planning), S. 329.

or Buy") – erfolgen soll. Diesen Zusammenhang veranschaulicht *Abbildung 2-3*, die überdies verdeutlicht, daß durch die Kopplung einer Vielzahl derartiger Entscheidungen über
die Art der Bedarfsdeckung innerhalb der Gesamtwirtschaft vielgliedrige und mehrstufige
Wertschöpfungsketten entstehen.

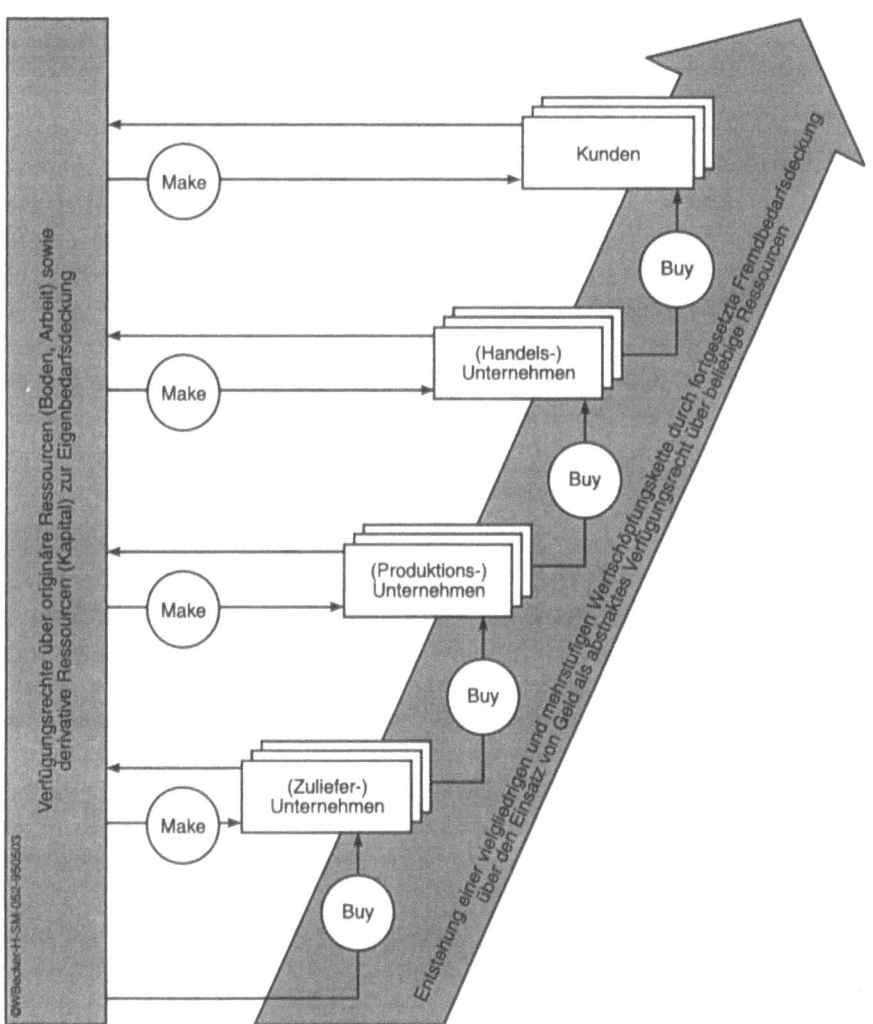

Abbildung 2-3   **Entstehung vielgliedriger und mehrstufiger Wertschöpfungsketten**

Das Entstehen dieser Entscheidungsalternativen über die Art der Bedarfsdeckung, das die
grundsätzlichen *Funktionsmechanismen wirtschaftlichen Handelns von Institutionen* zu
begründen vermag, ist allerdings an bestimmte Voraussetzungen geknüpft. So läßt sich
einerseits der *Zweck der Eigenbedarfsdeckung* nur dann erfüllen, wenn das dementsprechende Eigentum an Verfügungsrechten über die für die Eigenerstellung erforderlichen

(knappen) Ressourcen vorhanden ist. Andererseits bedingt die Erfüllung des *Zwecks der Fremdbedarfsdeckung* das Vorhandensein entsprechender Geldmittel, um im Zuge von entsprechenden Transaktionen den Fremdbezug zu ermöglichen. Geld läßt sich daher auch als abstraktes Verfügungsrecht über beliebige Ressourcen verstehen. Insofern steht das Streben nach Geld, also der *Zweck der Entgelterzielung* im Mittelpunkt der Wahrnehmung von unternehmerischen Wertschöpfungsfunktionen, da im Geld ein überlegenes Transaktionspotential verkörpert ist.

Der *gesamtwirtschaftliche Wertschöpfungsprozeß* erschließt sich – wie dies in Abbildung 2-3 ebenfalls angedeutet ist – dadurch, daß man zum einen sämtliche Institutionen wirtschaftlichen Handelns, also insbesondere *Kunden*, (Handels- und Produktions-)*Unternehmen* sowie *Lieferanten* berücksichtigt. Zum anderen sind sämtliche Entscheidungen über die jeweilige Art der Bedarfsdeckung – bei den natürlichen Ressourcen beginnend und bis hin zu komplexen Wirtschaftsgütern reichend – zu betrachten. In diesem Zusammenhang läßt sich der *Markt als Ressourcenpool* verstehen, auf den unterschiedliche Zugriffsmöglichkeiten – über entsprechende Verfügungsrechte – bestehen. Auch aus dieser eher gesamtwirtschaftlichen Perspektive wird nochmals deutlich, daß die *Wahl zwischen Eigenerstellung und Fremdbezug* letztlich für einzelne Unternehmen zur existentiellen Frage mit höchster strategischer Bedeutung generiert.

Unternehmen benötigen mithin Märkte, um *existenzsichernde Chancen* zur Wertschöpfung realisieren zu können, sind in diesem Zusammenhang jedoch zugleich auch *existenzbedrohenden Risiken* ausgesetzt. Andererseits benötigen *Märkte* zwar nicht ein einzelnes, spezielles Unternehmen, aber doch Unternehmen schlechthin, um wesensmäßig überhaupt als Märkte existieren zu können. Letzteres läßt sich auch durch Rückgriff auf die Terminologie der Mengenlehre anders ausdrücken: Unternehmen sind echte Teilmengen der Märkte, ohne deren Existenz Märkte leere Mengen wären. Zugleich bestehen allerdings im Sinne der industrieökonomischen Diskussion „Markt oder Unternehmung" zwischen beiden Institutionen Wettbewerbsbeziehungen. Es herrschen also innerhalb der Märkte nicht nur *horizontale Wettbewerbsbeziehungen* um die Gunst von Lieferanten und Kunden zwischen konkurrierenden Unternehmen, sondern auch *vertikale Wettbewerbsbeziehungen* zwischen Unternehmen verschiedener Produktionsstufen, anders ausgedrückt: zwischen Unternehmung und Markt.

Insofern besteht wohl zwischen den Institutionen *Markt und Unternehmung* eine zutiefst *dialektische Beziehung*, die durchaus auch geeignet erscheint, zumindest einige Widersprüche zwischen dem Gedankengut der „Industrial Economics" und dem durch die „Modern Austrian Economics" geprägten *Denken in Unternehmerfunktionen* aufzulösen. Dieser wesentlich auf Adolf F. Riedel[90] sowie später insbesondere auch auf Israel M. Kirzner[91] rekurrierende Denkansatz beinhaltet im Kern die von Friedrich August von Hayek

---

90 Vergleiche Riedel 1838/1839 (Nationalöconomie).

91 Vergleiche Kirzner 1973 (Competition).

entwickelte Auffassung, daß die Unternehmerfunktion vor allem in der *Gestaltung des Wettbewerbs als Such- und Entdeckungsprozeß* zum Ausdruck kommt. Diese den Unternehmer kennzeichnende, kreative „Suche nach unausgenützten Gelegenheiten"[92] verläuft zwar in diesem Denkmodell planmäßig, bleibt jedoch gleichwohl – aufgrund der *Komplexität und Dynamik wettbewerblicher Prozesse* – unvorhersehbar. Hieraus resultiert auch die dogmatische Empfehlung, auf wettbewerbspolitische Eingriffe seitens der Gesellschaft zu verzichten, die den Neo-Austrianismus in unmittelbare Nähe zur „Chicago School"[93] rückt.

Die zuvor apostrophierte *dialektische Beziehung zwischen Markt und Unternehmung* kennzeichnet ein Nebeneinander zugleich komplementärer und konfligärer Wechselwirkungen und folgt folgendem Muster: Solange es gelingt, effektiv und effizient die grundlegenden Unternehmensfunktionen auszuüben, kann ein *Unternehmen* seine *Existenz im Markt* einträchtig sichern. Dies schließt nicht aus, für unternehmerische Teilleistungen beziehungsweise auch komplexere Leistungsbündel zugleich immer wieder die Existenzberechtigung innerhalb der Eigenleistungssphäre prüfen zu müssen. Es ist zu hinterfragen, ob der Markt, in dem das Unternehmen existiert, diese Leistungen nicht – im Hinblick auf die übergeordneten Zwecke – „günstiger" bereitzustellen vermag. Umgekehrt werden im Zuge des Strebens nach Wachstum auch immer wieder „vor- und nachgelagerte Aktivitäten und Transaktionen internalisiert (vertikale Integration), die vormals von separaten (Klein-) Unternehmen wahrgenommen wurden"[94]. Es entsteht mithin ein gewisses, *labiles Gleichgewicht zwischen eigener und fremder Leistungserstellung*, das zur Existenzsicherung aufrecht zu erhalten ist und das bewirkt, daß *Unternehmung und Markt als sich gegenseitig bedingende Alternativen der Bedarfsdeckung und Entgelterzielung* nebeneinander bestehen können. Gelingt die Erhaltung eines solchen Gleichgewichtszustandes nicht (mehr), kann also ein allzu großer Anteil der Wertschöpfung eines Unternehmens „günstiger" durch den Markt abgedeckt werden, so entfällt für das gesamte Unternehmen die Existenzberechtigung und die Beziehung zwischen *Markt und Unternehmen* erlangt – für ein einzelnes, betrachtetes Unternehmen – den *Charakter sich gegenseitig ausschliessender Alternativen.*

2 Ökonomisches Handeln von Unternehmen in vernetzten Interaktionsfeldern

Als *Zwecksetzungen unternehmerischen Handelns* wurde die Beseitigung beziehungsweise zumindest Reduzierung von Knappheiten auf dem Wege einer durch Wahrnehmung wertschöpfender Funktionen herbeigeführten *Bedarfsdeckung, Entgelterzielung und Bedürfnisbefriedigung* herausgestellt. Die Erfüllung dieser Zwecke erfolgt wesentlich über die zuvor beschriebenen *Transaktionsbeziehungen zwischen Markt und Unternehmen.* Aus dem Blickwinkel eines einzelnen Unternehmens betrachtet, lassen sich diese Transaktionsbe-

---

92 Hayek 1968 (Wettbewerb), S. 14.

93 Einen informativen Kurzüberblick zu diesem, auf der Vollkommenheit des Marktes beruhenden Konzept vermitteln Schmidt/Rittaler 1986 (Chicago School).

94 Schreyögg 1984 (Unternehmensstrategie), S. 60.

ziehungen auch als *unternehmensexterne Interaktionen* auffassen, die durch *unternehmensinterne Interaktionen* ermöglicht und unterstützt werden müssen. Insgesamt läßt diese Betrachtung das Erfordernis einer bestimmten Ausrichtung der Interaktionsnetze von Unternehmen hinsichtlich der zu gestaltenden und zu lenkenden *Strukturen und Prozesse* erkennen, die dann letztlich unternehmerisches Handeln im Markt ermöglichen.

Die Struktur, die geeignet sein muß, systemische Ganzheitlichkeit, Vernetztheit, Offenheit sowie resultierend auch Komplexität im Rahmen der Existenzbegründung zu produzieren und zur Existenzsicherung auch zu reproduzieren, läßt sich als ein *vielschichtiges Netzwerk miteinander verschachtelter Interaktionsbeziehungen* auffassen. Interaktionen können in diesem Zusammenhang als „zweckgerichtete wechselseitige soziale Beziehungen zwischen mindestens zwei Interaktionspartnern"[95] verstanden werden und sind – neben den im Rahmen von Interaktionsfeldern stattfindenden Handlungen selbst[96] – in nahezu sämtlichen interaktionsorientierten Ansätzen als wesentliche Grundbeziehungen sozialer Systeme anzusehen[97]. Die in diesem Abschnitt vorzunehmende formale *Beschreibung unternehmerischer Interaktionsstrukturen* wird als geeignet erachtet, die angeführten systemischen Merkmale der Ganzheitlichkeit, Vernetztheit, Offenheit und Komplexität im ökonomischen Kontext zu verdeutlichen. Damit wird jedoch nicht eine Weiterentwicklung der bekannten Interaktionstheorien angestrebt. Vielmehr steht hier das Bemühen im Vordergrund, einen *möglichst einfach strukturierten Denk- und Bezugsrahmen für stabilitätspolitische Problemstellungen* zu skizzieren. Diesen speziellen Zweck erfüllen Betrachtungen von Interaktionsstrukturen deshalb in besonderer Weise, weil Interaktionsbeziehungen danach streben, inkonsistente Ungleichgewichte zu vermeiden. Das auf die Erzielung von Spannungsfreiheit ausgerichtete *Ausbalancieren prinzipiell spannungsreicher Beziehungen* steht insofern offenbar im Mittelpunkt von Interaktionen[98].

Im Rahmen der Erfüllung der unternehmerischen Zwecke durch ökonomische Handlungen gehen Unternehmen in einem nach außen gerichteten Interaktionsfeld vielfältige *Transaktionsbeziehungen* auf verschiedenen Teilmärkten ein. Zur Überwindung von Knappheiten übernehmen sie insbesondere spezielle (wertschöpfende) *Mittler- und/oder Tauschfunktionen zwischen Lieferanten und Kunden.* Diese manifestieren sich prinzipiell in einem gegenläufig erfolgenden *Tausch von knappen Gütern gegen Geld.* Das Geld bildet dabei die Basis der zur realgüterwirtschaftlichen *Leistungssphäre* in einer dualen Beziehung stehenden nominalgüterwirtschaftlichen *Wertsphäre.*

---

95 Staehle 1991 (Management), S. 283.

96 Als weitere – allerdings nicht beobachtbare – Dimension sozialer Systembeziehungen werden in der klassischen, auf Homans 1950 (Group), S. 90 zurückgehenden Untersuchung auch noch die Empfindungen genannt, die aus Aktivitäten und Interaktionen resultieren, diese aber wiederum auch beeinflussen.

97 Vergleiche dazu Staehle 1991 (Management), S. 329ff., der dort einen kurzen Überblick über wesentliche Interaktionstheorien vermittelt.

98 Vergleiche nochmals Staehle 1991 (Management), S. 286f., der auch darauf verweist, daß dieses Bemühen um stabilitätssichernde Balance sich weitgehend auch empirisch bestätigen läßt.

Allerdings herrschen im Unternehmensumfeld nicht allein derartige, eher partnerschaftlich geprägte Tauschbeziehungen. Vielmehr konkurrieren regelmäßig verschiedene Unternehmen um die Gunst der Marktpartner. Durch dieses *Auftreten von Konkurrenten* entsteht ein weiteres unternehmensexternes Interaktionsfeld, das zwar auch als Marktbeziehung aufzufassen ist, jedoch keine Tauschbeziehungen, sondern *Wettbewerbsbeziehungen* beinhaltet und die Wahrnehmung existentieller Transformationsfunktionen beeinträchtigen kann.

Das unternehmensexterne *Interaktionsfeld der Marktbeziehungen* besteht also insgesamt aus *Tausch- und Wettbewerbsbeziehungen*. Dies verdeutlicht, daß das unternehmerische Handeln keineswegs in einem aus dem eigenen Unternehmen, den Kunden und den Konkurrenten bestehenden „*Strategischen Dreieck*" stattfindet, wie dies in eher pragmatisch orientierten Veröffentlichungen des öfteren apostrophiert, aber auch in wissenschaftlichen Publikationen aufgenommen wird[99]. Vielmehr konstituiert sich unternehmerisches Handeln in einem aus dem betrachteten Unternehmen, den beiden Tauschpartner-Gruppen (Lieferanten und Kunden) sowie den Konkurrenten gebildeten „*Strategischen Viereck*". Hinzu kommen weitere unternehmensexterne Beziehungsmuster zu äußerst bedeutsamen Umfeldern, die man zusammengefaßt als *Gesellschaft* bezeichnen mag, und die ebenfalls in die Analyse unternehmerischen Handelns einzubeziehen sind. Diese weitere Sicht scheint angesichts der Gefahren einer allzu engen Fokussierung dringend erforderlich.

Das damit vor allem in seiner *Außenstruktur* umrissene *Gefüge bedeutsamer Interaktionsfelder des unternehmerischen Handelns* läßt – abgesehen von der wiederum unmittelbar ableitbaren Notwendigkeit der systemischen Offenheit – bereits insbesondere die interdependente Vernetztheit sowie die hohe Komplexität unternehmerischen Handelns erkennen. Die Anforderung nach systemischer Ganzheitlichkeit dieses Handelns verdeutlicht die seitens der Unternehmensführung zu erfüllenden *Integrations- und Koordinationsbedarfe*. Diese werden allein schon erforderlich, um eine geeignete Abstimmung der unternehmensinternen Handlungen, die der Ausfüllung der Mittler- und/oder Tauschfunktion dienen, mit den beschaffungs- und absatzmarktbezogenen Handlungen herbeizuführen.

Setzt man eine derartige Betrachtung der Interaktionen auch in der *Binnenstruktur* von Unternehmen fort, so eröffnen sich weitere, vielfach spannungsreiche Interaktionsfelder. Dies veranschaulicht *Abbildung 2-4*, die aufzeigt, daß sich das aus Gesellschaft, Unternehmen und Märkten gebildete triadische originäre Interaktionsfeld zu einem komplexen *Netzwerk von interdependent verknüpften derivativen Interaktionsfeldern* entwickeln läßt. Die Analyse des Zusammenwirkens derartiger Interaktionsgefüge erleichtert die als dringend erforderlich erachtete *Abkehr von der alleinigen Aufdeckung kausal-analytischer Ursache-Wirkungs-Ketten* wesentlich. Stattdessen wird die demgegenüber vorgeschlagene Hinwendung zu einem eher *vernetzten Denken* gefördert, wie dies – wie bereits ausführlich

---

99 So wird dieser einprägsame Begriff etwa auch genutzt von Simon 1988 (Wettbewerbsvorteile), S. 3, der in diesem Zusammenhang auf die Publikation von Ohmae 1982 (Strategist) hinweist.

dargestellt – vor allem von Hans Ulrich und Gilbert J.B. Probst[100] auch für betriebswirtschaftliche Problemstellungen gefordert wird. Im Vordergrund des in Abbildung 2-4 dargestellten Netzwerkes steht das aus ökonomischer Sicht besonders bedeutsame Beziehungs- und Handlungsmuster, das sich zwischen Unternehmen und Märkten entfaltet.

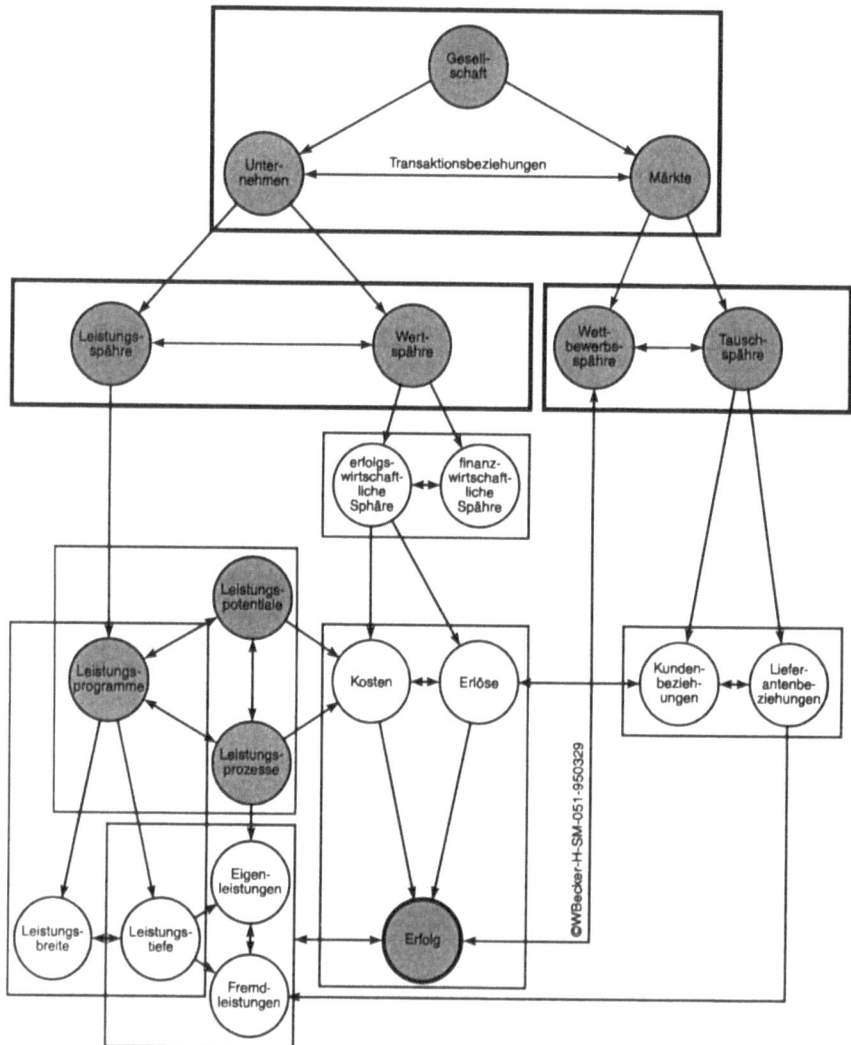

Abbildung 2-4   Ausschnitt aus dem Netzwerk bedeutsamer Interaktionsfelder unternehmerischen Handelns

Die Abbildung veranschaulicht, daß in *Unternehmen* stets ein grundsätzliches *Interaktionsfeld zwischen der Leistungs- und Wertsphäre* besteht. Die *Leistungssphäre* steht vor-

---

100 Vergleiche dazu nochmals Ulrich/Probst 1990 (Handeln), speziell S. 36ff. und S. 234ff.

rangig im Dienste der Erfüllung des unternehmerischen Zweckes der Bedarfsdeckung und ist das grundlegende Interaktionsfeld, in dem die *Realgüterprozesse* stattfinden. Die *Wertsphäre* resultiert demgegenüber – wie bereits erwähnt – aus der Verwendung des Geldes als (einheitliche und allseits akzeptierte) Rechengröße und somit als überragendes Tauschmittel für beliebige Ressourcen auf den Beschaffungs- und Absatzmärkten. Die Wertsphäre ist insofern das ebenfalls grundlegende Interaktionsfeld, in dem *Nominalgüterprozesse* stattfinden. Darüber hinaus dient sie aber auch der rechnerischen *Abbildung leistungswirtschaftlicher Zusammenhänge* in vergleichbaren Geldgrößen und hat insofern zugleich einen besonderen Stellenwert als *Bezugsrahmen für die Führung* von Unternehmen. Während sich *ausführungsbezogene Interaktionen* auf die Leistungssphäre konzentrieren, müssen *führungsbezogene Interaktionen* die Leistungssphäre und die Wertsphäre einbeziehen. Sowohl die Leistungssphäre als auch die Wertsphäre lassen sich von diesem Standpunkt ausgehend jeweils unterschiedlich weiterentwickeln.

Im Mittelpunkt der Analyse der in der *Leistungssphäre* entstehenden Beziehungsstrukturen sind insbesondere die *Leistungsprogramme, Leistungspotentiale und Leistungsprozesse* die ihrerseits erneut ein eigenständiges Spannungsfeld begründen, detaillierter zu betrachten. In der Darstellung wurde auf eine – in Abhängigkeit vom jeweiligen Analysezweck vornehmbare – weiterführende Aufspaltung der *Leistungspotentiale*, so etwa in personelle, technische und immaterielle Eigenleistungspotentiale sowie in entsprechende Fremdleistungspotentiale, und auch der *Leistungsprozesse*, die im Rahmen der Behandlung der Leistungs- und Wertkette im nächsten Abschnitt im Vordergrund stehen, verzichtet. Hier erfolgt eine weiterführende *Aufspannung der Leistungsprogramme* in deren wesentliche Dimensionen der Leistungsbreite und der Leistungstiefe. Die in der Abbildung vollzogene Entwicklung konzentriert sich in diesem Zusammenhang auf die die *Leistungstiefe* von Unternehmen kennzeichnende *Relation von Eigen- und Fremdleistungen*. Wird zusätzlich auch die *Leistungsbreite* in die Betrachtung einbezogen, resultieren die innerhalb der Leistungssphäre insgesamt zu handhabenden Leistungsbündel.

Die *Wertsphäre* läßt sich prinzipiell sowohl aus finanzwirtschaftlicher Sicht als auch aus erfolgswirtschaftlicher Sicht näher analysieren. Aus *finanzwirtschaftlicher Sicht* beinhaltet die Wertsphäre – in der Darstellung aus Gründen der Übersichtlichkeit nicht aufgenommene – Zahlungsgrößen, aus deren Gegenüberstellung sich die Liquidität ergibt. Auf der Grundlage dieser Zahlungsgrößen wird die Bestimmung des aus sämtlichen Geldbewegungen resultierenden finanzwirtschaftlichen Gleichgewichts von Unternehmen ermöglicht. Aus erfolgswirtschaftlicher Sicht bilden vor allem *Erfolgspotentiale und Erfolgsprozesse*, die den Kern der unternehmerischen Wertschöpfungsprozesse bilden, ein weiteres wesentliches, hier zunächst noch nicht näher zu betrachtendes Interaktionsfeld. Als wesentliche *Erfolgsdeterminanten* lassen sich in der erfolgswirtschaftlichen Sphäre zum einen die aus pagatorischen Größen abzuleitenden Aufwendungen und Erträge und zum anderen die – allein in der Abbildung aufgenommenen – darüber hinausgehend auch kalkulatorische Elemente beinhaltenden *Kosten und Erlöse* gegenüberstellen.

Die *Analyse des Marktes* konzentriert sich in Abbildung 2-4 zunächst auf die – aus dem bereits kurz skizzierten grundlegenden Spannungsfeld zwischen *Tausch- und Wettbewerbsbeziehungen* abgeleitete – nähere *Betrachtung der Tauschbeziehungen.* Diese lassen sich prinzipiell ebenfalls vor dem Hintergrund eines aus Potentialen und Prozessen, speziell aus *Tauschpotentialen* (Lieferanten und Kunden) und *Tauschprozessen*, bestehenden Interaktionsfeldes näher beleuchten. Führt man diese Analyse weiter, gelangt man schließlich zu den – in der Darstellung nicht angeführten – *Tauschobjekten*, die sich in einer groben Klassifikation als Absatz- und Beschaffungsgüter charakterisieren lassen.

Der damit hier gewählte *Ausschnitt aus dem komplexen Netzwerk von Interaktionsfeldern*, in denen sich unternehmerisches Handeln entfaltet, läßt auch den *Realgüterkreislauf* erkennen, der aus der Interaktion zwischen Unternehmen und Märkten resultiert. So werden einerseits aufgrund der bereitgehaltenen Beschaffungsbeziehungen Leistungen verschiedenster Art aus den Märkten in die Unternehmen transferiert, für die diese *Fremdleistungen* den Charakter von Einsatzleistungen aufweisen. Andererseits werden in der Leistungssphäre der Unternehmen *Eigenleistungen* erstellt, die – soweit es sich nicht um Wiedereinsatzleistungen, sondern um Absatzleistungen handelt, im Rahmen der Realisation der Fremdbedarfsdeckungsfunktion und mit Hilfe der erschlossenen Absatzbeziehungen wieder in die Märkte transferiert werden.

Dieser *Realgüteraustausch*, der aufgrund der Existenz von Wettbewerbsbeziehungen nicht ungestört abläuft, läßt sich auch in der Wertsphäre abbilden. So entstehen *Kosten* durch den leistungsbedingten und bewerteten Güterverzehr, wie er aus der *Leistungsbereitstellung* auf den Beschaffungsmärkten sowie der *Leistungserstellung* im Unternehmen resultiert. *Erlöse* entstehen demgegenüber unmittelbar im Zuge der *Leistungsverwertung* am Absatzmarkt. Kosten und Erlöse stellen gemeinsam die *Determinanten des unternehmerischen Erfolgs* dar. Erkennbar wird insofern auch hier ein unmittelbar entstehendes *Spannungsfeld zwischen der Leistungstiefe und dem Erfolg*, für das zudem ein (mittelbarer) *Bezug zu den Wettbewerbsbeziehungen* zu konstatieren ist[101].

3   Ökonomisches Handeln von Unternehmen entlang von integrierten Leistungs- und Wertketten

Das vorrangig auf Bedarfsdeckung, Entgelterzielung und Bedürfnisbefriedigung der unterschiedlichen Interessenträger ausgerichtete *unternehmerische Handeln* prägt sich in einer als besonders wesentlich zu erachtenden *Transaktionsbeziehung* im Markt aus und ist darüber hinaus in überaus komplex vernetzte sowie zudem teilweise spannungsgeladene *Interaktionsmuster* eingebunden. Zwar läßt sich insbesondere die Bedarfsdeckung auch an-

─────────────────────────────

101 Empirische Anhaltspunkte für die hohe Bedeutung der Beziehung zwischen der Leistungstiefe eines Unternehmens und dem unternehmerischen Erfolg sind insbesondere den PIMS (Profit Impact of Market Strategies) -Datenbanken, die durch das Strategic Planning Institute (SPI), Cambridge/ Massachusetts geführt werden, entnehmbar. Vergleiche dazu etwa Barzen/Wahle 1990 (PIMS-Programm), S. 105 sowie auch Coenenberg/Baum 1987 (Controlling), S. 65ff.

derweitig – so etwa durch Selbstversorgung – erreichen, jedoch bieten *Unternehmen* auf der Grundlage eines gemeinsamen und daher unabdingbar geordneten Handelns demgegenüber die Chance zur *Reduzierung der vielfältigen Unsicherheiten*. Dies setzt allerdings, zumindest in gewissem Umfang, eine *Sicherung des längerfristigeren Bestands von Unternehmen* voraus.

Es ist *Aufgabe der Unternehmensführung*, für eine derartige, als strategisches Oberziel anzusehende *Existenzsicherung durch die gemeinsame Ausrichtung des unternehmerischen Handelns* Sorge zu tragen. In diesem Zusammenhang stellen sich hohe *Anforderungen an die Führung*. So hatte zunächst der inzwischen umfassend vollzogene *Wandel von Verkäufer- zu Käufermärkten* den Übergang von der in den Anfängen der Industrialisierung deutlich technologisch geprägten *Produktionsorientierung* zur *Absatzmarktorientierung* der Unternehmen erforderlich gemacht. Dies stellte den Rahmen für die Entwicklung der klassischen Marketingperspektive[102] dar, die eine *Fokussierung des unternehmerischen Handelns auf die Kunden* und deren Bedürfnisse herbeiführte.

Einhergehend damit erlangt auch die kundengerechte *Qualität* der erzeugten Produkte einen höheren und wohl auch künftig noch weiter steigenden Stellenwert. Gestützt wird dieser anhaltende Trend zur Ablösung von Quantität durch Qualität durch eine fortschreitende Marktsättigung, die immer deutlicher gewisse *Grenzen des quantitativen Wachstums* erkennen läßt und sowohl zur *Internationalisierung der Geschäftsaktivitäten* als auch zur *Intensivierung des Wettbewerbs* beigetragen hat. Allerdings ändert sich nicht nur der Umfang, sondern auch die *Art des Wettbewerbsverhaltens*. Besonders markant charakterisiert dies Hermann Simon, indem er einen „Wandel vom eher friedlichen *Wachstumswettbewerb*, der für die Jahrzehnte des Aufbaus charakteristisch war, zum kriegerischen *Verdrängungswettbewerb*"[103] konstatiert.

Diese Entwicklung ist vor allem auch darauf zurückzuführen, daß viele Unternehmen die erforderliche *Anpassung ihrer Kapazitäten* versäumt bzw. nicht schnell genug vollzogen haben und sich insofern einem „hausgemachten" hohen *Kostendruck* ausgeliefert sehen. In diesem Zusammenhang ist auch die jüngst aufgestellte These äußerst beachtenswert, daß das in westlichen Industrienationen regelmäßig angestrebte *Prinzip der industriellen Massenproduktion*, das sich in Erwartung erfahrungsbedingter Kostensenkungen auf die Erhöhung der Produktions- und Absatzmengen konzentriert, am Ende seines Lebenszyklus angelangt ist und folglich der dringenden Ablösung durch das in japanischen Unternehmen entwickelte *Prinzip der „Lean Production"*, das eine möglichst durchgängige Perfektion (der Individualität der Produkte, der Qualität, der Produktivität und der Kostensituation) anstrebt, bedarf[104]. Diese zumindest für die Automobilindustrie empirisch bestätigte Auf-

---

102 Stellvertretend sei dazu auf das wegweisende Werk von Kotler 1984 (Marketing Management; 1. Auflage 1967) verwiesen, das auch in deutschsprachiger Übersetzung (7. Auflage, Stuttgart 1991) vorliegt.

103 Simon 1988 (Wettbewerbvorteile), S. 3.

104 Vergleiche dazu Womack/Jones/Roos 1990 (Machine).

fassung scheint auch für andere Branchen umfängliche Gültigkeit zu haben[105]. Zum anderen resultiert die hohe Wettbewerbsintensität auch aus der heute feststellbaren hohen Geschwindigkeit, mit der sich _Know How_[106] verbreitet. Dies erschwert nicht nur die anhaltende Sicherung von erreichten Wettbewerbsvorteilen, sondern begünstigt bzw. initialisiert auch das _Auftreten von innovativen Technologiesprüngen._ Diese stellen ihrerseits – neben anderen Veränderungen im gesellschaftlichen Umfeld – einen wesentlichen Ursachenkomplex für die _Entstehung von strategischen Überraschungen_ dar, mit denen Unternehmen konfrontiert werden. Die Bewältigung derartiger Diskontinuitäten bedarf – wie dies vor allem H. Igor Ansoff darlegt[107] – besonderer Aufmerksamkeit seitens der Unternehmensführung.

Die hier nur kurz skizzierte _Intensivierung des Wettbewerbs_ bewirkte eine erneute Ablösung bzw. Erweiterung des grundlegenden Orientierungsrahmens der Unternehmensführung, indem Konzepte zur _strategischen Planung_[108] und später zur noch umfassenderen _strategischen Führung_ erarbeitet wurden. Im Mittelpunkt standen nun nicht mehr allein die Absatzmärkte, sondern sowohl die bearbeiteten _Produkt-Markt-Kombinationen_ als auch die in der Branche herrschende _Wettbewerbssituation_ der Unternehmen. Ausgangspunkt dafür war die Erkenntnis, daß die Unternehmensführung – im Sinne des Strebens nach Existenzsicherung – der Chancen aufgreifenden und Risiken begrenzenden _Positionierung der Unternehmen im Markt_ eine besonders hohe Bedeutung beizumessen hat. Auf die hohe Bedeutung der Stellung einzelner Unternehmen im Markt weist in einer besonders markanten und plastischen, ansonsten selten anzutreffenden Weise zurecht auch Dieter Schneider hin, wenn er bemerkt, daß „Unternehmen zwischen unsicherheitsbelastete Absatz- und Beschaffungsmärkte eingezwängt"[109] sind.

Diese aus betriebswirtschaftlicher Sicht besonders bedeutsame _Interaktion zwischen Unternehmen und Märkten_ greift auch das als heuristische Methode zur Verbesserung der Positionierung von Unternehmen im Markt anzusehende _Konzept der Wertkette_ auf, das vor allem Michael E. Porter – abgeleitet aus dem von der Unternehmensberatungsgesellschaft McKinsey & Company erarbeiteten, noch deutlich funktional orientierten Konzept des Geschäftssystems[110] – seinen Überlegungen der Schaffung von Wettbewerbsvorteilen zu-

---

105 Die derzeit einsetzende Auseinandersetzung mit den Ergebnissen der erwähnten Studie läßt bereits den Schluß zu, daß dieses „Lean-Management-Konzept ... in großem Umfang in jeder Branche, unabhängig von Technologie und Serien- oder gar Betriebsgröße anwendbar" (Pfeiffer/Weiß 1991 (Lean-Management), S. 15) zu sein scheint.

106 Know How soll hier in Anlehnung an Pfeiffer 1980 (Innovationsmanagement), S. 433f. verstanden werden als das „Wissen, das notwendig ist, bedarfsgerechte Produkte und/oder Produktionsverfahren wirtschaftlich zu finden, zu entwickeln und konstruieren, zu produzieren und zu vertreiben, sowie alles Wissen zur Schaffung der strukturellen Voraussetzungen."

107 Diesbezüglich ist insbesondere zu verweisen auf Ansoff 1981 (Diskontinuitäten).

108 Hinzuweisen ist hier auf einen der ersten systematischen Beiträge zu dieser Thematik von Gälweiler 1976 (Unternehmenssicherung).

109 Schneider 1987 (Betriebswirtschaftslehre), S. 460.

110 Eine neuere Darstellung dieses Konzeptes findet sich beispielsweise bei Emans 1988 (Konzepte), S. 126ff.

grunde legt[111]. Porter begreift die Wertkette in diesem Zusammenhang als analytisches *Instrument zur Aufgliederung eines Unternehmens in strategisch relevante Tätigkeiten*. Die sogenannten Wertaktivitäten, die als Bausteine von Wettbewerbsvorteilen fungieren, finden sich in diesem Konzept unterteilt in fünf *Primäraktivitäten* (Eingangslogistik, Operationen, Marketing & Vertrieb, Ausgangslogistik und Kundendienst) und in vier *Unterstützungsaktivitäten* (Personalwirtschaft, Technologieentwicklung und Beschaffung, die teilweise den Primäraktivitäten zugeordnet werden können sowie die übergreifende Unternehmensinfrastruktur). Während sämtliche innerhalb eines Unternehmens interdependent verknüpften Aktivitäten zusammen mit der Gewinnspanne den *Gesamtwert des Unternehmens* bilden, resultiert aus der Betrachtung sämtlicher vertikal verbundener Wertketten die Branchenstruktur.

Das große Verdienst von M.E. Porter besteht ohne Zweifel in der durch dieses Konzept vollzogenen *Verknüpfung der unternehmerischen Leistungs- und Werteebene* sowie der gleichzeitig sichergestellten *Integration der Wertaktivitäten in die für die Unternehmensführung wesentlichen Marktbeziehungen* zu Lieferanten, Kunden und Wettbewerbern[112]. Insofern ist die von Porter selbst vorgenommene Charakterisierung des Konzeptes als Instrument schon nahezu als untertreibend zu bezeichnen; das *betriebswirtschaftliche Denken in Wertketten* erfüllt einen eher *paradigmatischen Anspruch*. Abgesehen davon finden sich in der konkreten Ausgestaltung des Konzeptes der Wertkette allerdings auch einige *kritisch zu beleuchtende Tatbestände*.

Erstens ist festzustellen, daß die gewählte *Differenzierung in primäre und unterstützende Aktivitäten* nicht die wünschenswerte Trennschärfe aufweist. Zwar lassen die Ausführungen zu dieser Unterteilung[113] erkennen, daß Porter in die primären Aktivitäten wohl *produkt- und zugleich kundenbezogene Leistungserstellungprozesse*, die letztlich den Kern der unternehmerischen Wertschöpfung bilden, einbezieht. Unterstützende Aktivitäten beziehen sich dagegen in etwa auf die Herstellung einer *produkt- und zugleich kundenbezogenen Leistungsbereitschaft*. Die Zuordnung zur einen oder anderen Aktivitätenkategorie ist jedoch mangels eindeutiger Kriterien nicht immer zweifelsfrei möglich. Dies ist darauf zurückführbar, daß die „vorgeschlagene Ordnung der betrieblichen Aktivitäten ... offenkundig theoretisch alles andere als zwingend"[114] ist.

Zweitens wird in der Differenzierung der Primäraktivitäten die *Logistik* zwar in Form der Eingangs- und Ausgangslogistik berücksichtigt. Allerdings bleiben wesentliche operative logistische Verrichtungen, wie sie etwa innerhalb der Produktion selbst stattfinden, sowie

111 Die wesentlichen Gedanken zu dieser Methode unterbreitet Porter 1986 (Wettbewerbsvorteile), S. 59ff.

112 Dies ist wohl vorrangig darauf zurückführbar, daß dieses Konzept aus der Übertragung des Gedankenguts der Industrieökonomik, in dem gerade die zwischen Hierarchie und Markt auftretenden Wechselwirkungen untersucht werden, entstanden ist.

113 Vergleiche dazu Porter 1986 (Wettbewerbsvorteile), S. 65.

114 Steinmann/Schreyögg 1991 (Management), S. 159.

auch dispositive Logistikaktivitäten außer Betracht[115]. Insgesamt erhält dadurch die Logistik nicht den ihrer Bedeutung entsprechenden Stellenwert als unternehmensübergreifende und insofern *sämtliche Aktivitäten der Wertkette steuernde Gesamtkonzeption*[116].

Drittens werden zwar *Leistungserstellung* (Operationen) und *Leistungsverwertung* (Marketing & Vertrieb), nicht jedoch die *Leistungsbereitstellung* (Beschaffung) als primäre Aktivitäten eingeordnet. Letzteres läßt weder deutlich die Einbindung von Unternehmen nicht nur in Absatzmärkte, sondern auch in Beschaffungsmärkte erkennen, noch entspricht die Charakterisierung der Beschaffung als unterstützende Aktivität der strategischen Bedeutung dieser unternehmerischen Grundfunktion[117].

Viertens erfolgt keine klare *Differenzierung zwischen Leistungspotentialen und Leistungsprozessen.* Insbesondere wird die *Personalwirtschaft* als unterstützende Aktivität eingeordnet. Damit erfolgt eine Einreihung dieser – zweifelsfrei sehr wesentlichen – Faktorwirtschaft in ansonsten eher funktional abgegrenzte unternehmerische Aktivitäten. Die für das Bereitstellen und Bereithalten der unternehmerischen Kapazität ebenso bedeutsame *Anlagenwirtschaft*[118] geht demgegenüber in die sehr weit interpretierte Funktion der Technologieentwicklung ein.

Fünftens ist auch eine klare *Differenzierung von Führungs- und Ausführungsaktivitäten* zu vermissen. Die Führung wird hier vielmehr zusammen mit einigen ihrer Teilfunktionen (etwa mit der Planung), mit wesentlichen Servicefunktionen der Führung (so etwa mit den Finanzen und dem Rechnungswesen) sowie auch mit anderen übergreifenden Funktionen (speziell etwa mit Qualitätskontrollen) als *Unternehmensinfrastruktur* zusammengefaßt.

Sechstens läßt die Wertkette in dieser Ausprägung nur unzureichend die *Input-Output-Relation eines Unternehmens* erkennen, der vor allem aus Sicht der Produktions- und Kostentheorie eine hohe Bedeutung für die Erklärung und Prognose der leistungswirtschaftlichen Interaktionen innerhalb von Unternehmen zuerkannt werden muß.

Die zuvor angeführten Vor- und Nachteile legen eine entsprechende *Modifikation des Konzeptes der Wertkette* nahe. In diesem Zusammenhang sollen die bereits erörterten, grundlegenden Interaktionsfelder, die *Basisdimensionen des unternehmensinternen Handelns* darstellen, beachtet werden. Diese bilden den Rahmen für einen systematischen und konsistenten *Aufbau einer integrierten Leistungs- und Wertkette* von Unternehmen. Die Wertket-

---

115 So beklagen Steinmann/Schreyögg 1991 (Management), S. 159 etwa auch Unklarheit darüber, daß sich die Eingangslogistik nicht auf alle Elementarfaktoren, also auch auf das Personal, bezieht.

116 Diese Auffassung findet in Deutschland besondere Berücksichtigung etwa in den Arbeiten von H. Wildemann. Vergleiche dazu etwa Wildemann 1989 (Logistik).

117 Besonders deutlich wird diese strategische Bedeutung der Beschaffung herausgearbeitet von Arnold 1982 (Beschaffungspolitik), so speziell auf S. 24ff.

118 Zum Aufbau, zum Umfang und zur Bedeutung der Anlagenwirtschaft vergleiche aus der Vielzahl der seitens dieses Autors zu diesem Teilgebiet verfaßten Publikationen etwa Männel 1988 (Anlagenwirtschaft).

te stellt einen die enge *Einbindung von Unternehmen in die Beschaffungs- und Absatzmärkte* sowie einen zudem auch die *Wettbewerbsbeziehungen* widerspiegelnden Schnitt durch den das Interaktionsgefüge von Unternehmens-Markt-Beziehungen darstellenden mehrdimensionalen Gestaltungsrahmen dar, der einer spezifischen Orientierung folgen muß. Hierzu bietet sich – will man die im Konzept von Porter für besonders fruchtbar erachtete *Verknüpfung der Leistungs- und Wertsphäre* aufrecht erhalten – eine vorrangig auf Ausführungsaktivitäten gerichtete sowie konsequente *Leistungsstromorientierung* an, wie sie dem in *Abbildung 2-5* dargestellten *Modell der integrierten Leistungs- und Wertkette* zugrunde liegt. Dieses Modell der integrierten Leistungs- und Wertkette verdeutlicht bereits einige sowohl für die Theorie der Unternehmung als auch für die hier im Vordergrund stehenden strategischen Fragestellungen der Stabilitätspolitik wesentliche Grundtatbestände.

Zunächst wird in diesem Modell unmittelbar deutlich, daß die unternehmerischen Aktivitäten und damit der gesamte *Wertschöpfungsprozeß* in die Beschaffungs- und Absatzmärkte „eingezwängt" – beziehungsweise neutraler formuliert – integriert ist. Dies läßt einerseits die Wichtigkeit erkennen, die Marktbeziehungen für Unternehmen aufweisen, verdeutlicht andererseits aber auch, daß eine wirkliche *Integration sowohl in die Beschaffungsmärkte als auch in die Absatzmärkte* erforderlich ist. Diese kommt letztlich dadurch zustan-

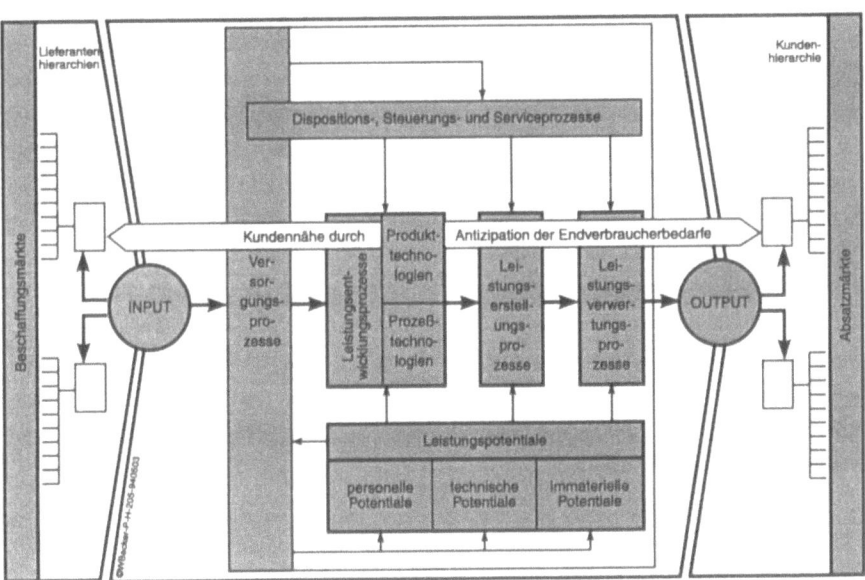

Abbildung 2-5 **Grundstruktur einer integrierten Leistungs- und Wertkette von Unternehmen**

de, daß die eigene Leistungs- und Wertkette eines Unternehmens mit den jeweils für die eigene Zielerreichung relevanten vorgelagerten Leistungs- und Wertketten der Lieferanten sowie den nachgelagerten Leistungs- und Wertketten der Kunden vernetzt wird. Das im Rahmen von Wertschöpfungsanalysen erfolgende *Herausarbeiten dieser Nahtstellen* läßt sich als besonders bedeutsam „für die Ermittlung des strategischen Handlungsspielraumes (kennzeichnen), weil neue Strategien oft auch eine 'grenzüberschreitende' Neuordnung der Wertaktivitäten verlangen oder aber, weil in dieser Neuordnung eine herausragende Chance liegen kann"[119].

Die Leistungs- und Wertkette selbst folgt innerhalb des betrachteten Unternehmens primär einer konsequenten *Leistungsflußorientierung*. Neben dieser eher prozeßorientierten Sicht wird jedoch auch deutlich, daß die innerhalb eines Unternehmens abgewickelten *Leistungsprozesse* erst durch die Bereitstellung und Bereithaltung entsprechender *Leistungspotentiale* ermöglicht werden. Diese lassen sich der Art nach in *technische, personelle und immaterielle Potentiale* unterteilen. Die Potentiale, die als die in der direkten Verfügungsgewalt eines Unternehmens stehenden („eigenen") Strukturkomponenten[120] besondere Bedeutung für die Kostenstruktur eines Unternehmens aufweisen, schaffen die *Voraussetzungen zur Durchführung von wertschöpfenden Leistungsprozessen*. Die explizite Aufnahme der Leistungspotentiale in die an sich dominierende Leistungsprozeßbetrachtung deutet insbesondere an, daß die Ergänzung des derzeit zunehmend in den Vordergrund gerückten *Prozeß-Managements*[121] durch ein ebenso konsequentes *Potential-Management* unabdingbar erscheint.

Wesentlich – vor allem im Sinne der zuvor bereits angeführten adäquaten Integration von Unternehmen in die relevanten Marktbeziehungen – ist darüber hinaus die Erkenntnis, daß *die eigenen Leistungspotentiale zwar eine notwendige, aber keine hinreichende Bedingung der Wertschöpfung* darstellen. Vielmehr benötigen Unternehmen darüber hinaus vielfältige Zugriffsmöglichkeiten auf unternehmensexterne, ebenfalls als Leistungspotentiale begreifbare *Institutionen des Marktes*. Dies sind zum einen die *Lieferantenpotentiale*, die die Bereitstellung der eigenen und fremden Ressourcen eines Unternehmens ermöglichen, und zum anderen die *Kundenpotentiale*, auf die die erfolgsorientierte, Kundenwünsche antizipierende Verwertung der erstellten Leistungen auszurichten ist. Erst das auf kooperativen Tauschbeziehungen basierende *Zusammenspiel von Lieferantenpotentialen, unternehmerischen Eigenleistungspotentialen und Kundenpotentialen*, die hier gemeinsam als unternehmerische *Ressourcenpotentiale* bezeichnet werden, ermöglicht letztlich eine effiziente Wertschöpfung im Wettbewerb.

---

119 Steinmann/Schreyögg 1991 (Management), S. 155.

120 Aus juristischer Sicht handelt es sich dabei einerseits um Eigentumspotentiale (so etwa eigene Anlagen, eigene Patente und andere eigene Rechte) und andererseits um Vertragspotentiale (beispielsweise spezifische Personalvertragsrechte über eigenes und fremdes Personal sowie Besitz- und Nutzungsrechte an immateriellen, sich im Fremdeigentum befindlichen Potentialen).

121 Ein derartiges Prozeß-Management bemüht sich um die Ablösung der funktional orientierten Konzepte der Betriebswirtschaftslehre und strebt die unter sowohl räumlicher als auch zeitlicher Orientierung vorgenommene Betrachtung unternehmerischer Handlungen an. Vergleiche zu diesem Konzept beispielsweise die Monographie von Striening 1988 (Prozeß-Management), in der vor allem die Anwendung der prozessualen Betrachtung des Unternehmensgeschehens im Bereich der Verwaltungsaktivitäten untersucht wird.

Der am Leistungsstrom orientierte Aufbau der *Leistungsprozeßebene der Wertkette* läßt zunächst eine funktionale Differenzierung wesentlicher *Basisaktivitäten der Wertschöpfung* erkennen. Im Kern vor allem industrieller Leistunsprozesse und damit der Wertschöpfung steht die *Leistungserstellung* (Produktionsfunktion) selbst sowie die sich anschließende, aber auch bereits im Vorfeld durch Antizipation der Endverbraucherbedarfe tätig werdende *Leistungsverwertung* (Absatzfunktion). Diese hat durch Zugriff auf die Kundenpotentiale vor allem die Realisation des im Rahmen der Leistungserstellung „geschöpften Wertes" sicherzustellen. Diesen beiden Grundfunktionen vorgelagert sind die im Rahmen der Wertschöpfung eine gewisse Sonderstellung einnehmenden *Leistungsentwicklungsprozesse*.

Insgesamt dienen sämtliche angeführten *Kernprozesse* dazu, besonders bedeutsame, *primäre Leistungen der Wertschöpfung* eines Unternehmens zu erstellen. Hierzu zählen materielle Leistungen, wie die Eigenerstellung von Wiedereinsatzleistungen und Absatzleistungen, ebenso wie spezielle immaterielle Leistungen, nämlich die Aufrechterhaltung von Marktbeziehungen, insbesondere von Lieferanten- und Kundenbeziehungen. Unterstützt werden die Kernaktivitäten durch hier so bezeichnete *Dispositions- und Steuerungsprozesse* sowie durch *Serviceprozesse*, wie beispielsweise die Instandhaltung, die Energieversorgung und die Entsorgung. Diese in der Darstellung aufgrund ihrer einheitlichen Ausrichtung als typische *Querschnittsfunktionen* zusammengefaßten Aktivitäten dienen in sehr unterschiedlicher Weise der Erfüllung der Kernaktivitäten. Während *Serviceprozesse* eher mittelbar wirksame und insofern *sekundäre Leistungen der Wertschöpfung* darstellen, die zudem immer stärker in die Kernaktivitäten integriert werden, erlangen *Dispositions- und Steuerungsprozesse* eine stark zunehmende Bedeutung. Dazu zählen vorrangig die unternehmensübergreifend steuernde *Logistik*, aber auch die ebenfalls zunehmend ganzheitlich ausgerichtete *Qualitätssicherung* sowie die vermehrt zu integrierten Konzepten ausgebaute *Datenverarbeitung*.

Besondere Bedeutung ist im Rahmen der zuvor skizzierten Leistungsprozesse darüber hinaus den *Forschungs- und Entwicklungsprozessen* beizumessen, da sie unter zeitlichen Aspekten im allgemeinen den Beginn des auf Wertschöpfung zielenden unternehmerischen Handelns markieren. Diese innovativen Prozesse[122], in denen die kreativschöpferischen Innovationsleistungen erstellt werden, besitzen eine *originäre Funktion für die unternehmerische Wertschöpfung*. Dies verdeutlicht etwa Rainer Marr in seiner Definition des Innovationsmanagements, das er als „Planung, Umsetzung und Kontrolle von zukunftsbezogenen, zielorientierten Neuerungsstrategien bzw. Maßnahmen zum Zwecke des Aufbaus und der Nutzung von Wertschöpfungspotentialen"[123] versteht. Diese Funktion kann auch

---

122 Mit derartigen innovativen Prozessen hat sich aus betriebswirtschaftlicher Sicht beispielsweise Pfeiffer 1967 (Überlegungen) und 1971 (Entwicklung) grundlegend auseinandergesetzt. Hinzuweisen ist darüber hinaus aus der Fülle betriebswirtschaftlicher Publikationen zum Thema der Innovation und des Innovationsmanagements vor allem auf die sehr umfassende und zudem sowohl theoretische als auch praxisbezogene Ansprüche befriedigende Monographie von Thom 1980 (Innovationsmanagement).

123 Marr 1991 (Innovationsmanagement), S. 358.

aus der Industrieökonomik, die sich in besonderer Weise um die Aufdeckung des Beziehungsverhältnisses zwischen Unternehmen und Märkten bemüht, abgeleitet werden. So ruft etwa Frederic M. Scherer im Rahmen einer Würdigung des Standes und der Entwicklungsperspektiven der Industrieökonomik explizit die wesentliche *Erkenntnis von Joseph A. Schumpeter* in Erinnerung: „Worauf es langfristig für den wirtschaftlichen Wohlstand ankommt, ist nicht, wie fein abgestimmt der Prozeß der Ressourcenallokation zu jedem einzelnen Zeitpunkt ist, sondern wie erfolgreich wir *neue Produktionsfunktionen schaffen* und die Funktionen vorhandener Produkte nach oben hin verändern"[124].

Sowohl die seinerzeit von Schumpeter selbst getroffenen Aussagen, als auch die modernen Aussagensysteme der Industrieökonomik einschließlich der daraus abgeleiteten betriebswirtschaftlichen Konsequenzen zur Ausgestaltung unternehmerischer Wettbewerbsstrategien, vermitteln jedoch nicht unmittelbar die volle *Tragweite* dieser sehr bedeutsamen Erkenntnis. Vielmehr wird regelmäßig aus dem Hinweis auf die *Notwendigkeit des Schaffens neuer Produktionsfunktionen* insbesondere das Erfordernis zur *Erforschung und Entwicklung innovativer Produkt- und Prozeßtechnologien* abgeleitet. Diese Innovationsprozesse, die von Schumpeter wohl zurecht als Prozesse der schöpferischen Zerstörung[125] bezeichnet werden, dienen im Unternehmen der Entwicklung neuer Problemlösungen für bekannte Anwendungen, der Nutzung bekannter Problemlösungen für neue Anwendungen sowie der Entwicklung neuer Problemlösungen für neue Anwendungen[126]. Sie umfassen mithin sowohl die – bereits als unternehmerische Imitationsfunktion bezeichnete – *Reproduktion bereits vorhandenen Wissens und Könnens* als auch die – bereits als Innovationsfunktion aufgenommene – *Produktion neuen Wissens und Könnens*. Das erarbeitete Know How kann dabei sowohl als immaterielles Leistungspotential, speziell als Problemlösungspotential zur Bewältigung konkreter Probleme genutzt werden, als auch „unabhängig von den aktuellen Bedürfnissen"[127] des Unternehmens autonom entstehen.

Zwar läßt sich ohne Zweifel bereits aus dem unternehmerischen *Bestreben der Reduzierung von Knappheiten* unmittelbar die *Notwendigkeit zur unternehmerischen Innovation* ableiten. Auch kann man schlüssig belegen, daß Innovationen gar die Wettbewerbsfähigkeit in betriebs- und volkswirtschaftlicher Hinsicht[128] determinieren. Im Rahmen des Bemühens um das *Schaffen neuer Produktionsfunktionen* sollten sich Unternehmen allerdings nicht allein auf die Anwendung der durch Innovationsprozesse entwickelten, letztlich entweder produktionsorientierten Prozeßtechnologien oder absatzmarktorientierten Produkttechnologien beschränken, die meist im Mittelpunkt der *Veränderung von Produktionsfunk-*

---

124 Scherer 1985 (Industrieökonomik), S. 13.

125 Auf die Richtigkeit dieser Hypothese, die nachzulesen ist in Schumpeter 1950 (Kapitalismus), S. 131ff., weist insbesondere Pfeiffer 1980 (Innovationsmanagement), S. 437 hin.

126 Vergleiche dazu Pfeiffer 1980 (Innovationsmanagement), S. 422.

127 Pfeiffer/Staudt 1974 (Forschung), Sp. 1526.

128 Aus der Fülle einschlägiger Publikationen sei beispielsweise auf Brockhoff 1987 (Innovation), S. 53 sowie auch auf Perlitz 1988 (Innovation) hingewiesen.

tionen stehen. Dieses Vorgehen, das der von Schumpeter formulierten zentralen Idee des dynamischen Unternehmers entspricht[129] und dessen marktwirtschaftliche Bedeutung hier keinesfalls geschmälert werden soll, zielt vorrangig auf die unternehmerische Beherrschung *rivalisierender Wettbewerbsbeziehungen*. Erfolgreiche Unternehmen müssen sich in diesem Zusammenhang jedoch gleichermaßen – zukünftig möglicherweise sogar verstärkt[130] – um *kooperative Tauschbeziehungen* bemühen. Diese finden sich aber nicht allein auf den Absatzmärkten, sondern auch auf den *Beschaffungsmärkten*, hier sogar teilweise unter Ausschluß von Konkurrenz oder zumindest unter reduzierten Wettbewerbskräften.

Basisprozesse und Serviceprozesse sind insofern ihrerseits wiederum eingebettet in *Versorgungsprozesse* (Beschaffungsfunktion), die als marktorientierte Schnittstellenfunktion für die *Bereitstellung* der benötigten Leistungspotentiale und die im Rahmen der Leistungserstellung erforderlichen Fremdleistungen zu sorgen haben. Die Versorgungsprozesse sind also darauf auszurichten, die Schnittstelle[131] eines Unternehmens zum Beschaffungsmarkt auf der Grundlage einer entsprechenden *Bedarfsstruktur-, Lieferantenstruktur- und Kooperationspolitik*[132] zu gestalten, mit deren Hilfe im Rahmen des Aufbaus eines „vertikalen Leistungsverbunds"[133] die gesamte Leistungs- und Wertkette mit den für die Leistungserstellung erforderlichen Einsatzgütern, über die das Unternehmen (noch) nicht selbst verfügt, zuverlässig zu versorgen[134].

Die in Abbildung 2-5 veranschaulichte *integrierte Leistungs- und Wertkette von Unternehmen* stärkt die Erkenntnis der nicht hoch genug einzuschätzenden Bedeutung von Transaktionsbeziehungen, die Unternehmen in den Märkten sicherzustellen haben. Sie verdeutlicht, daß Unternehmen mindestens zwei bedeutsame *Schnittstellen zum Markt* aufweisen, nämlich eine zum *Absatzmarkt* und eine weitere zum – innerhalb der Betriebswirtschaftslehre, speziell innerhalb der Aussagen zur strategischen Führung oft allzu stark vernachlässigten – *Beschaffungsmarkt*. Dessen Vernachlässigung ist nicht zuletzt auch deshalb bemerkenswert, weil betriebswirtschaftliche Erkenntnisse speziell zur Unternehmensstrategie traditionell zumeist aus dem Bereich der Militärstrategien abgeleitet wurden. Dort jedoch spielen Versorgungs- und Nachschubprobleme schon immer eine besonders bedeutsame Rolle.

---

129 Vergleiche dazu insbesondere Schumpeter 1928 (Unternehmer), S. 481 ff.

130 Darauf verweist etwa insbesondere auch der am Massachusetts Institute of Technology forschende und lehrende Thurow 1988 (Kooperation).

131 Die Beschaffung als eine wesentliche Schnittstellenfunktion kann insofern auch „als Instrument zum Aufweichen der Unternehmensgrenzen zum Markt verstanden werden"; Becker/Weber 1986 (Beschaffung), S. 37.

132 Die Differenzierung dieser beschaffungspolitischen Aufgabenfelder ist Ergebnis eines umfassenden empirischen Forschungsprojektes zum Beschaffungsmarketing, das in Zusammenarbeit mit einem großen deutschen Unternehmen der Zulieferindustrie durchgeführt wurde. Vergleiche dazu Männel/Becker/ Pampel 1990 (Beschaffungsmarketing) sowie Männel 1991 (Erfolgspotential), S. 39 ff.

133 Diese sehr treffende Begriffsbildung nutzen auch Steinmann/Schreyögg 1991 (Management), S. 58, um im Rahmen der Beschreibung des auf den Arbeiten von Thompson 1967 (Organizations) basierenden Ressourcen-Abhängigkeits-Theorems die grundlegende Funktion der Beschaffung zu kennzeichnen.

134 Diesen strategischen Versorgungsaspekt verdeutlicht auch Kraljic 1988 (Versorgungsstrategie).

Die Würdigung der auf den Beschaffungsmarkt gerichteten Versorgungsfunktion erschöpft sich regelmäßig[135] in der Betrachtung der in den Aufgabenbereich des dispositiven Faktors fallenden *Bereitstellungsplanung*, die *als Bestandteil der übergeordneten Produktionsplanung* behandelt wird[136]. Diese Positionierung der Beschaffung wurde bereits innerhalb des betriebswirtschaftlichen Werkes von Erich Gutenberg[137], dessen herausragende, auch heute noch gültige Bedeutung für die Betriebswirtschaftslehre damit keinesfalls geschmälert werden soll, festgelegt. Diesbezüglich stellt zwar Horst Albach würdigend fest: „Gutenberg ging es um die Einheit der verschiedenen Funktionen im Unternehmen: Beschaffung, Produktion und Absatz bilden eine Einheit, die von den Finanzen zusammengehalten wird. Das finanzielle Gleichgewicht sichert die Autonomie des Unternehmens als Ganzem."[138] Diese Kennzeichnung ist zwar sicher insgesamt überaus treffend. Die *Beschaffung* allerdings wurde von Gutenberg eher nur als *Erfüllungsgehilfe der Produktions- und Absatzfunktion* – im Sinne der optimalen Deckung der dort festgelegten Bedarfe – aufgefaßt. Die der Beschaffung heute zuzuerkennende *Mitwirkungsfunktion im Rahmen strategischer Aufgaben* blieb demgegenüber verborgen.

Die Beschaffungsmärkte werden durch Unternehmen genutzt, um – wie E. Schäfer es seinerzeit formulierte – „betriebliche Leistungsmittel" bereitzustellen, die „die Unternehmung durch *eigene Leistung für weitere Zwecke geeignet* zu machen"[139] sucht. Diese an sich trivial erscheinenden Erkenntnisse zeigen, daß *Unternehmen im Spannungsfeld zwischen Beschaffungs- und Absatzmärkten* eine gewisse, für ihre Zwecke – insbesondere für die Bedarfsdeckung und die Entgelterzielung – sinnvolle *Relation zwischen Eigen- und Fremdleistung* zu gestalten haben. Die damit zu beantwortende Frage der *Dimensionierung der Leistungstiefe*, die unmittelbar die Input-Output-Relationen darstellenden Produktionsfunktionen von Unternehmen beeinflußt, beinhaltet ein nicht unerhebliches *strategisches Problempotential*. Es herrscht unter den wenigen Autoren, die dies explizit bemängeln, grundsätzliche Einigkeit, daß dafür aus betriebswirtschaftlicher Sicht bis heute *Lösungsansätze nur bedingt* vorliegen. Dieter Schneider weist darauf hin, daß die

---

135 Deutlich sichtbar wird dies vor allem in den unterschiedlichen Werken zur Allgemeinen Betriebswirtschaftslehre, die schon von ihrem Anspruch her zwar oftmals einführende, aber dennoch eher ganzheitliche Darstellungen der Betriebswirtschaftslehre beinhalten. Exemplarisch und stellvertretend für viele andere Werke sei in dem hier bemängelten Zusammenhang verwiesen auf Jacob 1988 (Betriebswirtschaftslehre), S. 175ff.; Müller-Merbach 1976 (Betriebswirtschaftslehre), S. 61; Schierenbeck (Betriebswirtschaftslehre), S. 147ff. und Wöhe 1986 (Betriebswirtschaftslehre), S. 420ff.

136 Porter 1986 (Wettbewerbsvorteile) weist zwar demgegenüber im Rahmen der Behandlung der Wertkette explizit darauf hin, daß die Wertketten verschiedener Produktions- und Absatzstufen zu einem Wertsystem (S. 59ff., speziell auch Abbildung 2-1 auf S. 60) zu verknüpfen sind. Die daraus resultierenden Konsequenzen hinsichtlich des strategischen Stellenwerts der Beschaffungsfunktion sowie der Lieferanten leitet Porter jedoch daraus nicht ab.

137 Speziell bezieht sich diese Aussage auf die von Gutenberg verfaßten dreibändigen Grundlagen der Betriebswirtschaftslehre. Vergleiche Gutenberg 1979 (Produktion), 1976 (Absatz) und 1973 (Finanzen).

138 Albach 1990 (Nachwort), S. 216.

139 Schäfer 1980 (Unternehmung), S. 6f.

Produktionstheorie die „Wahl der Produktionstiefe ... weitgehend vernachlässigt"[140] hat. Ebenso kennzeichnet Arnold Picot die Situation, wenn er ebenfalls feststellt, daß „die Leistungstiefenoptimierung ... in der betriebswirtschaftlichen Theorie bisher stark vernachlässigt (wird)"[141]. Dies verdeutlicht, daß es dringend erforderlich ist, *betriebswirtschaftliche Konzepte zur Gestaltung der Leistungstiefe* zu erarbeiten. Diese sollten – der zuvor bereits herausgestellten Bedeutung dieser Fragestellung entsprechend – zudem in die strategischen, speziell auch wettbewerbsstrategischen Konzepte von Unternehmen integriert werden.

Das *Modell der integrierten Leistungs- und Wertkette* läßt schließlich – parallel zur hier zunächst vorrangig betrachteten *Leistungssphäre* – auch die Betrachtung der *Wertsphäre* zu. Diese resultiert aus der spiegelbildlichen Abbildung der Leistungssphäre in entsprechenden, für zweckmäßig erachteten Wertgrößen und ist insofern gekennzeichnet durch einen *rechenzweckorientierten Abbildungspluralismus*, der in den im Finanz- und Rechnungswesen üblicherweise benutzten Begriffen (Zahlungs- und Finanzgrößen sowie sowohl unternehmensextern als auch unternehmensintern orientierte Erfolgsgrößen) deutlich wird. Insbesondere diese hier nur angedeuteten Zusammenhänge zwischen der Leistungs- und Wertsphäre bilden die informationswirtschaftliche Grundlage für die der *Unternehmensführung* obliegende *Gestaltung und Lenkung des unternehmerischen Handelns*.

C Aufgabenfelder der Unternehmensführung und deren Führungsgrößen

Im vorherigen Abschnitt wurde modellhaft verdeutlicht, daß das *Handeln von Unternehmen* als *Transaktionsbeziehung in Märkten* stattfindet und sich auf der Grundlage von vernetzten Interaktionsstrukturen entlang von Leistungs- und Wertketten vollzieht. Die bereits zu Beginn dieser Untersuchung dargelegte Instrumentalthese verdeutlichte, daß aufgrund der Einflußnahme unterschiedlichster Interessenträger eine zumindest gedankliche *Trennung von Führung und Ausführung* innerhalb des unternehmerischen Handelns zweckdienlich erscheint. Der *Unternehmensführung* obliegt in diesem Zusammenhang die übergeordnete Funktion, durch Vorgabe eines geeigneten Handlungsrahmens das unternehmerische Handeln zweck- und zielgerichtet zu gestalten und zu lenken sowie die Entwicklungsfähigkeit des Unternehmens dauerhaft sicherzustellen.

Das Gebiet der *Unternehmensführung*, speziell auch deren strategische Komponente, stellt heute ein kaum noch überschaubares, gesamthaft hier auch nicht darzustellendes Theoriengebäude[142] dar. Dennoch sind nachfolgend einige, über die bereits erfolgten Aussagen

---

140 Schneider 1987 (Betriebswirtschaftslehre), S. 289.

141 Picot 1991 (Leistungstiefe), S. 336.

142 Die Vielzahl der im einschlägigen Schrifttum publizierten Beiträge zur strategischen Führung läßt sogar kaum systematische Literaturverweise zu. Eine sehr umfassende Aufarbeitung der in der Literatur vorfindbaren Aussagensysteme leistet Schreyögg 1984 (Unternehmensstrategie).

hinausgehende, grundlegende Anknüpfungspunkte für das hier vertretene Führungsverständnis bereitzustellen.

In diesem Zusammenhang erfolgt eine gewisse Konzentration auf das unter Rückgriff auf die betriebswirtschaftliche Systemtheorie skizzierte *Konzept der ganzheitlichen Führung*, in dem gestaltungs-, lenkungs- und entwicklungsorientierte Grundfunktionen in den Vordergrund der Betrachtung rücken. Zu diesem Zweck findet sich in den nachfolgenden Aussagen eine Charakterisierung der bedeutsamsten *Aufgabenfelder der Unternehmensführung* sowie der dort im Mittelpunkt stehenden *Führungsgrößen*, die auch die wesentlichen Anknüpfungspunkte für die *Sicherstellung der Existenz von Unternehmen* darstellen. Allerdings erfolgt in diesem Zusammenhang keine detaillierte Beschreibung der einzelnen Komponenten der Führungsaufgaben sowie ihrer im Rahmen der Aufgabenerfüllung bestehenden Funktions- und Wirkungsmechanismen. Das anzustrebende *unternehmenspolitische Ganzheitlichkeitsdenken* bedingt vielmehr eine Schwerpunktlegung auf die integrierenden Aspekte.

Die sich vor diesem Hintergrund entfaltenden *Aufgabenfelder der Unternehmensführung* hat insbesondere Aloys Gälweiler[143] deutlich herausgearbeitet. Der in diesem Zusammenhang geschaffene Bezugsrahmen, der auch hier zugrunde gelegt wird, beinhaltet die systematische Trennung der den materiellen Gehalt der Führung intendierenden Unternehmenspolitik in miteinander verbundene *operative und strategische Führungsaufgaben*. Diese sollen letztlich eine ganzheitliche Fokussierung sämtlicher Unternehmensaktivitäten auf die Existenzsicherung sowie die daraus abgeleiteten Wertziele (Erfolgs- und Finanzziele) und Leistungsziele von Unternehmen gewährleisten.

1   Liquidität und Erfolg als Führungsgrößen der operativen Unternehmensführung

Den *Inhalt der operativen Führungsaufgabe* beschreibt Gälweiler als „die auf die unmittelbare *Erfolgserzielung* ausgerichtete Unternehmensführung, wobei selbstverständlich die laufende *Liquiditätssicherung* eingeschlossen ist"[144]. Liquidität und Erfolg, die die beiden wesentlichen Determinanten der Wertsphäre von Unternehmen darstellen, lassen sich insofern als *operative Führungsgrößen der nach dauerhafter Existenzsicherung strebenden Unternehmensführung* auffassen.

Die im Rahmen einer integrierten Finanz- und Erfolgsplanung zu beachtenden *Interdependenzen zwischen diesen operativen Lenkungsgrößen Liquidität und Erfolg* hat insbeson-

---

143 Speziell ist in diesem Zusammenhang auf die postum von Markus Schwaninger zusammengestellte und bearbeitete Monographie Gälweiler 1987 (Unternehmensführung) zu verweisen, in der die Gesamtauffassung Gälweilers besonders deutlich zum Ausdruck kommt.

144 Gälweiler 1987 (Unternehmensführung), S. 23.

re Klaus Chmielewicz[145] aus dem Blickwinkel des führungsorientierten Rechnungswesens aufgezeigt. Die diesbezüglich bestehenden Zusammenhänge verdeutlicht die in *Abbildung 2-6*[146] gezeigte graphische Darstellung, in deren *Koordinatensystem* auf der *Abszisse das Liquiditätsziel* und auf der *Ordinate das Erfolgsziel* abgebildet wird. Innerhalb dieses Koordinatensystems sind die Salden des Finanz- und Erfolgsplans aufgenommen, um den Zusammenhang und die Konsequenzen zwischen verschiedenen Kombinationen der Liquiditäts- und Erfolgszielausprägungen zu verdeutlichen.

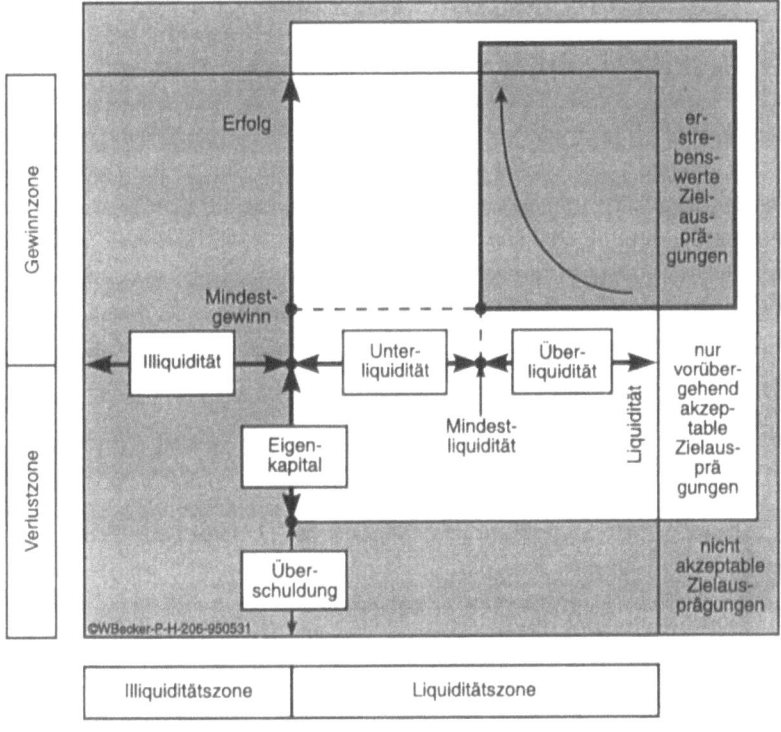

Abbildung 2-6   Beziehungen zwischen den operativen Lenkungsgrößen Liquidität und Erfolg

Die Darstellung läßt insbesondere drei *Kategorien von liquiditäts- und erfolgspolitischen Zielkombinationen* erkennen, die aus Sicht des Strebens nach Existenzsicherung hohe Bedeutung aufweisen. Deren Kenntnis und Berücksichtigung bildet eine wesentliche Grundlage für die im Rahmen der Unternehmensführung anzustrebende *Konkretisierung einer stabilitätspolitisch abgestimmten Handlungsorientierung.*

---

145 Vergleiche dazu die Monographie Chmielewicz 1972 (Finanz- und Erfolgsplanung), deren wichtigsten Ergebnisse auch in einer Reihe von Aufsatzpublikationen zusammengefaßt sind, so etwa in Chmielewicz 1976 (Finanz- und Erfolgsplanung).

146 Vergleiche zu dieser Abbildung, die in enger Anlehnung an ein von Chmielewicz selbst benutztes Schema erstellt wurde, Chmielewicz 1976 (Finanz- und Erfolgsplanung), Sp. 619.

Die Darstellung verdeutlicht, daß _nicht akzeptable Zielausprägungen_ – aufgrund der dann resultierenden Konkursfolge – auftreten, wenn entweder Illiquidität vorliegt oder wenn ein Periodenverlust das Eigenkapital übersteigt. Der dann resultierende Überschuldungskonkurs tritt allerdings nur bei Kapitalgesellschaften auf. Demgegenüber sind _erstrebenswerte Zielausprägungen_ dadurch gekennzeichnet, daß bezüglich der finanzwirtschaftlichen Situation nicht nur Illiquidität vermieden wird, sondern daß auch eine aus Sicherheitserwägungen vorgegebene _Mindestliquidität_ erreicht wird. Hinsichtlich der erfolgswirtschaftlichen Situation ist gleichzeitig sicherzustellen, daß nicht nur Verluste vermieden werden, sondern daß ein bestimmter, für Gewinneinbehalte bzw. Dividendenzahlungen erforderlicher _Mindestgewinn_ erreicht wird. Unternehmen haben sich in dem dadurch abgegrenzten Bereich um möglichst hohe Gewinne zu bemühen und gleichzeitig Überliquidität zu vermeiden. Im Hinblick auf diese Aussage resultieren im übrigen bemerkenswerte Parallelitäten zu den in strategischen Portfolio-Management-Konzeptionen typischerweise geltenden Zusammenhängen. Mit Hilfe derartiger Konzepte, die später noch etwas ausführlicher zu kennzeichnen sind, soll „vor allem ... geprüft werden, ob es (das Portfolio einer Unternehmung) genügend Erfolgspotential in sich birgt und einen Ausgleich zwischen Cash-Flow-Erzeugung und Cash-Flow-Bedarf sicherstellt."[147] Schließlich erhält man allenfalls _vorübergehend akzeptable Kombinationen_ für die verbleibenden Liquiditäts- und Erfolgszielausprägungen.

2   Erfolgspotentiale als Führungsgrößen der strategischen Unternehmensführung

Zurückkommend auf die grundlegenden Aufgaben der Unternehmensführung läßt sich feststellen, daß die aktuelle _Liquiditäts- und Erfolgssituation_ von Unternehmen stets unmittelbar von der diesen operativen Größen vorgelagerten _strategischen Gesamtlage_ abhängig ist. Daher hat die _strategische Führung_ – so Gälweiler – die Aufgabe, „so früh wie möglich und so früh wie notwendig für die Schaffung und Erhaltung der besten Voraussetzungen für anhaltende und weit in die Zukunft reichende Erfolgsmöglichkeiten, das heißt für _'Erfolgspotentiale'_ zu sorgen"[148]. In der Literatur herrscht diesbezüglich Einigkeit darüber, daß die konkrete, letztlich _unternehmensindividuelle Ausgestaltung der Erfolgspotentiale_[149] ausschlaggebend dafür ist, ob Unternehmen eher Erfolge oder Mißerfolge erzielen. Fraglich bleibt demgegenüber jedoch, welches die wesentlichen Erfolgspotentiale von Unternehmen sind und vor allem welche _Ausprägungen derartiger Erfolgsfaktoren_ einem Unternehmen Erfolg garantieren können[150].

---

147 Schreyögg 1984 (Unternehmensstrategie), S. 95.

148 Gälweiler 1987 (Unternehmensführung), S. 23f.

149 So weist etwa Winand explizit darauf hin, daß das Erfolgspotential „sachlich und zeitlich an die Definition des Aktionsraums der Unternehmung gebunden (ist)"; Winand 1989 (Erfolgspotentialplanung), Sp. 443.

150 Einen guten Überblick über die sehr umfangreiche Literatur, die mittlerweile diesbezüglich vorliegt und die nachfolgend nur in einigen besonders bedeutsamen Ausprägungen berücksichtigt werden soll, vermittelt Dellmann 1991 (Erfolgsdynamik), S. 420ff.

Die insofern für Wissenschaft und Praxis gleichermaßen interessante *Suche nach unternehmerischen Erfolgsfaktoren* wurde im amerikanischen Markt systematisch bereits sehr frühzeitig begonnen. Hinzuweisen ist in diesem Zusammenhang insbesondere auf das *PIMS-Datenbankkonzept*, in dem – initiiert von Sidney Schoeffler – seit den sechziger Jahren mit Hilfe multipler Regressionsanalysen sehr umfangreiche Daten aus mittlerweile nahezu 3.000 strategischen Geschäftseinheiten von mehr als 450 Unternehmen[151] im Hinblick auf die Identifizierung strategischer Erfolgsfaktoren analysiert wurden. Verdichtet man die Ergebnisse dieser Analysen, die als operative Erfolgsmaßstäbe den Return on Investment (ROI), den Return on Sales (ROS) sowie den Cash Flow nutzen, so kristallisieren sich die folgenden besonders bedeutsamen *Einflußgrößen des Erfolgs* heraus[152]:

❑ die *Marktattraktivität*, die herausragend durch das Marktwachstum determiniert wird;

❑ die *relative Wettbewerbsposition*, die insbesondere aus dem relativen Marktanteil und der Produktqualität resultiert;

❑ die *Investitionsattraktivität*, die wesentlich durch Kapitalintensität und Kapazitätsausnutzung beeinflußt wird;

❑ die *Budgetallokation*, vor allem die relativ zum Umsatz resultierende Höhe der Marketing-Budgets und der Forschungs- und Entwicklungsbudgets sowie

❑ die *allgemeinen Unternehmensmerkmale* der Unternehmensgröße und des Grades der vertikalen Integration.

Insgesamt gesehen ist allerdings „gegen den scheinbar hohen Erklärungsgehalt des PIMS-Projektes ... einschränkende Kritik anzubringen"[153]. Diese *Kritik* basiert regelmäßig auf umfänglichen *methodischen Einwänden*[154], die sich gegen die Verwendung multipler Regressionsanalysen richten, aber auch die zum Teil auf subjektiven Einschätzungen beruhende Datenerfassung, das branchenübergreifende Vorgehen und die mangelhafte Berücksichtigung dynamischer Veränderungen der Märkte beinhalten. Besonders schwerwiegend erscheint darüber hinaus vor allem das *Fehlen eines theoretisch begründeten Bezugsrahmens*, der das den Aussagen zugrunde liegende – und zudem überaus komplexe und daher nur schwer durchschaubare – Kausalgefüge einbinden könnte. Muß man angesichts dieser kritischen Aspekte bereits eine *deutlich eingeschränkte Verwendbarkeit der gewonnenen Aussagen* im Rahmen der strategischen Führung konstatieren, so resultieren nicht überwindbare Anwendungsgrenzen vor allem daraus, daß es sich „bei einem großen Teil der Faktoren ... um Situationsfaktoren wie Bedingungen, Gefährdungen oder Möglichkei-

---

151 Vergleiche dazu Barzen/Wahle 1990 (PIMS-Programm), S. 100.

152 Vergleiche dazu als originäre Quellen insbesondere Schoeffler/Buzzell/Heany 1974 (Planning) und Schoeffler 1977 (PIMS-Program) sowie auch Barzen/Wahle 1990 (PIMS-Programm), S. 101ff.

153 Coenenberg/Baum 1987 (Controlling), S. 72.

154 Vergleiche dazu die zusammengefaßte Kritik bei Coenenberg/Baum 1987 (Controlling), S. 72f. sowie auch bei Barzen/Wahle 1990 (PIMS-Programm), S. 105ff.

ten"[155] handelt, die sich nahezu vollständig dem unmittelbaren Einfluß seitens der Unternehmensführung entziehen. Darüber hinaus bestehen deutliche *Defizite hinsichtlich der adäquaten Berücksichtigung der langfristigen Erfolgsdynamik.* Die Konzentration auf Rentabilitätsaspekte[156] führt zur Vernachlässigung der bedeutsamen „Zusammenhänge zwischen den Investitionsentscheidungen der Unternehmen und ihren Erträgen"[157], so daß neben den Rentabilitätspotentialen stets auch die *Wachstumspotentiale* von Unternehmen zu berücksichtigen sind.

Ebenfalls in einer noch vergleichsweise frühen Phase der Auseinandersetzung mit Fragen der strategischen Führung hat Cuno Pümpin 1980 einige *allgemeine strategische Grundsätze*[158] formuliert, die zwar eher den Charakter bewährter Praxisregeln aufweisen, aber doch in einen allgemeineren theoretischen Rahmen eingebettet sind und *Hinweise auf wesentliche Erfolgspotentiale* beinhalten. Versucht man die von Pümpin getroffenen Aussagen zusammenzufassen, so resultieren folgende Empfehlungen[159]: Unternehmen sollten in ihrer Strategie die Kräfte auf ausgewählte Produkt-Markt-Kombinationen konzentrieren und dabei sich bietende Umwelt- und Marktchancen konsequent nutzen. In diesem Zusammenhang sollten Unternehmen eine zweckmäßige, führbare Organisation aufbauen, geschickte Innovationen mit klarer Nutzensteigerung durchführen und geschickte Koalitionen eingehen. Die insgesamt zu entwickelnde Strategie sollte sich am Aufbau von Stärken orientieren, vorhandene Synergiepotentiale nutzen, eine sorgfältige Abstimmung von Zielen und Mitteln beinhalten und sich um einen ausgewogenen Ausgleich einzugehender Risiken bemühen. Darüber hinaus sollte die Strategie auf einem klaren, leicht verständlichen Grundkonzept aufbauen, mit Beharrlichkeit verfolgt werden und auf einer unternehmensweit gültigen 'unité de doctrine' beruhen.

Die *Suche nach den Erfolgsfaktoren der strategischen Führung* wurde in den letzten zehn Jahren deutlich intensiviert. Im Zuge dieses Bemühens entstanden auch einige rezepturartige, auf die praxisnahe Anwendbarkeit zugeschnittene Publikationen. Hierzu zählt vor allem der internationale Bestseller von Thomas J. Peters und Roberth H. Waterman, in dem das sogenannte *McKinsey-7S-Modell*[160] propagiert wird. In diesem Modell stellen Selbstverständnis, Strategie, Struktur, Systeme, Stil, Stammpersonal und Spezialkenntnisse die Erfolgsfaktoren von Unternehmen dar. Darüber hinaus ist auch das im deutschen Sprach-

---

155 Coenenberg/Baum 1987 (Controlling), S. 73.

156 Am Rande sei angemerkt, daß diese überaus deutliche Orientierung am Return on Investment angesichts der vierteljährlichen Berichtspflicht amerikanischer Unternehmen über die Geschäftsergebnisse nicht verwundern muß. Eine derartige Publizitätspflicht zwingt nahezu zum Streben nach möglichst rascher Erfolgsrealisierung.

157 Albach 1988 (Unternehmenserfolg), S. 71.

158 Zwar lassen sich auch noch andere und insbesondere wesentlich frühzeitiger aufgestellte Grundsätze der Führung in der Literatur finden, wie etwa die Auflistung von Erklärungsgrößen des Unternehmenserfolgs, die Steiner 1971 (Planung), S. 336ff. vorgelegt hat. Jedoch sind derartige Grundsätze regelmäßig nicht konsequent allein auf strategische Aspekte beschränkt.

159 Vergleiche zu den folgenden Aussagen Pümpin 1980 (Führung), S. 15ff.

160 Vergleiche dazu Peters/Waterman 1984 (Spitzenleistungen).

raum verfaßte Werk von Kurt Nagel erwähnenswert, in dem eine *Modifikation* des zuvor genannten Modells vorgelegt wird[161]. Hier bilden die Geschäftsgrundsätze und die Ziel- und Kontrollsysteme, die Strategie-orientierte Organisationsgestaltung, die verstärkte Nutzung des Mitarbeiter-Potentials, ein effizientes Führungssystem, ein marktnahes Informations- und Kommunikationssystem und praktizierte Kundennähe die in diesem Fall sechs Erfolgsfaktoren von Unternehmen.

Die in diesen und anderen Publikationen vorgelegten, eher intuitiv erfaßten *Praxiserfahrungen* sind allerdings regelmäßig zu wenig systematisch fundiert und können daher aus Sicht der Theorie letztlich nicht überzeugen[162]. Dies verdeutlichen auch wissenschaftlich fundierte, empirische Untersuchungen[163] der jüngeren Zeit, die erkennen lassen, daß der Erfolg von Unternehmen auf äußerst komplex verknüpfte Ursachenkategorien zurückzuführen ist.

Der Versuch einer Bündelung der bisherigen wissenschaftlichen Bemühungen um die Klärung der Ursachen unternehmerischen Erfolgs führt – kompatibel mit dem bereits vorgestellten Modell ökonomischen Handelns von Unternehmen – zu dem in *Abbildung 2-7* veranschaulichten *System bedeutsamer Erfolgsfaktoren*.

Den Ausgangspunkt dieser Darstellung bilden die bereits publizierten Zwischenergebnisse der von Wilfried Krüger durchgeführten Studie zur Erklärung des Erfolgs von Unternehmen[164]. Diese Studie erscheint insbesondere aufgrund ihrer theoretischen Fundierung, aber auch wegen ihrer vergleichsweise breiten empirischen Basis gut geeignet, valide Ergebnisse für den deutschsprachigen Raum zu unterbreiten. Die Aussagensysteme basieren auf der Vorstellung, daß die *Erfolgsentstehung als Input-Output-Relation* zu verstehen ist, so daß strategische Erfolgsfaktoren als Inputgrößen zu ermitteln sind, die den Unternehmungserfolg als Outputgröße verursachen.

Die Studie differenziert demgemäß innerhalb von Unternehmen unterschiedliche *Erfolgssegmente*, in denen die einzelnen Erfolgsfaktoren gebündelt werden; dazu zählen[165]:

❑ die *Unternehmungsträger*, die maßgeblichen Einfluß auf die Unternehmungspolitik ausüben;

❑ das als *Philosophie* bezeichnete Wertsystem sowie die *Kultur der Unternehmung*;

---

161 Vergleiche dazu Nagel 1986 (Erfolgsfaktoren).

162 Kritische Stellungnahmen insbesondere zur Erfolgsrezeptur von Peters und Waterman finden sich bei Eckardt 1985 (Chancen), Frese 1985 (Unternehmungen) und Krüger 1989 (Peters und Waterman).

163 Aus der Vielzahl bislang publizierter Forschungsergebnisse aus dem deutschsprachigen raum sei insbesondere auf Albach 1987 (Investitionspolitik), Hauschildt 1983 (Schaden), Hoffmann 1986 (Erfolgsfaktoren), Krüger 1988 (Unternehmungserfolg) sowie Wohlgemuth 1989 (Erfolg) verwiesen.

164 Vergleiche zu den Detailaussagen Krüger 1986 (Unternehmungsführung) sowie Krüger 1988 (Unternehmungserfolg).

165 Vergleiche dazu speziell Krüger 1988 (Unternehmungserfolg), S. 29f.

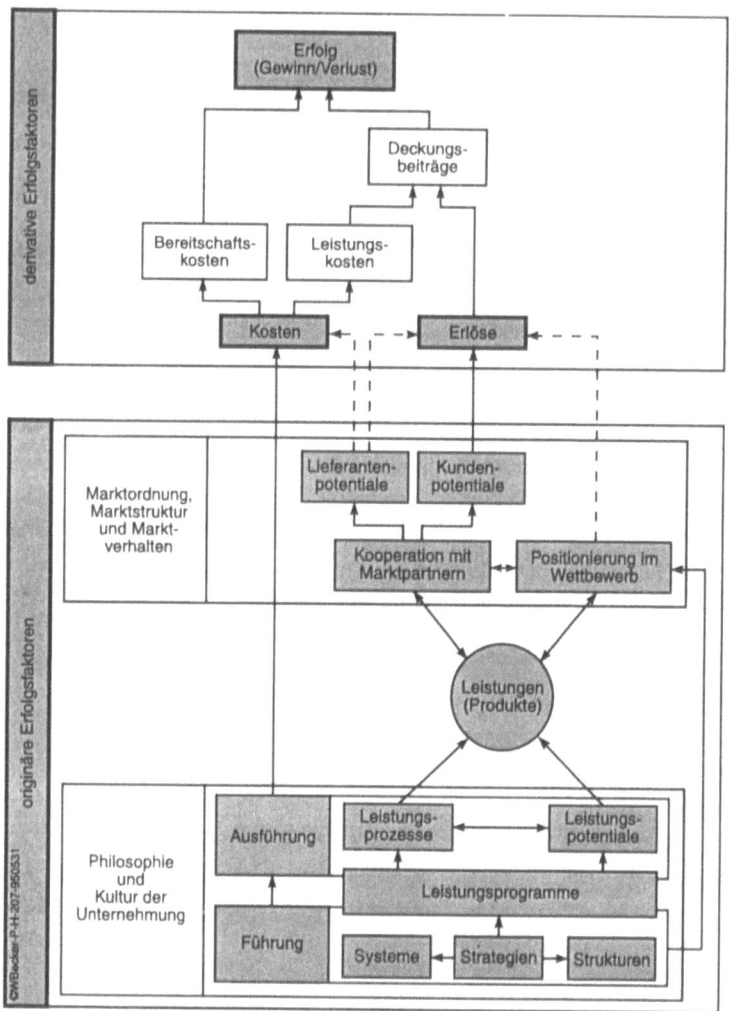

**Abbildung 2-7   Systematik bedeutsamer originärer und derivativer Erfolgs-
faktoren**

❑ die *Strategie* der Unternehmung, die auf Markt- und Wettbewerbsstrategien beschränkt wird;

❑ die *Struktur* der Unternehmung, die Regelungen der Organisation sowie der rechtlichen Konstitution umfaßt;

❑ die *Systeme*, die Führungsmodelle und Anreizsysteme, Planungs-, Steuerungs- und
Kontrollsysteme sowie Informations- und Rechnungssysteme beinhalten sowie das
Realisationspotential, das die Ausführung der Strategien ermöglicht.

Diese auch in Abbildung 2-7 aufgenommenen Erfolgssegmente bilden dort den Ausgangspunkt für die Klärung der *Wirkungszusammenhänge zwischen originären und derivativen*

Erfolgsfaktoren[166] bis hin zum positiven oder negativen Nettoerfolg. In der Darstellung generieren die *Philosophie und Kultur der Unternehmung* gleichsam den unternehmensweiten Handlungsrahmen für sämtliche Führungs- und Ausführungsaktivitäten. Das *Führungssystem der Unternehmung* beinhaltet in der vorliegenden Sichtweise einerseits die hier kurz als Management bezeichneten *Unternehmungsträger*, die *Unternehmungsstruktur* und die *Führungssysteme*, die gemeinsam auch als unternehmenspolitische Führungspotentiale angesehen werden können. Hinzu kommen die *Unternehmens- und Marktstrategien*, die prinzipiell vorgedachte Verhaltensmuster für die Unternehmensführung darstellen. Das in der angeführten Studie als Realisationspotential bezeichnete Ausführungssystem konkretisiert sich in der *Leistungssphäre der Unternehmung*. Diese läßt sich in ihre wesentlichen Dimensionen, nämlich in die das Bindeglied zur Führungssphäre darstellenden Leistungsprogramme sowie in die Leistungspotentiale und Leistungsprozesse aufspalten.

Sämtliche Erfolgsfaktoren gemeinsam bewirken die für jedes Unternehmen individuelle *Gestaltung der unternehmerischen Leistungen*, mit denen sich Unternehmen – mit Erfolg oder Mißerfolg – im Markt zu behaupten haben. Hierzu ist es erforderlich, die Erfolgsfaktoren entsprechend abzustimmen. Krüger zeigt auf, daß diesbezüglich drei Dimensionen der Abstimmung unterschieden werden können[167]: die Abstimmung innerhalb eines einzelnen Erfolgssegmentes, die Abstimmung zwischen verschiedenen Erfolgssegmenten sowie die Abstimmung der Erfolgssegmente auf die Umwelt der Unternehmung. Insbesondere die konkrete Ausgestaltung der Markt- und Wettbewerbsstrategien determiniert mithin die Art und Weise, in der Unternehmen *Kooperationen mit Tauschpartnern* – speziell mit ihren Lieferanten und Kunden – aufbauen, entwickeln und pflegen. Ebenso wird auch die *Positionierung im Wettbewerb* determiniert, die gerade in gesättigten Märkten unmittelbar auf die Beschaffungs- und Absatzaktivitäten einwirkt. Die sich hier abzeichnenden Zusammenhänge sprechen dafür, nicht allein die unternehmensinternen *Führungs- und Leistungspotentiale*, sondern auch die jeweils unternehmensspezifischen *Lieferanten- und Kundenpotentiale als strategische Erfolgspotentiale* anzusehen.

Der obere Teil der Abbildung 2-7 nimmt schließlich die für die Entstehung des Nettoerfolgs wesentlichen *Zusammenhänge der derivativen Erfolgsfaktoren* auf. Speziell werden hier die aus der Leistungserstellung resultierenden *Kosten*[168] und die der Leistungsverwertung entstammenden *Erlöse* gegenübergestellt, um letztlich zum Nettoerfolg zu gelangen. Dabei handelt es sich allein um die in der Wertsphäre von Unternehmen vorgenommene

---

166 Die Unterscheidung zwischen originären Erfolgsfaktoren mit strategischen Wirkungen und derivativen Erfolgsfaktoren, die operative Wirkungen beinhalten, nutzt auch Reutner 1987 (Unternehmenserfolg), S. 747f.

167 Vergleiche Krüger 1989 (Peters und Waterman), S. 13f.

168 Vergleiche zur hier vorgenommenen Aufspaltung der Kosten in die vom tatsächlich realisierten Leistungsprogramm abhängigen Leistungskosten und in die für die Bereitstellung und Bereithaltung der unternehmerischen Leistungspotentiale anfallenden Bereitschaftskosten speziell Riebel 1990 (Deckungsbeitragsrechnung), S. 82ff.

_Abbildung des Wirksamwerdens originärer Erfolgsfaktoren durch derivative Erfolgsfakto-
ren._ Letztere dürfen _nicht allein Orientierungsgrundlagen der Unternehmensführung_ sein,
denn sie markieren – wie Krüger dies plastisch formuliert – nur „die Spitze des Eisbergs"[169].

Hinsichtlich der angestrebten _Erfolgswirksamkeit_ stellt die angeführte empirische Studie
eine unterschiedliche Bedeutung der originären Erfolgsfaktoren fest. Höchste Bedeutung
ist offensichtlich dem _Erfolgssegment der Strategie_ beizumessen, wobei sich die „Komponenten Produkt/Markt-Konzept und Gewinn- und Ertragsorientierung am bedeutungsvoll-
sten"[170] zeigen. Das _Erfolgssegment Realisationspotential_, das in anderen Untersuchungen über die Erfolgspotentiale regelmäßig völlig vernachlässigt wird, erweist sich ebenfalls – mit mittlerer Bedeutung – als wichtig. Beide Erfolgssegmente wirken einheitlich
sowohl auf den Erfolg als auch auf den Mißerfolg von Unternehmen. Die _Erfolgssegmente
Unternehmensträger und Unternehmensstruktur_ weisen demgegenüber deutliche Wirkungen auf den Mißerfolg, aber nur geringe auf den Erfolg auf. Die _Erfolgssegmente Systeme sowie Philosophie und Kultur der Unternehmung_ besitzen umgekehrt mittlere Bedeutung für den Erfolg und geringe Bedeutung für den Mißerfolg von Unternehmen.

3 Integrationserfordernisse der operativen und strategischen Unternehmensführung

Ausdrücklich weist Gälweiler im Zusammenhang mit der Aufteilung der Führung in operative und strategische Aufgabenfelder auch darauf hin, daß _zwischen operativer und strategischer Führung äußerst enge Wechselwirkungen_ herrschen. Diese verdeutlicht _Abbil-
dung 2-8_, die den von Gälweiler geschaffenen Bezugsrahmen[171] aufgreift, ihn aber hinsichtlich der Grenzziehung zwischen operativen und strategischen Managementaufgaben
modifiziert und durch die systematische Einbeziehung der zuvor erläuterten Erfolgsfaktoren erweitert.

Der in Abbildung 2-8 dargestelllte Zusammenhang nimmt die äußerst engen Interdependenzen zwischen strategischer und operativer Führung – durch Auflösung der durch Gälweiler vorgenommenen eindeutigen Zuordnung der Lenkungsgrößen _Liquidität und Erfolg_
zu den operativer Managementaufgaben mit kurzfristiger Wirkung sowie der _Erfolgs-
potentiale_ zu den strategischen Managementaufgaben mit langfristiger Wirkung – ausdrücklich auf. Insbesondere wird in diesem Zusammenhang deutlich, daß die den Erfolg
von Unternehmen determinierenden _Erlöse und Kosten_ in der hier vertretenen Auffassung
nicht als ausschließlich operative Größen gekennzeichnet werden sollten. Eine derartige
Charakterisierung der Erlöse und Kosten als rein operative Größen, die sich nahezu durch-

169 Krüger 1988 (Unternehmungserfolg), S. 27.
170 Krüger 1989 (Peters und Waterman), S. 16.
171 Vergleiche dazu Gälweiler 1987 (Unternehmensführung), S. 34, hier Abbildung 3.

gängig in der Literatur finden läßt, kann dazu beitragen, daß *Handlungsspielräume mit strategischer Bedeutung* gar nicht erst erkannt werden.

Die Darstellung der Zusammenhänge in Abbildung 2-8 läßt darüber hinaus erkennen, daß sowohl die kurz- bis mittelfristig wirksamen und zudem geringe Komplexität aufweisenden *Lenkungsgrößen des operativen Managements*, also Liquidität und Erfolg, als auch die mittel- bis langfristig wirksamen und mit hoher Komplexität versehenen *Lenkungsgrößen des strategischen Managements*, nämlich das aktuelle und das zukünftige Erfolgspotential, aufgrund ihrer interdependenten Verbundenheit letztlich gemeinsam zur *dauerhaften Existenzsicherung von Unternehmen* beitragen. In diesem Zusammenhang determinieren grundsätzlich die jeweils komplexeren die weniger komplexen Lenkungsgrößen. Außerdem wird unmittelbar deutlich, daß die strategischen gegenüber den operativen Management-Aufgaben einerseits mit höherer *Unsicherheit* konfrontiert sind und andererseits auch in höherem Maße strategische *Chancen und Risiken* beinhalten.

Schließlich zeigt der vierte Quadrant des Koordinatensystems die wesentlichen Zusammenhänge zwischen den – aus Gründen der Übersichtlichkeit hier bewußt durch Aggregation vereinfacht dargestellten – *Kategorien unternehmerischer Erfolgspotentiale* sowie deren Beziehungen zu einigen besonders bedeutsamen *Determinanten des Erfolgs und der Liquidität*.

Gälweiler hebt selbst hervor, daß die *strategische Führung von Unternehmen*, die auf deren Erfolgspotentiale auszurichten ist und dadurch die für die operative Führung erforderlichen Flexibilitäts- und Effizienzspielräume schafft, stets unter expliziter *Berücksichtigung der langfristigen Erfolgs- und Liquiditätswirkungen* wahrzunehmen ist. Diese Aussage hat bedeutsame und bislang kaum vollständig berücksichtigte Konsequenzen für die materiellen Inhalte der nach Ganzheitlichkeit strebenden *strategischen Führung*. Dies bedeutet nämlich, daß die strategische *Festlegung der Erfolgspotentiale*, die bislang vorrangig auf gestaltende und lenkende Eingriffe in die Leistungssphäre gerichtet ist, und die regelmäßig als operativ eingestufte *Lenkung des Erfolgs selbst und seiner Determinanten*, die sich vorrangig auf die Wertsphäre bezieht, nicht nur durch ein zwar abstimmungsbedürftiges, aber doch relativ isoliertes Nebeneinander zu begreifen sind. Im Sinne einer tatsächlich *ganzheitlichen Führung* sind demgegenüber diejenigen Aufgabenfelder der Führung, die sich auf die Erfolgspotentiale und diejenigen, die sich auf den Erfolg selbst richten, also kurzgefaßt die strategische und die operative Führung gleichsam ineinanderzuschieben.

Eine konsequente Umsetzung dieser Anforderung müßte die bislang regelmäßig geforderte *Koordination von strategischer und operativer Führung* nicht nur verbessern, sondern durch eine inhaltlich weitreichende – und präsituativ zu gestaltende – *Integration beider Aufgabenfelder* sogar möglichst entbehrlich machen. Nur angedeutet sei hier, daß sich eine derart *integrierte Gestaltung und Lenkung der Erfolgspotentiale und der Erfolgsdeterminanten* möglicherweise als vorrangige und vor allem materielle *Führungsaufgabe des*

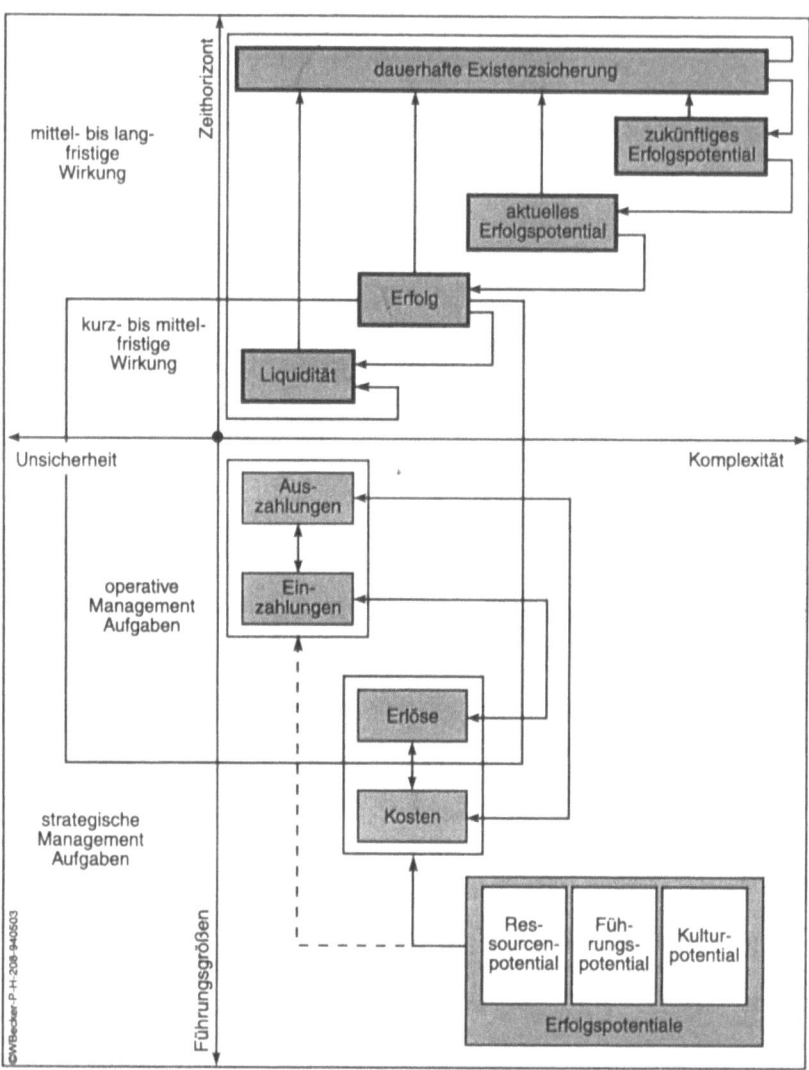

Abbildung 2-8   Wechselwirkungen zwischen den operativen und strategischen Lenkungsgrößen der Unternehmensführung

Controlling[172] begreifen läßt. Im Rahmen einer solchen Sicht ist dem Controlling vorrangig die Funktion beizumessen, für eine initialisierende Ingangsetzung der Erfolgsrealisati-

---

172 Anzumerken ist diesbezüglich, daß bislang offenbar immer noch keine vollständig akzeptierte Begriffsfassung des Controlling vorliegt. So veranlaßte etwa der 1990 initierte Versuch, durch Thesenbildung die „Formulierung von Generally Accepted Controlling Principles" (Küpper/Weber/Zünd 1990 (Controlling), S. 282) anzustoßen, jüngst Schneider 1991 (Versagen des Controlling), der das Controlling provokant zunächst als ein „in den Führungsetagen der Unternehmungen ... (umgehendes) Gespenst" (S. 765) bezeichnet, zu dem barschen Vorwurf, es handle sich hier um das Aufstellen von „fast nichts ausschließenden Scheinbegründungen" (S. 771).

on (Lokomotionsfunktion) zu sorgen. Gemäß der sich abzeichnenden Entwicklungen beschränken sich dessen Funktionen in Form einer Art Metaführung bisher allerdings eher auf Integrations- und Koordinationsleistungen innerhalb des Führungssystems von Unternehmen[173]. Sie könnten durch die hier intendierte Sicht wesentlich erweitert werden. Eine zu diesem Vorschlag nahezu analoge Auffassung wird auch in einem jüngst publizierten Beitrag von Klaus Dellmann deutlich, der im Rahmen eines dort vorgestellten Konzeptes „einer *controlling-orientierten Unternehmensführung* ... den Erfolg als Ergebnis strategischer Aktivitäten"[174] begreift und im Zuge einer konsequenten Handlungsorientierung nach *Möglichkeiten einer ganzheitlichen Beeinflussung der Erfolgsdynamik von Unternehmen* sucht.

Dieses Konzept zeichnet sich nicht nur durch eine konsequent ganzheitliche sowie dynamische Führungsaspekte beinhaltende Denkhaltung, sondern zudem durch die explizite *Berücksichtigung der stabilitätspolitischen Implikationen unternehmerischen Handelns* aus. Eine derartige Unternehmensführungskonzeption impliziert in der hier vertretenen Auffassung vor allem die folgenden, als besonders bedeutsam anzusehenden *Wesensmerkmale*:

❏ die Unternehmensführung muß zur Erfüllung stabilitätspolitischer Zielsetzungen als Initiator für ein *unternehmerisches Denken und Handeln in dynamischen Gleichgewichtslagen* dienen;

❏ die dominierende Funktion der innerhalb der Unternehmensführung abzuleitenden *Strategien*, denen innerhalb der Erfolgspotentiale offenbar eine besonders hohe Bedeutung beizumessen ist, besteht in deren Wirkung *als permanent intervenierende Führungsgrößen des unternehmerischen Handelns*;

❏ die Konkretisierung der durch geeignete Strategien vorzugebenden Handlungsorientierung erfordert den Aufbau einer im Gegenstrom verzahnten *Leistungs- und Kostenpolitik*, die die engen Wechselwirkungen zwischen der Leistungs- und Wertsphäre von Unternehmen aufgreift.

Die Ausübung der unternehmenspolitischen Funktionen wird durch ein konsequentes *Denken und Handeln in Gleichgewichtslagen* geprägt, das die durchgängige Verknüpfung operativer und strategischer Aufgabenfelder bedingt. Insbesondere ist das durch die Unternehmensführung vorzugebende *strategische Repertoire* eines Unternehmens, das sich in den

---

173 Dies gilt zumindest für die eher institutionalen und funktionalen Controlling-Auffassungen, wie sie etwa insbesondere von Horváth 1990 (Controlling), S. 144ff., von Küpper 1987 (Konzeption des Controlling) und Küpper 1988 (Koordination und Integration) sowie von Weber 1991 (Einführung), S. 29ff., jeweils zwar mit grundsätzlich nicht unerheblichen, aber in diesem Zusammenhang doch vernachlässigbaren Unterschieden, vertreten werden.
Eine demgegenüber andersartige, zudem weiterreichende und mit der hier angedeuteten Sicht durchaus kompatible Auffassung kennzeichnen dagegen instrumentale Controlling-Auffassungen, wie sie explizit insbesondere von Welge 1988 (Controlling), S. 7 im Rahmen einer handlungsorientierten Konzeption der Unternehmensführung vertreten wird.

174 Vergleiche dazu Dellmann 1991 (Erfolgsdynamik), S. 420.

Erfolgspotentialen konkretisiert, frühzeitig hinsichtlich der zu erwartenden *Konsequenzen für den Erfolg und seine Determinanten* zu überprüfen und gegebenenfalls entsprechend zu revidieren. Die aus Sicht der Unternehmensführung bedeutsamen *Wechselwirkungen zwischen Erfolgspotentialen, Erfolg und Liquidität* wurden bereits in Abbildung 2-8 veranschaulicht, um eine zumindest grobe Zuordnung zu den einzelnen Teilaufgaben der Führung zu erreichen. *Abbildung 2-9* greift diese Führungsgrößen, die insbesondere als Determinanten der gesamtsystemischen Steuerung und Regelung von Unternehmen fungieren, nochmals auf, reduziert jedoch die dort bereits aufgezeigten Beziehungen zwischen den Führungsgrößen auf die stabilitätspolitisch wesentlichen Aspekte. Diese Darstellung verdeutlicht somit die zur Existenzsicherung von Unternehmen anzustrebenden *Gleichgewichtslagen zwischen den Führungsgrößen des unternehmerischen Handelns.*

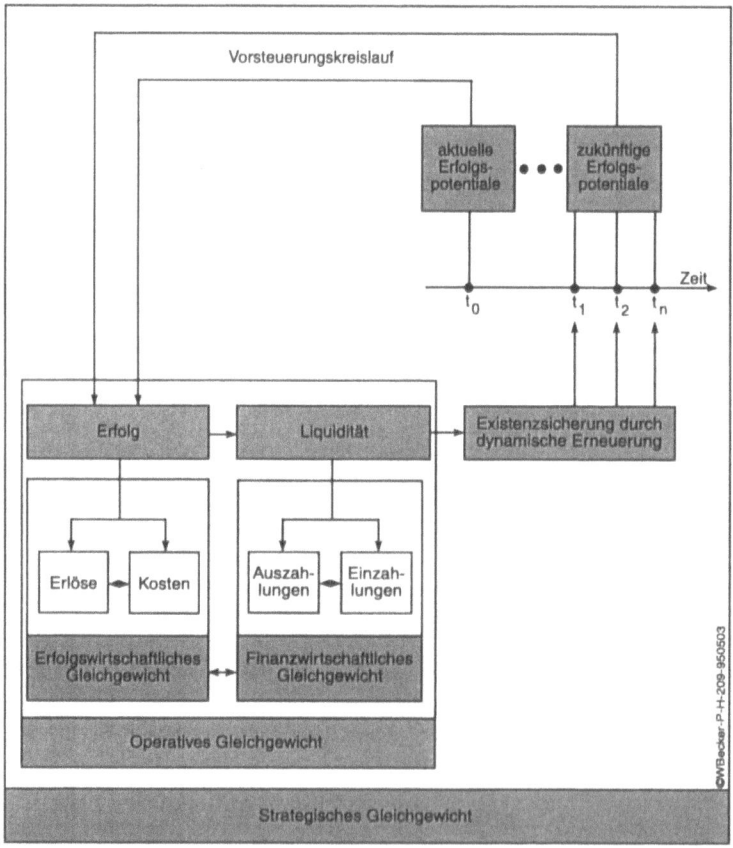

Abbildung 2-9   Existenzsicherung von Unternehmen durch gleichgewichtsorientierte Abstimmung der Führungsgrößen des unternehmerischen Handelns

Betrachtet man zunächst – ausgehend von einem, zu einem beliebigen Zeitpunkt t_0 vorhandenen, aktuellen Erfolgspotential – das Zusammenwirken von *Erfolg und Liquidität,* deren Determinanten sich dadurch auszeichnen, daß sie ordinal meßbar operationalisiert werden können, so sind zwei unterschiedliche Gleichgewichtslagen für die Existenzsicherung bedeutsam. Einerseits ist in diesem Zusammenhang die Erhaltung eines aus der Gegenüberstellung von Erlösen und Kosten abbildbaren *erfolgswirtschaftlichen Gleichgewichts*, andererseits zugleich auch die Erhaltung eines aus der Gegenüberstellung von Ein- und Auszahlungen berechenbaren *finanzwirtschaftlichen Gleichgewichts* sicherzustellen. Das Streben nach Existenzsicherung von Unternehmen bedingt darüber hinaus auch die Aufrechterhaltung einer ausgewogenen Relation zwischen dem Erfolg und der Liquidität, die hier insgesamt als *operatives Gleichgewicht* gekennzeichnet werden soll.

Zur *Aufrechterhaltung einer operativen Gleichgewichtslage* muß der folgende, grundlegende Zusammenhang zwischen Erfolg und Liquidität Beachtung finden: Unternehmen haben zur Erreichung ihrer übergeordneten Zwecke in der Gegenwart (t_0) Kapital zu investieren, um in der Zukunft liegende (t_n) sowie zudem unsichere Chancen auf Realisierung eines positiven Erfolgs, mit dem zugleich ein adäquater Kapitalrückfluß sichergestellt wird, zu erschließen[175]. Insofern bedingen sich finanzwirtschaftliches und erfolgswirtschaftliches Gleichgewicht gegenseitig. Die positive Ausprägung des Erfolgs dient selbst als – eine im Sinne einer conditio sine qua non aufzufassende – Voraussetzung für die Aufrechterhaltung eines durch das Vorhandensein von Liquidität gekennzeichneten finanzwirtschaftlichen Gleichgewichts. Gelingt es dem Unternehmen, die – aus dem zwischen Ein- und Auszahlungen liegenden time lag resultierenden – *Finanzierungsrisiken und die Gewinnchancen auszugleichen*, so entsteht das anzustrebende operative Gleichgewicht.

Während die Erfüllung dieser Bedingungen eine eher *statische Sicht* eines austarierten operativen Gleichgewichts kennzeichnet, stellt sich aus *dynamischer Sicht* die Frage, wie ein solches Gleichgewicht dauerhaft sichergestellt werden kann. Hierzu ist es prinzipiell erforderlich, die *Funktionsfähigkeit des zwischen der übergeordneten Zielsetzung der Existenzsicherung und den Führungsgrößen bestehenden Vorsteuerungskreislaufs*[176] zu erhalten.

Der *Funktionsmechanismus eines derartigen Vorsteuerungskreislaufs* besteht darin, daß man letztlich auf die Erfolgspotentiale zurückgreifen muß, um mit Hilfe dieser strategischen Führungsgrößen den Erfolg und damit wiederum die Liquidität steuern zu können. Das Vorhandensein liquider Mittel ist nicht nur erforderlich, um kurzfristig den Bestand des Unternehmens zu garantieren, sondern bildet zudem die Voraussetzung dafür, eine – vor allem mit Hilfe von Innovations- und Investitionsaktivitäten vorzunehmende – strategische Erneuerung der Leistungssphäre durch *Schaffung zukünftiger Erfolgspotentiale* herbeizuführen. Erst die Funktionsfähigkeit des gesamten (kybernetischen) Kreislaufs kann die dauerhafte *Existenzsicherung durch dynamische Erneuerung* eines Unternehmens

---

175 Vergleiche dazu auch Van't Land/Strasser 1980 (Spielraumrechnung), S. 302.

176 Vergleiche dazu ausführlich beispielsweise Strasser 1988 (Vorsteuerung), S. 378f.

garantieren. „Das *Prinzip dieser Vorsteuerung* beruht auf der Erkenntnis[177], daß in äus-
serst komplexen Systemen die Steuergrößen nicht hinreichend durch Abweichungsinfor-
mationen ihrer eigenen Orientierungsgrößen geregelt werden können, da die Abwei-
chungsinformationen für zielführende Maßnahmen generell zu spät festgestellt werden
und nicht früh genug analysiert werden können."[178]

Die Erhaltung eines derart geschlossenen – und dadurch funktionsfähigen – Kreislaufs der
existenzsichernden Führungsgrößen wird hier als *strategisches Gleichgewicht* bezeichnet.
Das Streben nach Erreichung dieses strategischen Gleichgewichts, das zugleich stets die
Erfüllung eines operativen Gleichgewichts impliziert, stellt den *Grundansatz einer umfassenden und integrierten unternehmerischen Stabilitätspolitik* dar. Es gewährleistet insbesondere das Vorhandensein einer hinreichenden *strategischen Flexibilität* von Unternehmen, mit der aus diesem Blickwinkel vor allem die Fähigkeit zu verstehen ist, erforderliche Veränderungen in den unternehmerischen Realisationspotentialen frühzeitig antizipieren zu können. Unterstellt man, daß das gesamte unternehmerische Handeln tatsächlich wirksam durch ein geeignetes Strategienkonzept gestaltet und gelenkt werden kann,
ist demzufolge zwingend eine adäquate und bindende *Verankerung eines derartigen
Gleichgewichtsdenkens in den Strategien* zu fordern. Die Sicherstellung dieser Anforderung muß als originäre Aufgabe einer holistisch geprägten und insofern *stabilitätsorien-
tiert austarierten Unternehmenspolitik* angesehen werden.

D Resümee: Sicherung der stabilitätspolitischen Balance von Unternehmen im Strategischen Viereck

Ausgehend von generellen Erfordernissen einer nach Existenzsicherung strebenden *Stabilitätspolitik* von Unternehmen stand im Mittelpunkt des vorliegenden Kapitels die Entwicklung eines allgemeinen Bezugsrahmens für das *Verständnis von Unternehmen als
Institutionen ökonomischen Handelns im Markt*. Das damit entwickelte Modell ermöglicht
es insbesondere, diejenigen Umgebungsbedingungen unternehmerischen Handelns, innerhalb derer sich die *Sicherung einer stabilitätspolitischen Balance von Unternehmen* zu
vollziehen hat, näher zu bestimmen. Zusammenfassend lassen sich die folgenden Erkenntnisse festhalten:

1. Unternehmen wurden im ersten Kapitel bereits als instrumentell zu nutzende Institutionen ökonomischen Handelns gekennzeichnet. Zu dieser Sicht kompatibel lassen sich *Unternehmen* auch *als künstliche, sozio-technische Systeme* begreifen, die abgrenzbar und
insofern relativ autonom, jedoch gleichwohl offen in eine Umwelt eingebettet sind, mit der
sie im Rahmen ihres Handelns Austauschbeziehungen unterhalten.

---

177 Dies sowie die für die Planung resultierenden Konsequenzen hat insbesondere Gälweiler 1976
    (Unternehmenssicherung) ausführlich beschrieben.

178 Strasser 1988 (Vorsteuerung), S. 378.

2. Die damit zusätzlich herangezogene Systemtheorie, die sich besonders um Stabilitätskonzepte bemüht, ermöglicht es, bestimmte *Merkmale von Unternehmen* abzuleiten, die im Rahmen der Stabilitätspolitik zugleich als grundlegende *Existenzbedingungen* interpretierbar sind. Hierzu zählen die *System-begründenden Merkmale* der Ganzheitlichkeit, Vernetztheit, Offenheit und Komplexität, die *Systemspezifität-begründenden Merkmale* der Erfüllung einer Arbitragefunktion, einer Innovationsfunktion und/oder einer Imitationsfunktion sowie die *Systemverhalten-begründenden Merkmale* der Ordnung, Lenkfähigkeit und Entwicklungsfähigkeit von Unternehmen. Die dauerhafte *Sicherung der Existenz von Unternehmen* bedingt eine unternehmenspolitische Verankerung dieser Merkmale in den Dimensionen des ökonomischen Handelns von Unternehmen.

3. Die Erfüllung der unternehmerischen Zwecke im Zuge wertschöpfender Prozesse erfordert auf Märkten stattfindende, *güterwirtschaftliche Transaktionen mit Marktpartnern.* Unternehmen als Institutionen ökonomischen Handelns sowie Märkte als Institutionen zur Aufrechterhaltung von existenzbegründenden und existenzsichernden Tauschbeziehungen einerseits sowie existenzgefährdenden Wettbewerbsbeziehungen andererseits bedingen sich gegenseitig. Unternehmerische Transaktionshandlungen sind insofern durch ein *dialektisches Beziehungsmuster* geprägt. Insbesondere besteht eine unternehmenspolitisch zu handhabende Koinzidenz komplementärer und konfligärer Wechselwirkungen zwischen Unternehmen und Märkten, die einen nur *labilen Gleichgewichtszustand der unternehmerischen Existenz* begründen.

4. Ökonomisches Handeln findet innerhalb von vernetzten Interaktionsgefügen statt, die aus *Gesellschaft, Märkten und Unternehmen* bestehen und durch wechselseitige Beziehungen verknüpft sind. Regelmäßig spannungsreiche und insofern unternehmenspolitische Gestaltungs- und Lenkungsbedarfe aufweisende *Interaktionsfelder* existieren sowohl zwischen Unternehmen und deren Märkten als auch innerhalb von Unternehmen. Beziehungen zwischen Unternehmen und Märkten lassen sich in ihrem Wesenskern als *kooperative Tauschbeziehungen* sowie als *konkurrierende Wettbewerbsbeziehungen* charakterisieren. Wesentlich erscheinende unternehmensinterne Interaktionsfelder bilden die *Führungs- und Ausführungsebene* sowie die *Leistungs- und Wertsphäre.*

5. Unternehmerisches Handeln ist wesentlich dadurch gekennzeichnet, daß es sich entlang von erfolgsorientiert ausgestalteten *Leistungs- und Wertschöpfungsprozessen* vollzieht. Das in unternehmerischen Leistungsprozessen stattfindende interaktive Zusammenspiel zwischen den eigenen Leistungspotentialen sowie den Lieferanten- und Kundenpotentialen, die zusammen das Ressourcenpotential eines Unternehmens bilden, erschließt sich über das *Denkmodell der integrierten Leistungs- und Wertkette.*

Dieses idealtypische Konzept läßt einerseits die strategische Notwendigkeit erkennen, durch die Unternehmenspolitik eine *integrative Gestaltung und Lenkung des gesamten unternehmerischen Ressourcenpotentials* zu bewirken. Andererseits verdeutlicht das Modell zugleich die erforderliche *Verknüpfung zwischen unternehmerischer Leistungs- und Wertsphäre.* Denn erst durch die auf den Beschaffungsmärkten getroffenen Verkaufsentscheidungen wird der unternehmerische Leistungsprozeß ermöglicht und erst durch die auf den Absatzmärkten getroffenen Kaufentscheidungen wird der unternehmerische Leistungsprozeß sinnhaft, da sich damit einhergehend die *Transformation der aufgebauten und genutzten Erfolgspotentiale des Unternehmens in wirtschaftlichen Erfolg* vollzieht. Aus vordem kalkulatorischen Größen entstehen somit pagatorische Größen.

6. Eine zumindest gedankliche Aufspaltung des unternehmerischen Handelns in *Führungs- und Ausführungsaktivitäten* ist aufgrund der Einflußnahme unterschiedlichster Interessenträger auf das Handlungsfeld unabdingbar. Der semantische Gehalt des Begriffs der *Unternehmensführung* zeigt sich insofern in der *Funktion der zweckgerichteten Gestaltung und Lenkung des unternehmerischen (Ausführungs-)Handelns*. Diese Funktion wird durch die Beeinflussung operativer Führungsgrößen (Liquidität und Erfolg) sowie strategischer Führungsgrössen (Erfolgspotentiale) wahrgenommen.

7. Die einzelnen *Führungsgrößen* weisen äußerst enge, wechselseitige Abhängigkeiten auf. Insbesondere ist die jeweils aktuelle *Liquiditäts- und Erfolgssituation* von der Ausgestaltung der strategischen *Erfolgspotentiale* abhängig. Zwar besteht bis heute in der betriebswirtschaftlichen Literatur noch keine abschließende Übereinstimmung über die Arten und Ausprägungsvarianten der unternehmerischen Erfolgspotentiale. Gleichwohl sind aufgrund jüngerer empirischer Untersuchungen zumindest gewisse *Erfolgssegmente* – als Bündel einzelner Erfolgsfaktoren – zu erkennen, in denen die mutmaßlichen Ursachen des Erfolgs zu suchen sind. Dazu zählen die Träger, die Philosophie und die Kultur, die Strategie und die Struktur, die Führungssysteme sowie das Realisationspotential der Unternehmung. Eine im Hinblick auf die tatsächliche *Erfolgswirksamkeit* dominierende Stellung ist in diesem Zusammenhang offenbar dem Erfolgssegment der Strategien, speziell den *Markt- und Wettbewerbsstrategien*, zuzuerkennen. Diese gerade auch aus Sicht des Bemühens um dauerhafte Existenzsicherung wesentliche Erkenntnis belegt, daß der Überprüfung der seitens der Betriebswirtschaftslehre offerierten Markt- und Wettbewerbsstrategien eine hohe *stabilitätspolitische Bedeutung* beizumessen ist.

8. Eine ausgewogene Unternehmenspolitik, die *stabilitätspolitische* Implikationen integrativ zu beachten hat und daher letztlich stets der dauerhaften Sicherung der unternehmerischen Existenz verpflichtet ist, setzt an dem dargestellten *Modell der dynamischen Führung ökonomischen Handelns* an: Das zu einem beliebigen Zeitpunkt t_0 vorhandene *aktuelle Erfolgspotential*, das als Resultante strategischer Führungsaktivitäten den Wesenskern des Handlungsrahmens eines Unternehmens bildet, stellt die Vorsteuergröße für den unternehmerischen *Erfolg* dar. Die positive Ausprägung dieser zentralen Führungsgröße der Wertsphäre eines Unternehmens dient selbst wiederum als Voraussetzung für die Aufrechterhaltung eines durch das Vorhandensein von *Liquidität* gekennzeichneten finanzwirtschaftlichen Gleichgewichts. Liquide Mittel bilden ihrerseits die Voraussetzung dafür, die strategische Erneuerung der Leistungssphäre durch *Schaffung zukünftiger Erfolgspotentiale* herbeizuführen. Mit deren erneuten Wirkung auf Erfolg und Liquidität wird der zu einer dauerhaften Existenzsicherung von Unternehmen führende Kreislauf geschlossen.

9. Insgesamt zeigt die Analyse der einzelnen Dimensionen *unternehmerischen Handelns*, daß dieses Handeln stets innerhalb einer spezifischen gesellschaftlichen Ordnung und hier speziell innerhalb von Märkten stattfindet. *Märkte* bilden den Rahmen für sämtliche *Tausch- und Wettbewerbsaktivitäten*, mit Hilfe derer sich unternehmerisches Handeln in

einer für die Existenzsicherung bedeutsamen *Transaktionsbeziehung* etabliert und spezifisch ausprägt. Unternehmerisches Handeln vollzieht sich insofern stets – wie dies in *Abbildung 2-10* veranschaulicht ist – innerhalb eines aus dem betrachteten Unternehmen, den Lieferanten und Kunden sowie den Konkurrenten gebildeten *Strategischen Vierecks*. Der damit hergestellte Zusammenhang des *Managements im Strategischen Viereck* erscheint zwar zunächst trivial, beinhaltet jedoch bei näherer Betrachtung *weitreichende strategische Konsequenzen*.

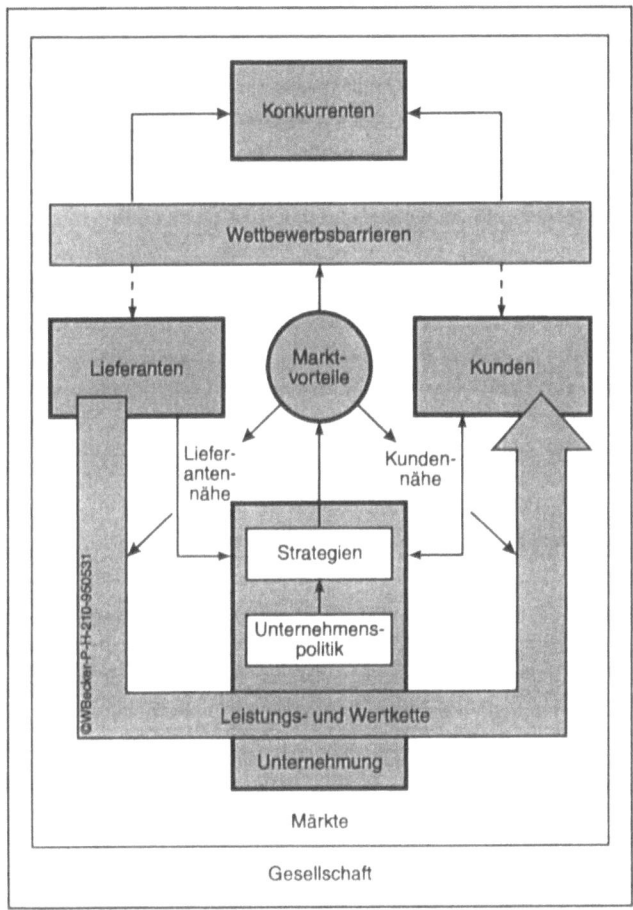

Abbildung 2-10   Entwicklung von Marktvorteilen im Strategischen Viereck

10. Aus der hier im Vordergrund stehenden *stabilitätspolitischen Perspektive*, die ein Ungleichgewichte vermeidendes *Ausbalancieren des unternehmerischen Handelns* erfordert, erscheinen vor allem drei, in enger Wechselwirkung stehende Aspekte besonders wesentlich:

Erstens erfolgt eine konsequente *Integration des Leistungs- und Wertkettendenkens*. Dies erschöpft sich nicht in der – in der Darstellung sichtbaren – formalen Einbeziehung der

Leistungs- und Wertkette, sondern ist in der durchgängigen Verknüpfung der für die letztlich jeweils angestrebten Bedarfsdeckungszwecke erforderlichen Leistungs- und Wertketten unterschiedlicher wirtschaftlicher Institutionen entlang eines vertikalen Leistungsgeflechtes begründet. Ein derartig *verknüpftes Kettengefüge* setzt sich im allgemeinen über mehrere, jeweils gegebenenfalls separat institutionalisierte Produktionsstufen einer Volkswirtschaft fort.

Zweitens intendiert das vorgestellte Modell des *Managements im Strategischen Viereck* somit die explizite und zudem strategisch orientierte *Einbeziehung der Lieferanten und somit auch der Beschaffungsfunktion*, die für die Versorgung eines Unternehmens mit denjenigen Ressourcen, über die eigene Verfügungsrechte nicht bestehen, zuständig zeichnet. Implizit stellt sich damit zugleich auch die Frage der *strategischen Dimensionierung der Leistungstiefe*, mit deren Beantwortung die Positionierung der Schnittstellen des betrachteten Unternehmens zu den umgebenden Märkten einer Volkswirtschaft festgelegt wird. Damit ist dieser eher holistische Ansatz weitreichender als das traditionelle, zumeist in der funktionalistisch abgegrenzten Absatzwirtschaft aufgehende *Konzept des Marketing*, das eine Fokussierung auf die sich zwischen Unternehmung und Kunden entfaltende Beziehung vornimmt. Auch erfahren die durch das bereits angesprochene Denken im strategischen Dreieck charakterisierbaren *Konzepte des Strategischen Managements*, die neben den Kunden auch die Konkurrenten in die strategische Orientierung eines Unternehmens einbeziehen, mit der expliziten Integration der Lieferanten eine nochmalige sowie darüber hinaus wesentliche Erweiterung.

Drittens impliziert das *Modell des Managements im Strategischen Viereck* schließlich noch einen weiteren, auch für den weiteren Verlauf der vorliegenden Untersuchung bedeutsamen Aspekt. Das Modell verdeutlicht nämlich, daß zum stabilitätspolitischen Ausbalancieren unternehmerischen Handelns die Schaffung und Erhaltung von Marktvorteilen erforderlich ist. Dazu sind entsprechend ausgerichtete *Strategien* einzusetzen, die *als unternehmenspolitische Orientierungsmuster für das wirtschaftliche Handeln von Unternehmen im Innen- und Außenverhältnis* fungieren. Zu berücksichtigen ist in diesem Zusammenhang, daß die zu etablierenden und zu pflegenden *Marktvorteile* über eine *duale Funktion* verfügen: Die durch die unternehmerischen Leistungs- und Wertprozesse zu realisierenden Marktvorteile unterstützen gleichermaßen kooperative Tauschbeziehungen und konkurrierende Wettbewerbsbeziehungen. Sie dienen mithin koinzident sowohl dem *Aufbau von Wettbewerbsbarrieren zum Ausschluß von Konkurrenten* aus den eigenen Marktbeziehungen als auch der engen *Einbindung relevanter Lieferanten- und Kundenpotentiale* in das unternehmerische Ressourcenpotential.

Die soeben resümierten Erfordernisse der *Existenzsicherung von Unternehmen im Strategischen Viereck* legen es nahe, im nächsten Kapitel – ausgehend von der These der strategischen Bedingtheit jeglichen unternehmerischen Handelns – eine *Analyse der seitens der Betriebswirtschaftslehre offerierten Strategien* vorzunehmen, um deren Tauglichkeit zur Erfüllung stabilitätspolitischer Erfordernisse zu überprüfen

3. Kapitel
Beurteilung der stabilitätspolitischen Wirksamkeit der strategischen Optionen des Handelns von Unternehmen

Inhaltliche Schwerpunkte: Existenzsicherung als Primat der Unternehmenspolitik – Einschränkung der unternehmerischen Handlungsfreiheit durch situative Bedingungskonstellationen – Integration stabilitätspolitischer Verhaltensmuster in die Willensbildung, Willensdurchsetzung und Willenssicherung – Harmonisation des unternehmerischen Handelns durch Abstimmung situativer Einflußgrößen und unternehmerischer Führungsgrößen – Unternehmens- und Marktstrategien als unternehmenspolitische Muster des Handelns von Unternehmen – Existenzsicherung durch Schaffung von Marktvorteilen – Wachstums-, Stabilisierungs- und Schrumpfungsstrategien als Unternehmensstrategien – Kostenführerschaft und Differenzierung als wettbewerbsorientierte Marktstrategien – Betriebs- und Marktdenken als strategische Orientierungslinien unternehmerischen Handelns – Massen-, Verbund- und Nutzenproduktion als Realisationsprinzipien unternehmerischen Handelns – Funktionsmechanismen der strategischen Prägung des unternehmerischen Handelns – Begrenzung der Wirksamkeit von Marktstrategien – Innovations- und Imitationsrisiken – Realisations- und Bedarfsrisiken – Revision der wettbewerbsstrategischen Orientierung des unternehmerischen Handelns

Ökonomisches Handeln von Unternehmen vollzieht sich vorrangig über das zweckbedingte Erfordernis, *Transaktionsbeziehungen in Märkten* zu unterhalten. Als Modell für unternehmerisches Handeln wurde im vorhergehenden Kapitel dieser Untersuchung ein mehrdimensionaler Bezugsrahmen aufgebaut, der das in vernetzten *Interaktionsfeldern* und entlang von *Leistungs- und Wertketten* stattfindende Handeln von Unternehmen unter strukturellen und prozessualen Aspekten kennzeichnete.

Die *Zielsetzung der dauerhaften Existenzsicherung* verlangt das *Etablieren einer präventiv wirksamen Stabilitätspolitik*. Dieses Erfordernis der präventiven Wirksamkeit gilt in besonderem Maße für die hier im Vordergrund stehende *Schaffung und Erhaltung erfolgswirtschaftlicher Stabilität*, die aufgrund der Abhängigkeit der dauerhaften Erfolgsrealisation von der geeigneten Gestaltung und Lenkung der Erfolgspotentiale auf der *Schnittstelle zwischen dem strategischen und dem operativen Handlungshorizont von Unternehmen* einzuordnen ist. Ansätze für das erfolgswirtschaftliche Stabilitätsziel sind somit insbesondere aus dem unternehmenspolitischen Zusammenwirken von Führung und Ausführung abzuleiten.

Im vorliegenden Kapitel ist zunächst die demgemäß resultierende *Bedeutung der Unternehmenspolitik für die Existenzsicherung* zu konkretisieren. In diesem Zusammenhang muß berücksichtigt werden, daß das *Agieren von Unternehmen im Markt* keiner vollständigen Handlungsfreiheit, sondern einer vielfältigen und zudem äußerst komplexen situativen Bedingtheit unterliegt. Diese *Vorstellung einer situativen Bedingtheit unternehmerischen Handelns* basiert auf dem Tatbestand, daß unternehmensexterne und unternehmensinterne Gegebenheiten existieren, die in Form einer *Einflußnahme auf das unternehmerische Handeln* wirksam werden. Unternehmerische Interaktionen erfahren somit durch die jeweils herrschende Situation einerseits Einschränkungen, erhalten jedoch andererseits auch *bedingte Handlungsspielräume*. Diese können durch unternehmenspolitische Impulse, mit denen Handlungsoptionen eröffnet werden, auf verschiedene Art und Weise ausgefüllt werden. Dieser Tatbestand, der zu Beginn des vorliegenden Kapitels im Rahmen einer kurzgefaßten Darstellung des hier zu modifizierenden situativen Ansatzes nochmals aufzugreifen sein wird, wurde zuvor bereits mit dem existenzsichernden Erfordernis der *Entwicklung von Marktvorteilen im 'Strategischen Viereck'* zum Ausdruck gebracht. Der mit dieser Vorstellung geschaffene Rahmen fokussiert den Blick auf die stabilitätspolitisch besonders bedeutsam erscheinenden Bedingtheiten des unternehmerischen Handelns.

Die den materiellen Gehalt der Führung intendierende Unternehmenspolitik beeinflußt insbesondere über die präsituativ wirksame Ausformulierung der *Strategien des Handelns von Unternehmen* nicht nur die Gestaltung und Lenkung der Erfolgspotentiale, sondern auch die operativen Realisationspotentiale und -prozesse maßgeblich. Insofern ist es nur konsequent, nachfolgend eine Analyse der in der Betriebswirtschaftslehre zur Verfügung gestellten strategischen Handlungsmuster vorzunehmen. Besondere Beachtung verdienen in diesem Zusammenhang die *Wettbewerbsstrategien der Differenzierung und der Kostenführerschaft*, denen innerhalb der Aussagensysteme der strategischen Führung in den letzten Jahren eine besonders bedeutsame Position zuerkannt wurde. Diese Strategien sind hinsichtlich ihrer stabilitätspolitischen Wirksamkeit zu überprüfen, um vermutete *Revisionsbedarfe in der strategischen Orientierung des Handelns von Unternehmen* aufzuspüren.

A   Bedeutung der Unternehmenspolitik für die Existenzsicherung von Unternehmen

Die im Rahmen des ökonomischen Handelns von Unternehmen zu berücksichtigenden *stabilitätspolitischen Erfordernisse* erschließen sich durch die nachfolgend vorzunehmende Betrachtung der *Rolle der Unternehmenspolitik*[1] innerhalb des unternehmerischen Handlungsfeldes. Sie wurde in den bisherigen Ausführungen bereits als ein Instrument

---

1   Den Zweck einer derartigen Betrachtung hat bereits Sandig 1966 (Betriebswirtschaftspolitik) verdeutlicht, indem er herausstellte, daß es ihm „allein daran (liegt), den politischen ... Gehalt des Geschehens im Betriebe ... herauszuarbeiten, zwischen Theorie, Politik und Technik der Betriebswirtschaft zu unterscheiden und ... in die Fülle der tatsächlichen und möglichen Zielsetzungen und Entscheidungen eine gewisse Ordnung zu bringen" (S. 3).

aufgefaßt, dem insbesondere die *Aufgabe der zielbezogenen und ganzheitlich orientierten Interessenharmonisation* beizumessen ist[2]. Die Unternehmenspolitik hat insofern eine den Unternehmenszwecken dienende, *ganzheitliche Gesamtabstimmung des Handlungsspektrums von Unternehmen* vorzunehmen.

1 Einschränkung der unternehmerischen Handlungsfreiheit durch situative Bedingungskonstellationen

Das tiefergreifende und vor allem auch stabilitätspolitische Erfordernisse einbeziehende Verständnis des hier als Denkrahmen vorgeschlagenen Modells des *Agierens im Strategischen Viereck* bedingt eine differenzierte Analyse der in diesem Modell enthaltenen Interaktionsbeziehungen. Insbesondere ist in diesem Zusammenhang zu klären, wie Unternehmen sich durch entsprechendes Handeln die anzustrebenden *Marktvorteile* verschaffen können, die einerseits als *wirksame Barrieren gegenüber Wettbewerbseinflüssen*, andererseits aber zugleich auch als Grundlage für möglichst *effiziente Transaktionsbeziehungen innerhalb der Wertschöpfungskette* fungieren.

Die anfangs verwendete *Instrumentalthese* verdeutlichte bereits, daß Unternehmen aufgrund der Teilnahme unterschiedlichster Interessenten verschiedenartige *Zwecke* verfolgen, die letztlich *als Bestimmungsfaktoren des unternehmerischen Handelns* wirken. Hierzu zählen, wie bereits ausführlich dargelegt, speziell die Bedürfnisbefriedigung, die Bedarfsdeckung und die Entgelterzielung. Die unternehmenspolitische Ausrichtung des Handelns auf der Grundlage dieser Zwecke ist allerdings vor allem deshalb schwierig, weil sich aufgrund der *wechselseitigen Bedingtheit dieser Zwecke* hierarchische Beziehungen kaum ableiten lassen. In Ermangelung einer dominanten Zwecksetzung entstehen zwangsläufig konfligäre Auffassungen über die jeweils zweckmäßige Ausrichtung des Handelns. Zudem sind Unternehmen weder in ihren unternehmenspolitischen Festlegungen, die letztlich potentielle Handlungsfelder skizzieren, noch in den sich anschließenden faktischen Handlungen völlig frei von *situativen Einflüssen*.

Diese Sichtweise bildet auch den Ausgangspunkt der vor allem innerhalb der betriebswirtschaftlichen Organisationsforschung aufgestellten *situativen Ansätze*[3]. Derartige Konzepte offerieren Beschreibungs- und Erklärungsmodelle für die *Aufdeckung der Zusammenhänge zwischen den situativen Kontextfaktoren sowie den davon abhängigen Struktur-*,

---

2 Vergleiche zu der damit intendierten Sicht der Unternehmenspolitik auch Ulrich 1970 (Unternehmung), S. 329 sowie insbesondere Bleicher/Meyer 1976 (Führung), S. 92f. und Bleicher 1987 (Organisation), S. 84f.

3 Situative Ansätze entstanden Mitte der 60er Jahre in den USA und wurden Anfang der 70er Jahre auch in der deutschsprachigen Führungsforschung, hier insbesondere zunächst von Ulrich 1971 (Managementlehre) und Staehle 1971 (Realitätsbezug) sowie Staehle 1973 (Organisation und Führung), aufgegriffen. Einen guten Kurzüberblick über die Entwicklungsgeschichte und die Ausprägungsvarianten situativer Ansätze vermittelt Staehle 1991 (Management), S. 47ff.

Verhaltens- und Ergebnisdimensionen des unternehmerischen Handelns[4]. Situative Ansätze führen – forschungsmethodisch betrachtet – ausgehend von einer eingehenden Analyse konkreter Problemsituationen, wie sie durch Beobachtung und Beschreibung der konkreten Ausprägungen der situativen Kontextfaktoren ermöglicht wird[5], zur Möglichkeit einer *situationalen Interpretation des unternehmerischen Handelns*. Einhergehend damit wird insbesondere eine „Relativierung der traditionellen one best way- und generellen systemtheoretischen Aussagen sowie die situationsadäquate Berücksichtigung formal- und verhaltenswissenschaftlicher Gestaltungsempfehlungen"[6] möglich.

Das – instrumentell geprägte – *Modell des Managements im strategischen Viereck* kann zugleich als Management im Kontext situativer Bedingungskonstellationen angesehen werden. Das instrumentelle Verständnis von *Unternehmen als Institutionen ökonomischen Handelns* ist zudem implizit mit dem – gegenüber dem Grundmodell des situativen Ansatzes modifizierten[7] – *interaktionsorientierten Ansatz der Führung* verbunden, der versucht, „Führung aus der Sicht der gegenseitigen Beeinflussung zwischen Personen als Inhabern bestimmter Rollen in Abhängigkeit situativer Bedingungskonstellationen zu erklären"[8].

Die Anwendung dieser Vorstellung setzt allerdings voraus, daß der in einfachen situativen Modellen unterstellte direkte *Einfluß des situativen Kontextes* auf die Struktur, das Verhalten und das Ergebnis unternehmerischen Handelns in eine nur noch indirekte Einflußnahme verwandelt wird. Prinzipiell zeigt sich die Notwendigkeit dieser *Modifikation des*

---

4   Der situative Ansatz basiert in der einfachsten, analytischen Ausprägung auf der Vorstellung, das aus unterschiedlichen situativen Kontextbedingungen entsprechend unterschiedliche, reale Unternehmensstrukturen resultieren. In der demgegenüber erweiterten analytischen Variante werden unter zusätzlicher Einbeziehung des Verhaltens der Unternehmensmitglieder insbesondere auch Wirkungen auf die – als Ergebnis unternehmerischen Handelns zu verstehende – Effizienz der Unternehmung abgeleitet.
     Vergleiche zu diesem Ansatz insbesondere Staehle 1973 (Organisation und Führung) sowie auch Fuchs-Wegner/Welge 1974 (Organisationskonzeptionen), Kieser/Kubicek 1978 (Organisationstheorien), Band 2, S. 105ff., Schreyögg 1980 (Organization) sowie Welge 1987 (Organisation), S. 76ff.

5   Situative Bedingungskonstellationen unternehmerischen Handelns finden sich gemäß der Systematisierung von Kieser/Kubicek 1983 (Organisation), S. 191 in der aufgabenspezifischen (Konkurrenzverhältnisse, Kundenstruktur, Technologische Dynamik) und globalen (gesellschaftliche und kulturelle Bedingungen) Umwelt von Unternehmen sowie auch in unternehmensinternen Bedingungen, die sich in vergangenheitsbezogenen (Art der Gründung, Alter und Entwicklungsstadium der Organisation) und in gegenwartsbezogenen (Rechtsform und Eigentumsverhältnisse, Größe, Leistungsprogramm, Fertigungs- und Informationstechnologien) Bedingtheiten niederschlagen.

6   Staehle 1991 (Management), S. 47.

7   Hierzu sei angemerkt, daß der situative Ansatz bislang vorrangig in der Organisationstheorie als erfolgversprechendes Erklärungsmodell Verwendung findet. Im Rahmen der Planungs- und Kontrollforschung befindet sich der situative Ansatz demgegenüber noch immer in einem Frühstadium der Entwicklung. Vergleiche dazu auch die bereits vor längerer Zeit vorgetragene, entsprechende Einschätzung von Hofer 1975 (Theory), S. 792 sowie Welge 1985 (Planung), S. 95f., der sich dieser Aussage ebenfalls anschließt. Gleichwohl können – nach der nicht nur hier vertretenen Auffassung – die in der Planungs- und Kontrolltheorie dominierenden entscheidungstheoretischen und zudem prozessual orientierten Ansätze problemlos und verständnisfördernd in ein – dann übergeordnetes – situatives Denkmodell der Führung integriert werden.

8   Macharzina 1977 (Führungsforschung), S. 10.

situativen Ansatzes bereits in der auf Alfred D. Chandler Jr. zurückgehenden Regel „Structure follows Strategy", die auf einer evolutionsorientierten Sichtweise eines *Phasenkonzeptes zur Unternehmensentwicklung* basiert, das von insgesamt vier Entwicklungsstufen ausgeht: „The initial expansion and accumulation of resources; the rationalization of the use of resources; the expansion into new markets and lines to help assure the continuing full use of resources; and finally the development of a new structure to make possible continuing effective mobilization of resources to meet both changing short-term market demands and long-term market trends"[9].

Dieser Grundgedanke wurde später – basierend auf der Annahme der Gültigkeit des von John Child aufgestellten Konzeptes der strategischen Wahl[10] – konsequent auch in situativen Ansätzen verankert. Dies erfolgt, formal betrachtet, durch die komplexitätsbedingt regelmäßig erforderliche *Aufspaltung des Unternehmens in eine Führungssphäre und eine Ausführungssphäre.* Dazu werden mit Entscheidungsrechten und -pflichten ausgestattete Mitglieder der Führung, also ein entsprechend kompetentes Management, zwischen unabhängige Variablen (unternehmensexterne sowie unternehmensinterne situative Bedingungen) und abhängige Variablen (Struktur, Verhalten und Ergebnis) geschaltet[11]. Die somit institutionalisierte *Führung,* die im Rahmen situativer Bedingtheiten über strategische Entscheidungs- und Handlungsspielräume verfügt, übt nunmehr über die Unternehmenspolitik einen unmittelbaren Einfluß auf das *(Ausführungs-)Handeln von Unternehmen* aus.

In dieser auch hier zugrundegelegten Vorstellung erscheint allerdings eine weitere *Modifikation situativer Ansätze* zweckmäßig, die Konsequenzen für den Aufbau und Ablauf der Unternehmenspolitik aufweist. Die hier vorzuschlagende Modifizierung betrifft insbesondere die *differenzierende Betrachtung der Struktur-, Verhaltens- und Ergebniskomponenten unternehmerischen Handelns.*

So führt die bisherige Analyse unternehmerischer Handlungsfelder zu insgesamt drei bedeutsam erscheinenden *Dimensionen des (Ausführungs-)Handelns von Unternehmen im Markt,* die auch in situativen Ansätzen Berücksichtigung finden müssen. Dazu zählen:

❏ die Differenzierung zwischen *strukturellen Elementen* und *prozessualen Beziehungen* im jeweiligen unternehmerischen Handlungsfeld sowie die parallel dazu erfolgende Betrachtung der erreichten *Ergebnisse des unternehmerischen Handelns;*

❏ die Differenzierung zwischen der *Leistungs- und Wertsphäre des unternehmerischen Handelns;*

❏ die Differenzierung zwischen *Sach- und Verhaltensaspekten des unternehmerischen Handelns.*

---

9 Chandler 1962 (Strategy), S. 385.

10 Dieses Konzept zeichnet sich durch die explizite Annahme von Entscheidungs- und Handlungsspielräumen des Managements aus und findet inzwischen in der Führungslehre breite Zustimmung. Vergleiche dazu Child 1972 (Strategic Choice).

11 Vergleiche dazu auch Schreyögg 1980 (Organization), S. 317.

Insgesamt resultieren also hier die *Strukturen, Prozesse und Ergebnisse* als zwar grundlegende, aber hochaggregierte Betrachtungsebenen des unternehmerischen Handelns, die
speziell für die Durchführung aussagefähiger Problemanalysen einer weitergehenden *Differenzierung in ihre leistungs- und wertorientierten sowie in ihre sach- und verhaltensbezogenen Komponenten* unterzogen werden müssen.

Da sich somit das *Handeln von Unternehmen im Markt* als ein vieldimensionales Hand-
lungsgefüge darstellt, erscheint es sinnvoll, nach einer angemessenen materiellen Ausfüllung des entfalteten Rasters zu suchen. Dazu eignet sich in besonderer Weise das bereits
ausführlich erläuterte *Konstrukt der integrierten Leistungs- und Wertkette.* Mit Hilfe der
im vorausgegangenen Kapitel vorgeschlagenen Erscheinungsform der integrierten Lei-
stungs- und Wertkette läßt sich die wechselseitige *Abhängigkeit von Handlungspotentialen
und Handlungsprozessen* abbilden, die aus unterschiedlichen Perspektiven vornehmbare
Betrachtung der *Ergebnisse des Handelns* fördern, durchgängig die *Dualität von Leistung
und Wert* berücksichtigen sowie auch die gegenseitige *Bedingtheit von Sach- und Verhaltensaspekten* erschließen. Zudem ermöglicht die integrierte Leistungs- und Wertkette
schließlich insbesondere die *Einbindung des unternehmerischen Handelns in das Handeln
der Lieferanten- und Kundenpotentiale* sowie die *Analyse der Einflußnahme von Wettbewerbern* auf die einzelnen unternehmerischen Handlungskomponenten.

2 Funktionen der Unternehmenspolitik im situativen Kontext des Handelns von Unternehmen

Die situative Bedingtheit des unternehmerischen Handelns, die zur Beeinflussung des unternehmerischen Gleichgewichts führt, verdeutlicht nochmals die *Notwendigkeit der Ausrichtung des (Ausführungs-)Handelns durch die Unternehmensführung.* Die damit verbundenen Aufgaben, die Koordinations- und Integrationserfordernisse beinhalten, greift *Abbildung 3-1* auf und verdeutlicht die in diesem Zusammenhang resultierenden grundsätzlichen *Funktionen der Unternehmenspolitik.*

Die Darstellung veranschaulicht schematisch, daß die Einflußnahme der situativen Bedingungskonstellationen auf das unternehmerische (Ausführungs-)Handeln nicht auf direkte,
sondern nur auf indirekte Art erfolgt. *Unternehmenspolitik* wird – im Rahmen dieses Verständnisses – zu einer *intervenierenden Variablen* zwischen situativer Einflußnahme und
unternehmerischen Handeln. Die Unternehmenspolitik hat in diesem Zusammenhang
die„Grundlinien des Verhaltens einer Unternehmung auf längere Sicht" zu bestimmen und
ist daher weniger „als Element des Problemlösungsprozesses"[12], sondern eher als „der
(materielle) Gegenstand" beziehungsweise der *„eigentliche Inhalt der Gesamtführung"*[13]

---

12 Ulrich 1970 (Unternehmungspolitik), S. 7.

13 Rühli 1973 (Unternehmungsführung 1), S. 34.

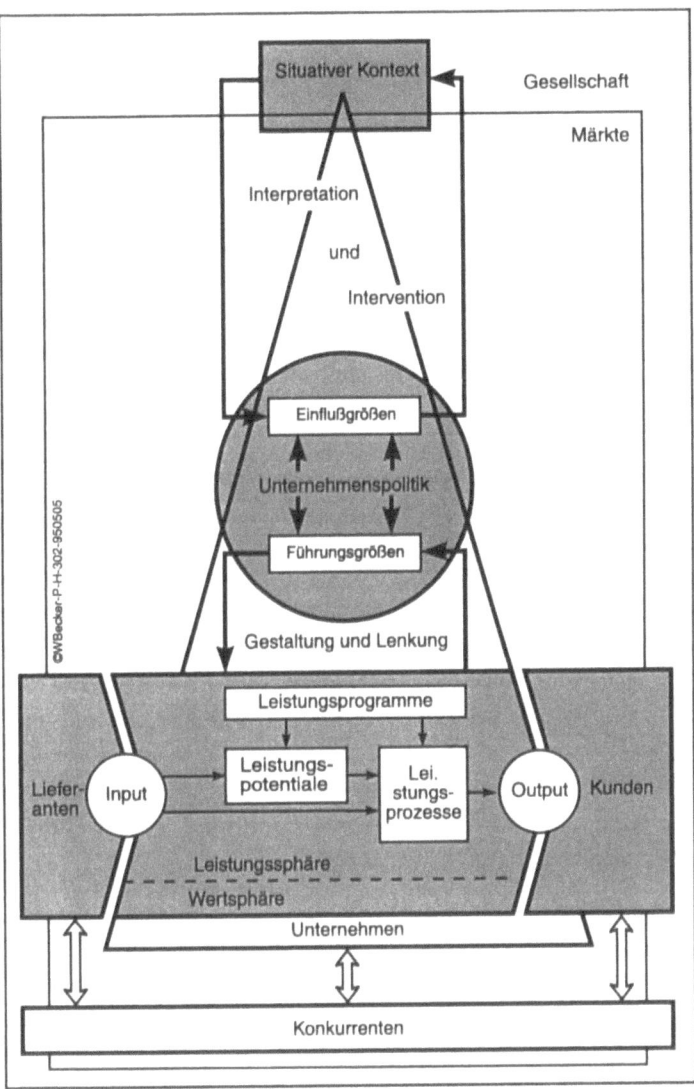

**Abbildung 3-1   Funktionen der Unternehmenspolitik im situativen Kontext unter-
nehmerischen Handelns**

zu bezeichnen[14]. Die Unternehmenspolitik, die insofern „strategische, konstitutive Entscheidungen (zu treffen hat), die *für den Bestand der Unternehmung von erstrangiger Be-*

_____

14 Es sei allerdings in diesem Zusammenhang darauf hingewiesen, daß die hier aufgegriffene Sichtweise
    nicht generell vertreten wird. So versucht beispielsweise insbesondere Hinterhuber 1992 (Unternehmens-
    führung I), die Unternehmenspolitik „als weltanschauliche Grundlage der strategischen Führung", die
    „ihren synthetischen Ausdruck im Leitbild der Unternehmung"(S. 55) findet, zu separieren. Dadurch wird
    der Unternehmenspolitik ein eigenständiger und vor allem von der Unternehmensvision, der Unterneh-
    menskultur sowie den Unternehmensstrategien abgrenzbarer Stellenwert verliehen.

126

Kapitel 3

deutung und deshalb nicht delegierbar sind"[15], hat in diesem Zusammenhang vorrangig die nachfolgend hier nur kurz zu skizzierenden *Funktionen* wahrzunehmen.

Die Unternehmenspolitik muß zunächst eine die unternehmensexternen Chancen und Risiken mit den unternehmensinternen Stärken und Schwächen abgleichende Ausdeutung der situativen Einflußgrößen vornehmen. Die darin enthaltene *Funktion der Interpretation des situativen Kontextes* ist nahezu untrennbar mit der *Funktion der situativen Intervention* gekoppelt, die daraus resultiert, daß die Unternehmenspolitik selbst den situativen Kontext mitbestimmt. Während die Unternehmenspolitik auf die aus dem Unternehmen selbst stammenden, *endogenen Einflußgrößen* unmittelbar einwirken kann, besteht hinsichtlich der aus den Märkten und der Gesellschaft stammenden, *exogenen Einflußgrößen* eine nur mittelbare Möglichkeit der Einwirkung. Letztere erschließt sich vorrangig über die zweckadäquate Gesamtausrichtung des Handlungsfeldes von Unternehmen. Die der Unternehmenspolitik im Zuge dieser Aufgabenstellung beizumessende *Funktion der Gestaltung und Lenkung des unternehmerischen (Ausführungs-)Handelns*[16] ist über die demgemäße Ausrichtung geeigneter *Führungsgrößen* auszuüben.

Unternehmerische *Entscheidungs- und Handlungsspielräume* lassen sich innerhalb des soeben dargestellten Zusammenhangs aus der unternehmenspolitisch abgestimmten *Beeinflussung von situativen Einflußgrößen und unternehmerischen Führungsgrößen* erschließen. Die Erfüllung dieser Aufgabe führt zur stufenweisen Konkretisierung der unternehmenspolitischen Funktionen der Interpretation und Intervention des situativen Kontextes sowie der Gestaltung und Lenkung der unternehmerischen Handlungsfelder. Dies erfolgt vorrangig im Rahmen der *Ausübung der unternehmenspolitischen Aufgaben der Willensbildung, Willensdurchsetzung und Willenssicherung*:

Im Rahmen der *Willensbildung* hat die Unternehmenspolitik zunächst die vielschichtigen Interessenslagen der Unternehmensträger in *unternehmensbezogene Ziele*[17] zu transformieren[18]. Die Zielkonzeption von Unternehmen basiert regelmäßig auf einem Nebeneinander von sachbezogenen *Leistungs- und Wertzielen* (Sach- und Formalzielen) sowie von verhaltensbezogenen *Sozialzielen* und dient als bindende Basis für die grundsätzliche Konfiguration eines Unternehmens im Sinne der Ausprägung eines strategischen, eines struk-

---

15 Bleicher/Meyer 1976 (Führung), S. 82, die hierauf im Rahmen ihrer ebenfalls auf Hans Ulrich zurückgeführten Definition der Unternehmenspolitik und unter Rückgriff auf die von Gutenberg 1979 (Produktion), S. 140ff. herausgearbeiteten Kennzeichen „echter" Führungsentscheidungen hinweisen.

16 Diese Funktion verdeutlicht die grundsätzliche Kompatibilität der hier entfalteten Auffassung mit dem von Wild 1974 (Führungstheorie), S. 151ff. dargelegten Grundverständnis von Führung.

17 Das grundsätzliche Erfordernis zur Zielbildung resultiert vor allem daraus, daß das Vorhandensein von Zielen für ökonomisches Handeln unabdingbar ist. Vergleiche dazu detaillierter Bidlingmaier 1964 (Unternehmerziele), S. 174 sowie auch Schmidt 1977 (Wirtschaftslehre), S. 112.

18 Zum Zielbildungsprozeß selbst vergleiche insbesondere Bidlingmaier 1967 (Zielbildung); Kubicek 1981 (Unternehmungsziele); Krüger 1979 (Zielbildungsprozesse) sowie Mag 1976 (Mehrfachziele).

turellen sowie eines kulturellen Handlungsrahmens[19]. Bereits die im Rahmen unternehmenspolitischer Willensbildungsprozesse stattfindende *Formulierung und Vorgabe von Lei-
stungs-, Wert- und Sozialzielen* hat vor allem die für Konfliktbewältigungen erforderliche
Strukturierung und Gewichtung der spannungsreichen Handlungsfelder von Unternehmen
zu leisten. Die Zielsetzung ist somit einerseits selbst situativ beeinflußt, schafft aber andererseits gleichwohl *präsituativ wirksame Begrenzungen für das faktische (Ausführungs-)
Handeln von Unternehmen*.

Im Rahmen der *Willensdurchsetzung* hat die Unternehmenspolitik insbesondere für die
Definition von „Maßnahmenrichtungen (zu sorgen), indem sie den Systemmitgliedern
einen Korridor strategischer Alternativen bei der Realisierung der Sachziele vorgibt"[20].
Das damit innerhalb der *Unternehmenspolitik* umrissene *strategische Repertoire* des Unternehmens konkretisiert sich in einer ersten Stufe in den *Unternehmens- und Marktstrategien*[21]. Diese beschäftigen sich mit dem Aufbau, den Nutzungsmöglichkeiten sowie der
ständigen Pflege und Fortentwicklung von Problemlösungspotentialen und bilden insofern
einen übergeordneten *Orientierungsrahmen für das in der Leistungs- und Wertsphäre eines Unternehmens stattfindende ökonomische Handeln*[22]. In einer weiteren Konkretisie-
rungsstufe werden hieraus die hinsichtlich der angestrebten Breite und Tiefe festzuschrei-
benden *Leistungsprogramme* abgeleitet. Diese stehen wiederum in enger Wechselwirkung
mit den personellen, technischen und immateriellen *Leistungspotentialen* sowie den einzelnen *Leistungsprozessen*, die jeweils als konstitutive Module der Unternehmensstruktur
und des Unternehmensverhaltens aufgefaßt werden können.

Auf der Grundlage der unternehmenspolitisch geprägten Festlegung der Leistungsprogramme, Leistungspotentiale und Leistungsprozesse erfolgt die *Feinabstimmung der Leistungssphäre des Unternehmens*, in der das (Ausführungs-)Handeln stattfindet. Mehr oder
weniger parallel dazu wird eine dementsprechende Abbildung der Leistungssphäre in monetär quantifizierbaren Erfolgs- und Liquiditätsgrößen anzustreben sein, um eine *Feinabstimmung der Wertsphäre des Unternehmens* über meß- und vergleichbare Führungsgrößen sowie die wertorientierte *Lenkung der Leistungssphäre* zu ermöglichen.

---

19 Zu den Bestandteilen der unternehmenspolitischen Konfiguration von Unternehmen zählt Bleicher 1987
    (Organisation), S. 139ff. speziell die Strategie, die Struktur und die Kultur von Unternehmen.

20 Bleicher 1987 (Organisation), S. 140.

21 Am Rande sei darauf hingewiesen, daß hier eine in der einschlägigen Literatur bislang defizitäre Differen-
    zierung unterschiedlicher Strategien-Kategorien besonders deutlich wird. Die (nicht nur) hier vorgenom-
    mene Dreiteilung des situativen Kontextes in unternehmensbezogene, marktbezogene und gesellschafts-
    bezogene Bedingungskonstellationen legt nämlich eine entsprechende Dreiteilung der Strategien nahe. Die
    Existenz gesellschaftsbezogener Strategien würde – um nur ein aktuell bedeutsames Beispiel zu nenen –
    die Einordnung von unternehmerischen Abstimmungsbedarfen zwischen ökonomischem und ökologi-
    schem Handeln wesentlich erleichtern.

22 Mit dieser sehr kurzen Deutung des Begriffs Strategie wird die Anlehnung an die etymologisch geprägte,
    also am altgriechischen Begriff „strataegeo" orientierte Auffassung von Strategie, wie sie sich auch bei
    Gälweiler 1987 (Unternehmensführung), S. 65ff. findet, impliziert.

Die – zunächst präsituativ erfolgende, im laufenden Unternehmensprozeß aber auch situativen und postsituativen Anpassungserfordernissen unterliegende – *Unternehmenspolitik* determiniert mithin in diesem modifizierten situativen Ansatz die abhängigen Variablen, nämlich zunächst die *Unternehmensstruktur* und das *Unternehmensverhalten*[23]. Alle drei Variablen beeinflussen wiederum gemeinsam die jeweiligen Ausprägungen der *Unternehmensergebnisse*, die – aus Sicht der Leistungssphäre – die im Zuge des ökonomischen Handelns erstellten *Leistungen* darstellen und – aus Sicht der Wertsphäre – in Veränderungen der Liquidität und des Erfolgs zum Ausdruck kommen. Der *Wert der Leistungen* selbst *entsteht* in diesem Zusammenhang prinzipiell nicht bereits im Unternehmen, sondern erst *im situativen Kontext*, speziell also in Abhängigkeit vom erreichten Erfüllungsgrad der Bedarfsdeckung in Unternehmen und Märkten sowie auch in der Gesellschaft.

Die Unternehmenspolitik hat schließlich auch zu gewährleisten, daß die innerhalb der Willensdurchsetzung angestrebten Ausprägungen des unternehmerischen Handelns mit der Willensbildung übereinstimmen. Diese Aufgabe, die auch als *Willenssicherung* bezeichnet werden kann, beinhaltet die aufgrund der dynamischen Entwicklung situativer Einflüsse erforderliche *Aufrechterhaltung einer hinreichenden strategischen Flexibilität*, die die stetige *Anpassung und Fortentwicklung der Handlungsmuster* von Unternehmen gewährleistet. Die Erfüllung dieser Aufgabenstellung bedingt in besonderem Maße die *ganzheitliche Verknüpfung* der – als (kybernetische) Regelkreise interpretierbaren – Wechselwirkungen zwischen *situativem Kontext* sowie der die güterwirtschaftlichen Transformationsfunktionen aufnehmenden und widerspiegelnden *integrierten Leistungs- und Wertkette*.

Das hier aufgezeigte Verständnis der Unternehmenspolitik ist in besonderer Weise einer *ganzheitlichen Auffassung vom unternehmerischen Handeln* verbunden. Diese wird bereits in der von Curt Sandig ausführlich dargelegten Auffassung, daß die „*Erhaltung und Mehrung der Wirtschaftskraft* als das allgemeingültige Ziel der Betriebswirtschaftspolitik"[24] anzusehen ist, besonders deutlich. Unternehmen müssen insofern stets nach Existenzsicherung streben. Unternehmenspolitik muß sich folglich prinzipiell immer auch als Stabilitätspolitik konkretisieren. Daraus resultiert die *Ablehnung eines jeglichen unternehmenspolitischen Separatismus*, der zur Formulierung von völlig eigenständig verfolgbaren unternehmenspolitischen Kategorien – wie etwa einer Stabilitätsziele vernachlässigenden Wachstums- oder Schrumpfungspolitik – führen könnte. Vielmehr muß aufgrund der übergeordneten Stellung sowie ihrer ganzheitlichen Wirksamkeit im Unternehmen jegliche *Unternehmenspolitik letztlich stets als integrierte Stabilitätspolitik* angelegt sein. Dieses Verständnis schließt zwar nicht die Verfolgung einer zeitweilig dominanten Ausprägung

---

23 Es sei an dieser Stelle angemerkt, daß das aufgezeigte sach-rationale Unternehmensgeschehen – quasi spiegelbildlich – auch unter sozio-emotionalen Gesichtspunkten betrachtet werden kann und muß, um zu Aussagen über die Führungs- und Ausführungskultur eines Unternehmens zu gelangen. Deren Existenz bewirkt, daß Unternehmenspolitik in dem hier zugrunde gelegten Verständnis auch die von Bleicher 1987 (Organisation) als „wesentliche Ergänzung der strategischen Unternehmensführung" (S. 142) geforderte Kulturpolitik zu umfassen hat.

24 Sandig 1966 (Betriebswirtschaftspolitik), S. 78.

vollständig aus, betont jedoch bewußt insbesondere die Gefahr einer Vernachlässigung stabilitätspolitischer Erfordernisse[25].

Die Umsetzung dieses Denkansatzes erfolgt vorrangig über die *Strategien*, die „die Wahl des Produkt/Markt-Konzeptes und der zentralen Aktionsparameter (Wettbewerbsschwerpunkte) zur Sicherstellung des Unternehmenserfolges"[26] beinhalten und dadurch die erforderliche Eignung erhalten, einen generellen *Orientierungsrahmen des unternehmerischen Handelns* vorzugeben. Darüber hinaus müssen die Strategien dazu eingesetzt werden können, im Ergebnis Wettbewerbsvorteile beziehungsweise – allgemeiner formuliert – *dauerhafte Marktvorteile* zu generieren und zu festigen. In den Strategien prägt sich insofern in besonderer Weise die – bereits erörterte – *intervenierende Funktion* der Unternehmenspolitik aus: Strategien greifen die situativen Bedingungskonstellationen eines Unternehmens auf und formulieren den jeweils angemessenen Handlungsrahmen, dessen Konkretisierung zum angestrebten Erfolg führt.

Diese „Erfolg"-reiche *Konkretisierung des strategischen Handlungsrahmens* vollzieht sich sodann über die – in der Leistungssphäre von Unternehmen stattfindende – *Ausprägung der Struktur- und Verhaltensmerkmale* unternehmerischen Handelns. Insofern wirkt sich eine die Erfolgsdynamik berücksichtigende Strategienfestlegung zwangsläufig auf die *Leistungspolitik*, speziell auf die durch die Dimensionen der Breite und Tiefe gekennzeichneten *Leistungsprogramme* von Unternehmen aus. Darüber hinaus bedingt eine nach Stabilität strebende Unternehmenspolitik allerdings vor allem auch *eine mit der Leistungspolitik im Gegenstrom verzahnte Kostenpolitik*, um die im unternehmerischen (Ausführungs-)Handeln stets enthaltene Dualität von Leistungs- und Wertsphäre auch in der Führungssphäre spiegeln zu können.

B   Strategien als unternehmenspolitische Muster des Handelns von Unternehmen

Die zuvor dargelegten Überlegungen verdeutlichten, daß sich die *Funktionen der Unternehmenspolitik*, die situativ begrenzte Entscheidungs- und Handlungsspielräume von Unternehmen eröffnen, letztlich insbesondere in den *Strategien* eines Unternehmens niederschlagen. Insofern „kann und soll (jede Strategie) die Situation in einem Markt und die eigene Wettbewerbsposition verändern"[27]. Die im Rahmen des ökonomischen Handelns von Unternehmen erforderliche unternehmenspolitische Ausdeutung der situativen Bedingungskonstellationen kann und muß also in den Strategien Berücksichtigung finden.

---

25 Auch darauf verweist bereits Sandig 1966 (Betriebswirtschaftspolitik), indem er ausführt, daß sich „einer der wesentlichsten Gesichtspunkte ... (daraus ergibt), daß über dem Willen zur Mehrung der Wille zur Erhaltung nicht notleiden darf" (S. 83).

26 Schreyögg 1984 (Unternehmensstrategie), S. 5.

27 Dellmann 1991 (Erfolgsdynamik), S. 427.

Dies erfolgt durch die *Analyse der gegenwärtigen situativen Einflüsse* sowie durch *Antizipation der zukünftigen, also postsituativen Entwicklung*. Die postsituative Entwicklung kann allerdings nicht losgelöst von der eigenen (strategischen) Einflußnahme betrachtet werden, da die Entwicklung nicht allein aus einer eigenständigen Dynamik unternehmensexterner Einflußfaktoren resultiert, sondern gleichermaßen als Resultat unternehmensinterner Handlungen auftritt. Mit anderen Worten gestalten also Unternehmen ihre Zukunft im Markt selbst mit. Insofern wird das unternehmerische Handeln im Markt einerseits durch situative Bedingungskonstellationen beeinflußt, stellt jedoch gleichzeitig auch selbst einen wesentlichen Bestandteil der situativen Einflußnahme dar. Unternehmerisches Handeln wirkt also grundsätzlich auf sich selbst zurück. Aufgrund dieses *Rückkopplungsprozesses* sind Unternehmen auch nicht nur zu einem *passiven Erdulden* situativer Einflüsse gezwungen, sondern können aktiv in die Entwicklung eingreifen. Diese aktiven Eingriffe sind zudem nicht allein auf *reaktive Anpassungen* an bereits eingetretene Entwicklungsergebnisse beschränkt, sondern schließen auch intervenierende Handlungen, die in den Entwicklungsmechanismus selbst eingreifen, ein. Dadurch entsteht eine präsituativ wirksam werdende, *antizipative Einflußnahme auf die situativen Bedingungskonstellationen*[28] des unternehmerischen Handelns.

Strategien bilden im Rahmen dieses komplexen Prozesses das *Handlungsmuster für Unternehmen*, das nicht nur die für ein derart aktives Verhalten notwendigen *Handlungsimpulse* vermittelt, sondern auch die grundlegende *Handlungsrichtung* vorgibt. Der diesbezügliche Funktionsmechanismus läßt sich aus dem hier dargestellten Modell des Handelns im Strategischen Viereck ableiten und basiert letztlich auf der durch die Strategien induzierten *Generierung von Wettbewerbsvorteilen* beziehungsweise – allgemeiner formuliert – von *Marktvorteilen*[29]. Die strategische Generierung von Marktvorteilen bildet jedoch nicht allein den Erfolgsgaranten unternehmerischen Handelns. Vielmehr ist die dauerhafte *Existenzsicherung von Unternehmen* untrennbar mit dem Vorhandensein von Marktvorteilen verknüpft. Nur solche Unternehmen, die ihre auf Transaktionsbeziehungen im Markt beruhende Wertschöpfungsfunktion dauerhaft und erfolgreich erfüllen, können längerfristig ihren Bestand sichern. In der *Realisierung von Marktvorteilen* manifestiert sich somit in besonderer Weise auch die stabilitätspolitisch anzustrebende *Überlebensfähigkeit* von Unternehmen.

---

28 Vergleiche zu dem dadurch begründeten Übergang von der statischen zu einer dynamischen Betrachtung strategischen Handelns auch die Ausführungen von Minderlein 1990 (Strategische Verhaltensweisen), S. 158 sowie die ebenfalls darauf rekurrierende Sichtweise von Dellmann 1991 (Erfolgsdynamik), S. 427.

29 Auf die insofern notwendige Trennung von Erfolgspotentialen einerseits und Wettbewerbsvorteilen andererseits verweist insbesondere auch Dellmann 1991 (Erfolgsdynamik), S. 432, der unter Rückgriff auf Leidecker/Bruno 1984 (Success Factors) Erfolgsfaktoren als Faktoren, „that significantly impact profitability" bzw. „that insure successful competitive performance" (S. 23) und demgegenüber Wettbewerbsvorteile mit Hofer/Schendel 1978 (Strategy) als „the unique position an organization develops vis-à-vis its competitors through its patterns of resource deployments" (S. 25) definiert.

1 Schaffung von Marktvorteilen als stabilitätspolitisches Ziel

Aus den (beobachtbaren) Entwicklungen der Märkte und der Gesellschaft leiten Wettbewerbsstrategen heute in zumeist enger Anlehnung an die Arbeiten von Michael E. Porter die Notwendigkeit ab, die *strategische Orientierung von Unternehmen* nicht mehr allein auf die Kunden auszurichten, sondern vielmehr eine *Fokussierung auf die Konkurrenz* vorzunehmen. So stellt beispielsweise Hermann Simon heraus, daß es „entscheidend darauf (ankommt), gezielt besser zu sein als die Konkurrenz, d.h. Wettbewerbsvorteile zu schaffen und zu verteidigen"[30]. Als *Wettbewerbsvorteil* wird an gleicher Stelle „eine im Vergleich zum Wettbewerb überlegene Leistung" definiert, deren Überlegenheit darin zum Ausdruck kommt, daß für Kunden wichtige Leistungsmerkmale angeboten werden, der Vorteil von Kunden tatsächlich wahrgenommen wird und der Vorteil dauerhaft ist, also durch die Konkurrenz nicht schnell eingeholt werden kann. In der hier vertretenen Auffassung der *Notwendigkeit des Agierens im Strategischen Viereck* bestätigt sich die soeben angeführte Sichtweise weitgehend. Auch ist der Zusammenhang zwischen der Realisierung von Marktvorteilen und der Aufgabe der *Stabilitätspolitik*, die unternehmerische Existenz dauerhaft zu sichern, evident: „Um auf lange Sicht hinaus den Unternehmenserfolg sicherzustellen, ist es unverzichtbar, dauerhafte Wettbewerbsvorteile ... zu schaffen, die nicht nur Relevanz für den betreffenden Markt haben und im Einklang mit der Strategie stehen müssen, sondern auch nur schwer einholbar oder ausser Kraft zu setzen sind."[31]

Strittig ist in diesem Zusammenhang allerdings, ob innerhalb des Strategischen Vierecks, das aus dem gemeinsamen Handeln des eigenen Unternehmens, der Kunden und Lieferanten sowie der Konkurrenten resultiert, *bestimmte Marktteilnehmer eine dominante Beachtung* verdienen. So warnen insbesondere Marketingspezialisten gelegentlich davor, *Marktstrategien*, die in der Literatur auch mit den Begriffen Produkt-Markt-Strategien[32], Geschäftsstrategien[33] oder Wettbewerbsstrategien[34] belegt werden, insbesondere auf die Konkurrenten zuzuschneiden und dabei die Kundenbedürfnisse zu vernachlässigen[35]. Hinzu kommt in der hier vertretenen Auffassung, daß die ergänzende und vor allem explizite *Einbeziehung auch der unternehmerischen Lieferantenpotentiale* in marktstrategische Erwägungen erforderlich erscheint. Insofern konkurrieren aus Sicht der Unternehmung letztlich sogar drei unterschiedliche Marktteilnehmer um die Gunst der strategischen Dominanz.

Andererseits verdeutlicht gerade der mit dem Strategischen Viereck konstituierte Denkrahmen, daß – eine entsprechend umfassende Interpretation vorausgesetzt – *Marktvorteile*

---

30 Simon 1988 (Wettbewerbsvorteile), S. 4.

31 Aaker 1988 (Wettbewerbsvorteile), S. 46.

32 Diesen Begriff verwendet insbesondere Ansoff 1957 (Strategies).

33 Diesen Begriff verwendet beispielsweise Pümpin 1980 (Führung), S. 41ff. und 1982 (Management), S. 170.

34 Dieser Begriff findet seit der gleichnamigen Publikation von Porter 1983 (Wettbewerbsstrategie) breite Anwendung.

35 Vergleiche dazu beispielsweise Meffert 1988 (Marketing), S. 49f.

eine duale Funktion aufweisen können, innerhalb derer sie das *Management von Tausch-
und Wettbewerbsbeziehungen* gleichermaßen unterstützen. Insofern tragen adäquat gestaltete Marktvorteile wesentlich dazu bei, eine *Stabilisierung des unternehmerischen Handelns* in Bezug auf die Lieferanten und Kunden sowie auf die Konkurrenten sicherzustellen. Auf diesen Tatbestand zielt auch die von Hermann Sabel getroffene Aussage, daß
„Strategien gegenüber Kunden implicite auch immer Strategien gegenüber Konkurrenten
sind"[36]. Aus der dualen Funktion von Marktvorteilen resultieren wesentliche *Konsequenzen für die auch insofern ganzheitlich zu gestaltenden Marktstrategien* von Unternehmen.

Zum einen haben sich (in diesem Sinne) ganzheitliche *Marktstrategien* um die *Schaffung
und Erhaltung der Tauschbeziehungen* zu bemühen. Die entsprechenden Marktvorteile
müssen die über die integrierte Leistungs- und Wertkette erfolgende *Einbindung sowohl
der Lieferanten als auch der Kunden in die unternehmerischen Ressourcenpotentiale* begründen. Dazu sind die Tauschbeziehungen derart zu gestalten, daß zu den Lieferanten
möglichst enge Kooperationen aufgebaut werden und zu den Kunden eine möglichst große
Kundennähe erzeugt wird. Zum anderen haben sich Marktstrategien zugleich um die *Beherrschung der Wettbewerbsbeziehungen* zu bemühen. Die Marktvorteile müssen insofern
auch den *Aufbau von wirksamen Wettbewerbsbarrieren*[37] begründen, mit deren Hilfe der
Zugriff faktischer, aber möglichst auch potentieller Konkurrenten auf die zu den eigenen
Erfolgspotentialen zählenden Lieferanten und Kunden verwehrt oder zumindest eingeschränkt wird.

Allerdings verdient noch ein weiterer Aspekt besondere Beachtung. Auch die Realisierung
von Marktvorteilen ist als ein *dynamischer Prozeß* zu begreifen, innerhalb dessen die
Marktvorteile einem Lebenszyklus unterliegen. So ist es evident, daß der *Aufbau von
Marktvorteilen* allein nicht ausreicht; vielmehr ist darüber hinaus auch die *erfolgreiche
Nutzung von Marktvorteilen* erforderlich, um deren zielorientiertes Wirksamwerden zu
erreichen. In diesem Zusammenhang ist jedoch insbesondere davon auszugehen, daß –
aufgrund des mit der Nutzung einhergehenden Bekanntwerdens der spezifischen Wirkungsmechanismen der realisierten Vorteile – auch eine anwendungsbedingte *Abnutzung
von Marktvorteilen* verbunden sein kann. Daher sind Marktvorteile keineswegs nur einmal
aufzubauen, sondern müssen einer stetigen Erneuerung unterliegen. Insofern ist nicht nur
die – in der einschlägigen Literatur üblicherweise allein angeführte – *Erschaffung dauer-*

---

36 Sabel 1991 (Marketing), S. 223.

37 Wettbewerbsbarrieren, die grundsätzlich als Markteintritts- und als Marktaustrittsbarrieren wirksam werden können, begrenzen das freie Spiel der Marktkräfte. Dieses Konstrukt wurde vor allem im Rahmen der
Industrieökonomik aufgegriffen und gibt bis heute Anlaß zu heftigen Auseinandersetzungen im Hinblick
auf wettbewerbspolitische Erfordernisse. Insbesondere durch M.E. Porter erfolgte die auch pragmatisch
orientierte Umsetzung für die strategische Unternehmensführung. Diese zeigt, daß vor allem dem Aufbau
von Markteintrittsbarrieren und in diesem Zusammenhang speziell der Höhe der sogenannten „sunk costs"
eine besondere Bedeutung zuerkannt werden muß. Eine aus dem Blickwinkel der strategischen Unternehmensführung erfolgende Auseinandersetzung und Würdigung des Konzepts der Markteintrittsbarrieren offeriert beispielsweise die von Minderlein 1989 (Markteintrittsbarrieren) vorgelegte Monographie.

hafter Marktvorteile erforderlich, sondern es ist auch die Notwendigkeit zur stetigen *Erhaltung, Erweiterung und Erneuerung von Marktvorteilen* in den Strategien zu berücksichtigen. Dies verdeutlicht *Abbildung 3-2*, in der der *Prozeß der dynamischen Entwicklung unternehmenspolitischer Handlungsmuster* schematisch veranschaulicht ist.

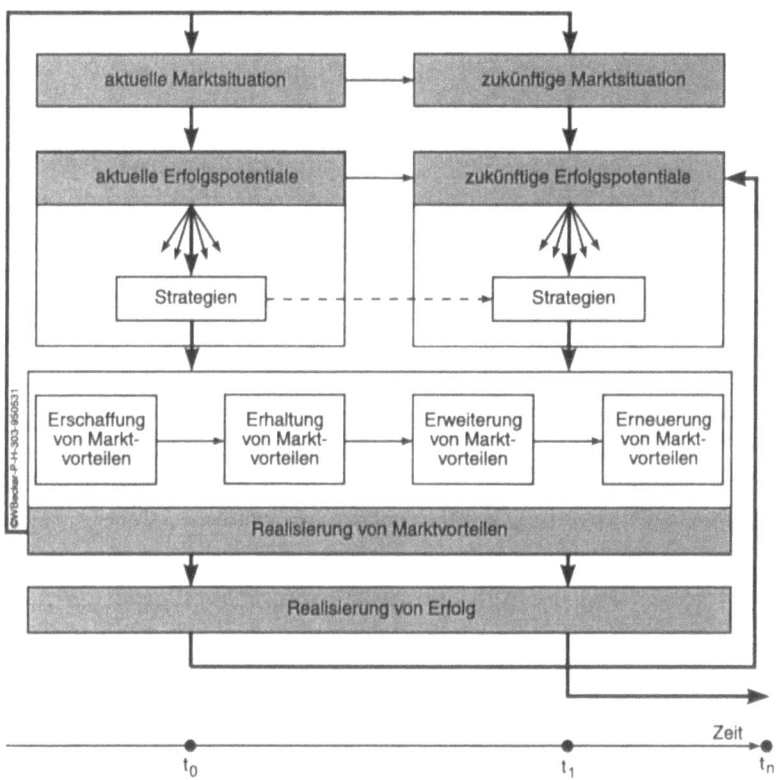

Abbildung 3-2   Prozeß der dynamischen Entwicklung unternehmenspolitischer Handlungsmuster durch Marktvorteile

Gerade *Marktstrategien* müssen sich insofern *als ganzheitliche, umfassende und dynamische Handlungsmuster* präsentieren. Erst die durch entsprechend ausgerichtete Strategien vorzunehmende gemeinsame Erfüllung sämtlicher Stoßrichtungen von Marktvorteilen kann die *Optimierung der strategischen Positionierung von Unternehmen im Markt* und damit auch die stabilitätspolitische Sicherung der dauerhaften Existenz von Unternehmen gewährleisten. Nachfolgend sind zunächst die in der Betriebswirtschaftslehre präsentierten *Strategietypen* kurz zu charakterisieren, um im sich anschließenden Abschnitt prüfen zu können, inwieweit diese Strategien den insbesondere unter stabilitätspolitischen Aspekten wesentlichen Erfordernissen tatsächlich Rechnung tragen.

In der betriebswirtschaftlichen Literatur hat sich weitgehend eine Unterscheidung zwischen unternehmensübergreifend wirksamen *Unternehmensstrategien* (Corporate Strategies) und eher unternehmensextern orientierten, in bestimmten Produkt-Markt-Kombinationen wirksamen *Markt- beziehungsweise Geschäftsstrategien* (Business Strategies) durchgesetzt[38]. Darüber hinaus werden gelegentlich als dritte Komponente noch sogenannte *Funktionalstrategien* unterschieden[39]. Die Trennung jeweils eigenständiger *Unternehmens- und Marktstrategien* ist allerdings „nur dann sinnvoll, wenn eine Unternehmung in mehreren Geschäftsfeldern mit je spezifischen Wettbewerbsstrategien konkurriert oder aber, wenn eine Unternehmung ihre Aktivitäten auf zusätzliche Geschäftsfelder ausdehnen will"[40]. In solchen Fällen lassen sich *Unternehmensstrategien als generelle Entwicklungsmuster* und *Marktstrategien als spezielle Handlungsmuster* von Unternehmen auffassen.

Obwohl die Vorgehensweisen der Konkretisierung dieser grundsätzlichen Strategietypen in der Literatur durchaus uneinheitlich sind, soll nachfolgend zunächst ein kurzer Überblick über das sich herauskristallisierende gemeinsame *Grundmuster der für die Unternehmenspolitik bedeutsamen Strategietypen* in der einschlägigen Literatur vermittelt werden. In diesem Zusammenhang wird – ausgehend von der anfangs dargelegten Auffassung von der Stellung der Unternehmenspolitik – unterstellt, daß die strategische Grundhaltung eines Unternehmens, die sich in den Strategien explizit, aber nicht unbedingt vollständig konkretisiert, „gleichsam einen unternehmenspolitischen Rahmen für das umweltbezogene Handeln im Unternehmen"[41] konstituiert und insofern die zur Festlegung von Strategien führende *Strategische Planung* stets den „Charakter einer politischen Planung"[42] aufweist.

2 Unternehmensstrategien als übergreifende Leitlinien des unternehmerischen Handelns

Unternehmensstrategien haben innerhalb der zuvor bereits skizzierten Systematisierung die vorrangige Aufgabe, eine *Festlegung derjenigen strategischen Geschäftsfelder*[43] herbeizuführen, in denen ein Unternehmen agieren soll, und darüber hinaus die demzufolge angemessene *Verteilung der unternehmerischen Ressourcenpotentiale* auf die einzelnen Ge-

---

38 Diese Differenzierung prägen vor allem Lorange/Vancil 1977 (Planning), S. 23f. und Hofer/Schendel 1978 (Strategy), S. 27f. Die bestehenden leichten Unterschiede in der inhaltlichen Ausgestaltung der jeweiligen Konzepte müssen für die hier verfolgten Zwecke nicht weiter diskutiert werden. Sie erörtert ausführlich beispielsweise Welge 1985 (Planung), S. 228ff.

39 Diese Komponente des Strategienbündels beinhaltet etwa auch die zuvor genannte Konzeption von Lorange/Vancil. Hier wird dieser Differenzierung im Einklang mit Schreyögg 1984 (Unternehmensstrategie), S. 89, speziell Fußnote 48 nicht gefolgt, der die Auffassung vertritt, daß hier nicht Strategien, sondern Programme der verschiedenen Unternehmensbereiche angesprochen werden.

40 Steinmann/Schreyögg 1991 (Management), S. 174.

41 Zahn 1989 (Planung), Sp. 1911.

42 Kirsch/Trux 1989 (Management), Sp. 1926. Vergleiche zur tiefergehenden Begründung der damit verbundenen Grundauffassung von Unternehmenspolitik vor allem Kirsch/Bamberger 1976 (Unternehmensplanung).

43 Eine recht ausführliche Definition der auch als Produkt-Markt-Kombinationen bezeichneten strategischen Geschäftsfelder findet sich beispielsweise bei Dunst 1983 (Management), S. 56ff.

schäftsfelder[44] zu bewirken. Unternehmensstrategien geben insofern generelle *Entwick-lungsrichtungen für das sich im Markt konkretisierende Handeln* vor.

Als *Unternehmensstrategien* werden in der betriebswirtschaftlichen Literatur im Detail zwar unterschiedlich geprägte, insgesamt jedoch durchaus einer einheitlichen Vorstellung folgende Strategien diskutiert und empfohlen. Als *Bezugsrahmen* dominiert regelmäßig eine als Portfolio-Management-Konzeption bezeichnete Ausrichtung des strategischen Denkens und Handelns. Die Leitidee[45] derartiger *Portfolio-Management-Konzepte*[46] basiert auf der Erkenntnis, daß strategisches Handeln eine Vielzahl sowohl unternehmensinterner (endogener) als auch unternehmensexterner (exogener) *Einflußfaktoren* zu berücksichtigen hat, da Unternehmen mit spezifischen gegenwärtigen *Stärken und Schwächen* ausgestattet sind und in einem zukünftige *Chancen und Risiken* aufweisenden Umfeld agieren (müssen). Unterstellt wird ferner, daß „over the long run a firm could not achieve success at a corporate level until it knew how to achieve success at a business level"[47]. Daher erfolgt im Rahmen der *Portfolio-Analyse* eine – letztlich stets problembehaftete – *Reduzierung des äußerst komplexen Handlungsfeldes auf einen exogenen und einen endogenen Schlüsselfaktor*. Dies geschieht regelmäßig unter Bezugnahme auf die – die Aktivitäten des Gesamtunternehmens widerspiegelnden – strategischen Geschäftsfelder eines Unternehmens.

Die in ihrer Grundstruktur besonders einfache und ebenso einprägsame *BCG-Portfolio-Matrix*[48], die von der Boston Consulting Group entwickelt wurde und besonders weite Verbreitung findet, stellt den *relativen Marktanteil*[49] dem erwarteten *Marktwachstum*[50] in einer Vierfelder-Matrix gegenüber, in die die Absatzleistungen eines Unternehmens ein-

---

44 Vergleiche zu dieser durchaus typischen Sichtweise, die – wie dies etwa Staehle 1991 (Management), S. 563ff. ausführlich belegt – in den 60er Jahren an der Harvard Business School entwickelt wurde, auch Steinmann/Schreyögg 1991 (Management), S. 131.

45 Das in Portfolio-Konzepten verfolgte, selektive Vorgehen wurde ursprünglich für die optimale Strukturierung von Wertpapierportfeuilles von Markowitz 1952 (Portfolio) und 1959 (Portfolio) entwickelt.

46 Eine umfassende Vertiefung dieser Konzepte bieten insbesondere die beiden Monographien von Dunst 1983 (Management) und Roventa 1979 (Portfolio-Analyse).

47 Hofer 1975 (Theory), S. 786.

48 Mit der Kurzdarstellung speziell dieses Portfolio-Konzeptes soll keinesfalls der Eindruck erweckt werden, daß es sich dabei um das aussagekräftigste Modell handelt. Vielmehr bietet sich das BCG-Portfolio vor allem aufgrund seiner Einfachheit zur Beschreibung des grundsätzlichen Vorgehens derartiger Konzepte an. Eine umfassende Systematik unterschiedlicher Portfolio-Konzepte referieren etwa Albach 1978 (Unsicherheit) sowie auch Welge 1985 (Planung), S. 340ff.

49 Die Wahl des relativen Marktanteils als endogene Matrixdimension gründet in der strittigen, aber vorausgesetzten Gültigkeit des Erfahrungskurven-Effekts. Eine ausführliche monographische Behandlung der Erfahrungskurve leistet vor allem das originäre Werk von Henderson 1974 (Erfahrungskurve). Demgegenüber ist das von Albach 1987 (Erfahrungskurve) mitherausgegebene Ergänzungsheft der Zeitschrift für Betriebswirtschaft einigen Spezialfragen der kritisch betrachteten Anwendbarkeit dieses Konzeptes gewidmet.

50 Das Marktwachstum als exogene Matrixdimension markiert die Position eines Produktes innerhalb des Produktlebenszyklus-Konzeptes. Vergleiche zu diesem Konzept sowie speziell zu dessen Erweiterung vor allem den Beitrag von Pfeiffer/Bischof 1981 (Produktlebenszyklen).

zuordnen sind[51]. Produkte, die einen im Vergleich zum stärksten Konkurrenten hohen Marktanteil erreicht haben, werden bei hohem Marktwachstum als „Stars" und bei niedrigem Marktwachstum als „Cash Cows" bezeichnet. Produkte mit niedrigem relativen Marktanteil werden bei hohem Marktwachstum als „Question Marks" und bei niedrigem Marktwachstum als „Poor Dogs" bezeichnet. Die aufgrund der Portfolio-Analyse zu empfehlenden Normstrategien basieren auf der Hypothese: „Je höher die Marktwachstumsrate und je höher der eigene Marktanteil, umso höher die (potentielle) Rentabilität"[52]. Demgemäß resultieren unmittelbar aus der Einordnung der Absatzleistungen in die jeweiligen Matrixfelder folgende – von Martin K. Welge besonders plastisch formulierte – Empfehllungen: „Milchkühe werden gemolken, Stars läßt man leuchten, den Dogs gewährt man das Altenbrot und gewöhnt sich an den Gedanken, daß eine Trennung bevorsteht und Fragezeichen wären nicht solche, wenn man wüßte, ob man sie fördern oder aufgeben soll."[53]

Generalisiert man diese Normstrategien des Investierens, Haltens und Desinvestierens[54], die in ähnlicher Weise auch aus anderen Portfolio-Konzeptionen resultieren, gelangt man zu offensichtlich allgemeingültigen Ausprägungstypen von Unternehmensstrategien[55]. Die unabhängig von den in einzelnen Geschäftsfeldern verfolgten strategischen Optionen bestehenden Unternehmensstrategien sind prinzipiell unternehmensübergreifend gültig und legen insofern die grundsätzliche Stoßrichtung des Handelns von Unternehmen im Markt fest. Festlegungen beziehungsweise zumindest Vorschläge darüber, auf Basis welcher Ressourcen die grundsätzlichen Stoßrichtungen zu verfolgen sind, werden allerdings mit Hilfe dieser hier kurz beschriebenen Portfolio-Konzepte nicht gemacht. Vielmehr beziehen sich die Aussagen derart traditioneller Portfolio-Konzepte allein auf die generelle Betrachtung des Kapitals. Empfehlungen für dessen Verwendung für spezielle unternehmenseigene Leistungspotentiale technischer, personeller oder immaterieller Art lassen sich nicht generieren. Daher wird in Teilbereichen der einschlägigen Literatur auch die Ablösung derart marktorientierter Konzepte durch ein Technologie-Portfolio-Konzept gefordert[56]. Diesbezüglich muß allerdings festgestellt werden, daß auch in diesem Konzept nur ein (spezifischer) Ausschnitt unternehmerischen Handelns, nämlich der Einsatz technologischer Leistungspotentiale betrachtet wird. Aussagen über personelle und immaterielle Leistungs-

---

51 Eine ausführlichere Erläuterung dieses Konzeptes findet sich bei Hedley 1980 (Business Portfolio).

52 Schreyögg 1984 (Unternehmensstrategie), S. 93.

53 Welge 1985 (Planung), S. 341.

54 Hinzuweisen ist an dieser Stelle darauf, daß der Aussagegehalt der BCG-Portfolio-Matrix und der daraus ableitbaren Normstrategien aufgrund der vielfältigen und zudem bedenklichen Annahmen scharfer Kritik unterzogen werden kann. Vergleiche dazu etwa Albach 1988 (Planung) sowie auch Steinmann/ Schreyögg 1991 (Management), S. 183, die in diesem Zusammenhang auf die dezidierte Kritik bei Coenenberg/Baum 1987 (Controlling), S. 85ff und bei Kreikebaum 1989 (Unternehmensplanung), S. 89ff. hinweisen.

55 Diese lassen sich im übrigen auch ohne Rückgriff auf Portfolio-Konzeptionen ableiten, was prinzipiell ihre Allgemeingültigkeit erhärtet. Dies zeigt Welge 1985 (Planung), S. 233ff. unter Rückgriff auf die Ausführungen von Kreikebaum 1989 (Unternehmensplanung), S. 50ff.

56 Vergleiche dazu insbesondere Pfeiffer/ Metze/ Schneider/ Amler 1982 (Technologie-Portfolio), die in einer ausführlichen monographischen Darstellung dieses Konzept beschreiben, begründen und empfehlen.

potentiale lassen sich nicht ableiten. Insofern kann auch dieses Konzept trotz hoher Überzeugungskraft letztlich wohl nur ergänzend zu anderen strategischen Überlegungen herangezogen werden.

Unternehmensstrategien beinhalten – unabhängig von der unterschiedlich beurteilbaren Zweckmäßigkeit verschiedenartiger Portfolio-Konzepte – in der betriebswirtschaftlichen Literatur im Detail *unterschiedliche Ausprägungen.* Exemplarisch sei dazu etwa auf die von Michael E. Porter vorgenommene Differenzierung strategischer Grundsatzentscheidungen in Stillegungsentscheidungen, in Entscheidungen der vertikalen Integration, in Kapazitätserweiterungsentscheidungen und in Entscheidungen des Eintritts in neue Märkte hingewiesen[57]. Gleichwohl lassen sich aber nach weitgehend übereinstimmender Auffassung[58] die unterschiedlichen Ausprägungsvarianten von Unternehmensstrategien hinreichend in einem generellen *Differenzierungsmuster* abbilden, das auch der in *Abbildung 3-3* dargestellten Systematisierung zugrunde gelegt wurde.

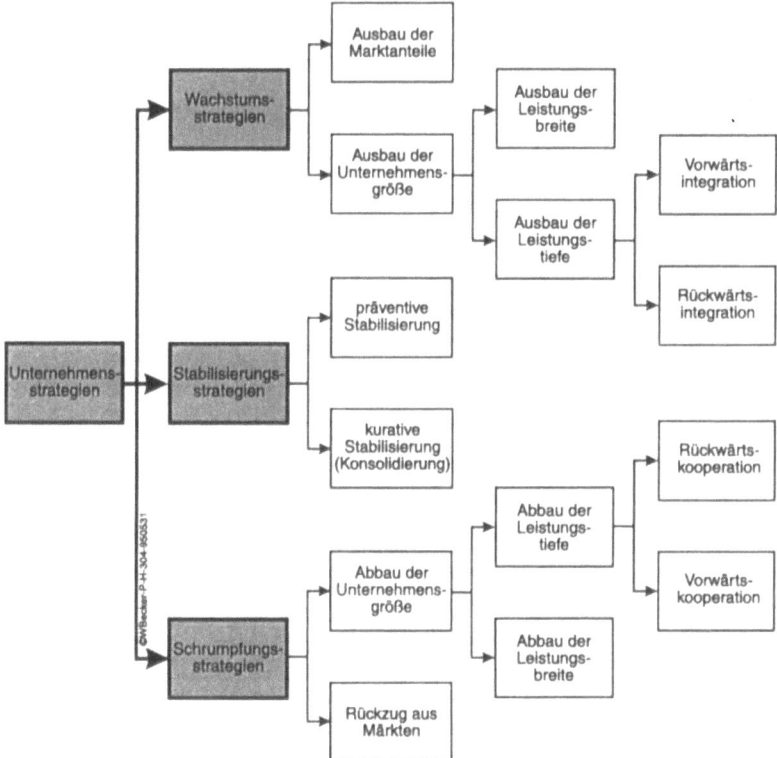

Abbildung 3-3   Systematisierung grundlegender Ausprägungstypen von Unternehmensstrategien

---

57 Vergleiche dazu Porter 1983 (Wettbewerbsstrategie), S. 318ff. und S. 373ff.

58 Die Eingliederbarkeit der unterschiedlichen Ausprägungsvarianten in die folgende Dreiteilung belegt beispielsweise Welge 1985 (Planung), S. 233ff.

Die Darstellung verdeutlicht, daß prinzipiell die nachfolgend angeführten *Grundtypen von Unternehmensstrategien* zu unterscheiden sind:

❏ *Wachstumsstrategien*[59], die hinsichtlich ihrer Charakteristik auf die eher offensive Erweiterung der unternehmerischen Aktivitäten gerichtet sind und sowohl die Ausweitung der Marktanteile als auch die Ausweitung der Unternehmensgröße, etwa speziell durch den Ausbau der Leistungsbreite und/oder den Ausbau der Leistungstiefe durch vertikale Integration beinhalten[60];

❏ *Stabilisierungsstrategien*, die sich einerseits um die (präventive) Erhaltung eines angestrebten und erreichten Gleichgewichtszustandes[61] bemühen und andererseits auch (eher kurative) Konsolidierungsstrategien[62] umspannen, die insbesondere im Anschluß an starke Wachstumsphasen zum Abbau von Überschußkapazitäten[63] einzusetzen sind;

❏ *Schrumpfungsstrategien*, die hinsichtlich ihrer Charakteristik auf die eher defensiv orientierte Einengung der unternehmerischen Aktivitäten gerichtet sind[64] und insofern speziell sowohl den geordneten Rückzug[65] aus bisher bearbeiteten Märkten als auch den mit entsprechenden Desinvestitionen einhergehenden Abbau der Unternehmensgröße beinhalten[66].

In dieser allgemeinen Formulierung der *Unternehmensstrategien* müssen diese nicht – wie das innerhalb der Portfolio-Management-Konzepte erfolgt – als deterministische Normstrategien angesehen werde. Vielmehr verbleibt ein wesentlich größerer, *strategischer Handlungsspielraum*. Das eröffnet Unternehmen beispielsweise die in der Praxis unabdingbare Möglichkeit, auch in stagnierenden oder gesättigten Märkten strategisch offensiv

---

59 Der Begriff des Wachstums wird innerhalb der Betriebswirtschaftslehre unterschiedlich definiert und interpretiert. Vergleiche dazu beispielsweise den Übersichtsartikel von Kieser 1976 (Wachstum) und die dort angegebene Literatur.

60 Zu denken ist in diesem Zusammenhang vor allem an die Strategien der Marktdurchdringung, der Marktentwicklung, der Produktentwicklung sowie der Diversifikation, die aus der Betrachtung der Produkt-Markt-Matrix von Ansoff resultieren. Vergleiche dazu Ansoff 1957 (Strategies), s. 114 sowie Ansoff 1965 (Corporate Strategy), S. 109.

61 Welge verweist in diesem Zusammenhang auf die Aufgabe der Erhaltung des Status quo als typischer Normalstrategie; vergleiche Welge 1985 (Planung), S. 249.

62 In diesem Zusammenhang ist auch auf den Spezialfall der Anwendung von Sanierungsstrategien hinzuweisen. Vergleiche dazu etwa auch Schreyögg 1984 (Unternehmensstrategie), S. 120.

63 Vergleiche dazu Welge 1985 (Planung), S. 249.

64 Der Begriff der Schrumpfungsstrategie ist insofern als logischer Gegenbegriff zum Begriff der Wachstumsstrategie zu verstehen.

65 Wiederum als Spezialfall lassen sich hier auch Liquidationsstrategien zuordnen. Vergleiche dazu etwa auch Schreyögg 1984 (Unternehmensstrategie), S. 120.

66 Spezifische, im Rahmen von Schrumpfungsprozessen anwendbare Strategien entwickelt Albach 1984 (Strukturwandel), S. 1182ff.

zu agieren[67], ohne sogleich den aus Portfolio-Überlegungen resultierenden defensiven Rückzug anzutreten.

Dieser Tatbestand scheint gerade aus Sicht einer umfassenden *Stabilitätspolitik* besonders bedeutsam, da die dargelegte und übliche Aufspannung separierter Strategienkategorien aus dem hier vorrangig verfolgten *Blickwinkel der Existenzsicherung von Unternehmen* eine nicht unerhebliche Gefahr der Fehlinterpretation beinhaltet. So kann insbesondere der Eindruck erweckt werden, daß mit der dargestellten Systematisierung, die sich offenkundig an einer idealtypologischen Entwicklung des Lebenszyklus von Unternehmen orientiert, dominierend einzusetzende oder gar sich gegenseitig ausschließende Strategiealternativen offeriert werden. Demgegenüber ist aus Sicht einer umfassenden Stabilitätspolitik die konsequente *Kombination der unterschiedenen Strategiekategorien* zu fordern. Dies gilt zudem nicht nur im Hinblick auf die erforderliche Berücksichtigung der speziellen *Integration von Wachstums- und Stabilisierungsstrategien* sowie der analog notwendigen *Integration von Schrumpfungs- und Stabilisierungsstrategien*. Vielmehr kann sich gerade aus dem Blickwinkel der Existenzsicherung ein differenziertes *Strategienbündel* als besonders geeignet erweisen, das einzelne *Elemente aus sämtlichen Strategiekategorien* aufgreift.

So ist beispielsweise speziell im Falle einer zunehmenden Sättigung der Märkte sowie einer begleitend steigenden Wettbewerbsintensität an eine *Kombinationsstrategie* zu denken, die einerseits eine wachstumsorientierte Ausweitung der Leistungsbreite durch das *Angebot zusätzlicher, kundenindividueller Varianten* anstrebt, aber andererseits die damit einhergehende Zunahme der Komplexität durch den gezielten *Abbau der Leistungstiefe* – speziell etwa durch entsprechende Rückwärtskooperation – limitiert. Mit einer derartigen, gleichermaßen auf Wachstums- und Schrumpfungsstrategietypen zurückgreifenden Kombinationsstrategie kann zugleich – dies belegen nicht zuletzt die bereits angeführten Aussagen zum Lean-Management – eine *präventive Stabilisierung* bewirkt werden.

Die Forderung nach einer – stets situationsabhängig vorzunehmenden – Bündelung der Strategietypen zu *Kombinationsstrategien* erlangt zwangsläufig dann eine besondere Bedeutung, wenn man, wie dies hier vertreten wird, die Aufgabenstellung der stabilitätspolitische *Sicherung der Existenz von Unternehmen* als übergeordneten Auftrag an eine holistische Unternehmenspolitik einstuft. In diesem Fall müssen insbesondere Wachstumsstrategien stets zugleich stabilitätspolitische Erfordernisse beachten. Aus wachstumspolitischen Zielen erfolgende Verstöße gegen stabilitätspolitische Prinzipien sind dann allenfalls vorübergehend erlaubt und bedingen gegebenenfalls den sich anschließenden Einsatz von Maßnahmenpaketen zur (Re-)Stabilisierung. Derartige *Restabilisierungsstrategien* lassen sich vor allem dadurch kennzeichnen, daß sie nicht auf die präventive Vermeidung, sondern auf die kurative Beseitigung von *Insolvenz- und Krisenfällen*[68] gerichtet sind. Sie

---

67 Darauf verweist etwa insbesondere Meffert 1983 (Planungskonzepte), S. 193.

68 Vergleiche zur Insolvenz- und Krisentheorie vor allem die Sammelbände Bratschitsch/ Schnellinger 1981 (Unternehmenskrisen) und Staehle/Stoll 1984 (Krise) sowie auch die bereits mehrfach erwähnte Monographie von Krystek 1987 (Unternehmungskrisen).

kommen mithin vorrangig dann zum Einsatz, wenn die an eine umfassende Stabilitätspolitik gestellten Anforderungen nicht erfüllt wurden beziehungsweise deren angestrebte Wirkungsmechanismen aufgrund außergewöhnlicher situativer Entwicklungen versagt haben. Im Rahmen längerfristiger Perspektiven darf demgegenüber *keine inhaltliche Separierung von Wachstums-, Stabilisierungs- und Schrumpfungsstrategien* erfolgen. Insofern ist eine derartige Unterscheidung bloß als *systematisierendes Differenzierungsmuster* anzusehen, dem in der unternehmerischen Praxis nicht ohne Beachtung der wechselseitigen Interdependenzen gefolgt werden darf.

3 Marktstrategien als geschäftsfeldspezifische Leitlinien des unternehmerischen Handelns

Den auf die jeweiligen Geschäftsfelder auszurichtenden *Marktstrategien* eines Unternehmens wird aufgrund des ihnen zuerkannten Wirkungsspektrums, speziell aufgrund des von ihnen zu leistenden Beitrags zur *Schaffung, Erhaltung und Verbesserung der unternehmerischen Erfolgsposition*, in der einschlägigen Literatur zur strategischen Führung eine besonders hohe Bedeutung beigemessen. Marktstrategien stellen unternehmenspolitisch formulierte, *spezielle Handlungsmuster für das Agieren im Markt* dar und bilden insofern offenbar den primären *Garant der dauerhaften Existenzsicherung von Unternehmen*. Insofern ist es erforderlich, nachfolgend auch die in der betriebswirtschaftlichen Literatur[69] derzeit vorfindbaren wesentlichen *Typen von Marktstrategien* und deren Mechanismen kurz darzustellen.

Die hohe strategische Bedeutung, die für Unternehmen mit der *Erschaffung, Erhaltung, Erweiterung und Erneuerung von Marktvorteilen* verbunden ist, unterstreicht den auch empirisch bestätigten Stellenwert entsprechender *Marktstrategien* von Unternehmen. Im Hinblick auf die Ausgestaltung derartiger Marktstrategien wurden in der einschlägigen Literatur bis heute zahlreiche und sehr vielfältige Detailaussagen getroffen. Dies muß angesichts der Komplexität der Thematik auch nicht verwundern. Eine grundsätzliche *Typisierung wesentlicher Ausprägungsvarianten der Marktstrategien* von Unternehmen hat – vorrangig basierend auf den Erkenntnissen der Industrieökonomik – insbesondere Michael E. Porter abgeleitet[70]. Dessen Aussagensystem, das zweifelsfrei hohe Überzeugungskraft aufweist, hat vor allem in den europäischen Industrienationen eine besonders weitreichende und dominante Verbreitung erfahren.

---

69 Speziell mit wettbewerbstheoretischen und wettbewerbspolitischen Fragestellungen beschäftigt sich intensiv auch die volkswirtschaftliche Literatur. Die dort vorgelegten Modelle bilden zum Teil – wie etwa vor allem die Konzepte der Industrieökonomik – den Ursprung für entsprechende betriebswirtschaftliche Überlegungen. Einen guten Überblick über die derzeit besonders intensiv diskutierten Ansätze sowie sehr ausführliche weiterführende Literaturhinweise offeriert Fritz 1990 (Wettbewerbstheorie).

70 Vergleiche dazu insbesondere Porter 1983 (Wettbewerbsstrategie), S. 62ff., aber auch Porter 1986 (Wettbewerbsvorteile), in dem Porter vor allem intendiert, die Umsetzung der grundlegenden Strategietypen in der Praxis aufzuzeigen.

Das durch Porter konzeptionalisierte Strategienbündel basiert auf der Grundvorstellung, daß Unternehmen in ihren jeweiligen Geschäftsfeldern typischerweise *Wettbewerbskräften* ausgesetzt sind, die das Chancen und Risiken beinhaltende Wettbewerbsfeld eines betrachteten Unternehmens begrenzen. Zu diesen, den Wettbewerb determinierenden Kräften gelangt man durch Betrachtung der bereits aus dem Modell des Strategischen Vierecks bekannten Marktbeziehungen. Wirksame Wettbewerbskräfte[71] sind demzufolge zunächst die als Rivalität bezeichenbaren Beziehungsmuster, die aus der *Aktivierung von Stärken und Schwächen sowohl des betrachteten Unternehmens als auch der faktischen Konkurrenten* resultieren. Wettbewerbswirksame Einflüsse entspringen darüber hinaus der *Gefahr des Markteintritts weiterer potentieller Konkurrenten.* Diese können der eigenen Branche entstammen, können ihren Ursprung aber auch in fremden Branchen besitzen und ein Unternehmen beziehungsweise dessen Marktleistungen durch *Substitute* bedrohen. Weitere Wettbewerbskräfte stellen schließlich die jeweilige *Verhandlungsmacht der Lieferanten und Kunden* sowie ein gegebenenfalls bestehendes direktes und/oder indirektes *Einflußpotential der Gesellschaft*, speziell des Staates dar.

Wettbewerbsstrategien dienen innerhalb der bearbeiteten Geschäftsfelder der *Schaffung und Erhaltung einer wettbewerbsstrategischen Balance*, die sich im Konzept von Porter durch eine ausgewogene Relation zwischen den eigenen Stärken und Schwächen sowie den durch die *Wettbewerbskräfte* begrenzten Chancen und Risiken kennzeichnen läßt. Eine derartige Balance ist speziell dann zu unterstellen, wenn sich ein Unternehmen eine *stabile Erfolgsposition* geschaffen hat, die durch angemessenes erfolgswirtschaftliches Wachstum, zumindest aber durch die Möglichkeit der Erhaltung des erfolgswirtschaftlichen Status quo charakterisiert werden kann.

Im Streben um die Generierung und Entfaltung derart wettbewerbswirksamer Marktvorteile systematisiert und empfiehlt M.E. Porter die Anwendung einiger grundlegender *Typen von Wettbewerbsstrategien*, die sich in einer Gesamtschau als *Bündel von marktstrategischen Handlungsmustern* präsentieren, mit denen der Handlungsrahmen für die gegebenenfalls unterschiedlichen Produkt-Markt-Kombinationen eines Unternehmens vorgegeben wird. Die Grundausrichtungen sowie herstellbare Wirkungsverbunde dieser *Strategietypen* sind nachfolgend kurz zu charakterisieren.

Strategie der Kostenführerschaft

Die Strategie der *Kostenführerschaft*[72] ist auf das Erreichen einer innerhalb der Branche überlegenen Kostenposition[73] ausgerichtet und kommt vorrangig für *standardisierte Ab-*

---

71 Vergleiche zur Systematisierung und ausführlichen Analyse dieser hier nur angeführten Wettbewerbskräfte Porter 1983 (Wettbewerbsstrategie), S. 25ff.

72 Vergleiche dazu detailliert Porter 1983 (Wettbewerbsstrategie), S. 63ff.

73 Zu den im Detail zu erfüllenden Voraussetzungen vergleiche Porter 1983 (Wettbewerbsstrategie), S. 63f.

satzleistungen in Betracht, die durch „weitgehende Festschreibung des Kundennutzens"[74] charakterisiert sind. In solchen Fällen dominiert zwischen den Konkurrenten der *Preiswettbewerb*, so daß das vorrangige Bestreben auf das Erreichen einer möglichst günstigen Kostenposition, die eine entsprechende *Niedrigpreispolitik* zuläßt, gerichtet sein muß.

In der ursprünglichen Formulierung[75] der Strategie der Kostenführerschaft durch M.E. Porter wird – mit deutlicher Dominanz – als strategisches Mittel die *Nutzung von Erfahrungseffekten* herausgestellt. Weitere Möglichkeiten zur Verbesserung der Kostenposition werden eher am Rande angeführt. Diese konzentrieren sich auf Hinweise zur Nutzung der *Kontrollfunktionen der Kostenrechnung,* zur *Vermeidung von Komplexitätskosten* sowie zur Notwendigkeit, (erfahrungsbedingte) *Kostensenkungen auch in vor- und nachgelagerten Aktivitäten der Leistungserstellung* herbeizuführen.

Die Strategie der Kostenführerschaft beruht daher in dieser Prägung wesentlich auf der *Gültigkeit des Konzepts der Erfahrungskurve*[76], in der größen- und lernbedingte Kostendegressionseffekte gebündelt werden. Dieses Konzept unterstellt, daß mit jeder Verdopplung der Produktionsmenge die inflationsbereinigten Stückkosten um 20 bis 30% sinken können. Da die Produktionsmenge durch die Absatzmenge determiniert wird, erreicht prinzipiell das Unternehmen, das über den größten Marktanteil verfügt, die größten Produktionsmengen, damit die geringsten Stückkosten und schließlich die größte Gewinnspanne[77]. In die *Erfahrungskurve* fließen zudem nicht allein die aus größenbedingten Vorteilen von Produktion und Absatz resultierenden und sich auf die Durchschnittskosten eines Unternehmens beziehenden *Degressionseffekte* („Economies of Scale") ein. Vielmehr sind auch *Lerneffekte* zu berücksichtigen, die eine Senkung der Durchschnittskosten bei identischer Ausbringungsmenge bewirken[78]. Allerdings darf die Erfahrungskurve keinesfalls als naturgesetzlicher Zusammenhang aufgefaßt werden. Der *Wert des Konzeptes* besteht vor allem darin, „daß die Erfahrungskurve den Blick des Managements auf Kosten und Marktanteile richtet"[79].

---

74 Dellmann 1991 (Erfolgsdynamik), S. 437.

75 Vergleiche dazu Porter 1983 (Wettbewerbsstrategie), S. 63.

76 Die uneingeschränkte Gültigkeit dieses Effektes darf allerdings nicht unterstellt werden. Das Konzept und insbesondere auch die Anwendungsgrenzen verdeutlichen beispielsweise Coenenberg/Baum 1987 (Controlling), S. 49ff. sowie auch Kloock/Sabel/Schuhmann 1987 (Erfahrungskurve). Speziell mit der differenzierten Gültigkeit der Erfahrungskurve in stagnierenden Märkten hat sich beispielsweise Albach 1987 (Kosteneffekte) auseinandergesetzt.

77 Vergleiche zu dieser Argumentationskette auch Steinmann/Schreyögg 1991 (Management), S. 171.

78 Vergleiche zu diesen komplementär wirkenden Effekten, aus denen einerseits eine Bewegung auf der Durchschnittskostenkurve (Degressionseffekt) und andererseits eine Verschiebung der Durchschnittskostenkurve (Lerneffekt) resultiert, auch Stein 1988 (Kostenführerschaft), S. 402.

79 Henzler 1988 (Führung), S. 1289.

In der späteren Formulierung[80] der Möglichkeiten zur Erreichung der *Kostenführerschaft* läßt sich zwar feststellen, daß den zuvor dargelegten Grundsätzen einer erfahrungsbedingten Kostensenkung noch immer eine sehr hohe Bedeutung zuerkannt wird. Gleichwohl offeriert Porter hier ein insgesamt doch wesentlich *differenzierteres Modell der Möglichkeiten zur wettbewerbsstrategischorientierten Kostenbeeinflussung.* Insbesondere wird berücksichtigt, daß strategisch wesentliche Entwicklungen in der Kostensphäre nicht nur das absolute beziehungsweise relative *Kostenniveau* betreffen, sondern sich auch auf die sich unter Zugrundelegung bestimmter Kriterien herausbildenden *Kostenstrukturen* sowie das *Kostenverhalten* von Unternehmen zu beziehen haben[81]. In diesem Zusammenhang bezeichnet „Kostenniveau ... die Höhe der Kosten, Kostenverlauf die mehr oder weniger stark ausgeprägte Reagibilität der Kosten gegenüber bestimmten Kosteneinflußgrößen und Kostenstruktur schließlich die Zusammensetzung der Kosten aus unterschiedlichen Kosten"blöcken, -kategorien bzw. -arten."[82]

Das *Erreichen eines Kostenvorsprungs* ist demgemäß damit verbunden, daß in einem betrachteten Unternehmen die „Gesamtkosten für die Durchführung aller Wertaktivitäten niedriger als die der Konkurrenten sind"[83]. Die relative *Kostenposition eines Unternehmens* wird zum einen auf die aus der jeweiligen Zusammensetzung der Wertkette resultierende *Kostenstruktur* zurückgeführt. Zum anderen ist den unterschiedlichen Kosteneinflußfaktoren besondere Bedeutung beizumessen, die das *Kostenverhalten* der Prozesse innerhalb der Wertkette determinieren. Als wesentliche Kostenantriebskräfte identifiziert Porter insgesamt zehn Einflußgrößen, nämlich die Betriebsgröße, die Lernmechanismen, die Kapazitätsauslastung, die Verknüpfungen (bzw. Wechselwirkungen) innerhalb der Wertkette sowie zu vor- und nachgelagerten Wertketten der Lieferanten und Kunden, die horizontalen Verflechtungen innerhalb eines Unternehmens, den Grad der vertikalen Integration, die Zeitwahl aller marktstrategischen Maßnahmen, die unternehmenspolitischen Grundsatzentscheidungen, den Standort sowie unternehmensexterne Rahmenbedingungen[84]. Ein als Kostenvorsprung bezeichenbares Kostenniveau läßt sich folglich durch zwei Methoden, die miteinander in enger Wechselwirkung stehen, erreichen, nämlich durch die „Kontrolle der Kostenantriebskräfte" sowie die „Umstrukturierung der Wertkette"[85].

---

80 Vergleiche dazu Porter 1986 (Wettbewerbsvorteile), S. 93ff. Die hier deutlich modifizierten und erweiterten Erkenntnisse entstanden aus der Zusammenarbeit von M.E. Porter mit seinem Assistenzprofessor John R. Wells.

81 Eine nahezu analoge Unterteilung wesentlicher Gestaltungsebenen der Kostensphäre nutzt auch bereits Gälweiler 1977 (Steuerung), S. 69f., der die Kostenhöhe und die Kostenstruktur als bedeutsame Steuerungsgrößen differenziert. In jüngerer Zeit findet sich die von Porter vorgeschlagene Differenzierung kostenpolitischer Dimensionen vor allem in den Ausführungen von Reiß/Corsten 1990 (Grundlagen), S. 390, die diese Dreiteilung als „für Analysezwecke äußerst nützliche, letztlich aber künstliche Trennung" (S. 390) bezeichnen.

82 Reiß/Corsten 1992 (Gestaltungsdomänen), S. 1479.

83 Porter 1986 (Wettbewerbsvorteile), S. 137.

84 Vergleiche dazu Porter 1986 (Wettbewerbsvorteile), S. 102ff.

85 Porter 1986 (Wettbewerbsvorteile), S. 139.

In der das Gedankengut von Porter aufnehmenden *deutschsprachigen Literatur zur Formulierung von Wettbewerbsstrategien* finden diese kostenpolitischen Ansatzpunkte (bislang) nahezu keine Berücksichtigung[86]. Offenkundig basieren mithin die Interpretationen in Wissenschaft und Praxis auf der besonders einprägsam formulierten ersten Fassung der Wettbewerbsstrategien von M.E. Porter und ignorieren weitgehend das wesentlich differenziertere Bezugsfeld der jüngeren Version, die speziell den Möglichkeiten des Erreichens von Wettbewerbsvorteilen gewidmet ist. Der Wert des Strategietyps der Kostenführerschaft wird daher vor allem in der *Fokussierung der Unternehmenspolitik auf die eigene Kostenposition* und die damit zusammenhängende Beziehung zum erreichten Marktanteil[87] gesehen. Der darüber hinausgehend offerierte *Ansatz eines kostenpolitischen Bezugsrahmens*, der im Falle einer entsprechenden Ausdifferenzierung wesentlich weiterreichende strategische Implikationen beinhaltet, als dies im Konzept von Porter deutlich wird, findet dagegen kaum Beachtung.

Strategie der Differenzierung

Die Strategie der *Differenzierung* stellt im Konzept von M.E. Porter darauf ab, „das Produkt oder die Dienstleistung des Unternehmens zu differenzieren und damit etwas zu schaffen, das in der ganzen Branche als einzigartig angesehen wird"[88]. Eine derartige Differenzierung beschränkt sich allerdings nicht allein auf die strategische Gestaltung bestimmter Merkmale der Absatzleistungen eines Unternehmens. Vielmehr läßt sich die *gesamte unternehmerische Leistungserstellung und -verwertung innerhalb der Wertkette* – dies belegen die jüngeren Ausführungen von Porter[89] – als Quelle der Differenzierung nutzen. Die differenzierungsgerechte Gestaltung der Wertkette erfolgt wiederum über *Einflußgrößen*, die – dies läßt sich als ein Zeichen stringenter Modellformulierung werten – mit den bereits charakterisierten Kostenantriebskräften weitgehend identisch sind[90].

Gleichwohl muß letztlich eine erfolgreiche *Differenzierung für den Kunden wahrnehmbar* sein. Dies gewährleisten einerseits *kundennahe Ausprägungen der Merkmale der Absatz-*

---

86 Diesbezüglich lassen sich Ausnahmen – wie beispielsweise Stein 1988 (Kostenführerschaft) sowie Steinmann/Guthunz/Hasselberg 1992 (Kostenführerschaft) – kaum finden, so daß auf den Beleg derjenigen Quellen, die eine entsprechend umfassende Auslegung vermissen lassen, verzichtet werden kann.

87 Diese Einschätzung geben beispielsweise Staehle 1985 (Managment), S. 378f. sowie Steinmann/Schreyögg 1991 (Management), S. 169 ab.

88 Porter 1983 (Wettbewerbsstrategie), S. 65.

89 So verweist Porter 1986 (Wettbewerbsvorteile) insbesondere darauf, daß Unternehmen die „Differenzierungsmöglichkeiten zu eng (sehen). Sie sehen die Differenzierung im Zusammenhang des physischen Produkts oder der Marketingmethoden, anstatt deren Entstehung überall in der Wertkette für möglich zu halten" (S. 164).

90 Diesen Einflußgrößen wird allerdings zurecht im Zusammenhang mit der Differenzierung eine andere Gewichtung beigemessen. Porter 1986 (Wettbewerbsvorteile), S. 169ff. nennt diesbezüglich die folgende, annähernd bedeutungsadäquate Reihenfolge: unternehmenspolitische Grundsatzentscheidungen, die Verknüpfungen (bzw. Wechselwirkungen) innerhalb der Wertkette sowie zu vor- und nachgelagerten Wertketten der Lieferanten und Kunden, die Zeitwahl aller marktstrategischen Maßnahmen, der Standort, die horizontalen Verflechtungen innerhalb eines Unternehmens, die Lernmechanismen, der Grad der vertikalen Integration, die Betriebsgröße sowie die unternehmensexternen Rahmenbedingungen.

leistungen, die als Ergebnis aus der Leistungserstellung resultieren. Hierzu zählen etwa die Produkttechnologie, die Produktqualität und das Produktdesign. Andererseits kann dies auch durch die *bedarfsgerechte Ausgestaltung kundennaher Leistungsprozesse* sichergestellt werden. Diesbezüglich ist vor allem eine entsprechende Funktionsfähigkeit eines demgemäß kundenorientierten Vertriebs- und Servicenetzes sicherzustellen. Neben solchen objektiven Merkmalen spielen aber auch eher *subjektive Merkmale der Absatzleistungen selbst sowie des gesamten Leistungserstellungssystems*, durch die eine spezifische Leistungsfähigkeit signalisiert werden kann, eine besondere Rolle. Dazu zählen beispielsweise der Markenname, das Erscheinungsbild und die Persönlichkeit der Mitarbeiter sowie der Ruf des gesamten Unternehmens[91].

Insofern läßt sich die anzustrebende Differenzierung sowohl durch eine entsprechende *Gestaltung von objektiv meßbaren Leistungsmerkmalen* als auch auf der Grundlage einer gezielten *Schaffung von subjektiv wahrnehmbaren Kundenpräferenzen* durch spezielle Maßnahmen des Marketing[92] erreichen. Die Differenzierungsstrategie zielt insofern letztlich darauf, durch einen entsprechenden Abnehmerwert[93] eine hohe und dauerhafte Kundennähe und Kundenbindung zu erreichen und auf diesem Wege „eine *Herabsetzung der Preiselastizität der Nachfrage*"[94] zu bewirken, um monopolistische Preisspielräume aufzubauen. Sowohl die oftmals mit der Differenzierung verbundene Exklusivität als auch die häufig kostenbedingt[95] erforderlichen hohen Preise der Absatzleistungen können in diesem Zusammenhang die Erreichung hoher Marktanteile verhindern[96].

Verträglichkeit der strategischen Optionen

Die Strategie der *Kostenführerschaft* und die Strategie der *Differenzierung* sind innerhalb des von M.E. Porter aufgespannten Wettbewerbskonzeptes – zumindest in gesättigten Branchen – als *sich gegenseitig ausschließende Strategietypen* angelegt[97]. Zwar weist Porter darauf hin, daß ein nach Kostenführerschaft strebendes Unternehmen ein gewisses *Mindestniveau der Differenziertheit* nicht unterschreiten darf. Ebenso darf ein nach Dif-

---

91 Porter verdeutlicht dies zwar weniger systematisch, aber durchaus einprägsam durch die exemplarische Auflistung typischer Differenzierungsmerkmale; vergleiche dazu insbesondere Porter 1983 (Wettbewerbsstrategie), S. 65 sowie Porter 1986 (Wettbewerbsvorteile), S. 166 und S. 188.

92 Auf diesen eher psychologischen Effekt, der tatsächlich vorhandene Leistungsmerkmale eines Unternehmens verstärken, aber prinzipiell auch ohne das Vorhandensein derartiger Merkmale bewirkt werden kann, verweist auch Porter 1983 (Wettbewerbsstrategie), S. 65 selbst. Allerdings ist zu vermuten, daß ein entsprechendes Image der Produkte beziehungsweise des gesamten Unternehmens in zunehmendem Maße wohl nur im Falle der Existenz tatsächlicher Leistungsvorteile dauerhaft aufrecht erhalten werden kann.

93 Der Abnehmerwert resultiert aus der Senkung der Abnehmerkosten und/oder der Erhöhung der Abnehmerleistung. Vergleiche dazu ausführlicher Porter 1986 (Wettbewerbsvorteile), S. 178ff.

94 Steinmann/Schreyögg 1991 (Management), S. 169.

95 Vergleiche zu den Kosten der Differenzierung Porter 1986 (Wettbewerbsvorteile), S. 174ff.

96 Vergleiche dazu Porter 1983 (Wettbewerbsstrategie), S. 66.

97 Vergleiche dazu Porter 1983 (Wettbewerbsstrategie), S. 303.

ferenzierung strebendes Unternehmen ein gewisses *Höchstniveau der Kosten* nicht überschreiten. Vielmehr muß eine vollständige oder beinahe *paritätische Positionierung* im Vergleich zur Konkurrenz erreicht werden[98]. In bestimmten Fällen wird darüber hinausgehend auch ein *Nebeneinander der strategischen Alternativen* eingeräumt, so insbesondere dann, „wenn die Konkurrenten zwischen die Stühle geraten sind ..., wenn Kosten weitgehend von Marktanteilen oder Verflechtungen beeinflußt werden ... und wenn ein Unternehmen bahnbrechende Innovationen einführt"[99].

Grundsätzlich warnt Porter jedoch nachdrücklich davor, beide Strategien gemeinsam anzustreben, da dies dazu führt, daß das Unternehmen „zwischen den Stühlen"[100] sitzenbleibt. Im Einklang mit dieser Warnung wird das gemeinsame Erreichen beider Strategietypen regelmäßig auch in der einschlägigen Sekundärliteratur ausgeschlossen[101]. Als Begründung dafür wird typischerweise darauf verwiesen, daß die *Differenzierungsstrategie* „gewöhnlich mit einer Verschlechterung der Kostenstruktur verbunden" ist, während die *Kostenstrategie* „auf eine Optimierung der Kostenstruktur (abstellt) und ... deshalb nur eine durchschnittliche Qualität und Differenzierung (erlaubt)"[102].

Einsatzfelder der strategischen Optionen

Als weiteren Strategietyp beschreibt Porter darüber hinaus die Strategie der *Fokussierung*[103], die statt einer branchenweiten Orientierung die *Konzentration auf einzelne Absatzsegmente beziehungsweise Absatznischen* beinhaltet. Dort kann dann sowohl die Strategie der Kostenführerschaft als auch die der Differenzierung Anwendung finden[104]. Darüber hinaus räumt Porter für die Fokussierung explizit ein, daß die beiden grundsätzlichen Strategieorientierungen auch gemeinsam erreicht werden können[105]. Insofern ist im Sinne einer klaren Systematik wohl der Schluß erlaubt, daß es sich auch im Konzept von Porter prinzipiell um nur *zwei grundsätzliche Strategietypen* handelt, nämlich die Kostenführerschaft und die Differenzierung, die hinsichtlich der Reichweite der Marktbearbeitung ent

---

98 Vergleiche dazu insbesondere Porter 1986 (Wettbewerbsvorteile), S. 33f. und S. 35.

99 Porter 1986 (Wettbewerbsvorteile), S. 41f.

100 Porter 1983 (Wettbewerbsstrategie), S. 71 sowie Porter 1986 (Wettbewerbsvorteile), S. 38.

101 Sehr deutlich formuliert dies beispielsweise Welge, indem er darauf hinweist, daß die „generellen Ausrichtungen der Geschäftsstrategien ... alternativ zu sehen (sind)". Welge 1985 (Planung), S. 257. Auch Steinmann/Schreyögg 1991 (Management) stellen bereits in der Überschrift mit der Formulierung „Differenzierung versus Kostenorientierung" (S. 168) heraus, daß die beiden Strategien hier als Gegensatz angesehen werden.

102 Steinmann/Schreyögg 1991 (Management), S. 172.

103 Vergleiche dazu Porter 1983 (Wettbewerbsstrategie), S. 67ff.

104 Becker 1988 (Marketing-Konzeption), S. 294 gibt zwar diesbezüglich zurecht zu bedenken, daß im Hinblick auf die Realisierung der Kostenführerschaft in Marktnischen Grenzen bestehen. Allerdings ist dies abhängig von der jeweiligen Größe der Nische. So ist wohl insbesondere in Kombination mit einer globalen Marktbearbeitung auch für Nischenprodukte die Position einer Kostenführerschaft denkbar.

105 Porter 1983 (Wettbewerbsstrategie), S. 67.

weder auf die gesamte *Branche* oder auf spezielle *Segmente beziehungsweise Nischen* ausgerichtet werden.

Bezieht man darüber hinaus noch *marktgeographische Differenzierungen*[106] ein, so lassen sich – ebenfalls alternativ – strategische Aktivitäten im nationalen, internationalen und globalen Markt unterscheiden. In diesem Zusammenhang sei eine *nationale Strategie* durch die Begrenzung der unternehmerischen Aktivitäten auf die heimischen Binnenmärkte gekennzeichnet. Demgegenüber schließen *internationale Strategien* auch Auslandsaktivitäten, speziell etwa Import- und Exportaktivitäten, Auslandsinvestitionen, Lizenzabkommen, Franchising-Systeme, Kompensationsgeschäfte und Investitionen in ausländische Tochtergesellschaften[107], ein. Während man sich im Rahmen derartiger Aktivitäten um die adäquate Berücksichtigung länderspezifischer Gegebenheiten bemüht, sind *globale Strategien* dagegen durch die Existenz eines einheitlichen Weltmarktkonzeptes gekennzeichnet[108]. Jede dieser drei geographischen Marktorientierungen kann wiederum entweder branchenweit oder segmentspezifisch erfolgen.

C Denkstrukturen, Realisationsprinzipien und Funktionsmechanismen wettbewerbsstrategischer Optionen

Die im vorausgegangenen Abschnitt entfaltete *Differenzierung grundlegender wettbewerbsorientierter Strategiekategorien und -typen* erfolgte in dem Bemühen, zunächst einen möglichst knapp gefaßten Überblick über den derzeitigen Stand der Entwicklung strategischer Optionen der Unternehmenspolitik zu vermitteln. Als systematischer Ausgangspunkt wurde dafür die Unterscheidung von Unternehmens- und Marktstrategien gewählt: Während *Unternehmensstrategien zur unternehmenspolitischen Vorgabe genereller Entwicklungsrichtungen* dienen, sind *Marktstrategien zur unternehmenspolitischen Prägung spezieller Handlungsmuster* einzusetzen.

Die Darlegung der innerhalb der Betriebswirtschaftslehre offerierten und diskutierten Strategiekategorien verdeutlichte insbesondere, daß die *Unternehmensstrategien*, speziell also die zur Systematisierung differenzierten *Wachstums-, Stabilisierungs- und Schrumpfungsstrategien*, nicht als sich gegenseitig ausschließende Alternativen isoliert nebeneinander stehen. Vielmehr sind diese strategischen Optionen innerhalb des unternehmerischen Lebenszyklus nicht zeitlich nacheinander, sondern als *zweckgerichtet miteinander zu kombinierende Strategienbündel* aufzufassen und anzuwenden.

---

106 Diesen Aspekt berücksichtigt auch Porter 1983 (Wettbewerbsstrategie), S. 345ff. in einem speziellen Kapitel.

107 Vergleiche zu der hier vorgenommenen Stufung internationaler Geschäftsaktivitäten Ringle 1977 (Exportmarketing), S. 186 sowie auch Meissner 1981 (Außenhandels-Marketing), S. 9ff.

108 Vergleiche dazu insbesondere Levitt 1973 (Globalization), S. 102.

Im weiteren Verlauf der vorliegenden Untersuchung wird ausgehend von dem dargestellten Entwicklungsstand der in der Betriebswirtschaftslehre konzipierten marktstrategischen
Handlungsmuster der Frage nachzugehen sein, inwieweit speziell die von M.E. Porter herausgearbeiteten _Wettbewerbsstrategien der Kostenführerschaft und der Differenzierung_ der
aufgestellten Anforderung gerecht werden, daß jegliche Unternehmenspolitik stets zugleich Stabilitätspolitik sein muß. Es ist also insbesondere zu prüfen, ob die betrachteten
Strategietypen nicht nur als ein wachstumsorientierter und wettbewerbswirksamer Handlungsrahmen dienen, sondern gleichermaßen auch stabilitätspolitischen Erfordernissen
gerecht werden können.

Die _Überprüfung der stabilitätspolitischen Wirksamkeit der wettbewerbsstrategischen_
Konzepte erfolgt innerhalb des hier zugrunde gelegten situativen Ansatzes der Unternehmenspolitik. Der diesbezügliche Zusammenhang basiert somit auf der in _Abbildung 3-4_
dargestellten _Verhaltenshypothese für die Stellung und Bedeutung der Strategien_ innerhalb
des situativ beeinflußten Handelns von Unternehmen.

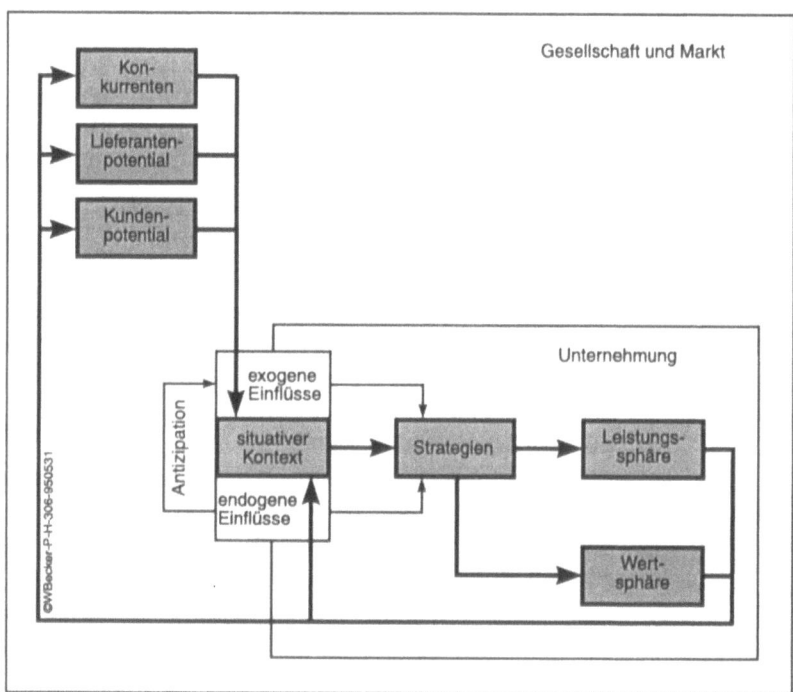

Abbildung 3-4   Verhaltenshypothese für das situativ beeinflußte und strategisch
geprägte unternehmerische Handeln

In dieser Darstellung ist das zwischen den unternehmerischen Handlungsvariablen bestehende _situative Beziehungsnetz_ bewußt vereinfacht dargestellt, um die besonders bedeutsam erscheinenden _Beeinflussungsstrukturen und -prozesse_ herauszustellen. Die aufge-

nommenen Beziehungen stellen also nicht güterwirtschaftliche Leistungs- und Wertströme, sondern vielmehr die besonders bedeutsamen Machtströme dar. Die in diesem Zusammenhang zugrunde gelegte Verhaltenshypothese geht davon aus, daß die jeweils herrschenden *Bedingungskonstellationen der Gesellschaft und der Märkte*, die dem betroffenen Unternehmen spezifische Chancen und Risiken offerieren, als *exogene Einflüsse* auf die Unternehmenspolitik einwirken und speziell die Auswahl der situativ geeignet erscheinenden *Strategien* prägen. Darüber hinaus erfolgt gleichermaßen eine Prägung der Strategienwahl durch die als *endogene Einflüsse* wirksamen *Bedingungskonstellationen des Unternehmens* selbst, die sich als spezifische Stärken und Schwächen präsentieren. Mit der Auswahl und Anwendung geignet erscheinender *Strategien* werden wiederum *Struktur und Verhalten des Unternehmens*, aber auch der *unternehmensexternen Marktteilnehmer* determiniert. Insofern bestehen seitens der Strategien direkte Wirkungen auf das unternehmerische Handeln, sowie indirekte Wirkungen – über dieses Handeln – auf den Markt, der seinerseits auf die Strategien und das (Ausführungs-)Handeln im Unternehmen zurückwirkt.

Insgesamt ist insofern von einer komplex vernetzten *Bedingtheit des Handelns von Unternehmen* durch deren Strategien auszugehen. Die in diesem Zusammenhang erforderliche Konkretisierung zweckmäßiger strategischer Optionen des Handelns erfolgt über bestimmte *betriebswirtschaftliche Denkstrukturen*, die offenbar spezifische Strategieausprägungen und – in der Folge – Handlungsweisen nahelegen.

1 Betriebs- und Marktdenken als strategische Orientierungslinien des unternehmerischen Handelns

Die von M.E. Porter formulierten Strategietypen der *Kostenführerschaft und Differenzierung* erfreuen sich innerhalb der modernen Betriebswirtschaftslehre besonders breiter Zustimmung. Die Gründe dafür finden sich in dem – zumindest implizit feststellbaren – Anknüpfen an grundsätzlichen Handlungsorientierungen und tautologischen Denkstrukturen, in der weitgehenden Kongruenz mit grundlegenden Prinzipien der Leistungserstellung in Unternehmen sowie in der überzeugenden Einfachheit und Klarheit der Argumentation.

Insbesondere läßt sich im traditionellen *Betriebs- und Marktdenken*, das als Grundlage der modernen Betriebswirtschaftslehre im deutschsprachigen Raum allseitige Zustimmung gefunden hat, ein zwar nur implizit vorhandener, aber dennoch wesentlicher Denkraster für die Prägung dieser Strategien erkennen. Sie nehmen insofern zwei prinzipiell mögliche Ausprägungsvarianten des Handelns von Unternehmen auf: Während die *Kostenführerschaft* eine Optimierung im Innenverhältnis von Unternehmen durch ein demgemäß intern ausgerichtetes *Kosten- beziehungsweise 'Betriebs'-Denken* anstrebt, zielt die *Differenzierung* auf eine Optimierung im Außenverhältnis von Unternehmen durch ein entsprechend extern ausgerichtetes *Kundennutzen- beziehungsweise Marktdenken*.

Allerdings ist diese grundsätzliche *Fokussierung auf Betriebs- und Marktaspekte* keineswegs neu, sondern basiert nicht nur in der amerikanischen[109], sondern auch in der deutschsprachigen Betriebswirtschaftslehre auf einer bewährten Tradition, auf die allerdings in der einschlägigen, wettbewerbsstrategisch orientierten Literatur überraschenderweise kaum Bezug genommen wird[110]. So ist bereits frühzeitig innerhalb der 'Kölner Schule', die wesentlich durch die Arbeiten von Eugen Schmalenbach und Erich Gutenberg vertreten wird, eine deutliche Prägung betriebswirtschaftlicher Forschung auf ein vorrangig unternehmensintern ausgerichtetes *Betriebsdenken*, das auf dem dominanten *Prinzip der Kostenminimierung* beruht, festzustellen. Demgegenüber offeriert die '*Nürnberger Schule*', vertreten vor allem durch die Arbeiten von Erich Schäfer, eine deutliche Orientierung der Betriebswirtschaftslehre zum '*Marktdenken*', das auf dem dominanten *Prinzip der Ertragsmaximierung* basiert. Diese hier bewußt zunächst extremisierende Kennzeichnung wird allerding weder den Arbeiten von Erich Schäfer noch den Arbeiten von Erich Gutenberg vollständig gerecht.

So weist etwa auch bereits Karl Hax in seiner gesamthaften Würdigung des Standorts von Erich Schäfer innerhalb der Betriebswirtschaftslehre zurecht darauf hin, daß es „falsch (wäre), Erich Schäfer gewissermaßen als Antipoden Schmalenbachs, als extremen Vertreter einer 'marktwirtschaftlich orientierten Betriebswirtschaftslehre' zu interpretieren. Es kam ihm ... darauf an, nachzuweisen, daß man nicht nur an die Betriebsökonomie, sondern gleichzeitig auch an die Marktökonomie denken müsse. Er hat dafür eine glänzende Formulierung gefunden: Schmalenbachs '*Hineinhorchen in den Betrieb*' müsse ergänzt werden durch ein '*Hinaushorchen auf den Markt*'."[111] In ähnlicher Weise sind auch die Bemühungen von Erich Gutenberg insgesamt darauf gerichtet, das unternehmensintern orientierte *Produktions- und Kostendenken* konsequent durch ein unternehmensextern orientiertes *Markt- und Nutzendenken* zu ergänzen. Dies wird nicht zuletzt in der Gesamtauslegung seiner dreibändigen 'Grundlagen der Betriebswirtschaftslehre' überaus deutlich. Innerhalb dieses Werkes wird zwar regelmäßig dem ersten Band, der sich mit den Grundlagen der Produktions- und Kostentheorie beschäftigt, eine besonders herausragende Bedeutung beigemessen. Gleichwohl finden die dort herausgearbeiteten Grundlagen einer Theorie der Unternehmung, die sich mit den „Kausalbeziehungen zwischen dem Output einer Unternehmung und ihren Inputs"[112] beschäftigen, eine adäquate Ergänzung und Erweiterung in dem zweiten Band, in dem „die Frage nach dem Nutzen gestellt (wird), den die

---

109 So verweist etwa insbesondere Becker 1988 (Marketing-Konzeption), S. 308 zurecht auf die wesensmäßig änlichen kunden- bzw. abnehmerorientierten Basisstrategien, die Philip Kotler im Rahmen seiner Marketing-Management-Konzeption offeriert.

110 Allenfalls finden sich vage Hinweise auf derartige Orientierungen, wie dies etwa bei Hinterhuber 1990 (Wettbewerbsstrategie) deutlich wird, der feststellt: „Die Strategie ist ... nach außen auf die Einnahme einer – auf Dauer haltbaren – führenden Wettbewerbsposition und/oder auf die damit verbundene Beeinflussung Dritter gerichtet, nach innen auf die Herrschaft über sich selbst."(S. 159).

111 Hax 1971 (Erich Schäfer), S. 253.

112 Albach 1982 (Organisations- und Personaltheorie), S. 1.

Outputs der Unternehmung für die Gesellschaft und deren Konsumenten unter den Bedingungen unvollkommener Märkte haben"[113]. Ohne Zweifel intendiert somit auch Erich Gutenberg insgesamt eine letztlich nach *Einheit der Strategien und Funktionen* strebende Betriebswirtschaftslehre als Wissenschaft[114].

Insgesamt darf man daher wohl zurecht das von Karl Hax herausgestellte Anliegen Erich Schäfers, das in der „*Vereinigung der Gegensätze auf einer höheren Ebene*" bestand, „um die Überwölbung von These und Antithese durch eine Synthese"[115] herbeizuführen, für Erich Gutenberg analog gelten lassen. Insofern scheint auch der Schluß gerechtfertigt, daß die mit den Arbeiten von Erich Schäfer und Erich Gutenberg vorgelegten Ansätze der deutschsprachigen Betriebswirtschaftslehre – zumindest hinsichtlich der grundlegenden, paradigmatischen Denkrichtungen – zugleich auch *wegweisende wettbewerbsstrategische Orientierungslinien* markieren.

Darüber hinaus – und dies scheint gerade auch aus stabilitätspolitischer Sicht besonders bemerkenswert – zeigt sich zumindest in rückblickender Betrachtung bereits in dieser traditionellen Grundlegung der modernen Betriebswirtschaftslehre überaus deutlich die *Notwendigkeit einer ganzheitlichen Betrachtung des unternehmerischen Handelns*. Derart holistische Handlungsorientierungen schließen allerdings prinzipiell den *Verzicht auf separatistische Konzepte*, wie sie eben gerade in den sich gegenseitig ausschließenden strategischen Optionen von Porter offeriert werden, ein. Insofern läßt bereits die am Betriebs- und Marktdenken anknüpfende Prägung wettbewerbsstrategischer Optionen auf das *Erfordernis einer eher integrativen Strategieformulierung* schließen. Die Strategien der Kostenführerschaft und der Differenzierung sind vor diesem Hintergrund wohl eher als *idealtypische Strategiekategorien* aufzufassen und haben als solche eine hohe argumentative Überzeugungskraft. Deren realtypische Umsetzung darf demgegenüber gemäß der hier vertretenen Auffassung die *Vereinbarkeit beider strategischer Handlungsmuster* nicht ausschließen. Insbesondere sollte aus den – im Rahmen eines sukzessiven oder gar simultanen Bemühens um Kostenführerschaft und Differenzierung – auftretenden praktischen Schwierigkeiten keinesfalls auf die theoretische Unmöglichkeit des Verfolgens beider Handlungsmuster geschlossen werden. Die Überprüfung einer derartigen Vereinbarkeit der strategischen Optionen setzt allerdings eine tiefergreifende Analyse der in den strategischen Handlungsmustern intendierten Realisationsprinzipien voraus.

---

113 Albach 1982 (Organisations- und Personaltheorie), S. 1.

114 Besonders deutlich wird dies in der berühmten Kölner Rede (Gutenberg 1957 (Betriebswirtschaftslehre)) mit der Erich Gutenberg „als erster eine umfassende Konzeption der betriebswirtschaftlichen Theorie vorgelegt ... und die Betriebswirtschaftslehre auf das weite Feld unternehmerischen Handelns geführt (hat)" (Koch 1982 (Vorwort), S. V).

115 Hax 1971 (Erich Schäfer), S. 253.

2   Massen-, Verbund- und Nutzenproduktion als strategische Realisationsprinzipien des unternehmerischen Handelns

Die beiden *Grundtypen von Wettbewerbsstrategien* lassen deutlich erkennen, daß sie an den beiden *Determinanten der Erfolgsposition* von Unternehmen anknüpfen: Während sich die Strategie der *Kostenführerschaft* letztlich um die *Minimierung der Kosten* bemüht, ist die Strategie der *Differenzierung* eher auf die *Maximierung der Erlöse* gerichtet[116]. Zweifellos können auch beide Ansatzpunkte zu der angestrebten Verbesserung der Erfolgsposition führen, da hier ein tautologischer Zusammenhang zugrunde liegt. Ein demgegenüber nicht nur formales Verständnis der strategischen Optionen, das dann auch für die Erfüllung stabilitätspolitischer Anforderungen nutzbar wird, erfordert allerdings eine tiefergreifende *Analyse der strategischen Pfade*, die den angestrebten Wirkmechanismus zwischen den Erfolgspotentialen und dem Erfolg aufzudecken vermag.

Realisationsprinzipien der Kostenführerschaft

Die *Strategie der Kostenführerschaft* weist diesbezüglich zwar aufgrund des genutzten Bezugsrahmens, in dem ein aus den Kostenstrukturen, dem Kostenverhalten und dem (Gesamt-)Kostenniveau gebildetes *Mehrebenenkonzept einer strategischen Kostenpolitik* aufgespannt wird, prinzipiell verschiedenartige (potentielle) Wirkmechanismen auf. Gleichwohl steht (faktisch) innerhalb dieses vielschichtigen Modells ein aus dem Ziel der Kostensenkung resultierendes und an der Verhaltenskomponente ansetzendes *Bemühen um degressive Kostenverläufe* im Vordergrund.

Die Einordnung und das bessere Verständnis dieses Vorgehens sowie die Aufdeckung gegebenenfalls bestehender Lücken bedingt eine möglichst umfassende und transparente Systematisierung der grundsätzlich bestehenden *Typen von Kostendegressionseffekten*[117]. Dazu kann auf einen von Dietrich Adam entwickelten Systematisierungsansatz[118] zurückgegriffen werden, der zunächst zwei unterschiedliche Grundtypen von Kostendegressionseffekten differenziert: Ein *erster Grundtyp der Kostendegression* beinhaltet demgemäß die *Verteilung der nicht disponiblen Gesamtkosten* auf ein zunehmendes Niveau der unabhängigen Variable, wie sie etwa im Rahmen der Anwendung des Prinzips der Massenproduktion als Fixkosten- beziehungsweise Beschäftigungsdegression entsteht. Ein *zweiter Grundtyp der Kostendegression* beruht demgegenüber auf der *Verringerung der disponiblen Stückkosten*. Davon können die Durchschnittskosten, aber auch die Grenzkosten betroffen sein.

---

116 Diese Anknüpfung an den Determinanten der Erfolgsposition verdeutlichen Coenenberg/ Baum 1987 (Controlling), S. 104f, speziell dort auch Abbildung 38.

117 Dies ist vor allem auch deshalb notwendig, weil insbesondere in der angelsächsischen Literatur, aber auch in Teilbereichen der deutschsprachigen wettbewerbsstrategischen Literatur mit bereits terminologisch nicht sauber abgegrenzten Verhaltensmechanismen argumentiert wird.

118 Vergleiche dazu im einzelnen Adam 1979 (Kostendegressionen), vor allem Sp. 949ff.

Die *Degression der Grenzkosten* beinhaltet wiederum wesensmäßig verschiedenartige Effekte, die auf unterschiedliche Ursachen der Kostendegression rekurrieren. Speziell lassen sich die folgenden Typen differenzieren:

❑ eine *auflagenbedingte Kostendegression*, die auf eine losgrößen- bzw. auftragsgrössenabhängige Reduzierung speziell der Rüstkosten einer Periode zurückzuführen ist;

❑ eine *lernbedingte Kostendegression*, die aus einer im wesentlichen zeitabhängigen Reduzierung der Grenzkosten resultiert[119], die auf Verbesserungen im Arbeitstempo, im Material- und Leistungsfluß oder in der Beherrschung der Produktionsverfahren beruht;

❑ eine *verfahrensbedingte Kostendegression*, die auf den Einsatz kostengünstigerer Produktionsverfahren zurückzuführen ist,

❑ eine *koordinationsbedingte Kostendegression*, die aus der Harmonisierung unterschiedlicher Kapazitäten aufeinanderfolgender Produktionsstufen resultiert.

Die Umsetzung der beiden zuletzt angeführten Typen der verfahrensbedingten sowie der koordinationsbedingten Kostendegression setzt prinzipiell eine multiple oder mutative Betriebsgrößenvariation voraus, die vor allem im Rahmen der Anwendung des Prinzips der Massenproduktion im Falle der expansiven Ausweitung der Beschäftigung ermöglicht wird. Sie werden deshalb in der betriebswirtschaftlichen Literatur gemeinhin auch unter dem Begriff der *betriebsgrößenbedingten Kostendegression* zusammengefaßt[120].

Allerdings sei bereits hier darauf hingewiesen, daß die implizite Bündelung von *Beschäftigungs- und Betriebsgrößenvariation* zum einen sowie von *Betriebsbreiten- und Betriebstiefenvariation* zum anderen jedoch nicht ungefährlich ist. Insbesondere legen derartige Bündelungen den Rückschluß nahe, daß die dem Prinzip der Massenproduktion folgenden Unternehmen und/oder Unternehmen mit hoher Leistungstiefe Kostendegressionseffekte realisieren können. Demgegenüber finden sich jedoch gerade in diesen Situationen Gründe für das *Entstehen von Kostenprogressionen*, die einer Realisierung der angestrebten 'Economies of Scale' entgegenstehen und statt dessen zu 'Diseconomies of Large Scale' führen können. Insofern müssen die im Rahmen des Strebens nach Kostendegressionseffekten eingesetzten Mittel stets gleichermaßen sorgfältig daraufhin überprüft werden, ob sie nicht zur *Entstehung von Kostenprogressionseffekten* beitragen[121]. Zudem ist auch

---

119 Insofern handelt es sich hier um die Anwendung des sogenannten Lerngesetzes der industriellen Produktion. Vergleiche dazu die Übersichtsbeiträge von Baetge 1975 (Lernprozesse) und Baur 1979 (Lerngesetz) sowie auch den kritischen Beitrag von Schneider 1965 (Lernkurven).

120 Diese Bündelung findet sich auch bei Adam 1979 (Kostendegressionen), Sp. 950. Vergleiche zu den kostentheoretischen Hintergründen insbesondere Gutenberg 1979 (Produktion), S. 424ff.

121 Eine umfassende Systematisierung möglicher Kostenprogressionen findet sich regelmäßig nicht in der Literatur. Diesbezüglich weist Adam 1979 (Kostendegressionen) darauf hin, daß „typische Progressionseffekte ... bei selektiver sowie intensitätsmäßiger Anpassung von Betriebsmitteln, bei Vernichtungskosten im Rahmen der Kuppelproduktion, bei Lagerkosten im Rahmen der Sortenfertigung sowie bei Vertriebskosten für eine wachsende Marktausdehnung auf(treten)" (Sp. 951).

im Falle einer auf _Desintegration_ beruhenden, besonders engen und partnerschaftlichen _Kooperation mit Wertschöpfungspartnern_ die Realisation von Harmonisierungseffekten keineswegs auszuschließen, sondern geradezu vorauszusetzen[122]. Insofern sollten speziell die auf einer besonders kostengünstigen Abstimmung der Kapazitäten beruhenden Kostendegressionen nicht als betriebsgrößenbedingte Kostendegressionen bezeichnet werden.

Im Rahmen der von M.E. Porter formulierten _Strategie der Kostenführerschaft_ läßt sich auf der Grundlage dieser Typisierung ein dominantes Streben nach _Realisation von mengen-, betriebsgrößen- und lernbedingten Kostendegressionseffekten_, wie sie im Konzept der Erfahrungskurve gebündelt werden, erkennen[123]. Insofern werden zwar grundsätzlich nahezu sämtliche Möglichkeiten zur Kostendegression ausgeschöpft. Andererseits erfolgt jedoch eine für die Gesamtwürdigung der Strategie wesentliche Verknüpfung des Strebens nach derartigen Kostendegressionseffekten mit spezifischen _strategischen Realisationsprinzipien_, so speziell mit dem Prinzip der _Massenproduktion_ sowie dem der _Verbundproduktion_.

Eine erste Variante der Kostenführerschaft zeichnet sich nämlich dadurch aus, daß das _Ziel der Kostensenkung_ auf die Ergebnisse der unternehmerischen Leistungserstellung bezogen wird, um die Gestaltungsebenen des Kostenniveaus und des Kostenverhaltens im Sinne des Erschließens preispolitischer Handlungsspielräume zu beeinflussen.

Als dementsprechendes _Mittel_ wird die konsequente _Maximierung der Mengenkomponente des Umsatzes_ eingesetzt. Die Steigerung der Produktions- und Absatzmengen eröffnet dem Unternehmen einerseits die – im Rahmen von Vollkostenbetrachtungen resultierende – Verteilung nicht disponibler Fixkosten auf ein größeres Leistungsvolumen. Zugleich resultieren aber auch die strategischen Chancen dafür, _lern- und betriebsgrössenbedingte Degressionseffekte der Grenzkosten_ zu realisieren, die in der Folge – auch aus Sicht des Kalkulierens mit entscheidungsorientierten Kosten – eine kostenmäßig gerechtfertigte Preisführerschaft[124] begründen. Die über eine entsprechende _Niedrigpreispolitik_ erfolgen-

---

122 Die besondere Betonung der Koordinationserfordernisse kommt auch in der von Pampel 1993 (Kooperation) aufgestellten Definition derartiger Kooperationen zum Ausdruck. Hier wird als Kooperation die „Zusammenarbeit im Sinne der Arbeitsteilung entlang der Wertschöpfungskette ... verstanden, die die sachlichen und formalen Ziele beider Kooperationspartner fördern soll und die dazu erforderliche _Koordination_ umfaßt" (S. 18).

123 Dies ist für die ursprüngliche Version der Strategie der Kostenführerschaft, wie sie von Porter 1983 (Wettbewerbsstrategie), S. 63ff. formuliert wurde, evident. In der aus methodologischer Sicht wesentlich differenzierteren Version, wie sie von Porter 1986 (Wettbewerbsvorteile), S. 93ff. fomuliert wurde, läßt sich die diesem Mittel beigemessene hohe Bedeutung jedoch ebenfalls deutlich erkennen. Auf den detaillierten textanalytischen Nachweis kann aufgrund der auch hier geltenden Augenfälligkeit verzichtet werden. Lediglich summarisch sei auf die Beschreibung der einzelnen Kostenantriebskräfte (S. 102ff.), auf die Erörterung der zwischen den Kostenantriebskräften bestehenden Wechselwirkungen (S. 121ff.) sowie auf die Darlegung der Möglichkeiten zur Erreichung eines Kostenvorsprungs (S. 139ff.) verwiesen, innerhalb derer mehrfach auf derartige Kostendegressionen rekurriert wird.

124 Vergleiche zu einer demgegenüber allein konkurrenzorientierten Preisführerschaft, die keinen Bezug zur Kosten- und Nachfragesituation aufweist, sowie zu den unterschiedlichen Verhaltenstypen einer aktiven und passiven Preispolitik beispielsweise Diller 1991 (Preispolitik), S. 183ff.

de Weitergabe dieser Vorteile an die Nachfrager läßt steigende Absatzmengen und in der Folge wiederum steigende Produktionsmengen erwarten, so daß der im Mittelpunkt dieser Strategie stehende *umsatzmengenbezogene Regelkreis zwischen Produktion und Absatz* geschlossen wird. Im Falle einer demgemäß idealtypischen Wirkung sind Marktanteilssteigerungen bis zur vollständigen Sättigung der Nachfrage denkbar.

Insofern nutzt diese dominierende Ausprägungsvariante der Strategie, die aufgrund des intendierten Ausschöpfens der – allerdings in diesem Fall deutlich eingeschränkten – Möglichkeiten der Kostenbeeinflussung besser als *mengenbedingte Kosten- und Preisführerschaft* bezeichnet werden sollte, letztlich das altbekannte *Prinzip der Massenproduktion*, um mit dessen Hilfe 'Economies of Scale' zu realisieren.

Als eine zweite Variante der Kostenführerschaft läßt sich das *Streben nach einer Optimierung des Ausschöpfens von synergiebedingten Kostenvorteilen* anführen, das ein als *synergiebedingte Kosten- und Preisführerschaft* bezeichenbares Konzept begründet.

Den Ausgangspunkt dieses Strebens nach *Realisierung von Scope-Effekten*, das allerdings bislang kaum systematisch in strategische Konzepte integriert wurde und überdies hinsichtlich der Wirksamkeit nicht hinreichend empirisch bestätigt werden konnte, bildet prinzipiell das von Erich Gutenberg aufgestellte *Konstrukt der Nutz- und Leerkosten*[125]. Gemäß dieser zurecht nicht unstrittigen Kategorisierung[126] lassen sich die *Fixkosten* eines Unternehmens durch eine formal-rechnerische Aufspaltung in Nutzkosten (Kosten der genutzten Kapazität) sowie in Leerkosten (Kosten der ungenutzten Kapazität) unterteilen, um eine – faktisch nicht gegebene – Beschäftigungsabhängigkeit der Fixkosten zu begründen. Das Bemühen um die *Erzielung von Scope-Effekten* ist dadurch gekennzeichnet, daß eine *Reduzierung der Leerkosten* durch die nicht-konfligäre (Mit-)Nutzung von nicht vollständig genutzten Kapazitäten erreicht werden soll. Durch die in diesem Zusammenhang stattfindenden zusätzlichen Leistungsprozesse entstehen keine weiteren Fixkosten, da auf bereits vorhandene Leistungspotentiale zurückgegriffen wird. Insofern bemüht sich auch dieses Konzept um das Gestaltungsziel einer *Kostensenkung*, die vorrangig auf den kostenpolitischen Gestaltungsebenen des Kostenverhaltens und der Kostenstrukturen vollzogen werden soll. Als Gestaltungsobjekte stehen die vorhandenen Leistungspotentiale sowie die Leistungsprozesse im Vordergrund.

Die verbreitete Skepsis hinsichtlich der tatsächlichen Wirksamkeit eines derartigen Ansatzes läßt sich mit den *Grenzen der Reduzierung von Leerkosten* begründen. Zwar sind zweifellos nahezu in jedem Unternehmen eine Vielzahl nicht vollständig genutzter Leistungspotentiale aufzudecken. Speziell können zudem sämtliche Kategorien von Leistungspotentialen betroffen sein, also technische, personelle und immaterielle Leistungspotentiale. Abgesehen von den praktischen Schwierigkeiten, die aus einer meist gegebe-

---

125 Vergleiche dazu Gutenberg 1979 (Produktion), S. 348ff.

126 Vergleiche dazu insbesondere Riebel (Theorie der Produktion), S. 137f. und S. 143.

nen *eingeschränkten Einsatzflexibilität der Leistungspotentiale* resultieren, reicht jedoch die freie Restkapazität der einzelnen Leistungspotentiale regelmäßig nicht aus, um neue und eigenständige Aufgabenfelder aufzunehmen. Disproportionierungen, die auf die *eingeschränkte Teilbarkeit der Leistungspotentiale* zurückzuführen sind, sind vielmehr gerade damit verbunden, daß „Leerkosten ... nicht zu vermeiden sind und deshalb auch nicht abgebaut werden können, also den Dispositionen der Geschäftsführung praktisch entzogen sind"[127]. Insofern ist das zunächst naheliegend erscheinende Bemühen um Realisierung synergiebedingter Kostenvorteile meist mit engen praktischen Grenzen konfrontiert.

In diesem Zusammenhang sind – hinsichtlich der zur Zielerreichung anzuwendenden Mittel – zwei verschiedenartige Vorgehensweisen, die als grundsätzliche Erscheinungsformen der *Verbundwirtschaft*[128] auftreten, zu unterscheiden[129]: Einerseits lassen sich durch *vertikale Integration*, die als *Rückwärtsintegration* in die Beschaffungsmärkte sowie als *Vorwärtsintegration* in die Absatzmärkte, speziell in die Vertriebskanäle gerichtet sein kann, Kostendegressionseffekte realisieren[130]. Andererseits besteht auch die Möglichkeit, *horizontale Verflechtungen*[131], speziell deren Ausprägungsvarianten der auf der gemeinsamen Ausführung von unternehmerischen Aktivitäten beruhenden *materiellen Verflechtung* sowie der auf der gemeinsamen Nutzung von Management-Know How basierenden *immateriellen Verflechtung*, zum Ausschöpfen von Kostendegressionseffekten zu nutzen[132]. In beiden Fällen lassen sich wiederum vorrangig *lern- und betriebsgrößenbedingte Degressionseffekte* der Stückkosten realisieren. Diese sind zwar zum Teil ebenfalls auf das zuvor bereits angeführte mengeninduzierte Erreichen von 'Economies of Scale' zurückzuführen. Im Vordergrund steht allerdings hier eher der besondere *synergetische Nutzen eines gemeinsamen Handelns* zuvor getrennt handelnder unternehmerischer Einheiten, der wohl vor allem aus der koordinationsbedingten Harmonisation unternehmerischer Kapazitäten resultiert. Insgesamt bemüht sich diese Ausprägungsvariante der Strategie, die sich als *synergiebedingte Kosten- und Preisführerschaft* kennzeichnen läßt, somit vorrangig um

---

127 Gutenberg 1979 (Produktion), S. 351.

128 Als umfassendste Ausprägungsform einer Verbundwirtschaft bezeichnet Männel 1979 (Verbundwirtschaft) den Verbundbetrieb, der „eine aus mehreren Gliedbetrieben bestehende Betriebsverbindung (darstellt), in der unter einheitlicher Leitung – z.B. getragen von dem Streben nach Erreichen einer insbes. unter produktionswirtschaftlichen Gesichtspunkten optimalen Betriebsgröße – eine gemeinschaftliche Erfüllung der Gesamtaufgaben durch die miteinander verbundenen Betriebe erfolgt" (Sp. 2077f.).

129 Hinzuweisen ist allerdings darauf, daß die Erscheinungsformen der Verbundwirtschaft nicht ausschließlich im Rahmen der Strategie der Kostenführerschaft zur Anwendung gelangen, sondern ebenso im Falle der Strategie der Differenzierung genutzt werden können.

130 Mögliche Vor- und Nachteile der vertikalen Integration werden bereits bei Porter 1983 (Wettbewerbsstrategie), S. 375ff. diskutiert. Die systematische Einbindung dieser Aspekte in die Strategie der Kostenführerschaft erfolgt allerdings erst durch die explizite Aufnahme des Grades der vertikalen Integration in den Katalog bedeutsamer Kostenantriebskräfte bei Porter 1986 (Wettbewerbsvorteile), S. 113f.

131 Der Möglichkeit, horizontale Verflechtungen aufzubauen, widmet Porter 1986 (Wettbewerbsvorteile), S. 405ff. mit immerhin drei Kapiteln besonders breiten Raum.

132 Vergleiche zu den sehr engen Zusammenhängen zwischen dem Eingehen horizontaler Verflechtungen und einer Diversifikationsstrategie insbesondere Porter 1986 (Wettbewerbsvorteile), S. 474ff.

eine auf dem *Prinzip der Verbundproduktion* beruhende Realisation von *'Economies of Scope'*.

Realisationsprinzip der Differenzierung

Die von Porter so bezeichnete *Strategie der Differenzierung*, die durch kundenorientierte Ausprägungen bedeutsamer Merkmale der Absatzleistungen beziehungsweise durch geeignete präferenzpolitische Maßnahmen eine *Maximierung der Preiskomponente des Umsatzes* intendiert, setzt vorrangig am Kundennutzen an, der in den Produkten enthalten ist, die als leistungswirtschaftliche Ergebnisse aus dem unternehmerischen Handeln resultieren.

Die in diesem Fall genutzte Argumentationskette baut auf den seitens der Nachfrager für angemessen erachteten Preis-Leistungs- beziehungsweise *Preis-Nutzen-Relationen* auf. Demgemäß besteht auf der Nachfrageseite die grundsätzliche Bereitschaft, für Produkte, die tatsächlich geringwertig sind oder so wahrgenommen werden, nur einen niedrigen Preis und umgekehrt für Produkte, die höherwertig sind oder so wahrgenommen werden, einen entsprechend höheren Preis zu zahlen. Der Preis dient in diesem Falle mithin als „Indikator für die Qualität"[133] der Produkte. Die daher in diesem Zusammenhang empfohlene Steigerung des Produkt- beziehungsweise Kundennutzens eröffnet unmittelbar die Möglichkeit zur Erhöhung der Absatzpreise. Die realisierten Umsatzzuwächse können für die Deckung der mit der weiteren Erhöhung des Produktnutzens regelmäßig einhergehenden Kostensteigerungen genutzt werden, so daß sich auch im Falle dieser Strategie der nunmehr jedoch *umsatzwertbezogene Regelkreis zwischen Produktion und Absatz* schließen läßt. Im Falle einer demgemäßen Wirkung läßt sich hier insofern ein *Prinzip der (Kunden-)Nutzenproduktion* erkennen.

3 Funktionsmechanismen der strategischen Prägung des unternehmerischen Handelns

Insgesamt läßt sich somit feststellen, daß spezifische betriebswirtschaftliche Denkstrukturen, resultierende Ausprägungsformen strategischer Handlungsmuster sowie daran unmittelbar anknüpfende Realisationsprinzipien als *Einflußfaktoren der zwischen Unternehmen und Markt bestehenden Transaktionsbeziehung* wirken. Es erfolgt also eine durchgängig strategische und zudem stabilitätspolitisch bedeutsame *Prägung des unternehmerischen Handelns*, die den in *Abbildung 3-5* zusammengefaßt dargestellten Funktionsmechanismus beinhaltet.

Dieser grundlegende *unternehmenspolitische Abstimmungsprozeß*, der aus der stabilitätspolitischen Perspektive als *Funktionsmechanismus des Handelns* von Unternehmen aufzufassen ist, unterliegt zudem einer wechselseitigen Einflußnahme seitens der situati-

---

133 Diller 1991 (Preispolitik), S. 117.

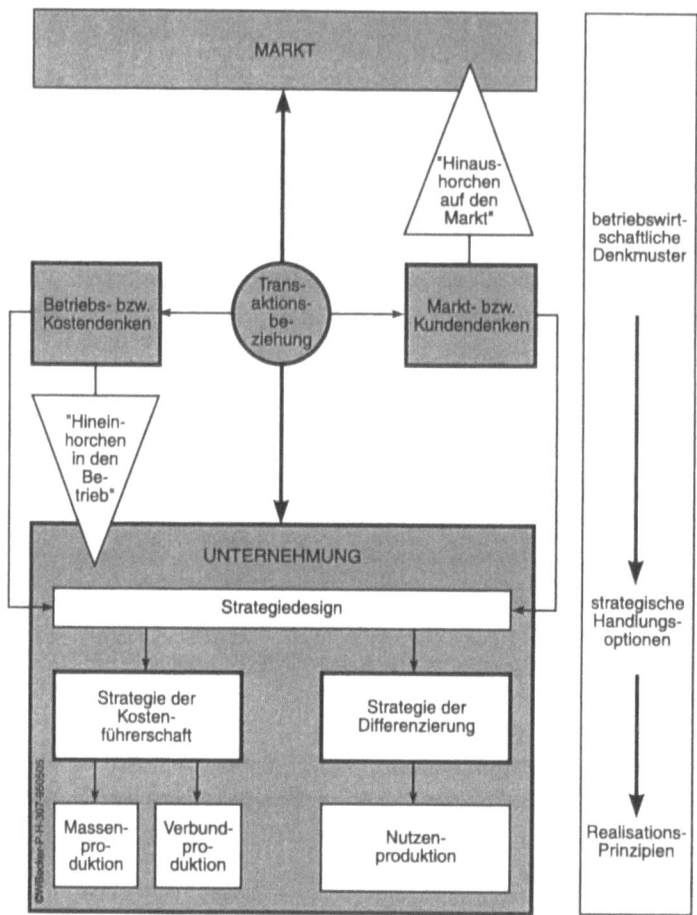

**Abbildung 3-5   Strategische Prägung der Transaktionsbeziehung zwischen Unter-
nehmen und Markt**

ven Bedingungskonstellationen: In Abhängigkeit von den jeweils herrschenden *situativen Bedingungen* erfolgt ein – einem Interpretationsspielraum der Unternehmenspolitik unterliegender – Impuls auf die Wahl des jeweils geeignet erscheinenden Denkrasters (Betriebs- oder Marktdenken), das seinerseits das folgende *strategische Denken und Handeln* prägt. Umgekehrt formt dieser Prozeß allerdings auch selbst maßgeblich die jeweiligen situativen Bedingungskonstellationen.

Diese strategische Bedingtheit des unternehmerischen Handelns muß zudem als *dynamischer Prozeß* angesehen werden. Auf der Grundlage der angewandten Marktstrategien, die als spezielle Handlungsmuster wirksam werden, erfolgt die erstmalige *strategische Gestaltung* sowie die sich anschließende permanente *strategische Anpassung* der *Leistungssphäre* im Unternehmen, die sich in spezifischen – vor allem die personellen, technologischen und immateriellen *Leistungspotentiale* sowie darüber hinaus auch die direkt und indirekt wertschöpfenden *Leistungsprozesse* betreffenden – Aufbau-, Ausbau- und Umbauprogrammen und entsprechenden Maßnahmen ausprägt. Die – im Idealfall strategiegerechte – Ausprägung der Leistungssphäre bewirkt ihrerseits wiederum spezifisch *Konsequenzen in der Wertsphäre* des betroffenen Unternehmens, die sich aus der Erfolgs- und der Finanzsphäre zusammensetzt. Besonders markante und zudem stabilitätspolitisch bedeutsame Veränderungen resultieren insbesondere in der *Erlös- und Kostensphäre*, die als unternehmensinternes, wertmäßiges Abbild der Leistungssphäre gelten kann und ihrerseits den *Erfolg des unternehmerischen Handelns* determiniert. Die jeweils erreichten Ausprägungen der Leistungs- und Wertsphäre wirken schließlich – als endogene Einflüsse – wieder auf die unternehmenspolitische Auswahl geeignet erscheinender Strategien sowie auf den Markt zurück.

Der aufgezeigte Prozeß findet insofern nicht im Sinne einer monokausalen Ursache-Wirkungs-Beziehung statt, sondern stellt einen *komplex vernetzten Wirkungsverbund* dar, innerhalb dessen sich jederzeit Wirkungen und Rückwirkungen überlagern können. *Evaluationsmaßstäbe* für die Wahrnehmung strategischer Optionen stellen nach herrschender Meinung vor allem die „allgemeinen ökonomischen Ziel-Kriterien der Profitabilität und der Ertragssicherung"[134] dar. Die jeweilige Zielwirksamkeit der zur Wahl stehenden Strategien resultiert aus der möglichst frühzeitig, umfänglich und weitreichend vorzunehmenden *Antizipation der zu erwartenden exogenen und endogenen Einflüsse situativer Bedingungskonstellationen* auf das unternehmerische Handeln. Ein demgemäß rationales Vorgehen der Unternehmenspolitik allein garantiert jedoch noch nicht die Anwendung jeweils zweckmäßiger Strategien. Eine wesentliche Voraussetzung besteht vielmehr zunächst darin, daß die seitens der Betriebswirtschaftslehre bereitgestellten strategischen Konzepte inhaltlich den aufgezeigten Wirkungsmechanismen gerecht werden. Aus Sicht der *Stabilitätspolitik* ist in diesem Zusammenhang insbesondere der *Berücksichtigung des dynamisch-prozessualen Charakters der situativen Bedingtheit strategischen Handelns* eine sehr hohe Bedeutung beizumessen.

Insgesamt unterliegt somit *strategisches Denken und Handeln* im Anschluß an die Wahl des betriebswirtschaftlichen Denkrasters einer sich selbst reproduzierenden und autonom wirksamen Prozeßdynamik. Ein derart autopoietischer Prozeß ist zwar einerseits für die Stabilität eines Systems unabdingbar, enthält aber auch existentielle Gefährdungspotentiale. Diese scheinen insbesondere mit einer einseitigen *Kanalisierung des Denkens* und der einhergehenden *Fokussierung des Handelns* verbunden zu sein. Insbesondere beruhen nicht nur die marktstrategischen Optionen selbst, sondern auch die dargelegten *Realisationsprinzipien der Massen-, Verbund- und Nutzenproduktion* eher auf *idealtypischen Vorstellungen*, die realtypische Einschränkungen erfahren. Mit dieser Feststellung wird hier keineswegs eine Abwertung der offerierten strategischen Konzepte intendiert. Der zweifelsfrei sehr hohe Wert der von Porter generierten Strategien besteht gerade in der *Fokussierung des unternehmenspolitischen Handelns auf wesentliche Schwerpunkte* (Produkt-

---

134 Steinmann/Schreyögg 1991 (Managment), S. 191.

kosten und -preise sowie Produktnutzen und -preise) sowie in der zugleich vorgenommenen, die marketingorientierten Denkansätze erweiternden _Einbeziehung wettbewerbsrele-
vanter Verhaltensweisen_ des unternehmerischen Handelns. Gleichwohl unterliegt die tatsächliche _Wirksamkeit_ der eher idealtypisch geprägten Strategiealternativen stets einer
realtypischen Marktdynamik, die nicht nur _Chancen_ für die Durchsetzung wettbewerbsstrategischer Marktvorteile, sondern auch dementsprechende _Risiken_ beinhaltet. Deren
Beherrschung setzt vor allem das _Vorhandensein einer strategischen Flexibilität_ voraus,
die keineswegs im Widerspruch zu einem fokussierten Handeln stehen muß, sondern
vielmehr dessen situative Relativierung ermöglicht.

D Stabilitätspolitische Risiken der Wirksamkeit des strategischen Denkens und Handelns

Die tatsächliche _Wirksamkeit_ der zuvor dargelegten, auf idealtypischen Produktions- und
Marktmechanismen beruhenden strategischen Konzepte ist von der Voraussetzung abhängig, daß diejenige _Erfolgsdeterminante_, die im Rahmen der strategischen Positionierung
vorrangig beeinflußt werden soll, auch _in dem angestrebten Ausmaß und mit Nachhaltig-
keit verändert werden kann_. Eine weitere Voraussetzung besteht darin, daß die _jeweils
andere Erfolgsdeterminante möglichst konstant_ gehalten werden kann beziehungsweise es
zumindest _nicht zur Kompensation oder gar Überkompensation der angestrebten Wirkun-
gen_ kommt.

Dieser Wirkungsmechanismus sowie – damit einhergehend – das _stabilitätspolitische
Gleichgewicht_ eines Unternehmens kann allerdings sowohl im Falle des Strebens nach
mengen- und synergiebedingten Kosten- und Preisvorteilen als auch im Falle des Strebens
nach Kundennutzenvorteilen durch _Risiken_ bedroht werden. Diese lassen sich, wie dies in
Abbildung 3-6 deutlich wird, unter Rückgriff auf das Modell des Strategischen Vierecks
der Art nach in die drei grundsätzlichen Risikokategorien der _Innovations- und Imitati-
onsrisiken_, der _Bedarfsrisiken_ sowie der _Realisationsrisiken_ unterteilen.

Die nachfolgend vorzunehmende Erörterung dieser Risiken folgt allerdings nur bedingt
dieser Unterscheidung, da zu berücksichtigen ist, daß die einzelnen _Risikokategorien nicht
völlig unabhängig voneinander_ sind. Vor allem _Innovations- und Imitationsentwicklungen_
nehmen diesbezüglich eine gewisse Sonderstellung ein. Zum einen handelt es sich dabei
nicht nur um _Risiken_, die die strategische Position eines Unternehmens bedrohen, sondern
zumindest gleichermaßen auch um _Chancen_[135], mit deren Hilfe wettbewerbsstrategische
Positionen geschaffen werden können. Zum anderen sind die von derartigen Entwicklungen ausgehenden Risikowirkungen am ehesten von den übrigen Risikokategorien zu sepa-
rieren, so daß deren getrennte Behandlung gerechtfertigt scheint. Die zwischen den _Be-
darfs- und Realisationsrisiken_ bestehenden engen Wechselwirkungen legen demgegenüber

---

135 Vergleiche dazu insbesondere Albach 1984 (Imitationswettbewerb).

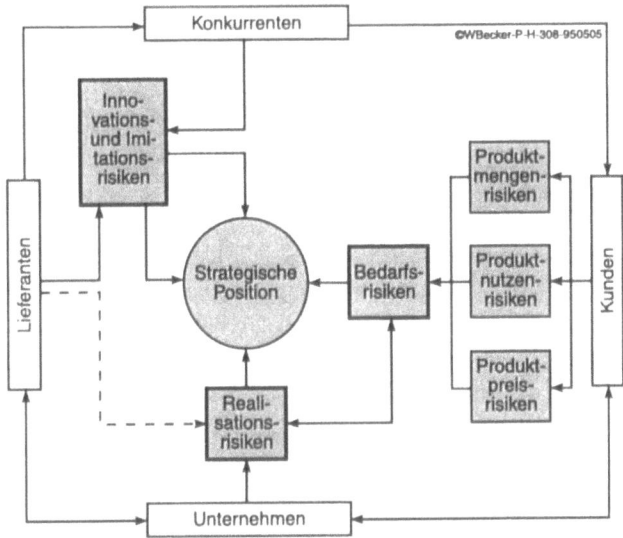

Abbildung 3-6   **Bedeutsame, auf die strategische Position eines Unternehmens einwirkende Risikokategorien**

deren gemeinsame Erörterung im Zuge einer grundsätzlichen Darlegung der *Risiken der strategischen Realisationsprinzipien der Massen- und Verbundproduktion beziehungsweise der Nutzenproduktion* nahe.

1   Übergreifende Innovations- und Imitationsrisiken

Innovation und Imitation können als wesentliche *Triebkräfte der wirtschaftlichen Entwicklung* gelten und lassen sich auf die Wahrnehmung der grundsätzlichen unternehmerischen *Funktion der Bedarfsdeckung* zurückführen. Horst Albach stellt hierzu treffend fest: „Wirtschaftliche Entwicklung war zu allen Zeiten das Ergebnis des Versuches des Menschen, Versorgungsengpässe zu überwinden und mehr Zeit, mehr Freizeit und das heißt: mehr Freiheit zu gewinnen. Dazu wurden technische wie gesellschaftlich-organisatorische Innovationen getätigt und durch Imitation in der Gesellschaft verbreitet."[136] Innovation und Imitation beinhalten demgemäß für sämtliche Marktteilnehmer ein *strategisches Chancenpotential*, aber auch ein dem entgegenstehendes *strategisches Risikopotential*. Die wettbewerbsstrategische Position eines jeden Unternehmens kann insofern spezifischen *Innovations- und Imitationsrisiken* ausgesetzt sein. Diese Risiken weisen gewisse Gemeinsamkeiten auf, da sie sich vorrangig in der im Rahmen der Leistungserstellung einzusetzenden *Technologie* verkörpern. Unterschiede bestehen allerdings insoweit, als Innovationsrisiken nicht zwingend seitens konkurrierender Unternehmen initiiert werden, sondern als im (Beschaffungs-)Markt stattfindende, „normale" Entwicklungen entstehen können.

---

136 Albach 1991 (Wirtschaftsordnung), S. 232.

Imitationsrisiken resultieren demgegenüber regelmäßig aus gezielten wettbewerblichen Vorstößen konkurrierender Unternehmen.

Innovationsrisiken, die sich vorrangig im *technologischen Fortschritt* ausprägen, können insbesondere bewirken, daß die angestrebte strategische Wirkung der vorgenommenen Investitionen eines Unternehmens bedroht beziehungsweise gar aufgehoben wird[137].

Im Falle des Strebens nach *Kostenvorteilen*, die in eine Preisführerschaft umgesetzt werden sollen, beziehen sich diese Risiken vorrangig auf die eingesetzten *Prozeßtechnologien*. Diese sind vorrangig in den Nutzungsmöglichkeiten der technischen Leistungspotentiale (also in maschinellen Anlagen und in langlebigen Vorrichtungen und Werkzeugen) sowie der immateriellen Leistungspotentiale (insbesondere in Patenten und ähnlichen Rechten) verkörpert. Ein auf diese unternehmerischen Ressourcen einwirkender technologischer Fortschritt bewirkt letztlich deren Entwertung, so daß die investitionsbedingt entstandenen Anschaffungskosten zu Sunk Costs werden. *Erfahrungs- und Lerneffekte* sind dagegen regelmäßig mit den in der Produktion eingesetzten personellen Leistungspotentialen verbunden, für die allenfalls die meist eher geringe Gefahr der Abwerbung durch konkurrierende Unternehmen besteht.

Darüber hinaus kann prinzipiell auch im Falle des Strebens nach *Differenzierungsvorteilen* technischer Fortschritt wirksam werden. Dieses Risiko bezieht sich jedoch eher auf die genutzten *Produkttechnologien*. Das diesbezügliche Know How ist wiederum eng mit personellen Leistungspotentialen verbunden. Vorrangig werden speziell jene Mitarbeiter über entsprechende Kenntnisse verfügen, die im Bereich der Forschung und Entwicklung eingesetzt sind. Diese meist hochqualifizierten personellen Ressourcen unterliegen regelmäßig einer höheren Abwerbungsgefahr seitens konkurrierender Unternehmen als die zuvor angeführten Produktionsmitarbeiter.

Des weiteren kann die strategische Position eines Unternehmens auch durch *Imitationsrisiken* angefochten werden. Diese konkretisieren sich nicht in der Weiterentwicklung, sondern in der erfolgreichen Nachahmung der eingesetzten *Prozeß- und Produkttechnologien* durch konkurrierende Unternehmen, die infolgedessen eine günstigere Kostenposition[138] beziehungsweise höherwertige Produktnutzenvorteile erreichen. Imitationsgefahren entstehen insbesondere aus *Zugriffsmöglichkeiten konkurrierender Unternehmen auf wesentliche unternehmerische Ressourcen.* Diesbezüglich sind insbesondere die Lieferanten für technische Leistungspotentiale sowie für spezielle Werkstoffe, das in immateriellen Potentialen (meist befristet) gebundene Know How sowie die personellen Leistungspotentiale als

---

137 Auch Porter 1983 (Wettbewerbsstrategie) verweist im Zusammenhang mit dem Streben nach Kostenführerschaft auf Risiken durch „technologische Veränderungen, die vergangene Investitionen oder Lernprozesse zunichte machen" (S. 75).

138 Porter 1983 (Wettbewerbsstrategie) nennt diesbezüglich die Gefahr des „Erlernens niedriger Kosten auf Seiten von Branchenneulingen oder -nachfolgern (durch Nachahmung) oder ihre Fähigkeit, in adäquate Anlagen zu investieren" (S. 75).

Hauptansatzpunkte für derartige wettbewerbliche Vorstöße zu nennen. Darüber hinaus ist – einhergehend mit der zunehmenden Bedeutung der Stilqualität insbesondere hochwertiger Ver- und Gebrauchsgüter – in steigendem Maße ein das *Design der Produkte* betreffendes Nachahmungsverhalten[139] erkennbar.

2 Risiken der nach Kostenführerschaft strebenden Massen- und Verbundproduktion

Die durch die Anwendung des Prinzips der Massenproduktion erreichte Preisführerschaft bedingt, daß die erzielten Vorteile der Kostendegression als Preisvorteile an die Kunden weitergegeben werden. Die in diesem Fall offenbar sehr rational geprägte Kaufentscheidungen treffenden Kunden honorieren dies mit der Abnahme großer Mengen, durch deren Produktion weitere Kostensenkungen erreichbar werden. Dieser im Rahmen des *Strebens nach mengenbedingten Kosten- und Preisvorteilen* stattfindende Prozeß scheint insofern prinzipiell zu einem kaum aufhebbaren, *rational geprägten Hersteller-Kunden-Verbund* zu führen.

In derartigen Situationen resultieren unternehmensintern induzierte *Realisationsrisiken* vor allem aus dem Auftreten von „Kostensteigerungen, die die Fähigkeit des Unternehmen schmälern, einen ausreichend großen Preisunterschied aufrechtzuerhalten, um den Markenruf oder andere Differenzierungsformen der Konkurrenten auszugleichen"[140]. Die wesentliche Ursache solcher Kostensteigerungen ist in der mangelnden Umsetzbarkeit der aus *Lern- und Betriebsgrößeneffekten* grundsätzlich realisierbaren Kostensenkungspotentiale zu suchen.

Des weiteren lassen sich unternehmensextern induzierte *Bedarfsrisiken* im Absatzmarkt erkennen. Nachfragebedingte Bedarfsrisiken können grundsätzlich sowohl an der *Nutzenkomponente*[141] als auch an der *Mengen- und Preiskomponente* der angebotenen Produkte eines Unternehmens ansetzen. Eine besondere Bedeutung erlangt in diesem Zusammenhang die Gefahr der in reifen Märkten zunehmenden *Bedarfssättigung*, die zur steigenden *Unterauslastung der aufgebauten Kapazitäten* innerhalb der betroffenen Unternehmen führt. Derartige Entwicklungen lösen nahezu zwangsläufig *Preissteigerungen* aus, die erforderlich sind, um insgesamt ein hinreichendes Deckungsbeitragsvolumen zur Deckung der mit der Bereitstellung und Bereithaltung der Kapazitäten anfallenden Fixkosten erwirtschaften zu können. Derartige Preiserhöhungen verursachen allerdings regelmäßig

---

139 Diese spezielle Gefahr scheint auch Porter 1983 (Wettbewerbsstrategie) mit dem Hinweis „Nachahmung vermindert die erkennbare Differenzierung, eine häufige Erscheinung in älter werdenden Branchen" (S. 76) zu intendieren.

140 Porter 1983 (Wettbewerbsstrategie), S. 75.

141 Diesbezüglich weist Porter 1983 (Wettbewerbsstrategie) auf die Gefahr der „Unfähigkeit (hin), notwendige Produkt- oder Marketingänderungen zu erkennen, da die Aufmerksamkeit ganz auf die Kosten gerichtet ist" (S. 75).

Anpassungsreaktionen in der Nachfrage. Legt man zur Ableitung möglicher Reaktions-
mechanismen das zwar sehr formale, aber in diesem Zusammenhang durchaus taugliche
Modell der Preiselastizität der Nachfrage[142] zugrunde, so wird man im Normalfall, also
vor allem abgesehen von etwaigen Veblen-Effekten[143], von einer mehr oder weniger ela-
stischen Nachfrage ausgehen müssen. Diese ist dann gegeben, wenn der aus dem Quotien-
ten aus relativer Mengenänderung und relativer Preisänderung resultierende Elastizitäts-
quotient Werte annimmt, die größer als 1 sind. Demzufolge wird im Falle einer derartigen
Preiserhöhung gegebenenfalls ein zusätzlicher *Mengenrückgang* stattfinden, der das insgesamt erzielbare Deckungsbeitragsvolumen wiederum reduziert. Ein betroffenes Unternehmen ist somit seitens der Nachfrage nicht nur *bedarfsbedingten Mengenanpassungen,*
sondern in der Folge dadurch induzierter Preiserhöhungen auch *preisbedingten Mengenanpassungen* ausgesetzt. Der sich entfaltende „circulus vitiosus" läßt sich – sofern
nicht rasch zusätzliche Marktsegmente erschlossen werden können – nur durch *fixkosten-
reduzierende Desinvestitionen überschüssiger Kapazitäten* durchbrechen.

Heute sind allerdings immer mehr Unternehmen mit derart bedarfsbedingten *Grenzen der
Anwendbarkeit des Prinzips der Massenproduktion* konfrontiert. Diese Entwicklung beinhaltet für die europäische, vor allem auch für die deutsche Industrie besondere Schwierigkeiten, da hier die Prinzipien der Massenproduktion besonders weit entwickelt sind[144] und
sich ein Wandel in der grundlegenden Fabrikorganisation erfahrungsgemäß nur sehr langsam vollzieht. Aus der Verfolgung des Prinzips der Massenproduktion kann jedoch im
Falle der gleichzeitigen Wirksamkeit von Bedarfssättigungsgrenzen aufgrund der vergleichsweise hohen Preissensibilität von Volumenprodukten eine besondere *Gefährdung
der erfolgswirtschaftlichen Stabilität* in den betroffenen Unternehmen resultieren.

Diese Entwicklung vollzieht sich in Märkten mit geringerem Nachfragevolumen zudem
schneller als in solchen mit hohem Nachfragevolumen. Insofern besteht in Deutschland
eine grundsätzlich andere *Marktsituation* als in den USA. Dieser für die Prüfung der Anwendbarkeit der von M.E. Porter offerierten Wettbewerbsstrategien besonders wichtige
Aspekt wird in betriebswirtschaftlichen Publikationen und in der unternehmerischen Praxis allzu häufig vernachlässigt. Zwar verliert der Tatbestand eines kleineren Marktvolu-
mens angesichts der formal vollzogenen Wiedereingliederung der neuen Bundesländer,
der derzeit stattfindenden Öffnung der östlichen Nationen sowie der weiteren Liberalisierung der EU-Märkte an Bedeutung. Gleichwohl sind nicht unerhebliche zeitliche Verzöge-

---

142 Vergleiche zu einer ausführlichen Darstellung der Grundmodelle der betriebswirtschaftlichen Preistheorie
   vor allem Diller 1991 (Preispolitik), S. 63ff.

143 Vergleiche zum Veblen-Effekt, demgemäß Kunden Produkte mit hohen Preisen aufgrund des damit verbundenen Prestigenutzens präferieren, nochmals Diller 1991 (Preispolitik), S. 117f.

144 Dies stellte vor einiger Zeit insbesondere eine weltweite Studie über die Wettbewerbssituation in der Automobilindustrie fest. In diesem Zusammenhang kommen Womack/Jones/Roos 1990 (Machine) zu der Auffassung: „As we have seen, the European auto industry is today, after a fifty-year transition from craft production the leading proponent of old-fashioned mass production – high volume, long product runs, infinitely
   fragmented work, „good enough" product quality, enormous inventories, massive factories." (S. 253f.)

rungen zu erwarten, bis derartige politische Entwicklungen in *realisierbare wirtschaftliche Vorteile* umgesetzt werden können, da in den hinzukommenden Märkten zunächst eine entsprechende *rechtliche, wirtschaftliche und kulturelle Entwicklungsreife* vorhanden sein muß. Die derzeitige Situation der im Zuge der Markterschließung unabdingbaren Mitwirkung am Aufbau einer fruchtbaren Marktreife ist zudem nicht nur durch den zwangsläufigen Verzicht auf die Erwirtschaftung angemessener Gewinne, sondern in vielen Fällen sogar durch die Entstehung besonders hoher und zudem risikobehafteter *Vorleistungskosten* gekennzeichnet.

Die im Rahmen der *Anwendung des Prinzips der Verbundproduktion* vermuteten Potentiale, *synergiebedingte Kostensenkungen* auszulösen, werden im allgemeinen vorrangig auf die „gemeinsame, nicht rivalisierende Nutzung von Ressourcen"[145] zurückgeführt. Prinzipiell erscheint in diesem Zusammenhang eine *synergetische Nutzung sämtlicher Ressourcenpotentiale* eines Unternehmens, also sowohl der unternehmensinternen Leistungspotentiale als auch der unternehmensexternen Lieferanten- und Kundenpotentiale, möglich. Dies gilt sowohl für *horizontale Verflechtungen* als auch für *vertikale Integrationen*.

Die zur Realisierung horizontaler Verflechtungen vor allem in den endenden 50er sowie den beginnenden 60er Jahren propagierten *Diversifikationsstrategien*[146] führen allerdings oftmals gerade zu einer eher *rivalisierenden Nutzung der Ressourcen*, so daß Synergieeffekte nicht wirksam werden können. Eine besondere Betroffenheit scheint sich diesbezüglich für die *Ressource Management* zu bestätigen, die – so ist zu vermuten – nur ein bestimmtes, aber nur schwer bestimmbares Ausmaß unternehmerischer Komplexität handhaben kann. Die Überschreitung einer noch handhabbaren Komplexität, die gerade im Falle horizontaler Verflechtung besonders rasch entstehen kann[147], führt regelmäßig zur *Entstehung komplexitätsbedingter Mehrkosten* (insbesondere des dispositiven Faktors), die etwaige Synergieeffekte kompensieren können. Einschlägige empirische Untersuchungen[148], die die diesbezüglichen Erfahrungen der Praxis analysieren, weisen darauf hin, daß vor allem im Zuge einer *lateralen Diversifikation*[149] ein derartiges Risikopotential

---

145 Ihde 1986 (Strukturwandel), S. 8.

146 Vergleiche dazu vor allem Staudt 1954 (Diversification); Ansoff 1957 (Strategies); Ansoff 1958 (Diversification); Hodgson/Michaelis 1960 (World Business) sowie die in diesem Zusammenhang bedeutsame Monographie Ansoff 1965 (Corporate Strategy).

147 Vergleiche dazu auch Roever 1991/1992 (Überkomplexität), Teil I, S. 228ff.

148 Vergleiche zu derartigen Untersuchungen vor allem Wittek 1980 (Diversifikation), S. 194ff., der eine Vielzahl einschlägiger Quellen angibt.

149 Der Begriff der lateralen Diversifikation entstammt der Differenzierung von Diversifikationstypen nach der Richtung der Ausweitung des bislang vorhandenen Leistungsprogramms und kennzeichnet die Aufnahme von Leistungen, die mit der bisherigen Leistungsbreite und -tiefe in keinem leistungswirtschaftlichen Zusammenhang stehen. Vergleiche zur eingehenden Unterscheidung der vertikalen, horizontalen und lateralen Diversifikation beispielsweise Grosche 1967 (Produktionsprogramm), S. 137ff. sowie Arbeitskreis Diversifizierung 1973 (Diversifizierungsprojekte), S. 299ff.

vorhanden ist. Zudem belegen solche Untersuchungen prinzipiell deutlich besonders hohe Risiken einer auf *Akquisition* beruhenden Diversifikation von Unternehmen[150].

Eine *Verbundproduktion auf der Basis vertikaler Integration* ist hinsichtlich ihrer Wirksamkeit grundsätzlich nicht wesentlich anders zu beurteilen, als eine horizontale Verknüpfung. Eine bedeutsame Ursache für das Ausbleiben von synergiebedingten Kostendegressionen ist auch hier in der mit zunehmendem Integrationsgrad wohl progressiv steigenden *Komplexität des unternehmerischen Handelns* zu finden. So fördert ein allzu hoher Integrationsgrad offensichtlich den Abstimmungsaufwand im Management, die Entstehung von kaum noch durchschaubaren Infrastrukturen, die Zunahme der Disproportionierung von Kapazitäten sowie die Entstehung von Doppelarbeit[151]. Zwar mangelt es hinsichtlich der umfassenden Beurteilung sowohl der Vorwärts- als auch der Rückwärtsintegration noch immer an aussagekräftigen empirischen Analysen. Gleichwohl sind zumindest erhebliche *Zweifel an der Realisierbarkeit von integrationsinduzierten Lern-, Betriebsgrössen- und auch Synergieeffekten* angebracht.

Abgesehen davon entsteht im Zuge einer tatsächlichen Realisierung von Synergieeffekten sowohl im Falle horizontaler als auch im Falle vertikaler Verbundproduktion ein nicht unerheblicher *zeitlicher Abstimmungsaufwand*, der in hohem Maße *wettbewerbswirksame Flexibilitätsverluste* auslösen kann[152]. Jene Kostenvorteile, die erst realisiert werden, wenn das Produkt bereits erfolgreich durch die Konkurrenz vermarktet wurde, stiften allerdings keinen erfolgswirtschaftlichen Nutzen.

Auch die *unternehmerische Praxis* scheint die mit dem Prinzip der Verbundproduktion einhergehenden Risiken zunehmend zu erkennen. So ist zum einen festzustellen, daß derzeit der bereits in den 70er und 80er Jahren recht deutlich erkennbare *Trend zur horizontalen Entflechtung* konsequent fortgesetzt wird. Dafür sprechen vor allem die in jüngerer Zeit zunehmenden Empfehlungen zugunsten der Spartenorganisation, der Fertigungssegmentierung, sowie der einhergehenden Cost- bzw. Profit-Center-Bildung, die auf die Erhaltung der Einfachheit und Überschaubarkeit und somit der Führbarkeit großer Unternehmen ausgerichtet sind. Zum anderen ist derzeit auch ein – sich vermutlich in den 90er

---

150 So gelangt eine McKinsey-Studie zu dem Ergebnis, daß „von 97 Akquisitionsprogrammen in USA und England in der Zeit von 1972 bis 1983 ... auf jeden Treffer" nicht weniger als drei Mißgriffe (kommen), bei denen der Käufer selbst einige Jahre nach der Akquisition noch keine Verzinsung auf das eingesetzte Kapital erwirtschaftete" (Emans 1988 (Konzepte), S. 120).

151 Vergleiche dazu auch Roever 1991/1992 (Überkomplexität), Teil I, S. 226ff.

152 Verwiesen sei in diesem Zusammenhang auf das damit herangezogene strategische Dilemma der Zeitfalle, wie es insbesondere von Pfeiffer/Weiß 1988 (Technologiemanagement), S. 8 formuliert wird. Die in hohem Maße vorhandene Praxisrelevanz dieser Problematik belegt auch Kaske 1989 (Wettbewerb), der darauf hinweist, daß die verkürzten Produktlebenszyklen dazu zwingen, daß die unternehmerischen Prozesse des Entwickelns, Produzierens und Vertreibens nicht mehr nacheinander, sondern „nun teilweise parallel oder sich überschneidend ablaufen (müssen)" (S. 351).

Jahren noch ausbreitender – *Trend zur vertikalen Desintegration* festzustellen, der aller-dings seitens der Wissenschaft nicht uneingeschränkten Zuspruch findet[153].

Ein demgemäßer Wandel des strategischen Handlungsrahmens erschließt sich allerdings aus den derzeit propagierten Ausprägungen der *Wettbewerbsstrategie der Kostenführer-schaft* nicht völlig, da hier eine – aus Sicht einer umfassenderen Kostenpolitik einschrän-kende – Konzentration auf die *Realisierung von mengen- und synergiebedingten Kosten-senkungspotentialen* dominiert, um Scale- und/oder Scope-Effekte zu nutzen. Zudem las-sen sich neuere Konzepte der Fabrikorganisation, wie sie beispielsweise speziell in dem derzeit in Wissenschaft und Praxis heftig diskutierten *Prinzip der Lean Production*[154] deutlich werden, kaum adäquat in vorhandene strategische Muster einordnen und daher auch nur schwer beurteilen.

3 Risiken der nach Differenzierung strebenden Nutzenproduktion

In der wettbewerbsstrategisch orientierten Literatur besteht weitreichende Einigkeit dar-über, daß für den *Erfolg des Strebens nach differenzierungsbedingten Kundennutzenvor-teilen* „die Einmaligkeit der Leistung ausschlaggebend ist, die dann in gewissen Grenzen einen höheren Preis bzw. höhere Kosten rechtfertigt"[155]. Insofern eröffnet die erfolgreich durchgeführte Produktdifferenzierung *Spielräume für preispolitische Gestaltungsmaßnah-men*, speziell für Preiserhöhungen.

Allerdings wird hier – anders als im Falle einer mengen- oder synergiebedingten Kosten- und Preisführerschaft – nicht zwingend ein *rational geprägter Hersteller-Kunden-Verbund* angestrebt. Eine solche Beziehung kann zwar durch die tatsächliche Realisierung eines umfassenden Produktnutzenvorteils, der sich zumindest auf die wesentlichen Qualitätsdi-mensionen erstreckt[156], aufgebaut werden. Auch hier kann von einem *kundenseitigen Preisbewußtsein*, das allerdings durch ein entsprechend hohes *Qualitätsbewußtsein* ergänzt wird, ausgegangen werden. *Risiken* resultieren in solchen Fällen aus der kundenseitigen Veränderung der qualitativen Komponente des Bedarfs. Speziell kann solch ein *Nachfra-*

153 Vergleiche dazu beispielsweise die Einschätzung von Dichtl 1991 (Fertigungstiefe), der insbesondere vor der vorschnellen Verallgemeinerung zugunsten einer umfassenden Desintegration warnt.

154 Dieses in Japan angewandte strategische Realisationsprinzip der industriellen Leistungserstellung, auf das noch eingehender zurückzukommen ist, wird im Zusammenhang mit der bereits angeführten Studie über die Wettbewerbssituation in der Automobilindustrie propagiert. Vergleiche dazu nochmals Womack/ Jones/Roos 1990 (Machine) sowie insbesondere auch die Monographie Pfeiffer/Weiß 1992 (Lean Manage-ment), die die Übertragbarkeit und Umsetzbarkeit dieses Konzeptes auf deutsche Verhältnisse (günstig) beurteilt.

155 Steinmann/Guthunz/Hasselberg 1992 (Kostenführerschaft), S. 1460.

156 So weist beispielsweise vor allem Simon 1988 (Wettbewerbsvorteile) darauf hin, „daß strategische Wett-bewerbsvorteile vorzugsweise bei den für den Kunden besonders wichtigen Parametern geschaffen wer-den sollten und weniger gute Leistungen bei unwichtigen Merkmalen in Kauf genommen werden können" (S. 10).

gewandel auf Veränderungen in den bislang geforderten Ausprägungen bestimmter Quali-tätsdimensionen[157] beziehungsweise auf Verlagerungen innerhalb der Qualitätsdimensio-nen zurückgeführt werden.

Demgegenüber werden eher *emotional geprägte Kaufentscheidungen* zugrunde liegen, falls die Differenzierungsvorteile nicht auf einem tatsächlich vorhandenen Kundennutzen, sondern auf der durch das Marketing gestützten Erzeugung derartiger Wahrnehmungen be-ruhen. Insbesondere dann, wenn diese Wahrnehmung durch die Kunden auf dem Vorhan-densein eines bestimmten Markenimage beruht, wie dies beispielsweise für einige Desig-nerprodukte in der Mode-, Kosmetik- und Möbelindustrie gilt, wird gerade das nicht preis-bewußte, sondern das eher *irrational geprägte, auch Prestige- beziehungsweise Snob- oder Yuppie-Effekte intendierende Käuferverhalten* angesprochen.

Die *Strategie des Strebens nach Kundennutzenvorteilen* ist insofern durch *Inhomogenität* gekennzeichnet. Zumindest sind die beiden Strategievarianten des Realisierens tatsächli-cher und wahrgenommener Differenzierungsvorteile sowie der Erzeugung allein wahrge-nommener Differenzierungsvorteile zu unterscheiden. Darüber hinaus läßt sich gerade im Hinblick auf die *Bedeutung des Kundennutzens in Kaufentscheidungen* sowohl ein eher rationales als auch ein eher emotionales Kaufverhalten differenzieren. Zwar existieren zweifellos derart rational als auch irrational geprägte Kundengruppen. Besondere Schwie-rigkeiten resultieren allerdings dann, wenn sich beide Verhaltenstypen in ein und demsel-ben Kunden vorfinden. Dies läßt generelle Anwendungsempfehlungen der einen oder an-deren Strategievariante schwierig beziehungsweise unmöglich werden. Fraglich ist inso-fern insbesondere, ob sich zumindest speziell die Strategievariante der nicht auf tatsächli-chen Vorteilen beruhenden Differenzierung produkt- und kundenneutral formulieren läßt.

Darüber hinaus sind im Falle des Strebens nach differenzierungsbedingten *Kundennut-zenvorteilen* insbesondere die – wiederum in reifen Märkten regelmäßig ausgeprägten – Grenzen zu berücksichtigen, die hinsichtlich der *Akzeptanz von Preissteigerungen auf der Nachfrageseite* bestehen.

Derartige *Grenzen für preispolitische Gestaltungsmaßnahmen* lassen sich unschwer kon-kretisieren. Zum einen ist der Preis vom tatsächlich erreichten Ausmaß der Einmaligkeit der Leistung abhängig. Zwar sind – abgesehen von Plagiaten – die allermeisten Produkte einmalig. Gleichwohl existieren nahezu immer *vergleichbare Konkurrenzprodukte*, die sich in den jeweiligen Details ihrer Qualitätsdimensionen zwar durch unterschiedlich austarierte Stärken und Schwächen unterscheiden, im Gesamterscheinungsbild, also im Hinblick auf das insgesamt erreichte Qualitätsniveau, aber so viele Gemeinsamkeiten aufweisen, daß – trotz der Einmaligkeit – Konkurrenz entsteht. Gerade die bereits mehr-fach exemplarisch angeführte Automobilindustrie liefert auch dafür gleichermaßen zutref-

---

157 Porter 1983 (Wettbewerbsstrategie) verweist noch spezieller darauf, daß „der Bedarf der Abnehmer an dem differenzierenden Faktor sinkt" (S. 76).

fende und markante Beispiele. Betrachtet man beispielsweise innerhalb des Automobilmarktes das *Segment exklusiver deutscher Automobilmarken*, so stellt man regelmäßig äußerst sorgfältig eingehaltene *Preisrangreihen* fest[158]. Die Rivalität wird regelmäßig innerhalb dieser Preisrangreihen ausgefochten, die die preispolitischen Spielräume bezüglich einzelner Produkte – trotz aller Differenzierungsbemühungen – deutlich begrenzen. Die Positionierung der einzelnen Produkte innerhalb dieser Preisrangreihen bestimmt sich offenbar weitgehend aus dem insgesamt erreichten *Markenprestige* des Herstellers.

Insofern ist der Preis letztlich auch im Rahmen einer Differenzierungsstrategie keineswegs bedeutungslos. Der für ein angebotenes Produkt jeweils erzielbare Marktpreis ist vielmehr abhängig von der im *subjektiven Ermessen des Kunden* liegenden Beurteilung der erreichten *Preis-Nutzen-Relation*. Die demgemäß vorgenommenen Einschätzungen bilden die Grenzen für differenzierungsbedingte Preissteigerungen. Derartige Grenzen lassen sich auch mit dem von Hans-Gerd Servatius entwickelten *Konzept der Leistungselastizität*[159], in dem der Nutzen mit dem am Markt erzielbaren Preis verknüpft wird, plausibel darlegen. In diesem Konzept ist die Leistungselastizität als Quotient aus der relativen Änderung des Nutzens einer Leistung und der relativen Änderung des Preises der Leistung definiert. Es lassen sich mithin – sowohl aus Sicht des Anbieters als auch aus Sicht der Nachfrager – *unelastische, isoelastische und elastische Preis-Nutzen-Relationen* abbilden. Dieses Konzept wird zwar zurecht im Hinblick auf die praktische Anwendbarkeit als kaum operationalisierbar kritisiert, da die Elastizitäten nur schwer meßbar sind und da die Mengenkomponente keine Berücksichtigung findet[160]. Die Stärke dieses Konzeptes sollte allerdings eher in der Ableitung tragfähiger Verhaltensannahmen gesehen werden, die für die Entwicklung strategischer Konzepte bedeutsam sind.

Man wird vergleichsweise häufig davon ausgehen dürfen, daß Angebots- und Nachfrage-Elastizität unterschiedliche Ausprägungen annehmen. Während die *Angebots-Elastizität* im Streben nach kostendeckenden Preisen typischerweise wohl zunächst elastisch, später jedoch unelastisch wird, ist zu vermuten, daß die *Nachfrage-Elastizität* gerade umgekehrt verläuft und im Streben nach einem gewissen Mindestnutzen zunächst unelastisch, später aufgrund von Budgetbeschränkungen jedoch elastisch wird. Mit der auf diesen Verhaltensannahmen gründenden Situation, die Servatius sehr treffend als *Innovationsfalle* bezeichnet[161], sind zugleich deutlich die *Grenzen differenzierungsbedingter Preiserhöhungen* gekennzeichnet. Es zeichnet sich ab, daß insbesondere aus stabilitätspolitischer Sicht ein nach differenzierungsbedingten preispolitischen Spielräumen strebendes Unternehmen

---

158 Abgesehen von den nach wie vor bestehenden großen Schwierigkeiten, aussagekräftige Zusammenhänge zwischen Qualitäten, Preisen und Mengen herzustellen, läßt sich dieses Verhalten am ehesten durch die von Sabel 1990 (Qualitäten) aufgestellte Vermutung begründen, „daß ein Marktführer seinen Preis direkt an den technischen Kriterien festgemacht hat und die übrigen Anbieter ihm folgen" (S. 761).

159 Vergleiche dazu Servatius 1985 (Technologie-Management), S. 275ff.

160 Vergleiche dazu Kleinaltenkamp 1987 (Dynamisierung), S. 40.

161 Vergleiche Servatius 1985 (Technologie-Management), S. 278.

stets zugleich auch nach kostenpolitischen Maßnahmen suchen muß, um die Erfolgsposition jederzeit gesamthaft austarieren zu können.

Das *Vorhandensein eingeschränkter preispolitischer Gestaltungsspielräume* belegt vor allem überaus deutlich die Grenzen der Gültigkeit der immer wieder verbreiteten, jedoch im Falle realistischer Einschätzung der Marktreaktionen trügerischen These, daß im Falle der Anwendung einer *Differenzierungsstrategie* die *Kostenposition* eine nur geringe Bedeutung aufweise beziehungsweise gar weitgehend vernachlässigbar sei, da differenzierungsbedingte Mehrerlöse zu erwarten sind, die die differenzierungsbedingten Mehrkosten zumindest kompensieren. Hinzuweisen ist in diesem Zusammenhang darauf, daß zwar auch Porter herausstellt: „Es muß betont werden, daß die Differenzierungsstrategie dem Unternehmen nicht erlaubt, die Kostenseite zu ignorieren, nur sind die Kosten nicht das primäre strategische Ziel."[162]. Allerdings verführt die in demselben Zusammenhang kurz darauf getroffene Aussage: „Die Differenzierung schirmt gegen den Wettbewerb ab, ... und macht dadurch einen Kostenvorsprung überflüssig"[163] zu Mißverständnissen und Fehlinterpretationen, die aus stabilitätspolitischer Sicht als gefährlich einzustufen sind. Zum einen läßt diesbezüglich insbesondere die aufgrund der vehementen Wettbewerbsintensivierung zunehmende *Limitierung der tatsächlichen Realisierung von Erlössteigerungspotentialen* zumindest zur Vorsicht mahnen. Zum anderen gilt auch hier das zuvor bereits angeführte *Argument der Zeitfalle*: Sind die erforderlichen Maßnahmen aufgrund einer zu hohen Komplexität nicht mehr schnell genug durchzuführen, wird das betroffene Unternehmen von der Konkurrenz mit der Folge überholt, daß statt erwarteter Mehrerlöse nunmehr Mindererlöse realisiert werden.

Insofern wird die *Aussage einer differenzierungsbedingten Vernachlässigbarkeit der Kostenposition* zumindest durch bedeutsame Ausnahmen eingeschränkt. Aus stabilitätspolitischer Sicht muß diese These sogar grundsätzlich aufgrund der enthaltenen *Risiken der Fehlinterpretation* als überaus gefährlich eingestuft werden. Die *Kostenposition* ist nämlich gerade in wettbewerbsintensiven Märkten auch im Falle der Anwendung von Differenzierungsstrategien aus mindestens drei unterschiedlichen Gründen stets bedeutsam:

❑ Erstens sind Reaktionen auf preispolitische Maßnahmen der Konkurrenten nur möglich, wenn ein aufgrund der Kostenposition geschaffener preispolitischer Spielraum vorhanden ist. Dieser Spielraum muß darüber hinaus groß genug sein, um auch in der Situation einer angespannten *Preiskonkurrenz* noch einen für die *Reinvestition in zukünftige Erfolgspotentiale* hinreichenden Erfolg zu erzielen.

❑ Zweitens darf es keinesfalls zur *kostenmäßigen Kompensation oder gar Überkompensation der am Markt durchsetzbaren Preise* kommen. Insbesondere in reifen und gesättigten Märkten sind preiserhöhende beziehungsweise preisstabilisierende Maßnahmen der Differenzierung oftmals nur unter Hinnahme wesentlicher Kostensteigerungen

---

162 Porter 1983 (Wettbewerbsstrategie), S. 66.

163 Porter 1983 (Wettbewerbsstrategie), S. 66.

möglich, so daß statt der angestrebten Verbesserung eine Verschlechterung der Erfolgsposition eintreten kann. Dieser Effekt ist vermutlich vor allem dann zu erwarten, wenn Differenzierungsvorteile nur unter Hinnahme von Komplexitätskostenbelastungen zu erzielen sind.

❑ Drittens besteht schließlich die auch bereits von Porter angeführte Gefahr, daß „der *Kostenunterschied zwischen Billiganbietern und differenzierten Unternehmen* ... so groß (wird), daß die Differenzierung die Markenloyalität nicht mehr aufrechterhalten kann. Die Abnehmer opfern somit etwas von den Eigenschaften, Diensten oder dem Image des differenzierten Unternehmens zugunsten von großen Kostenersparnissen"[164]. Mit anderen Worten führt eine Vernachlässigung der Kostenposition auch solche Unternehmen, die nach Optimierung des Produktnutzens streben, in einen risikoreichen Übergangsbereich zwischen den Strategien der mengenbedingten Kosten- und Preisführerschaft und der Differenzierung.

Bereits diese zuvor diskutierten Risiken weisen auf Defizite hin, die in den von M.E. Porter offerierten Wettbewerbsstrategien enthalten sind. Vor allem ist der in diesen wettbewerbsstrategischen Konzepten implizierte Blickwinkel „zu technokratisch und zu wenig an den differenzierten Bedingungslagen der Abnehmer-(Verbraucher-)ebene orientiert und problematisiert"[165]. Diese hier auch unter stabilitätspolitischen Aspekten zu bestätigende Auffassung weist auf die dringende *Notwendigkeit zur Revision der wettbewerbsstrategischen Optionen* hin.

E Resümee: Revision der wettbewerbsstrategischen Orientierung des unternehmerischen Handelns

Das Handeln von Unternehmen läßt sich als regelmäßig äußerst komplexe und zudem dynamisch geprägte *Transaktionsbeziehung in Märkten*, mit deren Hilfe unternehmerische Wertschöpfungsfunktionen zu erfüllen sind, charakterisieren. Das stabilitätsorientierte Bemühen um eine dauerhafte *Existenzsicherung von Unternehmen* setzt demgemäß bereits in der Unternehmenspolitik an: Die *Abstimmung zwischen der operativen Erfolgsrealisation sowie der strategischen Erneuerung der Erfolgspotentiale* bedingt eine präsituativ wirksame – insofern also eine im Rahmen einer strategisch begründeten Kosten- und Leistungspolitik erfolgende – *Gestaltung und Lenkung des erfolgsorientierten Handelns von Unternehmen im Markt.*

1. Nicht nur die anfangs als Modell der Unternehmung verwendete *Instrumentalthese*, sondern auch die in der betriebswirtschaftlichen Theorie entwickelten *Konzepte des situativen Ansatzes* verdeutlichen, daß die unternehmerische Handlungsfreiheit durch situative

---

164 Porter 1983 (Wettbewerbsstrategie), S. 76.

165 Becker 1988 (Marketing-Konzeption), S. 309.

Bedingungskonstellationen begrenzt wird. Ein gleichermaßen effektives als auch effizientes *Management im Strategischen Viereck* bedingt demzufolge eine *situationale Gesamtabstimmung unternehmerischen Handelns.*

Diese Funktion übernimmt die über strategische Entscheidungs- und Handlungsspielräume verfügende *Unternehmenspolitik,* und zwar im Sinne einer *Mittlerrolle* zwischen den situativen Bedingungskonstellationen und dem zweckgerichteten Handlungsfeld von Unternehmen. Das Handlungsfeld selbst stellt sich in der dargelegten *Modifikation des situativen Ansatzes* als dreidimensionales Gebilde dar, in dem nicht nur zwischen strukturellen Elementen, prozessualen Beziehungen und den erzielten Ergebnissen des unternehmerischen Handelns, sondern auch zwischen der Leistungs- und Wertsphäre sowie zwischen Sach- und Verhaltensaspekten des unternehmerischen Handelns zu differenzieren ist. Zur inhaltlichen Auffüllung dieses recht formalen Rasters dient das Konzept der *integrierten Leistungs- und Wertkette,* das die wechselseitige Bedingtheit der angeführten Dimensionen des Handelns beinhaltet.

2. Die interaktionsorientiert interpretierte Führung von Unternehmen hat in diesem Zusammenhang die (übergeordnete) Aufgabe, durch *Integration und Koordination* zu einer nach Harmonisation der Interessen strebenden ganzheitlichen Orientierung des unternehmerischen Handelns beizutragen. Die *Unternehmenspolitik,* die den materiellen Gehalt der Führung ausmacht, arbeitet die dafür erforderlichen *Ziele* heraus und bestimmt durch Ausdeutung der situativen Kontextbedingungen und Nutzung der ihr beizumessenden Interventionsspielräume das *strategische Repertoire* eines Unternehmens. Die dauerhaft erfolgreiche Umsetzung dieses Repertoires setzt vor allem das auf Existenzsicherung gerichtete, ständige sowie reaktive beziehungsweise sogar antizipative *Ausbalancieren der Konfiguration und des Handelns von Unternehmen* voraus. Die Unternehmenspolitik hat insbesondere durch die Auswahl und Umsetzung geeigneter Strategien einen übergeordneten *Orientierungsrahmen für das unternehmerische Handeln* zu konstituieren.

Dieses *holistische Verständnis der Unternehmenspolitik* impliziert den Verzicht auf jeglichen unternehmenspolitischen Separatismus. Insbesondere ist die Unternehmenspolitik gehalten, im Rahmen ihrer präsituativen sowie situativen Gestaltungs- und Lenkungsaufgaben jederzeit die Erfordernisse des Strebens nach *Existenzsicherung* zu erfüllen. Daher muß jegliche Unternehmenspolitik stets zugleich als *integrierte Stabilitätspolitik* angelegt sein. Diese Forderung ist vor allem im Rahmen der Realisierung von Marktvorteilen zu beachten.

3. Die *Realisierung von Marktvorteilen* beinhaltet aus unternehmenspolitischer Sicht grundsätzlich eine duale Funktion: Während durch die Einbindung der Lieferanten und Kunden in die unternehmerischen Ressourcenpotentiale das *Management der Tauschbeziehungen* zu unterstützen ist, dient der gegenüber potentiellen und faktischen Konkurrenten vorzunehmende Aufbau von wirksamen Wettbewerbsbarrieren dem *Management der Rivalitätsbeziehungen.*

Die *Generierung von Marktvorteilen* ist darüber hinaus *als dynamischer Prozeß* zu verstehen. Insbesondere setzt das Verständnis der Wirksamkeit von Marktvorteilen voraus, sie nicht als einmalige Errungenschaft, sondern als ein *anpassungsbedürftiges strategisches Wirkungspotential* aufzufassen, das einem Lebenszyklus unterliegt. Demzufolge ist die *Erschaffung* durch die stetige *Erhaltung, Erweiterung und Erneuerung von Marktvorteilen* zu ergänzen, um einen dauerhaften *Prozeß der dynamischen Erfolgsrealisation und -sicherung* zu gewährleisten.

4. Die auf der Interpretation situativer Bedingungskonstellationen basierende *Ausübung einer intervenierenden Funktion der Unternehmenspolitik* ist als wesentliche Voraussetzung dafür anzusehen, nicht nur einer passiven Erduldung unternehmensexterner Einflüsse ausgesetzt zu sein, sondern vielmehr eine aktive oder gar antizipative Einflußnahme zu konstituieren. Dies bedingt die wirksame *Gestaltung und Lenkung des unternehmerischen Handelns durch geeignete Orientierungsmuster*, in deren Rahmen dauerhafte Marktvorteile aufgebaut und genutzt werden können. Diesem Zweck dient die unternehmenspolitische Auswahl und Umsetzung zielgerechter *Strategien für das unternehmerische Handeln*. Diesbezüglich lassen sich vor allem übergreifend wirksame *Unternehmensstrategien* (Corporate Strategies) und geschäftsfeldspezifische *Marktstrategien* (Business Strategies) unterscheiden.

5. *Unternehmensstrategien* legen als übergreifende Leitlinien unternehmerischen Handelns die strategischen *Geschäftsfelder* fest und sorgen für die demgemäße *Verteilung der unternehmerischen Ressourcenpotentiale*. Sie geben insofern *generelle Entwicklungsrichtungen für das unternehmerische Handeln* vor. Unternehmensstrategien lassen sich grundsätzlich in *Wachstums-, Stabilisierungs- und Schrumpfungsstrategien* klassifizieren. Diese Strategievarianten sind – in Abhängigkeit von der jeweiligen situativen Bedingungskonstellation – zu zielgerechten *Kombinationsstrategien* zu bündeln. Insbesondere bedingt das unternehmenspolitische Interesse, existenzgefährdende Einflüsse nicht nur durch ein *kuratives Krisenmanagement* postsituativ zu beseitigen, sondern bereits durch ein *präventiv wirkendes Stabilitätsmanagement* präsituativ zu vermeiden, die *Anwendung integrierter Kombinationsstrategien*.

6. *Marktstrategien* markieren das seitens eines Unternehmens gegenüber den Marktteilnehmern, also den Lieferanten und Kunden sowie den potentiellen und faktischen Wettbewerbern – zu wählende Handlungsmuster. Marktstrategien sind insbesondere in ihrer wettbewerbsstrategischen Ausprägungsvariante auf die *Schaffung und Erhaltung einer strategischen Balance des unternehmerischen Handelns* ausgerichtet. Dieser aus stabilitätspolitischer Sicht wesentliche Gleichgewichtszustand ist dadurch gekennzeichnet, daß eine strategische Abstimmung zwischen den – Stärken und Schwächen beinhaltenden – *Erfolgspotentialen* und den – Chancen und Risiken aufweisenden – *Wettbewerbskräften* vorgenommen wird, um eine *stabile und dauerhafte Erfolgspositionierung eines Unternehmens im Markt* zu gewährleisten.

Als *Grundmuster wettbewerbsstrategischer Optionen* hat sich in den vergangenen Jahren die auf Michael E. Porter zurückgehende Unterscheidung zwischen der Strategie der Kostenführerschaft und der Strategie der Differenzierung herauskristallisiert. Während die *Strategie der Kostenführerschaft* auf das Erreichen einer innerhalb der Branche überlegenen Kostenposition gerichtet ist und sich auf die Erstellung standardisierter Erzeugnisse konzentriert, um deren Verwertung im Rahmen einer Niedrigpreispolitik zu ermöglichen, ist die *Strategie der Differenzierung* durch das Bemühen um die Optimierung des Kundennutzens geprägt und konzentriert sich auf die Erstellung kundenindividueller Erzeugnisse, um deren Verwertung im Rahmen einer Hochpreispolitik zu ermöglichen. Diese strategischen Optionen, die sich im Konzept von Porter grundsätzlich gegenseitig ausschließen, können – im Streben nach Abgrenzung übersichtlicher Wettbewerbsfelder – entweder *branchenweit oder nischenspezifisch* sowie – aus marktgeographischer Sicht – mit *nationaler, internationaler oder globaler Orientierung* verfolgt werden.

7. Strategisches Verhalten zeichnet sich durch die Fähigkeit zu unternehmens- und marktübergreifendem Denken, Entscheiden und Handeln aus. Die nähere Analyse der zuvor angeführten wettbewerbsstrategischen Optionen läßt deren *Ausrichtung auf bewährte betriebswirtschaftliche Denkstrukturen* erkennen: Während die *Strategie der Kostenführerschaft* eine konsequente Ausrichtung auf das unternehmensintern gerichtete *Kosten- und Betriebsdenken* beinhaltet, ist die *Strategie der Differenzierung* durch ein unternehmensextern gerichtetes *Kundennutzen- und Marktdenken* charakterisierbar. Diese beiden Denkraster schließen sich jedoch, wie dies oft behauptet wird, keineswegs gegenseitig aus. Vielmehr zeigt gerade das *Bemühen um ein tatsächlich strategisches Verständnis der Transaktionsbeziehungen von Unternehmen im Markt*, daß nicht eine analytische, sondern eine *synthetische Anwendung dieser Denkstrukturen* anzustreben ist. Das dringende *Erfordernis des Verzichts auf jeglichen unternehmenspolitischen Separatismus* kann zudem auch durch dogmenhistorische Rückgriffe auf traditionelle betriebswirtschaftliche Denkansätze belegt werden.

Die *Kanalisierung des strategischen Denkens* in bestimmten betriebswirtschaftlichen Denkstrukturen bewirkt zugleich eine Fokussierung des Handelns. Insbesondere erfolgt im Rahmen der genannten wettbewerbsstrategischen Optionen die *Vorgabe bestimmter strategischer Realisationsprinzipien*, die den zwischen den Erfolgspotentialen und dem Erfolg aufzubauenden Wirkmechanismus des unternehmerischen Handelns vorgeben. Die *Strategie der Kostenführerschaft* greift in ihrer Variante der mengenbedingten Kosten- und Preisführerschaft vorrangig auf das *Prinzip der Massenproduktion* zurück, um den Regelkreis zwischen Produktion und Absatz durch Maximierung der Mengenkomponente des Umsatzes zu schließen und so 'Economies of Scale' zu realisieren. Die Variante der synergiebedingten Kosten- und Preisführerschaft nutzt demgegenüber das *Prinzip der Verbundproduktion*, um durch Koordination der eingesetzten Kapazitäten 'Economies of Scope' zu realisieren. Die *Strategie der Differenzierung* rekurriert schließlich auf ein hier so bezeichnetes *Prinzip der (Kunden-)Nutzenproduktion*, um einen umsatzwertbezogenen Regelkreis zwischen Produktion und Absatz zu etablieren, der die Schaffung einzigartiger Leistungen unterstützt und somit eine Maximierung der Preiskomponente des Umsatzes zuläßt.

8. Insgesamt resultiert das Bild einer in bestimmten Denkstrukturen verankerten *Bedingtheit des unternehmerischen Handelns*. Dessen unternehmenspolitische Lenkung erfolgt vorrangig durch die stets situativ beeinflußte *Festlegung der inhaltlichen Ausprägungen der strategischen Optionen*. Derart strategische Entscheidungen setzen einen weitgehend autonom wirksamen und zudem dynamisch verlaufenden Prozeß in Gang, der den Handlungspfad eines Unternehmens weitreichend determiniert. Aus *Sicht der Stabilitätspolitik* verdienen in diesem Zusammenhang vor allem die erstmalige *Gestaltung der strategischen Erfolgspotentiale*, die resultierende *Ausprägung des operativen Erfolgs* sowie die wiederum resultierende *Fähigkeit zur laufenden Anpassung und Erneuerung der Erfolgspotentiale* besondere Beachtung. Das Erkennen dieses dynamisch-prozessualen Charakters der Bedingtheit des unternehmerischen Handelns ist die Voraussetzung einer Stabilitätserfordernisse beachtenden Unternehmenspolitik.

9. Die im Rahmen der Unternehmenspolitik vorgezeichneten strategischen Handlungspfade eines Unternehmens beinhalten allerdings nicht nur *Chancen*, sondern auch *Risiken*, die den zuvor skizzierten Wirkungsmechanismus des Erfolgs beeinträchtigen können. Als wesentliche *Risikokategorien* lassen sich innerhalb des hier als Handlungsrahmen gewählten 'Strategischen Vierecks' zum einen übergreifend wirksame *Innovations- und Imitationsrisiken* erkennen. Derartige Risiken, deren Einfluß vor allem aus den Kreisen potentieller und/ oder faktischer *Konkurrenten*, aber auch seitens der in die Wertschöpfung einbezogenen *Lieferanten* zu erwarten ist, schränken insbesondere die Wettbewerbswirksamkeit sowohl der eingesetzten *Prozeßtechnologien* als auch der *Produkttechnologien* ein oder heben diese gar vollständig auf. Darüber hinaus sind in der Beziehung zwischen Unternehmen und Kundenpotentialen *Bedarfsrisiken* identifizierbar, die sich auf die *Mengen-, Nutzen- und Preiskomponente der zu verwertenden Leistungen* beziehen und in Abhängigkeit von der gewählten Strategie spezifische Ausprägungen haben können. Schließlich können auch im eigenen Unternehmen selbst *Realisationsrisiken* entstehen, die vor allem auf eine unzureichende unternehmenspolitische Gesamtabstimmung innerhalb sowie zwischen der unternehmerischen Leistungs- und Wertsphäre zurückzuführen sind. Das Auftreten sämtlicher Risikokategorien führt stets zur *Gefährdung der strategischen Position eines Unternehmens* und ist insofern stabilitätspolitisch bedeutsam. Die frühzeitige und weitreichende Vermeidung setzt eine möglichst *risikoarme Prägung der strategischen Handlungspfade* voraus.

10. Die Analyse der grundlegenden Denkmuster, der prinzipiell angestrebten Realisationsprinzipien sowie der Funktions- und Wirkungsmechanismen der analysierten wettbewerbsstrategischen Optionen vermittelt insgesamt wesentliche Hinweise auf die *Zweckmäßigkeit der strategischen Optionen*. Aus stabilitätspolitischer Sicht lassen insbesondere die aufgezeigten Risiken der Wirksamkeit *Schwächen im Strategiedesign* erkennen. Diese scheinen zudem durch eine systematische *Erweiterung der strategischen Konzepte* behebbar zu

sein. Derartige Erweiterungen zielen letztlich auf die inhaltliche Vervollständigung und Integration der strategischen Grundausrichtungen von Unternehmen. Erst eine derart ausgerichtete *Revision der wettbewerbsstrategischen Orientierungsmuster des unternehmerischen Handelns* kann als hinreichende Grundlage einer nach erfolgswirtschaftlicher Stabilität strebenden Kosten- und Leistungspolitik von Unternehmen gelten.

Die soeben resümierten Erfordernisse der strategischen *Sicherung einer stabilitätspolitischen Balance von Unternehmen* legen es nahe, im Vorfeld einer konzeptionellen Konkretisierung der Revision wettbewerbsstrategischer Orientierungsmuster diejenigen Markt- und Unternehmensentwicklungen aufzuzeigen, mit denen ein stabilitätspolitisch orientiertes Management im Strategischen Viereck heutzutage typischerweise konfrontiert ist. Die *Analyse typischer Ausprägungen der situativen Bedingungskonstellationen unternehmerischen Handelns* bildet die Voraussetzung dafür, relevante Hinweise auf strategische Problemlagen und deren Ursachenkomplexe zu erhalten. Die resultierende *Konkretisierung der strategischen Problemlandkarte* eröffnet die Möglichkeit zur *Verbesserung der unternehmerischen Stabilitätspolitik*.

4. Kapitel
Analyse charakteristischer Ausprägungen stabilitätspolitisch bedeutsamer Situationsdeterminanten des Handelns von Unternehmen

Inhaltliche Schwerpunkte: Exogene und endogene Einflüsse auf das unternehmerische Handeln – Märkte und Gesellschaft als exogene Determinanten unternehmerischen Handelns – endogene Einflüsse auf das unternehmerische Handeln aus der Leistungssphäre von Unternehmen – Leistungsprogramme, Leistungspotentiale und Leistungsprozesse als bedeutsame Dimensionen der Leistungssphäre von Unternehmen – endogene Einflüsse auf das unternehmerische Handeln aus der Wertsphäre von Unternehmen – Entwicklungen der Finanz- und Erfolgssphäre – Limitierung von Erlössteigerungspotentialen – Verschiebungen in der Kostenverursachung, Verlagerungen der Kostenentstehung, Veränderungen der Kosteneinflußgrößen, Verminderung der Kostenelastizität und Verschärfung der Kostenintensität als stabilitätspolitisch bedeutsame Entwicklungen in der Kostensphäre – Existenzsicherung durch ganzheitliche Gestaltung und Lenkung des erfolgsorientierten Handelns von Unternehmen

Im vorausgegangenen Kapitel wurde die hohe stabilitätspolitische Bedeutung der *Prägung des unternehmerischen Handelns* durch die zur Unternehmenspolitik zählende *Auswahl und Vorgabe geeignet erscheinender Strategien* dargelegt. Gemäß der abschließend formulierten *Revisionshypothese für wettbewerbsstrategische Handlungsoptionen* bedingt die aus stabilitätspolitischer Sicht anzustrebende präventive *Absicherung der dauerhaften Existenz von Unternehmen* eine entsprechende Erweiterung der innerhalb der Betriebswirtschaftslehre offerierten Wettbewerbsstrategien. Die Gründe dafür resultieren aus der Analyse der den Strategien zugrunde liegenden betriebswirtschaftlichen Denkmuster, der dominierenden Realisationsprinzipien sowie der prinzipiellem Funktions- und Wirkungsmechanismen.

Das vorliegende Kapitel strebt eine Vertiefung der systematischen *Analyse* der bereits in allgemeiner Form aufgezeigten *stabilitätspolitischen Risiken* im Strategiendesign an. In diesem Zusammenhang sind speziell die *Wirkungen auf die Strukturen, das Verhalten und die Ergebnisse unternehmerischen Handelns* zu erschließen, die aus der Anwendung strategischer Handlungsoptionen resultieren. Dazu ist das – bislang in einer recht formalen Fassung genutzte – *Modell der situationalen Beeinflussung unternehmerischen Handelns* mit materiellem Gehalt zu füllen. Dies erfolgt auf der Grundlage einer *Vorstrukturierung des situativen Kontextes* in *exogene Bedingungskonstellationen*, die aus Märkten und Gesellschaft stammen, sowie in *endogene Bedingungskonstellationen*, die aus der Gestaltung und Lenkung der Leistungs- und Wertsphäre von Unternehmen resultieren. Diese Grobstruktur ist im Rahmen der vorzunehmenden Analyse der Situationsdeterminanten unternehmerischen Handelns zu verfeinern, um stabilitätspolitische Aussagen über diejenigen Problemlagen ableiten zu können, die das erfolgswirtschaftliche Gleichgewicht von Unternehmen gefährden können.

Dazu wird nachfolgend ein vorrangig *typologisches Bild* entworfen, daß darauf abstellt, sowohl aktuelle *Marktentwicklungen* wenigstens kurz zu skizzieren als auch vor allem die in *Industrieunternehmen* derzeit stattfindenden Veränderungen einzufangen, die im Wege der Umsetzung neuerer betriebswirtschaftlicher Entwicklungen solche Unternehmen – und damit ihr Handeln – wesentlich prägen. Allerdings läßt sich ein derartiges *Bild eines 'modernen' Industrieunternehmens* stets nur in recht engen Grenzen und zudem auch nicht in der sachlich prinzipiell gebotenen Gesamtheit entwerfen. Die hohe *Komplexität* unternehmerischen Handelns kann – sofern man überhaupt derartige Aussagen wagen will – nur eingefangen werden, indem verschiedene *'Schnitte' durch die Realität* angelegt und nur bedeutsam erscheinende Entwicklungen aufgezeigt werden. Nachfolgend wird zu diesem Zweck dem eingangs entworfenen Denkraster gefolgt, demzufolge unternehmerisches Handeln sich in unterschiedlich systematisierbaren *Interaktionsstrukturen* und entlang von *Leistungs- und Wertketten* vollzieht. In diesem Zusammenhang wird insbesondere zu berücksichtigen sein, daß spezielle Entwicklungen in der *Leistungssphäre* zu typischen Konsequenzen in der *Wertsphäre* von Unternehmen führen.

Insgesamt wird im Zuge der angestrebten *inhaltlichen Ausdeutung des unternehmerischen Handlungsmodells* eine wichtige *Systematisierungs- und Erkenntnishilfe für stabilitätspolitische Aussagen* gewährt. Demgegenüber ist allerdings stets zu bedenken, daß die hier aufzugreifenden und darzulegenden *Entwicklungen in der Leistungs- und Wertsphäre* sich keineswegs zwangsläufig in der hier beschriebenen Art und Weise in sämtlichen Unternehmen auffinden lassen. Vielmehr können allenfalls typisch erscheinende *Grundmuster unternehmerischen Verhaltens* beschrieben und analysiert werden, deren Ausprägungen zwar plausibel erscheinen mögen, teilweise auch empirisch belegt sind, aber letztlich höchst individuellen Detailprägungen unterworfen sind. Stabilitätspolitische Problemanalysen für spezifische Unternehmen müssen prinzipiell sehr detailliert und vor allem letztlich stets auch unternehmensindividuell durchgeführt werden, um zu einer *unternehmensspezifischen Strukturierung der Problemlandkarte*[1] zu gelangen, die Rückschlüsse auf stabilitätspolitisch bedeutsame Chancen und Risiken erlaubt. Insofern ist das insgesamt entstehende Bild insbesondere im Hinblick auf eine Ableitung konkreter Handlungsemp-

---

1 Angemerkt sei, daß Ansoff 1988 (Mutmaßungen), S. 829 vermutet, daß zukünftig nicht nur derartige Problemanalysen, sondern verstärkt wohl auch strategische Lösungsansätze eines unternehmensindividuellen Zuschnitts bedürfen. Dieser Aussage ist trotz des hier intendierten Bemühens einer Ableitung generell gültiger Strukturkerne einer erfolgswirtschaftlichen Stabilitätspolitik uneingeschränkt zuzustimmen.

fehlungen für spezifische Unternehmen nur mit äußerster Vorsicht zu interpretieren. Der im Ergebnis resultierende Tatbestand einer typischen, auf unternehmensexterne Entwicklungen und unternehmensinterne Prägungen zurückführbaren *Bedingtheit der in der unternehmerischen Erfolgssphäre beobachtbaren Entwicklungen*, die stabilitätspolitische Problemlagen induzieren können und demzufolge einen *ganzheitlichen Gestaltungs- und Lenkungsbedarf des erfolgsorientierten Handelns von Unternehmen* begründen, besitzt gemäß der hier vertretenen Auffassung gleichwohl generelle Gültigkeit.

A Exogene Einflüsse auf das Handeln von Unternehmen aus Märkten und Gesellschaft

Die Analyse der situativen Einflußfaktoren, mit denen Unternehmen seitens der Märkte und der Gesellschaft konfrontiert sind, setzt an der in *Abbildung 4-1* im Überblick veranschaulichten *Systematik der exogenen Situationsdeterminanten unternehmerischen Handelns* an. Die Darstellung veranschaulicht, daß das Handeln von Unternehmen einer Beeinflussung durch die bereits aus dem Modell des Agierens im Strategischen Viereck ersichtlichen und nachfolgend eingehender zu analysierenden *Einflüsse der Gesellschaft* sowie insbesondere durch die *Tausch- und Rivalitätsbeziehungen von Unternehmen* unterliegt.

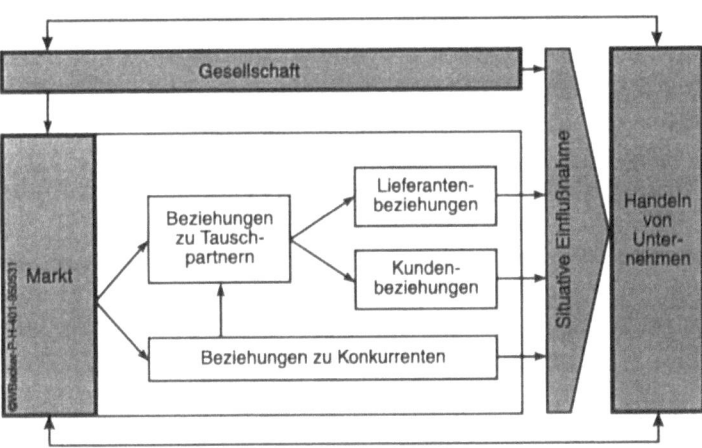

Abbildung 4-1   Exogene Situationsdeterminanten des unternehmerischen Handelns

Da eine derart orientierte Analyse der Rahmenbedingungen unternehmerischen Handelns hier nur global sowie ohne Anspruch auf Vollständigkeit und generelle Gültigkeit vorgenommen werden kann, sind nachfolgend nur einige, unter stabilitätspolitischen Aspekten *besonders bedeutsam erscheinende Entwicklungstrends*, die unternehmerisches Handeln situativ beeinflussen, anführbar. Die in diesem Zusammenhang zu berücksichtigenden *gesellschaftlichen Einflußfaktoren* lassen sich zwar grundsätzlich wesentlich differenzierter analysieren, als das hier geschieht. Dies würde im Rahmen der hier angestrebten Zwecksetzungen allerdings zu weit führen. Zudem werden gesellschaftliche Einflußfaktoren regelmäßig auch in der Literatur[2] nur als globales und nicht als aufgabenspezifisches Umfeld angesehen. Gesellschaftliche Einflußfaktoren können daher als eher indirekt wirksame Situationsdeterminanten aufgefaßt werden. Sie entfalten ihre Wirkung auf das unternehmerische Handeln vorrangig über die – als systemische Bestandteile des gesellschaftlichen Umfeldes anzusehenden – *Beschaffungs- und Absatzmärkte*, über die *Mitarbeiter* von Unternehmen sowie über das dominierende *Wettbewerbsverhalten*. Daher wird im Rahmen der nachfolgenden Analyse auf eine separierende Darstellung der gesellschaftlichen Einflüsse zugunsten einer eher integrativen Behandlung dieser Situationsdeterminanten verzichtet.

Verallgemeinernd und aggregiert lassen sich Marktbeziehungen – wie sie zur Zeit in hochentwickelten Industrienationen als typisch anzusehen sind – als *unternehmerisches Handeln in reifen Märkten*[3] kennzeichnen. Die damit vorgenommene Positionierung des derzeitigen Marktentwicklungszustands im Marktlebenszyklus hat aufgrund der einhergehenden *Marktsättigungstendenzen* stabilitätspolitisch bedeutsame Konsequenzen für nahezu sämtliche Tausch- und Wettbewerbsbeziehungen.

1 Kennzeichnung der Tauschbeziehungen

Betrachtet man zunächst die zwischen *Unternehmen und Kunden* bestehenden Tauschbeziehungen aus dem Blickwinkel der *Nachfrageseite* näher, so läßt sich feststellen, daß insbesondere die *Mengenkomponente* der Bedarfsstruktur durch *zunehmende Sättigungstendenzen* begrenzt wird. Diese Entwicklung wird insbesondere im *Konsumgütersektor* sogar noch dadurch verschärft, daß gewisse Marktsegmente aufgrund der in Industrienationen feststellbaren rückläufigen *Bevölkerungsentwicklung* schrumpfen[4]. In der Bundesrepublik Deutschland wird sich der „seit Mitte der siebziger Jahre zu beobachtende Rückgang der Gesamtbevölkerung ... bis zum Jahre 2000 und darüber hinaus fortsetzen"[5]. Wesentlich erscheint in diesem Zusammenhang, daß nicht nur die Bevölkerungszahl schrumpft, sondern daß zugleich eine Veränderung der Altersstruktur festzustellen ist. Die rückläufige Entwicklung der sich im erwerbsfähigen Alter befindlichen Menschen hat nicht nur Konsequenzen hinsichtlich der Höhe und Art der künftigen Nachfrageentwicklung, sondern auch für das Arbeitskräfteangebot. Im *Investitionsgütersektor* ist die Be-

---

2 Vergleiche dazu beispielsweise Kubicek/Thom 1976 (Umsystem), Sp. 3988ff., die in diesem Zusammenhang auch auf die in der Literatur herausgearbeiteten weiterreichenden Differenzierungen verweisen.

3 Diese Aussage ließe sich durch mannigfaltige Literaturverweise belegen. Beispielhaft sei hier verwiesen auf die von Jochen Becker bereits im Rahmen der Problemstellung seiner Monographie Becker 1988 (Marketing-Konzeption) getroffene Feststellung, daß „sich spätestens seit Mitte der siebziger Jahre viele Märkte ... zu stagnierenden oder gar rückläufigen Märkten gewandelt" (S. 1) haben.

4 Hierauf verweist beispielsweise Simon 1988 (Wettbewerbsvorteile), S. 2 innerhalb eines Merkmalkatalogs zur Kennzeichnung der derzeitigen strategischen Wettbewerbssituation von Unternehmen.

5 Roth 1988 (Gesellschaft), S. 855.

dingungskonstellation demgegenüber aufgrund eines wettbewerbsbedingt eher zunehmenden Investitionsdruckes etwas günstiger zu beurteilen.

Insgesamt gesehen scheinen sich insofern die bereits frühzeitig durch den Club of Rome sogenannten *Grenzen des Wachstums*[6] nicht nur aus der ökologischen Perspektive, sondern auch im Hinblick auf die Bedarfsstrukturen immer deutlicher abzuzeichnen. Insofern muß zunehmend eine *Umorientierung vom quantitativen zum qualitativen Wachstum* erfolgen. Ein derartiger Veränderungsbedarf in der Denkhaltung resultiert jedoch keineswegs allein aus dem Zweck, trotz gewisser Sättigungstendenzen auf der Angebotsseite Wachstumsziele rechtfertigen zu können. Vielmehr entspringt das Gebot qualitativen Wachstums durchaus den auf der Nachfrageseite feststellbaren Bedarfsentwicklungen.

Der Bedarf verändert sich nämlich nicht allein hinsichtlich der Menge, sondern auch in Bezug auf *Art und Qualität der nachgefragten Leistungen.* Unternehmen sind heute sowohl in Konsumgütermärkten als auch in Investitionsgütermärkten mit einer zunehmenden *Differenziertheit der Kundenwünsche*[7] konfrontiert und müssen sich demzufolge durch die Entwicklung entsprechend differenzierter Leistungen an derartige Kundenpräferenzen anpassen. Vor allem auf den Konsumgütermärkten hat sich das *Anspruchsniveau der Kunden*[8], resultierend aus der Zunahme des frei verfügbaren Einkommens sowie nicht zuletzt auch aus einem zunehmend beobachtbaren Wertewandel, in Richtung einer steigenden Nachfrage nach innovativen, qualitativ hochwertigen, individuell gestalteten und zudem in der Preis-Leistungs-Relation angemessen positionierten Produkten erhöht. Darüber hinaus wird auch *ökologischen Anforderungen*, die letztlich dem vitalen Erfordernis zu einer sorgsameren Behandlung der bislang in der volkswirtschaftlichen Theorie als sogenannte freie Güter bezeichneten ökologischen Ressourcen entspringen, eine zunehmend höhere Bedeutung beigemessen. Die bloße Erstellung bedarfsgerechter Leistungen im Sinne der *Produktion von Varianten*, die sich durch flexibel gestaltbare und insofern möglichst kundenindividuell zugeschnittene Eigenschaftsbündel auszeichnen, reicht allerdings nicht aus. Vielmehr muß unternehmerisches Handeln heute auf die möglichst umfassende *Produktion von Kundennähe*[9] ausgerichtet sein, um Chancen und Risiken auf den Absatzmärkten in eine gleichgewichtige Relation bringen zu können.

---

6   Vergleiche zu der entsprechenden Studie des Massachusetts Institute of Technology, die durch den Club of Rome initiiert wurde, Meadows/Meadows/Zahn/Milling 1973 (Grenzen).

7   Dies ist ebenfalls eines der bedeutsamen Merkmale in der Auflistung von Simon 1988 (Wettbewerbsvorteile), S. 2.

8   Albach 1991 (Wettbewerb) gibt ein treffendes Bild der heute dominierenden hohen Anforderungen, indem er feststellt: „Mode, Wirksamkeit im Gebrauch, Sicherheit in der Handhabung, Ubiquität im Einsatz und Umweltfreundlichkeit sind die Anforderungen an Produkte, die Abnehmer und Staat heute stellen" (S. VIII).

9   Der sehr häufig genutzte und regelmäßig spontan verstandene Begriff der Kundennähe ist äußerst diffizil. Dies stellt auch Simon 1991 (Kundennähe) im Rahmen einer thesengestützten Charakterisierung dieses Phänomens fest, indem er darauf verweist, daß man Kundennähe zwar als „den größten gemeinsamen Nenner marktseitiger Anstrengungen – insbesondere großer Unternehmen – Anfang der Neunziger Jahre" (S. 254) anerkennen kann, der Begriff sich aber dennoch „einer einfachen Operationalisierung entzieht" (S. 256).

In diesem Zusammenhang erlangt auch die *Durchsetzungskraft der Nachfrage* eine zunehmende Bedeutung. Im Zuge der Operationalisierung dieser für die Charakterisierung von Transaktionsbeziehungen wesentlichen Dimension ist prinzipiell eine Bestimmung desjenigen Machtpotentials erforderlich, mit dem die Nachfrageseite in der Beziehung zur Angebotsseite ausgestattet ist. Diesbezüglich ist – mit ebenfalls nur globaler Gültigkeit – festzustellen, daß sich durch den Übergang von Verkäufer- zu Käufermärkten auch die Macht verschoben hat. Speziell die *Verhandlungsmachtstärke*[10] *der Käufer* ist im Vergleich zu der der Verkäufer heute erheblich höher, so daß sich differenziertere Bedarfe auch in einem entsprechend differenzierteren Nachfrageverhalten zeigen. Nur wenige Lieferanten, speziell solche, die hochspezialisierte Industriegüter anbieten, verfügen über ein entsprechendes Gegenmachtpotential.

Stellt man diesen hier nur kurz skizzierten Entwicklungen des Bedarfs auf der Nachfrageseite die *Bedingungen der Bedarfsdeckung auf der Angebotsseite* gegenüber, so lassen sich – wiederum ohne Anspruch auf generelle Gültigkeit sowie in einer zunächst nur globalen Kennzeichnung – die folgenden marktrelevanten Aspekte feststellen.

Den quantitativen Sättigungserscheinungen auf der Nachfrageseite stehen auf der *Angebotsseite* oftmals *nach höherer Auslastung drängende Kapazitäten* gegenüber. Derartige Überkapazitäten „sind in den meisten reifen Märkten kein vorübergehendes, sondern ein permanentes Phänomen"[11]. Insofern hat Eugen Schmalenbach mit seiner berühmten „Wiener Rede" von 1928 hinsichtlich der dort apostrophierten *Tendenz der freien Wirtschaft zur Entstehung von Überkapazitäten*[12] wohl grundsätzlich Recht behalten[13]. Allerdings ist der regelmäßig pauschal verwendete *Begriff der Überkapazität* mit Vorsicht zu verwenden. In diesem Zusammenhang sind nämlich unterschiedliche Arten von Leistungspotentialen zu differenzieren, so speziell *technologische und personelle Potentiale*, die letztlich gemeinsam die Kapazität eines Unternehmens bilden.

Die *Betrachtung der technologischen Potentiale* zeigt, daß in nahezu allen Industrienationen ein für qualitatives Wachstum unabdingbarer und zudem *anhaltend wirksamer technologischer Fortschritt* feststellbar ist. Allzu euphorisch darf dies allein jedoch nicht stimmen, denn Investitionen in neue Technologien müssen sich auch amortisieren. Nicht ohne Grund warnt etwa H. Igor Ansoff vor der mit dem heute zu verzeichnenden „Techno-

---

10 Macht wird hier verstanden als „Möglichkeit von Personen(-gruppen), auf das (die) Handlungsfeld(er) anderer Personen(-gruppen) einzuwirken". Mit dem Begriff der Machtstärke wird das „wirksame Ausmaß" der Macht in einem bestimmten Machtbereich beschrieben. Beide Begriffsfestlegungen gehen zurück auf Krüger 1974 (Macht), S. 5 und S. 21.

11 Simon 1988 (Wettbewerbsvorteile), S. 2.

12 Vergleiche dazu Schmalenbach 1928 (Betriebswirtschaftslehre), speziell S. 244f.

13 Der daraus von Schmalenbach abgeleiteten wirtschaftspolitischen Aufforderung, die freie Wirtschaft durch eine neue, gelenkte Wirtschaftsverfassung abzulösen, kann dagegen nicht gefolgt werden. Diese Auffassung vertritt – in einer Würdigung der Erkenntnisse Schmalenbachs – auch Hax 1984 (Überkapazitäten), S. 23.

logie-Push ... (zunehmend einhergehenden) *Gefahr der unprofitablen Prosperität"*, einer „Situation, in der eindrucksvolles Wachstum einhergeht mit minimalem oder negativem Ergebnis"[14]. Weitere Erschwernisse erwachsen aus feststellbaren *Defiziten im „Gleichschritt zwischen Produkt- und Produktionsverfahrensinnovationen"*[15]. Darüber hinaus verschärft sich zunehmend das strategische Dilemma, das aus der feststellbaren *gegenläufigen Entwicklung der Entstehungs- und Marktzyklen von Produkten*[16] resultiert. Hinzu kommt der Tatbestand, daß ein nicht unbeträchtliches *Wachstum der Imitationsgeschwindigkeit*[17] zu verzeichnen ist, so daß „das Know-How und die Fähigkeit, akzeptable Qualitäten herzustellen, ... sich heute mit ungeheurer Geschwindigkeit (verbreiten)"[18]. Diese hier nur kurz skizzierten technologischen Entwicklungstrends bewirken, daß die *Zeit* in zunehmendem Maße „*als strategische Ressource sui generis*"[19] angesehen werden muß.

Die *Betrachtung der personellen Potentiale* verdeutlicht, daß sich die Beschaffung der Arbeitskräfte heute zwar auf einem Markt vollziehen kann, der ein nahezu unaufhebbares *strukturelles Überangebot* offeriert. Andererseits ist das verfügbare Personal aber oftmals zugleich durch eine zwar steigende, aber nicht immer anforderungsgerechte *Qualifikation* sowie eine damit einhergehende mangelnde *Einsatzflexibilität* gekennzeichnet. Hinzu kommt oftmals eine mangelnde *Mobilität* der Mitarbeiter, die aus einem die Privatsphäre höher gewichtenden, allgemeinen Wertewandel resultiert. Der Einsatz von Arbeitskräften läßt sich darüber hinaus – nicht zuletzt bedingt durch den bereits angeführten Wertewandel und in Verbindung mit meist relativ gesicherten Einkommenssituationen – durch fortschreitende *Verkürzung der Arbeitszeiten*, zunehmende *Aus- und Weiterbildungserfordernisse* sowie steigende Anforderungen an den Einsatz monetärer und nichtmonetärer *Motivationsinstrumente* charakterisieren. Diese – hier nur angedeuteten – personalwirtschaftlichen Problemfelder[20] erschweren die erfolgreiche Nutzung der personellen Ressourcen.

Neben der zuvor angerissenen Unterscheidung technologischer und personeller Kapazitätsmodule ist auch zwischen der *quantitativen Kapazität von Leistungspotentialen*, die deren mengenmäßiges Leistungsvermögen kennzeichnet, sowie der *qualitativen Kapazität*

---

14 Ansoff 1988 (Mutmaßungen), S. 831.

15 Pfeiffer/Weiß 1988 (Technologiemanagement), S. 4.

16 Auf den existenzgefährdenden Charakter der aus einer Entstehungszyklusexpansion und einer zugleich auftretenden Marktzykluskontraktion möglicherweise resultierenden Zeitfalle verweisen ebenfalls Pfeiffer/ Weiß 1988 (Technologiemanagement), S. 6ff.

17 Diesen Trend beschreibt Albach 1989 (Innovationsstrategien) sowohl für Prozeßimitationen (S. 1343f.) als auch für Produktimitationen (S. 1345ff.), wobei allerdings die positiven Effekte einer dadurch bedingten Verbesserung der Wettbewerbfähigkeit herausgearbeitet werden.

18 Simon 1988 (Wettbewerbsvorteile), S. 2.

19 Pfeiffer/Weiß 1988 (Technologiemanagement), S. 22.

20 Insofern verwundert es nicht, wenn etwa Leontiades 1988 (Strategieumsetzung) im Kontext der Charakterisierung der künftig zu stellenden Anforderungen an die Wettbewerbs- und Überlebensfähigkeit von Unternehmen konstatiert, daß das „Personalmanagement ... neu erfunden werden" (S. 851) muß. Eine ähnliche Intention zeigen beispielsweise auch die Ausführungen von Sadowski 1991 (Personalwirtschaft).

von Leistungspotentialen, die deren Einsetzbarkeit für verschiedenartige Verwendungs-
zwecke determiniert, zu differenzieren[21]. Diese Unterscheidung muß gerade im Hinblick
auf die Kennzeichnung der angebotsseitig vorhandenen Bedarfsdeckungspotentiale als bedeutsam erachtet werden, da beiden Kapazitätskategorien oftmals sehr unterschiedliche
unternehmerische Ziele, speziell auch Wachstumsziele zuzuordnen sind. Zukünftig ist
diesbezüglich eine vor allem in Industrieunternehmen mit der zunehmenden *Reduzierung
der Leistungstiefe* verbundene *Substitution quantitativer durch qualitative Kapazitäten* zu
erwarten.

Einhergehend damit zeichnet sich zugleich eine Neuorientierung der *Beziehungen zwischen Unternehmen und deren Lieferanten* ab. Die mit der erforderlichen Fokussierung auf
eigene Stärken einhergehende Abmagerung der eigenen Leistungspotentiale bedingt die
zunehmende Bereitstellung von Fremdleistungen[22]. Diesbezüglich zeichnet sich vor allem
im industriellen Bereich eine zunehmende Abkehr von der Inanspruchnahme traditioneller
Teilelieferanten, die als „verlängerte Werkbank" fungieren, ab. Stattdessen streben bereits
derzeit viele Unternehmen partnerschaftlich geprägte *Kooperationsbeziehungen mit besonders leistungsfähigen Lieferanten* an. Derartige Kooperationen werden zunehmend in
Form des *Single Sourcing* aufgebaut, um zum einen die mit der Lieferantenvielfalt einhergehende Komplexitätszunahme zu begrenzen[23] und um zum anderen „durch die exklusive
Belieferung mit innovativen Zulieferteilen temporäre Wettbewerbsvorteile zu erzielen"[24].

Partnerschaftliche Kooperationen zeichnen sich regelmäßig durch eine vergleichsweise
hohe *Dauerhaftigkeit* sowie eine besonders enge *Synchronisation* der Beziehungen zwischen Abnehmer und Lieferant aus, die durch eine *mehrdimensionale Verknüpfung*[25] beider Marktpartner anzustreben ist. Die zentrale und für die Aufnahme von Beziehungen
ursächliche Dimension solcher Kooperationen stellt die zu beschaffende *Leistung* selbst
dar, die sich bei näherer Betrachtung oftmals als ein aus Haupt-, Neben- und Zusatzleistungen bestehendes komplexes Leistungsbündel offenbart. In partnerschaftlichen Kooperationen wird jedoch nicht allein der Austausch dieses Leistungsbündels geregelt. Vielmehr wird diese Dimension von weiteren Dimensionen der Kooperation, so insbesondere
von der *Entwicklungskapazität*, der *Qualitätsfähigkeit*, der *logistischen Integration*, sowie
den *kommunikationstechnischen und dispositiven Fähigkeiten* des jeweiligen Lieferanten,

---

21 Vergleiche zu dieser speziell auf Produktionsanlagen zugeschnittenen, aber auch auf personelle Potentiale
    anwendbaren Unterscheidung zwischen quantitativer und qualitativer Kapazität Männel 1979
    (Produktionsanlagen), Sp. 1471f.

22 Wildemann 1992 (Zulieferunternehmen) weist darauf hin, daß bereits derzeit „mit steigender Tendenz
    etwa 25 % des industriellen Gesamtumsatzes auf den Zulieferbereich" (S. 392) entfallen.

23 Vergleiche dazu auch Männel 1991 (Erfolgspotential), S. 36.

24 Wildemann 1992 (Zulieferunternehmen), S. 397.

25 Die Mehrdimensionalität von Kooperationsbeziehungen auf Beschaffungsmärkten offenbart sich vor allem
    durch eine systemische Betrachtung der Kooperation selbst, wie sie wohl erstmals von Arnold 1982
    (Beschaffungspolitik), S. 69ff. vorgeschlagen wurde.

begleitet[26]. Sämtliche Dimensionen sind im Zuge des Aufbaus partnerschaftlicher Kooperationen zunächst vertraglich zu regeln und organisatorisch zu gestalten sowie im Rahmen der Nutzung der Kooperation im Sinne eines beidseitigen Interessenabgleichs zu pflegen und zu optimieren.

Derart partnerschaftliche Kooperationen bedürfen letztlich vor allem der beidseitigen *Vertrauensbildung*. In diesem Zusammenhang erlangt insbesondere die *Weiterentwicklung der Leistungsfähigkeit der Lieferanten*[27] besondere Bedeutung. Eine derartige Entwicklung kann sich sowohl auf den Ausbau der *prozeßtechnologischen Fähigkeiten* als auch auf den Ausbau der *produkttechnologischen Fähigkeiten* richten. Lieferanten, die in beiden Entwicklungsrichtungen hohe Problemlösungskompetenz erreicht haben, weisen die besondere Eignung für die Entstehung von nahezu symbiotischen *Wertschöpfungspartnerschaften*[28] auf.

Neben den zuvor angeführten Entwicklungen ist schließlich eine deutliche *Globalisierung sowohl des Nachfrageverhaltens*[29] *als auch des Angebotsverhaltens*[30] festzustellen. Kunden decken ihren Bedarf nicht mehr ausschließlich mit inländischen, sondern auch mit ausländischen Erzeugnissen. Vor allem bei Industriegütern erfolgt der Kauf selbst immer häufiger im Ausland. Auch Endverbraucher wählen in bestimmten Fällen, man denke etwa an den Kauf von Automobilen innerhalb Europas, diesen Weg. Auf der Angebotsseite läßt sich ebenfalls eine deutliche Tendenz zur Globalisierung[31] erkennen. Unternehmen versorgen nicht mehr allein die inländischen Märkte, sondern weiten systematisch ihre Absatzaktivitäten aus und entfalten darüber hinaus verstärkt internationale Aktivitäten auch in allen übrigen Funktionsbereichen. Dieses Vorgehen, das insbesondere durch den *Ausbau internationaler Beziehungen* auf der Grundlage intensivierter politischer Anstrengungen, durch weltweite *Optimierung der Infrastrukturen* und durch die *Verbesserung der Kommunikationstechnologien* ermöglicht wurde, erstreckt sich bis hin zu einem *Weltmarktkonzepte* beinhaltenden „Global Sourcing", „Global Manufacturing" und „Global Selling".

---

26 Vergleiche zu diesen Dimensionen Männel/Becker/Pampel 1990 (Beschaffungsmarketing), S. 11ff. und S. 93ff. sowie Pampel 1992 (Kooperation).

27 Die in diesem Zusammenhang von Wildemann 1992 (Zulieferunternehmen), S. 398ff. vorgeschlagene Typologie von Zulieferantenunternehmen kennzeichnet besonders einprägsam und zugleich praxisnah das Spektrum der Entwicklungsrichtungen von Zulieferunternehmen.

28 Vergleiche zu den Wesensmerkmalen solcher Wertschöpfungspartnerschaften vor allem Johnston/ Lawrence 1988 (Value-Adding Partnership) sowie nochmals Wildemann 1992 (Zulieferunternehmen), S. 403ff.

29 Sehr eindringlich betont etwa Ohmae 1985 (Triade), S. 35ff., daß sich – zumindest innerhalb der von ihm so bezeichneten Triade (USA, Europa und Japan) – eine zunehmende Homogenisierung der Lebensgewohnheiten, der Bedarfe und schließlich des Nachfrage- und Kaufverhaltens entwickelt hat. Auf die globale Annäherung des Nachfrageverhaltens verweist auch bereits Porter 1983 (Wettbewerbsstrategie), S. 369.

30 Speziell auf die Angebotsseite stellt auch Simon 1988 (Wettbewerbsvorteile), S. 2 ab, indem er auf die zunehmende Internationalisierung des Wettbewerbs hinweist.

31 Globalisierung wird hier in Anlehnung an Levitt 1973 (Globalization) S. 102 als unternehmerische Aktivität auf der Grundlage von Weltmarktkonzepten verstanden.

Diese Tendenz zur Globalisierung beinhaltet allerdings nicht nur Chancen, sondern auch *stabilitätspolitische Risiken*. So werden Unternehmen verstärkt auf den Beschaffungsmärkten mit einer zunehmenden *Intensivierung des Wettbewerbs um günstige Versorgungsquellen* konfrontiert. Ebenso wird man von einer Beschleunigung der *Verknappung bestimmter natürlicher Ressourcen* ausgehen müssen. Hinzu kommt das Erfordernis, sich zunehmend mit *kulturellen und politischen Systemunterschieden* – man denke in diesem Zusammenhang etwa an die kostenmäßigen Konsequenzen der Ölpolitik der in den letzten Jahren erstarkten islamischen Staaten – auseinandersetzen müssen, um die zuvor angeführte globale Nachfrage nach Gütern adäquat befriedigen zu können. Darüber hinaus hat sich durch die zunehmende Globalisierung der Geschäftsaktivitäten eine bereits heute außerordentlich starke Abhängigkeit einzelner Unternehmen von den Bewegungen auf den global als überaus dynamisch zu bezeichnenden *Finanz- und Währungsmärkten* eingestellt. Auch expandiert die *Zahl der wettbewerbsstrategisch relevanten Anbieter*, so vor allem durch die wirtschaftlich-technische Stärkung einer immer größeren Anzahl von Schwellenländern und deren Heranreifen zu gleichgewichtigen Konkurrenten. Aufgrund der in jüngster Zeit erfolgten *Öffnung östlicher Nationen* könnte zudem bereits in absehbarer Zukunft dort – zumindest in einigen Branchen – eine ähnliche Stärkung einsetzen, aus der eine weitere, ebenfalls Chancen und Risiken bergende Intensivierung des Wettbewerbs resultieren wird.

2 Kennzeichnung der Wettbewerbsbeziehungen

Sämtliche zuvor angeführten Entwicklungstendenzen der zwischen Nachfragern und Anbietern von Leistungen bestehenden Tauschbeziehungen beeinflussen die *Wettbewerbsbeziehungen von Unternehmen*. So bewirken insbesondere die feststellbaren Sättigungstendenzen in der Nachfrage immer geringer werdende quantitative Absatzchancen. Ein in der Intensität eher zunehmender *Verdrängungswettbewerb*[32], der heute nahezu sämtliche Branchen betrifft, ist die Konsequenz. Die gleichzeitige Differenzierung der Kundenwünsche hat vor allem zur Folge, daß auch die aus Kundengruppen ähnlicher Präferenzstruktur bestehenden Absatzmarktsegmente immer kleiner werden. Insofern erhält der zuvor angeführte Verdrängungswettbewerb eine deutliche Ausprägung als *Innovations-*[33] und *Qualitätswettbewerb*[34]. Die aufgezeigten Globalisierungstendenzen bewirken durch das *Auftreten internationaler Konkurrenz*[35] mit zum Teil völlig ungewohnten Verhaltensweisen eine noch weitergehende Verschärfung dieser Wettbewerbssituation.

---

32 Vergleiche dazu nochmals Simon 1988 (Wettbewerbsvorteile), S. 3.

33 Die Wettbewerbskomponente der Innovation wird häufig als wesentlichster Schlüsselfaktor der Wettbewerbsfähigkeit angesehen. Vergleiche dazu beispielsweise Albach 1989 (Innovationsstrategien), S. 1339.

34 Die hohe und eher noch steigende Bedeutung der Qualität im Wettbewerb belegt beispielsweise Meyer 1988 (Qualität) sehr deutlich, der insbesondere jüngere empirische Erkenntnisse aus der PIMS (Profit Impact of Market Strategies)-Datenbank des Strategic Planning Institutes in Cambridge/Massachusetts vermittelt.

35 Auf diesen Aspekt hat sich in jüngerer Zeit auch Porter eingestellt, indem er seine bisher in zwei (bereits zitierten) Monographien zusammengefaßten wettbewerbsstrategischen Konzepte um einen Sammelband zu dieser Thematik ergänzt hat; vgl. Porter 1989 (Globaler Wettbewerb).

Zudem scheint ein baldiges Ende beziehungsweise zumindest eine deutliche *Konzentra-tion der Massenproduktion* absehbar zu sein. Derartige Konzentrationstendenzen werden vermutlich bewirken, daß sich eine profitable Massenproduktion zukünftig auf einige we-nige Unternehmen, auf nur wenige Weltstandorte sowie insbesondere auf tatsächliche Massenprodukte erstreckt, die weltweit oder zumindest kontinental absetzbar sind. Erfolg-reiche Unternehmen werden insofern zukünftig eine *Umorientierung vom quantitativen zum qualitativen Wachstum* vornehmen müssen. In diesem Zusammenhang ist die anzu-strebende Erhaltung der Wettbewerbsfähigkeit verstärkt auf der *Intensivierung koopera-tiver Allianzen innerhalb der gesamten Leistungs- und Wertkette* aufzubauen. Kooperative Marktbearbeitung beginnt mit der engen Einbindung der Lieferanten und endet mit der durchgängigen Orientierung des unternehmerischen Handelns am *Primat der Kundennähe*.

B   Endogene Einflüsse auf das Handeln von Unternehmen aus der unternehmerischen Leistungssphäre

Viele Unternehmen haben in den vergangenen Jahren ihre leistungswirtschaftliche Struk-tur im Bemühen um *Anpassung der Leistungssphäre an die im Markt herrschenden Nach-frage- und Wettbewerbsbedingungen* verändert. Im Mittelpunkt der Anstrengungen steht in diesem Zusammenhang die Suche nach Möglichkeiten zur *Beherrschung der Marktsitua-tion*, die durch eine *sehr hohe Wettbewerbsintensität*, die sich in zunehmendem Maße glo-bal ausprägt und innerhalb der Industrienationen teilweise bis in einzelne Marktnischen reicht, gekennzeichnet ist. Unternehmen sind jedoch nicht nur dieser ausgeprägten *Wettbe-werbsintensität* ausgesetzt, sondern sind auch mit einem ebenfalls deutlich gestiegenen und noch zunehmenden *Anspruchsniveau auf der Nachfrageseite* konfrontiert, das nicht zuletzt auch aus einem gleichzeitig stattfindenden *Wertewandel in der Gesellschaft* resul-tiert.

Das mit diesen – bereits dargestellten – situativen Bedingungskonstellationen einherge-hende *Defizit an Volumenmärkten* vor allem in kleineren Industrienationen, das in häufig feststellbarer Ermangelung echter Weltprodukte nur bedingt international ausgeglichen werden kann, veranlaßt viele Unternehmen, im Rahmen einer differenzierenden Marktbe-arbeitung *kundenorientierte Strategiekonzeptionen* zu bevorzugen.

Die Dominanz derartiger Ausrichtungen findet empirische Bestätigung. So liefert bei-spielsweise Horst Wildemann[36] in einer Befragung von Führungskräften aus 32 bundes-deutschen Unternehmen aus 8 Branchen deutliche Belege dafür, daß in immerhin 78,1 % der untersuchten Fertigungssegmente die markt- und wettbewerbsorientierte *Strategie der Differenzierung* verfolgt wird. Eine erst jüngst publizierte Befragung von Hans Raffée und Wolfgang Fritz[37], die offensichtlich Repräsentanz beanspruchen kann, offeriert ein zwar

---

36 Vergleiche dazu Wildemann 1989 (Fabrikorganisation), S. 34.

37 Vergleiche dazu Raffée/Fritz 1992 (Führungskonzeption).

im Detail wesentlich differenzierteres und daher abweichendes, aber durchaus ähnliches Bild. Die Analyse der 144 auswertbaren Antworten von insgesamt 417 befragten bundesdeutschen Industrieunternehmen zeigt, daß in hohem Maße *kundenorientierte sowie produkttechnische Grundhaltungen* die Führungskonzeption dieser Unternehmen bestimmt. Demgemäß erlangt das Streben nach *Kundenzufriedenheit* eine besonders hohe Bedeutung innerhalb der Zielsysteme dieser Unternehmen. Die Analyse der im Rahmen der Unternehmenspolitik regelmäßig verfolgten Strategien läßt erkennen, daß zwar *Qualitäts- und Rationalisierungsstrategien* dominieren, aber auch *Differenzierungsstrategien* einen ähnlich hohen Stellenwert innehaben. Unabhängig davon, ob zwischen den aufgedeckten Grundhaltungen, Zielen und Strategien bereits eine hinreichende Konsistenz herrscht[38], lassen sich insofern deutlich einerseits *marktbezogene Kundenorientierungen* sowie andererseits *produkt- und prozeßbezogene Technologieorientierungen* in den Strategien der bundesdeutschen Industrie erkennen. Dieser Trend hält an und führt im Ergebnis vor allem in Industriebetrieben zu grundlegenden *Struktur- und Verhaltensveränderungen in der Leistungssphäre.*

In dem Bemühen, ein Bild zu entwerfen, das geeignet ist, moderne Industrieunternehmen, wie sie zumindest in Teilbereichen heute bereits existieren, idealtypisch zu kennzeichnen, kann auf die von Erich Schäfer entwickelten *Merkmale zur Typisierung von Industriebetrieben*[39] zurückgegriffen werden. Letztere entsprechen zwar nicht mehr vollständig dem aktuellen Stand der Entwicklung[40], stellen aber dennoch nach wie vor eine zweckmäßige Ausgangsbasis zur kurzgefaßten Beschreibung wesentlicher Eigenschaften industrieller Unternehmen dar. Mit diesen Merkmalen wird – wie Schäfer dies kennzeichnet – ein *„Fonds von Möglichkeiten der Charakterisierung industriebetrieblicher Verhältnisse* und der Bildung industrieller Typen zur Verfügung (gestellt), vergleichbar dem Kulissenvorrat

---

38 Raffée/Fritz 1992 (Führungskonzeption) resümieren, daß „im Bereich des normativen Managements kunden- bzw. absatzmarktbezogene Grundhaltungen und Unternehmensziele die führende Rolle spielen" (S. 315), demgegenüber jedoch „die wichtigsten Unternehmensstrategien durch ein weniger auf den Kunden bezogenes Innovations- und Technologiedenken sowie durch Produktions- und Kostenorientierungen bestimmt (sind), die im Spektrum der Grundhaltungen nicht dominieren" (S. 315f.). Hieraus werden „Defizite in der strategischen Umsetzung markt- und kundenorientierter Grundhaltungen und Ziele" (S. 316) abgeleitet und dementsprechende „Mängel in der Übereinstimmung von Unternehmensphilosophie, Zielen und Strategien" (S. 316) vermutet.

39 Vergleiche dazu die Monographie Schäfer 1978 (Industriebetrieb), in der diese typologisierende Erarbeitung eines allgemeingültigen „Steckbriefs" für Industriebetriebe durchgängig vorgenommen wird. Das dort zugrunde gelegte Vorgehen, das auch in der hier nachfolgend vorgenommenen Charakterisierung moderner Industrieunternehmen Anwendung findet, kennzeichnet Schäfer treffend als „Hin und Her von empirisch-beobachtender Erfassung industrieller Tatbestände einerseits und gedanklicher Einordnung andererseits" (Schäfer 1978 (Industriebetrieb), S. 331).

40 Angemerkt sei an dieser Stelle explizit, daß das Bestreben hier nicht vorrangig darauf gerichtet ist, die von Schäfer geschaffene Typologie im Detail zu analysieren und zu verbessern. Vielmehr besteht das Ziel der nachfolgenden Ausführungen darin, diejenigen in der Leistungssphäre industrieller Unternehmen stattgefundenen Veränderungen möglichst systematisch, gleichwohl jedoch zugleich in straffer Form zu kennzeichnen, die zu einem großen Teil für die hier schwerpunktmäßig zu betrachtenden Erfolgsstrukturveränderungen verantwortlich zeichnen.

eines Theaterbetriebs"[41]. Insofern ist es erlaubt, nachfolgend diejenigen Merkmale herauszugreifen, die zur Beschreibung der typisch erscheinenden leistungswirtschaftlichen Veränderungen in Industrieunternehmen besonders zweckmäßig zu sein scheinen.

Die von Erich Schäfer erarbeiteten Merkmale zur Typisierung von Industriebetrieben[42] werden nachfolgend eingebettet in das bereits im zweiten Kapitel dieser Untersuchung aufgestellte *Modell unternehmerischen Handelns.* Innerhalb dieser Anschauung präsentiert sich die unternehmerische *Leistungssphäre* als ein wesentlich durch die drei Dimensionen der Leistungsprogramme sowie der durch Abhängigkeitsbeziehungen miteinander eng verbundenen Leistungspotentiale und Leistungsprozesse geprägtes Gebilde. Die *Leistungsprogramme* stellen zunächst eine gedanklichen Vorwegnahme der zu erfüllenden Realisationshandlungen, dann die konkretisierte Gesamtheit der erfüllten leistungswirtschaftlichen Aktivitäten dar und werden idealtypisch durch die von Schäfer so bezeichneten *'Allgemeinen Merkmale der technisch-ökonomischen Struktur des Industriebetriebs'* charakterisiert. Die Realisationshandlungen selbst entstehen durch das Zusammenwirken der durch enge Abhängigkeitsbeziehungen verbundenen *Leistungspotentiale und Leistungsprozesse* und führen zur Erstellung und Verwertung der *Produkte* eines Unternehmens, die sich im situativen Ansatz als leistungswirtschaftliche Ergebnisse des unternehmerischen Handelns präsentieren. Leistungspotentiale und Leistungsprozesse lassen sich gemeinsam idealtypisch durch die von Schäfer so bezeichneten *'Merkmale des Fertigungsaufbaus und des Fertigungsablaufs'* charakterisieren.

Einen teils die von E. Schäfer erarbeiteten Merkmale rekapitulierenden teils an neuere Entwicklungen angepaßten *Überblick* über die in diesem Zusammenhang nachfolgend anzuwendende *Analysestruktur* vermittelt *Abbildung 4-2.* Die Darstellung expliziert die für die Betrachtung der Leistungssphäre von Unternehmen wesentlich erscheinenden Merkmale.

Aus methodologischer Sicht erfolgt damit einerseits die *Verknüpfung der typologischen Methode mit dem situativen Ansatz.* Ein derartiges Vorgehen ist naheliegend, da die typologische Methode in besonderer Weise geeignet scheint, eine auch dynamischen Entwicklungen gerecht werdende Beschreibung von Struktur- und Verhaltensdimensionen unternehmerischen Handelns zu leisten. Andererseits erfolgt mit diesem Vorgehen zugleich eine weitergehende *Konkretisierung des Modells des ökonomischen Handelns von Unternehmen,* das im zweiten Kapitels dieser Untersuchung entwickelt wurde.

Die Darstellung verdeutlicht, daß insbesondere die von E. Schäfer systematisierten *allgemeinen Merkmale der Leistungssphäre von Industrieunternehmen* noch immer nahezu uneingeschränkt anwendbar sind. Innerhalb dieses Katalogs wird hier allerdings speziell das von E. Schäfer herangezogene *Merkmal der Vermögens- und Kostenstruktur* aufgelöst

---

41 Schäfer 1978 (Industriebetrieb), S. 308.

42 Speziell sei in diesem Zusammenhang auf den ausführlichen „Katalog der typologischen Merkmale des Industriebetriebs" (Schäfer 1978 (Industriebetrieb), S. 371-377) verwiesen, in dem Schäfer selbst eine kurzgefaßte Zusammenfassung der Merkmale und ihrer wesentlichen Ausprägungen offeriert.

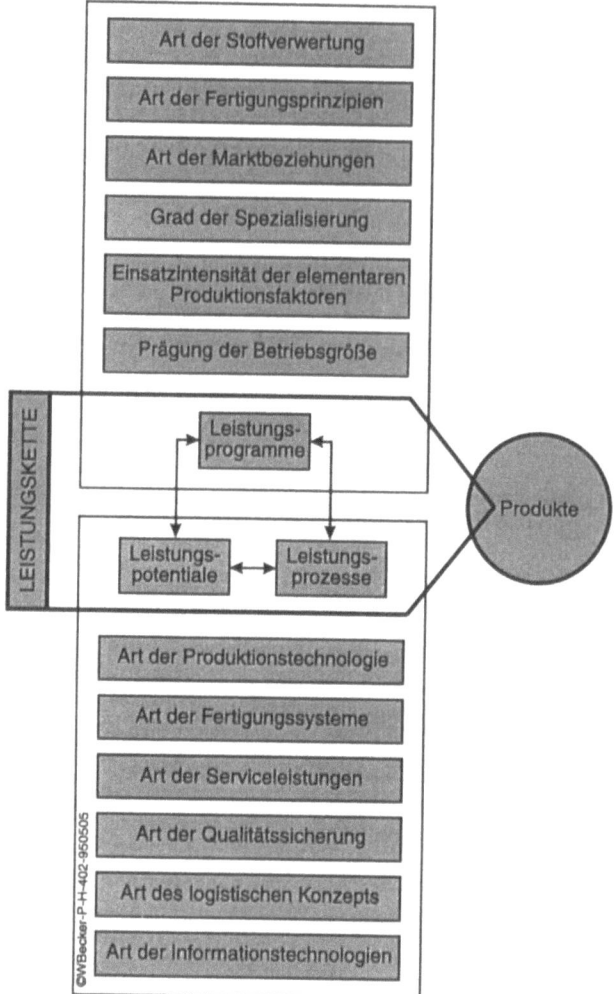

**Abbildung 4-2   Typologische Merkmale zur Charakterisierung der Leistungs-
                   sphäre von Industriebetrieben**

und umgruppiert. Statt des Merkmals der Vermögensstruktur findet sich hier das eher der
Leistungssphäre entstammende Merkmal der _Einsatzintensität der elementaren Produkti-
onsfaktoren_[43], auf das im übrigen letztlich auch E. Schäfer im Rahmen seiner Analyse

---

43 Für die hier verfolgten Zwecke einer nicht bis in die Details reichenden, sondern eher markante Trends
    aufzeigenden Beschreibung leistungswirtschaftlicher Charakteristika moderner Industrieunternehmen
    kann ein eher einfaches Produktionsfaktorsystem zugrunde gelegt werden. Dazu bietet sich prinzipiell die
    von Erich Gutenberg entwickelte Unterteilung der Produktionsfaktoren in Elementarfaktoren (Personal,
    Anlagen, Material) und dispositive Faktoren (Betriebsführung, Planung, Organisation) an, die innerhalb
    der Betriebswirtschaftslehre breite Zustimmung findet und auch hier implizit verwendet wird. Vergleiche
    dazu Gutenberg 1979 (Produktion), S. 2ff. Verfeinerte, vor allem die Wirkungen des Produktionsfak-
    toreinsatzes aufnehmende Faktorsystematisierungen, auf die hier – soweit dies erforderlich erscheint – zu-

abstellt[44]. Die Ausprägungen des Merkmals der *Kostenstruktur* bereiten allerdings besondere analytische Schwierigkeiten, da sie einerseits durchaus als bedeutsame *Charakteristika* der Leistungssphäre gelten müssen, andererseits aber letztlich erst bewertete *Wirkungen*
der jeweiligen Ausprägungen der Merkmale der Leistungssphäre darstellen und insofern
nicht der Leistungssphäre, sondern der Wertsphäre zugeordnet werden können. Im Rahmen der nachfolgend vorzunehmenden Beschreibung moderner industrieller Leistungsstrukturen werden daher jeweils unmittelbar mit der Kennzeichnung der Merkmals-
ausprägungen der *Leistungssphäre* auch bereits einige besonders bedeutsame *kostenmäßige Konsequenzen* skizziert. Die insgesamt resultierenden Veränderungen in der
Kostensphäre sind allerdings – der Anforderung nach parallelem Denken in Leistungs-
und Wertkategorien folgend – separat darzustellen.

Die seinerzeit von E. Schäfer jeweils getrennt behandelten Merkmale des Fertigungsaufbaus und des Fertigungsablaufs werden hier zu *organisatorischen Merkmalen der Leistungssphäre von Industrieunternehmen* gebündelt, da Aufbau- und Ablaufstrukturen nach
heutigem Organisationsverständnis im Sinne einer ganzheitlichen Betrachtung zweckmäßigerweise gemeinsam zu betrachten sind.

1 Kennzeichnung der Leistungsprogramme

Die Leistungsprogramme von Industrieunternehmen lassen sich im wesentlichen durch die
nachfolgend aufgegriffenen, bereits in Abbildung 4-2 angeführten Merkmale charakterisieren.

Art der Stoffverwertung

Betrachtet werden nachfolgend vorrangig solche *Industrieunternehmen*, die durch eine
durchlaufende beziehungsweise auch synthetische Stoffverwertung gekennzeichnet sind.
Greift man zur näheren Konkretisierung auf die vom Statistischen Bundesamt genutzte
Nomenklatur zurück, so zählen dazu Unternehmen des *'Verarbeitenden Gewerbes'*, insbesondere die meisten Unternehmen des *'Investitionsgüter produzierenden Gewerbes'*. Darüber hinaus erscheint die folgende Charakterisierung aber durchaus auch für einige Branchen des *'Grundstoff- und Produktionsgütergewerbes'*, des *'Verbrauchsgüter produzierenden Gewerbes'* sowie des *'Nahrungs- und Genußmittelgewerbes'* zutreffend zu sein.

---

griffen wird, finden sich insbesondere bei Busse von Colbe/Lassmann 1975 (Betriebswirtschaftstheorie), S. 64ff., Kilger 1975 (Produktionsfaktor), Kosiol 1968 (Betriebswirtschaftslehre), S. 124f.und
Wittmann 1977 (Betriebswirtschaftslehre), S. 585ff. Einen nach wie vor guten Überblick über die unterschiedlichen Ausprägungen der grundlegenden Produktionsfaktorsysteme vermitteln Bohr 1979 (Produktionsfaktorsysteme) sowie Kern/Fallaschinski 1978/1979 (Produktionsfaktoren).

44 Vergleiche hierzu Schäfer 1978 (Industriebetrieb), S. 117ff.

Art der Fertigungsprinzipien

Insbesondere Unternehmen der Investitions- und Produktionsgüterindustrie lassen im Hinblick auf das *Merkmal der Verwirklichung des Massenprinzips*[45] einen zunehmend deutlicher werdenden Trend erkennen, aus Wettbewerbsgründen auf Massenfertigung und die damit verbundenen ökonomischen Vorteile einer möglichst guten Auslastung der fixkostenverursachenden Potentiale eines Unternehmens zu verzichten und stattdessen zur *Sorten- und Serienfertigung* beziehungsweise sogar zur *Einzelfertigung* überzugehen[46].

Die Bevorzugung derartiger Fertigungsprinzipien, die unmittelbar mit dem Streben nach Kundennähe einhergeht, führt heute oftmals soweit, daß Unternehmen ausgehend von einer prinzipiellen Serienfertigung darum bemüht sind, in einer möglichst späten Phase der Leistungserstellung sogar eine *kundenindividuelle Variantenfertigung*[47] zu ermöglichen. Besonders anschaulich werden derartige Fertigungsprinzipien in Montageindustrien, speziell in der deutschen Automobilindustrie, realisiert. Die bereits erwähnten empirischen Untersuchungen des Massachusetts Institute of Technology zur Wettbewerbssituation in der Automobilindustrie belegen dies eindrucksvoll. So zeigt die innerhalb dieser weltweiten Untersuchung vom Wissenschaftszentrum Berlin für Sozialforschung (WZB) vorgelegte deutsche Teilstudie, daß „das Angebot der sechs großen deutschen Hersteller 1985 um bis zu dreimal reichhaltiger war als 1971"[48]. Dieses Vorgehen entspricht grundsätzlich den Intentionen der Differenzierungsstrategie, ist allerdings oftmals mit einer exponentiell zunehmenden *Komplexität* sowie daraus resultierenden Kostenprogressionen verbunden.

Gleichwohl scheint gerade in westlichen Industrienationen noch nicht die erforderliche Bereitschaft zu bestehen, den resultierenden Erfordernissen einer konsequenten *Veränderung der Leistungsstrukturen* Rechnung zu tragen. Nicht wenige Industrieunternehmen befinden sich heute in einer Situation, in der die vormals aufgebauten *quantitativen Kapazitäten* nicht mehr kontinuierlich ausgelastet werden können. Investitionen in hohe quantitative Kapazität wurden regelmäßig vorgenommen, um vor allem sogenannte 'Economies of Scale' und/oder auch 'Economies of Scope' zu realisieren. Während *'Scale-Effekte'* nach Realisierung einer betriebsgrößen- und lernbedingten Degression der Durchschnittskosten streben, zielen *'Scope-Effekte'* eher auf die synergiebedingte Degression

---

45 Die mit der Massenproduktion in Verbindung gebrachten Vorteile, die bereits Bücher 1910 (Massenproduktion) sehr frühzeitig mit dem 'Gesetz der Massenproduktion' beschrieben hat, und die seitdem immer wieder diskutiert werden – vergleiche dazu beispielsweise Lücke 1962 (Massenproduktion) – haben inzwischen eine zeitgemäße Ablösung erfahren. So ist es insbesondere den Arbeiten Theodor Ellingers zu verdanken, daß die Betriebswirtschaftslehre auch für die – bei entsprechend hohem Vorbereitungsgrad wirksam werdenden – Vorteile der Anwendung des 'Gesetzes der Wechselproduktion' ein Erklärungsmodell verfügbar hält. Vergleiche dazu ausführlich Ellinger 1985 (Wechselproduktion) sowie – auf die Kernaussagen reduziert – Ellinger 1986 (Wechselproduktion).

46 Diesen Trend beschreiben beispielsweise Coenenberg/Raffel 1988 (Kosten- und Leistungsanalyse), S. 199.

47 Vergleiche zu den Ursachen der Variantenfertigung im einzelnen etwa insbesondere Eversheim/Schuh/ Caesar 1988 (Variantenvielfalt).

48 Jürgens/Malsch/Dohse 1989 (Automobilfabrik), S. 81.

der Grenzkosten[49]. Das Potential zur Nutzung derartiger Synergien erschließt sich – nach breit vertretener Auffassung – insbesondere durch die Diversifikation[50] eines Unternehmens[51], die als besondere Variante quantitativen Wachstums[52] dazu beiträgt, vorhandene Ressourcen auf unterschiedliche Märkte aufzuteilen. Synergien werden allerdings regelmäßig nur dann zu realisieren sein, wenn es tatsächlich gelingt, dieses spezielle Ziel der Diversifikation zu erreichen, das darin besteht, vorhandene Leerkapazitäten „durch die Zusammenlegung funktionsgleicher Prozesse aus verschiedenen Leistungsbereichen"[53] eines Unternehmens auszunutzen. Vor allem nachfrageseitige *Sättigungstendenzen*, angebotsseitige *Komplexitätsphänomene* sowie wettbewerbsseitiger *Konkurrenzdruck* führen jedoch zunehmend zu einer deutlichen *Erhöhung der strategischen Risiken*, die mit derartigen unternehmenspolitischen Handlungsmustern verbunden sind.

Demgegenüber erschließen sich offenbar solche Unternehmen strategische Chancen, die verstärkt die *qualitativen Unterschiede der Kapazitäten* berücksichtigen. Darauf zielt auch die im Rahmen der bereits angeführten weltweiten Studie über die Wettbewerbssituation in der Automobilindustrie getroffene Feststellung: „The world has an acute shortage of competitive lean-production capacity and a vast *glut of uncompetitive mass-production capacity*. The crisis is caused by the former threatening the latter."[54] Offensichtlich ist insofern das mit der genannten Studie propagierte Prinzip der 'Lean Production' nicht auf die Realisierung von 'Scale-Effekten' ausgerichtet. Allerdings besteht das Ziel auch nicht in der Erzielung von synergetischen 'Scope-Effekten', die regelmäßig eher durch variantenreiche und zudem durch tief integrierte Produktionsstrukturen angestrebt werden. Demgegenüber zeichnet sich eine dem Prinzip der *'Lean Production'* folgende Vorgehensweise zwar auch durch eine *kundennahe und insofern variantenreiche Leistungsprogrammbreite*, jedoch andererseits gerade durch ein abgemagertes Eigenleistungsspektrum, also durch eine *deutlich reduzierte Leistungsprogrammtiefe* aus, die die Komplexität im Unternehmen reduziert. Insofern kann man hier vielleicht eher von einer anzustrebenden Realisierung von *'Economies of Scrag'* sprechen. Im Falle der 'Lean Production' steht die Perfektionierung der Produktion im Sinne des Erreichens hoher Qualität, hoher Kundennähe und hoher Produktivität durch umfassende *Kooperationen entlang der Leistungs- und Wertkette* (mit Lieferanten, Mitarbeitern und Kunden) im Vordergrund. Hier wird somit

---

49 Vergleiche dazu beispielsweise Ghemawat 1988 (Wettbewerbsvorteile), S. 32f.

50 Der in der Betriebswirtschaftslehre im Detail recht schillernde Begriff der Diversifikation bezeichnet mit Ansoff 1957 (Strategies), S. 113 das Agieren eines Unternehmens in neuen Produkt-Markt-Kombinationen.

51 So stellt beispielsweise Bühner 1985 (Strategie) fest, daß Synergien „Wirtschaftlichkeitsvorteile aufgrund von neu geschaffenen Handlungsspielräumen durch zusätzliche Produkt-Markt-Aktivitäten" (S. 26) bezeichnen, die dann entstehen, „wenn die Kosten (Ausgaben) einer gemeinsamen Produktion eines diversifizierten Produktionsprogramms geringer sind als die Kosten einer getrennten Produktion des Programms" (S. 27).

52 Vergleiche dazu etwa bereits Andrews 1951 (Product Diversification), S. 91.

53 Gebert 1983 (Diversifikation), S. 23.

54 Womack/Jones/Roos 1990 (Machine), S. 12.

die qualitative Dimension der Kapazität spezifisch in den Vordergrund gerückt. Der wesentliche Unterschied zwischen der Erzielung von 'Scope-Effekten' und von – hier so bezeichneten – 'Scrag-Effekten' besteht vorrangig in der unterschiedlichen *Leistungstiefe* der Unternehmen und der dadurch bedingten höheren beziehungsweise niedrigeren Komplexität unternehmerischen Handelns.

Die nicht hoch genug einzuschätzende strategische Bedeutung einer derartigen, auf die *Realisierung von 'Scrag-Effekten'* zielenden Vorgehensweise bestätigte sich dem Verfasser der hier vorliegenden Untersuchung selbst im Rahmen dreier Forschungsstudien[55], die sich auf ein weltweit arbeitendes Zuliefer-Unternehmen der Investitionsgüterindustrie sowie auf ein Unternehmen der Automobilindustrie beziehen. Die Studien strebten zwar nicht die hohe Repräsentanz an, die den Forschungsergebnissen des MIT zuzuerkennen ist, führen jedoch im Ergebnis hinsichtlich der Grundstruktur der Aussagen zu nahezu identischen Erkenntnissen. Insbesondere konnte festgestellt werden, daß zur *Absicherung der erfolgswirtschaftlichen Stabilität* von Unternehmen unter bestimmten Bedingungen, auf die noch einzugehen sein wird, eine auf die *Flexibilisierung von Bereitschaftskosten* sowie auf den *Abbau von Komplexitätskosten* zielende Reduzierung der hierzulande oftmals traditionell sehr hohen Eigenleistungstiefe erforderlich ist. Auch konnte gezeigt werden, daß sich Unternehmen insbesondere durch eine verbesserte *Kooperation innerhalb der gesamten Leistungs- und Wertkette*[56] – vor allem aber über den Aufbau intensiver Bereitstellungsallianzen – die Möglichkeiten zu einer *strategischen Dimensionierung der Leistungstiefe* verschaffen können.

Art der Marktbeziehungen

Der zuvor bereits angesprochene Trend zur Variantenfertigung verdeutlicht zugleich, daß man heute vielfach eindeutige Ausprägungen des Merkmals der *Marktbeziehungen* nicht mehr vorfindet. Kundennah agierende Unternehmen fertigen typischerweise zunehmend nicht nur kundennahe, sondern tatsächlich *kundenindividuelle Erzeugnisvarianten* auf Bestellung. Darüber hinaus werden allerdings nach wie vor auch *Standarderzeugnisse für den anonymen Markt* produziert. Insgesamt scheint sich jedoch – auch im Falle vorsichtiger Einschätzung – der Trend in Richtung einer zunehmenden *Individualisierung der Erzeugnisse* und einer damit nahezu zwangsläufig einhergehenden *Intensivierung kooperativer und besonders enger Kundenbeziehungen* zu entwickeln.

---

55 Diese Studien wurden in den Jahren 1986-1988 im Rahmen der empirisch-induktiven Forschung durchgeführt und vermittelten die wesentlichen Anstöße zu der vorliegenden Monographie. Vergleiche dazu Männel/Becker 1987 (Unternehmensstrategie), Männel/W. Becker 1988 (Fertigungs- und Dienstleistungstiefe) sowie Männel/ Becker/Pampel 1990 (Beschaffungsmarketing).

56 Vergleiche dazu speziell auch die diesbezüglichen Ergebnisse der im obigen Zusammenhang angefertigten Dissertation Pampel 1992 (Kooperation).

Grad der Spezialisierung

Das zuvor beschriebene Vorgehen führt einerseits nahezu zwangsläufig zu einem *besonders hohen Grad der Spezialisierung* industrieller Unternehmen hinsichtlich der auch die Produktionsprogrammbreite kennzeichnenden Fächerung der Absatzleistungen. Andererseits muß jedoch eine besonders ausgeprägte *kundenorientierte Flexibilität* dieser Unternehmen gewährleistet sein, die in einer die Fächerung der Absatzleistungen oftmals stark aufblähenden Variantenfertigung deutlich wird. Insofern sehen sich viele Unternehmen nicht zu Unrecht einem dadurch induzierten *Dilemma der Fertigungsspezialisierung* ausgeliefert.

Einsatzintensität der elementaren Produktionsfaktoren

Hinsichtlich des Merkmals der *Einsatzintensität der elementaren Produktionsfaktoren* ist feststellbar, daß sich insbesondere in den *Produktionsbereichen* vor allem die Relation zwischen den eingesetzten *Potentialfaktoren* aufgrund konsequenter Rationalisierungsbemühungen der letzten Jahre zunehmend von einer vormals hohen Personalintensität zugunsten einer deutlichen *Erhöhung der Anlagenintensität* verschoben hat. Es ist allerdings darauf hinzuweisen, daß der damit regelmäßig verbundene *Einsatz sogenannter Neuer Technologien* allein noch nicht zwangsläufig Rationalisierungserfolge erschließt. Vielmehr ist es erforderlich, die gesamte Fabrik auf die Nutzung der mit dem Einsatz derartiger Technologien verbundenen Lerneffekte auszurichten[57]. Diese Entwicklung, die allenfalls in den Montagebereichen (noch) nicht derart ausgeprägt ist[58], führt auch in der *Wertsphäre* zu wesentlichen Verschiebungen, die sowohl finanzwirtschaftliche als auch erfolgswirtschaftliche Größen und Relationen verändern.

Aus Sicht der erfolgswirtschaftlichen Stabilität erscheinen in diesem Zusammenhang zwei Aspekte besonders bedeutsam: Zum einen bewirken die im Rahmen der Mechanisierung, Automatisierung und Roboterisierung erforderlichen *Investitionen in moderne Fertigungstechnologien* ein wachsendes Sachanlagevermögen[59]. Da die Investitionen – vor allem in kleineren und mittleren Unternehmen – mangels einer hinreichenden Eigenkapitalausstattung oftmals mit Fremdkapital finanziert werden müssen, verschieben sich wesentliche *Bilanzrelationen* erheblich. Zum anderen zeigen sich deutliche *Veränderungen in der Bedeutung der Kostenartenrelationen und Kostenkategorien*. Diesbezüglich ist zum einen eine *Reduzierung der Personalkosten*, so vor allem der direkten Lohnkosten[60] zu ver-

---

57 Vergleiche dazu aus der Vielzahl von Publikationen des amerikanischen Spezialisten für Technologie-Management Robert H. Hayes beispielsweise Hayes/Jaikumar 1989 (Fertigungstechnologien).

58 Vergleiche dazu auch die dezidierten Aussagen von Horváth/Kleiner/Mayer 1986 (Montage), S. 133.

59 Vergleiche so auch Männel 1988 (Kostenrechnung), S. 9.

60 Beispielsweise stellt Horváth 1988 (Informations- und Produktionstechnologien) in ähnlichem Zusammenhang markant heraus: „Der Lohnanteil der Kosten sinkt dramatisch" (S. 7).

zeichnen[61], sowie eine gleichzeitig auftretende, deutliche _Erhöhung der Anlagenkosten_, speziell der kalkulatorischen Abschreibungen[62], der kalkulatorischen Zinsen sowie der Versicherungskosten[63]. So weist Wolfgang Männel darauf hin, daß „etwa in der Automobilindustrie die Anlagenkosten heute bereits Größenordnungen von ca. _20 % der gesamten Herstellkosten_ (erreichen) und ... insofern inzwischen oftmals bedeutsamer (sind) als die Personalkosten"[64]. Einhergehend mit dieser Entwicklung ist darüber hinaus den üblicherweise unter dem Begriff der _Anlagenausfallkosten_ bezeichneten Mehrkosten und anderen Erfolgseinbußen (wie insbesondere etwa reduzierte Erlöse sowie entgehende Deckungsbeiträge)[65], die aus ungeplanten Anlagenstillständen resultieren können, eine wachsende Bedeutung beizumessen. Vor allem aber führt die aufgezeigte Entwicklung aus Sicht der Kostenkategorien schließlich zu einer stark zunehmenden _Fixkostenlastigkeit_ der Unternehmen.

Während in der Fertigung die soeben vor allem in ihren kostenmäßigen Konsequenzen gekennzeichnete Technisierung feststellbar ist, existieren in anderen Funktionalbereichen industrieller Unternehmen durchaus auch gegenläufige, zu einer _Erhöhung der Personalintensität_ führende Entwicklungen. Diese resultieren zum Teil unmittelbar aus dem intensivierten Anlageneinsatz. Dies gilt vor allem für produktionsbegleitende _indirekte Bereiche_, in denen – einhergehend mit der zunehmenden Bedeutung von Serviceleistungen sowie auch von dispositiven Steuerungsleistungen – eher eine markante _Zunahme der Personalintensität_ und damit auch der Personalkosten zu verzeichnen ist[66].

Auch gilt dies für viele der den eigentlichen Leistungserstellungsprozessen _vor- und nachgelagerten Wertschöpfungsstufen_, deren Bedeutung ebenfalls stark zugenommen hat[67]. So ist etwa insbesondere auf personelle Kapazitätserhöhungen im _Forschungs- und Entwicklungsbereich_ hinzuweisen, die vorgenommen werden, um mit der allseits erhöhten Innovationsgeschwindigkeit Schritt halten zu können. Dies führt hier zu steigenden Belastungen durch regelmäßig fixe Kosten, die zudem oftmals mangels Zurechenbarkeit auf spezifische

---

61 In diesem Zusammenhang ist mit Mirani 1987 (Kosten- und Investitionsmanagment), der die resultierenden kostenmäßigen Konsequenzen bereits sehr frühzeitig skizzierte, darauf hinzuweisen, daß folglich „bei einer totalen Automation ... nur die Material- und Energiekosten als wesentliche Kostenelemente kurzfristig variabel bleiben (werden)" (S. 228). Dieser Tatbestand weist – dies sei nur am Rande bemerkt – zugleich auf die künftig eintretenden Grenzen der Aussagefägigkeit von Grenzplankostenrechnungen hin. Vergleiche dazu auch die Aussagen von Küting 1991 (System).

62 Die kalkulatorischen Abschreibungen steigen im übrigen nicht allein aufgrund der erhöhten Anlagenintensität, sondern auch deshalb, weil sich im Zuge der Verkürzung der Produktlebenszyklen oftmals auch die planmäßige Nutzungsdauer zumindest von Spezialanlagen und Werkzeugen verkürzt. Auch darauf verweist bereits Mirani 1987 (Kosten- und Investitionsmanagment), S. 226.

63 Auf die Betroffenheit dieser anlagenwertabhängigen Kostenarten verweist insbesondere Männel 1990 (Kostenrechnung), S. 134.

64 Männel 1989 (Produktionsstrukuren), S. 56.

65 Vergleiche dazu Männel 1989 (Anlagenausfallkosten).

66 Vergleiche dazu Picot 1979 (Rationalisierung), S. 1150.

67 Vergleiche dazu beispielsweise Ziegler 1982 (Immaterielle Leistungen), S. 816.

Produkte beziehungsweise Aufträge Gemeinkostencharakter aufweisen[68]. Hinzu kommt die zugleich bestehende Notwendigkeit zum *Einsatz besonders hoch qualifizierten Personals*, wodurch eine besonders hohe Kostenintensität ausgelöst werden kann. Schließlich entsteht gerade im Forschungs- und Entwicklungsbereich häufig dadurch eine Verschärfung der Kostensituation, daß zum einen die Möglichkeiten der *Leistungsmessung* begrenzt sind und zum anderen – unabhängig davon – hingenommen werden muß, daß Forschungsprojekte abgebrochen beziehungsweise nach Beendigung nicht umgesetzt werden[69]. Insofern resultieren aus Forschungs- und Entwicklungsanstrengungen in besonders ausgeprägter Weise sogenannte *'Sunk Costs'*, also „bereits angefallene, zumindest aber schon vordisponierte Kosten, deren Höhe in Gegenwart und Zukunft nicht mehr beeinfußt werden kann"[70].

Des weiteren ist in vielen Unternehmen ein Ausbau der personellen Potentiale im *Beschaffungs- und Absatzbereich* festzustellen. Diese Kapazitätserweiterungen gründen vorrangig in dem durch das Marketing propagierten Bemühen, Unternehmen marktorientiert auszurichten. Ein deutlicher *Anstieg vor allem der indirekten Beschaffungs- und Absatzkosten*, die im Rahmen der laufenden Kostenrechnung üblicherweise einer nur unzureichenden Kontrolle der Kostenwirtschaftlichkeit[71] unterliegen, ist die Folge. In engem Zusammenhang damit zwingt in vielen Fällen die insgesamt steigende Dynamik und Komplexität sowie die hohen Anforderungen an die Realisierung von Kundennähe zu einem umfassend ausgelegten *Informationsmanagement*[72] sowie zu teilweise drastischen *Erhöhungen der Planungs- und Kontrollumfänge* in nahezu sämtlichen Unternehmensbereichen. Einhergehend damit ist ein deutliches Wachstum der diese Tätigkeiten durchführenden personellen Kapazitäten in den *Führungs- und Verwaltungsbereichen* der Unternehmen und schließlich der damit verbundenen *Administrationskosten*[73] zu beobachten.

Im Bemühen, die gesamte technologische Struktur moderner Industriebetriebe näher zu kennzeichnen, erscheint es zweckmäßig, vor allem zwischen *Produktions- und Informationstechnologien* zu differenzieren. Der Wandel, der sich bezüglich dieser beiden Faktorkategorien in den letzten Jahren bereits vollzogen hat, scheint in besonderer Weise für die verbesserte Anpassungsfähigkeit moderner Industriebetriebe an marktliche Bedingungen verantwortlich

---

68 Vergleiche dazu beispielsweise Coenenberg/Raffel 1988 (Kosten- und Leistungsanalyse), S. 199 sowie auch Männel 1990 (Kostenrechnung), S. 134.

69 Insofern verweisen beispielsweise Gaiser/Servatius 1990 (Forschung und Entwicklung), S. 129 darauf, daß die durch Kostenrechnungsinformationen zu lösenden Hauptprobleme im Bereich der Forschung und Entwicklung in der Projektauswahl, der Projektsteuerung und der Effizienzbeurteilung bestehen.

70 Hummel/Männel 1986 (Kostenrechnung 1), S. 117.

71 Vergleiche dazu auch Köhler 1989 (Marketing-Effizienz), S. 94f., der in diesem Zusammenhang den Aufbau eines dementsprechend ausgerichteten Marketing-Audit fordert.

72 Vergleiche zu den hohen Anforderungen an die Gewinnung, Aufbereitung, Bereitstellung und Dokumentation von Informationen, die sich in diesem Zusammenhang stellen, beispielsweise Zahn/Rüttler 1989 (Informationsmanagement), 35ff.

73 Vergleiche dazu beispielsweise Küster 1990 (Administration), S. 145.

zu sein. Die Entwicklung der technologischen Struktur ist jedoch nahezu untrennbar mit organisatorischen Merkmalen der industriellen Fertigung verbunden, so daß es zweckmäßig erscheint, diesen technologischen Wandel an entsprechender Stelle zu behandeln.

Ein weiterer, wesentlich erscheinender Trend betrifft die eingesetzten *Verbrauchsfaktoren*, zu denen sich nicht nur *Materialien und Teile*, sondern im weiteren Sinne auch elementare *Dienstleistungen* zählen lassen. Diesbezüglich läßt sich nicht nur eine insgesamt *steigende Materialintensität* feststellen, die mit deutlich zunehmenden Materialkostenanteilen an den Gesamtkosten einhergeht. Vielmehr ist darüber hinaus auch eine zunehmende und sich zukünftig wohl noch verstärkende Neigung erkennbar, konsumnähere und insofern meist auch *komplexere Verbrauchsfaktoren* von zum Teil sehr hochspezialisierten Lieferanten bereitzustellen. Diese Entwicklung betrifft vorrangig den Bezug von Bauelementen, Baukomponenten und Baugruppen, die etwa in der Automobilindustrie oftmals als *montierfertige Komplettlösung* – im Rahmen einer entsprechend gesteuerten 'Just In Time'-Anlieferung – unmittelbar an die Produktionslinie geliefert werden. Ebenfalls nimmt der Trend zu, von einem Lieferanten nicht nur die bereitzustellenden *Hauptleistungen*, sondern darüber hinaus auch weitere *Neben- und Zusatzleistungen* zu beziehen. Besonders deutlich wird dies etwa im Falle der Bereitstellung von Produktionsanlagen und anderen Investitionsgütern, damit verbundenen *Engineering-Leistungen* sowie den zugehörigen *Serviceleistungen*[74].

Prägung der Betriebsgröße

Allgemeingültige Aussagen zum *Merkmal der Betriebsgröße* lassen sich kaum treffen, zumal eine eindeutige Operationalisierung dieses Merkmals nur bedingt möglich erscheint[75]. Trendaussagen scheitern vor allem an der Uneinheitlichkeit der Ausprägungen dieses Merkmals. So existieren hinsichtlich der *Betriebs- beziehungsweise Leistungsbreite* zum einen Industrieunternehmen, die ein in der Breite vergleichsweise eng begrenztes Leistungsprogramm bearbeiten, um eine möglichst weitreichende Konzentration der Stärken zu erzielen. Dieses Vorgehen korrespondiert in hohem Maße mit dem bereits zuvor gekennzeichneten *Streben nach Scale-Effekten*. Zum anderen finden sich auch solche Unternehmen, die sich im Bemühen um Risikoausgleich beziehungsweise in der zugleich

---

74 Insbesondere aufgrund der zunehmenden Nachfrage nach umfassenden und hochwertigen Service- beziehungsweise Dienstleistungen wird sich vermutlich eine tiefgreifende Veränderung der gesamten Wirtschaftsstruktur vollziehen. In der US-amerikanischen Wirtschaft sind bereits heute ca. 60 Prozent aller Arbeitnehmer im Dienstleistungssektor beschäftigt. Expertenschätzungen zufolge wird sich dieser Anteil bis zum Jahr 2000 auf 88 Prozent erhöhen. Diese Daten publizieren Albrecht/Zemke 1987 (Service-Strategien), S. 2 und S. 171. Einen umfassenden Überblick über den deutschen Dienstleistungsmarkt offeriert Berekoven 1983 (Dienstleistungsmarkt), der für Dienstleistungen – zumindest hinsichtlich der Nachfrage der gewerblichen Wirtschaft – ebenfalls ein deutliches Wachstum (Berekoven 1983 (Dienstleistungsmarkt), S. 486ff.) prognostiziert.

75 Auf diese Schwierigkeiten weist auch bereits Schäfer hin; vergleiche Schäfer 1978 (Industriebetrieb), S. 123ff.

erkennbaren Absicht, Synergiepotentiale und damit *Scope-Effekte* zu nutzen, durch starke *Diversifizierung* auszeichnen. Hinsichtlich der Zweckmäßigkeit eines solchen Vorgehens differieren allerdings die Meinungen. In jüngerer Zeit mehren sich jedoch die Anzeichen dafür, daß die Nutzung von synergiebedingt auftretenden 'Economics of Scope' eher selten gelingt[76]. Ebenso finden sich – sogar innerhalb derselben Branche – mehr oder weniger stark ausgeprägte *Betriebs- beziehungsweise Leistungstiefen*[77]. Im – mit der gebotenen Vorsicht vorzunehmenden – weltweiten Vergleich darf allerdings vermutet werden, daß *deutsche Industrieunternehmen eher (zu) große Leistungstiefen* mit entsprechend hohen Eigenleistungsquoten aufweisen. Eine derartige Ausrichtung verhindert oftmals das anzu-strebende Realisieren von Kostenvorteilen.

2   Kennzeichnung der Leistungspotentiale und Leistungsprozesse

Die Leistungspotentiale und Leistungsprozesse von Industrieunternehmen lassen sich im wesentlichen durch die folgenden, ebenfalls bereits in Abbildung 4-2 angeführten Merk-male charakterisieren.

Art der Produktionstechnologien

Im Zuge der Anpassung der Fertigungsorganisation an heutige und künftige Marktverhält-nisse forcieren viele Unternehmen – im Sinne einer Erhöhung ihrer leistungswirtschaftli-chen Elastizität – den *Einsatz moderner Produktionstechnologien*[78], so etwa insbesondere die Nutzung hochautomatisierter Anlagen oder gar roboterisierter Bearbeitungs- und Handhabungssysteme. Zugleich strebt man oftmals die Bereitstellung möglichst *flexibler Produktionsanlagen* an, die dadurch gekennzeichnet sind, daß sie sowohl eine automati-

---

76 So weisen etwa die US-amerikanischen Wirtschaftswissenschaftler Adams/Brock 1989 (Unternehmens-formen), S. 84f. auf verschiedene Studien hin, die belegen, daß vor allem die durch Firmenkauf vollzoge-ne Diversifizierung in der Mehrzahl der Fälle scheitert.

77 So differiert etwa in der Automobilindustrie, die nach einschlägiger Meinung typischerweise eine ver-gleichsweise geringe Betriebstiefe aufweist, die Fertigungstiefe – berechnet für das Jahr 1986 von der IG Metall (publiziert im Handelsblatt 1988, Nr. 75, S. 15) als Verhältnis von Wertschöpfung zu Produktions-wert – zwischen 27,1 (Audi AG) und 44,7 (Daimler-Benz AG) Prozent. Für das Jahr 1988 finden sich in der Wochenzeitung Produktion (vom 15.6.1989, Nr. 24, S. 2) ohne nähere Quellenangabe Werte von 32,9 (Audi AG) und 49,3 (Daimler-Benz AG) Prozent sowie für japanische Automobilhersteller wesentlich nie-drigere Fertigungstiefen, die typischerweise unter 30 Prozent (niedrigster Wert: 22,1 Prozent, Mazda) lie-gen. Dichtl 1991 (Fertigungstiefe) konstatiert, daß der „Wert in der Automobilindustrie von 41,1 Prozent im Jahre 1978 auf 34,7 Prozent 1986 (fiel)" (S. 7) und daß für andere Branchen, so etwa für die Beklei-dungsindustrie ähnliche Tendenzen festzustellen sind.

78 Diesen Trend sowie damit verbundene betriebswirtschaftliche Konsequenzen beschreiben seit geraumer Zeit sehr viele Autoren in einschlägigen Publikationen. Vergleiche dazu beispielsweise Milberg 1985 (Entwicklungstendenzen), Schmietow 1988 (Wettbewerbsfähigkeit), Sommerlatte/Deschamps 1985 (Tech-nologien), Wildemann 1986 (Einführungsstrategien); Wildemann 1986 (Technologien), Wildemann 1988 (Produktionstechnologien), Zahn 1986 (Technologiemanagement) und Zahn 1987 (Produktions-technologien).

sierte Fertigung erlauben, als auch relativ einfach – insbesondere mit geringen Rüstzeiten und Rüstkosten – an unterschiedliche Produktionsaufgaben angepaßt werden können[79].

Der Einsatz moderner Produktionstechnologien ist zwar regelmäßig mit einer _Intensivierung der Anlagennutzung_ verbunden, die sich in der Wertsphäre von Unternehmen – wie bereits erwähnt – in einer entsprechend hohen Kapitalintensität sowie in steigenden Fixkostenbelastungen niederschlägt. Gleichwohl muß nicht zwingend gleichzeitig auch eine höhere _Integration der Anlagen_ vorliegen. Vielmehr lassen sich zum einen _Einmaschinenkonzepte_ – wie etwa einzelne NC- beziehungsweise CNC-gesteuerte Anlagen, Bearbeitungszentren sowie flexible Fertigungszellen (FFZ) und zum anderen _verkettete Mehrmaschinenkonzepte_ – wie vor allem flexible Fertigungssysteme (FFS) und Transferstraßen – unterscheiden[80].

Diese Differenzierungen sind insbesondere unter _Kostenaspekten_ bedeutsam, da in Abhängigkeit vom Verkettungsgrad wesentliche _Verschiebungen in der Kostenartenstruktur_ der Unternehmen stattfinden. Betroffen davon ist – wie bereits erwähnt – vorrangig die Relation zwischen Kapital- und Arbeitskosten. Im Hinblick auf die bereits mehrfach erwähnte zunehmende _Fixkostenbelastung_ erscheint in diesem Zusammenhang zudem insbesondere der Tatbestand bedeutsam, daß die „Arbeitskosten bei flexiblen Fertigungssystemen ihren Charakter als Einzelkosten im traditionellen Sinn ganz oder fast ganz verlieren"[81]. Dadurch steigt vor allem der Anteil derjenigen Kosten erheblich, die zugleich _Fixkosten- und Gemeinkostencharakter_ aufweisen[82].

Art der Fertigungssysteme

Die verwendeten _Fertigungssysteme_ differieren mithin im Zuge der Nutzung moderner Produktionstechnologien. Das traditionelle Bemühen industrieller Fertigung ist darauf gerichtet, eine möglichst _integrierte Fließfertigung_ aufzubauen, um weitgehend kontinuierliche Fertigungsprozesse gestalten zu können. Derzeit rückt man allerdings aufgrund der hohen Komplexität, der aufwendigen Steuerung sowie der oftmals existenzgefährdenden Ausfallrisiken integrierter Technologien von dieser Organisationsform zum Teil wieder ab. Stattdessen greift man auch in deutschen Unternehmen immer stärker _Konzepte der „focused factory"_[83] auf und bemüht sich, durch entsprechende _Fertigungssegmentierung_ die entstandene, nur noch schwer handhabbare Komplexität zu reduzieren[84]. Solche Ferti-

---

79 Vergleiche Nieß 1979 (Fertigungssysteme) sowie Ropohl 1972 (Fertigungssysteme), S. 231.

80 Vergleiche zu dieser Differenzierung Siegwart/Raas 1989 (Fertigungstechnologien), S. 8.

81 Weilenmann 1990 (Management Accounting), S. 289.

82 Vergleiche ähnlich auch Männel 1990 (Kostenrechnung), S. 134.

83 Dieser Begriff geht zurück auf Skinner 1974 (Factory).

84 Ein besonderes Verdienst ist in diesem Zusammenhang Horst Wildemann für die Förderung derartiger Konzepte in Theorie und Praxis zuzusprechen. Vergleiche dazu insbesondere Wildemann 1987 (Ferti-

gungssegmente sind Bündelungen von „produktorientierte(n) Organisationseinheiten der Produktion ..., die mehrere Stufen der logistischen Kette eines Produktes umfassen und mit denen eine spezifische Wettbewerbsstrategie verfolgt wird. Darüber hinaus zeichnen sich Fertigungssegmente auch durch die Integration planender und indirekter Funktionen aus und sind in der Regel als Cost-Center organisiert"[85].

In diesem Zusammenhang strebt man zudem zunehmend die Abkehr von tayloristisch organisierten Arbeitsabläufen an. Als wesentliche Gestaltungsprinzipien werden stattdessen die vom Lieferanten bis zum Kunden reichende, also möglichst durchgängige *Optimierung des Leistungsflusses*, die segmentspezifische *Verkleinerung und Entkopplung der Kapazitäten*, die sich nicht nur auf produktive Tätigkeiten erstreckende, sondern auch dispositive und indirekte Aktivitäten einbeziehende *Gruppenorganisation* sowie die dem Prinzip kybernetischer Regelkreise folgende konsequente *Selbststeuerung* verfolgt[86]. Vor allem die Entkopplung der Kapazitäten, die sich nicht allein auf die Auflösung technisch integrierter Produktionsanlagen bezieht, sondern auch die Auflösung starr verbundener Mensch-Maschine-Systeme beinhaltet, sowie der damit einhergehende Aufbau teamorientierter Arbeitsstrukturen[87] bewirken letztlich wesentlich höhere *Freiheitsgrade in der Fertigung*[88]. Nicht zuletzt bieten derartige Konzepte daher wesentlich günstigere Voraussetzungen zur durchgängigen Integration der technischen Serviceleistungen sowie der Qualitätssicherung.

Derartige Veränderungen in der organisatorischen Struktur der Fertigung, die regelmäßig auch eine *Anpassung des Fabrik-Layouts* bedingen, erscheinen bereits seit längerer Zeit dringend erforderlich. Das durch kundennahe Produktvariantenvielfalt ausgelöste *Bemühen um eine umfassende Flexibilisierung der Fertigung*[89] sollte zweckmäßigerweise nicht nur die technologischen, sondern auch die personellen Potentiale[90] sowie die aus beiden Faktoren gebildeten Mensch-Maschine-Kombinationen[91] eines Unternehmens umfassen.

---

gungstechnik), speziell S. 466ff., Wildemann 1989 (Fabrikorganisation), Wildemann 1989 (Fertigungssegmentierung) sowie die ausführliche Monographie Wildemann 1988 (Fabrik).

85 Wildemann 1988 (Fabrik), S. 54.

86 Vergleiche zu diesen wichtigen Grundsätzen der Fertigungssegmentierung ebenfalls Wildemann 1988 (Fabrik), S. 225ff.

87 Die grundlegenden Möglichkeiten und deren Vorteile beschreibt etwa Suzaki 1989 (Management), S. 66ff.

88 Vergleiche dazu auch Warnecke 1989 (Produktion), S. 114f.

89 Ganz allgemein läßt sich Flexibilität in der Fertigung kennzeichnen als „Eigenschaft der Anpassungsfähigkeit an unterschiedliche Situationen"; Altrogge 1979 (Flexibilität), Sp.605. Grundlegende Überlegungen zur Flexibilität in der Fertigung vermitteln insbesondere auch Horváth/Mayer 1986 (Flexibilität), Jaikumar 1987 (Fertigung), Reichwald/Behrbohm 1983 (Flexibilität) sowie die ausführliche Monographie Maier 1982 (Flexibilität).

90 Dies bedingt allerdings eine entsprechend ausgerichtete, konsequente Personalentwicklung sowie die Schaffung von sozialverträglichen Möglichkeiten zum flexibleren Einsatz der Arbeitskräfte. Vergleiche dazu auch Brockhoff 1987 (Anforderungen), S. 244ff. sowie Lederer/Buresch 1980 (Ausbildung), S. 19.

91 Ähnlich argumentieren auch Spur 1983 (Fertigungszellen) sowie Staudt 1982 (Mensch-Maschine-Systeme).

Ansonsten läßt sich wohl kaum insgesamt eine flexiblere *Anpassung der Fertigungskapazitäten an die Marktbedingungen* erzielen.

Art der Serviceleistungen

Der besonders hohe Grad produktionswirtschaftlicher Leistungsverbundenheit[92], der durch integrierte Fertigungssysteme oftmals realisiert wird, sowie die gleichzeitig deutlich gestiegene Anlagenintensität bedingen zugleich regelmäßig eine erhebliche *Zunahme der Bedeutung technischer Serviceleistungen*[93]. Speziell gilt dies einerseits für sämtliche anlagenorientierten Dienstleistungen, wie etwa insbesondere für die *Instandhaltung*[94], deren Kosten nach allgemeiner Einschätzung ebenfalls deutlich ansteigen[95].

Im Rahmen dieser Entwicklung kommt es zu einer „Bündelung sämtlicher zuvor oft stark zersplitterter und nicht hinreichend koordinierter anlagenbezogener Planungs-, Entscheidungs-, Steuerungs-, Realisations- und Kontroll-Aktivitäten"[96], die jedoch heute keineswegs zwangsläufig in eine Zentralisation anlagenwirtschaftlicher Aktivitäten einmündet. Vielmehr wird die *Anlagenwirtschaft* in die „als Gesamtaufgabenfeld zu begreifende anlagenintensive Produktion"[97] zu integrieren sein. Durch das Anlagen-Controlling ist innerhalb dieses Bezugsfeldes die erforderliche „erfolgswirtschaftliche Optimierung von Kapazität, Flexibilität, Verfügbarkeit, Auslastung und Leistung der eingesetzten Anlagen"[98] sicherzustellen.

Art der Qualitätssicherung

Ähnliches gilt für die lange Zeit eher vernachlässigte *Qualitätssicherung*. Diesbezüglich ist nicht nur ein verstärkter Übergang von – der Fertigung eher nachgeschalteten und somit

---

92 Zum Begriff und Wesen der produktionswirtschaftlichen Leistungsverbundenheit vergleiche insbesondere Hummel 1974 (Produktion) sowie Männel 1979 (Verbundwirtschaft).

93 Es ist explizit nochmals darauf hinzuweisen, daß nicht nur die in dem hier erörterten Zusammenhang zu betrachtenden technischen Serviceleistungen, sondern nahezu sämtliche, oftmals auch als indirekte Leistungen bezeichneten Serviceleistungen innerhalb von Industrieunternehmen stark zunehmen. Vergleiche dazu speziell auch Chase/Garvin 1989 (Factory).

94 Vergleiche dazu etwa auch Becker 1990 (Eigen- und Fremdinstandhaltung), S. 259, Kalaitzis 1987 (Instandhaltung), S. 7ff., Männel 1988 (Anlagenwirtschaft), S. 11ff., Schulte 1988 (Ausfallzeiten), S. 14ff. sowie Schwinn 1984 (Instandhaltungsplanung), S. 1.

95 Vergleiche dazu beispielsweise Kalaitzis 1987 (Kosten- und Leistungsberichte), der den Anteil der Instandhaltungskosten an den Herstellkosten auf Größenordnungen von „8 % und darüber hinaus" (S. 157) beziffert sowie insbesondere auch Schulte 1988 (Ausfallzeiten), der feststellt: „1977 betrug der Gesamtaufwand für die Instandhaltung ... etwa 120 Milliarden DM; im Jahre 1984 wurde er bereits mit 200 Milliarden DM angesetzt, und es ist unschwer zu prognostizieren, daß er in den neunziger Jahren die 250-Milliarden-DM-Grenze überschreiten wird" (S. 14).

96 Männel 1989 (Produktionsstrukturen), S. 48.

97 Männel 1989 (Produktionsstrukturen), S. 51.

98 Männel 1991 (Anlagencontrolling), S. 193.

nachbessernden – Qualitätskontrollen zu – bereits in der Entwicklung von Produkt- und Prozeßtechnologien ansetzenden – integrierten Qualitätssicherungskonzepten feststellbar. Vielmehr wird auch dieses strategisch bedeutsame Aufgabengebiet[99] organisatorisch in den produktionswirtschaftlichen Kontext integriert[100], um eine jederzeitige und beidseitige Abstimmung zu ermöglichen. Die durch eine integrierte Qualitätssicherung verursachten *Kosten* lassen sich mangels entsprechender Aussagen der derzeit eingesetzten Kostenrechnungssysteme kaum bestimmen. Diesbezügliche Schätzungen gehen davon aus, daß der Anteil der Qualitätskosten an den Herstellkosten derzeit Größenordnungen von 5-15 Prozent erreicht[101].

Art des logistischen Konzepts

Die skizzierte Entwicklung der Produktionstechnologien und ihres Umfeldes ist – nahezu untrennbar – auch mit der *Einführung umfassender Logistikkonzepte* verbunden[102]. Diese auf die Optimierung des gesamten Material- und Warenflusses ausgerichteten Steuerungskonzepte beschränken sich keineswegs allein auf die Produktion und den Vertrieb. Vielmehr werden heute systematisch sämtliche unternehmerischen Teilfunktionen einbezogen. Insofern erlangt die Logistik in zunehmendem Maße den *Stellenwert eines durchgängigen Schnittstellen-Managements in der Leistungs- und Wertkette*, das „insbesondere die horizontale Koordination zwischen Lieferanten (Vorlieferanten), Unternehmensbereichen und Kunden (bis hin zum Endabnehmer) sowie die vertikale Koordination zwischen allen Planungs-, Steuerungs-, Durchführungs- und Kontrollebenen (von der strategischen bis zur operativen Ebene)"[103] beinhaltet[104]. Hinsichtlich der *kostenmäßigen Konsequenzen* dieser Zunahme logistischer Steuerungsbedarfe läßt sich insbesondere ein vermutlich zunehmender *Anstieg in der Entwicklung der Gemeinkosten* feststellen[105].

---

99 Vergleiche zur heute prinzipiell unbestritten hohen strategischen Bedeutung der Qualität beispielsweise Meyer 1988 (Qualität).

100 Dies ist insbesondere im Rahmen des Aufbauens von Qualitätszirkeln beobachtbar. Vergleiche dazu insbesondere Engel 1981 (Qualitätszirkel) sowie Kramer/Winter 1981 (Qualitätszirkel).

101 Vergleiche dazu Weidner 1992 (Qualitätssicherung), S. 898, der sich auf eine unveröffentlichte Studie des Verbandes Deutscher Maschinen- und Anlagenbau (VDMA) bezieht.

102 Vergleiche dazu insbesondere Bäck 1984 (Logistik); Ballou 1973 (Management); Pfohl 1983 (Logistik); Pfohl 1988 (Logistiksysteme) sowie Wildemann 1989 (Logistik).

103 Weber/Kummer 1990 (Logistik), S. 776.

104 Gerade die Ausdehnung der logistischer Erkenntnisse auf die Beschaffungsfunktion von Unternehmen führte in den vergangenen Jahren – verbunden mit dem deutlichen Trend zur Just-In-Time-Bereitstellung von Leistungen – zu einer besonders weitreichenden Neuorientierung der gesamten Materialwirtschaft, speziell der Lager- und Zeitwirtschaft. Vergleiche zu derartigen Konzepten insbesondere Wildemann 1988 (Beschaffung) und Wildemann 1988 (Just-In-Time-Konzept).

105 Vergleiche dazu auch Weber 1992 (Logistikkostenrechnung), der konstatiert, daß „die Anteile der Logistikkosten an den Gesamtkosten der Unternehmen ... bis zu Werten von einem Drittel (reichen)" (S. 879).

Art der Informationstechnologien

Schließlich besteht auch eine sehr enge Verbindung zwischen der Erneuerung der produktionswirtschaftlichen, speziell der technologischen Struktur von Industrieunternehmen sowie der Anwendung moderner *Informationstechnologien*[106]. Diesbezüglich wird in vielen Unternehmen derzeit die *Einführung eines möglichst umfassenden Computer Integrated Manufacturing (CIM)*[107] vorbereitet[108]. Die Grundidee derartiger *CIM-Lösungen*, die prinzipiell als Weiterentwicklung der zuvor propagierten Management-Informations-Systeme (MIS)[109] verstanden werden können, besteht in der weitestgehend automatisierten und „*integrierte(n) Informationsverarbeitung für betriebswirtschaftliche und technische Aufgaben*"[110]. In diesem Zusammenhang sollen nicht mehr zunächst isoliert die Aufgaben einzelner Funktionalbereiche und erst anschließend bestehende Schnittstellen zu anderen Bereichen unterstützt, sondern unmittelbar eine *ganzheitliche Aufgabenerfüllung* angestrebt werden[111]. Damit wird nicht zuletzt die *Chance zur Realisierung beträchtlicher Kostenvorteile* verbunden: „So ermöglicht CIM eine Senkung der Lohn-, Verwaltungs- und Lagerhaltungskosten um 25 bis 35 Prozent, eine Reduktion der Ausschußquote von 50 bis 75 Prozent, sowie die Optimierung der Auslastung der Fabrikationseinrichtungen. Eine Verkürzung der Durchlaufzeiten von 15 bis 50 Prozent und Flächeneinsparungen von bis zu 40 Prozent"[112] werden als realistisch eingeschätzt[113]. Die Kombination des Einsatzes moderner Fertigungstechnologien und Kommunikationstechnologien soll schließlich zur *'Fabrik der Zukunft'* überleiten[114].

---

106 Auch die Informationstechnologie wird aufgrund der Möglichkeit, Wettbewerbskräfte zu beeinflussen, zunehmend als strategische Waffe angesehen. Vergleiche dazu Mertens/Plattfaut 1988 (Informationstechnik), S. 103f.; Porter/Millar 1988 (Information), S. 89 sowie Szyperski 1980 (Informationsmanagement).

107 Vergleiche aus der Vielzahl der zu dieser Thematik existierenden Publikationen insbesondere Harrington 1985 (Manufacturing), McFarlan 1984 (Information), Neipp 1986 (Einführungsstrategien), Scheer 1990 (CIM); Wildemann 1989 (Produktionssysteme), sowie auch den interessanten Sammelband Spremann/Zur 1989 (Infomationstechnologie).

108 Weilenmann 1990 (Management Accounting) sieht in der Nutzung flexibler Fertigungssysteme, die er als „CIM-Inseln" (S. 290) bezeichnet, bereits den ersten Schritt dazu.

109 Einen Überblick über die vor allem in den 60er und 70er Jahren diskutierten Management-Informations-Systeme vermittelt Mertens 1981 (Management-Informations-Systeme), speziell S. 348ff.

110 Scheer 1990 (manufacturing), S. 49.

111 Insbesondere Scheer geht in diesem Zusammenhang sogar soweit, mehr oder weniger die gesamte Betriebswirtschaftslehre auf die Belange der Informations- und Kommunikationstechnik zuschneiden zu wollen. Hierfür stehen vor allem seine beiden Publikationen Scheer 1990 (Betriebswirtschaftslehre) und Scheer 1990 (Wirtschaftsinformatik).

112 Siegwart/Raas 1989 (Fertigungstechnologien), S. 8.

113 Die jüngst von Polakoff 1990 (Manufacturing), S. 24, publizierten Einschätzungen des US-Amerikanischen National Resource Council lassen sogar noch wesentlich höhere Effekte erwarten.

114 Die hohe Bedeutung, die diesem Konzept zuerkannt wird, kommt überaus deutlich in der bereits zuvor angesprochenen Publikation von Polakoff 1990 (Manufacturing) zum Ausdruck, in der dieser abschließend feststellt: „The factory of the future is around the corner. ... Without this vision of the future, the factories of tomorrow will be no more than a showcase for the indecisiveness of the past." (S. 29).

C Endogene Einflüsse auf das Handeln von Unternehmen aus der unternehmerischen Wertsphäre

Endogene *Einflüsse auf das unternehmerische Handeln* resultieren nicht allein aus der das reale Geschehen beinhaltenden Leistungssphäre, sondern auch aus der das nominale Geschehen beinhaltenden *Wertsphäre von Unternehmen.* Die Wertsphäre zeichnet sich vor allem durch zwei wesentliche *Funktionen* aus. Zum einen wird hier – unterstützt durch entsprechend gestaltete Instrumente des Finanz- und Rechnungswesens[115] – eine *Abbildung des in der Leistungssphäre vollzogenen unternehmerischen Handelns* vorgenommen. Hierzu werden Wertbestands- und Wertbewegungsgrößen genutzt, die sich gegenüber den aus der Leistungssphäre stammenden Mengen- und Zeitgrößen durch meß- und rechentechnische Überlegenheit auszeichnen. Die an bestimmten Rechenzwecken orientierte Abbildung der Leistungssphäre in Wertgrößen dient allerdings keinem Selbstzweck, sondern steht im Dienste der übergeordneten Funktion der *(pagatorischen) Lenkung des unternehmerischen Handelns.* In diesem Sinne kann die Wertsphäre in der Ausprägung eines kongruenten Abbildes der Leistungssphäre auch als grundlegendes Führungsmodell unternehmerischen Handelns angesehen werden[116].

In *Abbildung 4-3* werden die Wirkungsrichtungen der zuvor angesprochenen *Abbildungs- und Lenkungsfunktionen der Wertsphäre* veranschaulicht. Die Wertsphäre wird hier weiter differenziert in die den Liquiditätszielen verpflichtete *Finanzsphäre* sowie in die den Erfolgszielen zugeordnete *Erfolgssphäre.* Die Darstellung vermittelt zudem einen Überblick über die wesentlichen Wertbestands- und Wertbewegungsgrößen[117], die in diesem Zusammenhang zur Anwendung gelangen. Zu den stichtagsbezogen zu ermittelnden *Wertbestandsgrößen* zählen die der Finanzsphäre zuzuordnenden Güterbestands- und Geldbestandsgrößen sowie die der Erfolgssphäre entstammenden Vermögens- und Kapitalbestandsgrößen. Als *Wertbewegungsgrößen* sind der Finanzsphäre spezielle Zahlungsgrößen und der Erfolgssphäre spezielle Erfolgsgrößen zuzuordnen[118].

Die der *Finanzsphäre* entstammenden *Aus- und Einzahlungen* dienen der Abbildung von Bar- und Buchgeldbewegungen in Unternehmen. *Ausgaben und Einnahmen* sind aus Zah-

---

115 Nach Kosiol 1972 (Theorie und Systematik) bildet das Rechnungswesen „durch ein System von Zahlen die realen Vorgänge des Wirtschaftsgeschehens ab, die sich rechnerisch ausdrücken lassen und geeignet sind, die Wirklichkeit des Unternehmensprozesses in ihren für den betrachteten Zusammenhang charakteristischen Zügen inhaltsgetreu wiederzugeben" (S. 133).

116 In diesem Zusammenhang ist auf die zunächst einfach scheinende, aber bedeutsame Erkenntnis von Schneider 1980 (Investition und Finanzierung) zu verweisen, daß es innerhalb der Unternehmensrechnung weniger darauf ankommt, „alle Einflüsse zu erfassen, sondern zu versuchen, die wesentlichen Zusammenhänge zu erkennen" (S. 651). Gerade durch die Erfüllung dieser Anforderung kann das Rechnungswesen zu einem Instrument der Unternehmensführung generieren.

117 Vergleiche zu dieser Systematisierung auch Weber 1988 (Rechnungswesen 1), S. 3 ff.

118 Vergleiche zur Explikation der einzelnen Begriffe dieser Wertbewegungsgrößen sowie zur detaillierten Darstellung ihrer Anwendungszusammenhänge insbesondere Männel 1975 (Begriffsreihen) sowie auch Hummel/Männel 1986 (Kostenrechnung 1), S. 63ff.

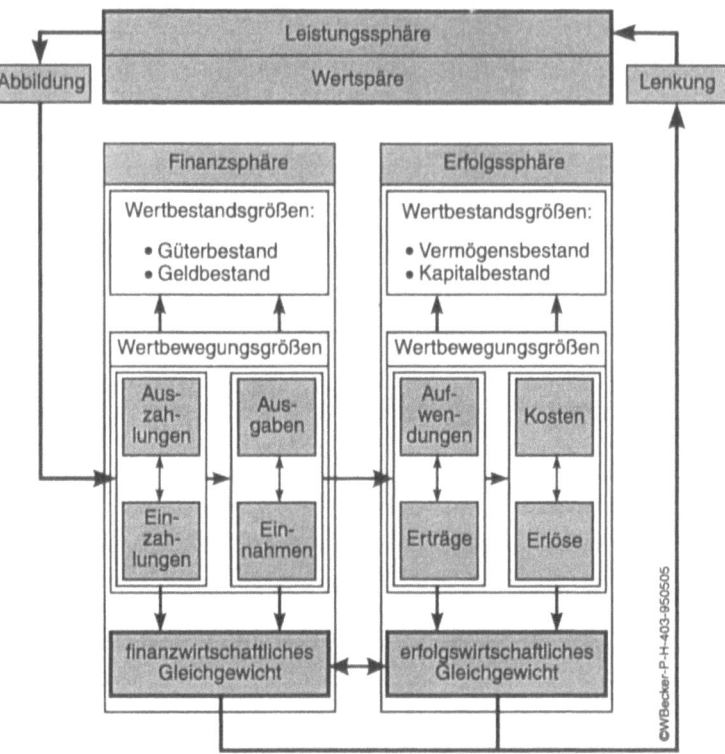

Abbildung 4-3   Funktionen und Rechengrößen der Wertsphäre von Unternehmen

lungsgrößen abgeleitete Wertgrößen, die zur Überbrückung zeitlicher Diskrepanzen zwischen Güter- und Geldbewegungen benötigt werden. Die der *Erfolgssphäre* zuzuordnenden Größen folgen der – einer pragmatischen Orientierung entstammenden – dualen Abbildungsstruktur des Erfolgs von Unternehmen. Die im extern orientierten Rechnungswesen genutzten *Aufwendungen und Erträge* sowie auch die im intern orientierten Rechnungswesen genutzten *Kosten und Erlöse* dienen der Abbildung der Leistungsbereitstellung, des Leistungsverzehrs, der Leistungsentstehung sowie der Leistungsverwertung im Unternehmen. Während externe Erfolgsgrößen den unternehmerischen Gesamterfolg abbilden, konzentrieren sich interne Erfolgsgrößen auf die differenzierende Abbildung der aus der Leistungserstellung stammenden Ergebnisse[119].

Während finanzwirtschaftliche Größen im Rahmen von Finanz- und Liquiditätsrechnungen letztlich vor allem der *Aufrechterhaltung eines finanzwirtschaftlichen Gleichgewichtes* dienen, unterstützen erfolgswirtschaftliche Größen im Rahmen von Erfolgs- und Rentabi-

---

119 Trotz der grundsätzlichen Ähnlichkeit der Rechenzwecke der Erfolgsgrößen existieren daher inhaltliche Unterschiede zwischen diesen externen und internen Wertgrößen, die vor allem in Abhängigkeit vom jeweils genutzten Kostenbegriff unterschiedliche Ausmaße annehmen können. Vergleiche dazu nochmals Hummel/Männel 1986 (Kostenrechnung 1), S. 69ff. sowie auch Weber 1991 (Rechnungswesen 2), S. 26ff.

litätsrechnungen die *Aufrechterhaltung eines erfolgswirtschaftlichen Gleichgewichtes*. Beide Gleichgewichte weisen enge und auch aus Sicht der nach Existenzsicherung strebenden Stabilitätspolitik bedeutsame wechselseitige Beziehungen auf, so daß grundsätzlich eine *integrierte Finanz- und Erfolgspolitik* erforderlich ist[120]. Die in den spezifischen Liquiditäts- und Rentabilitätszielen von Unternehmen zum Ausdruck kommenden Gleichgewichtsvorstellungen, bilden den *Hauptanknüpfungspunkt für die pagatorische Lenkung der Leistungssphäre* von Unternehmen.

Die Erfüllung der *Abbildungsfunktion* der Wertgrößen führt dazu, daß die *Wertsphäre ein monetär bewertetes Äquivalent der Leistungssphäre* darstellt. Insofern resultieren aus Veränderungen der Leistungssphäre zwangsläufig entsprechende Veränderungen in der Wertsphäre. Derartige Wirkungen – speziell kostenmäßige Konsequenzen – wurden ansatzweise bereits im Rahmen des Aufzeigens typischer Veränderungen der Leistungssphäre dargelegt. *Veränderungen der Wertsphäre* führen umgekehrt aufgrund der ihr beizumessenden *Lenkungsfunktion* zu Rückwirkungen in der Leistungssphäre. Daher können auch *Wertgrößen als situative Einflußfaktoren unternehmerischen Handelns* wirksam werden. Diese Einflußnahme resultiert jedoch weniger aus den bereits fallweise angeführten Wirkungen leistungswirtschaftlicher Veränderungen auf einzelne Wertgrößen, sondern vielmehr vor allem aus deren gesamthafter Wirkung, die sich auch spürbar in den angeführten wertmäßigen Gleichgewichten niederschlagen kann. Insofern ist es erforderlich, derart *gesamthafte Wirkungen in der Wertsphäre* herauszuarbeiten.

1 Kennzeichnung der Finanzsphäre

Die Betrachtung wesentlicher Entwicklungen der Finanzsphäre industrieller Unternehmen erweist sich bereits deshalb als schwierig, weil in der einschlägigen *Literatur* eine erhebliche *terminologische Vielfalt* über die Objekte der Finanzsphäre sowie die anzuknüpfenden Aufgaben und Inhalte der unternehmerischen Finanzpolitik existiert[121]. Im Rahmen der hier verfolgten Zwecke einer vor allem stabilitätspolitisch ausgerichteten *Identifizierung wesentlicher Situationsdeterminanten unternehmerischen Handelns in der Finanzsphäre* ist eine Vertiefung dieser terminologischen Schwierigkeiten jedoch nicht erforderlich. Vielmehr kann von einer eher pragmatisch orientierten Auffassung, die der *Finanzsphäre* im wesentlichen *Dispositionen über die Herkunft und Verwendung monetärer Mittel* zuordnet, ausgegangen werden[122]. Diese Abgrenzung knüpft an monetär geprägten sowie

---

120 Dieses Erfordernis wird in dem von Chmielewicz 1972 (Finanz- und Erfolgsplanung) formulierten Vorschlag einer integrierten Finanz- und Erfolgsplanung besonders deutlich. Zu dieser Einschätzung gelangt auch Schmidt 1991 (Investitions- und Finanzierungsprozesse), S. 93.

121 Vergleiche dazu die ausführliche terminologische Analyse von Grochla 1976 (Finanzierung), Sp. 414ff. sowie auch die von Schneider 1980 (Investition und Finanzierung), S. 148ff. und von Vormbaum 1990 (Finanzierung), S. 24ff. angeführten Unterschiede in den in der Literatur diesbezüglich vertretenen Auffassungen.

122 Vergleiche dazu beispielsweise auch Schmitz 1988 (Finanzierung), S. 298.

entscheidungsorientierten Investitions- und Finanzierungsbegriffen an[123], in denen die Betrachtung der Zahlungsströme von Unternehmen im Mittelpunkt steht[124].

In diesem Zusammenhang erlangt die *Abstimmung der Kapitalstruktur* sowie die damit einhergehend zu treffende Disposition über *Niveau und Entwicklung der Kapitalkosten* besondere Bedeutung[125]. Mit diesem Entscheidungsbündel wird nicht nur das finanzwirtschaftliche Gleichgewicht, sondern vor allem auch die Relation zum erfolgswirtschaftlichen Gleichgewicht wesentlich prädeterminiert. Während aus der Relation zwischen Eigen- und Fremdkapital das *finanzwirtschaftliche Risiko* von Unternehmen resultiert, ist mit der Festlegung der Kapitalkosten eine Vorgabe für die zu erzielende *Mindestrendite* verbunden.

Aus diesen Zusammenhängen leiten sich praktische Empfehlungen an die *Handhabung finanzstrategischer Optionen* ab, wie sie in der folgenden Aussage deutlich werden: „Je erfolgreicher eine Produkt-/Marktstrategie voraussichtlich sein wird und je stabiler der Ertragsverlauf ist, desto eher ist es sinnvoll, das Unternehmen zu verschulden, um das Wachstumspotential ausnutzen zu können. Auch die Höhe der Finanzierungskosten wird dann zweitrangig sein."[126] In diesem Zusammenhang dürfen allerdings zum einen *Cash-Flow-Betrachtungen* nicht vernachlässigt werden, um eine adäquate Berücksichtigung nicht allein der *Rentabilitätsziele*, sondern zugleich auch der *Liquiditätsziele* zu garantieren, die gemeinsam zur Aufrechterhaltung des finanziellen Gleichgewichts beitragen[127]. Zudem muß ein auf die *Nutzung von Leverage-Effekten*[128] zielendes unternehmerisches Handeln, das durch die gestiegene Flexibilität der zunehmend risikofreundlich gestimmten Finanzmärkte[129] begünstigt wird, insbesondere in reifen Märkten sowie in Abhängigkeit von der vorliegenden Fixkostenlastigkeit mit besonderer Sorgfalt abgestimmt werden, um nicht in spekulatives Handeln zu verfallen[130].

---

123 Vergleiche dazu auch Köhler 1969 (Finanzierungsbegriff).

124 Schneider 1980 (Investition und Finanzierung) stellt dazu fest: „Investition und Finanzierung sind zwei Seiten ein und desselben Aspekts, der jeder Handlung, jedem Ereignis, innewohnen kann: ihrer Zahlungswirksamkeit" (S. 151).

125 Vergleiche zur unterstellten Abhängigkeit der optimalen Kapitalstruktur von den Finanzierungskosten auch Albach 1988 (Kapitalstruktur), S. 622f.

126 Schmitz 1988 (Finanzierung), S. 301.

127 Die gerade aus Sicht der langfristigen Existenzsicherung bestehende Notwendigkeit einer Abstimmung von Rentabilitäts- und Liquiditätszielen sowie die dafür über die Cash-Flow-Lenkung bestehenden Möglichkeiten betont insbesondere auch Vormbaum 1990 (Finanzierung), S. 112ff. Eine ähnliche Sichtweise wird auch in eher praxisorientierten Beiträgen deutlich, die sich mit risikoorientierten Finanzstrategien befassen; vergleiche dazu beispielsweise Christians 1988 (Finanzstrategie), S. 291.

128 Vergleiche dazu beispielsweise Engels 1976 (Leverage-Effekt).

129 Die mit zunehmender Globalisierung und Securitization einhergehende Liberalisierung der Finanzmärkte verdeutlicht beispielsweise Süchting 1988 (Finanzmärkte).

130 Darauf verweist auch Schmitz 1988 (Finanzierung), S. 301f. mit der gebotenen Deutlichkeit, indem die verheerenden Konsequenzen einer allzu hohen Verschuldung angeführt werden. Insbesondere wird auch aufgezeigt, daß gerade steigende Fixkostenbelastungen die Sensibilität der Betriebsergebnisse auf rückläufige Umsätze erheblich erhöht.

Die insofern bestehende Notwendigkeit zur dauernden *Abwägung zwischen Chancen und Risiken des unternehmerischen Handelns* gilt nicht nur für die Mittelherkunft, sondern auch für die Mittelverwendung. Die diesbezüglich zu treffenden Entscheidungen richten sich auf die *Gestaltung der Vermögensstruktur* von Unternehmen. In diesem Zusammenhang dominiert noch immer die vordergründige Betrachtung derjenigen Vermögensbestandteile, die auch in das *Anlage- und Umlaufvermögen* der Bilanzen eingehen. Besondere Berücksichtigung erfahren demgemäß vor allem das die technischen Potentiale eines Unternehmens widerspiegelnde *Sachanlagevermögen*, die in Vorräten und Forderungen des *Umlaufvermögens* gebundenen finanziellen Mittel sowie die eine gewisse Sonderstellung einnehmenden *Finanzanlagen*, denen insbesondere im Rahmen des Beteiligungs-Managements eine zunehmende Beachtung gewidmet wird. *Immaterielle Vermögensgegenstände*, so vorrangig das im Personal verankerte potentielle Know How eines Unternehmens sowie auch das bereits realisierte faktische Know How-Vermögen – gemeint sind insbesondere Forschungs- und Entwicklungsleistungen[131], wie beispielsweise selbsterstellte Software – finden demgegenüber noch immer eine allzu geringe Berücksichtigung innerhalb des Finanz-Managements.

Zur umfassenden Beurteilung der Finanz- und Erfolgssphäre von Unternehmen ist prinzipiell das gesamte Spektrum der *Finanz- und Erfolgsanalysen*[132] zu nutzen. Für die hier im Vordergrund stehende Kennzeichnung einiger besonders bedeutsamer Aspekte der von der Finanzsphäre ausgehenden situativen Einflüsse auf das unternehmerische Handeln scheint vor allem die Analyse der Einhaltung von *Finanzierungsregeln* zweckmäßig zu sein[133].

Diesbezüglich kann auf die in bundesdeutschen Industrieaktiengesellschaften unterschiedlicher Branchen ermittelten *empirischen Daten* zurückgegriffen werden, die Horst Albach im Rahmen der '*Bonner Stichprobe*' analysiert und vorgelegt hat[134]. Die angeführte Untersuchung liefert speziell eine *Analyse der Einhaltung unterschiedlicher Bank- und Finanzierungsregeln*[135]. Insbesondere belegen die erhobenen Daten, daß für den Durch-

---

131 Vergleiche zu den diesbezüglichen Steuerungsproblemen in der Unternehmensführung insbesondere auch Pfeiffer 1983 (Entwicklungsmanagement).

132 Einen systematischen Überblick zu diesem Instrumentarium offerieren beispielsweise Busse von Colbe 1976 (Finanzanalyse) sowie Hauschildt 1987 (Erfolgs- und Finanzanalyse), S. 1ff.

133 Dieses Vorgehen ist sowohl für statisch-strukturelle als auch für dynamisch-prozessuale Betrachtungen der Finanzsphäre typisch. Vergleiche dazu sowie zu den jeweiligen Forschungskonzeptionen und Hauptaussagen Jacob 1991 (Finanzierungsregeln), S. 113ff.

134 Vergleiche dazu Albach 1988 (Kapitalstruktur), insbesondere S. 608ff.

135 Insbesondere wird die Einhaltung verschiedener Varianten der Goldenen Bankregel, der Goldenen Finanzierungsregel, der dynamischen Verschuldensregel, des Acid Test und der Foulke-Regel untersucht. Diese Regeln beinhalten folgende Vorschriften (vergleiche nochmals Albach 1988 (Kapitalstruktur), S. 601ff.):
Die Goldene Bankregel fordert in ihrer engen Variante, daß das Eigenkapital größer als das Anlagevermögen und das anlageähnliche Umlaufvermögen sein soll. In weiteren Varianten fordert diese Regel eine Deckung des Anlagevermögens durch Eigenkapital und Pensionsrückstellungen beziehungsweise gar durch Eigenkapital und langfristiges Fremdkapital.
Die Goldene Finanzierungsregel beinhaltet als statische Verschuldensregel die Forderung, daß der Fremdkapitalanteil höchstens 50 Prozent betragen darf.

schnitt der ausgewerteten 295 Industrieaktiengesellschaften seit Anfang der sechziger Jahre die Goldene Bankregel, die Goldene Finanzierungsregel sowie auch die dynamische Verschuldensregel und der Acid Test nicht eingehalten wurden. Allein weitere Formen der Goldenen Bankregel sowie die Foulke-Regel werden erfüllt. In der *Verschuldung* sind zwar zum Teil erhebliche branchenspezifische Unterschiede erkennbar. Gleichwohl kann generell ein *zunehmender Anstieg* der Verschuldung festgestellt werden. Während im Jahr 1961 ca. 23 Prozent der untersuchten Unternehmen die Goldene Finanzierungsregel einhalten, gilt diese Aussage im Jahr 1985 nur noch für ca. 12 Prozent der untersuchten Unternehmen. Im Branchendurchschnitt beläuft sich der Fremdkapitalanteil im Jahr 1961 auf ca. 64 Prozent und im Jahr 1985 auf ca. 70 Prozent.

Diese Entwicklungen veranlassen Horst Albach zu der Aussage, „daß sich die Vorstellungen von einer „gesunden" Kapitalstruktur in den letzten Jahren gewandelt haben. Die *Einhaltung „Goldener" Finanzierungsregeln* wird vielfach nicht mehr als Ausdruck der Tugenden des königlichen Kaufmanns, sondern eher als die *Unfähigkeit des Finanzmanagement* angesehen, die Gewinnchancen zu nutzen, die im Leverage-Prozeß der Verbesserung der Eigenkapitalrendite durch Erhöhung des Verschuldungsgrades liegen"[136]. Das somit schließlich gezogene Resümee, daß „heute der Verstoß gegen Goldene Finanzierungsregeln und eine daraufhin erfolgende Begründung der Abweichung eher das *Vertrauen der Kapitalgeber* festigen und ihre Bereitschaft verstärken (mag), dem Unternehmen weiterhin Mittel zur Verfügung zu stellen"[137] bedarf allerdings – trotz der durchaus vorsichtigen Formulierung – der Ergänzung.

Vor allem ist die Mahnung unabdingbar, im Zuge des Rentabilitätsstrebens die *Liquiditätsziele* nicht zu vernachlässigen. Gerade die sich in den letzten Jahren zunehmend abzeichnenden Möglichkeiten der *Kapitalbeschaffung außerhalb des Bankensektors* geben verstärkt Anlaß zur Sorge, daß eine Aufweichung der sorgfältig austarierten *Auffassungen über das finanzielle Gleichgewicht* stattfindet. Zudem besteht in gesellschaftlichen Situationen, in denen trotz einer weitreichenden Einhaltung der volkswirtschaftlichen Stabilitäts- und Wachstumsziele eine wohl strukturelle Arbeitslosigkeit entstanden ist, stets das Risiko, daß ökonomisch rationales Handeln durch *politisch bedingte Einflüsse* relativiert wird. Dies gilt auch für die Beziehungen zwischen Kapitalnehmern und Kapitalgebern. Es resultiert die Gefahr, daß in immer mehr Unternehmen trotz voraussehbarer beziehungsweise sogar bereits entstandener *Insolvenz-Risiken* weiteres Fremdkapital bereitgestellt wird, um die dort gefährdeten Arbeitsplätze zu sichern. Dies kann eine allgemeine *Aufwei-*

Die dynamische Verschuldensregel fordert, daß die Nettoverschuldung höchstens das Dreifache des Cash Flow betragen darf.

Der Acid Test beinhaltet, daß das Verhältnis aus Vorräten und Working Capital stets kleiner als eins sein soll.

Die Foulke-Regel fordert, daß die langfristigen Verbindlichkeiten das Working Capital nicht übersteigen sollen.

136 Albach 1988 (Kapitalstruktur), S. 624.

137 Albach 1988 (Kapitalstruktur), S. 625.

chung der Finanzierungsbedingungen zur Folge haben und somit auch die Usancen des Finanz-Managements verändern. Der an sich dem unternehmerischen Denken innewohnende und insofern begrüßenswerte Mut zum Einsatz von Risikokapital vermindert dadurch möglicherweise die insgesamt gleichwohl erforderliche kaufmännische Sorgfalt.

Darüber hinaus können aber auch aus Sicht der *Rentabilitätsziele* gefährliche Entwicklungen entstehen. Die bereits im Rahmen der Kennzeichnung der *Leistungssphäre* angeführten Entwicklungstendenzen lassen die für die Finanzsphäre ermittelten empirischen Erkenntnisse plausibel erscheinen. Die deutliche *Technologieorientierung der fundamentalen Werthaltungen industrieller Unternehmen*, die erst jüngst empirisch bestätigt wurde[138], veranlaßt gerade innovative Unternehmen zu *Investitionen in moderne Prozeß- und Produkttechnologien*. In Ermangelung hinreichender Eigenmittel sind solche Unternehmen oftmals zur Beschaffung von Fremdkapital gezwungen. Da dies infolge der mit derartigen Investitionen einhergehenden vertrauensbildenden Neuorientierung der Leistungspotentiale regelmäßig auch gelingt, kommt es zur zunehmenden *Fremdfinanzierung* immer größerer Teile des unternehmerischen Vermögens und somit zur *Absenkung der Eigenkapitalquote*. Zu bedenken ist allerdings, daß die teilweise sehr hohen Investitionssummen eine – auch angesichts der zunehmenden Verkürzung der Marktzyklen – gefährliche *Verlängerung der Amortisationszeiten* bewirken können. Eine derartige Fremdfinanzierung mit Vertrauenskapital basiert insofern zwar auf der – unter Umständen nur vermeintlichen – Sicherheit der mit den Investitionen aufgebauten Erfolgspotentiale[139], läßt aber noch nicht erkennen, inwieweit das jeweilige Unternehmen tatsächlich derartige strategische Erfolgspotentiale in operativen Erfolg umsetzen kann. Nicht zuletzt ist diese Fähigkeit in starkem Maße von den spezifischen Bedingungen in der *Erfolgssphäre der Unternehmen*, speziell der Kostensituation, abhängig.

2   Kennzeichnung der Erfolgssphäre

Die anfangs aufgezeigten fundamentalen Veränderungen der industriellen Leistungserstellung sind regelmäßig angestoßen durch eine im Bemühen um Wachstum angestrebte *Kunden-, Produkt- und Produktionsorientierung* der Unternehmen. Dies lassen nicht nur die aufgezeigten typischen Ausprägungen leistungswirtschaftlicher Veränderungen erkennen, sondern belegen auch die angeführten empirischen Untersuchungen. Veränderungen in den Struktur- und Verhaltenskomponenten der Leistungssphäre bewirken jedoch nicht nur die angestrebte *Verbesserung der Leistungsfähigkeit*, sondern zugleich auch tiefgreifende *Veränderungen in der Wertsphäre* der betroffenen Unternehmen. Neben den diesbezüglich be-

---

138 Diesbezüglich stellen Raffée/Fritz 1992 (Führungskonzeption) auf der Grundlage einer repräsentativen Befragung fest, daß die strategische Ausrichtung „im Verarbeitenden Gewerbe der Bundesrepublik Deutschland (West) tendenziell stärker in ein innovations- und technologieorientiertes unternehmerisches Selbstverständnis eingebettet (ist) als in eine markt- bzw. kundenorientierte Grundhaltung" (S. 315).

139 Vergleiche zur These, daß Verstöße gegen Finanzierungsregeln durch Sicherheitenstellung geheilt werden können insbesondere Jacob 1991 (Finanzierungsregeln), S. 116ff.

reits angeführten Entwicklungen in der Finanzsphäre weisen im Rahmen des hier vorrangig zu behandelnden Strebens nach erfolgswirtschaftlicher Stabilität die *Entwicklungen in der Erfolgssphäre*, die sich systematisch in die Erlös- und Kostensphäre unterteilen läßt, besondere Bedeutung auf.

Limitierung von Erlössteigerungspotentialen

Die *Erlössphäre* ist aufgrund der steigenden Wettbewerbsintensität durch eine zunehmende *Limitierung von Erlössteigerungspotentialen* gekennzeichnet, die sich sowohl auf die Mengenkomponente als auch auf die Wertkomponente des Umsatzes erstreckt. Die Erlössphäre soll nachfolgend daher nicht im Detail betrachtet werden. Darüber hinaus ist die hohe unternehmenspolitische Bedeutung insbesondere der Wertkomponente des Umsatzes schon frühzeitig innerhalb der Betriebswirtschaftslehre erkannt und – im Rahmen der *Preispolitik* – berücksichtigt worden. So eröffnet etwa Hermann Diller seine diesbezügliche Monographie mit dem Hinweis, daß nur „wenige Gebiete des Marketing ... in der wissenschaftlichen Fachliteratur so intensiv behandelt worden (sind) wie die betriebliche Preispolitik", betont allerdings zugleich auch, daß „kaum ein betriebswirtschaftliches Stoffgebiet so wenig Resonanz in der Praxis gefunden (hat) wie die betriebswirtschaftliche Preistheorie"[140]. Eine möglicherweise bedeutsame Ursache dafür liegt wohl vor allem in der – abgesehen von grundsätzlichen konzeptionellen Vorschlägen[141] – als defizitär zu bezeichnenden Ausgestaltung eines praktisch erprobten Rechenwerks der *Erlösrechnung*[142], die der Preispolitik als zweckgerechte Datenbasis dienen müßte.

Die – insbesondere aufgrund der direkten Beeinflußbarkeit – besonders hohe Bedeutung der *Kostensphäre* für die erfolgswirtschaftliche Stabilität zeigen bereits die zuvor jeweils parallel zur Kennzeichnung der Entwicklung der Leistungssphäre angeführten Hinweise auf wesentliche kostenmäßige Konsequenzen. Nachfolgend sollen daher einige übergreifend wirksame und zudem unternehmenspolitisch besonders bedeutsame *Entwicklungen in der Kostensphäre von Unternehmen* gebündelt dargestellt werden. In diesem Zusammenhang müssen vor allem zunehmend auftretende Verschiebungen in der Kostenverursachung, strukturelle Verlagerungen der Kostenentstehung, tiefgreifende Veränderungen der Kosteneinflußgrößen, eine die Erfolgsentstehung beeinträchtigende Verminderung der Kostenelastizität sowie eine an Bedeutung gewinnende Verschärfung der Kostenintensität als wesentliche *Felder einer generalisierten kostenpolitischen Problemlandkarte* angesehen werden.

---

140 Diller 1991 (Preispolitik), S. 17.

141 Vergleiche dazu insbesondere Engelhardt 1977 (Erlösplanung), Lassmann 1979 (Erlösrechnung) und Männel 1983 (Erlösrechnung) sowie die dort jeweils angeführte Literatur.

142 Diesbezügliche Defizite werden in der einschlägigen Literatur immer wieder betont. So äußert beispielsweise Engelhardt 1992 (Erlösplanung) Verwunderung, „als in einer marktwirtschaftlichen Ordnung die Existenz einer Unternehmung ganz wesentlich von den Erlösen abhängt. Deren Planung und Kontrolle sind wichtige Instrumente zur Steuerung des Unternehmens und bedürfen der gleichen differenzierten Analyse wie die Kostenseite." (S. 656).

Verschiebungen in der Kostenverursachung

Verschiebungen in der Verursachung der Kosten lassen sich sowohl unter zeitlichen als auch unter sachlichen Aspekten erkennen. Eine äußerst bedeutsame *zeitliche Verschiebung der Kostenverursachung* resultiert aus der stark zunehmenden *Vorverlagerung der Bestimmungsfaktoren der Kostenentstehung in sehr frühe Phasen des Lebenszyklus* von Produkten. Legt man das Konzept des sich aus Entwicklungs-, Produktions- und Marktzyklus sowie Entsorgungszyklus zusammensetzenden integrierten Produktlebenszyklus[143] als Beschreibungsmodell zugrunde, so läßt sich feststellen, daß sich innerhalb des Entwicklungszyklus eines Produktes die wesentlichen Ursachen der Kostenentstehung aus der Phase der eigentlichen Leistungserstellung und Leistungsverwertung in die Phasen der *Forschung, Entwicklung und Konstruktion* verschoben haben. Insofern müssen wesentliche Anteile der zu erwartenden Herstellkosten eines Produktes noch vor Beginn der Produktion als determiniert gelten[144].

Man schätzt heute, daß „in vielen Fällen *60 bis 70 % der Kosten eines Produktes in der Konstruktion festgelegt*"[145] werden[146]. Dies hat nicht nur erhebliche Konsequenzen für die Ausgestaltung der laufenden *Kostenrechnung*[147], sondern bewirkt insbesondere auch, daß die Möglichkeiten zur *Kostenbeeinflussung* mit der zunehmenden Konkretisierung und Vermarktung eines Produktes stark schwinden. *Abbildung 4-4* verdeutlicht die *zeitliche Lücke zwischen Kostenverursachung und Kostenentstehung*, die sich vermutlich in der Form einer zunehmend bauchiger ausfallenden Hystereseschleife offenbart.

Daraus resultierende *Grenzen der Kostenbeeinflussung* innerhalb des Produktions- und Marktzyklus der erstellten Absatzleistungen lassen sich zudem nicht nur für die Herstellkosten der Produkte feststellen, sondern auch für viele andere *Kosten innerbetrieblicher Leistungen*. Bezogen auf diese Leistungskategorien entstehen ähnliche Effekte sowohl für *materielle Wiedereinsatzleistungen* als auch für *immaterielle Serviceleistungen*. Gerade in

---

143 Vergleiche dazu nochmals Pfeiffer/Bischof 1981 (Produktlebenszyklen).

144 Zu diesem Schluß kommt unter Anwendung der Transaktionskostentheorie auch Albach 1988 (Rechnungswesen), der darauf hinweist, daß dann, wenn die Transaktionskosten der Beschaffung getätigt sind, „damit auch die zukünftigen Produktionskosten weitgehend vorherbestimmt" (S. 1161) sind.

145 Steffen 1987 (Computer Integrated Manufacturing), S. 12.

146 Diese hier genannte Größenordnung resultiert aus empirischen Untersuchungen von Opitz 1970 (Produktionstechnik), S. 525 und wird inzwischen von einer Vielzahl von Autoren angeführt; vergleiche beispielsweise Eberle/Heil 1992 (Relativkosten-Informationen), S. 782; Gröner 1990 (Vorkalkulation), S. 374; Männel 1991 (Anlagencontrolling), S. 201 und Mirani 1987 (Kosten- und Investitionsmanagement), S. 226. Noch höhere Werte werden zum Teil in US-amerikanischen Publikationen genannt; vergleiche dazu etwa Berliner/Brimson 1988 (Cost Management), S. 140 die davon ausgehen, daß zu Beginn der Produktion bereits bis zu 95 % der Kosten festgelegt sind.

147 So stellt beispielsweise Männel 1992 (Kostenrechnung) fest, daß es insbesondere nicht ausreicht, „Forschungs-, Entwicklungs- und Konstruktionskosten produktspezifisch zu erfassen und diese Kosten dann der laufenden Produktionsperiode anzulasten. Vielmehr ist eine in konsequenter Weise auf den gesamten Produktlebenszyklus ausgerichtete Kosten-, Erlös- und Ergebnisrechnung erforderlich" (S. 117).

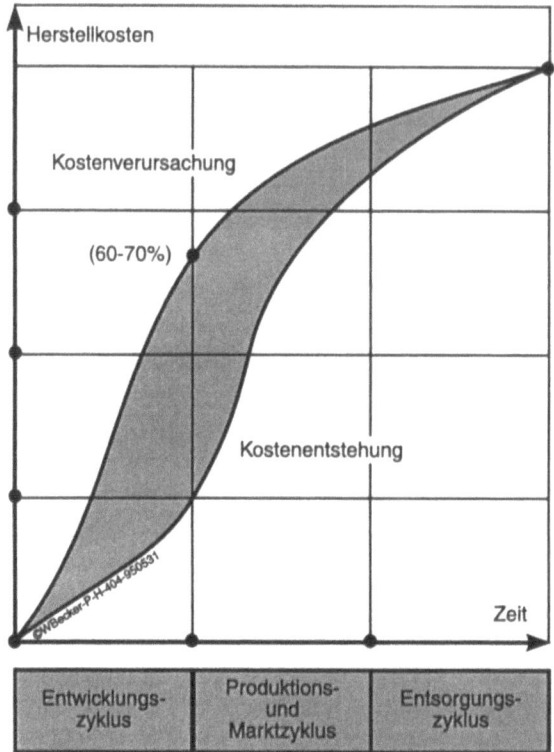

Abbildung 4-4 **Entwicklungstendenzen des zeitlichen Auseinanderfallens von Kostenverursachung und Kostenentstehung**

diesem Bereich ist häufig eine Zunahme der im Vorfeld der eigentlichen Leistungserstellung erforderlichen *Planungs-, Dispositions- und Steuerungsprozesse* zu verzeichnen. Besonders auffällig ist diese Entwicklung beispielsweise im Bereich der logistischen
Leistungen, für die eine zukünftig wohl noch deutlich zunehmende *Schwerpunktverlage-
rung von der Ausführung zur Führung* zu erwarten ist. So kann man feststellen, daß Ausführungsaktivitäten – wie vor allem Lagerung, Transport und Handling – durch verbesserte Führungsaktivitäten (im Rahmen der Logistik) ersetzt werden. Derartige Entwicklungen
bewirken letztlich eine zunehmende *Verlagerung der Kostenentstehung in das als indirekte
Bereiche* bezeichnete Umfeld der eigentlichen Leistungserstellungsprozesse. Die absolute
und relative *Erhöhung der (Kostenträger-)Gemeinkosten eines Unternehmens* läßt sich als
kostenstrukturbezogene Konsequenz unschwer erkennen.

Mit der frühzeitigen Festlegung der Bestimmungsfaktoren der Kostenentstehung sind Unternehmen des weiteren auch in Bezug auf die eingesetzten *Leistungspotentiale* konfrontiert. Dies gilt insbesondere für *Kosten technischer Potentiale,* die prinzipiell bereits im

Rahmen der Konstruktion durch die Anlagenhersteller determiniert werden[148]. Schließlich lassen sich auch für andere *fremdbezogene Leistungen* – wie etwa Rohmaterialien und Werkstoffe, Hilfs- und Betriebsstoffe, Ersatzteile, Halbzeuge und Komponenten sowie Serviceleistungen – ähnlich Effekte feststellen. Nicht nur deren *Einstandskosten*, sondern auch etwaige *Folgekosten*, die im Zuge der Weiterverarbeitung beziehungsweise Nutzung derartiger Leistungen entstehen, sind nicht selten bereits im Rahmen der Entwicklung und Erstellung dieser Produktionsgüter seitens der Lieferanten weitreichend disponiert worden.

Verlagerungen der Kostenentstehung

Die aus leistungswirtschaftlichen Veränderungen resultierenden Konsequenzen für die Kostensphäre sind nicht allein auf Verschiebungen der Kostenverursachung begrenzt. Eine zweite Gruppe von Wirkungen, die sich durch eine entlang der Leistungs- und Wertkette erfolgende Analyse bedeutsamer *Kostenarten und Kostenkategorien* systematisieren lassen, betrifft die in einigen Details bereits angeführten *Verlagerungen der Kostenentstehung*[149].

Diesbezüglich sind vorrangig Veränderungen innerhalb der *Struktur der Herstellkosten eines Produktes* zu verzeichnen. Hinzuweisen ist in diesem Zusammenhang vor allem auf die folgenden Kostenpositionen.

Die *Materialkosten* steigen in ihrer absoluten Höhe aufgrund der zunehmenden Anforderungen an die Qualität fremdbezogener Leistungen und steigen zudem aufgrund der zunehmenden *Reduzierung der Leistungstiefe von Unternehmen* auch hinsichtlich ihres relativen Anteils an den Herstellkosten.

Die *Personalkosten* erfahren tiefgreifende Umschichtungen. Zum einen verändert sich in zunehmendem Maße die *Relation zwischen Löhnen und Gehältern*. Insbesondere die steigenden Anforderungen an die Qualifikation sowie die wachsende Bedeutung indirekter und administrativer Leistungsprozesse führen zu einem Anstieg der Gehälter innerhalb der gesamten Personalkosten. Zum anderen verändert sich aufgrund steigender Belastungen durch soziale Abgaben auch die *Relation zwischen den Lohn- und Gehaltskosten sowie den entsprechenden Lohn- und Gehaltsnebenkosten*. Schließlich verschiebt sich – wie bereits angeführt – innerhalb der gesamten Herstellkosten zunehmend die *Relation zwischen den Personalkosten und den Anlagenkosten*.

---

148 Man denke beispielsweise an Anlagen, die im Rahmen ihrer Bereitstellung in Ermangelung einer entsprechenden Integrationsqualität hohe Installationskosten verursachen, und/oder im Rahmen ihrer Nutzung aufgrund unzureichender Verschleißfestigkeit beziehungsweise in Ermangelung hinreichender Instandhaltungsfreundlichkeit hohe Instandhaltungskosten verursachen, und/oder im Rahmen ihrer Ausmusterung aufgrund der eingesetzten Werkstoffe hohe Entsorgungskosten verursachen. Vergleiche zu der genutzten lebenszyklusorientierten Differenzierung der Anlagenkosten Männel 1982 (Anlagenverwaltung), S. 204ff.

149 Vergleiche zu den nachfolgend angeführten Kosteneffekten vor allem auch Männel 1992 (Kostenrechnung), S. 111ff.

Die *Anlagenkosten* zeichnen sich – wie ebenfalls bereits erörtert – nicht nur durch den soeben angeführten relativen Anstieg, sondern auch durch eine deutliche Erhöhung ihres absoluten Niveaus aus. Sowohl *kalkulatorische Abschreibungen* als auch *kalkulatorische Zinsen* steigen mit dem Ausmaß der Investitionen in neue Technologien an. Verbunden damit sind auch *Erhöhungen weiterer anlagenwertabhängiger Kosten*, wie etwa speziell der Versicherungskosten, zu verzeichnen. Schließlich ist aufgrund der hohen Anforderungen an die Anlagenverfügbarkeit insbesondere auch ein Anstieg der *Instandhaltungskosten* sowie anderer anlagenbezogener Serviceleistungskosten feststellbar.

Den Zusammenhang derartiger Entwicklungen mit der *Einführung moderner Produktionstechnologien* belegt besonders einprägsam eine von Horst Wildemann in großen Maschinenbauunternehmen durchgeführte Studie[150], deren Ergebnisse im Hinblick auf die grundlegenden Kostenarten[151] sowie die Beschäftigungsabhängigkeit dieser Kosten in *Abbildung 4-5* dargestellt sind.

Neben diesen bereits sehr wesentlichen *Verschiebungen in der Bedeutung einzelner Kostenarten und Kostenartengruppen* innerhalb der traditionellen Herstellkostenstrukturen sind noch weitere bedeutsam erscheinende Verlagerungen der Kostenentstehung zu verzeichnen, die vor allem durch die Betrachtung der unternehmerischen *Funktionalbereiche* deutlich werden. Insbesondere ist diesbezüglich innerhalb der Fertigung eine ebenfalls zunehmende Tendenz der *Substitution laufender Kosten durch einmalige Kosten* festzustellen. Dies wird im Zuge des Einsatzes flexibler Fertigungstechnologien besonders deutlich. Hier erkauft man sich die *Reduzierung der laufenden Rüstkosten durch höhere Anlagenanschaffungskosten* und schafft damit die Voraussetzungen für eine flexible Wechselproduktion.

Darüber hinaus ist auch hier nochmals auf die *Zunahme indirekter Leistungen innerhalb der Leistungserstellungsprozesse* hinzuweisen. Verbunden damit „werden in der *Produktentwicklung*, in der *Arbeitsvorbereitung*, innerhalb der *Produktionsplanung und Produktionssteuerung*, im Bereich der *Qualitätssicherung*, im *Einkauf* sowie in den Teilbereichen der gesamtbetrieblichen *Logistik* zunehmend umfassendere und kostenintensivere Leistungen erbracht"[152]. Eine ähnliches Ansteigen der Kostenintensität ist für die vielfältigen

---

150 Vergleiche dazu Wildemann 1987 (flexible Fertigungssysteme), S. 133ff.

151 Die im einzelnen untersuchten Kostenarten sind der zuvor genannten Publikation detailliert entnehmbar. In der von Wildemann selbst vorgenommenen Verdichtung, wie sie in Abbildung 4-5 wiedergegeben ist, zählen zu den Arbeitskosten produktive und unproduktive Anteile. Die Kapitalkosten beinhalten kalkulatorische Abschreibungen, die auf der Basis der Wiederbeschaffungswerte sowie unter der Annahme einer zehnjährigen Abschreibungsdauer gebildet wurden. Nicht enthalten sind kalkulatorische Zinsen. Die sonstigen Kosten umfassen Raum-, Instandhaltungs-, Energie-, Werkzeug-, Vorrichtungs- und Ausschußkosten. Alle übrigen, für den Vergleich relevanten Kostenarten sind im Posten Restfertigungsgemeinkosten gebündelt.

152 Männel 1992 (Kostenrechnung), S. 111.

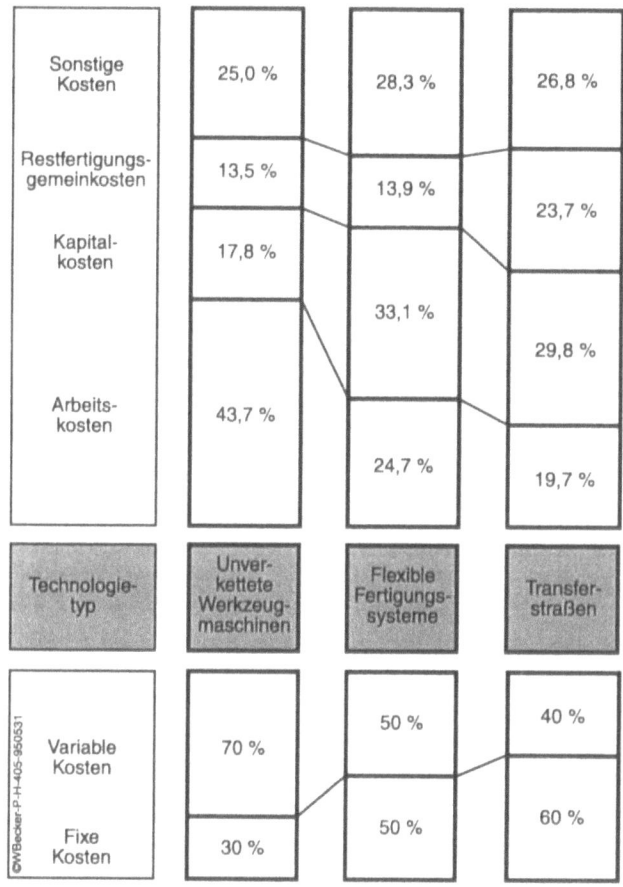

Sonstige Kosten	25,0 %	28,3 %	26,8 %

Abbildung 4-5   **Verschiebungen in der Kostenartenstruktur sowie in der Beschäftigungsabhängigkeit der Kosten aufgrund des Einsatzes moderner Produktionstechnologien**

Leistungen im *Absatzbereich von Unternehmen* feststellbar. Auch hier lassen sich zunehmend geringere Kostenbestandteile unmittelbar den einzelnen Absatzleistungen zurechnen[153].

Schließlich ist auch auf die zukünftig wohl noch stark zunehmende *Bedeutung der Entsorgungskosten* hinzuweisen. Diese mit der politischen Umsetzung ökologischer Ziele in Verbindung stehende Kostenartengruppe beinhaltet nicht allein die im laufenden Leistungserstellungsprozeß entstehenden Kosten für die umweltgerechte Entsorgung schädlicher Güter, sondern in vielen Fällen auch die am Ende des Produktlebenszyklus erforderliche Entsorgung des nicht mehr zu verwendenden Produktes selbst.

---

153 Auf die Erschwernisse der Zurechenbarkeit von Absatzkosten, speziell von Vertriebskosten verweist auch Weigand 1989 (Vertriebskostenrechnung), S. 35, der den durchschnittlichen Anteil der Vertriebskosten an den Gesamtkosten auf 30 Prozent schätzt und ebenfalls von zunehmenden Kostenbelastungen ausgeht.

Veränderungen der Kosteneinflußgrößen

Eng verbunden mit den festzustellenden Verschiebungen der Schwerpunkte in den unternehmerischen Leistungsprozessen sowie den einhergehenden Verlagerungen der Kostenentstehung sind zudem *Veränderungen der relevanten Kosteneinflußgrößen*, die die relevante Kostenposition eines Unternehmens determinieren.

Die Kostentheorie und mit ihr auch die in der Praxis Anwendung findenden Kostenrechnungssysteme rücken noch immer die Beschäftigung als bedeutsamste Kosteneinflußgröße in den Vordergrund. Das gilt insbesondere für traditionelle Systeme der Vollkostenrechnung, aber grundsätzlich auch für entscheidungsorientierte Kostenrechnungssysteme[154]. Dieses Beharren auf einer einzigen dominanten Kosteneinflußgröße scheint angesichts der durch Erich Gutenberg schon in den fünfziger Jahren bewirkten Ablösung der vor allem auf den Arbeiten von Eugen Schmalenbach und Konrad Mellerowicz gründenden synthetischen Kostentheorie durch eine *analytische Kostentheorie* verwunderlich. Bereits in diesem Zusammenhang wird deutlich herausgestellt, daß sich „das Kostenniveau eines Betriebes ... also durch die fünf Haupteinflußgrößen: *Faktorqualität, Faktorpreise, Beschäftigung, Betriebsgröße und Fertigungsprogramm* bestimmt"[155]. Abgesehen davon hat insbesondere Ludwig Pack verdeutlicht, daß auch im Rahmen einer *synthetischen Kostentheorie* keineswegs allein mit einer einzigen Kosteneinflußgröße gearbeitet werden muß[156].

Gleichwohl ist es im Rahmen der vorrangig auf *operative Führungszwecke* ausgerichteten Kostenrechnung naheliegend beziehungsweise sogar zweckmäßig, die *Beschäftigung als dominante Kosteneinflußgröße* zu verwenden, da es sich dabei um eine besonders marktnahe und kurzfristig wirksame Determinante der Kosten handelt. Im Rahmen *strategischer Führungszwecke* werden allerdings demgegenüber dringend Aussagen über die *Abhängigkeit der Kostenposition eines Unternehmens von langfristig wirksamen Determinanten* benötigt. Insbesondere ist zu vermuten, daß gerade die Ermittlung und Analyse der Kosten in Abhängigkeit von der Betriebsgröße, speziell der *Leistungstiefe* sowie auch dem Fertigungsprogramm, speziell dem *Variantenspektrum* bedeutsame Hinweise auf strukturelle Reorganisationserfordernisse vermitteln könnte. Die Kostenrechnung muß sich daher zukünftig verstärkt um eine derartige Vervollständigung ihres Informationsangebotes bemühen.

Jüngere Entwicklungen zeigen darüber hinaus auch die hohe Bedeutung auf, die vor allem die sogenannten *Kostentreiber in den indirekten Bereichen* aufweisen. Mit der teilweise bereits vollzogenen Verlagerung einer Vielzahl unternehmerischer Aktivitäten von den di-

---

154 Diesbezüglich ist vor allem auf die in der Grenzplankostenrechnung erforderliche planmäßig-analytische Auflösung der Kosten in beschäftigungsabhängige und in beschäftigungsunabhängige Kosten hinzuweisen. Vergleiche dazu nochmals Männel 1972 (Kostenspaltung).

155 Gutenberg 1979 (Produktion), S. 347.

156 Vergleiche dazu Pack 1966 (Elastizität), S.61ff.

rekten Produktionsbereichen in die indirekten Bereiche sowie der damit einhergehenden *Zunahme der Gemeinkostenbelastung* ist auch ein *Wechsel in der Bedeutung der Kosteneinflußgrößen* verbunden. In jüngerer Zeit haben vor allem US-amerikanische Publikationen auf diesen Aspekt aufmerksam gemacht und demgemäß die Forderung aufgestellt: „If ... transactions are responsible for most overhead costs in the hidden factory, than the key to managing overheads is to control the transactions that drive them"[157]. Der in dieser Aussage formulierte Grundgedanke der *Notwendigkeit des Aufzeigens von tiefergreifenden Möglichkeiten zur besseren Beherrschung der Gemeinkosten* wurde zwischenzeitlich von vielen anderen Autoren programmatisch aufgenommen und ausgebaut[158]. Insbesondere führte dies in den vergangenen Jahren innerhalb der USA zur Entwicklung des sogenannten Activity-based Costing[159], das in Deutschland unter dem Begriff der Prozeßkostenrechnung eine modifizierte Variante aufweist[160].

Verminderung der Kostenelastizität

Einhergehend mit den aufgezeigten Veränderungen in der Kostenstruktur von modernen Industrieunternehmen läßt sich neben den bereits zuvor angeführten steigenden Gemeinkostenbelastungen insbesondere auch eine zunehmende *Verminderung der Kostenelastizi-*

---

157 Miller/Vollmann 1985 (Hidden Factory), S. 146.

158 In diesem Zusammenhang ist einerseits auf Porter 1986 (Wettbewerbsvorteile), S. 102ff. hinzuweisen, der insbesondere im Rahmen seiner Ausführungen zur Strategie der Kostenführerschaft eine vergleichsweise umfängliche Analyse der für das Kostenverhalten von Unternehmen bedeutsamsten Kostenantriebskräfte präsentiert.
Darüber hinaus haben sich vor allem auch Johnson/Kaplan 1987 (Accounting), Cooper/Kaplan 1988 (Costs) sowie Shank 1989 (Cost Management) mit der Analyse von Kostentreibern beschäftigt. Auf die hohe Bedeutung dieser Arbeiten verweist auch Horváth 1990 (Kostenmanagement), S. 183, der diese Gedanken in Deutschland besonders früh aufgegriffen hat.

159 Anzumerken ist in diesem Zusammenhang, daß die US-amerikanische Entwicklung des Activity-based Costing angesichts des in vielen Unternehmen offenbar unterentwickelten Zustandes der dortigen, meist vollkostenorientierten Kostenrechnungssysteme nicht weiter verwunderlich ist. Darauf verweist etwa auch Jürgen Weber – versehen mit einigen einschlägigen Belegen – in einer jüngst publizierten, sehr tiefgreifenden Auseinandersetzung mit dem Stand der Kostenrechnung. Vergleiche dazu Weber 1991 (Kostenrechnung), S. 446ff. (speziell dort auch Anmerkung 41 auf S. 449).

160 Dies sei hier jedoch nur am Rande vermerkt, da nicht die Absicht besteht, diese Thematik in der vorliegenden Arbeit aufzugreifen und aufzuarbeiten. Vergleiche zur Auseinandersetzung mit der Prozeßkostenrechnung vor allem die Beiträge von Coenenberg/Fischer 1991 (Prozeßkostenrechnung), Franz 1990 (Prozeßkostenrechnung), Horváth 1990 (Kostenmanagement), Horváth/Mayer 1989 (Prozeßkostenrechnung), Mayer 1990 (Prozeßkostenrechnung), Müller 1990 (Entwicklungstendenzen), und Pfohl/Stölzle 1991 (Prozeßkostenrechnung).
Grundsätzlich werden allerdings bezüglich der Prozeßkostenrechnung auch hier die in der einschlägigen Literatur mittlerweile publizierten Vorbehalte mitgetragen. Vergleiche dazu insbesondere nochmals Franz 1990 (Prozeßkostenrechnung) sowie auch die im Rahmen des Diskussionsbeitrags Mayer/Glaser 1991 (Prozeßkostenrechnung) von Glaser vorgetragenen kritischen Einwände, die noch deutlicher in Glaser 1991 (Möglichkeiten und Grenzen) sowie in Glaser 1992 (Prozeßkostenrechnung) herausgearbeitet werden.

tät[161] feststellen. Unternehmen sind vor allem in zunehmendem Maße mit absolut und relativ steigenden *Fixkostenbelastungen* konfrontiert.

Diese Entwicklung hat Eugen Schmalenbach bereits 1928 feststellen können, indem er auf die Gefährlichkeit der „*Verschiebung der Produktionskosten innerhalb eines Betriebes*" hinwies, die sich in dem Tatbestand äußert, „daß der Anteil der proportionalen Kosten am Produktionsprozeß kleiner und der Anteil der fixen Kosten immer größer geworden ist, und zwar so sehr, daß schließlich der *Anteil der fixen Kosten für die Produktionsgestaltung bestimmend* wurde"[162]. Schmalenbach hat seinerzeit diese Entwicklung, die heute in noch wesentlich stärkerem Ausmaß zutrifft, auf die folgenden *Gründe* zurückgeführt[163]:

❑ auf die durch ein zunehmendes *Wachstum der Unternehmen* ausgelöste Abspaltung der unternehmerischen Kostenentwicklung von der Beschäftigungsentwicklung;

❑ auf die *Zunahme produktionsstrukturbedingter Zwangsläufigkeiten* im Rahmen der zunehmenden Verbreitung des produktionswirtschaftlichen Fließprinzips;

❑ auf die im Bemühen um jederzeitige Produktionsfähigkeit zunehmende *Steigerung der Betriebsbereitschaft* sowie

❑ auf die durch starke Technologieorientierung und übertriebenen Bürokratismus verursachte *Steigerung der Kapitalintensität*.

Abgesehen davon, daß die vielfach vollzogene *Erhöhung der leistungswirtschaftlichen Elastizität* mittlerweile eher eine *Abnahme produktionsstrukturbedingter Zwangsläufigkeiten* bewirkt hat, hat dieser Ursachenkatalog eine nach wie vor uneingeschränkte Gültigkeit.

Die unternehmenspolitisch relevante Wirkung dieser Ursachen ist jedoch mit der bloßen *Feststellung einer Zunahme der Fixkosten* unzureichend beschrieben, denn gerade diese Kostenkategorie entzieht sich innerhalb konventioneller Kostenrechnungssysteme einer wirksamen Steuerung. Zwar lassen sich die Fixkosten eines Unternehmens „über einen *Aufbau oder Abbau der Kapazität oder der Betriebsbereitschaft* durchaus beeinflussen, wenn auch meist *nur sprunghaft, nur in bestimmten Intervallen und nur zu bestimmten Terminen*"[164]. Abgesehen davon, daß Fixkosten aufgrund der eingeschränkten Teilbarkeit der kostenverursachenden Leistungspotentiale und der zeitlichen Gebundenheit eine nur *begrenzte Disponierbarkeit* aufweisen, ist jedoch mit der absoluten und relativen Zunahme dieser Kostenkategorie insgesamt eine deutliche *Reduzierung der Flexibilität der Kosten* in nahezu allen Industrieunternehmen zu verzeichnen. Einhergehend damit *sinkt* auch die für eine stabilitätspolitisch wirksame Existenzsicherung erforderliche *Flexibilität der ge-*

---

161 Vergleiche zum Begriff der Kostenelastizität, der auf die Beschreibung von Veränderungen einer Kostengröße in Abhängigkeit vom Verhalten der Kosteneinflußgrößen zielt, sowie speziell zu den Hauptarten der Elastizität, Reagibilität und Variabilität der Kosten insbesondere Pack 1966 (Elastizität), S. 38ff.

162 Schmalenbach 1928 (Betriebswirtschaftslehre), S. 243.

163 Vergleiche dazu nochmals Schmalenbach 1928 (Betriebswirtschaftslehre), S. 243f.

164 Hummel/Männel 1986 (Kostenrechnung 1), S. 102.

samten *Unternehmenspolitik*[165], da die Fähigkeit zur Risikoabwehr und zur Wahrnehmung von Chancen zumindest kurz- bis mittelfristig, in zunehmendem Maße aber auch länger-fristig limitiert wird[166].

Verschärfung der Kostenintensität

Ein weiterer, für die typische Entwicklung der Kostensphäre wesentlich erscheinender Ef-fekt besteht in der zunehmenden *Verschärfung der Kostenintensität*. Im Zuge einer auf-grund der Wettbewerbsintensivierung zunehmenden Begrenzung des Erlöszuwachses ver-stärkt diese Entwicklung erheblich den *Kostendruck* in den Unternehmen. Auch dieses Kostenphänomen resultiert zwar letztlich aus situativ bedingten Umgestaltungen der Lei-stungssphäre, ist jedoch nicht losgelöst von den übrigen, bereits angesprochenen Entwick-lungen in der Kostensphäre zu betrachten. Insbesondere die Verlagerungen in der Bedeu-tung spezieller Kosteneinflußgrößen, das damit einhergehende Auftreten neuartiger Ko-stentreiber sowie vor allem auch der bereits angeführte Anstieg wesentlicher Fixkosten und Gemeinkosten tragen erheblich zur Verschärfung der Kostenintensität bei. Gleichwohl treten in dem hier zu diskutierenden Zusammenhang einige *Besonderheiten* auf, die eine spezifische Betrachtung verdienen.

Der hier als Verschärfung der Kostenintensität bezeichnete Effekt betrifft nicht allein die *Erhöhung des Kostenniveaus* bestimmter Kostenkategorien und Kostenarten, sondern dar-über hinaus auch die *Veränderung des Kostenverhaltens*, die insbesondere in zunehmend *progressiven Stückkostenverläufen* deutlich wird. In Verbindung mit diesem, zur Realisie-rung von Scale-Effekten gegenläufigen Kostenverhalten tritt in jüngerer Zeit verstärkt der *Begriff der Komplexitätskosten* auf, der allerdings dringend einer operationalen Konkreti-sierung bedarf[167].

---

165 Flexibilität wird hier mit Horváth/Mayer 1986 (Flexibilität) als die Möglichkeit „zur Sicherung gegebener Zielvorstellungen (Risikoabwehr)" sowie „die Aktionsfähigkeit zur Wahrnehmung von Chancen, die eine Zielerreichung über das ursprünglich angestrebte Niveau hinaus ermöglicht" (S. 70) verstanden.
Anzumerken ist dazu, daß dieses hier auch auf Kostenstrukturmerkmale angewandte Flexibilitätskonzept sich durch eine besonders umfassende Sicht auszeichnet. Insbesondere enthält die so definierte Flexibilität auch den vor allem von Ludwig Pack zur Identifizierung formal-funktionaler Zusammenhänge benutzten Begriff der Elastität im weiteren Sinne, der bereits die Elastizität im engeren Sinne, die Reagibibilität so-wie die Variabilität einschließt. Vergleiche dazu nochmals Pack 1966 (Elastizität), S. 30. Darüber hinaus werden aber auch jene etwas weiteren Sichtweisen integriert, die Flexibilität im Sinne einer Anpassungs-fähigkeit ökonomischer Systeme an veränderte Bedingungen verstehen, wie sie beispielsweise in den Konzepten von Gutenberg 1979 (Produktion), S. 354ff., Riebel 1954 (Elastizität), S. 87ff. und Meffert 1969 (Flexibilität), S. 787ff. deutlich werden.

166 Dies zeigt besonders deutlich ein Blick auf die aus einer Veränderung der Relation zwischen variablen und fixen Kosten resultierenden Konsequenzen für die Positionierung der Gewinnschwelle eines Unterneh-mens. Vergleiche dazu nochmals das bereits im ersten Kapitel beschriebene Szenario einer existenzgefähr-denden Entwicklung der Gewinnschwelle von Unternehmen.

167 Der Begriff der Komplexitätskosten findet zunehmend häufig in betriebswirtschaftlichen Diskussionen Verwendung. In der einschlägigen Literatur wird dieser Begriff – wohl in Ermangelung einer haltbaren Terminologie – dagegen kaum angewandt. Geschieht dies doch, so sucht man dagegen meist vergeblich

Zwar noch rudimentäre, aber doch *erste terminologische Ansätze* liefern derzeit vor allem Publikationen aus dem Kreise von Unternehmensberatungsgesellschaften, die auf das Phänomen einer zunehmenden Progression der Stückkostenkurven hinweisen und erste Erklärungsversuche aufzeigen. So bringt beispielsweise das Beratungsunternehmen Booz, Allen & Hamilton *Komplexitätskosten* vorrangig mit dem *Tatbestand einer zunehmend komplexeren, speziell variantenreicheren Fertigung* in Verbindung[168]. Eine demgegenüber differenziertere Analyse möglicher Ursachen offeriert das Beratungsunternehmen McKinsey and Company. Hier werden

❑ die im Falle eines beginnenden Verdrängungswettbewerbs häufig feststellbaren *Erweiterungen des Sortiments zur Einbeziehung von Nischenkunden,*

❑ die im Streben nach Betriebsgrößenvorteilen vorgenommene *Steigerung der Wertschöpfung durch vertikale Rückwärtsintegration* sowie

❑ die zur Realisation von Synergieeffekten vorgenommene *Zusammenfassung von unternehmerischen Funktionen durch organisatorische Zentralisation*

als wesentliche *Ursachenfelder der Entstehung von Komplexitätskosten* angeführt[169].

Derartige Kostendiagnosen unterstützen den auch bereits in wissenschaftlichen Publikationen vorgetragenen Sachverhalt, demgemäß *Komplexitätsphänomene als Kostentreiber* mit stark zunehmender Bedeutung aufzufassen sind. So ordnet etwa Wolfgang Männel[170] das Phänomen der Komplexitätskosten ebenfalls einer steigenden *Produkt- und Variantenvielfalt*, aber auch einer zunehmenden *Teilevielfalt* zu und bringt darüber hinaus das Auftreten von Komplexitätskosten ebenfalls zugleich mit der jeweils konkretisierten *Breite und Tiefe des Produktionsprogramms* eines Unternehmens in Verbindung. Insgesamt werden somit sämtliche wesentlichen *Dimensionen der Betriebsgröße*[171] als Determinanten der Komplexitätskosten angeführt. Dieser Hinweis auf möglicherweise doch vorhandene kostenbedingte *Grenzen des Größenwachstums von Unternehmen* legt ein – zumindest kurzgefaßtes – Wiederaufgreifen dieser an sich bereits tradiert erscheinenden Diskussion nahe.

Bereits Erich Gutenberg hat die *Betriebsgröße als wesentliche Kosteneinflußgröße* identifiziert[172] und ausgehend davon die zuvor im angelsächsischen Sprachraum geführte Dis-

---

nach einer fundierten Erklärung. Vergleiche dazu auch bereits Becker 1992 (Komplexitätskosten), S. 171.

168 Dies zeigt sich in dem Beitrag Fischer 1988 (Extras), in dem komplexitätsbedingte Kostenprobleme beschrieben werden, die im Rahmen der variantenreichen Produktion in der Automobilindustrie auftreten.

169 Vergleiche dazu im einzelnen Roever 1991/1992 (Überkomplexität), S. 220.

170 Vergleiche dazu Männel 1992 (Kostenrechnung), S. 112.

171 Der Begriff der Betriebsgröße wird hier mit Busse von Colbe 1964 (Betriebsgröße) aufgefaßt als „das Ausmaß der Fähigkeit eines Betriebes ..., Leistungen zu erbringen" (S. 31). Daraus resultieren als Dimensionen der Betriebsgröße „die Produktionshöhe jeder einzelnen Erzeugnisart, die Tiefe des Produktionsprozesses für die einzelne Erzeugnisart und die Breite des Verkaufssortiments" (S. 31).

172 Vergleiche dazu Gutenberg 1979 (Produktion), S. 346.

kussion um das Vorhandensein (kostenmäßiger) Grenzen des Wachstums von Unternehmen wiederaufgegriffen. Insbesondere setzt sich Gutenberg in diesem Zusammenhang mit
der bereits 1934 von Nicholas Kaldor aufgestellten Hypothese auseinander, daß Unternehmen aufgrund der *Existenz einer nur begrenzten Fähigkeit zur Koordination der unternehmerischen Handlungen durch die Unternehmensleitung* mit langfristig steigenden Stückkosten konfrontiert sein können[173]. Zwar stellt Gutenberg fest, daß „gegen diese Auffassung ... an sich nichts einzuwenden"[174] sei, behauptet jedoch, daß dies in der Praxis erst in
übermäßig großen Unternehmen (Mammutbetriebe) zu erwarten sei und kommt folglich
zu dem Resümee, daß „es nicht gerechtfertigt (erscheint), die *langfristige Kostenkurve* als
durch einen aufsteigenden Kostenast gekennzeichnet anzusehen, wenn und sofern er mit
unzureichender Leistung der dispositiven Faktoren begründet wird"[175]. Im unmittelbar
folgenden Satz stellt er allerdings gleichwohl fest: „Liegt eine solche unzureichende Leistung vor, dann wird man allerdings einen aufsteigenden Kurvenast annehmen müssen,
aber er wird dann sehr weit an der Grenze der praktisch in Frage kommenden Betriebsgrößen liegen."[176]

Die zuletzt angeführte Aussage muß angesichts der in vielen Unternehmen beträchtlich
gestiegenen *Komplexität* heute wohl revidiert werden. So läßt sich vermuten, daß die in
der *Führungssphäre* entstehenden Kosten, die von Erich Gutenberg als *Kosten des dispositiven Faktors* bezeichnet wurden und die sich unter Bezugnahme auf die in der Transaktionskostentheorie gründenden Forschungsarbeiten von Horst Albach auch als *Koordinationskosten*[177] auffassen lassen, in Abhängigkeit von der – noch etwas näher zu explizie-
renden – *Komplexität* zunächst proportional (bei niedriger Komplexität), später dann progressiv (bei hoher Komplexität) ansteigen[178].

Das Treffen vertiefender Aussagen, speziell die Ableitung von Aussagen über Auswirkungen der Komplexität auf die gemeinhin unterstellte beschäftigungsabhängige Stückkostendegression erfordert zunächst eine inhaltliche *Konkretisierung des Begriffs der Komplexität*. In erster Annäherung läßt sich die Komplexität in dem sich hier stellenden Zusammenhang durch Betrachtung der Anzahl, der Häufigkeit, des Wiederholungsgrades, der
zeitlichen Reichweite sowie des inhaltlichen Umfangs der zu treffenden Dispositionen
konkretisieren. Die durch Zuwachs innerhalb dieser Ausprägungen unternehmerischer

---

173 Vergleiche dazu Kaldor 1934 (Equilibrium). Die vorgebrachten Argumente Kaldor's sowie auch im Detail
 andere Einschätzungen, wie sie vor allem etwa Penrose 1959 (Growth), S. 55ff. anführt, diskutiert bereits
 Busse von Colbe 1964 (Betriebsgröße), S.120ff. eingehend.

174 Gutenberg 1979 (Produktion), S. 435.

175 Gutenberg 1979 (Produktion), S. 436.

176 Gutenberg 1979 (Produktion), S. 436.

177 Albach 1988 (Rechnungswesen), S. 1163ff. zeigt, daß Koordinationskosten insbesondere aus dem Vorhandensein organisatorischer Unsicherheiten resultieren.

178 Auch Albach 1988 (Rechnungswesen), S. 1164 weist im Rahmen seiner Ausführungen darauf hin, daß in
 Ermangelung aussagekräftiger Daten aus dem traditionellen Rechnungswesen diesbezüglich bislang nur
 Plausibilitätsvermutungen aufgestellt werden können.

Dispositionen umschriebene höhere *Führungskomplexität* bedingt die mit einem progressiven Kostenverlauf einhergehende *Notwendigkeit zur intensitätsmäßigen Anpassung in der Führungssphäre.* Diese erhöhte Führungskomplexität ist ihrerseits mit einer entsprechenden *Ausführungskomplexität*, die in der Leistungssphäre von Unternehmen beobachtbar ist, interdependent verknüpft. Leistungswirtschaftliche Vielfalt wird besonders deutlich

❑ in der zunehmenden Differenziertheit der *Leistungsprogramme*, die sich sowohl in der Breite als auch in der Tiefe immer stärker ausdehnen und zunehmend *komplexere Input-Output-Relationen* induzieren,

❑ in der Vielfalt der technischen, personellen und immateriellen *Leistungspotentiale*, die im Rahmen der Wertschöpfung – regelmäßig kombiniert und oftmals integriert – zum Einsatz gelangen,

❑ in der Morphologie der *Leistungsprozesse*, die durch verkettete Güter- und Dienstleistungsflüsse mit Vor- und Rückläufen, zyklischen Verknüpfungen und hohen wechselseitigen Abhängigkeiten gekennzeichnet ist und demzufolge besonders hohe Anforderungen an die Mengen-, Termin-, Kapazitäts- und Auftragsoptimierung im Rahmen der Produktionsplanung und -steuerung stellt,

❑ sowie in der Variationsbreite der beschaffungs- und absatzseitigen *Marktpotentiale*, die in Gestalt vielgliedriger und betreuungsintensiver Lieferanten- und Kundenstrukturen den gesamten Wertschöpfungsprozeß begleiten und zudem ihrerseits ebenfalls durch einen Anstieg der Komplexität der jeweils vor- und nachgelagerten Aktivitäten in der Leistungs- und Wertkette gekennzeichnet sind.

Führungs- und Ausführungskomplexität begünstigen sich insofern wechselseitig: Die seitens der Führung ausgelösten wettbewerbsstrategischen Anpassungsprozesse in der Leistungssphäre verselbständigen sich und induzieren ihrerseits eine Erhöhung der Führungsintensität. Es entsteht schließlich ein insgesamt sich zumindest teilautonom verstärkender *Prozeß des Komplexitätszuwachses*, der die Steuerungs- und Regelungsaktivitäten umfassende Lenkung eines Unternehmens in ihrer Wirksamkeit beeinträchtigen kann.

Betrachtet man die resultierende Betroffenheit der Koordinationskosten, für die Albach eine weitergehende „Unterscheidung von *Such- und Informationskosten, Entscheidungskosten, Kontrollkosten* und *Konfliktkosten*"[179] vorschlägt, so scheint ein Anstieg sämtlicher angeführten Kostenarten, die sich gegebenenfalls noch insbesondere um *Steuerungskosten* – wie sie etwa vor allem in den dispositiven Logistikkosten enthalten sind – erweitern lassen, nicht nur plausibel, sondern nahezu zwingend. Der sich damit abzeichnende Zusammenhang zwischen steigenden *Anforderungen an die gesamte unternehmerische Leistungsfähigkeit*, höherer Führungskomplexität, entsprechend notwendiger intensitätsmäßiger Anpassung in den Führungsaktivitäten sowie schließlich den dadurch induzierten *progressiven Koordinationskosten* stellt insofern einen recht unmittelbaren Wirkungs-Ver-

---

179 Vergleiche dazu nochmals Albach 1988 (Rechnungswesen), S. 1164, der darauf verweist, daß sich diese Differenzierung in praktischen Anwendungen bewährt hat.

bund dar. Darüber hinaus sind eher mittelbare, gleichwohl aber wesentliche *Einflüsse auf die Kosten der elementaren Faktoren* zu vermuten.

Die *kostenmäßigen Konsequenzen* dieser in der Leistungssphäre erfolgenden Anpassungen an die Anforderungen der Märkte sind äußerst vielschichtig. Speziell wird davon auszugehen sein, daß derartige Auswirkungen besonders deutliche Ausprägungen bei den *Kosten der Entwicklung* von Produkt- und Prozeßtechnologien, den *Vor- und Anlaufkosten* der eigentlichen Produktion, den *Rüstkosten*, den *Kosten der logistischen Steuerung* des gesamten Material- und Warenflusses, den *Kosten der Qualitätssicherung*, den *Kosten der Leistungsverwertung* sowie den *Kosten der späteren Entsorgung* vorzufinden sind. Der Anstieg dieser Kostenbestandteile kann schließlich zumindest eine Abflachung – beziehungsweise in extremen Fällen sogar eine Überkompensation – der in Abhängigkeit von der Beschäftigung degressiv verlaufenden *Stückkosten der elementaren Faktoren* verursachen.

Die gemeinsame Betrachtung der soeben diskutierten Kostenverläufe läßt das in *Abbildung 4-6*[180] aufgeführte *Stückkostenverhalten*, das in Abhängigkeit von der Beschäftigung eintreten kann, erkennen. Die Darstellung beinhaltet sowohl die *Verläufe der Kosten des dispositiven Faktors und der Kosten der elementaren Faktoren* als auch die durch Addition der einzelnen Kostenverläufe zu ermittelnde insgesamt resultierende *Stückkostenkurve*.

Sämtliche Kostenverläufe zeigen die zwar nicht zwingend, aber doch vor allem bei steigender Betriebsgröße mit hoher Wahrscheinlichkeit auftretenden komplexitätsbedingten Mehrkosten. Diese können bewirken, daß Unternehmen im Streben nach wettbewerbsstrategischen Vorteilen in *Komplexitätskostenfallen* geraten.

Die zuvor erörterten Zusammenhänge können auch durch andere Forschungsergebnisse gestützt werden. Insbesondere lassen die von Werner Pfeiffer und seiner Forschungsgruppe vorgelegten Ergebnisse zu den *kostenmäßigen Konsequenzen der Typenvielfalt* ähnliche Schlüsse zu[181]. Im übrigen wird der Verdacht der Existenz von Komplexitätskostenfallen auch durch das jüngere amerikanische Schrifttum gestützt. Vor allem die im Rahmen der *Industrieökonomie* von Joe S. Bain angestellten Überlegungen zu den Beziehungen zwischen *Betriebsgröße und Effizienz* („relationships of firm scale to efficiency"[182]) lassen grundsätzlich die folgenden drei möglichen *Stückkostenverläufe* erkennen:

❑ die Stückkosten fallen mit zunehmender Beschäftigung und bleiben nach dem Erreichen eines Stückkostenminimums auf einem bestimmten Niveau, das sich im Falle ei-

180 Eine im Ergebnis dazu analoge Konstellation des Stückkostenverlaufs zeigt in Anlehnung an die Überlegungen von Chamberlin 1958 (Competition), S. 247ff. bereits Busse von Colbe 1964 (Betriebsgröße), S. 125, hier Abbildung 25, der allerdings in seiner Gesamtwürdigung zu der Auffassung gelangt, daß „die langfristige Stückkostenkurve ... etwa die Form eines L" (S. 130) aufweist. Dies stellt zuvor auch bereits Penrose 1959 (Growth), S. 98 fest.

181 Vergleiche dazu Pfeiffer/Dörrie/Gagstetter/Wiegand/Gerharz 1989 (Typenvielfalt) sowie Pfeiffer/ Dörrie/Gerharz/Goetze 1992 (Variantenkostenrechnung).

182 Bain 1986 (Organization), S. 173.

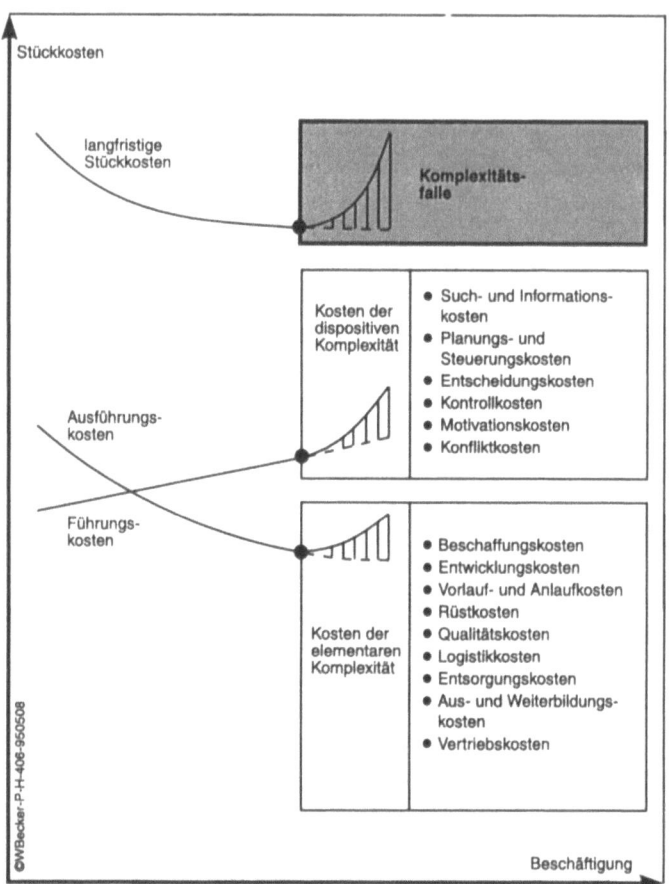

Abbildung 4-6   Veränderung des Stückkostenverlaufs durch das Auftreten von Komplexitätskostenfallen

nes weiteren Beschäftigungszuwachses nicht mehr verändert, so daß insgesamt eine *L-förmige Stückkostenkurve* resultiert;

❑ die Stückkosten fallen mit zunehmender Beschäftigung und erreichen bei einer bestimmten Mindestgröße („minimum optimal scale") ein Stückkostenminimum, dessen Niveau trotz weiteren Beschäftigungszuwachses zunächst konstant bleibt, das jedoch nach dem Erreichen einer bestimmten Höchstgröße („maximum optimal scale") wieder ansteigt, so daß insgesamt eine *badewannenförmige Stückkostenkurve* resultiert;

❑ die Stückkosten fallen mit zunehmender Beschäftigung bis zu einem Stückkostenminimum und steigen anschließend bei weiterer Beschäftigungszunahme wieder an, so daß eine *U-förmige Stückkostenkurve* resultiert.

Zwar wurde in Abbildung 4-6 der zuletzt angeführte U-förmige Stückkostenverlauf dargestellt; gleichwohl ist in dem hier diskutierten Zusammenhang der *Einflußnahme steigender*

Führungs- und Ausführungskomplexität ebenfalls die badewannenförmige Ausprägungsvariante eines gespreizt U-förmigen Verlaufs denkbar. Die Vermutung, daß insbesondere eine steigende Führungskomplexität als wachstumsbegrenzender Faktor und somit – im Umkehrschluß – zugleich als *stabilitätsgefährdender Faktor von Unternehmen* wirksam werden kann, stützt auch Bain mit dem Hinweis auf mögliche Schwerfälligkeiten im Management ("unwieldiness of management and administration in very large organizations"[183]). Nicht zuletzt läßt sich dieser Verdacht durch Bürokratisierungstendenzen, wie sie in großen öffentlichen Institutionen evident sind, zwar nicht verifizieren, aber doch stützen.

Der langfristig U-förmige Stückkostenverlauf verdeutlicht insbesondere die zuvor begründete Vermutung, daß die nach herrschender Auffassung im Zuge eines Beschäftigungszuwachses potentiell erreichbaren *'Economies of Scale'* sich durch eine Erhöhung der innerbetrieblichen Komplexität in *'Diseconomies of Large Scale'* umwandeln können. Neueren US-amerikanischen Untersuchungen zufolge[184] entstehen derartige Effekte, die dort als *'Diseconomies of Complexity'* bezeichnet werden, zunehmend in nahezu allen Branchen der Industrie. Jede Verdopplung der Komplexität läßt demzufolge einen 20- bis 40-prozentigen Anstieg der Gesamtkosten erwarten, so daß „in companies that have introduced many new products, entered new markets, or added distribution channels, cost of complexity may represent the fastest-growing category of total costs"[185].

Aus der hier vertretenen *Sicht einer integrierten Stabilitätspolitik* können Unternehmen insofern durch das *Auftreten von Komplexitätskostenfallen* in ihrer Existenz gefährdet werden. Das Entstehen von Komplexitätskosten beinhaltet insofern zwar offenkundig stets *stabilitätspolitische Brisanz*. Gleichwohl resultieren *Komplexitätskostenfallen* erst dann, wenn die Kompensation der komplexitätsbedingt entstehenden Mehrkosten nicht mehr möglich ist. Gewarnt sei in diesem Zusammenhang insofern ausdrücklich vor der einseitigen *Interpretation der Gefahren der Komplexität*. Insbesondere kann keinesfalls die Vorteilhaftigkeit eines generellen Verzichts auf variantenreiche Leistungserstellung abgeleitet werden[186]. Vielmehr resultiert 'nur' das Erfordernis, im Rahmen der Anwendung entsprechender strategischer Orientierungsmuster auch eine ganzheitliche Abstimmung der anzuwendenden Strategien im Unternehmen vorzunehmen, also vor allem auch eine explizite *Einbeziehung stabilitätspolitischer Gesichtspunkte* zu berücksichtigen.

Insgesamt bestätigt sich in sämtlichen, zuvor erörterten *Wirkungen strategisch bedingter Umgestaltungen der Leistungssphäre auf die Kostensphäre* deutlich die folgende, bereits früh von Aloys Gälweiler getroffene Aussage: „Die für die Unternehmungsstrategie we-

---

183 Bain 1986 (Organization), S. 173.

184 Vergleiche dazu speziell die von Gingrich/Metz 1990 (Costs of Complexity) getroffenen Aussagen, die auf deren Erfahrungen in leitenden Positionen in der Unternehmensberatungsgesellschaft Booz, Allen & Hamilton, Chicago beruhen.

185 Gingrich/Metz 1990 (Costs of Complexity), S. 66.

186 Auf diese Gefahr einer Fehlinterpretation verweisen auch Pfeiffer/Dörrie/Gerharz/Goetze 1992 (Variantenkostenrechnung), S. 863.

sentlichen Grundlagen und Verhaltensgrundsätze sind noch lange und wahrscheinlich auch noch nicht alle bekannt. ... Deshalb werden sich sehr bald vermutlich noch weitere und deutlichere Fälle für die _Steuerung der Kostenhöhe und der Kostenstrukturen_ durch die strategische Planung ergeben, als sie heute erkennbar sind ..."[187]. Hier wird die Auffassung vertreten, daß die Zeit dafür reif ist, die erforderlichen _unternehmenspolitischen Konsequenzen_ zu ziehen. Diese betreffen einerseits vor allem die _Ausgestaltung der Strategien_ selbst sowie andererseits auch die – damit in enger Verbindung stehende – für dringend erforderlich gehaltene Ergänzung der Unternehmenspolitik um eine wirksame, insbesondere auf die Verknüpfung strategischer und operativer Aspekte der Lenkung von Unternehmen zielende, integrierte _Kosten- und Leistungspolitik_.

D   Resümee: Existenzsicherung durch ganzheitliche Gestaltung und Lenkung des erfolgsorientierten Handelns von Unternehmen

Das vorliegende Kapitel stellt grundsätzlich eine inhaltliche _Konkretisierung des anfangs aufgebauten Modells des ökonomischen Handelns von Unternehmen_ dar. Dazu wurde eine _Analyse des situativen Kontextes_ durchgeführt, in dem sich unternehmerisches Handeln entfaltet, um charakteristisch erscheinende Ausprägungen der situationalen Einflüsse aus den exogenen und endogenen Bedingungen des Handelns aufzunehmen und zu beschreiben. Dies führt letztlich zu einem typologisch geprägten Bild feststellbarer _Bedingungskonstellationen industrieller Leistungserstellung und -verwertung_ sowie der sich diesbezüglich derzeit abzeichnenden Entwicklungen. Speziell wurde in diesem Zusammenhang den stabilitätspolitisch bedeutsam erscheinenden Ausprägungen der Situationsdeterminanten besondere Aufmerksamkeit gewidmet.

_1._ Eine _exogene Einflußnahme_ auf das Handeln von Unternehmen entstammt den Märkten und der Gesellschaft, in die Unternehmen eingebettet sind. Als speziellere situative Einflußgrößen lassen sich vor allem die _Beziehungen zu Lieferanten und Kunden_ sowie die _Beziehungen zu Konkurrenten_ ableiten.

In den _Beziehungen zwischen Unternehmen und Kunden_ prägt sich nachfrageseitig eine zunehmende Wirksamkeit quantitativer Sättigungstendenzen sowie eine zugleich steigende Differenziertheit der Kundenwünsche aus. Dem stehen angebotsseitig teilweise noch immer unangepaßte Leistungsstrukturen gegenüber, deren strategische Effektivität insbesondere durch eine entsprechende Reduzierung der Leistungstiefe zu erhöhen ist. Damit einhergehend werden die _Beziehungen zwischen Unternehmen und Lieferanten_ durch zunehmend partnerschaftlich bestimmte Kooperationen bestimmt, die im Sinne von Wertschöpfungspartnerschaften durch eine ausgeprägte Dauerhaftigkeit der Beziehungen sowie durch eine besonders enge Synchronisation der Leistungs- und Wertstrukturen der Partner gekennzeichnet sind. Diese Entwicklungen finden in der Atmosphäre eines in der Intensi-

---

187 Gälweiler 1977 (Steuerung), S. 74f.

tät zunehmenden *Verdrängungswettbewerbs* statt, der sich in Form eines ausgeprägten Innovations- und Qualitätswettbewerbs bereits heute über nahezu sämtliche Branchen und teilweise bis in einzelne Marktnischen erstreckt und sich darüber hinaus zunehmend auch global entfaltet.

2. Unternehmen vollziehen eine *Anpassung der leistungswirtschaftlichen Rahmenbedingungen* an die zuvor skizzierten exogenen Einflüsse – dies belegen auch empirische Analysen – durch eine dementsprechende *Kunden-, Produkt- und Produktionsorientierung*. Allerdings liefert die Analyse der unternehmerischen Leistungssphären, die sich im Spannungsfeld von *Leistungsprogrammen, Leistungspotentialen* und *Leistungsprozessen* entfalten lassen, ein sehr komplexes und differenziertes Bild, das das anzustrebende Aufzeigen idealtypischer Orientierungslinien nur eingeschränkt erlaubt.

3. Für die hier daher vorrangig betrachteten *Industrieunternehmen* lassen sich gleichwohl einige charakteristisch erscheinende Schwerpunkte in der leistungswirtschaftlichen Entwicklung feststellen. So wird die als Ausprägung der *Wettbewerbsstrategie der Differenzierung* einzuordnende *Erzeugung von Kundennähe* in zunehmendem Maße als wesentliches Primat des unternehmerischen Handelns erkennbar. In Verbindung mit der markterschließungsbedingt steigenden Wirksamkeit der *Grenzen des quantitativen Wachstums* sowie der marktbearbeitungsbedingt stark zunehmenden *Wettbewerbsintensität* erfolgt daher bereits in vielen Unternehmen eine *Ablösung des Strebens nach Verwirklichung des Massenprinzips*. Die stattdessen verfolgten Prinzipien der *Serien-, Varianten- und Einzelfertigung* dominieren bereits in den besonders kundennah arbeitenden Branchen. Begleitet werden diese Entwicklungen sowohl durch eine *Intensivierung des Innovations- und Qualitätsstrebens* als auch von einem in den letzten Jahren deutlich ausgeprägten *Streben nach Rationalisierung*. Der verstärkte Einsatz technologischer Leistungspotentiale, speziell moderner *Produkt-, Prozeß- und Kommunikationstechnologien*, sowie die zunehmende technisch-organisatorische *Optimierung der Leistungserstellungsprozesse* belegen dies.

Gleichwohl kann die *Restrukturierung der Leistungsstrukturen*, die insbesondere mit einer konsequenten Konzentration auf die wettbewerbsspezifischen Stärken einhergehen muß, noch nicht als abgeschlossen bezeichnet werden. Insbesondere scheint es erforderlich zu sein, im Rahmen einer demgemäßen *Dimensionierung der Leistungstiefe* sowohl auf die Produktion nicht wettbewerbswirksamer Leistungen zu verzichten als auch insbesondere das oftmals vehemente Wachstum der indirekten und administrativen Bereiche zu begrenzen.

4. Die apostrophierte Unvollkommenheit der Restrukturierung der Leistungssphäre industrieller Unternehmen zeigt sich besonders deutlich in den Ausprägungen der Determinanten der unternehmerischen *Wertsphäre*. In der Wertsphäre lassen sich grundsätzlich leistungswirtschaftliche Zustände und Entwicklungen abbilden. Allerdings hat die Wertsphäre eines Unternehmens nicht nur *Abbildungsfunktionen*, sondern gleichermaßen führungsunterstützende *Gestaltungs- und Lenkungsfunktionen* zu erfüllen. Daher übt die Wertsphä-

re ebenfalls eine weitgehend selbständige _situative Einflußnahme_ auf das unternehmerische Handeln aus.

5. Die _Investitionen in moderne Technologien_, die zudem erst in Teilbereichen der westdeutschen Industrie bereits vollzogen sind, lösen innerhalb der _Finanzsphäre_ hohe Kapitalbedarfe aus, die in zunehmendem Maße durch _Fremdfinanzierung_ gedeckt werden müssen. Eine zunehmende _Erhöhung der Verschuldung_, die sich auch empirisch bestätigt, stellt die das finanzwirtschaftliche Gleichgewicht der betroffenen Unternehmen gefährdende Folge dar.

6. Darüber hinaus ist auch die _Erfolgssphäre_ durch stabilitätspolitisch bedenkliche Entwicklungen betroffen. Hierzu zählt einerseits die zunehmende _Limitierung von Erlössteigerungen_, die auf insgesamt eher rückläufig zu prognostizierende Nachfrageentwicklungen sowie auf die steigende Wettbewerbsintensivierung zurückzuführen ist. Andererseits sinkt zugleich innerhalb der Kostensphäre die _Kostentransparenz_ und die _Kostenbeeinflußbarkeit_, so daß die Kostensenkungspotentiale weitgehend ausgeschöpft zu sein scheinen.

Der entstehende Kostendruck ist vor allem auf zunehmende _Verschiebungen der Kostenverursachung_ in besonders frühe Phasen des Entstehungs-, Vermarktungs- und Entsorgungszyklus der Produkte, auf zugleich einhergehende _Verlagerungen der Kostenentstehung_ innerhalb der Leistungs- und Wertkette sowie auf – mit diesen Effekten einhergehende – _Veränderungen der Kosteneinflußgrößen_ zurückzuführen. Weitere Entwicklungen in der Kostensphäre, die die relative Kostenposition eines Unternehmens im Vergleich zu Mitwettbewerbern wesentlich beeinflussen, bestehen in einer zunehmenden _Verminderung der Kostenelastizität_ sowie einer vor allem komplexitätsbedingt entstehenden _Verschärfung der Kostenintensität_. Die in ihrer Deutlichkeit steigende _Erhöhung der Fixkostenintensität und der Gemeinkostenbelastung_ sowie die _Wirksamkeit von Komplexitätskostenfallen_ sind typische Folgen derartiger Entwicklungen.

7. Die aufgezeigten Entwicklungen, die auch in Phasen der Prosperität auftreten können, müssen aus Sicht einer _erfolgswirtschaftlichen Stabilitätspolitik_ bedenklich stimmen, da ein insgesamt recht _uneinheitliches Bild_ resultiert: Einerseits repräsentieren sich industrielle Unternehmen offenkundig häufig als Institutionen ökonomischen Handelns mit _hoher Leistungsfähigkeit_. Andererseits unterliegen diese Institutionen jedoch zugleich oftmals einem _hohen Kostendruck_, der durch die realisierbaren Erlöse nur schwer kompensiert werden kann. Dadurch wird nicht allein das erzielbare _Niveau der Nettoergebnisse_ empfindlich beeinträchtigt, sondern auch bewirkt, daß Unternehmen zunehmend in unmittelbarer Nähe ihrer _Gewinnschwelle_ agieren müssen. In solchen Situationen steigt indes erfahrungsgemäß die Gefahr, _operativ-reaktive statt strategisch-antizipative Handlungsmuster_ zu verfolgen.

Offensichtlich leiden derart betroffene Unternehmen vor allem unter nicht unerheblichen _Abstimmungsdefiziten zwischen der Leistungs- und Erfolgssphäre_, die sich vor allem in einer gefährlichen *Aufblähung der quantitativen Kapazitäten* und/oder in einer kaum noch beherrschbaren *Komplexität der Führungs- und Ausführungsaktivitäten* ausprägen. Es darf vermutet werden, daß derartige Abstimmungsschwierigkeiten durch die im vorausgegangenen Kapitel dargelegten Wettbewerbsstrategien, die eine Polarisierung der Handlungsmuster bewirken, nicht beseitigt, sondern eher noch verstärkt werden.

8. Die wettbewerbsbedingt zunehmende Limitierung der Erlöse sowie die für die Kostensphäre angeführten Problemfelder verdeutlichen, daß zukünftig verstärkt *erfolgsorientierte Gestaltungs- und Lenkungsbedarfe* im Rahmen der Führung von Unternehmen zu decken sind. Die Aufgabe der auf eine dauerhafte *Erhaltung des erfolgswirtschaftlichen Gleichgewichts* zielenden unternehmenspolitischen Steuerung und Regelung der Erfolgskomponenten ist vorrangig innerhalb des Controlling anzusiedeln und wahrzunehmen. Insbesondere eine demgemäß zu etablierende *Kostenpolitik* muß zudem mit der *Leistungspolitik* frühzeitiger und besser abgestimmt sowie konsequent in *operative und strategische Führungsaufgaben* einbezogen werden.

9. Das *Ziel der Schaffung und Erhaltung erfolgswirtschaftlicher Stabilität* ist – aufgrund der Abhängigkeit der dauerhaften Erfolgsrealisation von der geeigneten Gestaltung und Lenkung der Erfolgspotentiale – auf der *Schnittstelle zwischen dem operativen und strategischen Handlungshorizont von Unternehmen* einzuordnen. Die Analyse der situativen Bedingungskonstellationen hat diese Zusammenhänge zwischen der Markt-, der Führungs- sowie der Leistungs- und Wertsphäre von Unternehmen, der in *Abbildung 4-7* nochmals zusammenfassend aufgegriffen wird, bereits verdeutlicht.

Die *Determinanten des operativen Erfolgs*, also die Kosten und Erlöse eines Unternehmens unterliegen demgemäß maßgeblich einer *situativen Beeinflussung*. So resultieren die *Kosten* vorrangig aus den unternehmensinternen Bedingungskonstellationen des Handelns, vor allem aus der spezifischen Gestalt der Leistungssphäre, die sich ihrerseits in dem unternehmenspolitisch induzierten Zusammenspiel der Leistungsprogramme, der Leistungspotentiale und der Leistungsprozesse konkretisiert. Darüber hinaus resultiert ein wesentlicher Kosteneinfluß aus der Art und Intensität der Beziehungen mit Lieferanten sowie ihrer Leistungsfähigkeit und Marktstellung. Die zur Bestimmung des operativen Erfolgs den Kosten gegenüberzustellenden *Erlöse* werden demgegenüber einerseits durch die in den am Absatzmarkt offerierten Leistungen (Produkte) zum Ausdruck kommende gesamte Leistungsfähigkeit eines Unternehmens und andererseits durch die spezifischen Marktgegebenheiten, speziell durch die Kunden- und Konkurrentensituation, beeinflußt.

10. Das Erreichen der *Zielsetzung erfolgswirtschaftlicher Stabilität* ist wesentlich davon abhängig, ob und wie gut es gelingt, eine leistungsfähige *Verknüpfung zwischen den strategischen Erfolgspotentialen und der operativen Erfolgsrealisation* herzustellen. Zu diesem Zweck sind prinzipiell die soeben aufgezeigten *Ursache-Wirkungs-Beziehungen zwischen den situativen Einflußgrößen des Erfolgs sowie den Erfolgsdeterminanten* im Sinne einer gezielten und abgestimmten Beeinflussung durch die Unternehmensführung in ihrer

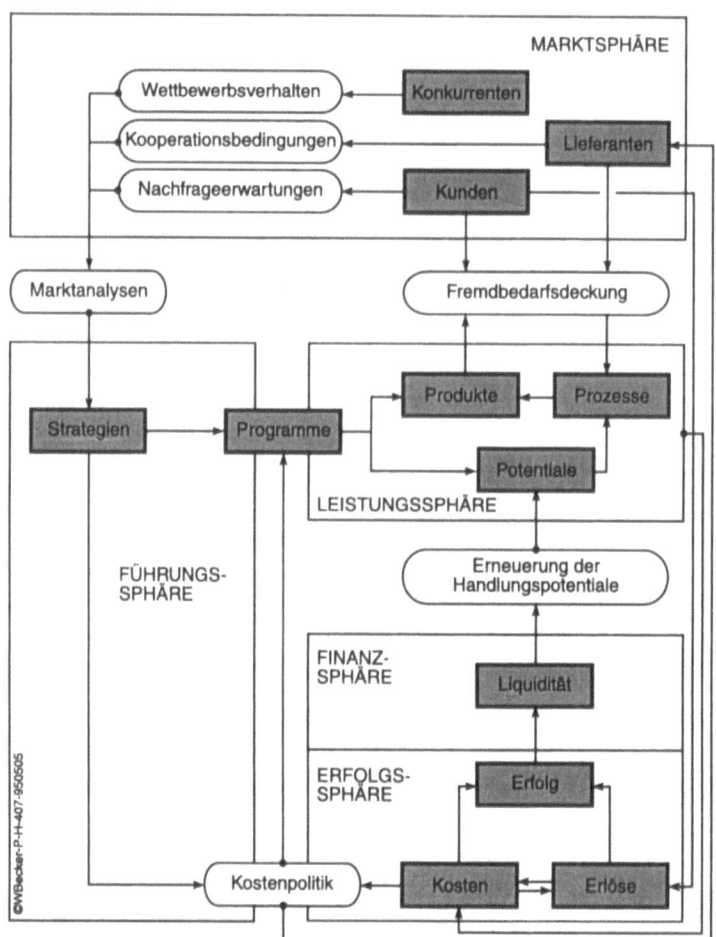

Abbildung 4-7   Dynamische Gestaltung und Lenkung des erfolgsorientierten Handelns von Unternehmen im Markt

Richtung gerade umzukehren und es sind sämtliche, in Abbildung 4-7 aufgezeigten Regelkreise zu schließen. Gelingt dies, so tritt eine Verstärkung des gesamten Prozesses in Gestalt einer positiven Rückkopplung auf: Die jeweils vorhandenen Erfolgspotentiale determinieren den operativen Erfolg, der wiederum die Möglichkeiten zur Erneuerung der strategischen Handlungspotentiale schafft. Die auf einem derartigen *Prozeß einer dynamischen Erfolgsspirale* basierende nachhaltige Existenzsicherung bedarf somit einer ganzheitlichen, abgestimmten sowie dynamischen Gestaltung und Lenkung des erfolgsorientierten Handelns von Unternehmen. Dies setzt allerdings eine demgemäß stabilitätsorientierte *Ausrichtung der gesamten Unternehmenspolitik* voraus und schließt die Anpassung der anzuwendenden Unternehmens- und Marktstrategien an stabilitätspolitische Handlungsmuster ein.

5. Kapitel
Integrierte Kosten- und Leistungsführerschaft als Voraussetzung für ein stabilitätspolitisch geprägtes Handeln von Unternehmen

Inhaltliche Schwerpunkte: Konkretisierung der Revisionsbedarfe der strategischen Orientierungsmuster unternehmerischen Handelns – Grundtypen strategischer Handlungsmuster im Konzept der integrierten Kosten- und Leistungsführerschaft – kunden- und konkurrentenorientierte Strategiedynamik – stabilitätspolitische Chancen in langfristigen strategischen Zyklen – Neuordnung der betriebswirtschaftlichen Kostenlehre als Voraussetzung der integrierten Kosten- und Leistungsführerschaft – Kostentheorie, Kostenrechnung und Kostenpolitik als Module der Kostenlehre – Gestaltung eines konzeptionellen Bezugsrahmens für die Kostenpolitik – Aufgabenfelder, Objekte und Gestaltungsebenen der Kostenpolitik – Konzept der fokussierten Kosten- und Leistungspolitik im Gegenstrom – Orientierungspfade und inhaltliche Schwerpunkte strategischer Kostenanalysen – antizipative Kostenkonfiguration, relative Kostenpositionierung und strategische Kostenkontrolle als Aufgabenschwerpunkte der fokussierten Kosten- und Leistungspolitik – Sicherung der erfolgswirtschaftlichen Stabilität durch die fokussierte Kosten- und Leistungspolitik

Bereits im dritten Kapitel der vorliegenden Untersuchung konnte die grundsätzliche Notwendigkeit einer *stabilitätspolitisch begründeten Revision der in der Betriebswirtschaftslehre dominierend propagierten Wettbewerbsstrategien*, wie sie von Michael E. Porter konzipiert wurden, deduziert werden. Die eingehende *Analyse der Bedingungskonstellationen* unternehmerischen Handelns, die im vierten Kapitel vorgenommen wurde, läßt eine Erhärtung dieses Revisionsbedarfs erkennen. So können die angeführten Ausprägungen der leistungswirtschaftlichen Bedingungskonstellationen unternehmerischen Handelns im Verbund mit dem Auftreten von Preissteigerungsgrenzen dafür sprechen, daß in der unternehmerischen Praxis die *Anwendung der Strategie der Differenzierung nicht konsequent genug* erfolgt. Demgegenüber erlauben die angeführten kostenpolitischen Probleme, denen sich die unternehmerische Praxis oftmals ausgesetzt sieht, durchaus auch die Schlußfolgerung, daß ein *konsequenteres Streben nach Kostenführerschaft* erforderlich ist. Im Strategiekonzept von Porter lassen sich allerdings beide Anforderungen nicht simultan erfüllen; vielmehr wird – wie bereits angeführt – sogar eindringlich vor dem 'Sitzen zwischen den Stühlen' gewarnt. Der scheinbare Widerspruch resultiert jedoch gemäß der hier vorgetragenen Überzeugung aus der nur scheinbaren Unvereinbarkeit der strategischen Konzepte.

Demgemäß soll das folgende Kapitel das stabilitätspolitisch orientierte *Konzept einer integrierten Kosten- und Leistungspolitik* darlegen. Dazu ist – auf der Grundlage einer zunächst vorzunehmenden Konkretisierung der Revisionsbedarfe der strategischen Optionen des unternehmerischen Handelns – die hier intendierte *Strategie der Kosten- und Leistungsführerschaft* zu beschreiben. Im Anschluß sind die betriebswirtschaftlichen Voraussetzungen zur *Umsetzung dieser Strategie* darzulegen. Dazu ist prinzipiell ein integriertes Gesamtkonzept erforderlich, das zur strategischen *Harmonisation der Kosten- und Leistungssphäre im Innen- und Außenverhältnis unternehmerischen Handelns* genutzt werden kann. Dies setzt allerdings zunächst die Erweiterung der traditionellen Kostenlehre um ein mehrdimensional geprägtes Modul der Kostenpolitik voraus, das den Strukturkern einer *fokussierten Kosten- und Leistungspolitik* bildet. Diese kann als wirksames *Instrument zur strategischen Absicherung der erfolgswirtschaftlichen Stabilität von Unternehmen* eingesetzt werden.

A   Konzept der integrierten Kosten- und Leistungsführerschaft

Die bereits resümierend zum dritten Kapitel aufgestellte Revisionshypothese, mit der eine unter stabilitätspolitischen Aspekten vorzunehmende *Erweiterung der Wettbewerbsstrategien* gefordert wurde, impliziert zum einen die *Notwendigkeit einer inhaltlichen Vervollständigung* der unternehmenspolitischen Handlungsmuster. Zum anderen scheint auch die *Integration der wettbewerbsstrategischen Handlungsoptionen*, die im Konzept von M.E. Porter unter Rückgriff auf traditionelle Denkmuster auf analytischem Wege künstlich separiert werden, erforderlich zu sein[1]. Speziell ist daher nachfolgend zu analysieren, inwieweit die in diesem Konzept vorliegende konfligäre Strategienformulierung, die zu sich gegenseitig ausschließenden Strategiealternativen führt, durch eine komplementäre Strategienformulierung, die – im Sinne eines *'Simultaneous Strategam'* – ein strategisches Systemoptimum[2] als Ziel beinhaltet, ersetzt werden kann oder muß.

1   Konkretisierung der Revisionsbedarfe der strategischen Orientierungsmuster unternehmerischen Handelns

Die Analyse der stabilitätspolitischen Wirksamkeit der strategischen Optionen des Handelns von Unternehmen hat bereits deutliche Hinweise dafür vermittelt, daß eine Revision der in der Betriebswirtschaftslehre dominierenden Strategiealternativen im Sinne der stärkeren *Berücksichtigung stabilitätspolitischer Erfordernisse* dringend vorzunehmen ist. Diese Auffassung erhärtet sich aufgrund der aufgezeigten Entwicklungen der Ausprägun-

---

1   Diesbezüglich merkt auch Becker 1988 (Marketing-Konzeption) zurecht kritisch an: „Im übrigen übersieht oder zumindest vernachlässigt Porter die strategischen Möglichkeiten, differenzierungs- oder präferenzstrategisches Agieren mit Kostenführerschaft ... zu kombinieren" (S. 309).

2   So stellen etwa auch Pfeiffer/Weiß 1991 (Lean-Management) hinsichtlich der demgegenüber alternativen Strategienformulierung bei Porter fest: „Beide Positionen sind für sich punktuelle, die Systemwirtschaftlichkeit vernachlässigende Denkhaltungen, die nicht zuletzt aus dem jeweiligen Trend in der aktuellen Managementliteratur und -praxis resultieren" (S. 204).

gen von stabilitätspolitisch bedeutsamen Situationsdeterminanten des Handelns von Unternehmen. Diesbezüglich ist insbesondere festzustellen, daß sich viele Unternehmen in der Situation befinden, trotz einer ausgeprägten *Verbesserung der leistungswirtschaftlichen Modalitäten des unternehmerischen Handelns* auf eine demzufolge erwartete operative Erfolgsentstehung verzichten zu müssen. Stattdessen resultieren oftmals nur schwer überwindbare *kostenpolitische Problemfelder*. Die sich einstellende Kostenposition kann sogar den für die Existenzsicherung bedeutsamen Regelkreis zwischen der operativen Erfolgsentstehung und Liquiditätssicherung sowie der strategischen Erneuerung der Erfolgspotentiale empfindlich beeinträchtigen.

Dieses scheinbare *Dilemma zwischen der leistungswirtschaftlichen Anpassung des unternehmerischen Gefüges sowie den resultierenden kostenpolitischen Konsequenzen* muß wohl auf Defizite in der stabilitätsorientierten Harmonisation zwischen der Leistungs- und der Kostensphäre von Unternehmen zurückgeführt werden. Die offensichtlich erforderliche Verbesserung der aufgezeigten Situation bedingt insbesondere eine *Optimierung der Koordination zwischen dem strategischen und operativen Handeln*. Ansatzpunkte dafür sind in der Formulierung der Strategien unternehmerischen Handelns sowie in der konsequenten Umsetzung durch geeignete unternehmenspolitische Vorgehensweisen zu suchen. Insbesondere muß die systematische *Vervollständigung sowie die Integration der strategischen Konzepte* als Bedingung einer nach erfolgswirtschaftlicher Stabilität strebenden Kosten- und Leistungspolitik von Unternehmen gelten. Diese Revisionsbedarfe lassen sich mittels der nachfolgend angeführten Erfordernisse konkretisieren.

Erstens sind vor allem im Rahmen der *Strategie der Kostenführerschaft* einige inhaltliche Erweiterungen erforderlich. Das Streben nach Kostenführerschaft setzt – dies ist bereits terminologisch offenkundig – an dem *Ziel des Erreichens einer überlegenen Kostenposition innerhalb der jeweiligen Branche* an. Die – vor allem in der einschlägigen Sekundärliteratur – offerierten strategischen Konzepte präsentieren sich in einer demgegenüber materiellen Verengung schwerpunktmäßig als Ansätze zur *Reduzierung der Stückkosten* der erstellten und am Markt dann zu möglichst niedrigen Preisen zu verwertenden Produkte. Der auch im Primärkonzept von Porter dominierende Mitteleinsatz, nämlich die *Umsetzung des Prinzips der Massenproduktion*, legt diese Sichtweise nahe und scheint der strategischen Zielsetzung ursächlich zugrunde zu liegen. Speziell wird zwar mit dem in diesem Zusammenhang im Vordergrund stehenden *Realisationsprinzip der Massenproduktion* eine das Systemverhalten prägende Ordnung geschaffen. Grundsätzlich gilt dies auch für das *Realisationsprinzip der Verbundproduktion*. Allerdings erfährt das unternehmerische Verhalten – insbesondere durch das spezifische Streben nach betriebsgrößenbedingten Kostendegressionseffekten – eine unnötige *Einschränkung der strategischen Handlungsspielräume*.

Damit einhergehend wird nur eine deutlich eingeschränkte Möglichkeit zur *ganzheitlichen Beeinflussung der Kostenposition* aufgezeigt. Das innerhalb dieser Strategie zugrunde gelegte *Modell zur Kostenbeeinflussung* offeriert zudem prinzipiell bereits in der durch Porter vorgeschlagenen Prägung weitere strategische Realisationsoptionen, als die idealty-pisch herausgestellte Massenproduktion von standardisierten Erzeugnissen beziehungs-weise die nach Synergieeffekten strebende Verbundproduktion. Das Erkennen solcher Möglichkeiten zur *Erweiterung der Handlungsspielräume*, die für eine differenzierte und dynamische Wettbewerbspolitik zunehmende Bedeutung gewinnen, ist freilich an die Er-füllung gewisser Voraussetzungen geknüpft. Vor allem muß – aus einem stabilitätspoliti-sche Aspekte einbeziehenden holistischen Blickwinkel der Unternehmenspolitik – der *Ausbau zu einer mehrdimensionalen Kostenpolitik* erfolgen, die – in der Trägerschaft der Führungsfunktion des Controlling – eine antizipativ vorausschauende und zuverlässig wirksame *Beeinflussung der Kostenposition von Unternehmen* gewährleistet und somit die innerhalb der Betriebswirtschaftslehre grundsätzlich vorhandene *Preis- und Beschäfti-gungspolitik* im Rahmen der erfolgswirtschaftlichen Lenkung wirksam unterstützen kann.

Darüber hinaus resultieren aus der in der Kostenführerschaft implizit erkennbaren *Domi-nanz des Strebens nach quantitativem Wachstum* auch Bedrohungen der Lenk- und Ent-wicklungsfähigkeit von Unternehmen. Gerade das dem Streben nach betriebsgrößenbe-dingten Kostenvorteilen entsprechende *Investitionsverhalten*, das häufig durch ein über-höhtes Vertrauen in den nicht vorhandenen Automatismus der Erfahrungskurve geprägt wird, kann zu Bedrohungen der Stabilität führen. Vor allem verringert der mit der Bereit-stellung und Bereithaltung von eigenen Leistungspotentialen zwangsläufig verbundene *Aufbau von kaum noch beeinflußbaren Fixkostenpotentialen* die strategische Handlungs-fähigkeit. Besonders deutlich wird dies im Falle der *Entstehung von langfristiger Überka-pazität*, die bewirken kann, daß die zur Fixkostendeckung erforderlichen Deckungsbeiträ-ge vorübergehend oder anhaltend nicht mehr verfügbar sind. Derartige Situationen sind besonders dadurch gekennzeichnet, daß strategisch unabdingbare Flexibilitätspotentiale in der Kostensphäre fehlen. Folglich muß aus diesem Blickwinkel eine stabilitätsorientierte Erweiterung der Strategie der *Kostenführerschaft* sich nicht nur um das *Erreichen von Kostensenkungszielen* bemühen, sondern auch die systematische *Erschließung einer hin-reichenden Kostenflexibilität* als gleichrangiges Ziel beinhalten. Ein solches Ziel der Ko-stenflexibilisierung stellt insbesondere auf die *Verbesserung der Disponierbarkeit der Kosten*, speziell der für die Bereitstellung und Bereithaltung der unternehmerischen Lei-stungspotentiale anfallenden (beschäftigungsfixen) Bereitschaftskosten ab.

Die kostenpolitischen Gestaltungsziele der *Kostensenkung und Kostenflexibilisierung* ha-ben sich zudem keineswegs, wie dies in den strategischen Konzepten zur Erlangung von Kostenführerschaft vorrangig zum Ausdruck kommt, allein auf die *Leistungsergebnisse* – also die erstellten Produkte – unternehmerischen Handelns zu beziehen. Vielmehr müssen sie sich gleichermaßen auch auf die der unternehmerischen Wertschöpfung zugrunde lie-genden *Leistungspotentiale* und *Leistungsprozesse* erstrecken, die ebenfalls als Kosten-treiber wirksam werden. In diesem Zusammenhang ist vor allem solchen Maßnahmen eine hohe Bedeutung beizumessen, die auf die systematische Reduzierung der Leistungstiefe von Unternehmen abstellen und dadurch einerseits eine höhere Kostenflexibilität und an-dererseits eine Konzentration der unternehmerischen Aktivitäten auf wertschöpfende Prozesse bewirken. Die umfassende Nutzung sämtlicher kostenpolitischer Möglichkeiten setzt die konsequente und zielgerichtete *Beeinflussung von Kostenniveau, Kostenstrukturen und Kostenverhalten*, die sich als kostenpolitische *Gestaltungsebenen* verstehen lassen, voraus. Die strategisch orientierte Umsetzung dieser Erkenntnisse über grundlegende *Dimensionen einer umfassenden Kostenpolitik*, die die soeben angeführten Gestaltungsziele, -objekte und -ebenen umfassen, zeigt, daß das *Konzept einer umfassenden Kostenführerschaft* dringend eine in diesem Sinne mehrdimensionale Interpretation erfordert.

Zweitens sollte im Rahmen der *Strategie der Differenzierung* die vor allem als terminologische Schwäche identifizierbare Verengung des Blickwinkels auf die Differenziertheit der Leistungen vermieden werden. Dazu ist die *Terminologie* an das betriebswirtschaftlich intendierte Realisationsprinzip dieser Strategie, die auf die Optimierung der in der erstellten Leistung zum Ausdruck kommenden gesamten Leistungsfähigkeit eines Unternehmens abstellt, anzupassen. In diesem Sinne kann der Begriff der Strategie der Differenzierung durch den Begriff der *Strategie der Leistungsführerschaft* ersetzt werden.

Durch diese terminologische Umdeutung wird nicht nur ein zur Strategie der Kostenführerschaft adäquater Gegenbegriff gebildet. Vielmehr führt dies auch dazu, daß – analog zur Kostenführerschaft – nicht nur das *strategische Ziel*, sondern auch der *strategische Weg* zur Zielerreichung bereits in der Bezeichnung der Strategie Berücksichtigung findet. Damit wird zugleich die Extension der Strategie wesentlich deutlicher: Eine Erweiterung im Sinne des *Strebens nach tatsächlich umfassender Leistungsführerschaft* muß – in Analogie zur vorhergehend erläuterten umfassenden Kostenführerschaft – eine *ganzheitliche Beeinflussung der Leistungsposition* im unternehmerischen Handeln beinhalten. Dazu ist es erforderlich, zwar das an den Absatzleistungen ansetzende Marktdenken beizubehalten, aber in die damit intendierte Kundenorientierung den gesamten Entstehungsprozeß der Wertschöpfung einzubeziehen. Mit anderen Worten ist eine *frühzeitige strategische Gestaltung des unternehmerischen Handelns* durch ein Ansetzen an der unternehmenspolitischen Festlegung der *Leistungsprogramme, Leistungspotentiale und Leistungsprozesse* innerhalb der Leistungs- und Wertkette anzustreben.

Die den insoweit revidierten strategischen Handlungsrahmen festlegenden *Strategien der Kosten- und Leistungsführerschaft* beinhalten zwar die Option eines spezifisch ausgerichteten Vorgehens im Sinne einer eher wertorientierten oder einer eher leistungsorientierten Fokussierung. Während die wertorientierte Vorgehensweise eine *Optimierung der Kostenposition* anstrebt, stellt die leistungsorientierte Vorgehensweise auf die *Optimierung der Leistungsposition* ab. Mit der dieser Leistungs- und Wertdenken inhärenten konzeptionellen Dualität wird jedoch zugleich die Grundlage für eine Zusammenführung beider strategischen Stoßrichtungen geschaffen.

Drittens scheint es daher zweckmäßig zu sein, eine *Reintegration des Betriebs- und Marktdenkens* herbeizuführen, das in den Strategien der Kostenführerschaft und der Leistungsführerschaft formal getrennt wird. Die Strategien bewirken in der von Porter gewählten Prägung eine zwar bewußt herbeigeführte, aber vor allem mit den stabilitätspolitischen Anforderungen nach _Vernetztheit und Komplexität_ im Konflikt stehende _Fokussierung und Separierung unternehmenspolitischer Denkansätze._ Hinzu kommt, daß eine derartige Schwerpunktlegung auch deshalb künstlich erscheint, weil das jeweils fokussierte Produktkosten- beziehungsweise Kundennutzendenken aus materieller Sicht auf dieselben unternehmerischen Handlungsfelder Bezug zu nehmen hat. Die hier gewählte Prägung einer _Kostenführerschaft_ beziehungsweise einer _Leistungsführerschaft_ präsentieren sich insofern nur als zwei mögliche _Betrachtungsebenen derselben unternehmerischen Handlungsfelder._ Es ist daher zu prüfen, ob sich die intendierten strategischen Verhaltensmuster gegenseitig ausschließen, oder ob und vor allem wie das aus einer Reintegration resultierende Erreichen einer simultanen _Kosten- und Leistungsführerschaft_ möglich ist.

2 Integration der strategischen Handlungsmuster

In der betriebswirtschaftlichen Literatur finden sich bislang nur einige Hinweise auf die _Verträglichkeit, Zweckmäßigkeit beziehungsweise gar Notwendigkeit der integrierenden Verbindung der wettbewerbsstrategischen Konzepte_ der Kosten- und Leistungsführerschaft. Hierzu zählt vor allem der von X. Gilbert und P.J. Strebel entwickelte Ansatz der sogenannten „_Outpacing Strategies_"[3]. Dieser Ansatz[4], der sich auch als Konzept zur „Dynamisierung von Wettbewerbsstrategien"[5] interpretieren läßt, knüpft explizit am Strategie-Konzept von M.E. Porter an und verbindet die offerierten grundlegenden Strategietypen. Die Aufhebung der separatistischen Anwendungsempfehlungen für die Strategien wird in diesem Zusammenhang durch _Annahmen über das dynamische Verhalten von Innovatoren und Imitatoren_ am Markt herbeigeführt. Speziell _Produkt-Innovatoren_ wird zunächst eine den Produktnutzen erhöhende Präferenzstrategie empfohlen, zugleich jedoch der rechtzeitige Wechsel zu einer auf Kostensenkung gerichteten Standardisierungsstrategie nahegelegt. _Produkt-Imitatoren_ sollten sich demgegenüber gerade gegenläufig verhalten, also zunächst eine auf Kostensenkung, später eine auf Produktdifferenzierung zielende Strategie verfolgen.

Die demgemäß resultierende _Möglichkeit einer simultanen Kosten- und Leistungsoptimierung der Produkte,_ die dazu führt, daß die Kunden sowohl vom hohen Nutzen als auch von den niedrigen Kosten (durch entsprechend niedrige Produktpreise) profitieren, nutzen offenkundig durchaus zahlreiche besonders erfolgreiche Unternehmen. So stellen etwa Gary Hamel und C.K. Prahalad fest: „Was manche wettbewerbspolitischen Selbstmord nennen – Kostensenkung und Differenzierung zugleich zu betreiben -, ist genau das, was

---

3   Vergleiche dazu Gilbert/Strebel 1985 (Strategies).

4   Eine sehr ausführliche kritische Würdigung des Konzeptes gelangt durchgängig, auch unter Einbeziehung empirischer Erkenntnisse, zu einer positiven Beurteilung. Vergleiche dazu Kleinaltenkamp 1987 (Dynamisierung).

5   Görgen/Kerkom (Wettbewerbsstrategie), S. 264.

viele ... Wettbewerber anstreben."[6] Das hier dargelegte Bild einer *erfolgversprechenden Umsetzung integrierter Wettbewerbsstrategien in der Praxis* bestätigen nicht zuletzt auch einige empirische Analysen[7].

Aussagen zur *Integrierbarkeit wettbewerbsstrategischer Optionen* finden sich darüber hinaus im deutschsprachigen Raum insbesondere in Publikationen von Horst Albach, der sich besonders um die *Entwicklung einer dynamischen Wachstumstheorie* verdient gemacht und in diesem Zusammenhang auch die Zweckmäßigkeit grundlegender strategischer Optionen überprüft hat[8]. Aus diesem Blickwinkel verfügen Unternehmen ebenfalls nicht nur über die zwei idealtypischen Strategien der *Kostenführerschaft und Differenzierung*, sondern ebenso über die Möglichkeit einer sukzessiv erreichbaren *Mischstrategie*.

In einem ebenso einfachen wie überzeugenden *Kundennutzen-Produktkosten-Portfolio*, das in *Abbildung 5-1* dargestellt ist, systematisiert Albach die grundlegenden strategischen Pfade, die ein Unternehmen zur *Sicherung einer dauerhaften Wettbewerbsfähigkeit* beschreiten kann[9]:

(1) Eine reine *Prozeßoptimierungsstrategie* strebt die konsequente *Minimierung der Produktkosten* durch geeignete Innovationen im Bereich der Prozeßtechnologie an und beinhaltet in ihrem wesensmäßigen Schwerpunkt eine auf die Steigerung der Produktionsmengen zielende *'Volumenmarktstrategie'*[10]. Im Rahmen dieser Vorgehensweise hat sich das Unternehmen durch die fortgesetzte technische Verbesserung beziehungsweise Erneuerung der Produktionsverfahren um die *Rationalisierung des Produktionsfaktoreinsatzes* zu bemühen. Die einhergehende *Verbesserung der Koordination von Entwicklung und Produktion* stellt eine wesentliche Voraussetzung dafür dar. Als bedeutsame Akzeleratoren dieses strategischen Prozesses wirken vor allem die *Nutzung eines stetigen Know How-Trading* zwischen den Konkurrenten[11] sowie die damit einhergehende *Nutzung von Prozeßimitationen*, die in der Umsetzung der sei-

---

6   Hamel/Prahalad 1989 (Strategic Intent), S. 95f.

7   Vergleiche dazu vor allem auch den Übersichtsbeitrag von Corsten/Will 1992 (Wettbewerbsstrategien), in dem auf die publizierten Ergebnisse derartiger Studien, unter denen die Beiträge Miller/Friesen 1986 (Strategies and Performance) sowie Phillips/Chang/Buzzel 1983 (Business Performance) besondere Beachtung verdienen, verwiesen und eingegangen wird.

8   Vergleiche dazu Albach 1989 (Innovationsstrategien) sowie Albach 1990 (Differenzierung).

9   Eine nahezu analoge Darstellung verwendet Albach 1989 (Innovationsstrategien), S. 1340 (hier Abbildung 1) sowie Albach 1990 (Differenzierung), S. 784 (hier Abbildung 6).

10 Vergleiche zu dieser Einordnung Albach 1990 (Differenzierung), S. 784, speziell dort Abbildung 6.

11 Angemerkt sei speziell zu diesem Gedanken des Know How-Trading, daß der in diesem Zusammenhang stattfindende gegenseitige Wissenstransfer nicht auf die Konkurrenten beschränkt bleiben muß. Vielmehr lassen sich im Sinne eines übergreifenden Benchmarking-Prozesses, wie er etwa in den USA im Falle der Bewerbung um den Baldrige National Quality Award sogar angewendet werden muß, sämtliche Unternehmen, die spezifische Unternehmensaktivitäten in besonders hervorragender Weise beherrrschen, in diesen Know How-Abgleich einbeziehen. Vergleiche dazu vor allem Horváth/Herter 1992 (Benchmarking) sowie die dort angegebene Literatur.

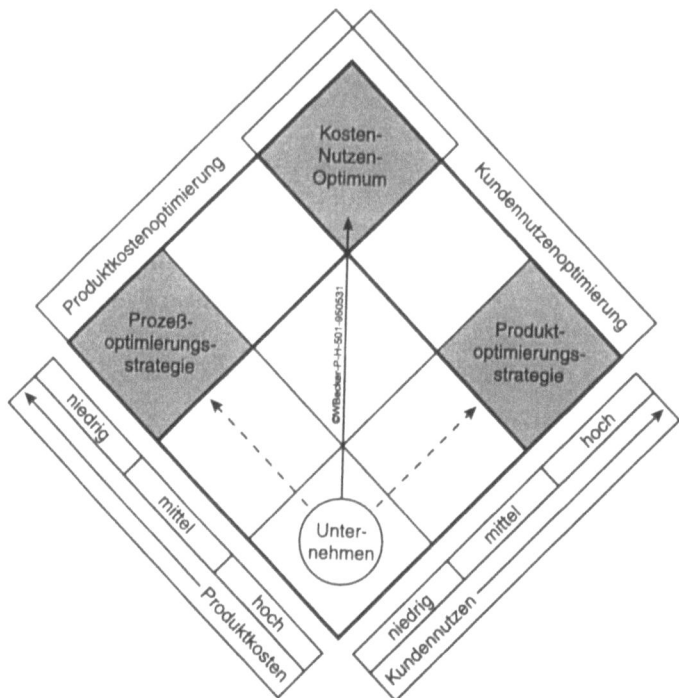

**Abbildung 5-1   Kundennutzen-Produktkosten-Portfolio als Modell zur Systemati-
sierung grundlegender strategischer Stoßrichtungen**

tens der Anwender und/oder Mitwettbewerber vermittelten Anregungen zur Verbesserung der Fertigungstechnologie bestehen.

(2) Eine reine *Produktoptimierungsstrategie* strebt demgegenüber die konsequente *Maximierung des Kundennutzens* durch geeignete Innovationen im Bereich der Produkttechnologie an und beinhaltet im Falle einer idealtypischen Anwendung – im Sinne
der weitgehenden Vernachlässigung der Produktkosten – eine *'Nischenstrategie'*[12]. Im
Rahmen dieser Vorgehensweise hat sich das Unternehmen vor allem um die *kundenorientierte Ausrichtung sämtlicher Mitarbeiter* zu bemühen. Dies geschieht vorrangig
durch die gegenseitige Verpflichtung auf die gemeinsamen Ziele, die Sicherstellung
hoher fachlicher Kompetenz sowie die Koordination des Wissens im Unternehmen[13].
Insbesondere die *Verbesserung der Koordination von Entwicklung und Marketing*
muß als wesentliche Voraussetzung der möglichst kundennahen Erstellung von High
Tech-Produkten gelten. Als Akzelerator kann die *Nutzung von Produktimitationen*
wirken.

---

12 Vergleiche zu dieser Einordnung Albach 1990 (Differenzierung), S. 784, speziell dort Abbildung 6.

13 Die damit formulierten personalwirtschaftlichen Anforderungen (Commitment, Competence, Coordination)
bezeichnet Albach 1989 (Innovationsstrategien) gar als die „drei hohen C der Produktinnovation" (S. 1344).

Die auch in diesem Konzept für erforderlich erachtete Zusammenführung beider Innovationsrichtungen basiert auf der *Dynamisierung der strategischen Betrachtungen* und führt zu dem aus stabilitätspolitischer Sicht zu bestätigenden Schluß, daß „eine erfolgreiche *Unternehmensstrategie* ... stets eine *'gemischte' Strategie aus Verbesserung des Produktnutzens und Verringerung der Produktkosten* (ist)"[14]. Diese wettbewerbsstrategisch konsequente Einschätzung, der hier uneingeschränkt und nachdrücklich beizupflichten ist, beruht nicht zuletzt auf der folgerichtigen *Einbeziehung wesentlicher Verhaltensweisen der Kunden* im Rahmen des Treffens von Kaufentscheidungen, speziell in der Berücksichtigung der – bereits im Rahmen der Darlegung des Konzepts der Leistungselastizität angesprochenen – hohen Bedeutung angemessener *Preis-Nutzen-Relationen*[15].

Die derart ausgerichtete *Implementierung einer integrativen Strategie* orientiert sich in dem von H. Albach vorgeschlagenen Konzept praxisnah an der in Deutschland als typisch zu erachtenden Dominanz der Innovationen im Bereich der Produkttechnologien. Albach intendiert offenbar eine demgemäß vorzunehmende *Strategienkopplung*, wie sie auch im Rahmen des Konzeptes einer 'Outpacing Strategy' den Produktinnovatoren empfohlen wird: Im ersten Schritt ist eine *Verbesserung des Kundennutzens* und im zweiten Schritt eine *Verminderung der Produktkosten*, speziell der Umrüstkosten, der Fertigungskosten sowie der Vorleistungskosten[16] anzustreben. Die *Umsetzung einer integrativen Strategie* verläuft insofern innerhalb der in Abbildung 5-1 dargestellten Wettbewerbsmatrix nicht auf dem – dort angedeuteten – direkten Weg, sondern über eine *sukzessiv-mehrstufige Strategienimplementation und -realisation*.

3   Kunden- und konkurrentenorientierte Dynamisierung der strategischen Handlungsmuster

Die im stabilitätspolitischen Effizienzinteresse erforderliche *Analyse des Zusammenwirkens der jeweiligen Unternehmensaktionen und Marktreaktionen* muß vor allem die interdependent miteinander verknüpften Erwartungshaltungen der Interaktionspartner im Markt berücksichtigen. Dazu zählen in erster Linie die Kunden und Konkurrenten eines Unternehmens.

Kundenorientierte Strategiendynamik

Das *dynamische Interaktionsfeld*, das sich zwischen den Kunden und einem betrachteten Unternehmen aufbaut, greift *Abbildung 5-2* auf. Die Darstellung offeriert eine verglei-

---

14   Albach 1990 (Differenzierung), S. 773.

15   So betont Albach 1989 (Innovationsstrategien), daß es gilt, im Rahmen der erfolgreichen Vermarktung von Produktinnovationen die bestehenden „Grenzen zu beachten. Die Kunden sind nicht bereit, für ein neues Produkt mit hohem Produktnutzen beliebig viel zu bezahlen. Das Preis-/Leistungsverhältnis muß auch bei High-tech-Produkten stimmen" (S. 1344).

16   Vergleiche Albach 1990 (Differenzierung), S. 784.

chende Gegenüberstellung des möglichen Verlaufs einer reinen Produktoptimierungsstrategie und einer gemischten Produkt- und Prozeßoptimierungsstrategie. Verdeutlicht wird
hier insbesondere, daß eine auf das Erreichen von Differenzierungsvorteilen ausgerichtete,
reine Produktoptimierungsstrategie nicht zwangsläufig zum Erfolg führen muß, während
eine *gemischte Produkt- und Prozeßoptimierungsstrategie* ein höheres Chancenpotential
zur dauerhaften Erfolgssicherung aufweist.

Den Ausgangspunkt bildet in beiden Fällen eine *Produktinnovation*, die sich zwar durch
die Realisierung eines hohen Kundennutzens auszeichnet, die jedoch regelmäßig auch mit
hohen Vorleistungskosten belastet ist. In dieser Situation verfügt der Innovator über zwei
strategisch bedeutsame Handlungsoptionen, die sich vor allem im *preispolitischen Verhalten* – Hochpreisstrategie versus Niedrigpreisstrategie – unterscheiden.

Der in Abbildung 5-2 veranschaulichte erste Pfad ist durch die *Vermarktung der Produktinnovation zu hohen Preisen* gekennzeichnet. Eine derartige Hochpreisstrategie strebt die
rasche Durchsetzung der Exklusivitätsansprüche im Markt an und läßt sich durch die *Erwartung einer möglichst kurzfristigen (Voll-)Kostendeckung*, durch die eine damit einhergehende Sicherung mäßiger Sofortgewinne realisiert werden kann, kennzeichnen. Der
weitere Verlauf der strategischen Interaktion ist nun vorrangig von der *Erwartungshaltungen der Nachfrager* im Markt abhängig.

Innerhalb traditioneller wettbewerbsstrategischer Konzepte wird regelmäßig unterstellt,
daß die Nachfrager sich durch die seitens des Anbieters vollkostenbezogen begründbare
und insofern scheinbar angemessen erscheinende Preis-Leistungs-Relation überzeugen
lassen und die exklusive Leistung demzufolge adäquat honorieren. Demgegenüber besteht
aber das durchaus nicht geringe Risiko, daß die Nachfrager – als ökonomisch aufgeklärte
Kunden – eine eher *ungünstige Preis-Leistungs-Relation* feststellen. Die einhergehende
Erwartung langfristig fallender Preise – sei es durch entsprechende Preissenkung des derzeitigen Anbieters oder durch baldiges Auftreten preisgünstigerer Imitatoren – wird eine
nur *niedrige Nachfrage* durch frühe Adoptoren[17] bewirken. Folglich lassen sich in einem
solchen Fall seitens des Anbieters auch nur niedrige Absatz- und Produktionsmengen realisieren, die insbesondere einer Realisierung von Erfahrungseffekten entgegenstehen.

Im Falle einer im weiteren Zeitablauf *rückläufigen Nachfrage*, die durch Verlust des In-
teresses beziehungsweise durch Bedarfsdeckung der Frühkäufer und/oder das Auftreten
von preisgünstigeren Produktimitatoren bewirkt werden kann, kommt es nahezu zwangsläufig zur baldigen *Destabilisierung der ohnehin eher mäßigen Erfolgssituation*, die mit
dem Mangel an reinvestierbaren Erfolgsanteilen und der steigenden Gefahr des Verlusts
der zunächst eroberten Marktanteile einhergeht. Zwar muß der dargelegte Prozeß nicht
zwingend in einer derartig existenzgefährdenden Destabilisierung enden. Gleichwohl
bleibt der Ausgang eines Vorgehens, daß durch das *Angebot innovativer High Tech-Pro-

---

17 Vergleiche zu dem unterstellten Diffusionsprozeß insbesondere auch Kaas 1974 (Diffusion), Sp. 465.

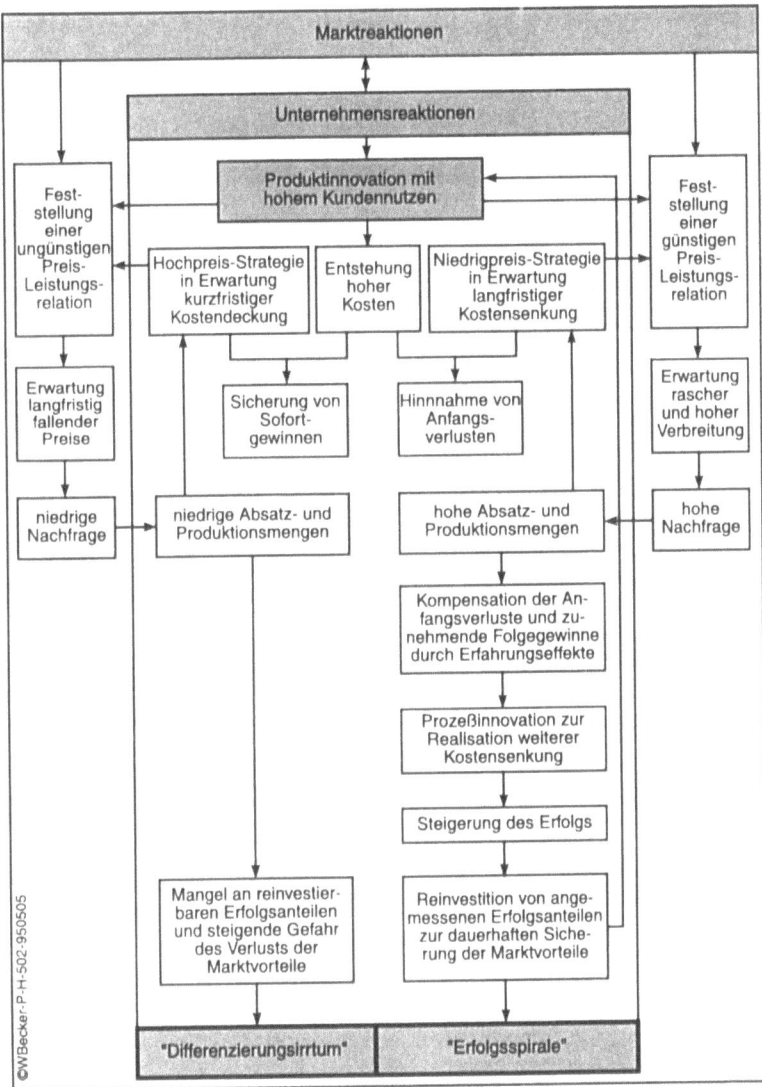

Abbildung 5-2   Vergleichende Gegenüberstellung der Implementierung einer reinen Produktoptimierungsstrategie sowie einer gemischten Produkt- und Prozeßoptimierungsstrategie

dukte mit hohem Kundennutzen zu hohen Preisen gekennzeichnet ist, eher ungewiß. Zudem wird man zunehmend davon ausgehen müssen, daß nicht nur Unternehmen, sondern auch deren potentielle Kunden langfristig denken und zudem als aufgeklärte und insofern als ebenfalls rational handelnde Investoren oder Verbraucher am Markt agieren. Daher muß der soeben beschriebene Handlungspfad, der durchaus der idealtypischen Anwendung der von Porter empfohlenen Differenzierungsstrategie entspricht, im Falle des hier skizzierten Verlaufs eher als ein *Pfad des Differenzierungsirrtums* bezeichnet werden.

244   Kapitel 5

Der zweite in Abbildung 5-2 dargestellte Pfad, den auch Albach im Rahmen seiner Empfehlung einer gemischten Strategie beschreibt und begründet[18], ist durch die *Vermarktung
der Produktinnovation zu niedrigen Preisen* gekennzeichnet, so daß möglicherweise Anfangsverluste hinzunehmen sind. Eine derartige Preisstellung beruht seitens des anbietenden Unternehmens auf der Erwartung einer raschen und zudem hohen – möglicherweise
sogar weltweiten – Verbreitung des Produktes und der dann gerechtfertigten Annahme der
späteren Realisierung von Erfahrungseffekten. Die strategische Denkhaltung ist hier somit
durch eine *Dynamisierung der Kosten-, Erlös- und Ergebniswirkungen des unternehmerischen Handelns im Produktlebenszyklus* gekennzeichnet. Die potentiellen Kunden werden
mit der Feststellung einer günstigen Preis-Leistungs-Relation, der Erwartung einer daher
raschen und hohen Verbreitung sowie mit einer demgemäß tatsächlich *hohen Nachfrage*
reagieren, so daß das anbietende Unternehmen hohe Absatz- und Produktionsmengen
verzeichnen kann. Die damit einhergehende Realisation von Erfahrungseffekten ermöglicht die baldige Kompensation der Anfangsverluste sowie die zunehmende *Verbesserung
der Erfolgssituation*. Somit wird das Unternehmen in die Lage versetzt, auch *Prozeßinnovationen zur Realisation einer weiteren Kostensenkung* durchzuführen. Dadurch wiederum
induzierte Erfolgssteigerungen bilden schließlich die Voraussetzung zur *Reinvestition angemessener Erfolgsanteile in zukünftige Erfolgspotentiale*, so daß eine dauerhafte Sicherung der geschaffenen Marktvorteile gewährleistet ist.

Diese daher hier so bezeichnete 'Erfolgsspirale' ist insgesamt durch die Existenz zweier
geschlossener und sich zudem gegenseitig verstärkender Regelkreise gekennzeichnet, deren Funktion das Verständnis einer vorbeugenden und integrierten Stabilitätspolitik erschließt: Das mit einer günstigen Preis-Leistungs-Relation ausgezeichnete Angebot indu-
ziert eine hohe Nachfrage sowie die Realisation der Anbieter- und Nachfrager-Erwartun-
gen. Auch Albach stellt insofern diesbezüglich fest: „Der Prozeß bestätigt sich selbst."[19]
Dies gilt zudem nicht nur im ökonomischen, sondern auch im psychologischen Sinne. Die
dynamische Kopplung von Produkt- und Prozeßinnovationen führt darüber hinaus dazu,
daß das Unternehmen nicht nur in eine operative, sondern in eine strategische Gleichgewichtslage geführt werden kann. Die trotz hoher Kosten niedrige Preisstellung, die auf
einer durch das Controlling zu stützenden und im Rahmen einer *'Totalerfolgsrechnung'*[20]
durchzuführenden lebenszyklusorientierten Kalkulation basiert, führt zwar zunächst möglicherweise zu Anfangsverlusten, ermöglicht jedoch deren rasche Kompensation im Lebenszyklus. Die schrittweise zunehmende Verbesserung der Erfolgssituation ermöglicht
eine fortgesetzte Erneuerung der Erfolgspotentiale. In diesem Zusammenhang führt Albach als wesentliche *Voraussetzungen* der stets erneut zu leistenden Erhöhung des Kun-

---

18 Vergleiche dazu Albach 1989 (Innovationsstrategien), S. 1348ff.

19 Albach 1989 (Innovationsstrategien), S. 1349.

20 Vergleiche zu diesem Grundgedanken auch Back-Hock 1992 (Ergebnisrechnung), S. 703 sowie die Dis-
    sertation dieser Autorin, Back-Hock 1988 (Produktcontrolling), in der das Konzept eines lebenszyklusori-
    entierten Produktcontrolling aus dem Blickwinkel einer demgemäßen DV-Unterstützung ausführlich ab-
    gehandelt wird.

dennutzens sowie der Verminderung der Produktkosten die *Schaffung eines hinreichenden Spielraums für Kreativität* und die *Sicherstellung der notwendigen Disziplin für Perfektion* an[21]. Auch dieser Prozeß, in dem die jeweils geeigneten Innovationen als Akzeleratoren wirken, bestätigt sich selbst.

Ein in seinem Verlauf gleichartiger Entwicklungspfad läßt sich auch für solche Unternehmen feststellen, die mit einer *Prozeßinnovation* beginnen. Prozeßinnovationen eröffnen Möglichkeiten zur *Ausschöpfung von Kostensenkungspotentialen* und legen daher von vornherein eine *Niedrigpreispolitik* nahe. Im idealtypischen Verlauf wird aufgrund einer günstigen Preis-Leistungs-Relation eine *hohe Nachfrage* zu realisieren sein. Die infolgedessen steigenden Absatz- und Produktionsmengen induzieren *Erfahrungseffekte* des Innovators, die zu einem *steigenden Erfolg* beitragen. Mit dieser Argumentationslinie, die sich auch in traditionellen wettbewerbsstrategischen Konzepten findet, ist allerdings noch nicht die gesamte Entwicklung gekennzeichnet. Vielmehr stellt sich nunmehr wiederum die strategisch und insbesondere stabilitätspolitisch bedeutsame Frage, welches weitere Vorgehen ein strategisch aktiv handelndes Unternehmen vorzieht.

Werden angemessene Anteile des realisierten Erfolgs erneut in *Prozeßinnovationen* reinvestiert, so sind zwar möglicherweise weitere Kostensenkungen mit ihren erfolgswirtschaftlich vorteilhaften Konsequenzen erzielbar. Andererseits nimmt jedoch im Zeitablauf das *strategische Risiko* nicht unerheblich zu, daß der offerierte Kundennutzen trotz der niedrigen Preise nicht mehr für die Feststellung einer günstigen Preis-Leistungs-Relation ausreicht und infolgedessen eine *sinkende Nachfrage* einsetzt. Derartige Effekte werden durch steigende Einkommen und das dadurch induzierte steigende Qualitätsbewußtsein der Kunden deutlich forciert. Sie führen zur *Begrenzung des dauerhaften Erfolgs einer auf quantitativem Wachstum beruhenden Massenproduktion.* Die steigenden Nutzenerwartungen der Nachfrage können auf Dauer durch fortgesetzte Prozeßinnovationen allein nicht erfolgreich erfüllt werden. Dagegen verspricht auch in diesem Fall der *Wechsel der Innovationsrichtung* höhere Stabilität. Gelingt es, die anfänglichen *Prozeßinnovationen* durch zusätzliche *Produktinnovationen* zu ergänzen und dadurch die im Zeitablauf sich wandelnden Kundenerwartungen zu erfüllen, mündet auch dieses Vorgehen in eine dauerhafte 'Erfolgsspirale' ein.

Konkurrentenorientierte Strategiendynamik

Das dargestellte *Kundennutzen-Produktkosten-Portfolio-Konzept* liefert jedoch nicht allein die erläuterte Systematisierungshilfe für die kundenorientierte Dynamisierung grundlegender strategischer Interaktionsmuster. Vielmehr verdeutlicht die in *Abbildung 5-3* vorgenommene Ergänzung der Darstellung, daß dieses Portfolio-Konzept darüber hinaus auch

---

21 Insofern bezeichnet Albach 1990 (Differenzierung) ein erfolgreiches Management der Differenzierung, das die konsequente Verbesserung der Kostenposition impliziert, als einen „Prozeß aus Kreativität und Perfektion" (S. 777ff.).

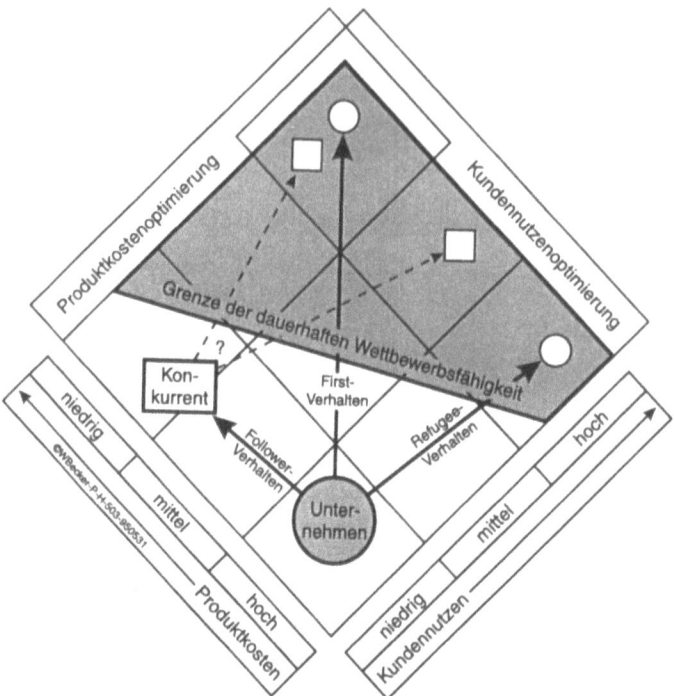

Abbildung 5-3 **Analyse der wettbewerbsorientierten Strategiendynamik im Kundennutzen-Produktkosten-Portfolio**

eine _Analyse der konkurrentenorientierten Strategiendynamik_ ermöglicht, die weiterreichende Aussagen über die voraussichtliche _Erfolgswirksamkeit strategischer Pfade_ zuläßt.

Die Darstellung beinhaltet zum einen eine – stets nur branchenspezifisch feststellbare[22] und hier exemplarisch positionierte – _'Grenze der dauerhaften Wettbewerbsfähigkeit'_, in der sich vor allem die jeweilige Leistungselastizität der Kunden, aber auch das jeweilige Konkurrentenverhalten widerspiegeln. In Anbetracht dieser Abhängigkeiten des Verlaufs der Grenze muß man wohl von einer _dynamischen Verlagerung ihrer Position_ ausgehen: Es ist zu mutmaßen, daß diese Grenze – im Falle einer zunehmenden Bedarfssättigung der Nachfrage sowie einer steigenden Wettbewerbsintensivierung – einer den strategischen Handlungsrahmen von erfolgreich agierenden Unternehmen zunehmend einschränkenden Dreh-Schiebe-Bewegung in Richtung des Kosten-Nutzen-Optimums unterliegt. Die jeweilige _Positionierung dieser Grenze der dauerhaften Wettbewerbsfähigkeit_, die von erfolgreichen Unternehmen überschritten und von existenzbedrohten Unternehmen unterschritten

---

22 Der Verlauf einer solchen Grenze der dauerhaften Wettbewerbsfähigkeit läßt sich zwar nicht exakt deduzieren. Gleichwohl lassen entsprechende empirische Analysen, innerhalb derer eine Einordnung bestimmter Unternehmen einer Branche innerhalb des Portfolios erfolgt und darüber hinaus deren weitere Entwicklung beobachtet wird, zumindest eine grobe Positionierung einer derartigen Grenze zu. Ansätze dazu verdeutlicht ebenfalls Albach 1990 (Differenzierung), S. 774ff.

wird, liefert insofern stabilitätspolitisch überaus bedeutsame *Hinweise auf die situative Zweckmäßigkeit der zukünftig zu verfolgenden Strategien* von Unternehmen.

Eine ebenfalls stabilitätspolitisch bedeutsame Abrundung derartiger strategischer Überlegungen resultiert schließlich insbesondere aus der *Analyse der relativen Positionierung des jeweils betrachteten Unternehmens*. Eine solche im Vergleich zur Stellung und vermutlichen Bewegung der wichtigsten Konkurrenzunternehmen vorgenommene *strategische Komparativanalyse* erlaubt insbesondere eine – stets mit Vorsicht durchzuführende – Bewertung der angeführten strategischen Stoßrichtungen.

Vor dem Hintergrund der in Abbildung 5-3 erkennbaren relativen Positionierung des einen strategischen Pfad suchenden Unternehmens sowie des Konkurrenzunternehmens, das sich zwar auf ungefähr gleicher Höhe mit dem betroffenen Unternehmen, aber im Bereich niedrigerer Produktkosten befindet, lassen sich folgende, die *Zweckmäßigkeit der grundsätzlichen strategischen Stoßrichtungen* markierenden Aussagen treffen. Verbleibt das Unternehmen in der angegebenen Position, so liegt ein *Verhalten strategischer Passivität* vor, das sich aufgrund der statischen Haltung auch als *'Ignoramus-Verhalten'* bezeichnen läßt. Ein demgegenüber dynamisches *Verhalten strategischer Aktivität* ist durch die vorausschauende Veränderung der Position des Unternehmens gekennzeichnet. Entsprechend der grundsätzlichen marktstrategischen Stoßrichtungen lassen sich diesbezüglich folgende *Verhaltensmuster* unterscheiden:

❑ auf dem Pfad einer zwar die Produktkosten weitgehend vernachlässigenden, aber den Kundennutzen erhöhenden *Produktoptimierungsstrategie* liegt ein – tendenziell in Nischenmärkte führendes und daher eventuell mit hohen Absatz-Risiken verbundenes – *aktiv ausweichendes 'Refugee-Verhalten'* vor;

❑ auf dem Pfad einer zwar den Kundennutzen weitgehend vernachlässigenden, aber die Produktkosten senkenden *Prozeßoptimierungsstrategie* liegt ein – mit den bekannten Schwächen versehenes – *aktiv angreifendes 'Follower-Verhalten'* vor;

❑ auf dem Pfad, der die integrierende Optimierung sowohl des Kundennutzens als auch der Produktkosten anstrebt, liegt – angesichts der voraussichtlichen Entwicklungsrichtung des konkurrierenden Unternehmens – ein *aktiv antizipatives 'First-Verhalten'* vor.

Derartige Verhaltensmuster lassen sich auch als *wettbewerbsstrategische Grundtypen* interpretieren und können sowohl zur Analyse unternehmensindividueller als auch branchenweiter Vorgehensweisen genutzt werden.

Dies belegt beispielsweise die langfristige *Analyse des Wettbewerbsverhaltens in der weltweiten Wälzlagerindustrie*[23]. Insbesondere der in den späten sechziger Jahren vollzogene

---

23 Auf dieses, für derartige Branchenanalysen aufschlußreiche Beispiel greift auch Albach 1990 (Differenzierung), S. 783f. zurück, der mit Hilfe einer zu Abbildung 5-3 analogen Darstellung eine vergleichende Analyse des wettbewerbsstrategischen Verhaltens der deutschen und japanischen Wälzlagerindustrie vor-

wettbewerbsstrategische Angriff der japanischen Wälzlagerindustrie (vor allem durch die Unternehmen Koyo Seiko, Nippon Seiko und Toyo Bearing) auf die führenden westlichen Konkurrenten (speziell das US-amerikanische Unternehmen Timken, das schwedische Unternehmen SKF sowie das deutsche Unternehmen FAG) verdeutlicht die gewählten strategischen Interaktionsmuster sowie die Existenz einer Grenze der dauerhaften Wettbewerbsfähigkeit. So konnten die japanischen Unternehmen durch ein auf wesentliche Standarderzeugnisse fokussiertes Vorgehen (ca. 10.000 Varianten pro Unternehmen im Jahre 1971) deutliche Kostenersparnisse und dadurch wettbewerbswirksame Preisvorteile realisieren. Insbesondere die europäischen Unternehmen entgegneten zunächst mit einer vermeintlich besonders kundennahen Produktionsstrategie, indem sie nicht nur Standardbedarfe, sondern auch nahezu sämtliche Spezialbedarfe deckten (ca. 25.000 Varianten pro Unternehmen im Jahr 1971). Die resultierende hohe Komplexität in den Unternehmen bewirkte deutliche Kostensteigerungen, die entsprechende Preissteigerungen und in der Folge Marktanteilsverluste vor allem bei den Standarderzeugnissen auslösten. Dieser existenzbedrohende Prozeß konnte erst durch die konsequente Reduzierung der variantenbedingten Komplexität sowie durch Wiederherstellung adäquater Preis-Leistungs-Relationen gebremst werden.

Die angeführten Grundtypen des wettbewerbssstrategischen Verhaltens von Unternehmen unterstreichen das dringende Erfordernis und die hohe Bedeutung einer *Dynamisierung strategischer Handlungsmuster*. Deutlich wird vor allem, daß strategische Erfordernisse keinen Stillstand im Denken und Handeln von Unternehmen erlauben. Einmal geschaffene Marktvorteile begründen insbesondere keinen stabilitätspolitischen Automatismus, sondern lassen sich nur durch *fortgesetztes strategisches Handeln in langfristigen strategischen Zyklen* erhalten.

4 Realisierung stabilitätspolitischer Chancen innerhalb langfristiger strategischer Zyklen

Die zuvor dargelegten Verhaltenshypothesen sind allerdings keineswegs als zwangsläufige Entwicklungsmuster zu interpretieren. Eine generelle Gültigkeit derartiger Prozesse kann angesichts der *Komplexität und Dynamik des strategischen Interaktionsgefüges* auch nicht erwartet werden. Gleichwohl belegen die aufgezeigten Strategiepfade, daß das einmalige *Erreichen gewisser leistungs- oder kostenpolitischer Vorteile* sowie deren sorgfältige *Abstimmung mit einer erwartungsgemäßen Preispolitik* zwar eine notwendige, jedoch noch keine hinreichende Bedingung für die dauerhafte Stabilisierung des unternehmerischen Erfolgs darstellt. Im Rahmen einer dynamischen und tatsächlich langfristigen Betrachtung ist vielmehr festzustellen, daß nicht nur einmal, sondern immer wieder *strategische Hand-*

---

nimmt. Diesbezüglich interessierte Leser seien im übrigen auch auf die von Abegglen/Stalk 1986 (Kaisha), S. 107ff. angeführten Betrachtungen verwiesen, die bereits eine ähnliche Analyse vorgenommen haben und auch zu ähnlichen Ergebnissen gelangen, die sich im übrigen mit einschlägigen eigenen Branchenerfahrungen des Autors der hier vorliegenden Monographie decken.

lungsimpulse hinsichtlich der anzustrebenden Innovationsintensität und -richtung erforderlich sind. *Abbildung 5-4* veranschaulicht die damit zu verbindenden grundsätzlichen Entwicklungsmuster.

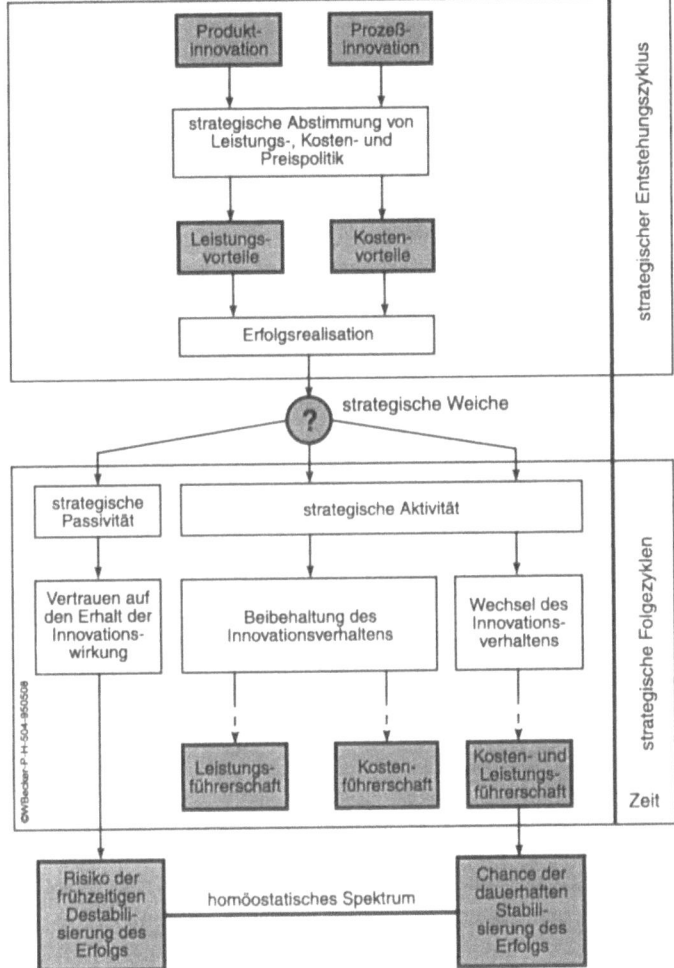

Abbildung 5-4   **Realisation stabilitätspolitischer Chancen in langfristigen strategischen Zyklen**

Die Darstellung verdeutlicht insbesondere, daß sich das *Denken und Handeln von Unternehmen* auf großräumige und mehrjährige *strategische Zyklen* erstrecken muß, um – innerhalb eines die erfolgswirtschaftliche Stabilität kennzeichnenden homöostatischen Spektrums – Chancen für einen tatsächlich dauerhaften Erfolg zu generieren. Die innerhalb der Strategien der Differenzierung und Kostenführerschaft intendierten Vorgehensweisen begründen demgemäß zunächst einen – zwar meist mehrjährigen, aber dennoch nur mittel- bis langfristigen und nicht dauerhaften – *strategischen Entstehungszyklus*. Dieser ermöglicht – im Falle erfolgreicher Umsetzung – den angestrebten *Aufbau von relativen Leistungs- oder Kostenvorteilen* gegenüber faktischen Konkurrenten. Diese führen – im Falle ihrer tatsächlichen Marktwirksamkeit – zu einer den strategischen Zielen entsprechenden *Erfolgsrealisation*, die allerdings keineswegs einem dauerhaften Automatismus der Erfolgsicherung unterliegt.

Das Denken und Handeln eines Unternehmens steht vielmehr immer wieder vor *strategischen Weichen*: Nach einigen Jahren eines strategisch erfolgreichen Handelns ist nämlich erneut eine *Entscheidung zwischen strategischer Passivität und strategischer Aktivität* zu fällen, mit der der Verlauf der *strategischen Folgezyklen* determiniert wird. Unternehmen, die sich – bewußt oder unbewußt – für *strategische Passivität* entscheiden, sind in dieser Situation durch das Vertrauen in den weiteren *Erhalt der ursprünglichen Innovationswirkung* gekennzeichnet. Allerdings unterliegen Leistungs- oder Kostenvorteile regelmäßig einem *nutzungs- und/oder zeitbedingten Verzehr*, der die Wirksamkeit derartiger Marktvorteile zunächst einschränkt und schließlich gar aufheben kann. Ein *nutzungsbedingter Verzehr* resultiert für Leistungsvorteile beispielsweise aus der mit der Vermarktung der Leistung einhergehenden, meist allmählich verlaufenden Know How-Diffusion und der sich möglicherweise anschließenden Imitation durch konkurrierende Unternehmen. Ebenso unterliegen auch Kostenvorteile – wenngleich meist in wesentlich geringerem Maße – einem anwendungsbedingten Imitationsrisiko. Ein *zeitbedingter Verzehr* wird für Leistungsvorteile insbesondere aus dem (zeitbedingten) Wandel der Bedarfsstrukturen auf der Nachfrageseite erwachsen. Kostenvorteile sind demgegenüber eher einem unternehmensinternen Wandel der Strukturen und Prozesse ausgesetzt. Das Spektrum der diesbezüglich wirksam werdenden Ursachen des Verzehrs der Kostenvorteile ist sehr weit. Es reicht von den bekannten Erscheinungsformen des Verschleißes technischer Potentiale[24] bis hin zu strategischen Maßnahmen der Organisationsentwicklung. Ein derartiger Verzehr von Marktvorteilen führt letztlich zu einem progressiv zunehmenden *Risiko der frühzeitigen erfolgswirtschaftlichen Destabilisierung* eines Unternehmens.

Unternehmen, die eine solche Destabilisierung – im Sinne der bereits angesprochenen Erhaltung, Erweiterung und Erneuerung der ursprünglich erschaffenen Marktvorteile – vermeiden wollen, müssen sich immer wiederkehrend zu *strategischer Aktivität* entscheiden. Diesbezüglich bilden die Beibehaltung sowie der Wechsel des Innovationsverhaltens die grundsätzlich verfügbaren strategischen Alternativen. Die *Aufrechterhaltung des bisherigen Innovationsverhaltens* führt letztlich zur dauerhaften Sicherung der ursprünglich angestrebten Leistungs- oder Kostenführerschaft und entspricht insofern weitgehend den auch von M.E. Porter intendierten strategischen Empfehlungen. Der *Wechsel des Innovationsverhaltens*, der innerhalb der in Abbildung 5-4 angedeuteten strategischen Folgezyklen auch mehrfach vollzogen werden kann, beinhaltet demgegenüber das Ziel, eine dauerhafte *Kosten- und Leistungsführerschaft* zu erreichen und zu erhalten. Einhergehend damit entsteht die Chance der *Realisierung einer dauerhaften erfolgswirtschaftlichen Sta-*

---

24 Vergleiche dazu Männel 1968 (Anlagenerhaltung), S. 29ff.

bilität des unternehmerischen Handelns. Voraussetzung dafür bildet allerdings das *Vor-handensein einer strategischen Flexibilität*, die vor allem in den Kosten- und Leistungs-strukturen der Unternehmen zu etablieren ist.

B   Neuordnung der betriebswirtschaftlichen Kostenlehre als Voraussetzung der integrierten Kosten- und Leistungsführerschaft

Die im vorausgehenden Abschnitt diskutierte Bündelung wettbewerbsstrategischer Modu-le zu einer integrierten *Strategie der Kosten- und Leistungsführerschaft* muß – auch unter den ungünstig erscheinenden Bedingungen eines komplex strukturierten Leistungsgefüges – prinzipiell auf der *Voraussetzung einer strategisch wirksamen Kostenbeeinflussung* ba-sieren. Derartige Fragen der Kostenbeeinflussung werden in der einschlägigen Literatur traditionell im Zusammenhang mit der Erörterung von Anforderungen diskutiert, die an eine entsprechend auszurichtende Kostenrechnung zu stellen sind. Ohne Zweifel ist auch das zentrale Erkenntnisinteresse der Kostenrechnung auf die Kosten des unternehmeri-schen Handelns ausgerichtet. Andererseits kann jedoch ebenso zweifellos der Kostenrech-nung wesensmäßig eine instrumentelle Informationsfunktion innerhalb der betriebswirt-schaftlichen Kostenlehre zugeordnet werden. Die Aufgabe der Kostenbeeinflussung ist al-lerdings kaum als Informationsfunktion, sondern vielmehr als Führungsfunktion einzuord-nen. Es stellt sich somit grundsätzlich die Frage, ob die hier zu erörternde Kostenbeein-flussung noch in das Erkenntnisinteresse der Kostenlehre fallen kann.

Insofern erscheint es erforderlich, einige besonders bedeutsam erscheinende *Meilensteine in der Genese der Kostenlehre* zu skizzieren. Der Begriff der *Kostenlehre* wird dabei als übergeordneter Gattungsbegriff für die Teilgebiete der *Kostentheorie und Kostenrechnung* sowie auch der später noch aufzugreifenden *Kostenpolitik* genutzt.

1   Entwicklungslinien und Aufgaben der betriebswirtschaftlichen Kostenlehre

Die *Entwicklung der betriebswirtschaftlichen Kostenlehre* nahm ihren Ausgangspunkt zu-nächst innerhalb der kaufmännischen Praxis[25]. Deren pragmatisch orientiertes Streben war vorrangig auf die Gestaltung kostenrechnerischer Instrumente gerichtet. Die Anfänge derjenigen *Instrumente der Kostenrechnung*, die als in sich geschlossene Systeme des unternehmensinternen Rechnungswesens auftreten und zwischen Ausgaben, Aufwendun-gen und Kosten zu trennen vermögen, fallen mit der Entstehung der modernen Betriebs-wirtschaftslehre zu Beginn dieses Jahrhunderts zusammen und sind – trotz der Existenz von Vorläufern[26] – untrennbar mit den grundlegenden Arbeiten von *Eugen Schmalenbach* zur (Selbst-)*Kostenrechnung*, zum wertmäßigen *Kostenbegriff* und zum Aufbau einer

---

25   Vergleiche Schneider 1987 (Betriebswirtschaftslehre), S. 93ff. und S. 380f.

26   Vergleiche Dorn 1961 (Kostenrechnung), S. 21ff.

– seinerzeit noch synthetisch geprägten – *Kostentheorie* verbunden[27]. Die damit erarbeiteten Module haben sich inhaltlich zwar verändert, sind aber grundsätzlich noch heute kennzeichnend für den *Aufbau der betriebswirtschaftlichen Kostenlehre.* So erklärt Edmund Heinen den Kostenbegriff, der „unabhängig von kostentheoretischen und kostenrechnerischen Fragen zu interpretieren"[28] sei, zu einem separaten und zudem grundlegenden Teilgebiet der Kostenlehre. Abgesehen von dieser vielleicht etwas eigenwilligen Sicht werden – der herrschenden Meinung entsprechend – die *Kostentheorie* und die *Kostenrechnung* als weitere Teilgebiete der Kostenlehre angeführt.

Das hier nicht detailliert zu würdigende Erkenntnisinteresse von Eugen Schmalenbach[29] war vorrangig auf den *Ausbau des kostenrechnerischen Instrumentariums in der unternehmerischen Praxis* gerichtet. Besonderes Interesse verdienen die für die methodische Entwicklung der Kostenrechnung stets maßgeblichen Auffassungen über die speziellen *Aufgaben der Kostenrechnung.* Diesbezüglich stellt Eugen Schmalenbach fest, daß die *Kontrolle der Kostenwirtschaftlichkeit* den „wichtigsten Zweck nicht nur der Selbstkostenrechnung, sondern des fabrikatorischen Rechnungswesens überhaupt"[30] darstellt. Darüber hinaus werden auch die *Aufgabe der Preiskalkulation* sowie die *Aufgabe der Bereitstellung von Kosteninformationen für die kurzfristige Erfolgsrechnung* aufgegriffen.

Die detaillierte Analyse der *Entwicklung der Kostenrechnung in der Praxis*[31] verdeutlicht, daß die aus diesen Aufgaben abgeleiteten, tiefgreifenden kostenrechnerischen Erkenntnisse und Empfehlungen Schmalenbachs in den Unternehmen zunächst nahezu überhaupt nicht antizipiert wurden. Insbesondere erfuhr die zuvor dargebotene Auffassung von den *Aufgaben der Kostenrechnung* eine sehr enge Interpretation. In diesem Sinne war die Kostenrechnung in ihren Ursprüngen in starkem Maße auf die abrechnende *Vor- und Nachkalkulation* der erstellten Produkte bzw. Leistungen eines Unternehmens reduziert. Traditionelle *Vollkostenrechnungen* sollten vorrangig diesen Rechenzweck bedienen und wurden daher hinsichtlich ihres Instrumenten-Designs auf die retrospektiv vorzunehmende, möglichst vollständige Abrechnung der effektiv angefallenen Istkosten des Betriebsgeschehens ausgerichtet. Eine derart geprägte Anwendung der Vollkostenrechnung blieb prinzipiell bis in die fünfziger Jahre erhalten.

Erst zu dieser Zeit findet sowohl eine gründliche Ausdifferenzierung der theoretischen Erkenntnisse zu einer nunmehr *analytischen Kostentheorie* als auch eine nicht nur in der literarischen Auseinandersetzung, sondern auch in der unternehmerischen Praxis einset-

---

27 Vergleiche Schmalenbach 1919 (Selbstkostenrechnung).

28 Heinen 1983 (Kostenlehre), S. 37.

29 Vergleiche zur gesamthaften Würdigung der besonders wesentlichen Aussagen von Eugen Schmalenbach insbesondere Kilger 1973 (Kostenlehre) sowie die diesbezüglich sehr lesenswerte Würdigung von Kruk/Potthoff/Sieben 1984 (Schmalenbach), S. 352ff.

30 Schmalenbach 1934 (Grundlagen), S. 120.

31 Vergleiche dazu Kilger 1988 (Plankostenrechnung), S. 27ff.

zende *Weiterentwicklung der Kostenrechnung* statt. Besondere Bedeutung ist in diesem Zusammenhang den Arbeiten von Erich Gutenberg beizumessen, in denen eine die Theorie der Unternehmung weiterentwickelnde *Produktionstheorie* begründet wird. Die von Gutenberg aufgestellten produktionstheoretischen Aussagensysteme werden zudem unmittelbar und integrativ um *kostentheoretische Analysen des Produktionsprozesses*[32] ergänzt. Insofern folgt Gutenberg hier konsequent seiner schon frühzeitig in der Habilitationsschrift bekundeten Auffassung, daß „nur für die *Kostensphäre* der Unternehmung 'in diesen Reaktionen, Verschiebungen und Verlagerungen der Gütermengen der Unternehmung unschwer der *eigentliche Gegenstand der betriebswirtschaftlichen Theorie* zu erkennen' sei"[33]. Geprägt von den theoriebildenden Arbeiten seines akademischen Lehrers Erich Gutenberg, weist demgemäß Wolfgang Kilger darauf hin, daß „es eine der wichtigsten Aufgaben der Produktions- und Kostentheorie sein muß, zum theoretischen Grundgerüst der Kostenrechnung"[34] zu werden[35].

Innerhalb der von Gutenberg begründeten Produktions- und Kostentheorie ist vor allem dem *Stellenwert des dispositiven Faktors* besondere Beachtung zu schenken. Durch dessen Aufnahme in die Systematik der Produktionsfaktoren wird die systematische Analyse unterschiedlicher Verhaltensweisen des Managements im leistungswirtschaftlichen Kombinationsprozeß ermöglicht und damit – innerhalb der Kostentheorie – die Wirkungsanalyse der durch den dispositiven Faktor beeinflußbaren Kosteneinflußfaktoren. Insofern wird hier nicht nur eine erklärende *Kostentheorie* vorgelegt, sondern zugleich eine zumindest ansatzweise auf die Lenkung der Kostensphäre eines Unternehmens zielende *Kostenpolitik* angedacht[36].

Eine grundlegende sowie zudem besonders prägnante Bestätigung finden die von Gutenberg publizierten Überlegungen zur Produktions- und Kostentheorie in der wenig später von Henrik Virkkunen aus Sicht der Unternehmensführung angestellten Analyse der *Aufgaben des Rechnungswesens*. Virkkunen weist gleich zu Beginn seiner Ausführungen darauf hin, daß die vom Rechnungswesen erfüllte Funktion der *Abbildung* des unternehmerischen Handelns „vom Standpunkt der Unternehmung aus unnötig ist. Erst die *Auswertung*

────────────────────────

32 Vergleiche dazu die in erster Auflage 1951 erschienene Monographie Gutenberg 1979 (Produktion) sowie die eindrucksvolle Ergänzung durch Gutenbergs's Schüler Kilger 1958 (Kostentheorie).

33 Gutenberg 1929 (Unternehmung), S. 54, zitiert nach Schneider 1987 (Betriebswirtschaftslehre), S. 153.

34 Kilger 1958 (Kostentheorie), S. 10.

35 Angemerkt sei allerdings hierzu, daß grundsätzlich noch immer der Aussage von Dellmann 1979 (Theorie der Kostenrechnung) beizustimmen ist, daß „eine auf breiter Basis anerkannte Lösung der Grundprobleme einer Theorie der Kostenrechnung ... aus(steht)" (S. 332). Einen Beleg dafür, daß dies – in Ermangelung einer umfassenden betriebswirtschaftlichen Leistungstheorie – bis heute gilt, liefern die allseits bestehenden Schwierigkeiten einer gesicherten Einordnung moderner Kostenrechnungskonzepte.

36 Dies gilt zwar grundsätzlich auch bereits für die Arbeiten von Eugen Schmalenbach, der ebenfalls die Notwendigkeit einer Wertorientierung der Unternehmensführung hervorhebt. Vergleiche dazu insbesondere Schmalenbach 1947/1948 (Wirtschaftslenkung). Allerdings fehlt den anwendungsorientierten Gestaltungsempfehlungen Schmalenbach's noch die Grundlage einer erklärenden analytischen Kostentheorie.

des Rechnungswesens – die Verwendung des gesammelten Materials als Hilfsmittel der Leitungsfunktion – gibt ihm seinen eigentlichen Inhalt und teilt ihm ... seine Position zu"[37]. Die damit in den Vordergrund gerückten *Leitungsfunktionen*, die ihre sachlogische Konkretisierung in *Planungs- und Kontrollaufgaben* sowie in *Informationsaufgaben* finden[38], haben bis heute Bestand.

Die grundlegenden Arbeiten von Eugen Schmalenbach, Erich Gutenberg und Wolfgang Kilger stellen zweifelsohne bedeutsame *Meilensteine in der Entwicklung der Kostenlehre* dar. Speziell führen insbesondere die gefundenen Erklärungsansätze für die Produktionskosten industrieller Unternehmen nicht nur zur Anerkennung der Betriebswirtschaftslehre als Wissenschaft[39], sondern auch zum konsequenten *Ausbau des Instrumentariums der Kosten-, Erlös- und Ergebnisrechnung in Theorie und Praxis*. Diesbezüglich sind nicht nur die konzeptionell sehr unterschiedlichen *Systeme der Voll- und Teilkostenrechnung* anzuführen, die in der Praxis zunehmend eine – aus Sicht der Unternehmensführung nicht unkritisch zu beurteilende[40] – parallele Anwendung erfahren. Vielmehr differieren auch die verschiedenen Konzepte der Teilkostenrechnung erheblich. In diesem Zusammenhang ist zumindest einerseits auf die in ihrer theoretischen Grundlegung von Wolfgang Kilger entwickelte *Grenzplankostenrechnung und Deckungsbeitragsrechnung*[41], deren praxisgerechte Orientierung sowie breite Umsetzung in der Praxis insbesondere dem Engagement von Hans Georg Plaut zu verdanken ist[42], hinzuweisen. Andererseits ist die *Einzelkosten-, Einzelerlös- und Deckungsbeitragsrechnung* zu nennen, die von Paul Riebel konzipiert und theoretisch fundiert wurde[43] und die insbesondere in Form der von Gerd Lassmann entwickelten *Periodenerfolgsrechnung*[44] eine wesentliche Variante aufweist.

Abgesehen von hier nicht vorzunehmenden Detailerörterungen derartiger Ausprägungen des Kostenrechnungsinstrumentariums erscheint in diesem Zusammenhang wesentlich,

---

37 Virkkunen 1956 (Rechnungswesen), S. 9.

38 Vergleiche dazu nochmals Virkkunen 1956 (Rechnungswesen), S. 58ff.

39 So stellt Gutenberg 1957 (Betriebswirtschaftslehre) selbst anläßlich der Gründungsfeier der Universität zu Köln am 22. Mai 1957 fest, daß es sich dabei um ein Erkenntnisinteresse handelte, das „für die Entwicklung der Betriebswirtschaftslehre als Wissenschaft von ... besonders großer Wichtigkeit war" (S. 608).

40 Nur kurz sei diesbezüglich speziell darauf hingewiesen, daß es grundsätzlich sehr tiefgreifender und detaillierter Kenntnisse der Kostenlehre bedarf, um die in ihrem Aussagegehalt äußerst unterschiedlichen Daten von Voll- und Teilkostenrechnungen zweckadäquat nutzen und treffsicher beurteilen zu können. Diese Voraussetzung ist aber gerade innerhalb der Unternehmensführung in der Praxis bis heute nicht zwingend erfüllt, so daß Fehlentscheidungen nicht ausgeschlossen sind.

41 Vergleiche stellvertretend dazu vor allem das Standardlehrbuch Kilger 1988 (Plankostenrechnung) sowie die durch Albach 1988 (Unternehmenstheorie) vorgenommene Würdigung des Gesamtwerkes von Wolfgang Kilger.

42 Vergleiche aus der Vielzahl von Publikationen Plaut 1992 (Kostenrechnungssystem), sowie Männel 1992 (Grenzplankostenrechnung).

43 Vergleiche dazu Riebel 1990 (Deckungsbeitragsrechnung).

44 Vergleiche Lassmann 1968 (Kosten- und Erlösrechnung).

daß neben den zunächst im Vordergrund stehenden *retrospektiven Ermittlungs- und Abrechnungsfunktionen* zunehmend auch eine *prospektive Informations- und Lenkungsfunktion* der Kostenlehre erkannt wird. Dieser Entwicklungstrend, der sich in den letzten Jahren noch verstärkt hat, läßt sich systemindifferent in den der Kostenrechnung beigemessenen Aufgaben besonders deutlich erkennen.

So bezeichnet Erich Kosiol die moderne *Kostenrechnung als ein Instrument*, das „eine zahlenmäßige Abbildung des Wirtschaftsgeschehens, das sich innerhalb der Unternehmung vollzieht oder diese mit dem umgreifenden Markt verbindet"[45] leisten soll[46]. Weiterhin wird darauf verwiesen, daß als *Hauptaufgaben der Kostenrechnung* die „Sammlung und Aufbereitung von *Informationen* über die Situation der Unternehmungsprozesse als Unterlagen *für die Lösung weitreichender Entscheidungsaufgaben und für laufende Dispositionen*" sowie die „*Bestimmung und Vorgabe von Richtwerten* (Steuerungs- oder Lenkungsgrößen) für leitende und ausführende Stellen"[47] anzusehen sind[48].

Eine prinzipiell ähnliche Sicht findet sich in der von Klaus Dellmann getroffenen Aussage, die Kostenrechnung sei ein „Instrument der quantitativen wertmäßigen Abbildung von produktionssystembezogenen mengenmäßigen Güterverbräuchen zum Zwecke einer ziel-(system)bezogenen Wertlenkung von Güterverbrauch und Güterentstehung"[49]. Auch hier steht die *Abbildungsfunktion* der Kostenrechnung als ihre originäre Aufgabe im Vordergrund und wird um eine eher als derivative Aufgabe zu verstehende *Lenkungsfunktion* ergänzt.

Auch Wolfgang Kilger benennt die „rechnerische *Erfassung, Planung und Kontrolle des Faktorverbrauchs* für innerbetriebliche Geschäftsvorfälle, die im Rahmen des betrieblichen Kombinationsprozesses zur Umwandlung von Produktionsfaktoren in betriebliche Leistungen führen"[50] als Hauptaufgabe der Kostenrechnung. Diese zunächst recht enge Sicht wird allerdings durch den Hinweis wesentlich erweitert, daß „die Durchführung einer Kostenarten-, Kostenstellen- und Kostenträgerstückrechnung ... nicht aus(reicht), wenn die Kostenrechnung der Geschäftsleitung als Führungs- und Kontrollinstrument dienen soll"[51]. In diesem Zusammenhang besteht vielmehr die Notwendigkeit, „*neuere Teil-*

---

45 Kosiol 1979 (Kosten- und Leistungsrechnung), S. 1.

46 Allerdings verankert Kosiol die Kostenrechnung in einer der explanatorischen Theorie der Kostenabhängigkeiten gegenüberstehenden und somit wissenschaftlich eigenständigen, jedoch eben nicht auf Erklärungsbemühungen ausgerichteten komputatorischen Theorie. Deren Erkenntnisinteresse ist nach Kosiol 1979 (Kosten- und Leistungsrechnung) auf „die abstrakt-generelle rechnerische Ermittlung isomorpher Zahlenausdrücke" (S. 4) ausgerichtet.

47 Kosiol 1979 (Kosten- und Leistungsrechnung), S. 6.

48 Die zuletzt aufgeführten Zwecke der Kostenrechnung sind allerdings nicht in die eher mathematisch-formal interpretierte, komputatorische Kalkültheorie zu integrieren, sondern – eher im Sinne einer finalen Beziehung – einer instrumental-pragmatisch geprägten Informationsfunktion der Kostenrechnung selbst zuzuordnen.

49 Dellmann 1979 (Theorie der Kostenrechnung), S. 321.

50 Kilger 1988 (Plankostenrechnung), S. 15f.

51 Kilger 1988 (Plankostenrechnung), S. 21.

gebiete der Kostenrechnung"[52] zu erschließen. Dazu zählt Kilger die nach Kostenwirt-schaftlichkeit strebende _Kostenkontrolle_, die _kurzfristige Erfolgsrechnung_ sowie die _dispo-sitiven Aufgaben der Kostenrechnung_, die darin bestehen, „alle Kostendaten zur Vefügung zu stellen, die für Entscheidungen beim Aufbau der betrieblichen Planung erforderlich sind"[53].

Marcell Schweitzer und Hans-Ulrich Küpper vertreten eine Modifikation der soeben ange-führten Sicht, indem sie dem innerbetrieblichen Rechnungswesen die Funktion zuordnen, die „_Abbildung des Unternehmungsprozesses_ durch Geldrechnungen"[54] zu leisten sowie als „_Informationsinstrument der Unternehmung(sführung)_"[55] zumindest indirekt – eben über die Abbildungsfunktion – Planungs-, Steuerungs- und Kontrollzwecke der Unterneh-mung zu unterstützen. Die damit intendierte, noch etwas stärkere _Ausrichtung der Kosten-rechnung zum Führungsinstrument_ wird besonders deutlich in einem Beitrag von Hans-Ulrich Küpper, in dem dieser – ausgehend von einer zuvor dezidiert abgeleiteten Abbil-dungs- und Informationsfunktion – perspektivisch darauf verweist, daß der „Charakter (des Rechnungswesens) als unterstützendes Instrument der Unternehmensführung im Lau-fe der Zeit immer deutlicher geworden"[56] sei.

Noch etwas weitreichender sehen Siegfried Hummel und Wolfgang Männel die Aufgaben-schwerpunkte des internen Rechnungswesens in der „_Abbildung_ des wirtschaftlich bedeut-samen Geschehens im Betrieb" sowie der „_Planung, Steuerung und Kontrolle_ des Be-triebsgeschehens"[57]. Hier erfolgt mithin bereits eine formal gleichberechtigte _Ergänzung der Abbildungsfunktion um bedeutsame Führungsfunktionen_, die der Kostenrechnung selbst zugeordnet werden.

Die _Aufgabe der Abbildung_ des in der Leistungssphäre stattfindenden wirtschaftlichen Handelns von Unternehmen durch die Kostenrechnung kann allerdings nicht uneinge-schränkt erfüllt werden. So kann sie aus modelltheoretischen und wirtschaftlichen Grün-den stets nur ein „_vereinfachtes Abbild der Realität_"[58] darstellen. Speziell ist zu bedenken, daß sie „nur ein partielles Abbild der Entscheidungsfelder der Unternehmung (liefert), als in sachlicher Hinsicht beispielsweise die sachzielneutralen Vorgänge nicht erfaßt werden und in zeitlicher Hinsicht eine Beschränkung auf die kurzfristigen Konsequenzen der Un-ternehmungsprozesse erfolgt"[59]. Gleichwohl lassen sich durch eine wirklichkeitsgetreue

---

52 Kilger 1988 (Plankostenrechnung), S. 21.

53 Kilger 1988 (Plankostenrechnung), S. 22.

54 Schweitzer/Küpper 1986 (Kostenrechnung), S. 22.

55 Schweitzer/Küpper 1986 (Kostenrechnung), S. 25.

56 Küpper 1989 (Rechnungswesen), S. 231.

57 Hummel/Männel 1986 (Kostenrechnung 1), S. 6, speziell Abbildung 1-2.

58 Kloock/Sieben/Schildbach 1987 (Kosten- und Leistungsrechnung), S. 9.

59 Reiß/Gans 1985 (Informationssystem), S. 593.

beziehungsweise zumindest *wirklichkeitsnahe Erfassung der Kosten* – dies hat Siegfried Hummel präzise belegt[60] – wesentliche Verbesserungen der Abbildungsfunktion erreichen.

Des weiteren scheint auch die Kritik berechtigt, daß die in der einschlägigen Literatur übliche Formulierung der Aufgaben der Kostenrechnung recht formale Differenzierungen beinhalten. Zur *Verdeutlichung der materiellen Aufgabeninhalte* empfehlen daher Jürgen Weber und Dimitrios Kalaitzis, zwischen einer *Dokumentationsfunktion*, die als „rechtlich gesicherte Ermittlung von Ergebnissen, an die sich Ansprüche unstreitbar knüpfen können"[61], zu verstehen ist, einer *Koordinationsfunktion*, die auf die Beeinflussung und Lösung interpersoneller Interessenkonflikte gerichtet ist, sowie einer *Informationsfunktion*, die die Fundierung und Kontrolle unternehmerischer Entscheidungen ermöglichen soll, zu unterscheiden[62].

Paul Riebel, der grundsätzlich zwischen *vergangenheitsorientierten Dokumentations- und Informationsrechnungen* sowie *entscheidungsorientierten Planungs- und Kontrollrechnungen*[63] zu unterscheiden pflegt, hatte zuvor bereits mit dem Ziel einer differenzierteren Analyse der Aufgaben von Führungsrechnungen eine an dem *Informationsbedarf der Unternehmensführung* ausgerichtete Unterscheidung spezifischer Aufgaben vorgeschlagen. Diese Vorgehensweise führt im Ergebnis zur Forderung, durch Führungsrechnungen *Anregungs-, Alternativen-, Ziel-, Koordinations-, Lenkungs- und Kontrollinformationen*[64] bereitzustellen und offeriert damit ein breit gefächertes Spektrum von führungs- und ausführungsbegleitenden Informationsaufgaben der Kosten-, Erlös- und Ergebnisrechnung.

Die *Kostenrechnung* läßt sich insofern als ein auf die Belange der unternehmerischen Praxis abstellendes betriebswirtschaftliches *Instrument zur wertmäßigen Abbildung* der in der Leistungssphäre von Unternehmen stattfindenden Handlungen verstehen, das als solches einen eigenständigen (kalkül-)theoretischen Stellenwert aufweist. Da sie im Zuge dieser Abbildungsfunktion allerdings zwangsläufig auch Kosten auf bestimmte Bezugsgrößen zu verrechnen hat, ist die *Kenntnis von Gesetzmäßigkeiten zwischen Kostenhöhe und Kostenbestimmungsfaktoren* eine unabdingbare Voraussetzung für ein zweckgerechtes Instrumentendesign. Hinzu kommt, daß insbesondere das Arbeiten mit Plankosten *prognostische Aussagen* erforderlich macht[65]. Beide Aspekte führen dazu, daß die Kostenrechnung nicht allein auf der Grundlage einer (komputatorischen) *Theorie der Kostenrechnung* fußen kann, sondern auch auf der *Erklärungs- und Prognosefunktionen* beinhaltenden *Kostentheorie* basieren muß.

---

60 Vergleiche dazu Hummel 1970 (Kostenerfassung).

61 Illetschko 1961 (Verrechnungslehre), S. 195.

62 Vergleiche dazu im Detail Weber/Kalaitzis 1984 (Aufgaben), S. 448.

63 Vergleiche Riebel 1970 (Unternehmerrechnung), S. 372.

64 Vergleiche Riebel 1980 (Entwicklungen), S. 6ff.

65 Vergleiche ähnlich Schweitzer/Küpper 1986 (Kostenrechnung), S. 81.

Insoweit besteht offenbar nicht nur eine weitreichende Übereinstimmung zwischen den verschiedenen wissenschaftlichen Auffassungen, sondern auch eine für die Praxis bedeutsame Klarheit. Auch müssen die dargelegten Bemühungen um eine eindeutigere Festlegung der *Ermittlungs- und Dokumentationsaufgaben* sowie um eine stärkere Differenzierung spezieller *Informationsaufgaben* der Kostenrechnung als zweckmäßig angesehen werden, da dadurch letztlich die Optimierung des Kostenrechnungsinstrumentariums angeregt wird.

2   Notwendigkeit zur Erweiterung der Kostenlehre um kostenpolitische Funktionen

Die vorausgegangenen Ausführungen zeigen, daß der *Kostenrechnung* bereits derzeit eine hohe und zukünftig eine wohl noch steigende Bedeutung als *Informationsinstrument der Unternehmensführung*[66] beizumessen ist. Die Formulierung demgemäß veränderter Anforderungen an den Aussagegehalt der Kostenrechnung wird im angelsächsischen Schrifttum besonders deutlich: Das dort regelmäßig so bezeichnete *Konzept des Strategic Management Accounting* „wurde erstmals anläßlich eines Symposiums des 'Council of the Chartered Institute of Management Accountants' in Oxford im Januar 1981 vorgestellt"[67] und beinhaltet die „Bereitstellung und Analyse von managementorientierten Kostenrechnungsinformationen bezogen auf die Geschäftsstrategie: insbesondere relative Levels und Trends der wirklichen Kosten und Preise, Mengen, Marktanteile, Cash Flow und Inanspruchnahme aller Ressourcen eines Unternehmens"[68].

Über diese Anforderungen sowie die besondere Bedeutung der auf solchen Informationen gründenden *Beeinflussung der Wettbewerbsposition eines Unternehmens*[69] besteht in der einschlägigen Literatur weitreichende Einigkeit[70]. So weisen etwa auch Horst Steinmann, Ulrich Guthunz und Frank Hasselberg darauf hin, daß „mit dem Ende der 70er Jahre ... die strategische Bedeutung der Kostenrechnung in den Vordergrund (rückte); Ende der 80er Jahre wurde dann insbesondere auch damit begonnen, die Relevanz der Kostenrechnung für die Steuerung von strategischen Geschäftseinheiten zu eruieren"[71]. Dieses optimistisch

---

66 Charakteristisch für den damit intendierten Wandel in der Bedeutung der Kostenrechnung ist der bereits mit dem Titel 'From Data-Oriented to Information-Oriented Accounting' programmatische Ansprüche erhebende Beitrag von Simmonds 1972 (Information-Oriented Accounting), mit dem speziell die tradierten Aussagensysteme von Anthony 1956 (Management Accounting) kritisch hinterfragt werden.

67 Simmonds 1989 (Management Accounting), S. 264.

68 Institute of Cost & Management Accountants 1982 (Accounting), S. 55, zitiert nach Fröhling 1991 (Accounting), S. 7.

69 Vergleiche dazu insbesondere die insofern richtungsweisenden Publikationen von Bromwich 1990 (Competitive Market), Dent 1990 (Accounting Research), Hergert/Morris 1989 (Value Chain Analysis), Seed 1980 (Strategic Planning), Shank 1989 (Cost Management), Shank/Govindarajan 1988 (Cost Analysis), Simmonds 1986 (Competitive Position) und Simons 1987 (Business Strategy).

70 Einen aussagekräftigen Überblick über den aktuellen Stand diesbezüglicher Buchpublikationen in den USA vermittelt die Sammelrezension von Holzer/Norreklit 1992 (Management Accounting).

71 Steinmann/Guthunz/Hasselberg 1992 (Kostenführerschaft), S. 1459.

stimmende Bild bleibt jedoch – im Sinne der hier vertretenen Auffassung völlig zu Recht – nicht ohne Relativierung stehen, da die Autoren feststellen: „Die *strategische Unternehmensführung* zielt vom Ansatz her auf die *langfristige und ganzheitliche Schaffung und Sicherung von Erfolgspotentialen* im Sinne von Wettbewerbsvorteilen für strategische Geschäftseinheiten ab. Für diese Zwecksetzung bieten dann Kostenrechnungssysteme keine Hilfe, die zur Unterstützung operativer Entscheidungen entwickelt wurden und (implizit) den strategischen Rahmen als gegeben voraussetzen. ... Der relativ geringe Einfluß strategischen Denkens und Handelns auf die Entwicklung der Kostenrechnung ... und der wenig systematische Zugriff auf die strategische Dimension der Kostenrechnung sind jedenfalls ein Indiz dafür, daß hier noch beachtliche *Anstrengungen in konzeptioneller und praktischer Hinsicht* zu leisten sind.“[72]

Offenkundig sind bereits auf dieser sehr grundsätzlichen Ebene des Erkenntnisinteresses einige für die *Struktur der betriebswirtschaftlichen Kostenlehre* bedeutsame Fragen zu stellen. Fraglich ist insbesondere, ob es zweckmäßig war, ist und bleibt, die *Kostenlehre* allein auf die Module der *Kostentheorie und Kostenrechnung* zu beschränken. Anders ausgedrückt stellt sich die Frage, ob die bereits mehrfach angesprochenen *Führungsunterstützungsfunktionen* tatsächlich dem *Instrument der Kostenrechnung* zuzuordnen sind.

Nach der hier vertretenen Auffassung sollte die zuvor abgeleitete Einschätzung der *Bedeutung einer modernen Kosten-, Erlös- und Ergebnisrechnung* für das unternehmerische Handeln nicht dazu verleiten, Führungsaufgaben der Kostenrechnung selbst zuzuordnen. Zum einen ist nämlich in diesem Zusammenhang der Zugriff auf eine gesicherte kostentheoretische Grundlage unumgänglich. Dies ist angesichts der bereits dargelegten Erfordernisse, im Sinne stabilitätspolitischer Erwägungen eine *Strategie der integrierten Kosten- und Leistungsführerschaft* anzustreben, besonders evident. Zum anderen würde damit der vorrangig *instrumentelle Charakter* zugunsten einer deutlich funktionalen Betrachtung der Kostenrechnung zwangsläufig aufgehoben. Dies erscheint wenig zweckmäßig, da schon heute die zunehmende *Komplexität laufender Kostenrechnungen*[73], die wachsende *instrumentelle Vielfalt*[74] sowie auch der anhaltende Dissens über die jeweilige *Vor- und Nach-*

72 Steinmann/Guthunz/Hasselberg 1992 (Kostenführerschaft), S. 1460.

73 Als Beleg dafür reicht ein Blick in die Funktionsumfänge, die leistungsfähige Standardsoftwareprodukte zur Kostenrechnung aufweisen. Vergleiche dazu Männel 1990 (Softwarespiegel).
    Trotz der bereits heute feststellbaren hohen Komplexität, lassen sich noch immer bedeutsame Defizite erkennen, die den weiteren Ausbau derartiger Systeme forcieren werden. Vergleiche dazu Warnick 1991 (Datenverarbeitung), S. 75ff.

74 Diesbezüglich ist vor allem auf die sich in jüngster Zeit verstärkende Diskussion ausländischer kostenrechnerischer Konzepte (wie beispielsweise das Activity-based Costing, das Benchmark Costing und das Target Costing) zu verweisen, die angesichts der Forderung nach Neuorientierung – vergleiche stellvertretend Johnson/Kaplan 1987 (Accounting) – beziehungsweise zumindest nach Erweiterung und Ergänzung – vergleiche dazu beispielsweise Albach 1988 (Rechnungswesen), Horváth 1990 (Kostenmanagement), Küpper 1990 (Entwicklungslinien), Männel 1992 (Kostenrechnung) sowie Weber 1991 (Kostenrechnung) – der Kostenrechnung lebhaft geführt wird.

teilhaftigkeit der unterschiedlichen kostenrechnerischen Konzepte[75] in der unternehmerischen Praxis eher zur Verwirrung als zur Klarheit über die Anwendungsbedingungen führt.

Gleichwohl sind offenkundig kostenbezogene Erwägungen zukünftig eher stärker in die zu bewältigenden Führungsaufgaben zu integrieren. Dieser Tatbestand verlangt aus wissenschaftlicher Sicht nach einer zweckgerechten *Systematik der betriebswirtschaftlichen Kostenlehre*. Zu fragen ist daher zunächst, welches denn überhaupt wesentliche Aufgaben der kostenorientierten Führungsunterstützung sind. Bislang werden diese Aufgaben in einschlägigen Lehrbüchern der Kostenrechnung – dies zeigten die vorherigen Ausführungen – regelmäßig auf die *Planung, Steuerung und Kontrolle* des Betriebsgeschehens beschränkt. Diese Kennzeichnung scheint allerdings aus funktionaler Sicht in mehrfacher Weise zu eng zu sein.

Zum einen basiert die in diesem Zusammenhang im Mittelpunkt stehende Planung und Kontrolle der Kosten regelmäßig auf einer aus den jeweiligen *situativen Bedingungskonstellationen* eines Unternehmens resultierenden *Leistungsplanung*. Hinzu kommt, daß die Kostenplanung innerhalb des unternehmerischen Wertschöpfungsprozesses meist erst recht spät einsetzt und daher kaum noch zu einer grundlegenden *Revision der Leistungsplanung* führen kann. Zwar sind gewisse *Modifikationen der Leistungsplanung* realisierbar, die allerdings in Ermangelung der Möglichkeit eines frühzeitigen Eingriffs ihrerseits häufig besonders hohe zusätzliche Kosten verursachen. Die Planung der Kosten ist insofern stets nur eine aus der Leistungs- beziehungsweise Produktionsplanung *abgeleitete Planung*, die vor allem *prospektive Informationsbedarfe* über die zu erwartenden Kosten der Leistungserstellung und Leistungsverwertung befriedigt.

Die Übernahme einer *Kontrollfunktion* im Zuge der Gegenüberstellung von Plan-, Soll- und Istkosten kann darüber hinaus allenfalls äußerst kurzfristige und zudem nur operative Lenkungsaufgaben des Controlling im Sinne einer nach Kostenwirtschaftlichkeit strebenden *Gegensteuerung aus Abweichungen* erfüllen. Die Unterstützung tatsächlich antizipativer Steuerungs- und Regelungsinteressen, wie sie innerhalb der Erfüllung von *Controllingfunktionen* erforderlich scheint[76] ist dagegen mit Hilfe der Kostenrechnung bisher kaum möglich. Es mangelt diesbezüglich an einer unter sachlichen und zeitlichen Aspekten *im Gegenstrom verzahnten Kosten- und Leistungspolitik*, die nicht nur im Sinne ihrer Wirksamkeit frühzeitig ansetzt, sondern auch Rückwirkungen auf die strategische Planung und Kontrolle beinhaltet.

---

75 So läßt sich insbesondere eine Wiederbelebung des bereits als traditionell bezeichenbaren Streits um die Zweckmäßigkeit der Nutzung von Vollkosteninformationen, der jüngst vor allem am Beispiel der Prozeßkostenrechnung geführt wird, erkennen. Vergleiche dazu insbesondere die diesbezüglich kritischen Beiträge von Glaser 1992 (Prozeßkostenrechnung) und Kloock 1992 (Prozeßkostenrechnung).

76 Vergleiche dazu detailliert Becker 1990 (Controlling), S. 306ff. sowie Thom/Cantin 1992 (Controlling), S. 189.

Zum anderen müßte sich eine umfassende und insofern wirksame Führungsunterstützung auf sämtliche *Führungsfunktionen* erstrecken. Die *Planung und Kontrolle* des unternehmerischen Handelns stellen jedoch nur einen Ausschnitt der gesamten, um *Organisation und Leitung* zu ergänzenden Führungsinhalte dar. Darüber hinaus stellt auch ein umfassendes betriebswirtschaftliches Konzept des *Controlling*, das sich als übergreifende Harmonisationsfunktion für die Unternehmensführung verstehen sollte, höhere Anforderungen, als sie derzeit durch die kostenrechnerischen Konzepte erfüllt werden können.

Die Unternehmensführung hat insgesamt die Aufgabe, die *Erfüllung der unternehmensbezogenen Leistungs- und Wertziele* durch die Harmonisation der Ausführung zu sichern. Übergeordnete *Führungsfunktionen* bestehen demgemäß in der *verhaltensbezogenen Gestaltung und Lenkung des wirtschaftlichen Handelns*[77], das sich in der Leistungs- und Wertsphäre von Unternehmen vollzieht. Eine die Führung wirksam unterstützende Kostenlehre muß folglich ihre Wirksamkeit auch in Richtung der *Erfüllung derartiger Gestaltungs- und Lenkungsfunktionen* orientieren können. Gemäß der hier vertretenen Auffassung sollten – unabhängig von der Frage, ob dies durch die derzeit verfügbaren Instrumente gewährleistet wird – derartige *Führungsfunktionen* allerdings nicht der Kostenrechnung selbst, sondern einer davon formal zu separierenden *Kostenpolitik* zugeordnet werden[78]. Diese Sichtweise scheint sich – zumindest implizit – auch im jüngeren deutschsprachigen Schrifttum vermehrt durchzusetzen[79].

Insgesamt resultiert aus den zuvor erläuterten Zusammenhängen das in *Abbildung 5-5* dargestellte *System der betriebswirtschaftlichen Kostenlehre*, das sich aus den miteinander in engen Wechselwirkungen stehenden Modulen der *Kostentheorie*, der *Kostenrechnung* und der *Kostenpolitik* zusammensetzt.

Die gesamte Kostenlehre erfüllt keinen Selbstzweck, sondern hat mit ihren jeweiligen Aufgabenfeldern spezielle *Servicefunktionen für die Unternehmensführung* sicherzustellen. Innerhalb der Kostenlehre stellt die *Kostentheorie*, die in engem Zusammenhang mit der Produktionstheorie, bzw. noch allgemeiner betrachtet, mit einer (noch immer weitgehend fehlenden) *Leistungstheorie* steht, mit den ihr zuzuordnenden *Erklärungs- und Prognosefunktionen* die betriebswirtschaftlich fundierte Grundlage für sämtliche Kostenaussagen-(systeme) dar. Die *Kostenrechnung* erfüllt demgegenüber instrumentelle *Ermittlungs-, Dokumentations- und Informationsfunktionen*, die durch eine dementsprechende methodische Gestaltung des Instrumentariums sicherzustellen sind. Die hier als eigenständiges Teilgebiet der betriebswirtschaftlichen Kostenlehre aufgenommene *Kostenpolitik* übernimmt schließlich sachbezogene sowie auch verhaltensbezogene *Gestaltungs- und Lenkungsfunktionen* und dient somit der Unternehmensführung – speziell insbesondere auch

---

77 Vergleiche dazu insbesondere Wild 1974 (Führungstheorie), S. 158.

78 Vergleiche mit ähnlicher Intention bereits Schoenfeld 1970 (Kostenbeeinflussung), Sp. 934.

79 Vergleiche dazu insbesondere Franz 1992 (Kostenbeeinflussung), S. 1492f.; Horváth 1990 (Kostenmanagement), Reiß/Corsten 1990 (Grundlagen) und Streitferdt 1990 (Cost Management).

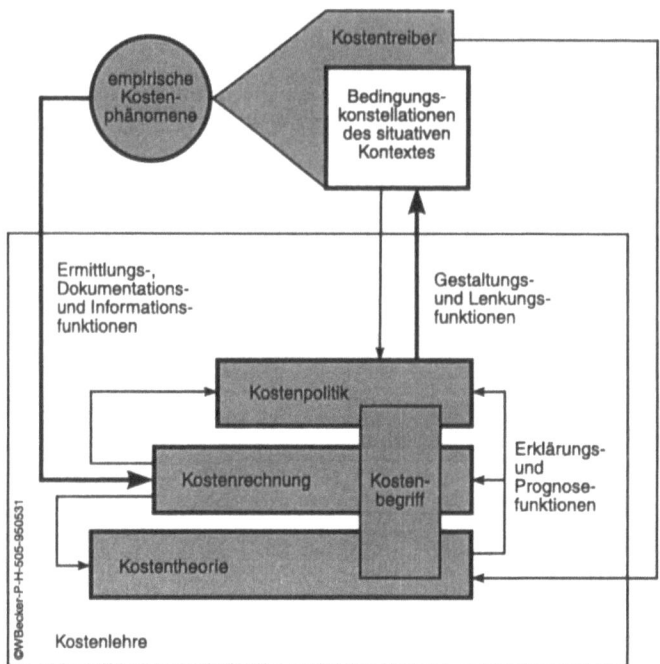

**Abbildung 5-5   Module der betriebswirtschaftlichen Kostenlehre und deren funk-
tionale Bedeutung für die Unternehmensführung**

dem Controlling, dem die unmittelbare Trägerschaft kostenpolitischer Impulse zugeordnet werden kann – im Rahmen der *Beeinflussung der Kosten unternehmerischen Handelns*. Die Kostenpolitik hat mithin letztlich dazu beizutragen, daß Unternehmen ihre Möglichkeiten als 'Disponenten ihrer Kosten'[80] nicht nur erkennen, sondern auch problemorientiert analysieren, einordnen und – sowohl im strategischen als auch im operativen Kontext – wirksam ausschöpfen können.

C   Bedeutsame Dimensionen der betriebswirtschaftlichen Kostenpolitik

Die formale *Verselbständigung der Kostenpolitik zu einem eigenständigen Teilgebiet der Kostenlehre* stiftet im Rahmen der praktischen Bewältigung von Kostenproblemen allein noch keinen Nutzen. Vielmehr ist es erforderlich, auch einen materiellen Entwurf für die Struktur der Kostenpolitik zumindest zu skizzieren, der einerseits die systematische Einordnung des bereits vorhandenen kostenpolitischen Gedankenguts zuläßt und andererseits optionale Entwicklungsspielräume für den weiteren Ausbau der Kostenpolitik offeriert. Im Rahmen der nachfolgenden Skizze eines derartigen Strukturkerns sollen daher – vorrangig

---

80 Diese Formulierung rekurriert auf den entsprechend bezeichneten und historisch interessanten Beitrag von Henzel 1936 (Unternehmer).

problembezogen – die unterschiedlichen inhaltlichen *Dimensionen der Kostenpolitik* aufgezeigt und erörtert werden.

1   Gestaltung eines konzeptionellen Bezugsrahmens der Kostenpolitik

Die bereits getroffene Feststellung, daß die *Kostenpolitik* eine *dienende Funktion* im Rahmen der Gestaltung und Lenkung unternehmerischen Handelns durch die Führung zu erfüllen hat, die sich insbesondere in einer *zweckentsprechenden und zudem frühzeitigen Kostenbeeinflussung* ausprägt, bedarf der weiteren Konkretisierung.

Das Bemühen, eine systematische und umfassende *Explikation des Begriffs der Kostenpolitik* zu offerieren, läßt erkennen, daß ein dafür geeigneter Bezugsrahmen bislang in der einschlägigen betriebswirtschaftlichen Literatur nur ansatzweise entwickelt ist. So offeriert der immerhin im 'Handbook of German Business Management' publizierte *Übersichtsbeitrag von Lothar Streitferdt zum Kostenmanagement* diesbezüglich eher konventionelle Funktionen der Kostenlehre. Hier wird Kostenmanagement definiert als „the totality of all measures that are intended to design a firm's costs in a manner that is consistent with the efficient use of resources within the firm"[81]. Ausgehend von dieser zwar prinzipiell weiten Fassung des Begriffs erfolgt ein historisch orientierter Blick auf traditionelle *Erkenntnisse und Methoden der Kostenbeeinflussung*. Dazu zählen

❑ die Durchführung von *Kostenwirksamkeitsanalysen* für die Beurteilung von Maßnahmen der *Anpassung an Beschäftigungsschwankungen*,

❑ die Darlegung der methodischen Varianten der *Kalkulation, Planung, Budgetierung und Kontrolle von Kosten* im operativen Umfeld sowie

❑ die Systematisierung von *Kostensenkungsmaßnahmen auf der Grundlage wertanalytischer Methoden*.

In recht enger Anlehnung an diese Sichtweise, jedoch zeitgemäß ausgerichtet, systematisiert *Klaus-Peter Franz* als '*moderne Methoden der Kostenbeeinflussung*'[82]:

❑ die *produktbezogene Kostenbeeinflussung* durch Wertanalyse, konstruktions- und entwicklungsbezogene Kostenbeeinflussung, Zielkostenvereinbarung und werkstoffindividuelle Kostenträgerkontrolle;

❑ die *bereichsbezogene Kostenbeeinflussung* durch kostenstellenbezogene Soll-Ist-Kostenvergleiche, Verfahren des Gemeinkostenmanagements und Sekundärkostenbeeinflussung auf der Basis von Partialkostenrechnungen sowie

---

81   Streitferdt 1990 (Cost Management), Sp. 642.

82   Vergleiche im Detail Franz 1992 (Kostenbeeinflussung).

❑ die *vorgangsbezogene Kostenbeeinflussung* durch Aktivitätskostenbeeinflussung, pro-
zeßorientierte real-time Kostenkontrolle und Vorleistungskostenbeeinflussung.

Ein aus Sicht der Unternehmensführung geeigneter erscheinendes *Konzept der Kostenpolitik*, das auch hier genutzt werden soll, lassen die bereits früh publizierten, jedoch innerhalb der Kostenlehre kaum beachteten *Ausführungen von Aloys Gälweiler zur strategischen Kostensteuerung* erkennen. Der hier geschaffene gedankliche Bezugsrahmen eines
um Effizienz des unternehmerischen Handelns bemühten Strategischen Managements basiert auf der Vorstellung einer gestuften Wirksamkeit „betriebswirtschaftlich relevanter
Führungs- und Steuerungsgrößen für die nachhaltige *Sicherung der Überlebensfähigkeit
einer Unternehmung*"[83]: Die in diesem Zusammenhang letztlich anzustrebende *Absicherung der Liquiditätslage* kann durch entsprechende *Vorsteuerung des Erfolgs* beziehungsweise – auf einer nochmals vorgelagerten Gestaltungsebene – durch entsprechende *Vorsteuerung der Erfolgspotentiale* bewirkt werden. Speziell ist allerdings dabei zu berücksichtigen, daß insbesondere „signifikante Verschiebungen in den Zeitbedingungen, die für
das wirtschaftlich erfolgreiche Entscheiden und Handeln maßgebend sind"[84], ein möglichst frühzeitiges Identifizieren der letztlich liquiditätswirksamen Veränderungen erforderlich machen. Gälweiler betont daher mit Recht, daß dies „besonders für die *Gestaltung
der Kosten in bezug auf ihre Höhe und auf ihre Struktur* (gilt), weil beides nicht zeitlos
geschehen kann"[85] und plädiert demzufolge für eine *Ergänzung der operativen um eine
strategische Kostensteuerung*, die konsequenterweise auf eine kostenpolitisch orientierte
Gestaltung der Erfolgspotentiale eines Unternehmens abzielt.

Die in ihren stabilitätspolitischen Konsequenzen nicht zu unterschätzende *Bedeutung* dieser von Aloys Gälweiler frühzeitig aufgezeigten Problemlage findet heute in leistungswirtschaftlich hoch entwickelten Industrieunternehmen eine ausgeprägte Bestätigung. Das
konnte in der vorliegenden Untersuchung bereits mit Hilfe der *Analyse typischer Ausprägungen der situativen Kontextfaktoren* unternehmerischen Handelns verdeutlicht werden. Demgemäß lassen sich in der *Kostensphäre* von Industrieunternehmen derzeit insbesondere Verschiebungen in der Kostenverursachung, Verlagerungen der Kostenentstehung,
Veränderungen der relevanten Kosteneinflußgrößen sowie eine deutliche Verminderung
der Kostenelastizität und eine zunehmende Verschärfung der Kostenintensität als *kostenpolitisch bedeutsame Problemfelder* identifizieren. Diese Entwicklungen verdeutlichen
zunächst gewisse *Mängel hinsichtlich einer hinreichenden Vorsteuerung der Erfolgspotentiale* in der unternehmerischen Praxis.

Dieser Tatbestand ist gemäß der hier vertretenen Auffassung wesentlich auf *kostenpolitische Defizite in Theorie und Praxis* zurückzuführen. Demzufolge ist nicht nur der *Aufbau
einer betriebswirtschaftlich fundierten Kostenpolitik* zu fordern. Vielmehr muß diese auch

---

83 Gälweiler 1977 (Steuerung), S. 68.

84 Gälweiler 1977 (Steuerung), S. 69.

85 Gälweiler 1977 (Steuerung), S. 69.

in der Lage sein, Lösungskonzepte für die analysierten Schwerpunktprobleme erarbeiten zu können. In diesem Zusammenhang dürfen jedoch andererseits die Erwartungen der Praxis nicht zu hoch gesteckt werden. Bereits die – hier vor dem Hintergrund des heutigen Erkenntnisstandes zu bestätigenden – Ausführungen von Gälweiler zeigen deutlich, daß Maßnahmen zur Abhilfe derartiger Problemlagen einerseits nur vor dem Hintergrund eines tiefgreifenden und umfassenden Verständnisses für die *Vernetzung operativer und strategischer Führungsaufgaben* zu ergreifen sind. Die regelmäßig zu erwartende *mittel- bis langfristige Wirkungsdauer adäquater Maßnahmen der Kostenbeeinflussung*, die an den strategischen Erfolgspotentialen ansetzen müssen, zeigt darüber hinaus, daß andererseits vor allem Zeit benötigt wird, um eine wirksame Kostenpolitik betreiben zu können. Insofern muß festgestellt werden, daß kostenpolitische Lösungskonzepte, die zudem im Detail auch erst entwickelt werden müssen, für manche Unternehmen möglicherweise zu spät kommen. Dies gilt insbesondere dann, wenn Unternehmen – wie dies bereits einführend aufgezeigt wurde – in unmittelbarer Nähe ihrer Gewinnschwelle agieren und darüber hinaus mit einem Umsatzmengenrückgang konfrontiert sind[86].

Hinsichtlich der anzuwendenden *Methoden der strategischen Kostensteuerung* weist Gälweiler in Form von Musterbeispielen auf die Möglichkeiten hin,

❑ eine *Steuerung der Kostenhöhe* durch permanente Kostenpositionierung auf der Grundlage der auf Kostensenkung ausgerichteten *Rationalisierung der Leistungserstellung* zu bewirken sowie

❑ eine *Steuerung der Kostenstruktur* durch *Maßnahmen der Programmbereinigung* anzustreben, um letztlich eine dynamische Fixkostenreduzierung bei gleichzeitiger Absenkung der Gewinnschwelle zu erreichen.

Auf diese Ausführungen von Aloys Gälweiler, die als ein innovativ angelegter Vorschlag zur Erweiterung der Kostenlehre angesehen werden müssen, rekurrieren auch die von *Michael Reiß und Hans Corsten* vorgelegten Vorschläge zur *Gestaltung des Kostenmanagements*. Kostenmanagement wird hier verstanden als „eine Gestaltung der Programme, Potentiale und Prozesse in einer Unternehmung nach Kostenkriterien" und wird demzufolge sach- und zweckgerecht als „klassische Domäne der Unternehmensführung"[87] eingeordnet. Als *Gestaltungsdomänen des Kostenmanagements* – „nicht aber als unmittelbare Ansatzpunkte für eine kostenorientierte Intervention"[88] – werden neben den bereits von Gälweiler genannten Objektebenen des Kostenniveaus und der Kostenstrukturen hier zusätzlich auch die Kostenverläufe einbezogen. Innerhalb dieses kostenpolitisch orientierten Mehrebenenkonzeptes empfiehlt sich aus Wirtschaftlichkeitsgründen ein *fokussiertes Ko-*

---

86   Auf die hohe unternehmenspolitische Bedeutung der Lage der Gewinnschwelle weist ebenfalls bereits
     Gälweiler 1977 (Steuerung), S. 69f. hin.

87   Reiß/Corsten 1992 (Gestaltungsdomänen), S. 1478.

88   Reiß/Corsten 1990, (Grundlagen), S. 390.

stenmanagement, das jeweils „an den Wurzeln der Kostenverursachung"[89] ansetzt. Als wesentliche *Gestaltungsfunktionen des Kostenmanagements* werden schließlich die Diagnose von Kostenproblemen, die Planung und Kontrolle von Kosten sowie die Implementierung kostensenkender Maßnahmen herausgearbeitet[90].

In dem Bemühen um den systematischen *Auf- und Ausbau der Kostenpolitik* werden die zuvor charakterisierten konzeptionellen Strukturierungsvorschläge nachfolgend aufgegriffen und im Rahmen eines *mehrdimensionalen Konzeptes der Kostenpolitik* erweitert. Kostenpolitik beinhaltet gemäß der hier vertretenen Auffassung die *unternehmenspolitische Funktion der Kostenbeeinflussung im Sinne der gesetzten Leistungs- und Wertziele sowie der angestrebten Strategien eines Unternehmens*. Der demgemäß zu offerierende Strukturkern umfaßt, wie dies *Abbildung 5-6* veranschaulicht, als wesentliche Dimensionen *Gestaltungsebenen, leistungswirtschaftliche Objekte sowie operative und strategische Aufgabenfelder* der Kostenpolitik.

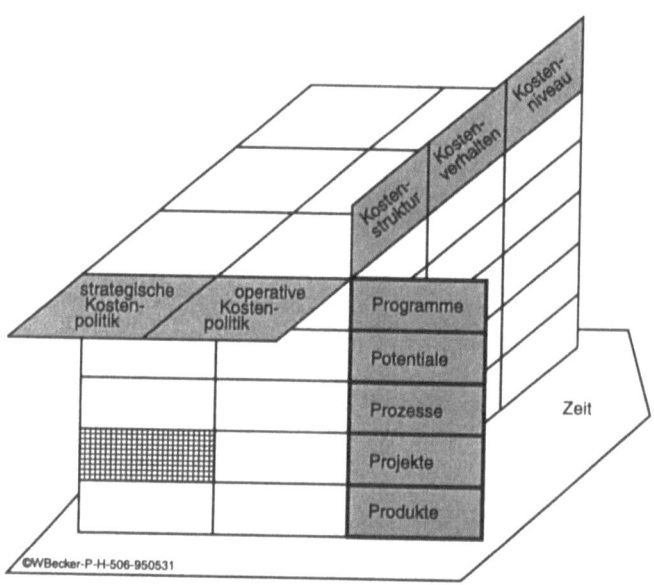

Abbildung 5-6   Aufgabenfelder, Objekte und Gestaltungsebenen der Kostenpolitik

2   Operative und strategische Aufgabenfelder der Kostenpolitik

Die *Aufgabenfelder der Kostenpolitik* sind in der Literatur hinsichtlich ihres Zweckbezugs regelmäßig auf Kostensenkung ausgerichtet und werden zudem vorrangig mit den kurzfristig greifenden *Aktivitäten der mitlaufenden Kostensteuerung und der nachlaufenden*

---

89 Reiß/Corsten 1990, (Grundlagen), S. 395.

90 Vergleiche dazu Reiß/Corsten 1992 (Gestaltungsdomänen), S. 1489f.

Kostenregelung in Verbindung gebracht. Dazu zählen speziell die *Phasen der Planung, der Budgetierung, der Erfassung und Dokumentation sowie der Kontrolle* der laufenden Kosten eines Geschäftsjahres. Diese *operativen Aufgabenstellungen* werden mit Hilfe der instrumentellen Unterstützung durch *Systeme der entscheidungsorientierten Kostenrechnung* bewältigt.

Demgegenüber hat – wie bereits angeführt – vor allem Aloys Gälweiler auf die äußerst bedeutsamen Zusammenhänge hingewiesen, die aus der Betrachtung der *Kosten als Führungsgröße im Kontext der strategischen Unternehmensführung* resultieren. Eine in diesem Zusammenhang zu fordernde *Kostenkonfiguration und strategische Kostenpositionierung*, die auf eine langfristig orientierte und somit *vorlaufende Kostensteuerung* zielt, basiert auf der Erkenntnis, daß die Kostensphäre „in ihren Gestaltungsspielräumen letztlich vor allem durch die strategischen Entscheidungen über Art und Ausmaß der Unternehmensaktivitäten vorbestimmt"[91] wird. Im Sinne *programmatischer Anforderungen der Kostenpolitik* resultieren demgemäß die folgenden, in *Abbildung 5-7* in ihrem Gesamtzusammenhang schematisierten Aufgabenfelder:

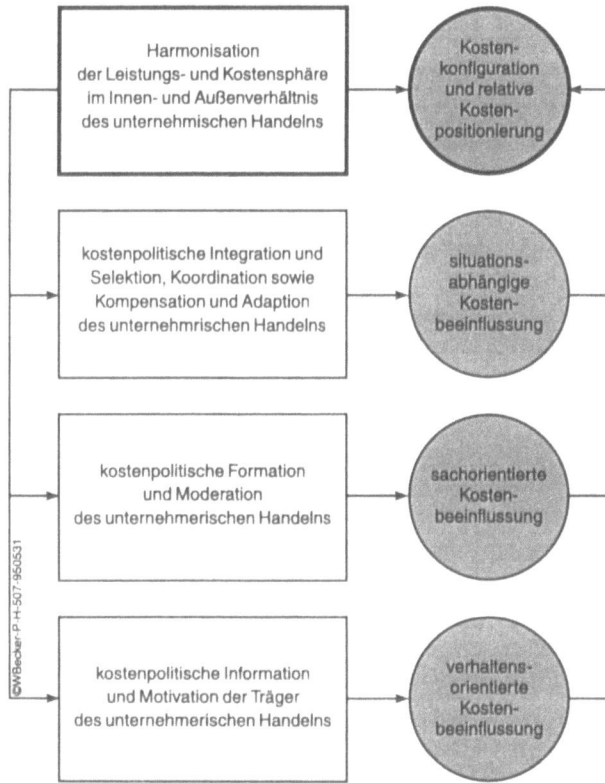

Abbildung 5-7   Schwerpunktaufgaben der Kostenpolitik

---

91   Gälweiler 1977 (Steuerung), S. 70.

Als übergeordnete Schwerpunktaufgabe ist eine nicht nur unternehmensinternen Formal-
zielinteressen gerecht werdende, sondern auch unternehmensexterne Entwicklungen antizipierende *Harmonisation der Leistungs- und Kostensphäre des unternehmerischen Handelns* zu bewirken, die in ihrem Kern eine das Kostengefüge eines Unternehmens festle-
gende *Kostenkonfiguration* sowie eine im Vergleich zur Branche beziehungsweise zu den
wichtigsten Konkurrenten vorzunehmende und insofern *relative Kostenpositionierung*
beinhaltet. Diese Aufgabe sollte insbesondere bewirken, daß die durch *Produkt-Markt-
Denken* geprägten Inhalte der strategischen Führung in ein bewußtes und zudem systematisches *Markt-Kosten-Leistungs-Denken* umgewandelt werden, das für das stabilitätspolitisch bedeutsame Erreichen der Strategie einer integrierten Kosten- und Leistungsführerschaft vorauszusetzen ist. Aus diesen übergeordneten kostenpolitischen Funktionen resultieren im wesentlichen drei abgeleitete Aufgabenkomplexe.

Die hier stattfindende Differenzierung der unterschiedlichen Dimensionen der Kostenpolitik zielt letztlich auf eine zwar umfassende, jedoch vorrangig *analytische Durchdringung
des gesamten Kostengefüges eines Unternehmens*. Die damit erzielte Systematik vermag
vor allem im Hinblick auf die Identifizierung der vielfältigen und in ihrer Bedeutung zunehmenden *Koordinationsbedarfe zwischen der Kosten- und Leistungssphäre*[92] Vorteile zu
bieten. Mit diesem analytischen Vorgehen ist allerdings stets auch der Nachteil der *Zer-
splitterung wesentlicher Verbundbeziehungen und bedeutsamer Wechselwirkungen*[93] verknüpft. Darüber hinaus ist auch aus dem übergeordneten Blickwinkel einer eher synthetisch geprägten Führungslehre zu bedenken, daß grundsätzlich innerhalb der Führung des
unternehmerischen (Ausführungs-)Handelns nicht nur situativ geprägte Koordinationsbedarfe, sondern auch präsituativ wirksame Integrations- und Selektionsbedarfe sowie
postsituativ ansetzende Kompensations- und Adaptionsbedarfe bestehen[94]. Demgemäß besteht die *Aufgabe der situationsabhängigen Kostenbeeinflussung* in der kostenpolitischen
Integration und Selektion, der Koordination sowie der Kompensation und Adaption des
unternehmerischen Handelns.

Schließlich lassen sich innerhalb des hier intendierten mehrdimensionalen Strukturkerns
einer synthetisch geprägten Führungslehre diese Funktionen, die auf diejenigen Erfordernisse abstellen, die aus dem jeweiligen *Zustand der situativen Führungsbedingungen* resultieren, noch um weitere (funktionale) Erfordernisse ergänzen. Diese sind aus den jeweils betroffenen Problemschichten des unternehmerischen Handelns abzuleiten. Diesbe-

---

92 Kostenorientierte Koordinationsbedarfe analysiert detailliert Weber 1991 (Kostenrechnung), S. 444ff.

93 Auf diesen Aspekt verweisen auch Reiß/Corsten 1990 (Grundlagen), S. 396 und fordern demgemäß insbe-
    sondere eine eingehende Analyse der Verbundbeziehungen zwischen den einzelnen Kostenkategorien.

94 Die hier vorgenommene Ergänzung der klassischen Führungsfunktionen der Integration und Koordination
    um die Funktionen der komplexitätsbedingten Selektion sowie der risikoorientierten Kompensation und
    der auf systemischer Lernfähigkeit beruhenden Adaption erfolgt in Anlehnung an die aus heutiger Sicht
    erforderlich erscheinende, systemtheoretische Reformulierung des Managementprozesses, wie sie bei-
    spielsweise von Schreyögg 1991 (Managementprozeß), S. 276ff. begründet und detailliert herausgearbei-
    tet wird.

züglich besteht die prinzipielle Notwendigkeit *sach- und verhaltensbezogene Führungs-funktionen* zu unterscheiden.

Für die Kostenpolitik resultieren aus diesem Erfordernis als weitere Aufgabenfelder:

❑ die Funktion der kostenpolitischen *Gestaltung der Leistungsstrukturen (Formation)* und der kostenpolitischen *Lenkung der Leistungsprozesse (Moderation)*, die zu einer *sachorientierten Kostenbeeinflussung* führt sowie

❑ die unter verhaltensorientierten Aspekten notwendige *kostenpolitische Information und Motivation von Führung und Ausführung*, die eine die Träger des unterneh-merischen Handelns in ihrem ökonomischen Verhalten durch Schaffung von Kosten-transparenz und Kostenbewußtsein ausrichtende und insofern *verhaltensorientierte Kostenbeeinflussung* anstrebt.

Im Rahmen dieser Aufgabenstellungen ist insbesondere auch die Abkehr von einer allzu einseitigen Ausrichtung kostenpolitischer Aktivitäten auf das *Streben nach Kostensenkung* erforderlich. Zwar sind derartige Bemühungen gerade auch im Sinne der *Aufdeckung von strategischen Rationalisierungsoptionen* keineswegs überflüssig. Gleichwohl bedürfen sie der dringenden Ergänzung um ein *Streben nach Kostenflexibilisierung*, das an den Deter-minanten der Disponierbarkeit beschäftigungsunabhängiger Fixkosten anzusetzen hat. Obwohl die diesbezüglichen Erfordernisse hinsichtlich ihrer wesentlichen Inhalte längst bekannt sind[95], werden sie bislang nur unzureichend in strategische Überlegungen zur Gestaltung der Struktur unternehmerischen Handelns einbezogen. Die konsequente Ver-folgung dieser Zwecksetzung, die zur *Sicherung der erfolgswirtschaftlichen Stabilität von Unternehmen* beiträgt, kann letztlich vor allem solchen Unternehmen, die grundsätzlich auf eine intensive Nutzung personeller und technischer Kapazitäten angewiesen sind, *stra-tegische Wettbewerbsvorteile sowie operative Aktivitätenspielräume* verschaffen.

3 Leistungswirtschaftliche Objekte der Kostenpolitik

Die wesentlichen *Objekte der strategischen und operativen Kostenpolitik* finden sich in den der Kostensphäre vorgelagerten Interaktionsfeldern von Unternehmen, speziell also insbesondere in der unternehmerischen Leistungssphäre. Deren systematische Erschlies-sung kann grundsätzlich auf die nach bedeutsamen Kostentreibern suchende *Differenzie-rung von Programmen, Potentialen, Prozessen (beziehungsweise Projekten) und Produkten* des unternehmerischen Handelns zurückgreifen. *Abbildung 5-8* vermittelt – allerdings ohne Berücksichtigung der eher einen Sonderfall der Leistungserstellung darstellenden Projekte – einen Überblick über besonders bedeutsam erscheinende *kostenbeeinflussende Wirkungen der leistungswirtschaftlichen Objekte* der Kostenpolitik. Diese Darstellung ver-steht sich allerdings nur als Denkhilfe, da sich der Gesamtzusammenhang der Aufdeckung

---

95 Vergleiche dazu insbesondere Bergner 1967 (Kosten) sowie Süverkrüp 1968 (Abbaufähigkeit).

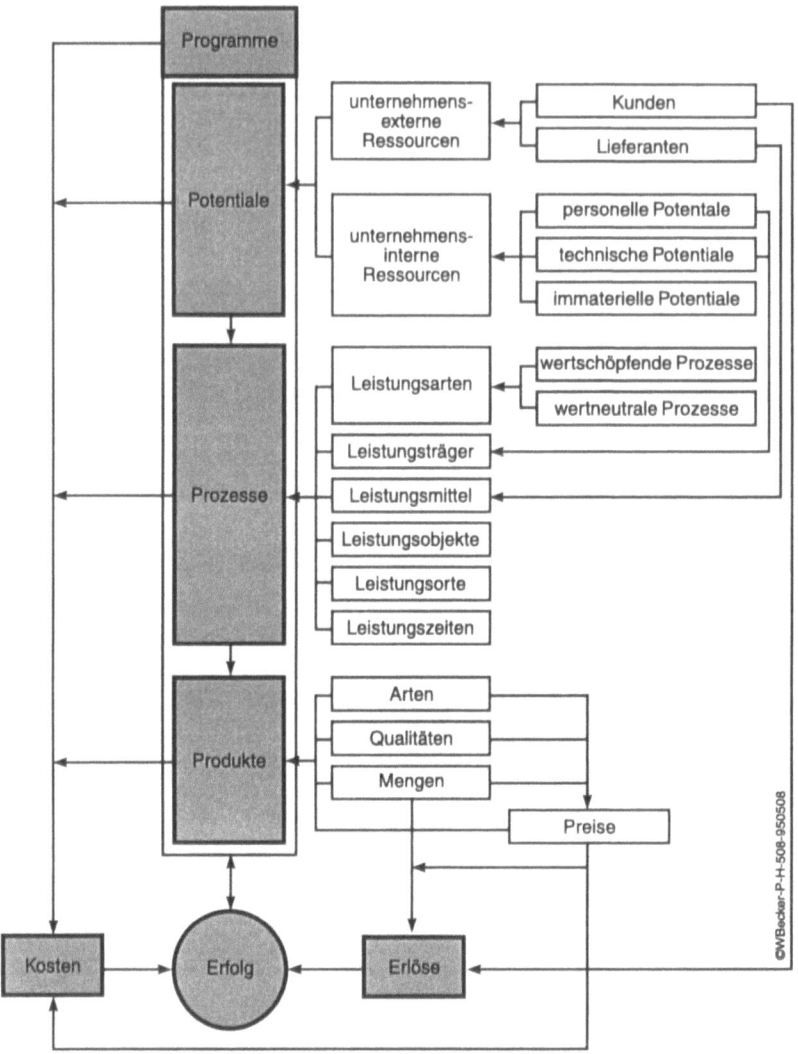

Abbildung 5-8   Kostenpolitisch besonders bedeutsame Einflußfaktoren der Erfolgsentstehung

der unterschiedlichen Arten, der potentiellen Interdependenzen sowie der stark vernetzten Wirkungsmechanismen von Kostentreibern aufgrund der außerordentlich hohen Komplexität zwangsläufig einer vollständigen Abbildung entzieht.

Die Betrachtung der _Leistungsprogramme_ ermöglicht ein eher ganzheitliches Aufspannen des unternehmerischen Handelns in die _Dimensionen der Breite und Tiefe der Leistungssphäre_, die vor allem im Zuge der grundsätzlichen unternehmenspolitischen Konfiguration erforderlich ist. Während die Leistungstiefe eines Unternehmens sich als Ergebnis der grundlegenden Abstimmung zwischen dem _Einsatz von unternehmensinternen und_ *unternehmensexternen Leistungspotentialen* präsentiert, vermittelt die Leistungsbreite die Möglichkeit des systematischen Zugriffs auf die – aus güterwirtschaftlicher Sicht – einzelnen *Leistungskategorien* (Einsatzleistungen, Wiedereinsatzleistungen, Absatzleistungen), die aus dem Zusammenwirken von Leistungspotentialen und Leistungsprozessen resultieren.

Demgemäß bietet das *Treffen kostenpolitischer Maßnahmen unter Bezugnahme auf die Leistungsprogramme* eines Unternehmens insbesondere die Möglichkeit,

❑ eine grundsätzliche *Festlegung beziehungsweise Veränderung der Kostenstrukturen* vorzunehmen, um die Relationen zwischen den Potential- und Prozeßkosten sowie das für die Lage der Gewinnschwelle bedeutsame Verhältnis zwischen den beschäftigungsfixen und beschäftigungsvariablen Kosten zu beeinflussen;

❑ eine *Beeinflussung der Komplexitätskostenentwicklung* vorzunehmen, um speziell das Auftreten von Komplexitätskostenfallen zu vermeiden.

Die Differenzierung der vor allem die Kapazität des unternehmerischen Handelns beschreibenden *Leistungspotentiale* sollte die für strategisches Denken und Handeln erforderliche Überwindung der im gesamtwirtschaftlichen Gefüge eher formalen Unternehmensgrenzen ermöglichen. Insofern sind konsequent auch Marktkapazitäten, mit denen für den Erfolg wesentliche und insofern zwangsläufig besonders enge und partnerschaftliche Kooperationen eingegangen werden, in den Analyserahmen aufzunehmen. In diesem Kontext lassen sich zum einen *unternehmensexterne Leistungspotentiale* (Lieferanten- und Kundenpotentiale) sowie zum anderen *unternehmensinterne Leistungspotentiale* (personelle, technische sowie immaterielle Potentiale) differenzieren.

Demzufolge bietet das *Treffen kostenpolitischer Maßnahmen unter Bezugnahme auf die Leistungspotentiale* eines Unternehmens insbesondere die Möglichkeit,

❑ die effiziente *Steuerung der Transaktionskosten* eines Unternehmens zu gewährleisten, die aufgrund der zunehmenden Notwendigkeit zur engen und partnerschaftlichen Kooperation mit den Beschaffungsmärkten sowie zur differenzierten und kundenindividuellen Absatzmarktbearbeitung eine zunehmende Bedeutung erlangen[96];

❑ die effiziente *Steuerung der Potentialkosten* eines Unternehmens zu sichern, die speziell eine konsequente Optimierung der *Kostenflexibilität* anzustreben hat und demzufolge vor allem auf die Erweiterung der Nutzbarkeit, die Verbesserung der Teilbarkeit, die Verminderung der (zeitlichen) Gebundenheit, die Verbesserung der Abbaubarkeit sowie die Optimierung der Ersetzbarkeit der unternehmerischen Eigenleistungspotentiale[97] auszurichten ist.

---

96 Vergleiche dazu speziell auch Weber 1993 (Produktions-, Transaktions- und Koordinationskostenrechnung), S. 21.

97 Vergleiche dazu auch Becker 1992 (Anpassung der Kostenrechnung), S. 6.

Die Betrachtung der _Leistungsprozesse_ kann unter Orientierung an einzelnen _Prozeß-merkmalen von unternehmerischen Handlungen_ erfolgen. Innerhalb eines von Wilfried Krüger zur Komplexitätsreduzierung vorgeschlagenen „gedanklichen Vorstellungsmodells für die Gesamtheit aller Elemente und Beziehungen, die zur Durchführung einzelner Handlungen erforderlich sind"[98] zählen dazu speziell die _Leistungsarten, Leistungsträger, Leistungsmittel, Leistungsobjekte, Leistungszeiten und Leistungsorte von Handlungen._ Während die nähere Analyse der Leistungsarten insbesondere die aus strategischem Blickwinkel wesentliche Unterscheidung zwischen wertschöpfenden und wertneutralen Leistungsprozessen ermöglicht, führt die Analyse der Leistungsträger sowie der Leistungsmittel zur Integration der zuvor separat betrachteten Leistungspotentiale in die hier vorzunehmende prozessuale Betrachtung. Die übrigen Prozeßmerkmale entziehen sich zwar weitgehend einer generalisierbaren Differenzierung, sind jedoch zur vollständigen Beschreibung und Durchdringung unternehmerischer Aktivitäten unverzichtbar.

Die Betrachtung der _Produkte_, die sich auch als komplexe Leistungsbündel auffassen lassen, lenkt schließlich den Blick auf die Ergebnisse der Durchführung von Leistungsprozessen. Diesbezüglich ist eine weiterführende Differenzierung nach Arten (speziell nach Sorten und Varianten sowie nach Sach- und Dienstleistungen), Qualitäten und Mengen erforderlich, um kostentreibende Einflüsse analysieren und beeinflussen zu können.

Das _Treffen kostenpolitischer Maßnahmen unter Bezugnahme auf die Leistungsprozesse sowie die Produkte beziehungsweise Projekte_ eines Unternehmens ist insbesondere darauf auszurichten,

❏ im Rahmen der Wertschöpfungsprozesse die erforderliche _Steuerung der Prozeßkosten_ zu gewährleisten sowie die auf die Leistungsergebnisse zu beziehende _Abstimmung der Einzel- und Gemeinkosten_ zu verbessern;

❏ eine lebenszyklusorientierte, frühzeitig ansetzende und durchgängige _Steuerung der Produktkosten_ zu gewährleisten, die sowohl unternehmensinterne Rentabilitätsziele als auch unternehmensexterne Markterwartungen antizipieren sollte.

Sämtliche angeführten Differenzierungen der Leistungssphäre sind insbesondere als _Diagnosehilfen für das Auffinden kostenpolitischer Problemfelder_ wertvoll, sollten jedoch keinesfalls zu einem separatistischen Denken und Handeln führen. Insofern sind die angeführten Objektfelder in eher ganzheitliche unternehmenspolitische Modelle einzubetten, um _kosten- und leistungspolitische Problemlösungen_ aufzufinden und abzustimmen. Besondere Beachtung verdient in diesem Zusammenhang das _Modell der integrierten Leistungs- und Wertkette_, das – zweckmäßige Gestaltung vorausgesetzt – vor allem im Zuge einer strategischen Stabilitäts- und Wachstumspolitik wertvolle Unterstützung leisten kann.

---

98 Krüger 1984 (Organisation), S. 14.

4 Gestaltungsebenen der Kostenpolitik

Die Kostenpolitik bezweckt – als Führungsaufgabe – die ziel- und strategiekonforme *Beeinflussung der Kostenposition* eines Unternehmens. Hierzu reicht es nicht aus, das jeweilige *Kostenniveau* der unterschiedlichen Bezugsobjekte zu positionieren. Vielmehr ist zu berücksichtigen, daß das Kostenniveau – vergleichbar mit der Spitze eines Eisbergs – letztlich stets nur die Resultante eines komplexen Abhängigkeitsgefüges darstellt. Dieser in *Abbildung 5-9* veranschaulichte Zusammenhang bewirkt, daß auch die das Kostenniveau determinierenden *Kostenstrukturen und Kostenverläufe*, die ihrerseits von den leistungswirtschaftlichen Bedingungskonstellationen sowie von den Wirkungsmechanismen unterschiedlichster Kosteneinflußgrößen (beziehungsweise Kostentreiber) abhängig sind, als kostenpolitische Gestaltungsebenen zu begreifen sind.

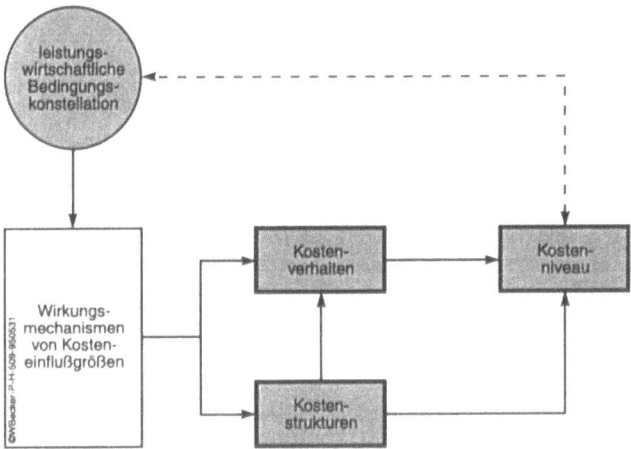

Abbildung 5-9   **Bedeutsame Wechselwirkungen zwischen den Gestaltungsebenen der Kostenpolitik**

Diese *Gestaltungsebenen der Kostenpolitik* resultieren zwar aus einer „für Analysezwecke äußerst nützliche(n), letztlich aber künstliche(n)"[99] und insofern nur formalen *Aufspaltung der Kostensphäre*. Die Kostenpolitik kann diese Differenzierung speziell für Analysezwecke nutzen, muß aber eben stets die bedeutsamen *Wechselwirkungen zwischen den Gestaltungsebenen* berücksichtigen. Gerade in diesen Wechselwirkungen finden sich nämlich zugleich wesentliche *Kernprobleme der kostenpolitischen Positionierung*. Darauf hat auch bereits Aloys Gälweiler mit dem folgenden Tatbestand exemplarisch hingewiesen: „Niedrigere Stückkosten sind häufig nur mit höheren Fixkosten erreichbar. Höhere Fixkosten bedeuten verminderte Kostenanpassungsfähigkeit im Falle eines Beschäftigungsrückgangs."[100]

---

99 Reiß/Corsten 1990 (Grundlagen), S. 390.

100 Gälweiler 1977 (Steuerung), S. 70.

Im Rahmen kostenpolitischer Analysen charakterisiert die *Gestaltungsebene der Kosten-struktur* „die Zusammensetzung der Kosten aus unterschiedlichen Kosten'blöcken', -kategorien bzw. -arten"[101]. Im Vordergrund kostenpolitischer Interessen stehen diesbezüglich die aktive Gestaltung der Kostenabhängigkeiten und der Kostenzurechenbarkeiten. Während die *Unterscheidung zwischen variablen und fixen Kosten* die Abhängigkeit der Kosten von Kosteneinflußgrößen, speziell meist von der Beschäftigung widerspiegelt, zielt die *Unterscheidung von Einzel- und Gemeinkosten* auf die Kennzeichnung der Zurechenbarkeit der Kosten auf Kalkulationsobjekte.

Darüber hinaus verdienen nicht nur die *Relationen zwischen den wesentlichen Kosten-artengruppen*, also die produktionsfaktorbezogene Zusammensetzung der Gesamtkosten eines Unternehmens (aus Personal-, Anlagen-, Material-, Energie-, Dienstleistungs-, Kapitalkosten und sonstigen Kosten) sowie die *Relationen zwischen den Primär- und Se-kundärkosten* kostenpolitische Beachtung, sondern speziell auch die *Relationen zwischen den Kosten einzelner Funktionalbereiche*[102]. Innerhalb des zuletzt genannten Zusammenhangs bietet vor allem die auf der Analyse der Leistungs- und Wertkette eines Unternehmens zu fundierende *Differenzierung wertschöpfender und wertneutraler Funktionen* sowie die demgemäße Ermittlung der zugehörigen Kostenrelationen wertvolle Aufschlüsse über die strategisch relevanten Kostenanteile eines Unternehmens.

Die kostenpolitische *Dimensionierung der Kostenstrukturen* ist im Zuge der im Vordergrund stehenden Fokussierung auf die Betrachtung der Fixkosten einerseits sowie der Gemeinkosten andererseits vor allem durch ein *Bemühen um Ausgewogenheit* gekennzeichnet. Darauf weisen auch Michael Reiß und Hans Corsten hin, indem sie die mit diesen Kostenkategorien in Verbindung stehenden Vorteile herausstellen[103]:

❏ so verursachen sämtliche Leistungspotentiale aufgrund ihrer eingeschränkten sachlichen und zeitlichen Teilbarkeit *Fixkosten*, die im Falle unterausgelasteter Kapazität mit nutzungsbedingt entstehenden Deckungsbeiträgen beziehungsweise im Rahmen eines kalkulatorischen Ausgleichs zu subventionieren sind, begründen jedoch andererseits organisatorischen *Slack*, der als *Sicherheitsreserve im Rahmen des Risikomanagements* dienen kann;

❏ darüber hinaus verursachen speziell gepoolte Leistungspotentiale *Gemeinkosten*, die sich nicht beziehungsweise nur eingeschränkt einzelnen Leistungen zurechnen lassen, begründen jedoch andererseits möglicherweise sowohl *Größenvorteile* (Economies of Scale) als auch *Synergieeffekte* (Economies of Scope).

Insofern ist keineswegs der möglichst vollständige Abbau einzelner Kostenkategorien anzustreben. Vielmehr stehen die *Sicherstellung einer situativ angemessenen Kostenflexi-*

---

101 Reiß/Corsten 1992 (Gestaltungsdomänen), S. 1479.

102 Vergleiche detaillierter dazu Männel 1992 (Kostenrechnung), S. 111ff.

103 Vergleiche dazu nochmals Reiß/Corsten 1992 (Gestaltungsdomänen), S. 1487.

bilität sowie die *Erhaltung einer pretialen Lenkbarkeit der indirekten Handlungsbereiche von Unternehmen* im Mittelpunkt der diesbezüglichen kostenpolitischen Abstimmung.

Die kostenpolitische *Gestaltungsebene des Kostenverhaltens* kennzeichnet den jeweiligen Kostenverlauf und somit „die mehr oder weniger stark ausgeprägte Reagibilität der Kosten gegenüber bestimmten Kosteneinflußgrößen"[104]. Deren Wirksamkeit verursacht die prinzipiell zu unterscheidenden Grundformen eines *progressiven, proportionalen oder degressiven Kostenverlaufs*, die – wiederum in Abhängigkeit der leistungswirtschaftlichen Bedingungskonstellationen – auch gekoppelt auftreten können.

Eine auf das Kostenverhalten ausgerichtete Kostenpolitik stellt aus dem Blickwinkel eines kostenorientierten Risikomanagements insbesondere die *Handhabung progressiver Kostenverläufe* und aus Sicht eines kostenorientierten Chancenmanagements regelmäßig das *Streben nach degressiven Kostenverläufen* in den Vordergrund[105]. In diesen Bezügen muß insbesondere die *Ermittlung, Analyse und Beeinflussung der strategisch bedeutsamen Kostentreiber innerhalb der integrierten Leistungs- und Wertkette eines Unternehmens* als kostenpolitischer Aufgabenschwerpunkt angesehen werden.

Die kostenpolitische *Gestaltungsebene des Kostenniveaus* beschreibt schließlich die „punktuelle Kostenhöhe"[106] und beinhaltet, da Kosten als *bewerteter, leistungsbezogener Güterverzehr* definiert sind, die aus den Leistungsprozessen ableitbaren *Mengen- und/ oder Zeitkomponenten* sowie die *Wertkomponenten* als wesentliche kostenpolitische Beeinflussungsparameter. Als Determinanten der Kostenniveau-Politik kommen sämtliche, zur Aufspaltung des allgemeinen Gattungsbegriffs Kosten heranziehbaren *speziellen Kostenkategorien*[107] in Betracht, also insbesondere die Gesamt- und Stückkosten, die Einzel- und Gemeinkosten, die variablen und fixen Kosten, die Grenz- und Residualkosten, die Plan-, Soll-, Ist- und Normalkosten sowie die relevanten und irrelevanten Kosten.

Sämtliche Gestaltungsebenen der Kostenpolitik sind im Zuge einer dringend erforderlichen *Dynamisierung von kostenpolitischen Aussagen* schließlich nicht nur unter sachbezogenen, sondern zusätzlich auch unter zeitbezogenen Aspekten zu betrachten. In diesem Zusammenhang ist insbesondere der *Ermittlung und Analyse der Kostenpräkurranz sowie der Kostenremanenz*[108], die auf der Ebene des Kostenverhaltens wertvolle Hinweise auf den möglichen zeitlichen Verzug von kostenpolitischen Anpassungsmaßnahmen liefern, aber auch der *Kostenstrukturdynamik* sowie der *Entwicklung der Kostenniveaus* besondere Bedeutung beizumessen.

---

104 Reiß/Corsten 1992 (Gestaltungsdomänen), S. 1479.

105 Vergleiche detailliert dazu Reiß/Corsten 1990 (Grundlagen), S. 391.

106 Reiß/Corsten 1990 (Grundlagen), S. 390.

107 Vergleiche dazu beispielsweise Hummel/Männel 1986, S. 96ff.

108 Vergleiche detaillierter dazu wiederum Reiß/Corsten 1992 (Gestaltungsdomänen), S. 1483f.

D Fokussierte Kosten- und Leistungspolitik im Gegenstrom

Die enge Vernetzung von *Handlungen in der Leistungssphäre* sowie ihrer *Wirkungen in der Wertsphäre*, speziell in der Kostensphäre macht einerseits kostenpolitische Führungsimpulse unabdingbar, entzieht sich jedoch andererseits aufgrund der hohen Komplexität einer vollständigen Beherrschung. Diesen Aspekten kann durch eine jeweils *problemadäquate Abgrenzung mehrdimensional verknüpfter Problemräume innerhalb des Aufgabenspektrums der Kostenpolitik* entsprochen werden. Für die Erfüllung dieser Aufgaben, die möglicherweise als spezifische Funktion des Controlling angesehen werden kann, wird demgemäß ein *Konzept der fokussierten Kosten- und Leistungspolitik im Gegenstrom* vorgeschlagen.

1 Konzeptioneller Bezugsrahmen der fokussierten Kosten- und Leistungspolitik

Den Aufbau eines fokussierten Kostenmanagements empfehlen auch bereits Michael Reiß und Hans Corsten, jedoch mit einer eher formalzielorientierten Begründung. Hier wird nämlich gefordert: „Um nun zu verhindern, daß die Kosten des Kostenmanagements außer Kontrolle geraten, erscheint eine bewußte Konzentration auf einzelne Kostenkategorien unausweichlich. Anstatt sich flächendeckend um alle Kostenkategorien mit gleicher Aufmerksamkeit zu kümmern, setzt das fokussierte Kostenmanagement nur an den Hauptverursachern und dabei an den Wurzeln der Kostenverursachung an."[109] Insofern werden in diesem Ansatz vorrangig spezielle *Wirtschaftlichkeitsaspekte der Kostenpolitik* in den Vordergrund gerückt. Außerdem erfolgt eine deutliche Ausrichtung auf die *Erforschung der Kostenverursachung*.

Die Berücksichtigung der *Kosten der Kostenpolitik* erfolgt angesichts der bereits ausführlich erörterten Probleme der Komplexitätskostenentwicklung sicher nicht zu Unrecht, muß aber aus einem theoriegeleiteten Blickwinkel des Erkenntnisinteresses als eher derivativer Grund hintangestellt werden. Originäre *Gründe einer fokussierten Kosten- und Leistungspolitik* bilden demgegenüber die kostenpolitischen Erfordernisse, die aus den zuvor bereits angeführten Führungsfunktionen der Integration und Selektion, der Koordination, der Kompensation und Adaption, der Formation und Moderation sowie der Information und Motivation des unternehmerischen Gefüges resultieren. Auch scheint die zudem erfolgende Ausrichtung auf die *Identifizierung wesentlicher Kostentreiber* durchaus gerechtfertigt und notwendig. Allerdings beinhaltet eine derartige Formulierung die Gefahr, daß das kostenpolitische Denken (einseitig) auf die eher operative *Senkung faktischer Kosten*[110] beziehungsweise bestenfalls auf die *Steuerung disponierter Kosten* gelenkt wird. Vorrangig hat jedoch eine strategische Ansprüche erhebende Kostenpolitik ihre Aufmerksamkeit frühzeitig auf die *Beeinflussung potentieller Kosten*, die aufgrund von leistungswirtschaftlichen Entscheidungen entstehen können, zu richten.

---

109 Reiß/Corsten 1990 (Grundlagen), S. 395.

110 Eine derartige Interpretation wird zudem durch unmittelbar anschließend von Reiß/Corsten 1990 (Grundlagen), S. 395f. vorgetragene Beispiele nahegelegt.

Insofern wird hier – wie dies auch *Abbildung 5-10* verdeutlicht, eine Ausrichtung der fokussierten Kosten- und Leistungspolitik auf die *Durchführung strategischer Kostenanalysen*, die *Kostenbeeinflussung im Sinne einer 'geführten' Konfiguration und Positionierung der Kosten* des unternehmerischen Handlungsgefüges im Gegenstrom sowie die *strategische Kostenkontrolle* angestrebt.

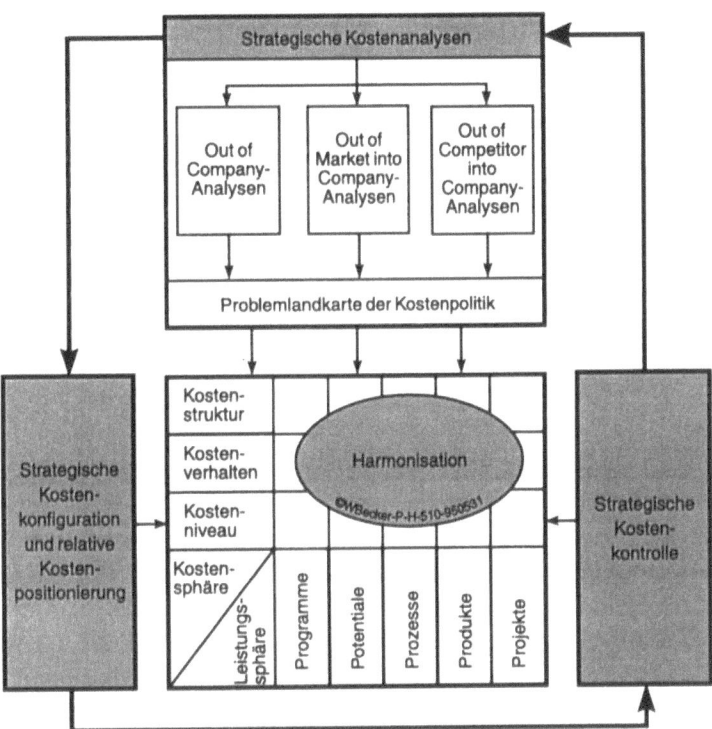

Abbildung 5-10   Funktionen der fokussierten Kosten- und Leistungspolitik

Besondere Bedeutung erlangen diese Funktionen für das zukünftig steigende Bedeutung aufweisende *Aufgabenfeld der strategischen Wettbewerbspolitik*. So wird etwa auch innerhalb der auf Michael E. Porter zurückgehenden Formulierung der *Wettbewerbsstrategie der Kostenführerschaft* ein zumindest ansatzweise ähnlich differenziertes Modell der strategischen Kostenbeeinflussung entwickelt. Die relative *Kostenposition eines Unternehmens* wird in diesem Zusammenhang zum einen auf die aus der jeweiligen Zusammensetzung der Wertkette resultierende *Kostenstruktur* zurückgeführt. Zum anderen ist den unterschiedlichen Kosteneinflußfaktoren, besondere Bedeutung beizumessen, die das *Kostenverhalten* der Prozesse innerhalb der Wertkette determinieren. Ein als *Kostenvorsprung* bezeichenbares Kostenniveau ist – so resümiert Porter – folglich vor allem durch die „*Kontrolle der Kostenantriebskräfte*" sowie die „*Umstrukturierung der Wertkette*"[111] erreichbar.

---

111 Porter 1986 (Wettbewerbsvorteile), S. 139

Auch die hier vorzufindenden *Schwerpunkte der Kostenpolitik* sind offenkundig im Sinne eines eher postsituativen Anpassens der Kostensphäre eines Unternehmens an die jeweils geltenden Wettbewerbsbedingungen formuliert. Demgegenüber muß sich jedoch eine tatsächlich strategische Kostenbeeinflussung, die zukünftige Entwicklungen ganzheitlich antizipieren sollte, durch eine *bestenfalls präsituativ wirksame, zumindest aber situativ ansetzende Kostenkonfiguration und Kostenpositionierung* auszeichnen. Insofern ist vorrangig nicht eine (kurative) Umstrukturierung, sondern vielmehr die (präventive) *Vorstrukturierung der Wertkette*[112] sowie die unmittelbar anknüpfende *strategische Kontrolle der Kostenantriebskräfte*[113] im Aufgabenspektrum der strategischen Kostenpolitik anzusiedeln.

Schließlich ist auch die im Konzept von Porter vorgenommene Beschränkung kostenpolitischer Maßnahmen auf die Strategie der Kostenführerschaft – dies zeigten bereits die grundsätzlichen Ausführungen zum Revisionsbedarf der Strategien – unzweckmäßig. Das Streben muß demgegenüber gerade darauf gerichtet werden, das Erreichen einer *Strategie der umfassenden Kosten- und Leistungsführerschaft durch eine entsprechend fokussierte Kosten- und Leistungspolitik* zu sichern. Nur dies kann den *Weg zu einer integrierten stabilitätspolitischen Unternehmensführung* öffnen.

2 Orientierungspfade und inhaltliche Schwerpunkte strategischer Kostenanalysen

Die angestrebte Harmonisation des kosten- und leistungsbezogenen Denkens und Handelns setzt insbesondere die zweckgerichtete *Durchführung strategischer Kostenanalysen* voraus. In diesem Zusammenhang kann sowohl auf bereits klassische als auch auf moderne *Instrumente der Kostenrechnung* zurückgegriffen werden. Aus dem hier gewählten Blickwinkel einer das unternehmerische Handeln unterstützenden, grundsätzlich mehrdimensionalen, jedoch fokussierten Kosten- und Leistungspolitik, lassen sich der Art nach *unternehmens- und marktbezogene Vorgehensweisen als Orientierungspfade für die Durchführung strategischer Kostenanalysen*[114] differenzieren und vor allem auch miteinander verknüpfen.

Unternehmensbezogene Kostenanalysen beschränken sich prinzipiell weitgehend auf eine *unternehmensinterne Diagnose des Kostenstatus*. Unter methodischen Gesichtspunkten lassen sich solche *'Out of Company'-Analysen* in die nachfolgend aufgeführten Varianten unterteilen:

---

112 Um Interpretationsirrtümern vorzubeugen, sei explizit angemerkt, daß es sich hier nicht um semiotische, sondern um semantische Überlegungen handelt, die auf eine tiefergreifende Veränderung betriebswirtschaftlicher Denkstrukturen gerichtet sind.

113 Auf das Erfordernis, eine strategische Kostenkontrolle zu etablieren verweisen auch bereits Steinmann/ Guthunz/Hasselberg 1992 (Kostenführerschaft), S. 1470ff.

114 Auf die nachfolgend angeführten Möglichkeiten der Kostenanalyse verweist – in etwas anderer Systematik sowie im Zusammenhang mit der gerichteten Festlegung von anzustrebenden Zielkosten – auch Seidenschwarz 1991 (Kostenmanagement), S. 199f.

❑ Erstens zählen dazu *'Out of Product'-Analysen*, die darauf gerichtet sind, unter primär funktional orientierten Gesichtspunkten eine *Ermittlung der Produktkosten* sicherzustellen.

Im Mittelpunkt derartiger Vorgehensweisen lassen sich die auf die *klassischen Instrumente der Kostenrechnung* (speziell der traditionellen Vollkostenrechnung, aber auch der Grenzplankostenrechnung beziehungsweise des im US-amerikanischen Sprachraum üblichen Direct Costing, des Absorption Costing und des Standard Costing[115]) zurückgreifenden Analysen der insofern vorrangig progressiven, also dem Leistungsfluß folgenden und zudem *vorwiegend produktionsorientierten Kostenermittlung*[116] ansiedeln.

Darüber hinaus sind die durch einen von der Leistungsverwertung der Produkte ausgehenden, also retrograden Analysepfad gekennzeichneten Vorgehensweisen – wie dies idealtypisch durch die *Einzelkosten-, Einzelerlös- und Deckungsbeitragsrechnung* gewährleistet wird – anzuführen.

❑ Zweitens sind *'Out of Resource'-Analysen* zu nennen, die unter primär objektorientierten Gesichtspunkten auf die *Ermittlung der Potentialkosten* abstellen und regelmäßig im Rahmen spezifischer Sonderrechnungen, speziell in Personal- und Anlagenkostenrechnungen[117] durchgeführt werden.

❑ Drittens sind *'Out of Resource Consumption'-Analysen*[118] anzuführen, die – unter Bezugnahme auf das Zusammenwirken der unternehmerischen Leistungspotentiale in den Leistungsprozessen – vorrangig auf die *Ermittlung von Aktivitäts- beziehungsweise Prozeßkosten* gerichtet sind und sich schwerpunktmäßig um einen effektiven Einsatz der unternehmerischen Ressourcen sowie um eine effiziente Steuerung der Kapazitätsauslastung bemühen. Derartige Analysen werden insbesondere durch die instrumentellen Konzepte des Activity-based Costing (beziehungsweise der Prozeßkostenrechnung) unterstützt.

❑ Viertens läßt sich schließlich noch der Pfad einer *'Out of Value Chain'-Analyse* nennen, der grundsätzlich – im Sinne eines übergreifenden Ansatzes – auf einer gesamthaften Betrachtung sämtlicher Bezugsobjekte der Leistungssphäre beruht und sich

---

115 Vergleiche zu dem dort jeweils üblichen Vorgehen Herzog 1992 (Entwicklungen), S. 339 sowie auch Schoenfeld 1992 (Accounting), S. 348ff.

116 Ein solches Vorgehen kann allerdings unter strategischen Aspekten keinesfalls als ausreichend bezeichnet werden; vergleiche dazu auch Ames/Hlavacek 1990 (Kostenmanagement), S. 79.

117 Exemplarisch sei in diesem Zusammenhang auf die von Männel 1982 (Anlagenverwaltung) vorgeschlagenen Ansätze zur Planung, Budgetierung, Ermittlung, Analyse und Kontrolle der Anlagenkosten verwiesen.

118 Diese Bezeichnung verdankt der Autor seinem akademischen Lehrer, Wolfgang Männel, der anläßlich einer Diskussion mit Robert S. Kaplan, der die konzeptionelle Entwicklung des Activity-based Costing wesentlich mitgetragen hat, übereinkam, daß diese Bezeichnung die speziellen Zielsetzungen dieses Instrumentariums charakteristisch kennzeichnet.

demgemäß um die integrative *Ermittlung des Kostenstatus eines Unternehmens* bemüht. Eine derartige Vorgehensweise stützt sich weniger auf die produktabrechnenden Funktionen traditioneller Kostenrechnungsinstrumente und ist am ehesten für strategisch orientierte Kostenanalysen[119] einsetzbar.

Marktbezogene Kostenanalysen beziehen auch *unternehmensexterne Informationen* in die Bestimmung des Kostenstatus eines Unternehmens ein. Solche *'Out of Market'-Analysen* können, dem hier zugrundeliegenden Vorstellungsmodell des Handelns im Strategischen Viereck folgend, prinzipiell in *lieferanten-, konkurrenten- und kundenorientierte Analysen* unterteilt werden:

❑ Der Pfad einer *'Out of Supplier'-Analyse* wird prinzipiell bereits im Rahmen der unternehmensinternen Bestimmung des Kostenstatus zu beschreiten sein. Dies gilt speziell dann, wenn übergreifende, auf die Leistungs- und Wertkette rekurrierende 'Out of Value Chain'-Analysen durchgeführt werden. So weist auch bereits Michael E. Porter darauf hin, daß „gegenseitige *Abhängigkeiten zwischen den Aktivitäten eines Unternehmens und den Wertketten der Lieferanten*" bestehen und folglich zu untersuchen ist, „wie das Verhalten von Lieferanten ... die Kosten jeder einzelnen Aktivität beeinflußt und diese umgekehrt jenes beeinflussen"[120]. Gleichwohl wird diese Orientierungsrichtung hier einerseits aus Systematisierungsgründen explizit als marktbezogene Kostenanalyse eingeordnet. Andererseits soll damit die hohe Bedeutung derartiger, in der Praxis regelmäßig vernachlässigter Analysen herausgestellt werden.

❑ Der Pfad einer *'Out of Competitor'-Analyse*, die prinzipiell den bereits von Eugen Schmalenbach geprägten Gedanken des Betriebsvergleichs aufgreift[121], steht für das Bemühen, den *Kostenstatus eines Unternehmens im Vergleich zum erfolgreichsten Konkurrenzunternehmen* zu bestimmen. Das damit verbundene Vorgehen mündet in eine *relative Kostenpositionierung* ein, die mit dem Ziel des Erreichens der Branchenführerschaft verbunden wird[122].
Die in der Praxis auftretenden Schwierigkeiten der Ermittlung der erforderlichen Informationen über das Konkurrenzunternehmen lassen auch abgeschwächte *Varianten einer wettbewerbsorientierten Kostenanalyse* zweckmäßig erscheinen. Dazu sind vor allem solche Methoden zu zählen, die sich an *Branchendurchschnittsdaten* orientieren sowie *Vergleiche mit nicht konkurrierenden Unternehmen* beinhalten, die bestimmte Wertschöpfungsfunktionen ebenfalls, aber eben möglicherweise effizienter wahrnehmen. In diesem Zusammenhang ist speziell auf das in den USA entwickelte und breite Anwen-

---

119 Vergleiche dazu Porter 1986 (Wettbewerbsvorteile), S. 95ff.

120 Porter 1986 (Wettbewerbsvorteile), S. 110.

121 Vergleiche dazu Schmalenbach 1919 (Selbstkostenrechnung), S. 350.

122 Eine derartige Kostenpositionierung bildet den Kern der von Porter 1986 (Wettbewerbsvorteile), S. 95ff. empfohlenen Vorgehensweise zum Erreichen der Strategie der Kostenführerschaft.

dung findende *Instrumentarium des Benchmarking* hinzuweisen[123]. Diese zwar prinzipiell innerhalb des Total Quality Management einzuordnende Methode ist nicht nur auf die *Verbesserung der Produktqualität*, sondern auch auf die *Optimierung der Kosten* gerichtet[124]. Ein derartiges Vorgehen unterstützt das hier unter stabilitätspolitischen Aspekten empfohlene *Streben nach umfassender Kosten-Leistungs-Führerschaft* maßgeblich[125].

❑ Der Pfad einer *'Out of Customer'-Analyse* beinhaltet eine den strategischen Konzepten der Unternehmensführung in besonderer Weise gerecht werdende, konsequente *Ausrichtung der Kosten- und Leistungspolitik auf Produkt-Markt-Bündel* und stellt eine eher indirekt erfolgende *Ableitung kostenpolitischer Vorgaben aus Produktpreis- und Produktnutzenerwartungen der Kunden* dar. Diese Vorgehensweise mündet letztlich – unterstützt durch den Einsatz geeigneter Methoden, so insbesondere des aus japanischen Managementinstrumenten entstammenden *Target Costing*[126] – in eine *antizipative Kostenkonfiguration* durch frühzeitige, bereits auf die Entwicklungsphase von Produkt- und Prozeßtechnologien einwirkende Vorgabe von Erlös-, Ergebnis-, Kosten- und Leistungszielen – in dieser Reihenfolge! – ein.

Eine *fokussierte Kosten- und Leistungspolitik* hat im Rahmen strategischer Kosten- und Leistungsanalysen prinzipiell die zuvor systematisierten unternehmens- und marktorientierten Analysepfade parallel zu beschreiten, um zu einer umfassenden und detaillierten *Problemanalyse des strategischen Kostenstatus* eines Unternehmens zu gelangen. Die in diesem Zusammenhang heranzuziehende methodische Vorgehensweise kann sich grundsätzlich an der von Michael E. Porter beschriebenen *Abfolge strategischer Kostenanalysen*[127] orientieren.

---

123 Vergleiche dazu insbesondere den deutschsprachigen Überblicksartikel von Horváth/Herter 1992 (Benchmarking), der auch auf die diesbezüglich wesentlichsten US-amerikanischen Publikationen verweist.

124 Vergleiche dazu vor allem Walleck/O'Halloran/Leader 1991 (Benchmarking), S. 7, die zudem auch noch auf die Wirkung hinsichtlich einer Beschleunigung der Entwicklungszeiten verweisen, sowie speziell zur Vorgehensweise der Kostenanalyse innerhalb des Benchmarking auch Fifer 1989 (Cost Benchmarking).

125 Die Entwicklung des strategischen Denkens in diese Richtung verdeutlicht auch die folgende, von Tucker/Zivan/Camp 1987 (measure) getroffene Aussage: „... managers tend to concentrate first on comparative costs. But as they become more knowledgeable about benchmarking, managers discover that understanding practices, processes, and methods is more important because these define the changes nesseray to reach the benchmark costs" (S. 8).

126 Vergleiche dazu insbesondere die jüngst erschienene Dissertation von Seidenschwarz 1993 (Target Costing), die hier nicht mehr detailliert berücksichtigt werden konnte. Insgesamt weisen die dort vorgetragenen Ergebnisse, die hinsichtlich ihrer strategischen Zweckmäßigkeit ausdrücklich zu bestätigen sind, ebenfalls auf die auch in dieser Untersuchung herausgearbeiteten Notwendigkeit einer grundlegenden und tiefgreifenden Veränderung im kosten- und leistungspolitischen Denken hin.

127 Vergleiche dazu nochmals Porter 1986 (Wettbewerbsvorteile), S. 95ff. sowie auch die sowohl von Horváth 1990 (Kostenmanagement), S. 178ff. als auch von Steinmann/Guthunz/Hasselberg 1992 (Kostenführerschaft), S. 1464ff. jeweils beschriebene und ergänzte Vorgehensweise.

Der *erste Schritt* einer derartigen Problemanalyse strebt eine *kosten- und leistungsanaly-*
tische Disaggregation der Leistungs- und Wertkette eines Unternehmens an, um innerhalb
des unternehmerischen Handelns diejenigen Aktivitäten zu identifizieren, die

❏ aufgrund hoher Kostenintensitäten besondere Aufmerksamkeit verdienen,

❏ unterschiedlich auf die in der Kostensphäre wirksamen Kosteneinflußgrößen reagieren
sowie

❏ im Vergleich zu konkurrierenden Unternehmen signifikante Unterschiede in ihrer relativen Ausgestaltung aufweisen.

Für diese Kategorien unternehmerischer Aktiväten sind anschließend *Abschätzungen des*
jeweiligen Kostenniveaus vorzunehmen, die zugrundeliegenden *Kostenstrukturen* zu ermitteln und auf der Grundlage von *ABC-Analysen* die wettbewerbsstrategisch besonders bedeutsamen Aktivitäten herauszufiltern, die einer weiterführenden kosten- und leistungspolitischen Analyse zu unterziehen sind.

In einem *zweiten Schritt* sollte dieses Vorgehen – im Sinne einer über das vordergründige
Ermitteln der Anteile der Material- und Dienstleistungskosten an den unternehmerischen
Gesamtkosten hinausgehenden Analyse – auch auf die *kosten- und leistungsanalytische Ein-*
beziehung strategisch bedeutsamer Lieferanten ausgedehnt werden. In diesem Zusammenhang sind zumindest *Transaktionskostenbetrachtungen* erforderlich, um eine strategische Dimensionierung der Leistungstiefe des Unternehmens auf der Gundlage sämtlicher entschei-
dungsrelevanter Informationen vornehmen zu können. Darüber hinaus sollten sich solche
Analysen grundsätzlich aber auch um die Identifizierung derjenigen Ansatzpunkte bemühen,
die ein *Beeinflussungspotential der Kostenposition dieser strategisch bedeutsamen Lieferan-*
ten eröffnen. Dies gilt speziell für solche besonders engen Kooperationen mit Lieferanten,
die den Aufbau einer langfristigen und engen *Wertschöpfungspartnerschaft* anstreben.

Der *dritte Schritt* einer strategisch orientierten Kosten- und Leistungsanalyse ist schließlich – im eigenen Unternehmen sowie analog dazu auch bei den bedeutsamen Lieferanten –
auf die *Identifizierung der aktuellen und potentiellen Kostentreiber* zu richten. Diese
Analyse steht für das Bemühen, die Zusammenhänge zwischen den Leistungsstrukturen,
Leistungsprozessen und Leistungsergebnissen des unternehmerischen Handelns sowie den
davon ausgehenden *Einflüssen auf das Kostenverhalten* aufzuspüren. In diesem Zusammenhang sind nicht nur *faktische Wirkungen* von Kostentreibern, sondern auch *potentielle*
Wirkungen von Kostenantriebskräften festzustellen, um das letztlich anzustrebende *Er-*
schließen kostenpolitischer Handlungsspielräume zu unterstützen.

Der *vierte Schritt* dehnt die Betrachtung auf die kostenpolitische *Analyse des stärksten*
Konkurrenten sowie gegebenenfalls auch auf weitere Unternehmen der Branche und *wett-*
bewerbsneutrale Unternehmen aus. Die in diesem Zusammenhang durchzuführenden
Analysen sind prinzipiell durch ein zur Ableitung des eigenen Kostenstatus *methodisch*
analoges Vorgehen geprägt. Allerdings wird man in der Praxis diesbezüglich deutliche

Abstriche hinsichtlich der erreichbaren Informationsumfänge, der Sicherheit der Informationsquellen und damit der Informationsgenauigkeit hinnehmen müssen. Verbleibende *Informationslücken* sind nicht nur durch vorsichtige Abschätzungen, sondern vor allem auch durch den zu intensivierenden Einsatz des in Deutschland noch wenig gebräuchlichen *Benchmarking-Instrumentariums* zu schließen.

Im *fünften Schritt* ist es schließlich erforderlich, die in den zu bearbeitenden Absatzmärkten vorherrschenden *Erwartungshaltungen über Preis-Leistungs-Relationen der Produkte* sowie die im Unternehmen existierenden *Gewinnerwartungen* als indirekte Vorgaben für eine insofern *antizipative Kostenkonfiguration* anzusehen und konsequent in die fokussierte Kosten- und Leistungspolitik einzubeziehen.

Dieses *Vorgehen der antizipativen Kostenkonfiguration*, das zumindest ansatzweise auch im Target Costing verankert ist, kann aus Sicht der Kostenlehre – wie dies auch *Abbildung 5-11*[128] veranschaulicht – als eine Umkehr bisher dominierender Denkrichtungen gewertet werden.

Die Darstellung verdeutlicht, daß traditionell Produkt- und Prozeßtechnologien als Initiatoren einer insofern *technologieinduzierten Wertschöpfung* wirken und somit maßgeblich die Gestaltung der Leistungssphäre determinieren. Kosten entstehen daher als Wirkungen des leistungserstellungsbedingten Güterverzehrs und lassen sich allenfalls in technologisch geprägten Strukturen sowie regelmäßig auch nur operativ planen, budgetieren, erfassen und kontrollieren. Die Absatzmärkte dienen als potentielle Erlösquellen und müssen zur operativen Erlös- und Erfolgsrealisation intensiv durch absatzpolitische Instrumente bearbeitet werden. Eine demgegenüber *marktinduzierte Wertschöpfung* akzeptiert den Markt als Initiator unternehmerischen Handelns. Die potentiellen Kunden eines Unternehmens stehen demgemäß nicht nur am Ende, sondern auch am Anfang der unternehmerischen Wertschöpfungsfunktion und determinieren diese durch ihre Produktpreis- und Produktnutzenerwartungen. Die Technologie wirkt in diesem Modell 'nur' noch als Problemlösungspotential, das die in einem vorgegebenen Kostenrahmen zu erreichende Leistungsfähigkeit sicherzustellen hat.

Die in diesem Fall besonders konsequente und durchgängige, von der Erfolgssphäre ausgehende Verfolgung des Gedankens einer *marktorientierten Kosten- und Leistungspolitik* fördert nicht nur das Innovations-, Kommunikations- und Kooperationsverhalten von Unternehmen[129], sondern läßt den operativen *Erfolg als zwangsläufige Konsequenz strategischen Handelns* entstehen. Diese Zwangsläufigkeit steht für die hier aus stabilitätspolitischen Gründen geforderte *Strategie der umfassenden Kosten- und Leistungsführerschaft*, die offenkundig auch in erfolgreichen japanischen Unternehmen als Handlungsmu-

---

128 Vergleiche dazu auch die ähnlichen Sichtweisen von Sakurai 1990 (Management Accounting), S. 52 sowie von Hiromoto 1991 (Bedeutung), S. 35.

129 Vergleiche dazu insbesondere auch Hiromoto 1989 (Japan), S. 320f.

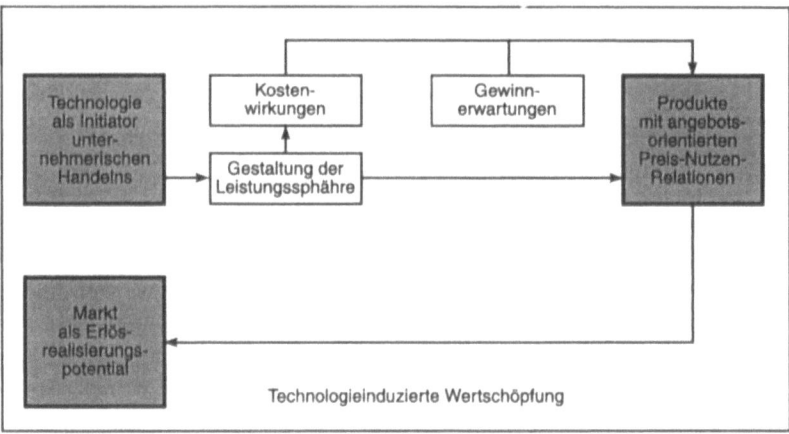

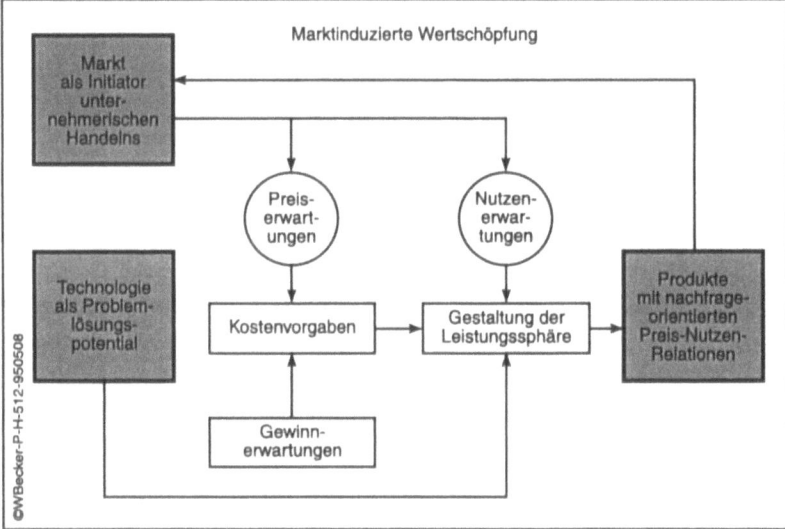

Abbildung 5-11 **Unterschiede zwischen einer technologieinduzierten und einer marktinduzierten Wertschöpfung**

ster dient. So resümiert in der für die Aufnahme des Gedankens einer marktorientierten Kostenpolitik in den USA und in Europa wohl wesentlichsten Veröffentlichung auch Toshiro Hiromoto, „... that *accounting policies* should be subservient to corporate strategy, not independent of it. Japanese manufacturing strategy places high premiums on *quality and timely delivery in addition to low-cost production.*"[130]

Das skizzierte Vorgehen der strategischen Kosten- und Leistungsanalysen liefert im Ergebnis also nicht nur eine aussagekräftige *Problemlandkarte der Kostenpolitik*, sondern

---

130 Hiromoto 1988 (Japanese Management Accounting), S 26.

auch ein *kosten- und leistungspolitisches Zielspektrum*, das sich aufgrund des vorge-schlagenen ganzheitlichen Vorgehens durch strategienkonforme Formulierung auszeich-net. Der konsequent anzuschließende Einsatz geeignet erscheinender *Mittel zur antizipati-ven Kostenkonfiguration, relativen Kostenpositionierung und strategischen Kostenkon-trolle im Strategischen Viereck* muß – ebenfalls im Sinne einer holistischen Unterneh-menspolitik – darauf ausgerichtet sein, die zwischen den operativen und strategischen Handlungshorizonten sowie die zwischen der Leistungs- und Wertsphäre bestehenden In-terdependenzen im unternehmerischen Handeln bedeutungsadäquat zu berücksichtigen.

3 Antizipative Kostenkonfiguration, relative Kostenpositionierung und strategische Kostenkontrolle

Die *Umsetzung der fokussierten Kosten- und Leistungspolitik* in der Praxis muß sich grundsätzlich an den individuellen kostenpolitischen Problemlagen der Unternehmen aus-richten und hat letztlich der wirksamen *Unterstützung der Strategie der Kosten- und Lei-stungsführerschaft* zu dienen. Eine auch stabilitätspolitischen Erfordernissen genügende Umsetzung setzt insbesondere die Erfüllung der zuvor bereits angeführten *Anforderung nach Ganzheitlichkeit* voraus. Dies bedingt eine dementsprechende Bündelung der im Rahmen der Kosten- und Leistungspolitik heranzuziehenden methodischen Vorgehens-weisen.

In diesem Zusammenhang sind zunächst die auf den – im Vorfeld zu bestimmenden – Ko-stenstatus eines Unternehmens einwirkenden *kostenpolitischen Impulse der Märkte* (Liefe-ranten, Kunden und Konkurrenten) aufzunehmen. Während kundenorientierte Kostenana-lysen die *antizipative Kostenkonfiguration* anstoßen, lösen wettbewerbsorientierte Kosten-analysen die *relative Kostenpositionierung* eines Unternehmens aus. Beide Aufgabenfel-der sind bezüglich ihrer kostenpolitischen Konsequenzen sorgfältig miteinander abzustim-men und einer permanenten *strategischen Kostenkontrolle* zu unterwerfen.

Das *Aufgabenfeld der antizipativen Kostenkonfiguration* sollte stets am Beginn des unter-nehmerischen Handelns stehen. Das Bemühen dieser kostenpolitischen Maßnahme ist vor-rangig darauf gerichtet, die Bedarfslagen der aktuellen und potentiellen Kunden eines Un-ternehmens bezüglich ihrer *Produktnutzen- und Produktpreiserwartungen* zu erfassen, um eine möglichst *frühzeitige Berücksichtigung im Rahmen sämtlicher Entscheidungen, die den Kostenstatus eines Unternehmens determinieren*, zu gewährleisten. Dadurch soll die Kostensphäre eines Unternehmens von vornherein, also vor allem immer dann, wenn neue Produkte in das Programm aufzunehmen sind, so gestaltet werden, daß letztlich *Produkte mit einer nachfragegerechten Preis-Leistungs-Relation* am Markt offeriert werden können.

Zwar enthält dieses Vorgehen eine zumindest indirekte *Berücksichtigung des Verhaltens der Konkurrenten*, da die Kunden (subjektive) Vergleiche der Wettbewerbsprodukte mit den eigenen Produkten vornehmen und dadurch mittelbare Urteile über die jeweilige Ko-stenposition der konkurrierenden Unternehmen fällen. Gleichwohl sollte auf eine eigenständige und auf direktem Wege erfolgende Kostenpositionierung nicht verzichtet werden. Dieses *Aufgabenfeld der relativen Kostenpositionierung* soll prinzipiell das *Erreichen eines Kostenvorsprungs gegenüber konkurrierenden Unternehmen* bewirken[131]. Die Realisierung eines relativen Kostenvorsprungs bedingt, die „*Kostenantriebskräfte* effizienter als die Wettbewerber zu steuern und/oder ... die *Wertkette* so umzugestalten, daß sich die eigenen Kosten signifikant von denen der Konkurrenten unterscheiden"[132]. Besonders tiefgreifende Veränderungen des Kostenstatus sind im Falle der völligen Neuordnung der Leistungs- und Wertkette zu erwarten. In diesem Zusammenhang – dies verdeutlichen die diesbezüglichen Ausführungen von Michael E. Porter – sind sämtliche *Fremd- und Eigenleistungspotentiale sowie alle Wertprozesse* durch die „Suche nach kreativen andersartigen Optionen"[133] in Frage zu stellen und gegebenenfalls kostengünstiger zu gestalten.

Die optimale Erfüllung dieser Gestaltungsaufgabe läßt auch das bereits angesprochene *Abstimmungserfordernis zwischen der konkurrenten- und der kundenorientierten Kosten- und Leistungspolitik* entstehen. Da aber letztlich die Kundenurteile über die jeweils wahrgenommenen Produktvorzüge für den Markterfolg eines Unternehmens ausschlaggebend sind, müssen die von kundenseitigen Produktpreis- und Produktnutzenerwartungen ausgehenden Impulse im Vordergrund einer fokussierten Kosten- und Leistungspolitik stehen.

Die zur Erfüllung der *Aufgabe der antizipativen Kostenkonfiguration* anzuwendende Vorgehensweise, die in *Abbildung 5-12* in ihrer Grundstruktur dargestellt ist, kann auf prinzipiell bekannte Methoden zurückgreifen. Diesbezüglich ist auf die methodischen *Konzepte des Target Costing* zu verweisen, die in japanischen Unternehmen bereits in den 70er Jahren entwickelt und – unter zwar verschiedenen Bezeichnungen[134], jedoch mit weitgehend ähnlichen Intentionen – in jüngster Zeit im US-amerikanischen Sprachraum publiziert wurden.

Begreift man die bisher veröffentlichten Ansätze zur Ermittlung von Zielkosten und zu ihrem Einsatz als Steuerungsgrößen der Unternehmensführung als in einigen Aspekten unterschiedlich ausgeprägte Facetten desselben Konzeptes, so lassen sich vor allem die fol-

---

131 Vergleiche Porter 1986 (Wettbewerbsvorteile), S. 137.

132 Steinmann//Guthunz/Hasselberg 1992 (Kostenführerschaft), S. 1467.

133 Porter 1986 (Wettbewerbsvorteile), S. 153.

134 Die auch in Deutschland gebräuchlichste Bezeichnung des „Target Costing" wählt vor allem Sakurai 1989 (Target Costing). Demgegenüber bezeichnet Monden 1989 (Total cost management) das anzuwendende Vorgehen, wohl aufgrund der in hohem Maße erforderlichen Ganzheitlichkeit des Denkens, eben als „Total Cost Management" (S. 15). Hiromoto 1988 (Japanese Management Accounting) benennt dieses Vorgehen schließlich schlicht als „Japanese Management Accounting" (S. 22). Dies geschieht offensichtlich mit der auch hier verfolgten Intention, zu verdeutlichen, daß nicht die Gestaltung eines neuen Kostenrechnungsinstrumentes, sondern vielmehr eine grundlegende Veränderung der strategischen Denkansätze im Vordergrund steht. Letzteres wird beispielsweise in der Aussage deutlich, daß „sich der Controller eines innovativen Unternehmens sehr wohl der Bedeutung der Strategie für das Unternehmensmanagement bewußt (ist), und ... versucht, das Management Accounting in die Strategie seines Unternehmens zu integrieren" (Hiromoto 1989 (Japan), S. 321).

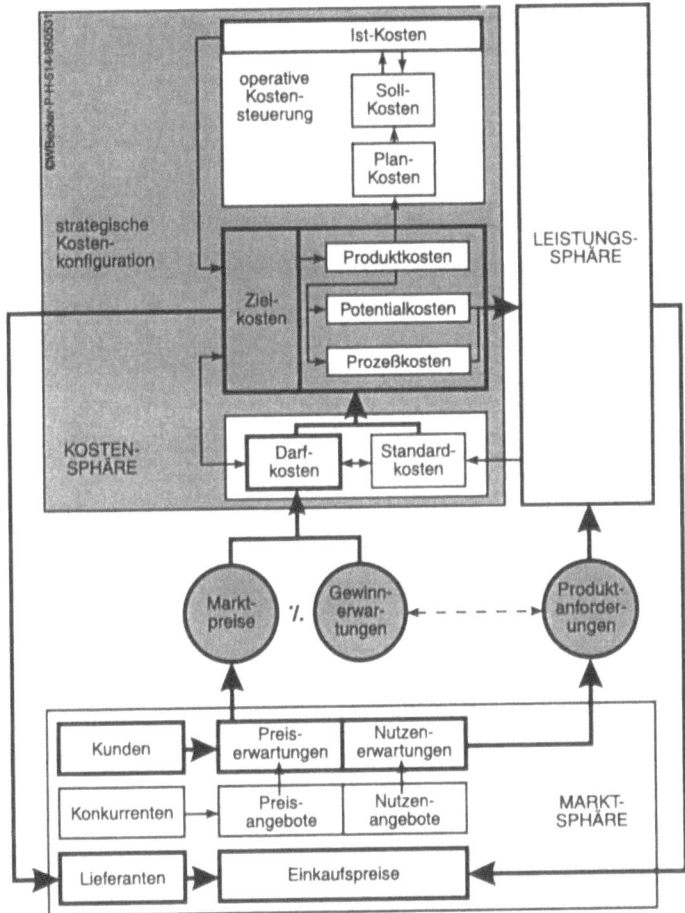

**Abbildung 5-12   Zielkostenbestimmung im Rahmen der antizipativen
Kostenkonfiguration**

genden, im Rahmen der fokussierten *Kosten- und Leistungspolitik* zu realisierenden *Funktionen* herausstellen:

(1) Eine *antizipative Kostenkonfiguration* muß statt der traditionell meist dominierenden
technologischen eine vorrangig *ökonomische Initialisierung der Wertschöpfung* im
Unternehmen sicherstellen. Dies bedingt die *frühzeitige Antizipation der Marktstrukturen und des Marktverhaltens*, also speziell die Feststellung der Kundenerwartungen
sowie der dominierenden Wettbewerbsvorteile der Konkurrenten.

(2) Das demgemäß konsequent *zielorientierte Vorgehen der antizipativen Kostenkonfiguration*, das mit den Maßnahmen der *relativen Kostenpositionierung* sorgfältig abzustimmen ist, zeichnet sich vor allem dadurch aus, daß die für die operative Erfolgsrealisation bedeutsamen Verhältnisse der Kostensphäre nicht länger als kaum

noch beeinflußbare Wirkungen unternehmerischen Handelns in der Leistungssphäre hingenommen werden. Stattdessen müssen die aus den Märkten resultierenden kostenpolitischen Informationen als _Kostenvorgaben für die strategische Dimensionierung des leistungswirtschaftlichen Gefüges_ dienen und auf dem Wege einer _kostenpolitisch induzierten Motivation_ sämtlicher Mitarbeiter[135] umgesetzt werden.

(3) Das aus stabilitätspolitischer Sicht erforderliche Schließen des zwischen Erfolgspotentialen, Erfolg und Liquidität bestehenden Regelkreises erfordert eine _Abstimmung der Kosten- und Leistungssphäre im Gegenstrom._ Im Zuge dieses Vorgehens dienen die _Rentabilitätserwartungen_ des Unternehmens sowie die _Produktpreiserwartungen_ der Kunden als Bestimmungsgrößen für das anzustrebende Produktkostenniveau (Darfkosten). Die _Produktnutzenerwartungen_ der Kunden bilden die Grundlage der im Gegenstrom vorzunehmenden Leistungs- und Kostenplanung, die – von unveränderten Leistungsstrukturen und unverändertem Leistungsverhalten ausgehend – das dann zu erwartende Produktkostenniveau (Standardkosten) zu ermitteln hat. Die folgende Feinabstimmung zwischen den resultierenden Darf- und Standardkosten führt schließlich zur _Vorgabe von Zielkosten._ Diese bilden ihrerseits die Grundlage für die erforderliche _Abstimmung der strategischen und operativen Handlungshorizonte_[136], indem sie einerseits den Ausgangspunkt der strategischen Steuerung des Leistungsgefüges und andererseits zugleich den Ausgangspunkt für die operative Steuerung der Kosten darstellen.

(4) Als Ansatzpunkte für die _strategische Steuerung des Leistungsgefüges_ sind grundsätzlich sämtliche Determinanten der Leistungssphäre von Unternehmen zur Disposition zu stellen. Dazu zählen einerseits die _Leistungsprogramme_, die hinsichtlich ihrer Ausdehnung, also in Bezug auf die Programmbreite (Festlegung der Produktsorten- und Produktvariantenspektren) und die Programmtiefe (Dimensionierung der Relation zwischen Eigen- und Femdleistungen) zu konfigurieren sind. Andererseits sind auch die personellen, technologischen und immateriellen _Leistungspotentiale_ sowie die wertschöpfenden und wertneutralen _Leistungsprozesse_ programmgemäß zu konfigurieren. Das in diesem Zusammenhang kostenpolitisch induzierte _Innovationsmanagement_ hat sich – vorrangig im Falle der Einzel- und Kleinserienfertigung – auf die _Produkttechnologien_ sowie – wohl eher im Falle der Großserien- und Massenfertigung – auf die _Prozeß- und Potentialtechnologien_ zu konzentrieren[137].

---

135 So verweist vor allem Hiromoto 1989 (Japan) darauf, daß „die Motivierungsfunktion der wichtigste Gesichtspunkt (des Management Accounting in Japan) ist" (S. 318).

136 Vergleiche zu der häufig defizitären Abstimmung zwischen strategischer und operativer Planung auch Gabele 1978 (Entwicklungen), S. 130.

137 Die kostenpolitische Beeinflussung der Produkttechnologien steht insbesondere in den Ansätzen von Tanaka 1989 (Cost planning), sowie von Yoshikawa 1989 (Japanese Cost Accounting), im Vordergrund, während die Ansätze von Sakurai 1989 (Target Costing) und 1990 (Management Accounting), sowie auch von Monden 1989 (Total cost management), vorrangig auf den Einsatz innovativer Prozeß- und Potentialtechnologien abstellen.

(5) Im Anschluß an diese grundsätzliche Konfiguration der Kosten- und Leistungssphäre ist die *Dynamisierung der fokussierten Kosten- und Leistungspolitik* erforderlich, um den erreichten Kosten- und Leistungsvorsprung dauerhaft zu stabilisieren. Dies erfolgt prinzipiell auf der Grundlage einer demgemäß *permanenten Planung und Kontrolle von Kostenlücken*, einer – an der strategischen und operativen Kostensteuerung ansetzenden – *wertanalytischen Kostenbeeinflussung*[138] sowie einer stetigen *Prozeßkostenbeeinflussung*[139]. Das damit einhergehende Erschließen dynamischer Rationalisierungs- und Produktivitätspotentiale rundet die fokussierte Kosten- und Leistungspolitik durch ein *systematisches Ausschöpfen von Erfahrungskurveneffekten* ab.

Die zuvor angeführten Funktionen der fokussierten Kosten- und Leistungspolitik sind schließlich in eine *erfolgswirtschaftliche Gesamtabstimmung des unternehmerischen Handelns* einzubinden. In diesem Zusammenhang hat, wie dies auch *Abbildung 5-13*[140] verdeutlicht, die *Kosten- und Leistungspolitik* – gemeinsam mit der Preis- und Beschäftigungspolitik – insbesondere die Aufgabe zu erfüllen, eine strategisch orientierte *Dimensionierung und Überwachung der Gewinnschwelle*[141] des Unternehmens sicherzustellen.

Das abschließend noch zu betrachtende *Aufgabenfeld der strategischen Kostenkontrolle* ist als eine „permanente vorsteuernde Aktivität"[142] zu verstehen[143], die auf die ebenfalls ganzheitlich geprägte *Überwachung der fokussierten Kosten- und Leistungspolitik* auszurichten ist. Das Erfordernis dazu erwächst aus ambiguitätsbedingten Selektionsrisiken, die innerhalb der Kosten- und Leistungspolitik schon aufgrund der Fokussierung auftreten und der systematischen Kompensation bedürfen[144].

Das Aufgabenfeld der strategischen Kostenkontrolle läßt sich selbst in die nachfolgend angeführten *Teilaufgaben* differenzieren[145]:

❑ Die *strategische Prämissenkontrolle* hat sicherzustellen, daß die bereits im Rahmen der erörterten Kostenanalysen selektiv bearbeiteten kostenpolitischen Problemfelder

───────────────────────────

138 Einen systematischen Überblick über die diesbezüglichen Methoden vermittelt beispielsweise Jehle 1982 (Gemeinkosten-Management).

139 Vergleiche dazu insbesondere Weber 1991 (Prozeßmanagement), S. 53ff.

140 Eine weitgehende analoge Darstellung verwendet auch Männel 1993 (Anlagen-Controlling), S. 6 (hier speziell Abbildung 4), um auf das bedeutsame Ziel einer zuverlässigen Deckung der Fixkosten durch entsprechende Deckungsbeiträge im Falle ressourcenintensiver Leistungserstellung hinzuweisen.

141 Vergleiche dazu detailliert Männel/Becker 1987 (Nutzschwellen-Management), S. 36ff.

142 Steinmann/Guthunz/Hasselberg 1992 (Kostenführerschaft), S. 1470.

143 Die Aufgabe der strategischen Kostenkontrolle läßt sich insofern nicht als eine „bloß additiv als Ergänzung herkömmlicher Kontrollsysteme" (Schreyögg/Steinmann 1985 (Strategische Kontrolle), S. 393) fungierende Erweiterung von operativen Kostenkontrollen auffassen, wie sie beispielsweise aus herkömmlichen Konzepten der Grenzplankostenrechnung bekannt sind.

144 Vergleiche dazu nochmals Schreyögg/Steinmann 1985 (Strategische Kontrolle), S. 396f.

145 Vergleiche dazu detaillierter Steinmann/Guthunz/Hasselberg 1992 (Kostenführerschaft), S. 1470ff.

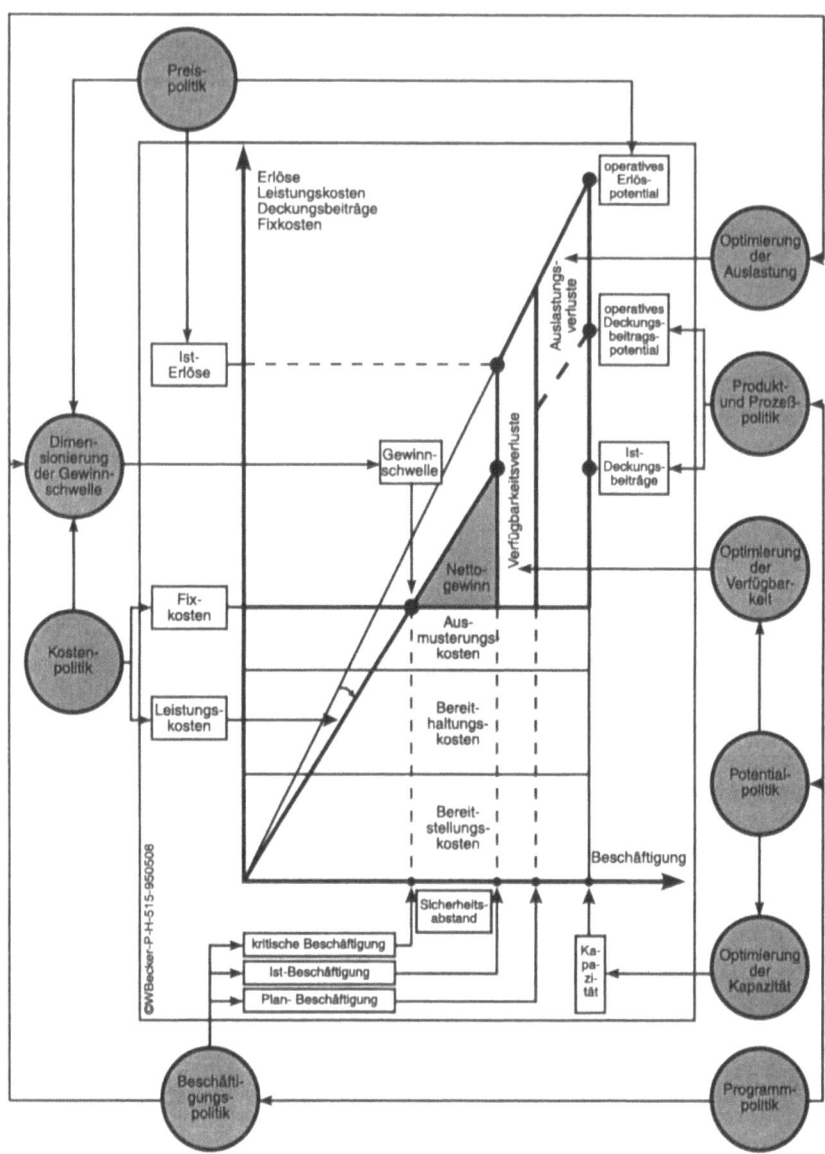

Abbildung 5-13   Gesamtabstimmung des unternehmerischen Handelns im Rahmen der strategischen Dimensionierung und Überwachung der Gewinnschwelle

hinsichtlich der *Gültigkeit der situativen Bedingungskonstellationen* kontinuierlich kontrolliert werden.

❏ Die *strategische Durchführungskontrolle* bezieht sich schwerpunktmäßig auf die ebenfalls kontinuierliche Kontrolle der antizipativen Kostenkonfiguration und der relativen Kostenpositionierung. Diesbezüglich bestehen nicht nur die bereits zuvor erwähnten *Selektionsrisiken*, sondern zudem einerseits auch *Integrations- und Koordinationsrisiken*, die aus den kostenpolitischen Abstimmungserfordernissen zwischen den Kundenerwartungen und dem Konkurrenzverhalten resultieren, sowie andererseits *Adaptionsrisiken*, die infolge der Dynamisierung kostenpolitischer Aktivitäten auftreten.

❑ Die *strategische Überwachung* stellt schließlich einen prinzipiell ungerichteten Prozeß der *Risikokompensation innerhalb der Prämissen- und Durchführungskontrolle*[146], die selbst ein selektives Vorgehen beinhaltet, dar.

Insgesamt sind die dargelegten *Aufgabenfelder der fokussierten Kosten- und Leistungspolitik* als *untrennbare Einheit* aufzufassen. Insofern ist eine Aufteilung dieser Aufgabenstellungen innerhalb eines Unternehmens kaum zweckmäßig. Vielmehr hängt der Erfolg der Umsetzung in der Praxis wohl wesentlich auch von einer strategiegerechten und insofern ebenfalls *ganzheitlich geprägten Organisation* ab. Dies schließt die aufgabengerechte Team-Bildung innerhalb des Controlling keineswegs aus.

E Resümee: Sicherung der erfolgswirtschaftlichen Stabilität durch die fokussierte Kosten- und Leistungspolitik

Unternehmerisches Handeln erfordert bereits heute ein in hohem Maße durch *Ganzheitlichkeit* geprägtes Denken. Speziell bedürfen das in betriebswirtschaftlichen Ansätzen oftmals separierte *Betriebs- und Marktdenken*, das im Unternehmen häufig getrennte *Leistungs- und Wertdenken* sowie zudem auch die *strategischen und operativen Handlungshorizonte* einer eher synthetischen statt der oft dominierenden analytischen Betrachtung. Insbesondere ist das Ziel der dauerhaften Existenzsicherung, speziell auch das im Mittelpunkt dieser Untersuchung stehende Bemühen um die *Sicherung der erfolgswirtschaftlichen Stabilität* von Unternehmen nicht erst auf der Ebene operativen Handelns anzustreben, sondern bedarf vielmehr der *Integration in die strategischen Konzepte* eines Unternehmens, die innerhalb der Unternehmenspolitik als Handlungsmuster vorgegeben werden.

Das vorliegende Kapitel beschäftigte sich vor diesem Hintergrund mit den *Dimensionen einer integrierten Kosten- und Leistungspolitik*, die ein stabilitätspolitisch geprägtes Handeln von Unternehmen ermöglicht.

1. Die bereits aus stabilitätspolitischem Blickwinkel konstatierte *Revisionsbedürftigkeit der in der Betriebswirtschaftslehre dominant diskutierten Wettbewerbsstrategien der Kostenführerschaft sowie der Differenzierung* läßt sich dahingehend konkretisieren, daß sie der inhaltlichen Vervollständigung sowie der Integration bedürfen. In diesem Sinne erscheint eine Erweiterung der strategischen Handlungsmuster zu einem *Konzept der integrierten Kosten- und Leistungsführerschaft* erforderlich.

2. In einem derartigen Konzept einer integrierten Kosten- und Leistungsführerschaft sind Bemühungen um die *Optimierung der Kostenposition* beziehungsweise um die *Optimierung der Leistungsposition* nicht mehr als strategische Alternativen des unternehme-

---

146 Vergleiche Schreyögg/Steinmann 1985 (Strategische Kontrolle), S. 407.

rischen Handelns aufzufassen, sondern als *Pfade zum Erreichen einer Kosten- und Leistungsaspekte integrierenden Marktführerschaft*. Die damit implizierte Strategienkopplung strebt somit sowohl nach Minimierung der Produktkosten als auch nach Maximierung des Kundennutzens.

3. Die Zweckmäßigkeit eines derart integrierten Strategienkonzeptes läßt sich durch das *Einbeziehen von Erwartungshaltungen über das jeweilige Marktverhalten* der anbietenden Unternehmen und der nachfragenden Kunden begründen. Die Analyse des Zusammenwirkens von *Unternehmensaktionen und Marktreaktionen* erschließt die innerhalb der Unternehmenspolitik zu antizipierende, *nachfrageorientierte Strategiedynamik*. Diese verdeutlicht, daß vor allem der rechtzeitige *Wechsel zwischen Produkt- und Prozeßinnovationen* den Weg in eine dauerhafte strategische 'Erfolgsspirale' ebnet. Die Analyse der *wettbewerbsorientierten Strategiedynamik* ermöglicht darüber hinaus auch Aussagen über die *relative Erfolgswirksamkeit* der möglichen strategischen Pfade innerhalb des Strebens nach umfassender Marktführerschaft.

4. Die getroffene Feststellung, daß – vor allem aus Sicht der dauerhaften Existenzsicherung – eine *integrierte Kosten- und Leistungsführerschaft* durch den wiederkehrenden Wechsel der Innovationsrichtung anzustreben ist, reicht allein jedoch noch nicht aus, falls anwendbare *Gestaltungsempfehlungen für die unternehmerische Praxis* offeriert werden sollen. Vielmehr sind in diesem Zusammenhang auch mögliche *Konzepte zur Umsetzung der Strategie der integrierten Kosten- und Leistungsführerschaft* aufzuzeigen. Dazu bedarf es grundsätzlich einer entsprechend integrierten *Kosten- und Leistungspolitik*, die insbesondere die dringend erforderliche erfolgswirtschaftliche Gesamtabstimmung zwischen der Kosten- und Leistungssphäre unternehmerischen Handelns sicherstellen kann.

5. Aus wissenschaftlichem Blickwinkel ist der Weg dazu zunächst dadurch zu ebnen, daß eine *Neuordnung der betriebswirtschaftlichen Kostenlehre* vorgenommen wird. Die Genese der Entwicklung der betriebswirtschaftlichen Kostenlehre belegt, daß speziell deren *Ausbau in Richtung der strategischen Handlungshorizonte von Unternehmen* notwendig erscheint. Insbesondere ist es erforderlich, innerhalb der Kostenlehre ein eigenständiges Teilgebiet der *Kostenpolitik* zu etablieren.

Die gesamte Kostenlehre beinhaltet dann die *Kostentheorie*, die *Erklärungs- und Prognosefunktionen* zu erfüllen hat, die *Kostenrechnung*, die instrumentell geprägte *Ermittlungs-, Dokumentations- und Informationsfunktionen* wahrzunehmen hat, sowie schließlich die *Kostenpolitik*, die mit *Gestaltungs- und Lenkungsfunktionen* betraut wird und wohl in die vorrangige Trägerschaft des Controlling einzuordnen ist.

6. Die Analyse der in der einschlägigen betriebswirtschaftlichen Literatur – bisher allerdings meist nur rudimentär – vorhandenen Ansätze zur Beschreibung möglicher *Funktionen der Kostenbeeinflussung* belegt, daß grundsätzlich eine *mehrdimensionale Ausgestaltung des Teilgebietes der Kostenpolitik* erforderlich ist. Als wesentliche Dimensionen fungieren die operativen und strategischen *Aufgabenfelder*, die leistungswirtschaftlichen *Objektregionen* sowie die kostenbezogenen *Gestaltungsebenen* der Kostenpolitik.

7. *Operative Aufgaben der Kostenpolitik* sind auf die *mitlaufende Kostensteuerung sowie nachlaufende Kostenregelung* gerichtet und obliegen derzeit grundsätzlich der Ko-

stenrechnung, die regelmäßig auf der Grundlage eines im Unternehmen vorgegebenen leistungswirtschaftlichen Gefüges agiert. Diese Aufgaben sind dort in die *Planung, Budgetierung, Erfassung, Dokumentation und Kontrolle der laufenden Kosten eines Geschäftsjahres* eingebettet.

Die demgegenüber *strategische Aufgabe* der Kostenpolitik muß eine *vorlaufende Kostenlenkung* ermöglichen. Die übergeordnete Schwerpunktaufgabe besteht demgemäß in der – auf der Grundlage einer antizipativen Kostenkonfiguration sowie einer relativen Kostenpositionierung vorzunehmenden – *Harmonisation der Leistungs- und Kostensphäre im Innen- und Außenverhältnis des unternehmerischen Handelns.* Die Erfüllung dieser Aufgabenstellung bedingt die kostenpolitischen Grundfunktionen der situationsabhängigen sowie der sach- und verhaltensorientierten Kostenbeeinflussung und führt letztlich dazu, daß die durch *Produkt-Markt-Denken* geprägten Inhalte des strategischen Managements in ein *Markt-Kosten-Leistungs-Denken* umgewandelt werden.

8. Als *Objektregionen der Kostenpolitik* müssen prinzipiell sämtliche, die Leistungssphäre von Unternehmen determinierenden Bedingungskonstellationen herangezogen werden, um der zuvor konstatierten Harmonisationsfunktion gerecht werden zu können. Dazu zählen speziell die *Programme, Potentiale, Prozesse, Projekte und Produkte des unternehmerischen Handelns,* die als kostentreibende Einflußfaktoren wirksam werden und daher selbst durch kostenpolitische Maßnahmen zu beeinflussen sind.

9. Die kostenpolitisch zu beeinflussende Kostenposition eines Unternehmens wird nicht allein durch die Höhe der absoluten Kosten beschrieben, die nur als Wirkung innerhalb eines komplexen Abhängigkeitsgefüges resultiert. Vielmehr determinieren die leistungswirtschaftlichen Bedingungskonstellationen des unternehmerischen Handelns – über die jeweiligen Wirkungsmechanismen der Kosteneinflußgrößen – mehrere, seitens der Kostenpolitik zu beeinflussende *Gestaltungsebenen.* Dies sind die *Kostenstrukturen* und das *Kostenverhalten* sowie das insgesamt resultierende *Kostenniveau.* Dies verdeutlicht nochmals, daß sich die Kostenpolitik verstärkt der antizipativen Gestaltung der leistungswirtschaftlichen Bedingungskonstellationen widmen muß.

10. Innerhalb des komplexen kostenpolitischen Aufgabenspektrums kann durch Konzentration auf potentielle und faktische kostenpolitische Problemfelder eine *fokussierte Kosten- und Leistungspolitik* abgegrenzt werden. Deren Funktionen bestehen in der *Durchführung strategischer Kostenanalysen,* der *antizipativen Kostenkonfiguration und relativen Kostenpositionierung* sowie der *strategischen Kostenkontrolle.*

11. Zur *Durchführung strategischer Kostenanalysen* sind verschiedene Analysepfade parallel zu beschreiten, um den strategischen Kostenstatus eines Unternehmens zu bestimmen. Dazu zählen *unternehmensbezogene Analysen* sowie marktbezogene, speziell *lieferanten-, konkurrenten- und kundenorientierte Analysen.* Dadurch erhält man nicht nur eine aussagekräftige *Problemlandkarte der Kostenpolitik,* sondern zugleich auch ein *kosten- und leistungspolitisches Zielspektrum,* das aufgrund der ganzheitlichen Vorgehensweise die Strategie des Strebens nach integrierter Kosten- und Leistungsführerschaft wirksam unterstützt.

Im Zuge der *Umsetzung der fokussierten Kosten- und Leistungspolitik* resultieren die dazu erforderlichen Vorgaben aus den Rentabilitätserwartungen des Unternehmens, den Preis- und Nutzenerwartungen der Kunden sowie dem Marktverhalten der Konkurrenten. Diese miteinander abzustimmenden Steuerungsgrößen sind im Zuge der *Konfiguration und Positionierung der Kosten* zu einer dann zielkostengerechten Abstimmung des leistungswirtschaftlichen Gefüges zu nutzen. Die sich anschließende *Dynamisierung der Kosten- und Leistungspolitik* auf der Grundlage einer permanenten Planung und Kontrolle von Kostenlücken, einer wertanalytischen Kostenbeeinflussung sowie einer stetigen Prozeßkostenpolitik führt zur dauerhaften Stabilisierung erreichter Kosten- und Leistungsvorteile. Die *strategische Kostenkontrolle* dient schließlich der ebenfalls ganzheitlich geprägten sowie vorsteuernd wirksamen Überwachung der fokussierten Kosten- und Leistungspolitik.

12. Das in der vorliegenden Untersuchung geforderte *Streben nach integrierter Kosten- und Leistungsführerschaft* sowie das in diesem Zusammenhang vorgeschlagene *Konzept der fokussierten Kosten- und Leistungspolitik* mündet – wie dies *Abbildung 5-14* abschließend veranschaulicht – in ein *ganzheitliches Konzept der Unternehmensführung* ein, das

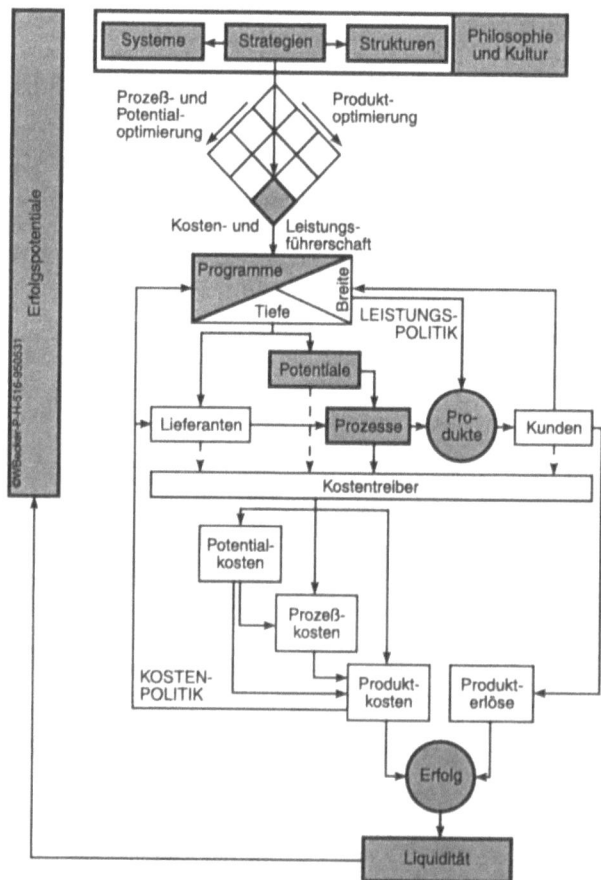

Abbildung 5-14   Sicherung der erfolgswirtschaftlichen Stabilität durch ganzheitliche Lenkung des unternehmerischen Handelns

vorrangig auf den Aufbau und die harmonisierende Erhaltung des Regelkreises zwischen strategischen Erfolgspotentialen und operativen Erfolgs- und Liquiditätsgrössen abstellt und dadurch die dauerhafte *Sicherung der erfolgswirtschaftlichen Stabilität von Unternehmen* gewährleistet.

Literaturverzeichnis

A

Aaker 1988 (Wettbewerbsvorteile)
 Aaker, D.A.: Kriterien zur Identifikation dauerhafter Wettbewerbsvorteile, in: Wettbewerbsvorteile und Wettbewerbsfähigkeit, hrsg. von H. Simon, Stuttgart 1988, S. 37-46;

Abegglen/Stalk 1986 (Kaisha)
 Abegglen, James C. und George Stalk jr.: Kaisha, Das Geheimnis des japanischen Erfolgs, Düsseldorf und Wien 1986;

Adam 1979 (Kostendegressionen)
 Adam, D.: Kostendegressionen und -progressionen, in: Handwörterbuch der Produktionswirtschaft, hrsg. von W. Kern, Stuttgart 1979, Sp. 939-955;

Adams/Brock 1989 (Unternehmensformen)
 Adams, W. und J.W. Brock: Unternehmensformen: Kleiner ist meist besser, in: Wirtschaftswoche 1989, Nr. 17, S. 80-85;

Albach 1965 (Theorie)
 Albach, H.: Zur Theorie des wachsenden Unternehmens, in: Theorie des einzelwirtschaftlichen und gesamtwirtschaftlichen Wachstums, hrsg. von W. Krelle, Berlin 1965, S. 9-97;

Albach 1976 (Wachstumsschwellen)
 Albach, H.: Kritische Wachstumsschwellen in der Unternehmensentwicklung, in: Zeitschrift für Betriebswirtschaft 1976, S. 683-696;

Albach 1976 (Willensbildung)
 Albach, H.: Die Bedeutung gesellschaftlicher Veränderungen für die Willensbildung im Unternehmen, in: Die Bedeutung gesellschaftlicher Veränderungen für die Willensbildung im Unternehmen, hrsg. von H. Albach und D. Sadowski, Berlin 1976, S. 5-15;

Albach 1978 (Unsicherheit)
 Albach, H.: Strategische Unternehmensplanung bei erhöhter Unsicherheit, in: Zeitschrift für Betriebswirtschaft 1978, . 702-715;

Albach 1979 (Betriebsgröße)
 Albach, H.: Betriebsgröße, in: Handwörterbuch der Produktionswirtschaft, hrsg. von W. Kern, Stuttgart 1979, Sp. 340-354;

Albach 1982 (Organisations- und Personaltheorie)
 Albach, H.: Organisations- und Personaltheorie, in: Neuere Entwicklungen in der Unternehmenstheorie, hrsg. von H. Koch, Wiesbaden 1982, S. 1-22;

Albach 1984 (Imitationswettbewerb)
 Albach, H.: Imitationswettbewerb und Innovationswettbewerb, in: Zeitschrift für Betriebswirtschaft 1984, S. 1065-1076;

Albach 1984 (Strukturwandel)

Albach, H.: Interner und externer Strukturwandel als Unternehmensstrategien, in: Zeitschrift für Betriebswirtschaft 1984, S. 1169-1190;

Albach 1986 (Innovation und Imitation)

Albach, H.: Innovation und Imitation als Produktionsfaktoren, in: Technologischer Wandel - Analyse und Fakten, hrsg. von G. Bombach, B. Gahlen und A.E. Ott, Tübingen 1986, S. 47-63;

Albach 1987 (Erfahrungskurve)

Albach, H. (Schriftleitung): Erfahrungskurve und Unternehmensstrategie, Ergänzungsheft 2/87 der Zeitschrift für Betriebswirtschaft, Wiesbaden 1987;

Albach 1987 (Kosteneffekte)

Albach, H.: Kosteneffekte auf stagnierenden Märkten, Bemerkungen zum Verhältnis von Kapazitätsauslastung und Erfahrung, in: Praxisorientierte Betriebswirtschaft, hrsg. von H.G. Bartels, G. Beuermann und R. Thome, Regensburg und Münster 1987, S. 21-33;

Albach 1988 (Kapitalstruktur)

Albach, H.: "Finanzierungsregeln" und Kapitalstruktur der Unternehmung, in: Finanzierungshandbuch, hrsg. von F.W. Christians, 2. Auflage, Wiesbaden 1988, S. 599-626;

Albach 1988 (Planung)

Albach, H.: Strategische Planung und Strategische Führung, in: Unternehmungserfolg, Planung - Ermittlung - Kontrolle, hrsg. von M. Domsch, F. Eisenführ, D. Ordelheide und M. Perlitz, Wiesbaden 1988, S. 1-10;

Albach 1988 (Rechnungswesen)

Albach, H.: Kosten, Transaktionen und externe Effekte im betrieblichen Rechnungswesen, in: Zeitschrift für Betriebswirtschaft 1988, S. 1143-1170;

Albach 1988 (Unternehmenserfolg)

Albach, H.: Maßstäbe für den Unternehmenserfolg, in: Handbuch Strategische Führung, hrsg. von H.A. Henzler, Wiesbaden 1988, S. 69-83;

Albach 1988 (Unternehmenstheorie)

Albach, H.: Praxisorientierte Unternehmenstheorie und theoriegeleitete Unternehmenspraxis, Zum Gedenken an Wolfgang Kilger, in: Zeitschrift für Betriebswirtschaft 1988, S. 630-647;

Albach 1989 (Innovationsstrategien)

Albach, H.: Innovationsstrategien zur Verbesserung der Wettbewerbsfähigkeit, in: Zeitschrift für Betriebswirtschaft 1989, S. 1338-1352;

Albach 1990 (Differenzierung)

Albach, H.: Das Management der Differenzierung, Ein Prozeß aus Kreativität und Perfektion, in: Zeitschrift für Betriebswirtschaft 1990, S. 773-788;

Albach 1990 (Nachwort)

Albach, H.: Nachwort, in: Gutenberg, E.: Einführung in die Betriebswirtschaftslehre, Nachdruck der 1. Auflage von 1958, Wiesbaden 1990, S. 213-218;

Albach 1991 (Wettbewerb)

Albach, H: Unternehmen im Wettbewerb, Investitions-, Wettbewerbs- und Wachstumstheorie als Einheit, Wiesbaden 1991;

Albach 1991 (Wirtschaftsordnung)

Albach, H.: Innovatorischer und imitatorischer Wettbewerb in der Wirtschaftsordnung, in: Unternehmen im Wettbewerb, Investitions-, Wettbewerbs- und Wachstumstheorie als Einheit, hrsg. von H. Albach, Wiesbaden 1991, S. 231-242 (Wiederabdruck aus: Neuorientierung des Wettbewerbsschutzes, FIW-Schriftenreihe Heft 50, Köln 1986, S. 95-106);

Albach/Bock/Warnke 1984 (Wachstumskrisen)

Albach, H., K. Bock und Th. Warnke: Wachstumskrisen von Unternehmen, in: Zeitschrift für betriebswirtschaftliche Forschung 1984, S. 779-793;

Albach/Bock/Warnke 1985 (Wachstumsschwellen)

Albach, H., K. Bock und Th. Warnke: Kritische Wachstumsschwellen in der Unternehmensentwicklung, Stuttgart 1985;

Albach/Hahn/Mertens 1979 (Frühwarnsysteme)

Albach, H., D. Hahn und P. Mertens (Hrsg.): Frühwarnsysteme, Ergänzungsheft 2/79 der Zeitschrift für Betriebswirtschaft, Wiesbaden 1979;

Albrecht/Zemke 1987 (Service-Strategien)

Albrecht, K. und R. Zemke: Service-Strategien, Hamburg 1987 (englischsprachige Erstveröffentlichung unter dem Titel: Service America! Doing Business in the New Economy, Homewood, Illinois 1985);

Alderfer 1972 (Existence)

Alderfer, C.P.: Existence, relatedness, and growth, Human needs in organizational settings, New York und London 1972;

Altrogge 1979 (Flexibilität)

Altrogge, G.: Flexibilität der Produktion, in: Handwörterbuch der Produktionswirtschaft, hrsg. von W. Kern, Stuttgart 1979, Sp. 604-618;

Ames/Hlavacek 1990 (Kostenmanagement)

Ames, Ch.B. und J.D. Hlavacek: Vier Gesetze für ein entschiedenes Kostenmanagement, in: Harvardmanager 1990, Nr. 4, S. 78-85;

Anderson/Weitz 1986 (Make-or-Buy)

Anderson, E. und B.A. Weitz: Make-or-Buy Decisions: Vertical Integration and Marketing Productivity, in: Sloan Management Review 1986, Spring, S. 3-19;

Andrews 1951 (Product Diversification)

Andrews, K.R.: Product Diversification and the Public Interest, in: Harvard Business Review 1951, Nr. 4, S. 91-107;

Ansoff 1957 (Strategies)

Ansoff, H.I.: Strategies for Diversification, in: Harvard Business Review 1957, Nr. 5, S 113-124.

Ansoff 1958 (Diversification)

Ansoff, H.I.: A Model for Diversification, in: Management Science 1958, S. 392-414;

Ansoff 1965 (Corporate Strategy)

Ansoff, H.I.: Corporate Strategy, An Analytic Approach to Business Policy for Growth and Expansion, New York 1965;

Ansoff 1981 (Diskontinuitäten)

Ansoff, H.I.: Die Bewältigung von Überraschungen und Diskontinuitäten durch die Unternehmensführung, Strategische Reaktionen auf schwache Signale in: Planung und Kontrolle, Probleme der strategischen Unternehmensführung, hrsg. von H. Steinmann, München 1981, S. 233-264 (Nachdruck der englischsprachigen Originalversion: Managing Surprise and Discontinuity - Strategic Response to Weak Signals, in: Zeitschrift für betriebswirtschaftliche Forschung 1976, S. 129-152);

Ansoff 1988 (Mutmaßungen)

Ansoff, H.I.: Mutmaßungen über die Zukunft des strategischen Managements, in: Handbuch Strategische Führung, hrsg. von H.A. Henzler, Wiesbaden 1988, S. 829-832;

Anthony 1956 (Management Accounting)

Anthony, R.N.: Management Accounting: Text and Cases, Homewood, Illinois 1956;

Arbeitskreis Diversifizierung 1973 (Diversifizierungsprojekte)

Arbeitskreis Diversifizierung der Schmalenbach-Gesellschaft: Diversifizierungsprojekte, Betriebswirtschaftliche Probleme und ihre Planung, Organisation und Kontrolle, in: Zeitschrift für betriebswirtschaftliche Forschung 1973, S. 293-335;

Arbeitskreis Hax 1972 (Entscheidungen)

Arbeitskreis Hax der Schmalenbach-Gesellschaft: Unternehmerische Entscheidungen im Einkaufsbereich und ihre Bedeutung für die Unternehmensstruktur, in: Zeitschrift für betriebswirtschaftliche Forschung 1972, S. 765-783;

Arnold 1982 (Beschaffungspolitik)

Arnold, U.: Strategische Beschaffungspolitik, Steuerung und Kontrolle strategischer Beschaffungssubsysteme von Unternehmen, Frankfurt am Main und Bern 1982;

Arrow 1975 (Integration)

Arrow, K.J.: Vertical integration and communication, in: Bell Journal of Economics 1975, S. 173-183;

B

Back-Hock 1988 (Produktcontrolling)

Back-Hock, A.: Lebenszyklusorientiertes Produktcontrolling, Ansätze zur computergestützten Realisierung mit einer Rechnungswesen-Daten- und Methodenbank, Berlin 1988;

Back-Hock 1992 (Ergebnisrechnung)

Back-Hock, A.: Produktlebenszyklusorientierte Ergebnisrechnung, in: Handbuch Kostenrechnung, hrsg. von W. Männel, Wiesbaden 1992, S. 703-714;

Bäck 1984 (Logistik)

Bäck, H.: Erfolgsstrategie Logistik, München 1984;

Baetge 1975 (Lernprozesse)

Baetge, J.: Lernprozesse, betriebliche, in: Handwörterbuch der Betriebswirtschaftslehre, hrsg. von E. Grochla und W. Wittmann, 4. Auflage, Stuttgart 1975, Sp. 2496-2504;

Bain 1968 (Organization)

Bain, J.S.: Industrial Organization, New York, London und Sydney 1968;

Balakrishnan/Wernerfelt 1986 (Integration)

Balakrishnan, S. und B. Wernerfelt: Technical Change, Competition and Vertical Integration, in: Strategic Management Journal 1986, S. 347-359;

Ballou 1973 (Management)

Ballou, R.: Business Logistics Management, Englewood Cliffs, New Yersey 1973;

Barzen/Wahle 1990 (PIMS-Programm)

Barzen, D. und P. Wahle: Das PIMS-Programm - was es wirklich wert ist, in: Harvardmanager 1990, Nr. 1, S. 104-109;

Baumgarten 1975 (Maslow-Konzept)

Baumgarten, R.: Das Maslow-Konzept: Wunschbild oder Wirklichkeit?, in: Zeitschrift für Organisation 1975, S. 72-78;

Baur 1979 (Lerngesetz)

Baur, W.: Lerngesetz der industriellen Produktion, in: Handwörterbuch der Produktionswirtschaft, hrsg. von W. Kern, Stuttgart 1979, Sp. 1115-1125;

Becker 1988 (Marketing-Konzeption)

Becker, J.: Marketing-Konzeption, Grundlagen des strategischen Marketing-Managements, 2. Auflage, München 1988;

Becker 1990 (Controlling)

Becker, W.: Funktionsprinzipien des Controlling, in: Zeitschrift für Betriebswirtschaft 1990, S. 295-318;

Becker 1990 (Eigen- und Fremdinstandhaltung)

Becker, W.: Aufgaben und Instrumente des Controlling im Rahmen der Wahl zwischen Eigen- und Fremdinstandhaltung, in: Instandhaltungs-Controlling, Führungs- und Steuerungssystem erfolgreicher Instandhaltung, hrsg. von D. Kalaitzis, Köln 1990, S. 259-287;

Becker 1992 (Anpassung der Kostenrechnung)

Becker, W.: Anpassung der Kostenrechnung an das Aufgabenspektrum der Kostenpolitik, in: Kongress Kostenrechnung '92, hrsg. von W. Männel, Lauf an der Pegnitz 1992, S. 1-7;

Becker 1992 (Komplexitätskosten)

Becker, W.: Komplexitätskosten, in: Kostenrechnungspraxis 1992, S. 171-175;

Becker/Weber 1986 (Beschaffung)

Becker, W. und J. Weber: Strategische Beschaffung als Schlüssel zum Einkäufermarkt, in: Beschaffung aktuell 1986, Heft 4, S. 36-38;

Benkenstein/Henke 1993 (Integration)

Benkenstein, M. und N. Henke: Der Grad vertikaler Integration als strategisches Entscheidungsproblem, in: Die Betriebswirtschaft 1993, S. 77-91;

Berekoven 1983 (Dienstleistungsmarkt)

Berekoven, L.: Der Dienstleistungsmarkt in der Bundesrepublik Deutschland, Theoretische Fundierung und empirische Analyse, 2 Bände, Göttingen 1983;

Bergner 1967 (Kosten)

Bergner, H.: Der Ersatz fixer Kosten durch variable Kosten, in: Zeitschrift für betriebswirtschaftliche Forschung 1967, S. 141-162;

Berliner/Brimson 1988 (Cost Management)

Berliner, C. und J.A. Brimson (Hrsg.): Cost Management for Today's Advanced Manufacturing - The CAM-I Conceptual Design, Boston 1988;

Bertalanffy 1950/51 (System Theory)

Bertalanffy, L. von: An Outline of General System Theory, in: The British Journal for the Philosophy of Science 1950/51, S. 134-165;

Beste 1933 (Betriebsgröße)

Beste, Th.: Die optimale Betriebsgröße, Leipzig 1933;

Bidlingmaier 1964 (Unternehmerziele)

Bidlingmaier, J.: Unternehmerziele und Unternehmerstrategien, Wiesbaden 1964;

Bidlingmaier 1967 (Zielbildung)

Bidlingmaier, J.: Zur Zielbildung in Unternehmungsorganisationen, in: Zeitschrift für betriebswirtschaftliche Forschung 1967, S. 246-256;

Bircher 1989 (Planungssystem)

Bircher, B.: Planungssystem, in: Handwörterbuch der Planung, hrsg. von: N. Szyperski, Stuttgart 1989, Sp. 1503-1515;

Bleicher 1979 (Unternehmungsentwicklung)

Bleicher, K.: Unternehmungsentwicklung und organisatorische Gestaltung, Stuttgart und New York 1979;

Bleicher 1987 (Organisation)

Bleicher, K.: Organisation, in: Allgemeine Betriebswirtschaftslehre, Band 2: Führung, hrsg. von F.X. Bea, E. Dichtl und M. Schweitzer, 3. Auflage, Stuttgart und New York 1987, S. 73-152;

Bleicher/Meyer 1976 (Führung)

Bleicher, K. und E. Meyer: Führung in der Unternehmung, Formen und Modelle, Reinbek bei Hamburg 1976;

Blois 1972 (Quasi-Integration)

Blois, K.J.: Vertical Quasi-Integration, in: Journal of Industrial Economics 1972, S. 253-272;

Böbel 1984 (Industriestruktur)

Böbel, I.: Wettbewerb und Industriestruktur, Industrial Organization-Forschung im Überblick, Berlin u.a. 1984;

Bohr 1979 (Produktionsfaktorsysteme)

Bohr, K.: Produktionsfaktorsysteme, in: Handwörterbuch der Produktionswirtschaft, hrsg. von W. Kern, Stuttgart 1979, Sp. 1481-1493;

Bohr 1981 (Wirtschaftlichkeit)

Bohr, K.: Wirtschaftlichkeit, in: Handwörterbuch des Rechnungswesens, 2. Auflage, hrsg. von E. Kosiol, K. Chmielewicz und M. Schweitzer, Stuttgart 1981, Sp. 1795-1805;

Bombach/Gahlen/Ott 1985 (Industrieökonomik)

Bombach, G., B. Gahlen und A.E. Ott (Hrsg.): Industrieökonomik: Theorie und Empirie, Tübingen 1985;

Bratschitsch/Schnellinger 1981 (Unternehmenskrisen)

Bratschitsch, R. und W. Schnellinger (Hrsg.): Unternehmenskrisen - Ursachen, Frühwarnung, Bewältigung, Stuttgart 1981;

Braybrooke/Lindblom 1969 (Strategy)

Braybrooke, D. und Ch.E. Lindblom: A Strategy of Decision, Policy Evaluation as a Social Process, New York und London 1969;

Brenner 1990 (Welt)

Brenner, R.: Die fraktale Welt gab sich ein Stelldichein, Bericht über das Symposium "Fractals in Science" in Bad Neuenahr 1990, in: IBM Nachrichten 1990, Heft 302, S. 66-69;

Briggs/Peat 1990 (Chaos)

Briggs, J. und F.D. Peat: Die Entdeckung des Chaos, Eine Reise durch die Chaos-Theorie, München und Wien 1990;

Brockhoff 1987 (Anforderungen)

Brockhoff, K.: Anforderungen an das Management der Zukunft, in: Zeitschrift für Betriebswirtschaft 1987, S. 239-250;

Brockhoff 1987 (Innovation)

Brockhoff, K.: Wettbewerbsfähigkeit und Innovation, in: Innovation und Wettbewerbsfähigkeit, hrsg. von E. Dichtl, W. Gerke und A. Kieser, Wiesbaden 1987, S. 53-74;

Bromwich 1990 (Competitive Market)

Bromwich, M.: The Case for Strategic Management Accounting: The Role of Accounting Information for Strategy in Competitive Markets, in: Accounting, Organizations and Society 1990, S. 27-46;

Budäus/Gerum/Zimmermann 1988 (Verfügungsrechte)

Budäus, D., E. Gerum und G. Zimmermann (Hrsg.): Betriebswirtschaftslehre und Theorie der Verfügungsrechte, Wiesbaden 1988;

Bücher 1910 (Massenproduktion)

Bücher, K.: Das Gesetz der Massenproduktion, in: Zeitschrift für die gesamte Staatswissenschaft 1910, S. 429-444;

Bühner 1985 (Strategie)

Bühner, R.: Strategie und Organisation, Analyse und Planung der Unternehmensdiversifikation mit Fallbeispielen, Wiesbaden 1985;

Bullinger/Warnecke/Lentes 1985 (Factory)

Bullinger, H.-J., H.J. Warnecke und H.-P. Lentes: Toward the Factory of the Future, Opening Adress, in: Toward the Factory of the Future, hrsg. von H.-J. Bullinger und H.J. Warnecke, Berlin u.a. 1985, S. XXIX-LIV;

Busse 1985 (Unternehmensphasen)

Busse, K.-L.: Entscheidungsfindung in kritischen Unternehmensphasen, Einsatzmöglichkeiten der Verfahren des Strategischen Managements zur Vermeidung und Abwehr von Unternehmenskrisen, in: Management im Zeitalter der Strategischen Führung, hrsg. von Arthur D. Little International, Wiesbaden 1985, S. 163-190;

Busse von Colbe 1964 (Betriebsgröße)

Busse von Colbe, W.: Die Planung der Betriebsgröße, Wiesbaden 1964;

Busse von Colbe 1976 (Finanzanalyse)

Busse von Colbe, W.: Finanzanalyse, in: Handwörterbuch der Finanzwirtschaft, hrsg. von H.E. Büschgen, Stuttgart 1976, Sp. 384-401;

Busse von Colbe/Lassmann 1975 (Betriebswirtschaftstheorie)

Busse von Colbe, W. und G. Lassmann: Betriebswirtschaftstheorie, Band 1, Berlin, Heidelberg und New York 1975;

Buzzell 1983 (Integration)

Buzzell, R.D.: Is vertical integration profitable?, in: Harvard Business Review 1983, Nr. 1, S. 92-102;

C

Capra 1983 (Wendezeit)

Capra, F.: Wendezeit, Bern 1983

Capra/Exner/Königswieser 1990 (Management)

Capra, F., A. Exner und R. Königswieser: Veränderung im Management - Management der Veränderung, in: Das systemisch evolutionäre Management, Der neue Horizont für Unternehmer, hrsg. von R. Königswieser und Ch. Lutz, Wien 1990, S. 116-125;

Carlton 1979 (Integration)

Carlton, D.W.: Vertical Integration in competitive Markets under Uncertainty, in: The Journal of Industrial Economics 1979, S. 189-209;

Chandler 1962 (Strategy)

Chandler, A.D. Jr.: Strategy and Structure, Chapters in the History of Industrial Enterprise, Cambridge (Mass.) und London 1962;

Chandler/Schönbrunn 1982 (Katastrophentheorie)

Chandler, J.S. und N. Schönbrunn: Katastrophentheorie und der Going-Concern-Status einer Unternehmung, Eine modelltheoretische Betrachtung, in: Zeitschrift für betriebswirtschaftliche Forschung 1982, S. 485-509;

Chase/Garvin 1989 (Factory)

Chase B. und D.A. Garvin: The Service Factory, in: Harvard Business Review 1989, Nr. 4, S. 61-69;

Child 1972 (Strategic Choice)

Child, J.: Organizational Structure, Environment and Performance: The Role of Strategic Choice, in: Sociology 1972, S. 1-22;

Chmielewicz 1972 (Finanz- und Erfolgsplanung)

Chmielewicz, K.: Integrierte Finanz- und Erfolgsplanung, Stuttgart 1972;

Chmielewicz 1976 (Finanz- und Erfolgsplanung)

Chmielewicz, K.: Finanz- und Erfolgsplanung, integrierte, in: Handwörterbuch der Finanzwirtschaft, hrsg. von H.E. Büschgen, Stuttgart 1976, Sp. 616-630;

Christians 1988 (Finanzstrategie)

Christians, F.W.: Finanzstrategie und Unternehmensentwicklung, in: Handbuch Strategische Führung, hrsg. von H.A. Henzler, Wiesbaden 1988, S. 277-293;

Clarke 1985 (Economics)

Clarke, R.: Industrial Economics, Oxford 1985;

Cleland 1974 (Planning Processes)

Cleland, D.I.: Planning Processes and Criteria, in: Contemporary Management, hrsg. von J.W. McGuire, Englewood Cliffs 1974, S. 351-356;

Coase 1937 (Nature)

Coase, R.H.: The Nature of the Firm, in: Economica 1937, S. 386-405;

Coenenberg 1988 (Jahresabschluß)

Coenenberg, A.G.: Jahresabschluß und Jahresabschlußanalyse, Betriebswirtschaftliche, handels- und steuerrechtliche Grundlagen, 10. Auflage, Landsberg am Lech 1988;

Coenenberg/Baum 1987 (Controlling)

Coenenberg, A.G. und H.-G. Baum: Strategisches Controlling, Grundfragen der strategischen Planung und Kontrolle, Stuttgart 1987;

Coenenberg/Fischer 1991 (Prozeßkostenrechnung)

Coenenberg, A.G. und Th.M. Fischer: Prozeßkostenrechnung - Strategische Neuorientierung der Kostenrechnung, in: Die Betriebswirtschaft 1991, S. 21-38;

Coenenberg/Raffel 1988 (Kosten- und Leistungsanalyse)

Coenenberg, A.G. und A. Raffel: Integrierte Kosten- und Leistungsanalyse für das Controlling von Forschungs- und Entwicklungsprojekten, in: Kostenrechnungspraxis 1988, S. 199-207;

Cooper 1988/1989 (Costing)

Cooper, R.: The Rise of Activity-Based Costing, in: Journal of Cost Management, Summer 1988, Nr. 2, S. 45-54, Nr. 3, S. 41-48, Winter 1989, Nr. 4, S. 34-46, und Spring 1989, Nr. 1, S. 38-49;

Cooper/Kaplan 1988 (Costs)

Cooper, R. und R.S. Kaplan: Measure Costs Right: Make the Right Decisions, in: Harvard Business Review 1988, Nr. 5, S. 96-103;

Corsten/Will 1992 (Wettbewerbsstrategien)

Corsten, H. und T. Will: Das Konzept generischer Wettbewerbsstrategien - Kennzeichen und kritische Analyse, in: Das Wirtschaftsstudium 1992, S. 185-191;

Cyert/March 1959 (Behavioral Theory)

Cyert, R.M. und J.G. March: A Behavioral Theory of Organizational Objectives, in: Modern Organization Theory, hrsg. von M. Haire, New York 1959, S. 76-90;

Cyert/March 1963 (Theory of the Firm)

Cyert, R.M. und J.G. March: A Behavioral Theory of the Firm, Englewood Cliffs, N.J. 1963;

Cyert/March 1964 (Amalgam)

Cyert, R.M. und J.G. March: A Behavioral Theory of the Firm: A Behavioral Science-Economics Amalgam, in: New Perspectives in Organization Research, hrsg. von W.E. Cooper, H.J. Leavitt und M.W. Shelly, New York 1964, S. 289-299;

D

Dellmann 1979 (Theorie der Kostenrechnung)

Dellmann, K.: Zum Stand der betriebswirtschaftlichen Theorie der Kostenrechnung, in: Zeitschrift für Betriebswirtschaft 1979, S. 319-332;

Dellmann 1991 (Erfolgsdynamik)

Dellmann, K.: Einflußgrößen der Erfolgsdynamik, in: Unternehmensdynamik, hrsg. von K.-P. Kistner und R. Schmidt, Wiesbaden 1991, S. 419-442;

Denk 1983 (Gemeinkostengestaltung)

Denk, R.: Neue Methoden der Gemeinkostengestaltung, in: Der betriebswirtschaftliche Blick - Gemeinkostengestaltung, hrsg. von J. Risak, R. Denk und W. Wirth, Wien 1983, S. 36-108;

Dent 1990 (Accounting Research)

Dent, J.F.: Strategy, Organization and Control: Some Possibilities for Accounting Research, in: Accounting, Organizations ans Society 1990, S. 3-25;

Dichtl 1991 (Fertigungstiefe)

Dichtl, E.: Die Verringerung der Fertigungstiefe - der Weisheit letzter Schluß?, in: Blick durch die Wirtschaft 1991, Nr. 71, S. 7;

Dieterle 1984 (Gemeinkosten-Management)

Dieterle, W.: Zentrale Verfahren des Gemeinkosten-Managements im Vergleich, in: Kostenrechnungspraxis 1984, S. 185-189;

Diller 1991 (Preispolitik)

Diller, H.: Preispolitik, 2. Auflage, Stuttgart, Berlin und Köln 1991;

Dlugos 1974 (Unternehmungspolitik)

Dlugos, G.: Unternehmungspolitik als betriebswirtschaftlich-politische Teildisziplin, in: Unternehmungsführung, hrsg. von J. Wild, Berlin 1974, S. 40-73;

Dlugos 1981 (Betriebswirtschaftspolitik)

Dlugos, G.: Von der Betriebswirtschaftspolitik zur betriebswirtschaftlich-politischen Unternehmungspolitik, in: Führung des Betriebes, hrsg. von M.N. Geist und R. Köhler, Stuttgart 1981, S. 53-70;

Dorn 1961 (Kostenrechnung)

Dorn, G.: Die Entwicklung der industriellen Kostenrechnung in Deutschland, Berlin 1961;

Drexel 1984 (Frühwarnsystem)

Drexel, G.: Ein Frühwarnsystem für die Praxis - dargestellt am Beispiel eines Einzelhandelsunternehmens, in: Zeitschrift für Betriebswirtschaft 1984, S. 89-105;

Dreyfack/Seibel 1978 (Zero-Base Budgeting)

Dreyfack, R. und J.J. Seibel: Zero-Base Budgeting, Das Budget als Führungsinstrument in Wirtschaft und Verwaltung, 2. Auflage, Zürich 1978;

Dunst 1983 (Management)

Dunst, K.H.: Portfolio Management, Konzeption für die strategische Unternehmensplanung, 2. Auflage, Berlin und New York 1983;

E

Eberle 1989 (Kosten- und Leistungsrechnung)

Eberle, P.: Kosten- und Leistungsrechnung: Relevance Lost?, in: Die Betriebswirtschaft 1989, S. 97-113;

Eberle/Heil 1992 (Relativkosten-Informationen)

Eberle, P. und H.-G. Heil: Relativkosten-Informationen für die Konstruktion, in: Handbuch Kostenrechnung, hrsg. von W. Männel, Wiesbaden 1992, S. 782-790;

Eckardt 1985 (Chancen)

Eckardt, A.: Alle Chancen wahren, Organisation an der Schwelle der neunziger Jahre, in: Zeitschrift Führung und Organisation 1985, S. 318-324;

Ellinger 1985 (Wechselproduktion)

Ellinger, Th.: Industrielle Wechselproduktion, Stuttgart 1985;

Ellinger 1986 (Wechselproduktion)

Ellinger, Th.: Industrielle Wechselproduktion, in: Strategische Investitionsplanung für neue Technologien in der Produktion, Tagungsband Teil 2 des 2. Fertigungswirtschaftlichen Kolloquiums an der Universität Passau, hrsg. von H. Wildemann, München 1986, S. 675-699;

Emans 1988 (Konzepte)

Emans, H.: Konzepte zur strategischen Planung, in: Handbuch Strategische Führung, hrsg. von H.A. Henzler, Wiesbaden 1988, S. 109-131;

Engel 1981 (Qualitätszirkel)

Engel, P.: Japanische Organisationsprinzipien, Verbesserung der Produktivität durch Qualitätszirkel, Zürich 1981;

Engelhardt 1977 (Erlösplanung)

Engelhardt, W.H.: Erlösplanung und Erlöskontrolle als Instrument der Absatzpolitik, in: Zeitschrift für betriebswirtschaftliche Forschung 1977, Sonderheft 6, S. 10-26;

Engelhardt 1992 (Erlösplanung)

Engelhardt, W.H.: Erlösplanung und Erlöskontrolle, in: Handbuch Kostenrechnung, hrsg. von W. Männel, Wiesbaden 1992, S. 656-670;

Engels 1976 (Leverage-Effekt)

Engels, W.: Leverage-Effekt, in: Handwörterbuch der Finanzwirtschaft, hrsg. von H.E. Büschgen, Stuttgart 1976, Sp. 1264-1269;

Eversheim/Schuh/Caesar 1988 (Variantenvielfalt)

Eversheim, W., G. Schuh und Ch. Caesar: Variantenvielfalt in der Serienproduktion, Ursachen und Lösungsansätze, in: VDI-Z 1988, Nr. 12, S. 45-49;

F

Fifer 1989 (Cost Benchmarking)

Fifer, R.M.: Cost Benchmarking Functions in the Value Chain, in: Planning Review 1989, Nr. 3, S. 18-27;

Fischer 1988 (Extras)

Fischer, E.: Zuviel Extras, in: Automobil-Produktion September 1988, S. 68-71;

Franz 1990 (Prozeßkostenrechnung)

Franz, K.-P.: Die Prozeßkostenrechnung, Darstellung und Vergleich mit der Plankosten- und Deckungsbeitragsrechnung, in: Finanz- und Rechnungswesen als Führungsinstrument, hrsg. von D. Ahlert, K.-P. Franz und H. Göppl, Wiesbaden 1990, S. 110-136;

Franz 1992 (Kostenbeeinflussung)

Franz, K.-P.: Moderne Methoden der Kostenbeeinflussung, in: Handbuch Kostenrechnung, hrsg. von W. Männel, Wiesbaden 1992, S. 1492-1505;

Frerk 1983 (Gemeinkosten)

Frerk, H.: Gemeinkosten abbauen durch Wertanalyse, Zürich 1983;

Frese 1985 (Unternehmungen)

Frese, E.: Exzellente Unternehmungen - Konfuse Theorien, Kritisches zur Studie von Peters und Waterman, in: Die Betriebswirtschaft 1985, S. 604-606;

Fritz 1990 (Wettbewerbstheorie)

Fritz, W.: Ansätze der Wettbewerbstheorie aus der Sicht der Marketingwissenschaft, in: Die Betriebswirtschaft 1990, S. 491-512;

Fröhling 1991 (Accounting)

Fröhling, O.: Strategisches Management Accounting, in: Kostenrechnungspraxis 1991, S. 7-12;

Fuchs 1976 (Systemtheorie)

Fuchs, H.: Systemtheorie, in: Handwörterbuch der Betriebswirtschaft, 4. Auflage, hrsg. von E. Grochla und W. Wittmann, Band I/3, Stuttgart 1976, Sp. 3820-3832;

Fuchs-Wegner/Welge 1974 (Organisationskonzeptionen)

Fuchs-Wegner, G. und M.K. Welge: Kriterien für die Beurteilung und Auswahl von Organisationskonzeptionen, in: Zeitschrift für Organisation 1974, S. 71-82 und S. 163-170;

G

Gabele 1978 (Entwicklungen)

Gabele, E.: Neuere Entwicklungen der betriebswirtschaftlichen Planung, in: Die Unternehmung 1978, S. 115-135;

Gälweiler 1976 Unternehmenssicherung

Gälweiler, A.: Unternehmenssicherung und strategische Planung, in: Zeitschrift für betriebswirtschaftliche Forschung 1976, S. 362-379;

Gälweiler 1977 (Steuerung)

Gälweiler, A.: Steuerung der Kostenhöhe und der Kostenstruktur durch strategische Planung, in: Die Betriebswirtschaft 1977, S. 67-75;

Gälweiler 1987 (Unternehmensführung)

Gälweiler, A.: Strategische Unternehmensführung, Frankfurt am Main und New York 1987;

Gaiser/Servatius 1990 (Forschung und Entwicklung)

Gaiser, B. und H.G. Servatius: Mehr Transparenz für die Forschung und Entwicklung, Fahrplan für ein F&E-Controllingsystem, in: Controlling 1990, S. 128-133;

Gaitanides/Oechsler/Remer/Staehle 1975 (Forschungsziele)

Gaitanides, M., E. Oechsler, A. Remer und W.H. Staehle: Forschungsziele der systemorientierten Betriebswirtschaftslehre, in: Systemforschung in der Betriebswirtschaftslehre, hrsg. von E. Jehle, Stuttgart 1975, S. 107-132;

Gebert 1983 (Diversifikation)

Gebert, F.: Diversifikation und Organisation, Die organisatorische Eingliederung von Diversifikationen, Frankfurt am Main, Bern und New York 1983;

Gerum 1988 (Verfügungsrechte)

Gerum, E.: Unternehmensverfassung und Theorie der Verfügungsrechte, Einige Anmerkungen, in: Betriebswirtschaftslehre und Theorie der Verfügungsrechte, hrsg. von D. Budäus, E. Gerum und G. Zimmermann, Wiesbaden 1988, S. 21-43;

Ghemawat 1988 (Wettbewerbsvorteile)

Ghemawat, P.: Dauerhafte Wettbewerbsvorteile aufbauen, in: Wettbewerbsvorteile und Wettbewerbsfähigkeit, hrsg. von H. Simon, Stuttgart 1988, S. 30-36;

Gilbert/Strebel 1985 (Strategies)

Gilbert, X. und P.J. Strebel: Outpacing Strategies, in: IMEDE - Perspectives for Managers, Nr. 2, September 1985;

Gingrich/Metz 1990 (Costs of Complexity)

Gingrich, J.A. und H.J. Metz: Conquering the Cost of Complexity, in: Business Horizons, 1990, Nr. 3, S. 64-71;

Glaser 1991 (Möglichkeiten und Grenzen)

Glaser, H.: Möglichkeiten und Grenzen der Prozeßkostenrechnung als Controlling-Instrument, in: Synergien durch Schnittstellen-Controlling, hrsg. von P. Horváth, Stuttgart 1991, S. 227-240;

Glaser 1992 (Prozeßkostenrechnung)

Glaser, H.: Prozeßkostenrechnung - Darstellung und Kritik, in: Zeitschrift für betriebswirtschaftliche Forschung 1992, S. 275-288;

Görgen/Kerkom (Wettbewerbsstrategie)

Görgen, W. und K. van Kerkom: Der Wechsel der Wettbewerbsstrategie, in: Die Betriebswirtschaft 1992, S. 264-265;

Grochla 1970 (Systemtheorie)

Grochla, E.: Systemtheorie und Organisationstheorie, in: Zeitschrift für Betriebswirtschaft 1970, S. 1-16;

Grochla 1976 (Finanzierung)

Grochla, E.: Finanzierung, Begriff der, in: Handwörterbuch der Finanzwirtschaft, hrsg. von H.E. Büschgen, Stuttgart 1976, Sp. 413-431;

Grochla 1978 (Organisationstheorie)

Grochla, E.: Einführung in die Organisationstheorie, Stuttgart 1978;

Grochla/Lehmann 1980 (Systemtheorie)

Grochla, E. und H. Lehmann: Systemtheorie, in: Handwörterbuch der Organisation, 2. Auflage, hrsg. von E. Grochla, Stuttgart 1980, Sp. 2204-2216;

Gröner 1990 (Vorkalkulation)

Gröner, L.: Entwicklungsbegleitende Vorkalkulation, in: Kostenrechnungspraxis 1990, S. 374-375;

Grosche 1967 (Produktionsprogramm)

Grosche, K.: Das Produktionsprogramm, seine Änderungen und Ergänzungen, Berlin 1967;

Guntram 1985 (Systemtheorie)

Guntram, U.: Die allgemeine Systemtheorie - Ein Überblick, in: Zeitschrift für Betriebswirtschaft 1985, S. 296-323;

Gutenberg 1929 (Unternehmung)

Gutenberg, E.: Die Unternehmung als Gegenstand betriebswirtschaftlicher Theorie, Berlin und Heidelberg 1951;

Gutenberg 1957 (Betriebswirtschaftslehre)

Gutenberg, E.: Die Betriebswirtschaftslehre als Wissenschaft, in: Zeitschrift für Betriebswirtschaft 1957, S. 606-612;

Gutenberg 1973 (Finanzen)

Gutenberg, E.: Grundlagen der Betriebswirtschaftslehre, 3. Band: Die Finanzen, 6. Auflage, Berlin, Heidelberg und New York 1973 (Erstveröffentlichung Berlin und Heidelberg 1969);

Gutenberg 1976 (Absatz)

Gutenberg, E.: Grundlagen der Betriebswirtschaftslehre, 2. Band: Der Absatz, 15. Auflage, Berlin, Heidelberg und New York 1976 (Erstveröffentlichung Berlin und Heidelberg 1955);

Gutenberg 1979 (Produktion)

Gutenberg, E.: Grundlagen der Betriebswirtschaftslehre, 1. Band: Die Produktion, 23. Auflage, Berlin, Heidelberg und New York 1979 (Erstveröffentlichung Berlin und Heidelberg 1951);

Gutenberg 1990 (Einführung)

Gutenberg, E.: Einführung in die Betriebswirtschaftslehre, Nachdruck der 1. Auflage von 1958, Wiesbaden 1990;

H

Häuser 1974 (Bedürfnis)

Häuser, K.: Bedürfnis, Bedarf, Gut, Nutzen, in: Handwörterbuch der Betriebswirtschaft, 4. Auflage, hrsg. von E. Grochla und W. Wittmann, Stuttgart 1974, Sp. 449-463;

Hahn/Klausmann 1979 (Frühwarnsysteme)

Hahn, D. und W. Klausmann: Aufbau und Funktionsweise von betrieblichen Frühwarnsystemen in der Industrie, Arbeitsbericht, Gießen 1979;

Hahn/Krystek 1979 (Frühwarnsysteme)

Hahn, D. und U. Krystek: Betriebliche und überbetriebliche Frühwarnsysteme für die Industrie, in: Zeitschrift für betriebswirtschaftliche Forschung 1979, S. 76-88;

Hamel/Prahalad 1989 (Strategic Intent)

Hamel, G. und C.K. Prahalad: "Strategic Intent" - aber jetzt gegen die Japaner, in: Harvardmanager 1989, Nr. 4, S. 90-102;

Harrigan 1983 (Integration)

Harrigan, K.R.: A framework for looking at vertical integration, in: Journal of Business Strategy 1983, Nr. 3, S. 30-37;

Harrington 1985 (Manufacturing)

Harrington, J.: Computer Integrated Manufacturing, 3. Auflage, Malabar 1985;

Harrmann 1979 (Durchsetzung)

Harrmann, A.: Führung und Durchsetzung von Zielen, in: Der Betrieb 1979, S. 949-954;

Hartfiel 1968 (Rationalität)

Hartfiel, G.: Wirtschaftliche und soziale Rationalität, Stuttgart 1968;

Hauschildt 1987 (Erfolgs- und Finanzanalyse)

Hauschildt, J.: Erfolgs- und Finanzanalyse, 2. Auflage, Köln 1987;

Hax 1971 (Erich Schäfer)

Hax, K.: Erich Schäfers Standort in der Betriebswirtschaftslehre, in: Beiträge zur betriebswirtschaftlichen Ertragslehre, hrsg. von P. Riebel, Opladen 1971, S. 247-260;

Hax 1984 (Überkapazitäten)

Hax, H.: Überkapazitäten als betriebswirtschaftliches Problem, in: Kapazitätsrisiken und Unternehmenspolitik, hrsg. von J. Funk, H. Hax und E. Potthoff, Sonderheft 18 der Zeitschrift für betriebswirtschaftliche Forschung, Düsseldorf 1984, S. 22-31;

Hayek 1968 (Wettbewerb)

Hayek, F.A. von: Der Wettbewerb als Entdeckungsverfahren, Kiel 1968;

Hayes/Jaikumar 1989 (Fertigungstechnologien)

Hayes, R.H. und R. Jaikumar: Neue Fertigungstechnologien revolutionieren die Unternehmen, in: Harvardmanager 1989, Nr. 2, S. 73-80;

Hedley 1980 (Business Portfolio)

Hedley, B.: Strategy and the "Business Portfolio", in: Strategische Unternehmensplanung, hrsg. von D. Hahn und B. Taylor, Würzburg und Wien 1980, S. 102-113;

Heinen 1978 (Führung)

Heinen, E.: Führung als Gegenstand der Betriebswirtschaftslehre, in: Betriebswirtschaftliche Führungslehre, Ein entscheidungsorientierter Ansatz, hrsg. von E. Heinen, Wiesbaden 1978, S. 15-44;

Heinen 1983 (Kostenlehre)

Heinen, E.: Betriebswirtschaftliche Kostenlehre, Kostentheorie und Kostenentscheidungen, 6. Auflage, Wiesbaden 1983;

Henderson 1974 (Erfahrungskurve)

Henderson, B.D.: Die Erfahrungskurve in der Unternehmensstrategie, Frankfurt und New York 1974;

Henzel 1936 (Unternehmer)

Henzel, F.: Der Unternehmer als Disponent seiner Kosten, in: Zeitschrift für Betriebswirtschaft 1936, S. 139-167;

Henzler 1988 (Führung)

Henzler, H.: Von der strategischen Planung zur strategischen Führung: Versuch einer Positionsbestimmung, in: Zeitschrift für Betriebswirtschaft 1988, S. 1286-1307;

Hergert/Morris 1989 (Value Chain Analysis)

Hergert, M. und D. Morris: Accounting Data for Value Chain Analysis, in: Strategic Management Journal 1989, S. 175-188;

Herzog 1991 (Gemeinkostenwertanalyse)

Herzog, E.: Gemeinkostenwertanalyse als Instrument der Kostensenkung im administrativen Bereich, in: Grenzplankostenrechnung, Stand und aktuelle Probleme, hrsg. von A.-W. Scheer, 2. Auflage, Wiesbaden 1991, S. 317-336;

Herzog 1992 (Entwicklungen)

Herzog, E.: neuere Entwicklungen der Kostenrechnung in den USA, in: Handbuch Kostenrechnung, hrsg. von W. Männel, Wiesbaden 1992, S. 338-347;

Hinterhuber 1990 (Wettbewerbsstrategie)

Hinterhuber, H.H.: Wettbewerbsstrategie, 2. Auflage, Berlin und New York 1990;

Hinterhuber 1992 (Unternehmensführung)

Hinterhuber, H.H.: Strategische Unternehmensführung, Band I: Strategisches Denken: Vision, Unternehmungspolitik, Strategie; Band II: Strategisches Handeln: Direktiven, Organisation, Umsetzung, Unternehmungskultur, Strategisches Controlling, Strategische Führungskompetenz; jeweils 5. Auflage, Berlin und New York 1992;

Hiromoto 1988 (Japanese Management Accounting)

Hiromoto, T.: Another Hidden Edge - Japanese Management Accounting, in: Harvard Business Review 1988, Nr. 4, S. 22-26;

Hiromoto 1989 (Japan)

Hiromoto, T.: Management Accounting in Japan, Ein Vergleich zwischen japanischen und westlichen Systemen des Management Accounting, in: Controlling 1989, S. 316-322;

Hiromoto 1991 (Bedeutung)

Hiromoto, T.: Wie das Management Accounting seine Bedeutung zurückgewinnt, in: Prozeßkostenmanagement, hrsg. von IFUA Horváth & Partner, München 1991, S. 25-46;

Hodgson/Michaelis 1960 (World Business)

Hodgson, R. und M. Michaelis: Planning for Profits in World Business, in: Harvard Business Review 1960, Nr. 6, S. 135-148;

Hofer 1975 (Theory)

Hofer, C.W.: Toward a Contingency Theory of Business Strategy, in: Academy of Management Journal, December 1975, S. 784-810;

Hofer/Schendel 1978 (Strategy)

Hofer, C.W. und D. Schendel: Strategy formulation: Analytical Concepts, St. Paul 1978;

Hoffmann 1986 (Erfolgsfaktoren)

Hoffmann, F.: Kritische Erfolgsfaktoren - Erfahrungen in großen und mittelständischen Unternehmungen, in: Zeitschrift für betriebswirtschaftliche Forschung 1986, S. 831-843;

Holzer/Norreklit 1992 (Management Accounting)

Holzer, H.P. und H. Norreklit: Management Accounting: Status und Trend, in: Die Betriebswirtschaft 1992, S. 249-261;

Homans 1950 (Group)

   Homans, G.C.: The human group, New York 1950 (deutschsprachige Übersetzung: Theorie der sozialen Gruppe, Köln und Opladen 1960);

Horváth 1981 (Zero-Base Budgeting)

   Horváth, P.: Einsatzmöglichkeiten des Zero-Base Budgeting als Krisenbewältigungsinstrument, in: Unternehmenskrisen - Ursachen, Frühwarnung, Bewältigung, hrsg. von R. Bratschitsch und W. Schnellinger, Stuttgart 1981, S. 319-333;

Horváth 1988 (Informations- und Produktionstechnologien)

   Horváth, P.: Grundprobleme der Wirtschaftlichkeitsanalyse beim Einsatz neuer Informations- und Produktionstechnologien, in: Wirtschaftlichkeit neuer Produktions- und Informationstechnologien, hrsg. von P. Horváth, Stuttgart 1988, S. 1-14;

Horváth 1990 (Controlling)

   Horváth, P.: Controlling, 3. Auflage, München 1990;

Horváth 1990 (Kostenmanagement)

   Horváth, P.: Revolution im Rechnungswesen: Strategisches Kostenmanagement, in: Strategieunterstützung durch das Controlling: Revolution im Rechnungswesen?, hrsg. von P. Horváth, Stuttgart 1990, S. 175-193;

Horváth/Herter 1992 (Benchmarking)

   Horváth, P. und R.N. Herter: Benchmarking, Vergleich mit den Besten der Besten, in: Controlling 1992, S. 4-11;

Horváth/Kleiner/Mayer 1986 (Montage)

   Horváth, P., F. Kleiner und R. Mayer: Differenzierte Kosteninformationen zur Entscheidungsunterstützung in der flexiblen Montage, in: Kostenrechnungspraxis 1986, S. 133-139;

Horváth/Mayer 1986 (Flexibilität)

   Horváth, P. und R. Mayer: Produktionswirtschaftliche Flexibilität, in: Wirtschaftswissenschaftliches Studium 1986, S. 69-77;

Horváth/Mayer 1989 (Prozeßkostenrechnung)

   Horváth, P. und R. Mayer: Prozeßkostenrechnung, Der neue Weg zu mehr Kostentransparenz und wirkungsvolleren Unternehmensstrategien, in: Controlling 1989, S. 214-219;

Huber 1987 (Gemeinkosten-Wertanalyse)

   Huber, R.: Gemeinkosten-Wertanalyse, 2. Auflage, Bern und Stuttgart 1987;

Hummel 1970 (Kostenerfassung)

   Hummel, S.: Wirklichkeitsnahe Kostenerfassung, Neue Erkenntnisse für eine eindeutige Kostenermittlung, Berlin 1970;

Hummel 1974 (Produktion)

   Hummel, S.: Produktion, verbundene, in: Handwörterbuch der Betriebswirtschaft, 4. Auflage, hrsg. von E. Grochla und W. Wittmann, Stuttgart 1974, Sp. 3081-3089;

Hummel 1975 (Kosten)

   Hummel, S.: Fixe und variable Kosten - Zwei häufig mißverstandene Begriffe der Kostenrechnung, in: Kostenrechnungspraxis 1975, S. 63-74;

Hummel/Männel 1986 (Kostenrechnung 1)

Hummel, S. und W. Männel: Kostenrechnung 1: Grundlagen, Aufbau und Anwendung, 4. Auflage, Wiesbaden 1986;

I

Ihde 1986 (Strukturwandel)

Ihde, G.B.: Wirtschaftlicher Strukturwandel und industrielle Betriebsgrößen, in: Industrielles Management, hrsg. von J. Bloech, Göttingen 1986, S. 1-20;

Ihde 1988 (Betriebstiefe)

Ihde, G.B.: Die relative Betriebstiefe als strategischer Erfolgsfaktor, in: Zeitschrift für Betriebswirtschaft 1988, S. 13-23;

Illetschko 1961 (Verrechnungslehre)

Illetschko, L.L.: Theorie und Praxis einer betrieblichen Verrechnungslehre, in: Betriebswirtschaftslehre und Wirtschaftspraxis, hrsg. von H. Schwarz und K.-H. Berger, Berlin 1961, S. 183-199;

Institute of Cost & Management Accountants 1982 (Accounting)

Institute of Cost & Management Accountants: Management Accounting, Official Terminology, London 1982;

J

Jacob 1991 (Finanzierungsregeln)

Jacob, A.F.: Finanzierungsregeln, Vertrauenskapital und Risikoaversion, in: Unternehmensdynamik, hrsg. von K.-P. Kistner und R. Schmidt, Wiesbaden 1991, S. 111-131;

Jacob 1988 (Betriebswirtschaftslehre)

Jacob, H. (Hrsg.): Allgemeine Betriebswirtschaftslehre, Handbuch für Studium und Prüfung, 5. Auflage, Wiesbaden 1988;

Jaikumar 1987 (Fertigung)

Jaikumar, R.: Flexible Fertigung in Japan und den USA, in: Harvardmanager 1987, Nr. 2, S. 82-89;

Jehle 1982 (Gemeinkosten-Management)

Jehle, E.: Gemeinkosten-Management, in: Die Unternehmung 1982, S. 59-76;

Johnson/Kaplan 1987 (Accounting)

Johnson, H.T. und R.S. Kaplan: Relevance Lost, The Rise and Fall of Management Accounting, Boston, Mass. 1987;

Johnson/Kast/Rosenzweig 1973 (Theory)

Johnson, R.A., F.E. Kast und J.E. Rosenzweig: The theory and management of systems, 3. Auflage New York 1973 (1. Auflage 1963);

Johnston/Lawrence 1988 (Value-Adding Partnership)

Johnston, R. und P.R. Lawrence: Beyond Vertical Integration - the Rise of the Value-Adding Partnership, in: Harvard Business Review 1988, Nr. 4, S. 94-101;

Jürgens/Malsch/Dohse 1989 (Automobilfabrik)

Jürgens, U., T. Malsch und K. Dohse: Moderne Zeiten in der Automobilfabrik, Strategien der Produktionsmodernisierung im Länder- und Konzernvergleich, Berlin u.a. 1989;

K

Kaas 1974 (Diffusion)

Kaas, K.P.: Diffusion, in: Handwörterbuch der Absatzwirtschaft, hrsg. von B. Tietz, Stuttgart 1974, Sp. 464-468;

Kahl 1986 (Fabrik)

Kahl, H.-P.: Die Fabrik der Zukunft, in: Neuere Entwicklungen in der Produktions- und Investitionspolitik, hrsg. von D. Adam, Wiesbaden 1986;

Kalaitzis 1987 (Instandhaltung)

Kalaitzis, D.: Rationalisierung der Instandhaltung, Köln 1987;

Kalaitzis 1987 (Kosten- und Leistungsberichte)

Kalaitzis, D.: Kosten- und Leistungsberichte für die Instandhaltung, in: Kostenrechnungspraxis 1987, S. 157-162;

Kaldor 1934 (Equilibrium)

Kaldor, N.: The Equilibrium of the Firm, in: The Economic Journal 1934, S. 60-76;

Kaplan 1988 (Cost System)

Kaplan, R.S.: One Cost System Isn't Enough, in: Harvard Business Review 1988, Nr. 1, S. 61-66;

Kaplan 1990 (Model)

Kaplan, R.S.: The Four-Stage Model of Cost Systems Design, in: Management Accounting 1990, Nr. 8, S. 22-26;

Kaske 1989 (Wettbewerb)

Kaske, K.-H.: Der Unternehmer im Wettbewerb auf den Weltmärkten, in: Zeitschrift für betriebswirtschaftliche Forschung 1989, S. 347-357;

Kaufer 1980 (Industrieökonomik)

Kaufer, E.: Industrieökonomik, München 1980;

Kern/Fallaschinski 1978 (Produktionsfaktoren)

Kern, W. und K. Fallaschinski: Betriebswirtschaftliche Produktionsfaktoren, in: Das Wirtschaftsstudium 1978, S. 580-584 und 1979, S. 15-18;

Kieser 1976 (Wachstum)

Kieser, A.: Wachstum und Wachstumstheorien, in: Handwörterbuch der Betriebswirtschaft, hrsg. von E. Grochla und W. Wittmann, Band 3, Stuttgart 1976, Sp. 4301-4318;

Kieser 1988 (Institutionen)

Kieser, A.: Erklären die Theorie der Verfügungsrechte und der Transaktionskostenansatz historischen Wandel von Institutionen?, in: Betriebswirtschaftslehre und Theorie der Verfügungsrechte, hrsg. von D. Budäus, E. Gerum und G. Zimmermann, Wiesbaden 1988, S. 299-323;

Kieser/Kubicek 1978 (Organisationstheorien)

Kieser, A. und H. Kubicek: Organisationtheorien, 2 Bände, Stuttgart u.a. 1978;

Kieser/Kubicek 1983 (Organisation)

Kieser, A. und H. Kubicek: Organisation, 2. Auflage, Berlin und New York 1983;

Kilger 1958 (Kostentheorie)

Kilger, W.: Produktions- und Kostentheorie, Wiesbaden 1958 (unveränderter Nachdruck 1972);

Kilger 1973 (Kostenlehre)

Kilger, W.: Schmalenbachs Beitrag zur Kostenlehre, in: Zeitschrift für betriebswirtschaftliche Forschung 1973, S. 522-540;

Kilger 1974 (Fixkosten)

Kilger, W.: Fixkosten, in: Handwörterbuch der Betriebswirtschaft, 4. Auflage, hrsg. von E. Grochla und W. Wittmann, Stuttgart 1974, Sp. 1499-1504;

Kilger 1975 (Produktionsfaktor)

Kilger, W.: Produktionsfaktor, in: Handwörterbuch der Betriebswirtschaft, 4. Auflage, hrsg. von E. Grochla und W. Wittmann, Stuttgart 1975, Sp. 3097-3101;

Kilger 1988 (Plankostenrechnung)

Kilger, W.: Flexible Plankostenrechnung und Deckungsbeitragsrechnung, 9. Auflage, Wiesbaden 1988;

Kirsch/Bamberger 1976 (Unternehmensplanung)

Kirsch, W. und I. Bamberger: Strategische Unternehmensplanung, Rationalität und Philosophien der politischen Planung, in: Zeitschrift für Betriebswirtschaft 1976, S. 341-356;

Kirsch/Trux 1989 (Management)

Kirsch, W. und W. Trux: Strategisches Management, in: Handwörterbuch der Planung, hrsg. von N. Szyperski, Stuttgart 1989, Sp. 1924-1935;

Kirzner 1973 (Competition)

Kirzner, I.M.: Competition and Entrepreneurship, Chicago 1973;

Klaus 1961 (Kybernetik)

Klaus, G.: Kybernetik in philosophischer Sicht, Berlin 1961;

Klein/Crawford/Alchian 1978 (Integration)

Klein, B., R.G. Crawford und A.A. Alchian: Vertical Integration, Appropriable Rents, and the Competitive Contracting Process, in: Journal of Law and Economics 1978, S. 297-326;

Kleinaltenkamp 1987 (Dynamisierung)

Kleinaltenkamp, M.: Die Dynamisierung strategischer Marketing-Konzepte, in: Zeitschrift für betriebswirtschaftliche Forschung 1987, S. 31-52;

Kloock 1992 (Prozeßkostenrechnung)

Kloock, J.: Prozeßkostenrechnung als Rückschritt und Fortschritt der Kostenrechnung, in: Kostenrechnungspraxis 1992, S. 183-193 und S. 237-245;

Kloock/Sabel/Schuhmann 1987 (Erfahrungskurve)

Klook, J., H. Sabel und W. Schuhmann: Die Erfahrungskurve in der Unternehmenspolitik, in: Erfahrungskurve und Unternehmensstrategie, Ergänzungsheft 2/87 der Zeitschrift für Betriebswirtschaft, Wiesbaden 1987, S. 3-51;

Kloock/Sieben/Schildbach 1987 (Kosten- und Leistungsrechnung)

Kloock, J., G. Sieben und Th. Schildbach: Kosten- und Leistungsrechnung, 4. Auflage, Düsseldorf 1987;

Knolmayer 1984 (Factory)

Knolmayer, G.: Das Konzept der "Factory of the Future": Chancen oder Risiken für mittelständische Unternehmen?, in: Betriebswirtschaftslehre mittelständischer Unternehmen, hrsg. von H. Albach und Th. Held, Stuttgart 1984, S. 197-207;

Koch 1959 (Betriebsgröße)

Koch, H.: Betriebsgröße, in: Handwörterbuch der Sozialwissenschaften, 2. Band, Stuttgart, Tübingen und Göttingen 1959, S. 82-92;

Koch 1971 (Handlungsanalyse)

Koch, H.: Die betriebswirtschaftliche Theorie als Handlungsanalyse, in: Wissenschaftsprogramm und Ausbildungziele der Betriebswirtschaftslehre, hrsg. von G. von Kortzfleisch, Berlin 1971, S. 61-78;

Koch 1982 (Vorwort)

Koch, H.: Vorwort des Herausgebers, in: Neuere Entwicklungen in der Unternehmenstheorie, hrsg. von H. Koch, Wiesbaden 1982, S. V-VI;

Köhler 1969 (Finanzierungsbegriff)

Köhler, R.: Zum Finanzierungsbegriff einer entscheidungsorientierten Betriebswirtschaftslehre, in: Zeitschrift für Betriebswirtschaft 1969, S. 435-456;

Köhler 1989 (Marketing-Effizienz)

Köhler, R.: Marketing-Effizienz durch Controlling, in: Controlling 1989, S. 84-95;

Kono 1984 (Strategy)

Kono, T.: Strategy and Structure of Japanese Enterprises, London und Basingstoke 1984;

Koontz/O'Donell 1976 (Management)

Koontz, H. und C. O'Donell: Management: A systems and contingency analysis of managerial functions, 6. Auflage, New York u.a. 1976 (1. Auflage 1955);

Koopmans 1989 (Optimalitätskonzepte)

Koopmans, T.C.: Optimalitätskonzepte und ihre Anwendung, Nobel-Lesung vom 11. Dezember 1975, in: Die Nobelpreisträger der ökonomischen Wissenschaft, hrsg. von H.C. Recktenwald, Düsseldorf 1989, Band I, S. 461-486;

Kosiol 1927 (Kostenauflösung)

Kosiol, E.: Kostenauflösung und proportionaler Satz, in: Zeitschrift für handelswissenschaftliche Forschung 1927, S. 345-358;

Kosiol 1966 (Unternehmung)

Kosiol, E.: Die Unternehmung als wirtschaftliches Aktionszentrum, Einführung in die Betriebswirtschaftslehre, Reinbek bei Hamburg 1966;

Kosiol 1968 (Betriebswirtschaftslehre)

Kosiol, E.: Einführung in die Betriebswirtschaftslehre, Wiesbaden 1968;

Kosiol 1972 (Theorie und Systematik)

Kosiol, E.: Zur Theorie und Systematik des Rechnungswesens, in: Analysen zur Unternehmenstheorie, hrsg. von K. Lechner, Berlin 1972, S. 113-147;

Kosiol 1979 (Kosten- und Leistungsrechnung)

Kosiol, E.: Kosten- und Leistungsrechnung, Grundlagen, Verfahren, Anwendungen, Berlin und New York 1979;

Kotler 1984 (Marketing)

Kotler, Ph.: Marketing Management, 5. Auflage, Englewood Cliffs 1984 (Erstveröffentlichung 1967; deutschsprachige Übersetzung unter identischem Titel: 7. Auflage, Stuttgart 1991);

Kraljic 1988 (Versorgungsstrategie)

Kraljic, P.: Zukunftsorientierte Beschaffungs- und Versorgungsstrategie als Element der Unternehmensstrategie, in: Handbuch Strategische Führung, hrsg. von H.A. Henzler, Wiesbaden 1988, S. 477-497;

Kramer/Winter 1981 (Qualitätszirkel)

Kramer, W. und H. Winter: Die Entwicklung von Qualitätszirkeln, Köln 1981;

Kreikebaum 1989 (Unternehmensplanung)

Kreikebaum, H.: Strategische Unternehmensplanung, 3. Auflage, Stuttgart 1989;

Krüger 1972 (Konflikthandhabung)

Krüger, W.: Grundlagen, Probleme und Instrumente der Konflikthandhabung in der Unternehmung, Berlin 1972;

Krüger 1974 (Macht)

Krüger, W.: Macht in der Unternehmung, Elemente und Strukturen, Stuttgart 1974;

Krüger 1979 (Controlling)

Krüger, W.: Controlling: Gegenstandsbereich, Wirkungsweise und Funktionen im Rahmen der Unternehmenspolitik, in: Betriebswirtschaftliche Forschung und Praxis 1979, S. 158-169;

Krüger 1979 (Zielbildungsprozesse)

Krüger, W.: Zur methodischen und inhaltlichen Analyse von Zielbildungsprozessen, in: Unternehmungsbezogene Konfliktforschung, hrsg. von G. Dlugos, Stuttgart 1979, S. 377-395;

Krüger 1981 (Konflikte)

Krüger, W.: Theorie unternehmungsbezogener Konflikte, in: Zeitschrift für Betriebswirtschaft 1981, S. 910-952;

Krüger 1984 (Organisation)

Krüger, W.: Organisation der Unternehmung, Stuttgart 1984;

Krüger 1986 (Unternehmungsführung)

Krüger, W.: Vom Anpasser zum Gestalter: Erfolgreiche Unternehmungsführung auf gesättigten Märkten, in: Gießener Universitätsblätter 1986, Nr. 2, S. 103-112;

Krüger 1988 (Unternehmungserfolg)

Krüger, W.: Die Erklärung von Unternehmungserfolg: Theoretischer Ansatz und empirische Ergebnisse, in: Die Betriebswirtschaft 1988, S. 27-43;

Krüger 1989 (Peters und Waterman)

Krüger, W.: Hier irrten Peters und Waterman, in: Harvardmanager 1989, Nr. 1, S. 13-18;

Kruk/Potthoff/Sieben 1984 (Schmalenbach)

Kruk, M., E. Potthoff und G. Sieben: Eugen Schmalenbach, Der Mann - Sein Werk - Die Wirkung, hrsg. von W. Cordes im Auftrag der Schmalenbach-Stiftung, Stuttgart 1984;

Krystek 1987 (Unternehmungskrisen)

Krystek, U.: Unternehmungskrisen; Beschreibung, Vermeidung und Bewältigung überlebenskritischer Prozesse in Unternehmungen, Wiesbaden 1987;

Krystek 1990 (Frühaufklärung)

Krystek, U.: Controlling und Frühaufklärung, Stand und Entwicklungstendenzen von Systemen der Frühaufklärung, in: Controlling 1990, S. 68-75;

Kubicek 1981 (Unternehmungsziele)

Kubicek, H.: Unternehmungsziele, Zielkonflikte und Zielbildungsprozesse, in: Wirtschaftswissenschaftliches Studium 1981, S. 458-466;

Kubicek/Thom 1976 (Umsystem)

Kubicek, H. und N. Thom: Umsystem, betriebliches, in: Handwörterbuch der Betriebswirtschaft, 4. Auflage, hrsg. von E. Grochla und W. Wittmann, Stuttgart 1976, Sp. 3977-4017;

Küpper 1981 (Kosten)

Küpper, H.-U.: Kosten, fixe und variable, in: Handwörterbuch des Rechnungswesens, 2. Auflage, hrsg. von E. Kosiol, K. Chmielewicz und M. Schweitzer, Stuttgart 1981, Sp. 950-962;

Küpper 1987 (Konzeption des Controlling)

Küpper, H.-U.: Konzeption des Controlling aus betriebswirtschaftlicher Sicht, in: Rechnungswesen und EDV, 8. Saarbrücker Arbeitstagung 1987: Controlling, Anwenderberichte, Neue Konzepte, Controlling-Systeme, Systemerfahrungen, hrsg. von A.-W. Scheer, Heidelberg 1987, S. 82-116;

Küpper 1988 (Koordination und Integration)

Küpper, H.-U.: Koordination und Interdependenz als Bausteine einer konzeptionellen und theoretischen Fundierung des Controlling, in: Betriebswirtschaftliche Steuerungs- und Kontrollprobleme, hrsg. von W. Lücke, Wiesbaden 1988, S. 163-183;

Küpper 1989 (Rechnungswesen)

Küpper, H.-U.: Rechnungswesen und Allgemeine Betriebswirtschaftslehre, in: Die Betriebswirtschaftslehre im Spannungsfeld zwischen Generalisierung und Spezialisierung, hrsg. von W. Kirsch und A. Picot, Wiesbaden 1989, S. 215-233;

Küpper 1990 (Entwicklungslinien)

Küpper, H.-U.: Entwicklungslinien der Kostenrechnung als Controllinginstrument, in: Kostenrechnungspraxis 1990, S. 11-16 und S. 83-91;

Küpper/Weber/Zünd 1990 (Controlling)

Küpper, H.-U., J. Weber und A. Zünd: Zum Verständnis und Selbstverständnis des Controlling, Thesen zur Konsensbildung, in: Zeitschrift für Betriebswirtschaft 1990, S. 281-293;

Küster 1990 (Administration)

Küster, H.: Controlling der Administration, in: Kostenrechnungspraxis 1990, S. 145-150;

Küting 1991 (System)

Küting K.: BWL für Manager, Auf der Suche nach dem richtigen System, Kostenrechnung, in: Blick durch die Wirtschaft 1991, Nr. 66, S. 1;

Kumpe/Bolwijn 1988 (Integration)

Kumpe, T. und P.T. Bolwijn: Manufacturing: The New Case for Vertical Integration, in: Harvard Business Review 1988, Nr. 2, S. 75-81;

L

Lassmann 1968 (Kosten- und Erlösrechnung)

Lassmann, G.: Die Kosten- und Erlösrechnung als Instrument der Planung und Kontrolle in Industriebetrieben, Düsseldorf 1968;

Lassmann 1979 (Erlösrechnung)

Lassmann, G.: Erlösrechnung und Erlösanalyse bei Großserien- und Sortenfertigung, in: Zeitschrift für betriebswirtschaftliche Forschung 1979, S. 135-142 und S. 153-162;

Lederer/Buresch 1980 (Ausbildung)

Lederer, K. und J. Buresch: Technologischer Wandel und seine Auswirkungen auf die Ausbildung, in: REFA-Nachrichten 1980, S. 305-308;

Leidecker/Bruno 1984 (Success Factors)

Leidecker, L.K. und A.V. Bruno: Identifying and Using Critical Success Factors, in: Long Range Planning 1984, S. 23-32;

Letsch 1984 (Gemeinkostensenkung)

Letsch, M.: Methoden und Verfahren der Gemeinkostensenkung, Diss. St. Gallen 1984;

Leontiades 1988 (Strategieumsetzung)

Leontiades, M.: Bessere Strategieumsetzung wichtiger als neue Konzepte, in: Handbuch Strategische Führung, hrsg. von H.A. Henzler, Wiesbaden 1988, S. 849-852;

Levitt 1973 (Globalization)

Levitt, T.: The globalization of markets, in: Harvard Business Review 1973, Nr. 3, S. 92-102;

Lorange/Vancil 1977 (Planning)

Lorange, P. und R.F. Vancil (Hrsg.): Strategic Planning Systems, Englewood 1977;

Lücke 1962 (Massenproduktion)

Lücke, W.: Das "Gesetz der Massenproduktion" in betriebswirtschaftlicher Sicht, in: Zur Theorie der Unternehmung, hrsg. von H. Koch, Wiesbaden 1962, S. 313-365;

Lücke 1966 (Unternehmungsgröße)

Lücke, W.: Betriebs- und Unternehmungsgröße, Stuttgart 1966;

Lücke 1982 (Unternehmenswachstum)

Lücke, W.: Unternehmenswachstum und Unternehmensgröße, Zur Notwendigkeit einer differenzierten Darstellung von Entwicklung und Zustand eines Unternehmens, in:

Neuere Entwicklungen in der Unternehmenstheorie, hrsg. von H. Koch, Wiesbaden 1982, S. 177-219;

Lücke 1989 (Safety)

Lücke, W.: Margin of Safety und Spannungsverhältnis bei mutativer Anpassung, in: Innovation und Controlling, hrsg. von W. Lücke und J.-W. Dietz, Wiesbaden 1989, S. 117-144;

Luhmann 1968 (Zweckbegriff)

Luhmann, N.: Zweckbegriff und Systemrationalität, Über die Funktion von Zwecken in sozialen Systemen, Tübingen 1968;

Luhmann 1970 (Methode)

Luhmann, N.: Funktionale Methode und Systemtheorie, in: Luhmann, N.: Soziologische Aufklärung: Aufsätze zur Theorie sozialer Systeme, Köln und Opladen 1970, S. 31-53;

Luhmann 1991 (Systeme)

Luhmann, N.: Soziale Systeme, Grundriß einer allgemeinen Theorie, 4. Auflage, Frankfurt am Main 1991;

M

Macharzina 1977 (Führungsforschung)

Macharzina, K.: Neuere Entwicklungen in der Führungsforschung, in: Zeitschrift für Organisation 1977, S. 3-19;

Männel 1968 (Anlagenerhaltung)

Männel, W.: Wirtschaftlichkeitsfragen der Anlagenerhaltung, Wiesbaden 1968;

Männel 1972 (Kostenspaltung)

Männel, W.: Grundzüge einer aussagefähigen Kostenspaltung, in: Kostenrechnungspraxis 1972, S. 111-119;

Männel 1973 (Entscheidungen)

Männel, W. (Hrsg.): Entscheidungen zwischen Eigenfertigung und Fremdbezug in der Praxis, Herne und Berlin 1973;

Männel 1975 (Begriffsreihen)

Männel, W.: Bemerkungen zu den Begriffsreihen "Auszahlungen, Ausgaben, Aufwendungen, Kosten" und "Einzahlungen, Einnahmen, Erträge, Leistungen", in: Kostenrechnungspraxis 1975, S. 215-221;

Männel 1979 (Produktionsanlagen)

Männel, W.: Produktionsanlagen, Eignung von, in: Handwörterbuch der Produktionswirtschaft, hrsg. von W. Kern, Stuttgart 1979, Sp. 1465-1481;

Männel 1979 (Verbundwirtschaft)

Männel, W.: Verbundwirtschaft, in: Handwörterbuch der Produktionswirtschaft, hrsg. von W. Kern, Stuttgart 1979, Sp. 2077-2093;

Männel 1981 (Eigenfertigung)

Männel, W.: Eigenfertigung und Fremdbezug, Theoretische Grundlagen - Praktische Fälle, 2. Auflage, Stuttgart 1981;

Männel 1982 (Anlagenverwaltung)
Männel, W.: Anlagenverwaltung, in: Management Enzyklopädie, 2. Auflage, Band 1, Landsberg am Lech 1982, S. 196-214;

Männel 1983 (Erlösrechnung)
Männel, W.: Grundkonzeption einer entscheidungsorientierten Erlösrechnung, in: Kostenrechnungspraxis 1983, Nr. 2, S. 55-70;

Männel 1983 (Kostenspaltung)
Männel, W.: Kostenspaltung, in: Management Enzyklopädie, Fünfter Band, 2. Auflage, Landsberg am Lech 1983, S. 725-743

Männel 1988 (Anlagenwirtschaft)
Männel, W.: Integrierte Anlagenwirtschaft, in: Integrierte Anlagenwirtschaft, hrsg. von W. Männel, Köln 1988, S. 1-51.

Männel 1988 (Kostenrechnung)
Männel, W.: Entwicklung der Kostenrechnung zum Controlling-Instrument, in: W. Männel (Hrsg.): EDV-gestützte Kostenrechnung; Konzepte, Standardsoftware, Anwenderberichte; Sonderheft 1/88 der Zeitschrift Kostenrechnungspraxis, Wiesbaden 1988, S. 4-18;

Männel 1989 (Anlagenausfallkosten)
Männel, W.: Bedeutsame Komponenten der Anlagenausfallkosten, in: Perspektiven, Führungskonzepte und Instrumente der Anlagenwirtschaft, hrsg. von W. Männel, Köln 1989, S. 235-247;

Männel 1989 (Produktionsstrukuren)
Männel, W.: Aufgaben des Controlling anlagenintensiver Produktionsstrukturen, in: Rechnungswesen und EDV, 10. Saarbrücker Arbeitstagung 1989: Rechnungswesen im Unternehmen der 90er Jahre, hrsg. von A.-W. Scheer, Heidelberg 1989, S. 48-71;

Männel 1990 (Kostenrechnung)
Männel, W.: Kostenrechnung für anlagenintensive Produktionsstrukturen, in: Kostenrechnungspraxis 1990, S. 134-135;

Männel 1990 (Softwarespiegel)
Männel, W.: Softwarespiegel zur Kostenrechnung, 2. Auflage, Lauf an der Pegnitz 1990;

Männel 1991 (Anlagencontrolling)
Männel, W.: Anlagencontrolling, in: Controlling, Selbstverständnis - Instrumente - Perspektiven, Ergänzungsheft 3/91 der Zeitschrift für Betriebswirtschaft, hrsg. unter der Schriftleitung von H. Albach, und J. Weber, Wiesbaden 1991, S. 193-216;

Männel 1991 (Erfolgspotential)
Männel, W.: Zulieferleistung - Erfolgspotential für den Einkauf, in: Beschaffung aktuell 1991, Heft 3, S. 32-42;

Männel 1991 (Unternehmensführung)
Männel, W.: Kostenrechnung als Instrument der Unternehmensführung, in: Grenzplankostenrechnung, Stand und aktuelle Probleme, hrsg. von A.-W. Scheer, 2. Auflage, Wiesbaden 1991, S. 13-29;

Männel 1992 (Grenzplankostenrechnung)
Männel, W.: Die Grenzplankostenrechnung als Lebenswerk von Hans Georg Plaut - Ein Nachruf, in: Kostenrechnungspraxis 1992, S. 117-118;

Männel 1992 (Kostenrechnung)

Männel, W.: Anpassung der Kostenrechnung an moderne Unternehmensstrukturen, in: Handbuch Kostenrechnung, hrsg. von Wolfgang Männel, Wiesbaden 1992, S. 105-137;

Männel 1992 (Kostenspaltung)

Männel, W.: Methoden und Grundprinzipien der Kostenspaltung, in: Handbuch Kostenrechnung, hrsg. von Wolfgang Männel, Wiesbaden 1992, S. 446-460;

Männel 1993 (Anlagen-Controlling)

Männel, W.: Anlagen-Controlling, bisher unveröffentlichtes Manuskript, Nürnberg 1993 (erscheint in: Controlling: Management, Funktion und Führungskonzeption, Loseblattsammlung, hrsg. von G. Ebert, Landsberg am Lech);

Männel/Becker 1987 (Nutzschwellen-Management)

Männel, W. und W. Becker: Empfehlungen zur Einführung des Nutzschwellen-Managements als Unternehmensstrategie, unveröffentlichter Forschungsbericht, Lauf an der Pegnitz und Nürnberg 1987;

Männel/Becker 1988 (Fertigungs- und Dienstleistungstiefe)

Männel, W. und W. Becker: Empfehlungen zur Optimierung der Fertigungs- und Dienstleistungstiefe, unveröffentlichter Forschungsbericht, Lauf an der Pegnitz und Nürnberg 1988;

Männel/Becker/Pampel 1990 (Beschaffungsmarketing)

Männel, W., W. Becker und J. Pampel: Strategisches Beschaffungsmarketing, Empfehlungen zur Gestaltung eines umfassenden Konzeptes der Kooperation mit Zulieferern, unveröffentlichter Forschungsbericht, Lauf an der Pegnitz und Nürnberg 1990;

Mag 1976 (Mehrfachziele)

Mag, W.: Mehrfachziele, Zielbeziehungen und Zielkonfliktlösungen, in: Wirtschaftswissenschaftliches Studium 1976, S. 49-55;

Maier 1982 (Flexibilität)

Maier, K.: Die Flexibilität betrieblicher Leistungsprozesse, Thun und Frankfurt am Main 1982;

Mandelbaum 1982 (Geometry)

Mandelbaum, B.: The Fractal Geometry of Nature, San Francisco 1982;

March/Simon 1958 (Organizations)

March, J.G. und H.A. Simon: Organizations, New York u.a. 1958

Markowitz 1952 (Portfolio)

Markowitz, H.: Portfolio Selection, in: The Journal of Finance 1952, S. 77-91;

Markowitz 1959 (Portfolio)

Markowitz, H.: Portfolio Selection, Efficient Diversification of Investments, New York 1959;

Marr 1991 (Innovationsmanagement)

Marr, R.: Innovationsmanagement (Sammelrezension), in: Die Betriebswirtschaft 1991, S. 355-371.

Marx 1979 (Zero-Base Budgeting)

Marx, G.: Zero-Base Budgeting, Eine kritische Betrachtung, in: Die Unternehmung 1979, S. 227-241;

Maslow 1954 (Personality)

Maslow, A.H.: Motivation and personality, New York 1954 (deutschsprachige Übersetzung unter dem Titel Motivation und Persönlichkeit, Olten/Freiburg im Breisgau 1977);

Mayer 1990 (Prozeßkostenrechnung)

Mayer, R.: Prozeßkostenrechnung, in: Kostenrechnungspraxis 1990, S. 307-312;

Mayer/Glaser 1991 (Prozeßkostenrechnung)

Mayer, R. und H. Glaser: Die Prozeßkostenrechnung als Controllinginstrument, Pro und Contra, in: Controlling 1991, S. 296-303;

McFarlan 1984 (Information)

McFarlan, F.W.: Information Technology Changes the Way you Compete, in: Harvard Business Review 1984, Nr. 3, S. 98-103;

Meadows/Meadows/Zahn/Milling 1973 (Grenzen)

Meadows, D., D. Meadows, E. Zahn und P. Milling: Die Grenzen des Wachstums, Bericht des Club of Rome zur Lage der Menschheit, Reinbek bei Hamburg 1973;

Meffert 1969 (Flexibilität)

Meffert, H.: Zum Problem der betriebswirtschaftlichen Flexibilität, in: Zeitschrift für Betriebswirtschaft 1969, S. 779-800;

Meffert 1983 (Planungskonzepte)

Meffert, H.: Strategische Planungskonzepte in stagnierenden und gesättigten Märkten, in: Die Betriebswirtschaft 1983, S. 193-209;

Meffert 1988 (Marketing)

Meffert, H.: Strategische Unternehmensführung und Marketing, Wiesbaden 1988;

Meissner 1981 (Außenhandels-Marketing)

Meissner, H.G.: Außenhandels-Marketing, Stuttgart 1981;

Mertens 1981 (Management-Informations-Systeme)

Mertens, P.: Planung, Kontrolle und Management-Informations-Systeme, in: Planung und Kontrolle, Probleme der strategischen Unternehmensführung, hrsg. von H. Steinmann, München 1981, S. 348-369;

Mertens/Plattfaut 1988 (Informationstechnik)

Mertens, P. und E. Plattfaut: Informationstechnik als strategische Waffe, in: Wettbewerbsvorteile und Wettbewerbsfähigkeit, hrsg. von H. Simon, Stuttgart 1988, S. 103-115;

Meyer 1988 (Qualität)

Meyer, J.: Qualität als strategische Wettbewerbswaffe, in: Wettbewerbsvorteile und Wettbewerbsfähigkeit, hrsg. von H. Simon, Stuttgart 1988, S. 73-88;

Meyer-Piening 1980 (Gemeinkosten)

Meyer-Piening, A.: Gemeinkosten senken - aber wie?, in: Zeitschrift für Betriebswirtschaft 1980, S. 691-698;

Meyer-Piening 1982 (Effizienz)

Meyer-Piening, A.: Zero-Base Budgeting - Erprobte Technik zur Senkung der Gemeinkosten und zur Steigerung der Effizienz, in: Das Management der Gemeinkosten, Österreichischer Controllertag 1982, hrsg. von R. Eschenbach, Wien 1982, S. 63-95;

Meyer-Piening 1982 (Zero-Base Budgeting)

Meyer-Piening, A.: Zero-Base Budgeting, in: Zeitschrift für Organisation 1982, S. 257-266;

Meyer zu Selhausen 1989 (Planung)

Meyer zu Selhausen, H.: Inkrementale Planung, in: Handwörterbuch der Planung, hrsg. von N. Szyperski, Wiesbaden 1989, Sp. 746-753;

Milberg 1985 (Entwicklungstendenzen)

Milberg, J.: Entwicklungstendenzen in der automatisierten Produktion, in: Technische Rundschau 1985, Heft 37, S. 42-48;

Miller/Friesen 1986 (Strategies and Performance)

Miller, D. und H. Friesen: Generic Strategies and Performance: An Empirical Examination with American Data, in: Organization Studies 1986, S. 37-55;

Miller/Vollmann 1985 (Hidden Factory)

Miller, J.G. und T.E. Vollmann: The hidden factory, in: Harvard Business Review 1985, Nr. 5, S. 142-150;

Minderlein 1989 (Markteintrittsbarrieren)

Minderlein, M.: Markteintrittsbarrieren und Unternehmensstrategie, Industrieökonomische Ansätze und eine Fallstudie zum Personal Computer Markt, Wiesbaden 1989;

Minderlein 1990 (Strategische Verhaltensweisen)

Minderlein, M.: Markteintrittsbarrieren und strategische Verhaltensweisen, in: Zeitschrift für Betriebswirtschaft 1990, S. 155-178;

Mirani 1987 (Kosten- und Investitionsmanagement)

Mirani, A.: Kosten- und Investitionsmanagement für moderne Industrieanlagen, in: Kostenrechnungspraxis 1987, S. 225-230;

Mommsen 1974 (Max Weber)

Mommsen, W.: Max Weber. Gesellschaft, Politik und Geschichte, Frankfurt am Main 1974;

Monden 1989 (Total cost management)

Monden, Y.: Total cost management system in Japanese automobile corporations, in: Japanese Management Accounting, hrsg. von Y. Monden und M. Sakurai, Cambridge, Massachusetts 1989, S. 15-33;

Monteverde/Teece 1982 (Integration)

Monteverde, K. und D.J. Teece: Appropriable Rents and Quasi-Vertical Integration, in: Journal of Law and Economics 1982, S. 321-328;

Müller 1990 (Entwicklungstendenzen)

Müller H.: Entwicklungstendenzen in der Grenzplankostenrechnung und in der Deckungsbeitragsrechnung, in: Seicht, G., H. Müller und H. Kagermann: Die Zukunft des Rechnungswesens, Wien 1990, S. 35-106;

Müller 1977 (Ziele)

Müller, W.: Ziele von Organisationen, in: Die Unternehmung 1977, S. 1-19;

Müller-Merbach 1976 (Betriebswirtschaftslehre)

Müller-Merbach, H.: Einführung in die Betriebswirtschaftslehre, 2. Auflage, München 1976;

N

Naber 1982 (Zero-Base-Budgeting)
Naber, G.: Gemeinkostensenkung durch Zero-Base-Budgeting, in: Rationalisierung, 3. Saarbrücker Arbeitstagung, hrsg. von W. Kilger und A.-W. Scheer, Würzburg und Wien 1982, S. 120-146;

Nagel 1986 (Erfolgsfaktoren)
Nagel, K.: Die 6 Erfolgsfaktoren des Unternehmens, Landsberg am Lech 1986;

Neipp 1986 (Einführungsstrategien)
Neipp, G.: Einführungsstrategien für die rechnerintegrierte Produktion, in: Strategien der industriellen Fertigungswirtschaft, hrsg. von G. Neipp und W. Pfeiffer, Berlin 1986, S. 139-163;

Neumann 1979 (Organization)
Neumann, M.: Industrial Organization, Ein Überblick über die quantitative Forschung, in: Zeitschrift für Betriebswirtschaft 1979, S. 645-660;

Nicklisch 1920 (Privatwirtschaftslehre)
Nicklisch, H.: Allgemeine kaufmännische Betriebslehre als Privatwirtschaftslehre des Handels (und der Industrie), Band I, 4. Auflage, Stuttgart 1920;

Nieß 1979 (Fertigungssysteme)
Nieß, P.: Fertigungssysteme, flexible, in: Handwörterbuch der Produktionswirtschaft, hrsg. von W. Kern, Stuttgart 1979, Sp. 595-604;

O

Ohmae 1982 (Strategist)
Ohmae, K.: The Mind of the Strategist, New York (Free Press) 1982;

Ohmae 1985 (Triade)
Ohmae, K.: Macht der Triade, Die neue Form weltweiten Wettbewerbs, Wiesbaden 1985;

Opitz 1970 (Produktionstechnik)
Opitz, H.: Moderne Produktionstechnik, Essen 1970;

Ott 1985 (Industrieökonomik)
Ott, A.E.: Industrieökonomik, in: Industrieökonomik: Theorie und Empirie, hrsg. von G. Bombach, B. Gahlen und A.E. Ott, Tübingen 1985, S. 319-331;

P

Pack 1966 (Elastizität)
Pack, L.: Die Elastizität der Kosten, Grundlagen einer entscheidungsorientierten Kostentheorie, Wiesbaden 1966;

Pampel 1993 (Kooperation)
Pampel, J.: Theorie und Management der Kooperation mit Zulieferern, Dissertation, Nürnberg 1993;

Parsons 1951 (System)

Parsons, T.: The Social System, Glencoe 1951;

Parsons 1959 (Action)

Parsons, T.: An Approach to Psychological Theory in Terms of the Theory of Action, in: Psychology, Study I Vol. 3, hrsg. von S. Koch, New York 1959, S. 612-712;

Parsons 1973 (Handeln)

Parsons, T.: Einige Grundzüge der allgemeinen Theorie des Handelns, in: Moderne amerikanische Soziologie, hrsg. von H. Hartmann, Stuttgart 1967, S. 153-171;

Parsons 1976 (Gesellschaft)

Parsons, T.: Der Begriff der Gesellschaft: Seine Elemente und ihre Verknüpfungen, in: Zur Theorie sozialer Systeme, hrsg. von S. Jensen, Opladen 1976, S. 121-160;

Penrose 1959 (Growth)

Penrose, E:T:: Theory of the Growth of the Firm, Oxford 1959;

Perlitz 1988 (Innovation)

Perlitz, M.: Wettbewerbsvorteile durch Innovation, in: Wettbewerbsvorteile und Wettbewerbsfähigkeit, hrsg. von H. Simon, Stuttgart 1988, S. 47-65;

Peters/Waterman 1984 (Spitzenleistungen)

Peters, Th.J. und R.H. Waterman: Auf der Suche nach Spitzenleistungen, Was man von den bestgeführten US-Unternehmen lernen kann, 10. Auflage, Landsberg am Lech 1984 (Erstveröffentlichung unter dem Titel: In Search of Excellence, Lessons from America's Best-Run Companies, New York 1982);

Pfeffer/Salancik 1978 (External Control)

Pfeffer, J. und G.R. Salancik: The External Control of Organizations, New York 1978;

Pfeiffer 1967 (Überlegungen)

Pfeiffer, W.: Überlegungen zu einer allgemeinen Theorie der technischen Entwicklung, in: Zeitschrift für Betriebswirtschaft 1967, S. 188-203;

Pfeiffer 1971 (Entwicklung)

Pfeiffer, W.: Allgemeine Theorie der technischen Entwicklung als Grundlage einer Planung und Prognose des technischen Fortschritts, Göttingen 1971;

Pfeiffer 1980 (Innovationsmanagement)

Pfeiffer, W.: Innovationsmanagement als Know-How-Management, in: Führungsprobleme industrieller Unternehmungen, hrsg. von D. Hahn, Berlin und New York 1980, S. 421-452;

Pfeiffer 1983 (Entwicklungsmanagement)

Pfeiffer, W.: Strategisch orientiertes Forschungs- und Entwicklungsmanagement - Probleme und Lösungsansätze aus Sicht der Wissenschaft, in: Forschungs- und Entwicklungsmanagement, hrsg. von H. Blohm und G. Danert, Stuttgart 1983, S. 57-84;

Pfeiffer/Bischof 1981 (Produktlebenszyklen)

Pfeiffer, W. und P. Bischof: Produktlebenszyklen - Instrument jeder strategischen Produktplanung, in: Planung und Kontrolle, Probleme der strategischen Unternehmensführung, hrsg. von H. Steinmann, München 1981, S. 133-166;

Pfeiffer/Dörrie/Gagstetter/Wiegand/Gerharz 1989 (Typenvielfalt)
Pfeiffer, W., U. Dörrie, S. Gagstetter, C. Wienand und A. Gerharz: Kosten der Typen-vielfalt, Forschungs- und Arbeitsbericht Nr. 13 der Forschungsgruppe für Innovation und Technologische Voraussage (FIV), Nürnberg 1989;

Pfeiffer/Dörrie/Gerharz/Goetze 1992 (Variantenkostenrechnung)
Pfeiffer, W., U. Dörrie, A. Gerharz und S. von Goetze: Variantenkostenrechnung, in: Handbuch Kostenrechnung, hrsg. von W. Männel, Wiesbaden 1992, S. 861-877;

Pfeiffer/Metze/Schneider/Amler 1982 (Technologie-Portfolio)
Pfeiffer, W., G. Metze, R. Amler und W. Schneider: Technologie-Portfolio zum Mana-gement strategischer Zukunftsgeschäftsfelder, Göttingen 1982 (5. unveränderte Auf-lage 1989);

Pfeiffer/Staudt 1974 (Forschung)
Pfeiffer, W. und E. Staudt: Forschung und Entwicklung, betriebliche, in: Handwörter-buch der Betriebswirtschaft, 4. Auflage, hrsg. von E. Grochla und W. Wittmann, Stutt-gart 1974, Sp. 1521-1530;

Pfeiffer/Weiß 1988 (Technologiemanagement)
Pfeiffer, W. und E. Weiß: Zeitorientiertes Technologiemanagment als Kombination von "just-in-time-design", "just-in-time-production" und "just-in-time-distribution", Forschungs- und Arbeitsbericht Nr. 11 der Forschungsgruppe für Innovation und Technologische Voraussage (FIV), Nürnberg 1988;

Pfeiffer/Weiß 1991 (Lean-Management)
Pfeiffer, W. und E. Weiß: Lean-Management, Zur Übertragbarkeit eines neuen japani-schen Erfolgsrezepts auf hiesige Verhältnisse, Forschungs- und Arbeitsbericht Nr. 18 der Forschungsgruppe für Innovation und Technologische Voraussage (FIV), Nürnberg 1988;

Pfohl 1978 (Leistungsfähigkeit)
Pfohl, H.-Ch.: Zur Leistungsfähigkeit eines systemtheoretischen Ansatzes in der Orga-nisationstheorie, in: Zeitschrift für betriebswirtschaftliche Forschung 1978, S. 734-751;

Pfohl 1983 (Logistik)
Pfohl, H.-Ch.: Logistik als Überlebenshilfe in den achtziger Jahren, in: Zeitschrift für Betriebswirtschaft 1983, S. 719-734;

Pfohl 1988 (Logistiksysteme)
Pfohl, H.-Ch.: Logistiksysteme, Betriebswirtschaftliche Grundlagen, 3. Auflage, Ber-lin u.a. 1988;

Pfohl/Stölzle 1991 (Prozeßkostenrechnung)
Pfohl, H.-Ch. und W. Stölzle: Anwendungsbedingungen, Verfahren und Beurteilung der Prozeßkostenrechnung in industriellen Unternehmen, in: Zeitschrift für Betriebs-wirtschaft 1991, S. 1281-1305;

Pfohl/Zettelmeyer 1987 (Controlling)
Pfohl, H.-Ch. und B. Zettelmeyer: Strategisches Controlling?, in: Zeitschrift für Be-triebswirtschaft 1987, S. 145-175;

Phillips/Chang/Buzzel 1983 (Business Performance)
Phillips, L.W., D.R. Chang und R.D. Buzzel: Product Quality, Cost Position, and Bu-siness Performance: A Test of Some Key Hypotheses, in: Journal of Marketing 1983, S. 26-43;

Phyrr 1970 (Zero-Base Budgeting)

Phyrr, P.A.: Zero-Base Budgeting, in: Harvard Business Review 1970, Nr. 6, S. 111-121;

Phyrr 1977 (Zero-Base Budgeting)

Phyrr, P.A.: Zero-Base Budgeting, A Practical Management Tool for Evaluating Expences, New York London, Sydney und Toronto 1977;

Picot 1979 (Rationalisierung)

Picot, A.: Rationalisierung im Verwaltungsbereich als betriebswirtschaftliches Problem, in: Zeitschrift für Betriebswirtschaft 1979, S. 1145-1165;

Picot 1982 (Organisationstheorie)

Picot, A.: Transaktionskostenansatz in der Organisationstheorie: Stand der Diskussion und Aussagewert, in: Die Betriebswirtschaft 1982, S. 267-284;

Picot 1989 (Theorieansätze)

Picot, A.: Zur Bedeutung allgemeiner Theorieansätze für die betriebswirtschaftliche Information und Kommunikation: Der Beitrag der Transaktionskosten- und Pricipal-Agent-Theorie, in: Die Betriebswirtschaftslehre im Spannungsfeld zwischen Generalisierung und Spezialisierung, hrsg. von W. Kirsch und A. Picot, Wiesbaden 1989, S. 361-379;

Picot 1991 (Leistungstiefe)

Picot, A.: Ein neuer Ansatz zur Gestaltung der Leistungstiefe, in: Zeitschrift für betriebswirtschaftliche Forschung 1991, S. 336-357;

Picot/Dietl 1990 (Transaktionskostentheorie)

Picot, A. und H. Dietl.: Transaktionskostentheorie, in: Wirtschaftswissenschaftliches Studium 1990, S. 178-184;

Picot/Lange 1979 (Planungsprozess)

Picot, A. und B. Lange: Synoptische versus inkrementale Gestaltung des strategischen Planungsprozesses, Theoretische Grundlagen und Ergebnisse einer Laborstudie, in: Zeitschrift für betriebswirtschaftliche Forschung 1979, S. 569-596;

Picot/Reichwald/Schönecker 1985 (Organisationsleistung)

Picot, A., R. Reichwald und H.G. Schönecker: Eigenerstellung oder Fremdbezug von Organisationsleistung - ein Problem der Unternehmensführung, in: Office Management 1985, S. 818-821 und S. 1029-1034;

Plaut 1992 (Kostenrechnungssystem)

Plaut, H.G.: Grenzplankosten- und Deckungsbeitragsrechnung als modernes Kostenrechnungssystem, in: Handbuch Kostenrechnung, hrsg. von W. Männel, Wiesbaden 1992, S. 203-225;

Polakoff 1990 (Manufacturing)

Polakoff, J.C.: Computer Integrated Manufacturing, A New Look at Cost Justifications in: Journal of Accountancy 1990, Nr. 3, S. 24-29;

Popper 1984 (Forschung)

Popper, K.R.: Logik der Forschung, 2. Auflage, Tübingen 1966;

Porter 1983 (Wettbewerbsstrategie)

Porter, M.E.: Wettbewerbsstrategie (Competitive Strategy), Methoden zur Analyse von Branchen und Konkurrenten, Frankfurt am Main 1983 (amerikanische Erstveröffentlichung: New York und London 1980);

Porter 1986 (Wettbewerbsvorteile)
Porter, M.E.: Wettbewerbsvorteile (Competitive Advantage), Spitzenleistungen errei-
chen und behaupten, Frankfurt/Main 1986 (amerikanische Erstveröffentlichung New
York und London 1985);

Porter 1989 (Globaler Wettbewerb)
Porter, M.E. (Hrsg.): Globaler Wettbewerb, Strategien der Internationalisierung, Wiesbaden 1989 (amerikanische Erstveröffentlichung Boston 1986);

Porter/Millar 1988 (Information)
Porter, M.E. und V.E. Millar: Wettbewerbsvorteile durch Information, in: Wettbewerbsvorteile und Wettbewerbsfähigkeit, hrsg. von H. Simon, Stuttgart 1988, S. 89-
102;

Pümpin 1980 (Führung)
Pümpin, C.: Strategische Führung in der Unternehmungspraxis, Entwicklung, Einführung und Anpassung der Unternehmungsstrategie, in: Die Orientierung, Schriftenreihe
der Schweizerischen Volksbank, Bern 1980;

Pümpin 1982 (Management)
Pümpin, C.: Management strategischer Erfolgspositionen, Bern und Stuttgart 1982;

R

Raffée 1974 (Grundprobleme)
Raffée, H.: Grundprobleme der Betriebswirtschaftslehre, Göttingen 1974;

Raffée/Fritz 1992 (Führungskonzeption)
Raffée, H. und W. Fritz: Dimensionen und Konsistenz der Führungskonzeption von
Industrieunternehmen, Ergebnisse einer empirischen Untersuchung, in: Zeitschrift für
betriebswirtschaftliche Forschung 1992, S. 303-322;

Raisch 1973 (Unternehmensrecht)
Raisch, P.: Unternehmensrecht 1, Unternehmensprivatrecht: Handels- und Gesell-
schaftsrecht, Reinbek bei Hamburg 1973;

Reichwald/Behrbohm 1983 (Flexibilität)
Reichwald, R. und P. Behrbohm: Flexibilität als Eigenschaft produktionswirtschaftlicher Systeme, in: Zeitschrift für Betriebswirtschaft 1983, S. 831-853;

Reiß/Corsten 1990 (Grundlagen)
Reiß, M. und H. Corsten: Grundlagen des betriebswirtschaftlichen Kostenmanagements, in: Wirtschaftswissenschaftliches Studium 1990, S. 390-396;

Reiß/Corsten 1992 (Gestaltungsdomänen)
Reiß, M. und H. Corsten: Gestaltungsdomänen des Kostenmanagements, in: Handbuch
Kostenrechnung, hrsg. von W. Männel, Wiesbaden 1992, S. 1478-1491;

Reiß/Gans 1985 (Informationssystem)
Reiß, M. und Ch. Gans: Die Kosten- und Leistungsrechnung als diagnostisches Informationssystem, in: Das Wirtschaftsstudium 1985, S. 593-599;

Reutner 1987 (Unternehmenserfolg)
Reutner, F.: Determinanten des Unternehmenserfolges, in: Zeitschrift für Betriebswirtschaft 1987, S. 747-762;

Riebel 1954 (Elastizität)

Riebel, P.: Die Elastizität des Betriebes, Eine produktions- und marktwirtschaftliche Untersuchung, Köln und Opladen 1954;

Riebel 1967 (Theorie der Produktion)

Riebel, P.: Eine betriebswirtschaftliche Theorie der Produktion, in: Finanzarchiv (Neue Folge) 1967, S. 124-149;

Riebel 1970 (Unternehmerrechnung)

Riebel, P.: Die Bereitschaftskosten in der entscheidungsorientierten Unternehmerrechnung, in: Zeitschrift für betriebswirtschaftliche Forschung 1970, S. 372-386;

Riebel 1980 (Entwicklungen)

Riebel, P.: Neuere Entwicklungen in der Kostenrechnung, in: Online-Systeme im Finanz- und Rechnungswesen, Anwendergespräch, hrsg. von P. Stahlknecht, Berlin, Heidelberg und New York 1980, S. 1-31;

Riebel 1990 (Deckungsbeitragsrechnung)

Riebel, P.: Einzelkosten- und Deckungsbeitragsrechnung, Grundfragen einer markt- und entscheidungsorientierten Unternehmensrechnung, 6. Auflage, Wiesbaden 1990;

Riedel 1938/1939 (Nationalöconomie)

Riedel, A.F.: Nationalöconomie oder Volkswirtschaft, Berlin 1938 (Erster Band) und 1939 (Zweiter Band);

Ringle 1977 (Exportmarketing)

Ringle, G.: Exportmarketing, Wiesbaden 1977;

Roever 1980 (Gemeinkosten-Wertanalyse)

Roever, M.: Gemeinkosten-Wertanalyse, Erfolgreiche Antwort auf die Gemeinkosten-Problematik, in: Zeitschrift für Betriebswirtschaft 1980, S. 686-690;

Roever 1991/1992 (Überkomplexität)

Roever, M.: Überkomplexität, in: Manager Magazin, Teil I: 10/1991, S. 218-233, Teil II: 11/1991, S. 253-264, Teil III: 12/1991, S. 243-249 und Teil IV: 1/1992, S. 127-135;

Ropohl 1972 (Fertigungssysteme)

Ropohl, G.: Flexible Fertigungssysteme, Mainz 1972;

Roth 1988 (Gesellschaft)

Roth, W.: Strategische Probleme in einer Gesellschaft mit abnehmender Bevölkerung, in: Handbuch Strategische Führung, hrsg. von H.A. Henzler, Wiesbaden 1988, S. 855-857;

Roventa 1979 (Portfolio-Analyse)

Roventa P.: Portfolio-Analyse und Strategisches Management, München 1979;

Rühli 1973 (Unternehmungsführung 1)

Rühli, E.: Unternehmungsführung und Unternehmungspolitik, Band 1, Bern und Stuttgart 1973;

S

Sabel 1990 (Qualitäten)

Sabel, H.: Qualitäten, Preise und Mengen, Befunde auf dem Markt der Personenkraftwagen der Bundesrepublik Deutschland, in: Zeitschrift für Betriebswirtschaft 1990, S. 745-772;

Sabel 1991 (Marketing)

Sabel, H.: Dynamiken im Marketing, in: Unternehmensdynamik, hrsg. von K.-P. Kistner und R. Schmidt, Wiesbaden 1991, S. 209-252;

Sadowski 1991 (Personalwirtschaft)

Sadowski, D.: Der Wettbewerb von Theorie und Praxis der Personalwirtschaft, in: Unternehmensdynamik, hrsg. von K.-P. Kistner und R. Schmidt, Wiesbaden 1991, S. 301-314;

Sakurai 1989 (Target Costing)

Sakurai, M.: Target Costing and how to use it, in: Journal of Cost Management 1989, Summer, S. 39-50;

Sakurai 1990 (Management Accounting)

Sakurai, M.: The Influence of Factory Automation on Management Accounting Practices: A Study of Japanese Companies, in: Measures for Manufacturing Excellence, hrsg. von R.S. Kaplan, Boston Mass. 1990, S. 39-62;

Sandig 1966 (Betriebswirtschaftspolitik)

Sandig, K.: Betriebswirtschaftspolitik, 2. Auflage (der Monographie "Die Führung des Betriebes, Betriebswirtschaftspolitik), Stuttgart 1966;

Schäfer 1978 (Industriebetrieb)

Schäfer, E.: Der Industriebetrieb, Betriebswirtschaftslehre der Industrie auf typologischer Grundlage, 2. Auflage, Wiesbaden 1978;

Schäfer 1980 (Unternehmung)

Schäfer, E.: Die Unternehmung, Einführung in die Betriebswirtschaftslehre, 10. Auflage, Wiesbaden 1980;

Schanz 1988 (Methodologie)

Schanz, G.: Methodologie für Betriebswirte, 2. Auflage, Stuttgart 1988;

Scheer 1990 (Betriebswirtschaftslehre)

Scheer, A.-W.: EDV-orientierte Betriebswirtschaftslehre, Grundlagen für ein effizientes Informationsmanagement, 4. Auflage, Berlin u.a. 1990;

Scheer 1990 (CIM)

Scheer, A.-W.: CIM, Computer Integrated Manufacturing, Der computergesteuerte Industriebetrieb, 4. Auflage, Berlin u.a. 1990;

Scheer 1990 (manufacturing)

Scheer, A.-W.: Computer integrated manufacturing (CIM), in: Handbuch Wirtschaftsinformatik, hrsg. von K. Kurbel und H. Strunz, Stuttgart 1990, S. 47-68;

Scheer 1990 (Wirtschaftsinformatik)

Scheer, A.-W.: Wirtschaftsinformatik, Informationssysteme im Industriebetrieb, 3. Auflage 1990, Berlin u.a. 1990;

Scherer 1980 (Structure)

Scherer, F.M.: Industrial Market Structure and Economic Performance, 2. Auflage, Chicago 1980;

Scherer 1985 (Industrieökonomik)

Scherer, F.M.: Stand und Perspektiven der Industrieökonomik, in: Industrieökonomik: Theorie und Empirie, hrsg. von G. Bombach, B. Gahlen und A.O. Ott, Tübingen 1985, S. 3-19;

Schierenbeck 1980 (Betriebswirtschaftslehre)

Schierenbeck, H.: Grundzüge der Betriebswirtschaftslehre, 5. Auflage, München und Wien 1980;

Schmalenbach 1919 (Selbstkostenrechnung)

Schmalenbach, E.: Selbstkostenrechnung, in: Zeitschrift für handelswissenschaftliche Forschung 1919, S. 257-299 und S. 321-356;

Schmalenbach 1928 (Betriebswirtschaftslehre)

Schmalenbach, E.: Die Betriebswirtschaftslehre an der Schwelle der neuen Wirtschaftsverfassung, in: Zeitschrift für handelswissenschaftliche Forschung 1928, S. 241-251;

Schmalenbach 1930 (Selbstkostenrechnung)

Schmalenbach, E.: Grundlagen der Selbstkostenrechnung und Preispolitik, 5. Auflage, Leipzig 1930 (1. Auflage 1925);

Schmalenbach 1934 (Grundlagen)

Schmalenbach, E.: Grundlagen der Selbstkostenrechnung und Preispolitik, 6. Auflage, Leipzig 1934;

Schmalenbach 1947/1948 (Wirtschaftslenkung)

Schmalenbach, E.: Pretiale Wirtschaftslenkung, 2 Bände, Bremen-Horn 1947 und 1948;

Schmidt/Rittaler 1986 (Chicago School)

Schmidt, I. und J.R. Rittaler: Chicago School of Antitrust Analysis, Ökonomische Analyse des Wettbewerbsrechts, in: Wirtschaftswissenschaftliches Studium 1986, S. 283-290;

Schmidt 1991 (Investitions- und Finanzierungsprozesse)

Schmidt, R.: Investitions- und Finanzierungsprozesse im Rahmen von Unternehmensmodellen, in: Unternehmensdynamik, hrsg. von K.-P. Kistner und R. Schmidt, Wiesbaden 1991, S. 89-109;

Schmidt 1967 (Instrumentalfunktion)

Schmidt, R.-B.: Die Instrumentalfunktion der Unternehmung - Methodische Perspektiven zur betriebswirtschaftlichen Forschung, in: Zeitschrift für betriebswirtschaftliche Forschung 1967, S. 233-245;

Schmidt 1977 (Wirtschaftslehre)

Schmidt, R.-B.: Wirtschaftslehre der Unternehmung, Band 1: Grundlagen und Zielsetzung, 2. Auflage, Stuttgart 1977;

Schmietow 1988 (Wettbewerbsfähigkeit)

Schmietow, E.A.: Die technologische Wettbewerbsfähigkeit der Bundesrepublik, Bad Homburg 1988;

Schmitz 1988 (Finanzierung)

Schmitz, R.H.: Finanzierung als strategischer Hebel, in: Handbuch Strategische Füh-rung, hrsg. von H.A. Henzler, Wiesbaden 1988, S. 295-311;

Schneider 1965 (Lernkurven)

Schneider, D.: "Lernkurven" und ihre Bedeutung für die Produktionsplanung und Ko-stentheorie, in: Zeitschrift für betriebswirtschaftliche Forschung 1965, S. 501-515;

Schneider 1967 (Unternehmensrechnung)

Schneider, D.: Theoretisches und praktisches Denken in der Unternehmensrechnung, in: Wissenschaft und Praxis, Festschrift zum zwanzigjährigen Bestehen des Westdeut-schen Verlages, Opladen 1967, S. 225-243 (wiederabgedruckt in: Unternehmensrech-nung, Betriebliche Planungs- und Kontrollrechnungen auf der Basis von Kosten und Leistungen, hrsg. von A.D. Coenenberg, München 1976, S. 10-22);

Schneider 1980 (Investition und Finanzierung)

Schneider, D.: Investition und Finanzierung, Lehrbuch der Investitions-, Finanzie-rungs- und Ungewißheitstheorie, 5. Auflage, Wiesbaden 1980;

Schneider 1985 (Transaktionskostenansatz)

Schneider, D.: Die Unhaltbarkeit des Transaktionskostenansatzes für die "Markt oder Unternehmung"-Diskussion, in: Zeitschrift für Betriebswirtschaft 1985, S. 1237-1254;

Schneider 1987 (Betriebswirtschaftslehre)

Schneider, D.: Allgemeine Betriebswirtschaftslehre, 3. Auflage, München 1987;

Schneider 1991 (Versagen des Controlling)

Schneider, D.: Versagen des Controlling durch eine überholte Kostenrechnung, Zu-gleich ein Beitrag zur innerbetrieblichen Verrechnung von Dienstleistungen, in: Der Betrieb 1991, S. 765-772;

Schoeffler 1977 (PIMS-Program)

Schoeffler, S.: Cross Sectional Study of Strategy, Structure and Performance: Aspects of the PIMS-Program, in: Strategy + Structure = Performance, The Strategy Planning Imperative, hrsg. von H.B. Thorelli, Bloomington/London 1977, S. 108-121;

Schoeffler/Buzzell/Heany 1974 (Planning)

Schoeffler, S., R.D. Buzzell und D.F. Heany: Impact of Strategic Planning on Profit Performance, in: Harvard Business Review 1974, Nr. 2, S. 137-145;

Schoenfeld 1970 (Kostenbeeinflussung)

Schoenfeld, H.M.: Kostenbeeinflussung und Kostenpolitik, in: Handwörterbuch des Rechnungswesens, 1. Auflage (!), hrsg. von E. Kosiol, Stuttgart 1970, Sp. 934-942;

Schoenfeld 1992 (Accounting)

Schoenfeld, H.-M.W.: Entwicklung des Management Accounting in den USA, in: Handbuch Kostenrechnung, hrsg. von W. Männel, Wiesbaden 1992, S. 348-359;

Schreyögg 1980 (Organization)

Schreyögg, G.: Contingency and Choice in Organization Theory, in: Organizational Studies 1980, S. 305-326;

Schreyögg 1984 (Unternehmensstrategie)

Schreyögg, G.: Unternehmensstrategie, Grundfragen einer Theorie strategischer Un-ternehmensführung, Berlin und New York 1984;

Schreyögg 1988 (Verfügungsrechte)

Schreyögg, G.: Die Theorie der Verfügungsrechte als allgemeine Organisationstheorie, in: Betriebswirtschaftslehre und Theorie der Verfügungsrechte, hrsg. von D. Budäus, E. Gerum und G. Zimmermann, Wiesbaden 1988, S. 149-167;

Schreyögg 1991 (Managementprozeß)

Schreyögg, G.: Der Managementprozeß - neu gesehen, in: Managementforschung 1, hrsg. von W.H. Staehle und J. Sydow, Berlin und New York 1991, S. 255-289;

Schreyögg/Steinmann 1985 (strategische Kontrolle)

Schreyögg, G. und H. Steinmann: Strategische Kontrolle, in: Zeitschrift für betriebswirtschaftliche Forschung 1985, S. 391-410;

Schubert 1981 (Kostenauflösung)

Schubert, W.: Kostenauflösung, in: Handwörterbuch des Rechnungswesens, 2. Auflage, hrsg. von E. Kosiol, K. Chmielewicz und M. Schweitzer, Stuttgart 1981, Sp. 1005-1012;

Schulte 1988 (Ausfallzeiten)

Schulte, W.: Ausfallzeiten vermeiden - den Sollzustand wieder herstellen, in: Instandhaltungs-Management der 90er Jahre, Praxisbewährte Methoden, Systeme und Konzepte, hrsg. von W. Schulte und G. Küffner, Frankfurt am Main 1988, S. 11-27;

Schumpeter 1928 (Unternehmer)

Schumpeter, J.A.: Unternehmer, in: Handwörterbuch der Staatswissenschaften, 4. Auflage, Achter Band, Jena 1928, S. 476-487;

Schumpeter 1950 (Kapitalismus)

Schumpeter, J.A.: Kapitalismus, Sozialismus, Demokratie, 2. Auflage, Bern 1950;

Schweitzer 1981 (Kostenkategorien)

Schweitzer, M.: Kostenkategorien, in: Handwörterbuch des Rechnungswesens, 2. Auflage, hrsg. von E. Kosiol, K. Chmielewicz und M. Schweitzer, Stuttgart 1981, Sp. 1044-1051;

Schweitzer/Küpper 1986 (Kostenrechnung)

Schweitzer, M. und H.-U. Küpper: Systeme der Kostenrechnung, 4. Auflage, München 1986;

Schweitzer/Troßmann 1986 (Break-even-Analysen)

Schweitzer, M. und E. Troßmann: Break-even-Analysen; Grundmodell, Varianten, Erweiterungen, Stuttgart 1986;

Schwinn 1984 (Instandhaltungsplanung)

Schwinn,R.: Grundlagen der Instandhaltungsplanung und -politik, in: Betriebswirtschaftliche Forschung und Praxis 1984, S. 1-18;

Seed 1980 (Strategic Planning)

Seed, A.H.: Strategic Planning: The Cutting Edge of Management Accounting, in: Management Accounting 1980, No. 11, S. 10-16;

Seidenschwarz 1991 (Kostenmanagement)

Seidenschwarz, W.: Target Costing, Ein japanischer Ansatz für das Kostenmanagement, in: Controlling 1991, S. 198-203;

Seidenschwarz 1993 (Target Costing)

Seidenschwarz, W.: Target Costing, Marktorientiertes Zielkostenmanagement, München 1993;

Servatius 1985 (Technologie-Management)

Servatius, H.-G.: Methodik des strategischen Technologie-Managements, Berlin 1985;

Shank 1989 (Cost Management)

Shank, J.K.: Strategic Cost Management; New Wine, or just New Bottles?, in: Journal of Management Accounting Research 1989, Fall, S. 47-65;

Shank/Govindarajan 1988 (Cost Analysis)

Shank, J.K. und V. Govindarajan: Making Strategy Explicit in Cost Analysis: A Case Study, in: Sloan Management Review 1988, No. 3, S. 19-29;

Siebig 1980 (Wirtschaftlichkeit)

Siebig, J.: Wirtschaftlichkeit: ein relativer Begriff, in: Zeitschrift für betriebswirtschaftliche Forschung 1980, S. 631-645;

Siegwart/Raas 1989 (Fertigungstechnologien)

Siegwart, H. und F. Raas: Anpassung der Kosten- und Leistungsrechnung an moderne Fertigungstechnologien, in: Kostenrechnungspraxis 1989, S. 7-14;

Simmonds 1972 (Information-Oriented Accounting)

Simmonds, K.: From Data-Oriented to Information-Oriented Accounting, in: Journal of Business Finance 1972, Spring, S. 17-23;

Simmonds 1986 (Competitive Position)

Simmonds, K.: The Accounting Assessment of Competitive Position, in: European Journal of Marketing 1986, S. 206-214;

Simmonds 1989 (Management Accounting)

Simmonds, K.: Strategisches Management Accounting, Ein Paradigma entsteht, in: Controlling 1989, S. 264-269;

Simon 1955 (Behavioral Model)

Simon, H.A.: A behavioral model of rational choice, in: Quarterly Journal of Economics 1955, S. 99-118;

Simon 1956 (Rational Choice)

Simon, H.A.: Rational choice and the structure of the environment, in: Psychological Review 1956, S. 129-138;

Simon 1959 (Decision-Making)

Simon, H.A.: Theories of Decision-Making in Economics and Behavioral Science, in: The American Economic Review 1959, S. 253-283;

Simon 1989 (Entscheidungsfindung)

Simon, H.A.: Rationale Entscheidungsfindung in Wirtschaftsunternehmen, Nobel-Lesung vom 8. Dezember 1977, in: Die Nobelpreisträger der ökonomischen Wissenschaft, hrsg. von H.C. Recktenwald, Düsseldorf 1989, Band II, S. 592-633;

Simon 1988 (Wettbewerbsvorteile)

Simon, H.: Management strategischer Wettbewerbsvorteile, in: Wettbewerbsvorteile und Wettbewerbsfähigkeit, hrsg. von H. Simon, Stuttgart 1988, S. 1-17;

Simon 1991 (Kundennähe)

Simon, H.: Kundennähe als Wettbewerbsstrategie und Führungsherausforderung, in: Unternehmensdynamik, hrsg. von K.-P. Kistner und R. Schmidt, Wiesbaden 1991, S. 253-273;

Simons 1987 (Business Strategy)

Simons, R.: Accounting Control Systems and Business Strategy: An Empirical Analysis, in: Accounting, Organizations and Society 1987, S. 357-374;

Skinner 1974 (Factory)

Skinner, W.: The focused Factory, in: Harvard Business Review 1974, Nr. 3, S. 113-121;

Sommerlatte/Deschamps 1985 (Technologien)

Sommerlatte, T. und J.-P. Deschamps: Der strategische Einsatz von Technologien - Konzepte und Methoden zur Einbeziehung von Technologien in der Strategieentwicklung von Unternehmen, in: Management im Zeitalter der strategischen Führung, hrsg. von Arthur D. Little International, Wiesbaden 1985, S. 39-76;

Spremann/Zur 1989 (Informationstechnologie)

Spremann, K. und E. Zur (Hrsg.): Informationstechnologie und strategische Führung, Wiesbaden 1989;

Spur 1983 (Fertigungszellen)

Spur, G.: Die wirtschaftliche Nutzung von flexiblen Fertigungszellen am Beispiel der Drehbearbeitung, in: Zeitschrift für wirtschaftliche Fertigung 1983, S. 176-182;

Staehle 1971 (Realitätsbezug)

Staehle, W.H.: Über den Realitätsbezug organisationstheoretischer Modelle, in: Zeitschrift für Organisation 1971, S. 19-24 und S. 80-85;

Staehle 1973 (Organisation und Führung)

Staehle, W.H.: Organisation und Führung sozio-technischer Systeme, Grundlagen einer Situationstheorie, Stuttgart 1973;

Staehle 1991 (Management)

Staehle, W.H.: Management, Eine verhaltenswissenschaftliche Einführung, 6. Auflage München 1991;

Staehle/Stoll 1984 (Krise)

Staehle, W.H. und E. Stoll (Hrsg.): Betriebswirtschaftslehre und ökonomische Krise, Wiesbaden 1984;

Staudt 1982 (Mensch-Maschine-System)

Staudt, E.: Entkopplung in Mensch-Maschine-Systemen, in: Zeitschrift für Organisation 1982, S. 181-189;

Staudt 1954 (Diversification)

Staudt, Th.A.: Program for Product Diversification, in: Harvard Business Review 1954, Nr. 6, S. 121-131;

Steffen 1987 (Computer Integrated Manufacturing)

Steffen, R.: "Computer Integrated Manufacturing" (CIM) - Bausteine und (noch) fehlende Elemente der Kostenrechnung, in: Kostenrechnungspraxis 1987, S. 8-12;

Stein 1988 (Kostenführerschaft)

Stein, H.-G.: Kostenführerschaft als strategische Erfolgsposition, in: Handbuch Strategische Führung, hrsg. von H.A. Henzler, Wiesbaden 1988, S. 397-426;

Steiner 1971 (Planung)

Steiner, G.A.: Top Management Planung, München 1971;

Steiner 1974 (Planning)

Steiner, G.A.: Comprehensive Managerial Planning, in: Contemporary Managment, hrsg. von J.W. McGuire, Englewood Cliffs 1974, S. 325-350;

Steinle 1978 (Führung)

Steinle, C.: Führung,Grundlagen, Prozesse und Modelle der Führung in der Unternehmung, Stuttgart 1978

Steinke 1985 (Kostenrechnung)

Steinke, H.: Kostenrechnung - wohin?, in: Kostenrechnungspraxis 1985, S. 13-18;

Steinmann/Guthunz/Hasselberg 1992 (Kostenführerschaft)

Steinmann, H., U. Guthunz und F. Hasselberg: Kostenführerschaft und Kostenrechnung, in: Handbuch Kostenrechnung, hrsg. von W. Männel, Wiesbaden 1992, S. 1459-1477;

Steinmann/Schreyögg 1991 (Management)

Steinmann, H. und G. Schreyögg: Management: Grundlagen der Unternehmensführung, Konzepte, Funktionen und Praxisfälle, 2. Auflage, Wiesbaden 1991;

Stonich 1977 (Budgeting)

Stonich, P.J.: Zero-Base Planning and Budgeting, Improved Cost Control and Resource Allocation, Homewood, Ill. 1977;

Strasser 1988 (Vorsteuerung)

Strasser, H.: Vorsteuerung des Unternehmenserfolges, in: Unternehmungserfolg, Planung - Ermittlung - Kontrolle, hrsg. von M. Domsch, F. Eisenführ, D. Ordelheide und . Perlitz, Wiesbaden 1988, S. 377-400;

Streitferdt 1990 (Cost Management)

Streitferdt, L.: Cost Management, in: Handbook of German Cost Management, hrsg. von E. Grochla u.a., Stuttgart 1990, Sp. 641-652;

Striening 1988 (Prozeß-Management)

Striening, H.-D.: Prozeß-Management, Versuch eines integrierten Konzeptes situationsadäquater Gestaltung von Verwaltungsprozessen - dargestellt am Beispiel in einem multinationalen Unternehmen - IBM Deutschlang GmbH, Frankfurt am Main u.a. 1988;

Süchting 1988 (Finanzmärkte)

Süchting, J.: Entwicklungen auf den internationalen Finanzmärkten, in: Finanzierungshandbuch, hrsg. von F.W. Christians, 2. Auflage, Wiesbaden 1988, S. 145-158;

Süverkrüp 1968 (Abbaufähigkeit)

Süverkrüp, F.: Die Abbaufähigkeit fixer Kosten, Unternehmenspolitische Möglichkeiten ihrer Beherrschung, Berlin 1968;

Suver/Brown 1977 (budgeting)

Suver, J.D. und R.L. Brown: Where does zero-base budgeting work?, in: Harvard Business Review 1977, Nr. 6, S. 76-84;

Suzaki 1989 (Management)

Suzaki, K.: Modernes Management im Produktionsbetrieb, Strategien, Techniken, Fallbeispiele, München 1989;

Szyperski 1971 (Unternehmungsleitung)

Szyperski, N.: Das Setzen von Zielen - Primäre Aufgabe der Unternehmungsleitung, in: Zeitschrift für Betriebswirtschaft 1971, S. 639-670;

Szyperski 1980 (Informationsmanagement)

Szyperski, N.: Strategisches Informationsmanagement im technologischen Wandel - Fragen zur Planung und Implementation von Informations- und Kommunikationssystemen, in: Angewandte Informatik 1980, S. 141- 148;

T

Tanaka 1989 (Cost planning)

Tanaka, M.: Cost planning and control systems in the design phase of a new product, in: Japanese Management Accounting, hrsg. von Y. Monden und M. Sakurai, Cambridge, Mass. 1989, S. 49-71;

Thom 1980 (Innovationsmanagement)

Thom, N.: Grundlagen des betrieblichen Innovationsmanagements, 2. Auflage, Königstein im Taunus 1980;

Thom/Cantin 1992 (Controlling)

Thom, N. und F. Cantin: Controlling und Auditing, in: Controlling, Grundlagen - Informationssysteme - Anwendungen, hrsg. von K. Spremann und E. Zur, Wiesbaden 1992, S. 185-202;

Thom 1972 (Stabilité)

Thom, R.: Stabilité Structurelle et Morphogenese, Benjamin 1972 (englischsprachige Übersetzung: Structural Stability and Morphogenesis, Massachusetts 1975);

Thompson 1967 (Organizations)

Thompson, J.D.: Organizations in action, New York 1967;

Thurow 1988 (Kooperation)

Thurow, L.C.: Mehr Wettbewerb verlangt mehr Kooperation, in: Handbuch Strategische Führung, hrsg. von H.A. Henzler, Wiesbaden 1988, S. 863-864.

Tietzel 1981 (Property Rights)

Tietzel, M.: Die Ökonomie der Property Rights: Ein Überblick, in: Zeitschrift für Wirtschaftspolitik 1981, S. 207-243;

Tucker/Zivan/Camp 1987 (measure)

Tucker, F.G., S.M. Zivan und R.C. Camp: How to measure yourself against the best, in: Harvard Business Review 1987, Nr. 1, S. 8-10;

Tucker 1966 (Break-even-Analyse)

Tucker, Sp.A.: Break-even-Analyse, Die praktische Methode der Gewinnplanung, München 1966;

U

Ulrich 1970 (Unternehmung)

Ulrich, H.: Die Unternehmung als produktives soziales System, 2. Auflage, Bern und Stuttgart 1970 (1. Auflage 1968);

Ulrich 1970 (Unternehmungspolitik)

Ulrich, H.: Gedanken zur Unternehmungspolitik, 3. Auflage, Bern 1970;

Ulrich 1971 (Betriebswirtschaftslehre)

Ulrich, H.: Der systemorientierte Ansatz in der Betriebswirtschaftslehre, in: Wissenschaftsprogramm und Ausbildungsziele der Betriebswirtschaftslehre, hrsg. von G.-H. von Kortzfleisch, Berlin 1971, S. 43-60;

Ulrich 1971 (Managementlehre)

Ulrich, H.: Entwicklungstendenzen der Managementlehre, in: Entwicklungstendenzen des Management in Europa, hrsg. von W. Schurer und U. Schneider, Bern und Stuttgart 1971, S. 101-108;

Ulrich 1985 (Controlling)

Ulrich, H.: Controlling als Managementaufgabe, in: Controlling und Unternehmensführung, hrsg. von G.J.B. Probst und R. Schmitz-Draeger, Bern und Stuttgart 1985, S. 15-27;

Ulrich 1989 (Unternehmensführung)

Ulrich, H.: Integrative Unternehmensführung, in: Die Betriebswirtschaftslehre im Spannungsfeld zwischen Generalisierung und Spezialisierung, Wiesbaden 1989, S. 183-198;

Ulrich/Probst 1990 (Handeln)

Ulrich, H. und G.J.B. Probst: Anleitung zum ganzheitlichen Denken und Handeln, 2. Auflage, Bern und Stuttgart 1990;

V

Van't Land/Strasser 1980 (Spielraumrechnung)

Van't Land, W. und H. Strasser: Die finanzielle Spielraumrechnung als strategisches Instrument, in Zeitschrift für betriebswirtschaftliche Forschung 1980, S. 297-324;

Vikas 1991 (Kostenmanagement)

Vikas, K.: Neue Konzepte für das Kostenmanagement, Controllingorientierte Modelle für Industrie- und Dienstleistungsunternehmen, Wiesbaden 1991;

Virkkunen 1956 (Rechnungswesen)

Virkkunen, H.: Das Rechnungswesen im Dienste der Leitung, Systematisch-theoretische Untersuchung der Bereiche, Zweige und Aufgaben des Rechnungswesens unter besonderer Beachtung der Leitungsfunktion, Helsinki 1956;

Vodrazka 1976 (Wirtschaftlichkeitsprinzip)

Vodrazka, K.: Wirtschaftlichkeitsprinzip und neuere Entwicklung der Betriebswirtschaftslehre, in: Zeitschrift für betriebswirtschaftliche Forschung 1976, S. 43-52;

Volz 1987 (Zero-Base Budgeting)

Volz, J.: Praktische Probleme des Zero-Base Budgeting (Gemeinkostenwertanalyse), in: Zeitschrift für Betriebswirtschaft 1987, S. 870-881;

Vormbaum 1990 (Finanzierung)

Vormbaum, H.: Finanzierung der Betriebe, 8. Auflage, Wiesbaden 1990;

W

Walker/Weber 1984 (Make-or-Buy)
  Walker, G. und D. Weber: A Transaction Cost Approach to Make-or-Buy Decisions, in: Administrative Science Quarterly 1984, S. 373-391;

Walleck/O'Halloran/Leader 1991 (Benchmarking)
  Walleck, A.St., J.D. O'Halloran und Ch.A.Leader: Benchmarking world-class performance, in: The McKinsey Quarterly, Reprint series, 1991, S. 6-27;

Warnecke 1989 (Produktion)
  Warnecke, H.-J.: Gesetzmäßigkeiten in der Produktion, in: Fabrikplanung, Neue Wege - aufgezeigt von Experten aus Wissenschaft und Praxis, hrsg. von H. Wildemann, Frankfurt am Main 1989, S. 101-117;

Warnick 1991 (Datenverarbeitung)
  Warnick, B.: Dezentrale Datenverarbeitung für Kostenrechnung und Controlling, Wiesbaden 1991;

Weber 1972 (Kosten)
  Weber, H.K.: Fixe und variable Kosten, Göttingen 1972;

Weber 1988 (Rechnungswesen 1)
  Weber, H.K.: Betriebswirtschaftliches Rechnungswesen, Band 1: Bilanz und Erfolgsrechnung, 3. Auflage, München 1988;

Weber 1991 (Rechnungswesen 2)
  Weber, H.K.: Betriebswirtschaftliches Rechnungswesen, Band 2: Kosten- und Leistungsrechnung, 3. Auflage, München 1991;

Weber 1987 (Kosten)
  Weber, J.: Variable und fixe Kosten, Eine überflüssige Unterteilung der Kosten?, in: Wirtschaftswissenschaftliches Studium 1987, S. 393-398;

Weber 1990 (Ausrichtung)
  Weber, J.: Controlling der Kostenrechnung - Zur Notwendigkeit des Einsatzes von Controllinginstrumenten zur strategischen und operativen Ausrichtung der Kostenrechnung, in: Kostenrechnungspraxis 1990, S. 203-208;

Weber 1990 (Change Management)
  Weber, J.: Change Management für die Kostenrechnung, Zum Veränderungsbedarf der Kostenrechnung, in: Controlling 1990, Heft 3, S. 120-126;

Weber 1991 (Einführung)
  Weber, J.: Einführung in das Controlling, Teil 1: Konzeptionelle Grundlagen, 3. Auflage, Stuttgart 1991;

Weber 1991 (Kostenrechnung)
  Weber, J.: Kostenrechnung als Controlling-Objekt: Zur Neuausrichtung und Weiterentwicklung der Kostenrechnung, in: Unternehmensdynamik, hrsg. von K.-P. Kistner und R. Schmidt, Wiesbaden 1991, S. 443-479.

Weber 1991 (Prozeßmanagement)
  Weber, J.: Rechnungswesenwahl im Prozeßmanagement, in: Aktivitätscontrolling und Prozeßkostenmanagement, hrsg. von F.-J. Witt, Stuttgart 1991, S. 39-70;

Weber 1992 (Logistikkostenrechnung)
 Weber, J.: Logistikkostenrechnung, in: Handbuch Kostenrechnung, hrsg. von W. Männel, Wiesbaden 1992, S. 878-897;

Weber 1993 (Produktions-, Transaktions- und Koordinationskostenrechnung)
 Weber, J.: Produktions-, Transaktions- und Koordinationskostenrechnung, in: Kostenpolitik und Controlling; Perspektiven, Instrumente, Praxisfälle; hrsg. von W. Becker und B. Warnick; Wiesbaden 1993, S. 19-23;

Weber/Kalaitzis 1984 (Aufgaben)
 Weber, J. und D. Kalaitzis: Aufgaben, Zwecke und Grundanforderungen einer entscheidungsorientierten Kosten- und Leistungsrechnung, in: Das Wirtschaftsstudium 1984, S. 447-452;

Weber/Kummer 1990 (Logistik)
 Weber, J. und S. Kummer: Aspekte des betriebswirtschaftlichen Managements der Logistik, in: Die Betriebswirtschaft 1990, S. 775-787;

Weber 1905 (Objektivität)
 Weber, M.: Die "Objektivität" sozialwissenschaftlicher und sozialpolitischer Erkenntnis, in: Archiv für Sozialwissenschaft und Sozialpolitik, Band 19 (1905), S. 22-87;

Wegmann 1982 (Gemeinkosten-Management)
 Wegmann, M.: Gemeinkosten-Management, Diss. München 1982;

Weidner 1992 (Qualitätssicherung)
 Weidner, W.: Kosten der Qualitätssicherung, in: Handbuch Kostenrechnung, hrsg. von W. Männel, Wiesbaden 1992, S. 898-906;

Weigand 1989 (Vertriebskostenrechnung)
 Weigand, Ch.: Entscheidungsorientierte Vertriebskostenrechnung, Wiesbaden 1989;

Weilenmann 1990 (Management Accounting)
 Welenmann, P.: Management Accounting und moderne Technologien, Gestaltung des Management Accounting in Unternehmen mit moderner Fertigungstechnologie, in: Controlling 1990, S. 288-295;

Welge 1985 (Planung)
 Welge, M.K.: Unternehmungsführung, Band 1: Planung, Stuttgart 1985;

Welge 1987 (Organisation)
 Welge, M.K.: Unternehmensführung, Band 2: Organisation, Stuttgart 1987;

Welge 1988 (Controlling)
 Welge, M.K.: Unternehmungsführung, Band 3: Controlling, Stuttgart 1988;

Wild 1974 (Führungstheorie)
 Wild, J.: Führungstheorie und Führungsmodelle, in: Unternehmungsführung, hrsg. von J. Wild, Berlin 1974, S. 141-179;

Wild 1981 (Unternehmungsplanung)
 Wild, J.: Grundlagen der Unternehmungsplanung, 3. Auflage, Opladen 1981;

Wildemann 1986 (Einführungsstrategien)
 Wildemann, H.: Einführungsstrategien für neue Produktionstechnologien, in: Zeitschrift für betriebswirtschaftliche Forschung 1986, S. 337-369;

Wildemann 1986 (Technologien)

Wildemann, H.: Strategische Investitionsplanung für neue Technologien in der Produktion, in: Strategische Investitionsplanung für neue Technologien, hrsg. von H. Albach und H. Wildemann, Wiesbaden 1986 (Ergänzungsheft 1/86 der Zeitschrift für Betriebswirtschaft), S. 1-48;

Wildemann 1987 (Fertigungstechnik)

Wildemann, H.: Strategische Investitionsplanung bei diskontinuierlichen Entwicklungen in der Fertigungstechnik, in: Innovation und Wettbewerbsfähigkeit, hrsg. von E. Dichtl, W. Gerke und A. Kieser, Wiesbaden 1987, S. 449-474;

Wildemann 1987 (flexible Fertigungssysteme)

Wildemann, H.: Investitionsplanung und Wirtschaftlichkeitsrechnung für flexible Fertigungssysteme (FFS), Stuttgart 1987;

Wildemann 1988 (Beschaffung)

Wildemann , H.: Produktionssynchrone Beschaffung, Zürich und München 1988;

Wildemann 1988 (Fabrik)

Wildemann, H.: Die modulare Fabrik: Kundennahe Produktion durch Fertigungssegmentierung, 2. Auflage, München 1988;

Wildemann 1988 (Just-In-Time-Konzept)

Wildemann , H. (Hrsg.): Das Just-In-Time-Konzept, Produktion und Zulieferung auf Abruf, Frankfurt 1988;

Wildemann 1988 (Produktionstechnologien)

Wildemann, H.: Erfolgspotentialaufbau durch neue Produktionstechnologien, in: Wettbewerbsvorteile und Wettbewerbsfähigkeit, hrsg. von H. Simon, Stuttgart 1988, S. 116-128;

Wildemann 1989 (Fabrikorganisation)

Wildemann, H.: Fabrikorganisation: Kundennahe Produktion durch Fertigungssegmentierung, in: Zeitschrift für Betriebswirtschaft 1989, S. 27-54;

Wildemann 1989 (Fertigungssegmentierung)

Wildemann, H.: Fabrik in der Fabrik durch Fertigungssegmentierung, in: Fabrikplanung, Neue Wege - aufgezeigt von Experten aus Wissenschaft und Praxis, hrsg. von H. Wildemann, Frankfurt am Main 1989, S. 15-77;

Wildemann 1989 (Logistik)

Wildemann, H.: Reorganisation der Logistik in einer Fabrik mit Zukunft, in: Fabrikplanung, Neue Wege - aufgezeigt von Experten aus Wissenschaft und Praxis, hrsg. von H. Wildemann, Frankfurt am Main 1989, S. 147-165;

Wildemann 1989 (Produktionssysteme)

Wildemann, H.: Wettbewerbswirkungen integrierter Produktionssysteme, in: Fabrikplanung, Neue Wege - aufgezeigt von Experten aus Wissenschaft und Praxis, hrsg. von H. Wildemann, Frankfurt am Main 1989, S. 197-218;

Wildemann 1992 (Gestaltungsaspekte)

Wildemann, H.: Gestaltungsaspekte indirekter Funktionen in Fertigungssegmenten: Die Bestimmung des Autonomiegrades, in: Die Betriebswirtschaft 1992, S. 777-801;

Wildemann 1992 (Zulieferunternehmen)

Wildemann, H.: Entwicklungsstrategien für Zulieferunternehmen, in: Zeitschrift für Betriebswirtschaft 1992, S. 391-413;

Williamson 1971 (Integration)

Williamson, O.E.: The Vertical Integration of Production: Market Failure Considerations, in: The American Economic Review 1971, Nr. 2, S. 112-123;

Williamson 1975 (Markets and Hierarchies)

Williamson, O.E.: Markets and Hierarchies: Analysis and Antitrust Implications, New York 1975;

Williamson 1988 (Finance)

Williamson, O.E.: Corporate Finance and Corporate Governance, in: Journal of Finance 1988, S. 567-591;

Williamson 1990 (Institutionen)

Williamson, O.E.: Die ökonomischen Institutionen des Kapitalismus, Tübingen 1990 (amerikanische Erstveröffentlichung unter dem Titel: The Economic Institutions of Capitalism, New York 1985);

Winand 1989 (Erfolgspotentialplanung)

Winand, U.: Erfolgspotentialplanung, in: Handwörterbuch der Planung, hrsg. von N. Szyperski, Stuttgart 1989, Sp. 440-452;

Witte 1981 (Unternehmenskrise)

Witte, E.: Die Unternehmenskrise, - Anfang vom Ende oder Neubeginn?, in: Unternehmenskrisen - Ursachen, Frühwarnung, Bewältigung, hrsg. von R. Bratschitsch und W. Schnellinger, Stuttgart 1981, S. 7-24;

Wittek 1980 (Diversifikation)

Wittek, B.F.: Strategische Unternehmensführung bei Diversifikation, Berlin 1980;

Wittmann 1961 (Theorie des Unternehmungswachstums)

Wittmann, W.: Überlegungen zu einer Theorie des Unternehmungswachstums, in: Zeitschrift für handelswissenschaftliche Forschung 1961, S. 493-519;

Wittmann 1977 (Betriebswirtschaftslehre)

Wittmann, W.: Betriebswirtschaftslehre, in: Handbuch der Wirtschaftswissenschaften, Lieferung 8, Stuttgart u.a. 1977, S. 585-609;

Wöhe 1986 (Betriebswirtschaftslehre)

Wöhe, G.: Einführung in die Allgemeine Betriebswirtschaftslehre, 16. Auflage, München 1986;

Wohlgemuth 1989 (Erfolg)

Wohlgemuth, A.C.: Unternehmungsdiagnose in Schweizer Unternehmungen: Untersuchungen zum Erfolg mit besonderer Berücksichtigung des Humanpotentials, Bern 1989;

Womack/Jones/Roos 1990 (Machine)

Womack, J.P., D.T. Jones und D. Roos: The Machine that changed the World, New York, Oxford, Singapore und Sydney 1990 (deutschsprachige Übersetzung: Die zweite Revolution in der Autoindustrie, Konsequenzen aus der weltweiten Studie des Massachusetts Institute of Technology, 5. Auflage, Frankfurt und New York 1992);

Wossidlo 1970 (Reservierung)

Wossidlo, P.: Unternehmenswirtschaftliche Reservierung, Eine realtheoretische und praxeologische Untersuchung, Berlin 1970;

Y

Yoshikawa 1989 (Japanese Cost Accounting)

Yoshikawa, T.: Characteristics and Practical Applications of Japanese Cost Accounting Systems, in: Japanese Management Accounting, hrsg. von Y. Monden und M. Sakurai, Cambridge, Mass. 1989, S. 283-293;

Z

Zahn 1986 (Technologiemanagement)

Zahn, E.: Innovations- und Technologiemanagement - Eine strategische Schlüsselaufgabe der Unternehmen, in: Technologie- und Innovationsmanagement, hrsg. von E. Zahn, Berlin 1986, S. 9-48;

Zahn 1987 (Produktionstechnologien)

Zahn, E.: Produktionstechnologien als Element internationaler Wettbewerbsstrategien, in: Innovation und Wettbewerbsfähigkeit, hrsg. von E. Dichtl, W. Gerke und A. Kieser, Wiesbaden 1987, S. 475-496;

Zahn 1989 (Planung)

Zahn, E.: Strategische Planung, in: Handwörterbuch der Planung, hrsg. von N. Szyperski, Stuttgart 1989, Sp. 1924-1935;

Zahn/Rüttler 1989 (Informationsmanagement)

Zahn, E. und M. Rüttler: Informationsmanagement, Eine strategische Antwort auf kritische Herausforderungen der Unternehmensumwelt, in: Controlling 1989, S. 34-43;

Zeeman 1976 (Theory)

Zeeman, E.C.: Catastrophe Theory, in Scientific American 1976, S. 65-83;

Ziegler 1982 (Immaterielle Leistungen)

Ziegler, H.: Immaterielle Leistungen - eine Herausforderung für Theorie und Praxis, in: Zeitschrift für betriebswirtschaftliche Forschung 1982, S. 816-825;

Zimmermann 1987 (Gemeinkostenrationalisierung)

Zimmermann, M.: Gemeinkostenrationalisierung in den indirekt-produktiven Bereichen, Diss. Würzburg 1987;

GABLER-Fachliteratur zum Thema „Organisation, Management, Unternehmensführung" (Auswahl)

Knut Bleicher
Organisation
Strategien – Strukturen – Kulturen
2., vollständig neu barbeitete und
erweiterte Auflage 1991,
XVIII, 927 Seiten,
gebunden, 328,– DM
ISBN 3-409-31552-7

Rolf Bühner
Strategie und Organisation
Analyse und Planung der
Unternehmensdiversifikation mit Fallbeispielen
2., überarbeitete und erweiterte Auflage
1993, 691 Seiten,
gebunden, 98,– DM
ISBN 3-409-23102-1

Hans Corsten / Michael Reiß
Handbuch Unternehmungsführung
Konzepte – Instrumente – Schnittstellen
1995, XXX, 970 Seiten,
gebunden, 248,– DM
ISBN 3-409-19974-8

Erich Frese
Grundlagen der Organisation
Konzept – Prinzipien – Strukturen
6., überarbeitete Auflage 1995,
XXVIII, 604 Seiten,
gebunden, 98,– DM
ISBN 3-409-31686-8

Erich Frese
Organisationstheorie
Historische Entwicklung – Ansätze – Perspektiven
2., überarbeitete und wesentlich erweiterte
Auflage 1992, XV, 472 Seiten,
gebunden, 89,– DM
ISBN 3-409-23134-X

Hartmut Kreikebaum
Organisationsmanagement
1997, ca. 180 Seiten,
Broschur, ca. 58,– DM
ISBN 3-409-13147-7

Klaus Macharzina
Unternehmensführung
Das internationale Managementwissen
Konzepte – Methoden – Praxis
2., aktualisierte und erweiterte Auflage
1995, XXXVIII, 963 Seiten, gebunden, 98,– DM
ISBN 3-409-23150-1

Margit Osterloh / Jetta Frost
**Prozeßmanagement
als Kernkompetenz**
Wie Sie Business Reengineering strategisch
nutzen können
1996, 249 Seiten, gebunden, 78,– DM
ISBN 3-409-13788-2

Arnold Picot / Ralf Reichwald /
Rolf T. Wigand
Die grenzenlose Unternehmung
Information, Organisation und Management
2., aktualisierte Auflage 1996, XXI, 561 Seiten,
Broschur, 68,– DM
ISBN 3-409-22214-6

Gilbert J. B. Probst / Bettina S. T. Büchel
Organisationales Lernen
Wettbewerbsvorteil der Zukunft
1994, X, 196 Seiten, gebunden, 79,80 DM
ISBN 3-409-13024-1

Georg Schreyögg
Organisation
Grundlagen moderner Organisationsgestaltung
Mit Fallstudien
1996, XII, 602 Seiten, Broschur, 68,– DM
ISBN 3-409-17729-9

Horst Steinmann / Georg Schreyögg
Management
Grundlagen der Unternehmensführung
Konzepte – Funktionen – Fallstudien
3., überarbeitete und erweiterte Auflage
1993, XIX, 730 Seiten, gebunden, 89,– DM
ISBN 3-409-33312-6

Zu beziehen über den Buchhandel
oder den Verlag.
Stand: 1.10.1996. Änderungen vorbehalten.

GABLER

BETRIEBSWIRTSCHAFTLICHER VERLAG DR. TH. GABLER GMBH, ABRAHAM-LINCOLN-STR. 46, 65189 WIESBADEN

Bernd Rieper / Thomas Witte / Wolfgang Berens (Hrsg.)

Betriebswirtschaftliches Controlling

Planung – Entscheidung – Organisation

1996, X, 364 Seiten, gebunden DM 148,–
ISBN 3-409-12909-X

Das Aufgabengebiet des betriebswirtschaftlichen Controlling wird in diesem Sammelband sehr weit gefaßt im Sinne der Beschaffung, Aufbereitung und Analyse von Daten, die der Vorbereitung zielgerechter Entscheidungen dienen.

Im Vordergrund der Betrachtung stehen dabei die systembildenden und systemkoppelnden Funktionen einer Versorgung der Führungsebenen mit Informationen. Darüber hinaus wird der Planungs- und Kontrollservice des Controlling betrachtet.

In diesem Sinne bieten die Beiträge ein breites Spektrum controllingbezogener betriebswirtschaftlicher Untersuchungen, unter anderem aus den Bereichen

- Produktionsprogrammplanung,
- Unternehmensbewertung,
- Management von EDV-Projekten,
- Investitionsmodelle,
- Controlling in der Logistik sowie
- Produktions- und Kostentheorie.

Betriebswirtschaftlicher Verlag Dr. Th. Gabler GmbH,
Abraham-Lincoln-Str. 46, 65189 Wiesbaden

Hans H. Hinterhuber/Ayad Al-Ani/Gernot Handlbauer (Hrsg.)

Das Neue Strategische Management

Elemente und Perspektiven
einer zukunftsorientierten Unternehmensführung

387 Seiten, Broschur DM 98,–
ISBN 3-409-13564-2

Das Strategische Management vollzieht seit dem Ende der 80er Jahre einen tiefgreifenden Wandel. Diese bisher von mikroökonomischen Ansätzen dominierte, formalistische und planungsorientierte Disziplin bekommt zunehmend einen multidisziplinären Charakter, der betriebswirtschaftliche und nicht-betriebswirtschaftliche Fachrichtungen gleichermaßen umfaßt.

Renommierte Experten aus Wissenschaft und Unternehmenspraxis skizzieren in „Das Neue Strategische Management" die Eckpfeiler einer neuen Strategieentwicklung und geben einen Überblick über die verschiedenen Elemente und Perspektiven. Sie analysieren u. a. Anwendungsbeispiele im Zusammenhang mit der Konzentration auf Kernkompetenzen, der Steuerung von strategischen Netzwerken sowie Beispiele im Zusammenhang mit der Gestaltung von Change Management-Prozessen oder dem strategischen Outsourcing. Darüber hinaus werden der Einfluß des Controlling und der Managementinformationssysteme auf die neue Unternehmensstrategie dargestellt.

Das Buch wendet sich an Dozenten und Studierende der Betriebswirtschaftslehre mit den Schwerpunkten Unternehmensführung und Strategisches Management sowie an Entscheidungsträger in Unternehmen.

Betriebswirtschaftlicher Verlag Dr. Th. Gabler GmbH, Abraham-Lincoln-Str. 46, 65189 Wiesbaden